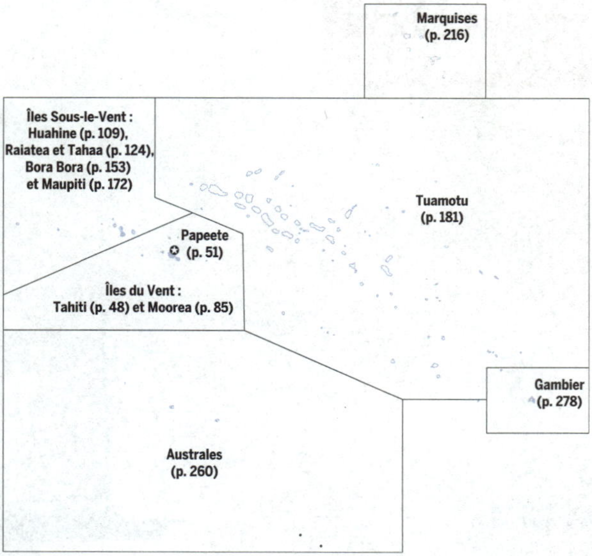

TOUT POUR S'ORGANISER
Forfaits aériens, location de voiture, organismes à connaître

ÉDITION ÉCRITE ET ACTUALISÉE PAR
Jean-Bernard Carillet

Bienvenue en Polynésie

Une incroyable diversité de paysages

Imaginez une nuée de 118 îles réparties en 5 archipels sur un territoire grand comme l'Europe. Tout est dit. En Polynésie, la géographie se conjugue au superlatif. Liée au volcanisme, la variété des paysages est exceptionnelle : îles hautes, atolls, îles surélevées, montagnes, forêts, plateaux, vallées, cascades, plages rocheuses, plages de sable corallien... et une quantité de lagons, tous différents ! Chacune a sa personnalité, sa physionomie, son ambiance. Passer d'un archipel à un autre équivaut presque à changer de pays. C'est l'atout phare de la Polynésie : on ne se lasse jamais de la beauté et de la diversité des sites naturels.

Du bleu plein les yeux

Fa-bu-leux. C'est le terme qui convient pour décrire les fonds marins de Polynésie, que l'on pourrait comparer à un sanctuaire animalier. L'activité reine, la plongée sous-marine, se pratique dans tous les archipels et permet d'explorer des sites fantastiques, dans les lagons, sur les versants externes des récifs et dans les passes. Les plongées dans les atolls des Tuamotu comptent parmi les plus spectaculaires au monde, avec la garantie d'observer des espèces récifales et pélagiques, dont plusieurs espèces de requins. Les passionnés de snorkeling seront également comblés, avec un bel éventail de jardins coralliens disséminés autour de toutes les îles.

HOLGER LEUE/LONELY PLANET IMAGES ©

Avec 118 îles dispersées comme des confettis sur les eaux éclatantes de l'océan Pacifique, la Polynésie offre une panoplie impressionnante d'expériences.

(gauche) Crépuscule sur l'île de Moorea (p. 85)
(ci-dessous) Danseuse au festival des îles Marquises (p. 222)

JEAN-BERNARD CARILLET

Une culture vivante

La Polynésie française est une destination très riche sur le plan culturel. Les Polynésiens sont entrés de plain-pied dans la société moderne, mais ils ne se sont pas coupés de leurs racines. La vitalité de la culture s'exprime au quotidien, dans la relation que les habitants entretiennent avec leur environnement, dans la production artisanale, les danses, les chants, les fêtes et les festivals traditionnels, le renouveau du tatouage et la pratique de sports typiquement polynésiens (la pirogue, le surf). Le patrimoine archéologique vient compléter cette offre ; les îles polynésiennes sont des musées à ciel ouvert, riches en vestiges pré-européens.

Une destination tonique

La Polynésie française ne se limite pas exclusivement au soleil, au farniente et aux joies du lagon. Grâce à un patrimoine naturel exceptionnel, on peut y pratiquer toute une gamme d'activités sportives. L'intérieur des îles se découvre au cours de randonnées pédestres et équestres ou en quad. Accompagné(e) d'un guide, on découvre de magnifiques points de vue, une végétation luxuriante et des écosystèmes étonnants. La Polynésie est aussi connue des surfeurs pour la qualité de ses *reefbreaks*. Les lagons exposés aux vents dominants forment de magnifiques plans d'eau pour les amateurs de kitesurf.

› Tahiti

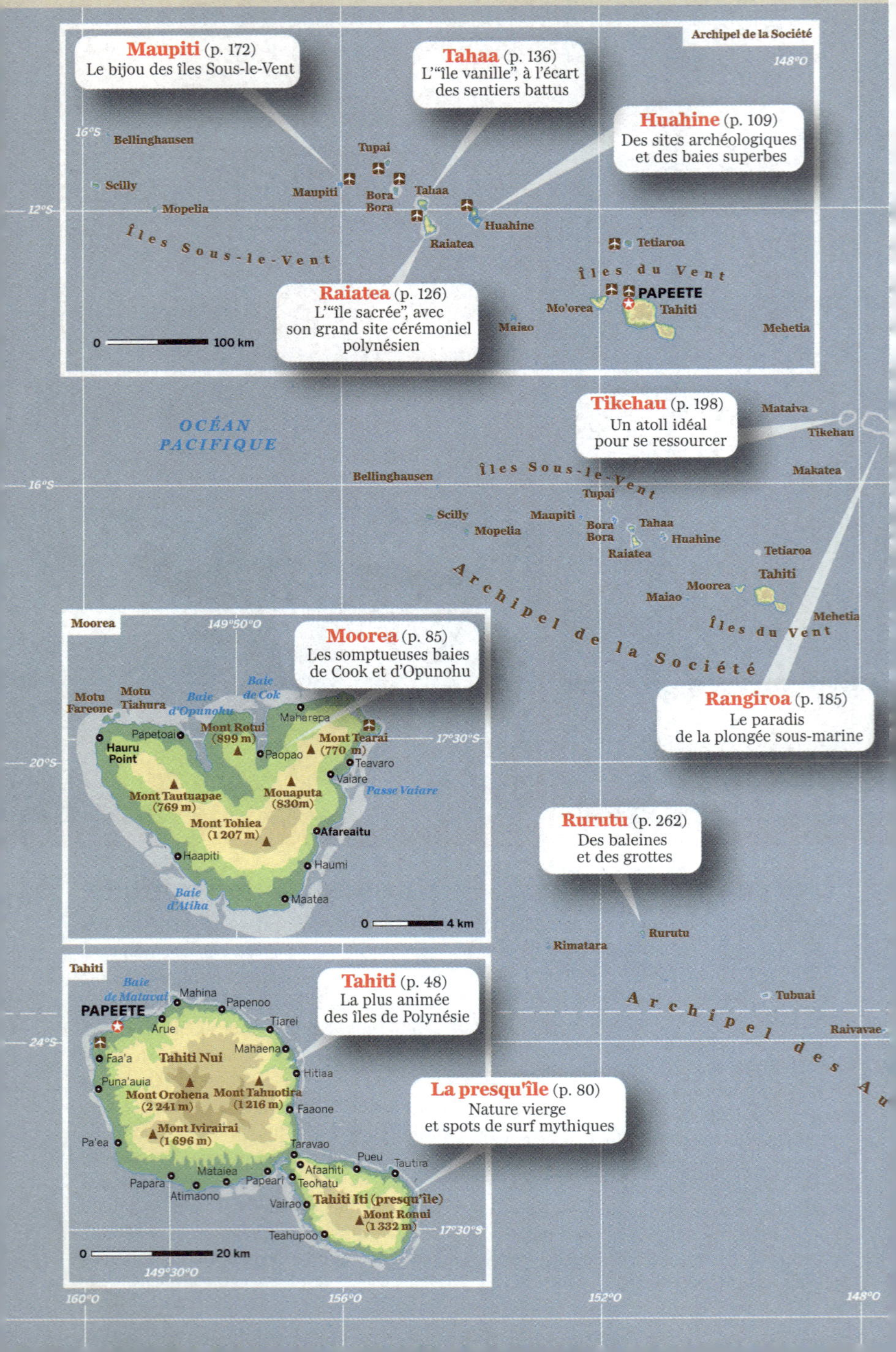

Archipel de la Société
Maupiti (p. 172)
Le bijou des îles Sous-le-Vent
Tahaa (p. 136)
L'"île vanille", à l'écart des sentiers battus
Huahine (p. 109)
Des sites archéologiques et des baies superbes
Raiatea (p. 126)
L'"île sacrée", avec son grand site cérémoniel polynésien
Bellinghausen
Scilly
Mopelia
Tupai
Maupiti
Bora Bora
Tahaa
Huahine
Raiatea
Tetiaroa
Îles Sous-le-Vent
Îles du Vent
PAPEETE
Mo'orea
Tahiti
Maiao
Mehetia
0 100 km
16°S
12°S
148°O
OCÉAN PACIFIQUE
Tikehau (p. 198)
Un atoll idéal pour se ressourcer
Mataiva
Tikehau
Makatea
Bellinghausen
Îles Sous-le-Vent
Tupai
Scilly
Mopelia
Maupiti
Bora Bora
Tahaa
Huahine
Raiatea
Tetiaroa
Tahiti
Moorea
Maiao
Mehetia
Îles du Vent
Archipel de la Société
Rangiroa (p. 185)
Le paradis de la plongée sous-marine
Moorea
149°50'O
Moorea (p. 85)
Les somptueuses baies de Cook et d'Opunohu
Motu Fareone
Motu Tiahura
Baie d'Opunohu
Baie de Cook
Maharepa
Papetoai
Hauru Point
Mont Rotui (899 m)
Paopao
Mont Tearai (770 m)
17°30'S
Teavaro
Vaiare
Passe Vaiare
Mont Tautuapae (769 m)
Mouaputa (830 m)
Mont Tohiea (1 207 m)
Afareaitu
Haapiti
Haumi
Baie d'Atiha
Maatea
0 4 km
20°S
Rurutu (p. 262)
Des baleines et des grottes
Rurutu
Rimatara
Tahiti
Baie de Matavai
Mahina
Papenoo
PAPEETE
Arue
Tiarei
Tahiti (p. 48)
La plus animée des îles de Polynésie
Mahaena
Faa'a
Tahiti Nui
Hitiaa
Puna'auia
Mont Orohena (2 241 m)
Mont Tahuotira (1 216 m)
Faaone
Mont Ivirairai (1 696 m)
Pa'ea
Taravao
La presqu'île (p. 80)
Nature vierge et spots de surf mythiques
Pueu
Tautira
Afaahiti
Mataiea
Papeari
Teohatu
Papara
Atimaono
Vairao
Tahiti Iti (presqu'île)
Mont Ronui (1 332 m)
17°30'S
Teahupoo
0 20 km
149°30'O
24°S
Tubuai
Raivavae
Archipel des Au
160°O
156°O
152°O
148°O

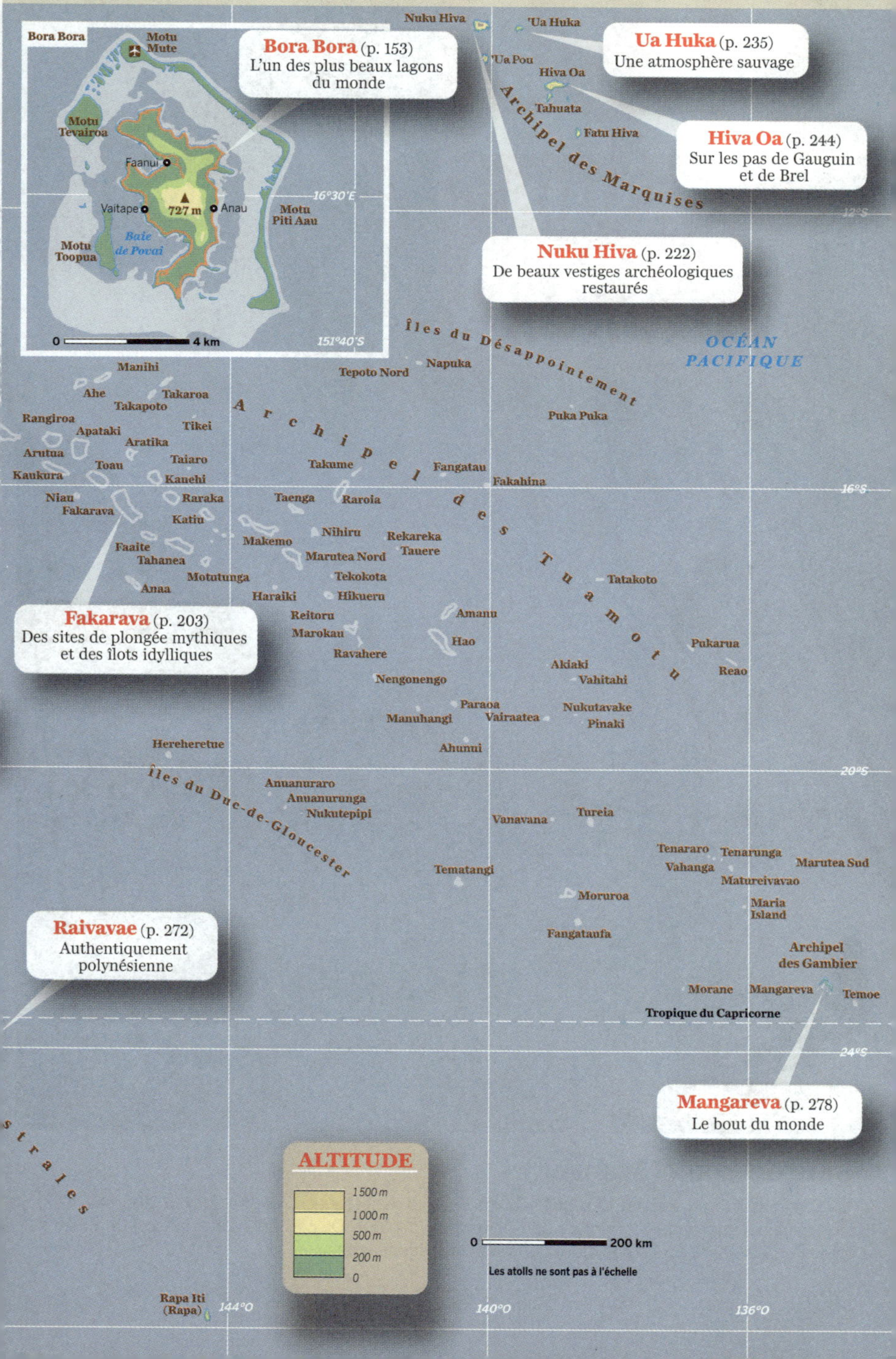
Bora Bora (p. 153)
L'un des plus beaux lagons du monde
Ua Huka (p. 235)
Une atmosphère sauvage
Hiva Oa (p. 244)
Sur les pas de Gauguin et de Brel
Nuku Hiva (p. 222)
De beaux vestiges archéologiques restaurés
Fakarava (p. 203)
Des sites de plongée mythiques et des îlots idylliques
Raivavae (p. 272)
Authentiquement polynésienne
Mangareva (p. 278)
Le bout du monde
Bora Bora
Motu Mute
Motu Tevairoa
Faanui
Vaitape
727 m
Anau
Motu Piti Aau
Motu Toopua
Baie de Povai
16°30'E
151°40'S
0
4 km
Nuku Hiva
'Ua Huka
'Ua Pou
Hiva Oa
Tahuata
Fatu Hiva
Archipel des Marquises
12°S
OCÉAN PACIFIQUE
Îles du Désappointement
Napuka
Tepoto Nord
Puka Puka
Manihi
Ahe
Takaroa
Takapoto
Rangiroa
Apataki
Tikei
Aratika
Arutua
Toau
Taiaro
Kaukura
Kauehi
Niau
Raraka
Fakarava
Katiu
Archipel des Tuamotu
Takume
Fangatau
Fakahina
16°S
Taenga
Raroia
Nihiru
Makemo
Rekareka
Tauere
Marutea Nord
Faaite
Tahanea
Motutunga
Tekokota
Tatakoto
Anaa
Haraiki
Hikueru
Reitoru
Amanu
Marokau
Hao
Pukarua
Ravahere
Akiaki
Reao
Nengonengo
Vahitahi
Paraoa
Nukutavake
Manuhangi
Vairaatea
Pinaki
Hereheretue
Ahunui
20°S
Îles du Duc-de-Gloucester
Anuanuraro
Anuanurunga
Nukutepipi
Vanavana
Tureia
Tenararo
Tenarunga
Marutea Sud
Vahanga
Tematangi
Matureivavao
Moruroa
Maria Island
Fangataufa
Archipel des Gambier
Morane
Mangareva
Temoe
Tropique du Capricorne
24°S
Australes
ALTITUDE
1 500 m
1 000 m
500 m
200 m
0
0
200 km
Les atolls ne sont pas à l'échelle
Rapa Iti (Rapa)
144°O
140°O
136°O

22 façons de voir la Polynésie

JEAN-BERNARD CARILLET

Baie de Cook (Moorea)

1 Elle passe pour l'une des plus belles du monde. La majestueuse baie de Cook, à Moorea (p. 87), forme une profonde échancrure dans le relief volcanique. De part et d'autre, elle est dominée par des sommets acérés qui se reflètent dans ses eaux scintillantes.

Les bungalows sur pilotis

2 Ils ont contribué à façonner le mythe polynésien. Posés sur les eaux cristallines du lagon, les bungalows sur pilotis incarnent le rêve tropical par excellence (p. 27). Ils se paient cher, mais, pour les couples en lune de miel, c'est la promesse d'un séjour inoubliable. Difficile de choisir entre ceux de Bora Bora, de Tahaa, de Moorea ou des Tuamotu !

JEAN-BERNARD CARILLET

Les Sables roses (Fakarava)

3 Ce site d'une époustouflante beauté désigne des bancs de sable qui émergent des eaux turquoise, sur fond de cocoteraies, à l'extrémité sud du lagon. Il doit son nom aux résidus coralliens qui prennent des reflets rosés en fonction de l'ensoleillement. Les eaux cristallines invitent à la baignade et au snorkeling. Le site n'est accessible qu'à l'occasion d'une excursion en bateau (voir p. 204).

8 Le Heiva i Tahiti

4 À Tahiti (et dans d'autres îles), les fêtes de juillet, appelées Heiva i Tahiti, sont une tradition qui a plus de cent ans (p. 63). Hautes en couleurs, elles célèbrent la culture traditionnelle polynésienne, sous toutes ses formes : chants, danses, courses de pirogues, artisanat et sports traditionnels. Parmi les épreuves les plus spectaculaires, le concours de lever de pierre et le lancer de javelot.

JEAN-BERNARD CARILLET

Les grottes de Rurutu

5 L'île de Rurutu aux Australes (p. 262) présente la particularité d'être surélevée. D'origine calcaire, elle est trouée par de nombreuses grottes et bordée par d'imposantes falaises. On peut explorer à pied les principales grottes, agrémentées de stalactites. L'ambiance qui s'en dégage est mystérieuse.

Le lagon de Bora Bora

6 L'étincelant lagon de Bora Bora décline toutes les nuances de bleu, du turquoise le plus pur près de la plage de Matira au lapis-lazuli près des motu (îlots). On peut le découvrir à l'occasion d'une excursion en pirogue, en kayak, ou en louant un bateau à moteur sans permis (p. 159). À plusieurs endroits, on peut se baigner dans quelques mètres d'eau avec des requins pointes noires et des raies pastenagues.

JEAN-BERNARD CARILLET

L'Aranui

7 Véritable institution aux Marquises, le cargo mixte *Aranui* (p. 218) transporte à la fois du fret et des passagers au cours de ses 16 ou 17 rotations annuelles au départ de Papeete. Il touche la plupart des baies habitées des 6 îles de l'archipel. Pendant que les matelots effectuent les manœuvres de chargement et de déchargement du fret, des visites à terre sont organisées pour les passagers.

JEAN-BERNARD CARILLET

Les vestiges de Maeva (Huahine)

8 D'importants vestiges archéologiques disséminés le long du littoral et sur une colline à Maeva, au nord de Huahine, témoignent de la richesse de la civilisation polynésienne avant l'arrivée des Européens (p. 114). Ces sites comprennent des esplanades pavées appelées *marae*, qui étaient réservés aux cérémonies.

JEAN-BERNARD CARILLET

Tatouage

9 Se faire tatouer en Polynésie est une expérience inoubliable (p. 330). Des maîtres tatoueurs exercent dans la plupart des îles et se feront un plaisir de vous tatouer un motif polynésien traditionnel chargé de sens. Chaque tatoueur a son style et sa personnalité, qu'il exprime à travers un book.

JEAN-BERNARD CARILLET

L'île aux Récifs (Rangiroa)

10 L'un des sites naturels les plus étranges des Tuamotu, l'île aux Récifs (p 188), accessible en 1 heure de bateau, rassemble des formations coralliennes surélevées façonnées par l'érosion, entrecoupées de chenaux et de vasques qui forment de superbes piscines naturelles. Les îlots voisins sont d'une époustouflante beauté, avec leurs cocotiers échevelés penchés sur les eaux turquoise.

Vallée de Hakaui (Nuku Hiva)

11 L'île de Nuku Hiva est striée de profondes vallées inhabitées, tapissées d'une épaisse végétation. La vallée de Hakaui (p. 230), cernée par des murailles basaltiques hautes de plusieurs centaines de mètres, se termine par une immense cascade qui se déverse dans un bassin par une étroite gouttière naturelle. Elle est accessible à pied uniquement.

JEAN-BERNARD CARILLET

JEAN-BERNARD CARILLET

Nager avec des baleines et des dauphins

12 De juillet à octobre, d'imposantes baleines à bosse viennent batifoler à proximité des côtes de Moorea (p. 93) et de Tahiti (p. 57), ainsi qu'aux Australes (p. 265 et p. 270). Les observer depuis un bateau fait partie des souvenirs qui restent gravés à vie dans la mémoire. Les dauphins stenelles sont présents toute l'année.

JEAN-BERNARD CARILLET

La vanille de Tahaa

14 Selon les connaisseurs, elle serait la plus parfumée du monde (p. 137). Cultivée de manière traditionnelle sur de petites exploitations familiales à Tahaa, surnommée l'"île vanille", elle est proposée à la vente sous forme de gousses, de poudre et de produits dérivés. Selon les périodes, on peut assister au "mariage" (fécondation artificielle) de la vanille.

JEAN-BERNARD CARILLET

Maupiti

13 De toutes les îles Sous-le-Vent, Maupiti incarne au plus près l'authenticité polynésienne (p. 172). On déconnecte vite dans cette ravissante perle du Pacifique, entourée d'un lagon resplendissant qui se prête à toutes les découvertes, en snorkeling ou en kayak. On peut aussi lézarder sur la plage de Tereia, une vraie carte postale.

JEAN-BERNARD CARILLET

La cuisine polynésienne

15 Hmmm, le délicieux poisson cru au lait de coco... On ne se lasse pas des spécialités de poissons (thon, thazard, perroquet, daurade coryphène), d'une fraîcheur absolue. Les fruits tropicaux, dont les succulents ananas de Moorea, constituent également une source de plaisirs gustatifs. Plus d'informations p. 337.

JEAN-BERNARD CARILLET

Artisanat

16 Impossible de repartir sans un souvenir de Polynésie, tant l'artisanat est de qualité. Les sculptures marquisiennes passent pour les plus abouties du Pacifique. On peut également acheter des produits locaux comme le monoï, des bijoux en coquillages, des objets tressés, des tissus brodés, des paréos, et bien sûr des bijoux montés de perles, la spécialité de Polynésie.

Les roulottes

17 Une expérience authentiquement polynésienne consiste à prendre ses repas aux roulottes, des camionnettes aménagées en restaurants. Celles de Papeete, sur le front de mer, sont une institution (p. 59). On s'y régale de plats simples à des tarifs économiques, dans une ambiance bon enfant.

JEAN-BERNARD CARILLET

Motu Piscine (Raivavae)

18 Raivavae, dans l'archipel des Australes, est un bijou encore méconnu (p 274). Cette île possède un lagon qui n'a rien à envier à celui de Bora Bora, à qui on la compare fréquemment. Les pensions de l'île proposent des tours du lagon en pirogue, avec un arrêt baignade et pique-nique au motu Piscine, qui porte bien son nom !

JEAN-BERNARD CARILLET

La Hawaiki Nui Va'a

19 En Polynésie, le sport national est la pirogue (*va'a*). Pas une île ou un village qui n'ait son équipe. Tout au long de l'année, des compétitions opposent les meilleures. La plus célèbre, la Hawaiki Nui Va'a, a lieu chaque année début novembre et dure trois jours, entre Huahine, Raiatea, Tahaa et Bora Bora. Elle rassemble une centaine de pirogues et une nuée de bateaux suiveurs (p. 312).

JEAN-BERNARD CARILLET

La traversée de Tahiti

20 L'intérieur de Tahiti (p. 78), inhabité, réserve d'excellentes surprises. Accessible en 4x4 par une piste, il dévoile de magnifiques paysages montagneux, avec tous les grands sommets de l'île (Orohena, Aorai). On découvre également un lac, des vestiges archéologiques, des cascades, et même un endroit pour se restaurer et se loger, le Relais de la Maroto.

Ua Huka

21 L'une des îles les plus sauvages et les plus spectaculaires des Marquises, Ua Huka (p. 235) ravira les amateurs d'écotourisme. Pas d'hôtel, juste une poignée de pensions. Au programme : des randonnées pédestres sur les crêtes, des sites archéologiques à visiter et des plages

JEAN-BERNARD CARILLET

JEAN-BERNARD CARILLET

Les églises des Gambier

22 Aux confins de la Polynésie (autrement dit, au bout du monde), le minuscule archipel des Gambier possède un patrimoine architectural religieux d'exception, qui date de l'époque où Mangareva était dirigée par des missionnaires catholiques. La plus belle cathédrale de Polynésie est à Rikitea (p. 280). D'autres églises, construites sur les îlots, méritent le détour.

L'essentiel

Monnaie

» Franc Pacifique (CFP)

Langue

» Français

» Tahitien

» Marquisien

Quand partir

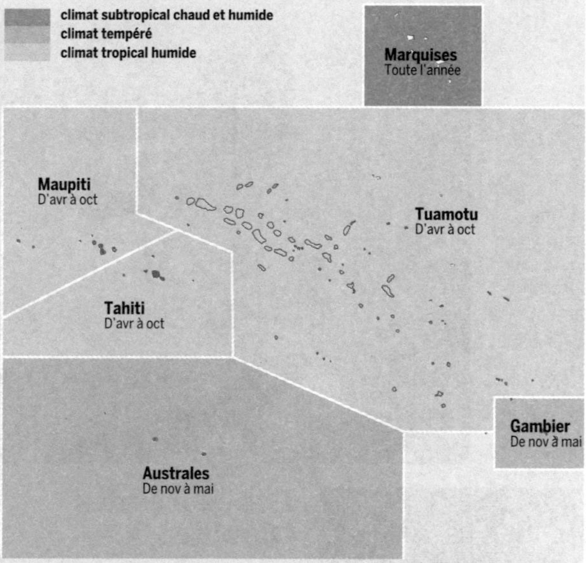

Haute saison

(juil-août et 10 déc-début jan)

» Climat plus sec, mer agitée et vents forts (juil-août)

» Début de la saison des baleines (juil)

» Saison des raies mantas (juil-août)

» Grands festivals traditionnels (Heiva)

» Tarifs aériens très élevés

Intersaison

(mai-juin et sept-oct)

» Climat plus sec, vents modérés, mer plus calme

» Période idéale pour les excursions nautiques

» Saison des baleines (sept-oct)

» Tarifs aériens un peu plus avantageux

Basse saison

(nov-mi-déc, jan-avr)

» Course de pirogues Hawaiki Nui (début nov)

» Précipitations

» Passage de dépressions tropicales

» Promotions dans l'hôtellerie de luxe

» Saison idéale pour les Australes

Budget quotidien

Moins de 100 €

» Pension de famille en demi-pension (à partir de 60 €/pers)

» Déjeuner dans une roulotte (moins de 15 €)

» Catamaran Tahiti-Moorea (9 €)

» Location d'un vélo (environ 10 €)

100-150 €

» Chambre double en petite hôtellerie familiale (à partir de 100 €)

» Repas au restaurant (environ 30 €)

» Voiture de location (80 €/jour)

» Excursion lagonaire (à partir de 70 €)

» Plongée (60 €)

Plus de 170 €

» Chambre double dans un hôtel de luxe (à partir de 150 €)

» Dîner dans un restaurant cossu (40-60 €)

» Randonnée guidée (90 €)

» Achat d'une perle de qualité (à partir de 80 €)

Argent

» DAB dans les îles les plus touristiques. Cartes bancaires acceptées sur les îles principales.

Visa

» Pas nécessaire pour les ressortissants de l'Union européenne, de Suisse et du Canada.

Téléphone mobile

» Carte SIM locale (réseau Vini) fonctionnant avec les téléphones européens et accords d'itinérance avec les principaux opérateurs.

Transports

» Avion et bateau entre les îles. Réseau de transports en commun inexistant sauf à Tahiti.

Sites Internet

» **Lonely Planet** (www.lonelyplanet.fr). Présentation de la Polynésie française, forums, informations pratiques.

» **Office du tourisme** (www.tahiti-tourisme.fr). Toutes les informations sur la destination.

» **Tahiti Pensions** (www.tahiti-pensions.com). Informations sur les pensions et la petite hôtellerie.

» **Tahiti Heritage** (www.tahitiheritage.pf). Présentation des richesses naturelles et culturelles de la Polynésie.

» **Tahiti Guide** (www.tahitiguide.com). Site d'information touristique, généraliste (mais à vocation publicitaire).

» **Tahiti Infos** (www.tahiti-infos.com). Site d'information et d'actualités sur la Polynésie.

Taux de change

Canada	1 $C	87,33 CFP
Suisse	1 FS	96,51 CFP
Zone euro	1 €	119,33 CFP

» Pour vérifier les taux de change, reportez-vous au site www.xe.com/fr/

Numéros utiles

Indicatif du pays	+689
Code d'accès à l'international	00
Police	17

Arriver en Polynésie

» **Aéroport de Tahiti-Faa'a**

» Bus – depuis la route de ceinture pour Papeete et la côte ouest (environ 1,20 €)

» Taxis – pour toutes les zones de l'île (à partir de 15 €). Environ 10 minutes jusqu'à Papeete

» Navettes privées – transferts assurés par les principaux hôtels de luxe

PLANIFIER SON VOYAGE

La plupart des activités touristiques dépendent étroitement des conditions climatiques. Tenez-en compte dans l'organisation de votre séjour. Pour éviter toute déception, acceptez l'aléa climatique, quelle que soit la saison.

Il n'est pas nécessaire de passer par un agent de voyages et de tout réserver longtemps à l'avance. Toutes les prestations, y compris les vols intérieurs, peuvent être réservées en direct.

Résistez à la tentation de faire le tour des îles au pas de charge. À titre indicatif, trois jours (hors jour de départ et jour d'arrivée) sont un minimum pour profiter d'une île. Ne vous focalisez pas sur les îles les plus connues (Tahiti, Moorea, Bora Bora) ; sortez des sentiers battus en intégrant des îles plus confidentielles mais idylliques dans votre périple.

Munissez-vous d'une carte bancaire internationale avec un plafond de retrait hebdomadaire élevé (de type Master Card Gold ou Visa Premier), sinon vous serez vite limité. Prévoyez également suffisamment d'espèces (euros).

Envie de...

Plongée sous-marine

La Polynésie est un paradis pour la plongée. Un incroyable éventail de sites vous attend dans ses archipels. Petite faune récifale, requins, raies mantas, massifs coralliens... Sensations fortes garanties.

Passe de Tiputa (Rangiroa) L'un des sites les plus renommés du Pacifique. Du "gros" à gogo (p. 186).

Passe nord (Fakarava) Une plongée d'exception dans la plus grande passe de Polynésie (p. 203).

La Ferme aux Mantas (Tikehau) Dans le lagon, rencontre presque garantie avec un ballet de raies mantas en pleine action de déparasitage (p. 38).

L'hydravion et le Catalina (Tahiti) Deux petites épaves dans le lagon de Faa'a – une merveille pour les débutants (p. 33).

Passe de Teavapiti (Raiatea) La plongée la plus poissonneuse des îles Sous-le-Vent, avec une kyrielle d'espèces dans une eau limpide (p. 34).

Tikapo (Nuku Hiva) Une plongée au goût sauvage, au large des falaises de Nuku Hiva (p. 39).

Croisières plongée Deux sociétés en proposent sur des sites méconnus autour des îles Sous-le-Vent et des Tuamotu (p. 35).

Snorkeling

Des eaux d'un incroyable camaïeu de bleu, un casting sous-marin de rêve, des sites sécurisants... Un masque, des palmes et un tuba suffisent pour se griser des merveilles de la mer.

Passe de Tiputa (Rangiroa) La célèbre passe de Tiputa peut se découvrir en snorkeling, encadré par un moniteur (p. 186).

Observation des baleines (Rurutu, Moorea, Tahiti) De juillet à octobre, les baleines à bosse viennent se reproduire dans les eaux polynésiennes. Allez à leur rencontre (p. 57, 93, et 265) !

Motu Tau Tau (Tahaa) Un chenal rempli de patates coralliennes autour desquelles s'agite une sarabande de poissons bariolés (p. 34).

Anau (Bora Bora) et Manta Point (Maupiti) Ces sites offrent l'occasion unique d'observer des raies mantas dans le lagon (p. 34 et 35).

Spots des raies et des requins (Moorea, Huahine, Bora Bora) Lors des tours du lagon en pirogue, des arrêts snorkeling sont prévus, au cours desquels on approche des raies pastenagues et des requins pointes noires (p. 93, 115 et 160).

Activités sportives

Pour les adeptes de vacances toniques, la Polynésie est un exceptionnel terrain d'aventure.

Randonnée pédestre (Tahiti, Moorea, Raiatea, Nuku Hiva) En saison sèche, le relief découpé des îles hautes est propice à la randonnée pédestre. Panoramas somptueux garantis (p. 80, p. 95, p. 131 et p. 226) ! .

Randonnée équestre (Huahine, Hiva Oa) Osez de belles chevauchées en bord de mer ou en montagne (p. 116 et p. 247).

Surf (Tahiti) Tahiti compte des sites de surf mondialement connus. Des écoles de surf permettent aux débutants de s'initier (p. 57).

Kitesurf (Huahine, Tubuai) Les plans d'eau sur le lagon, exposés aux vents dominants, offrent des conditions de pratique idéales (p. 117 et p. 270).

Kayak (Raiatea) Jouez les aventuriers en remontant la rivière Faaroa en kayak de mer (p. 33).

Quad (Moorea, Nuku Hiva) Explorez l'intérieur des îles par les chemins de traverse (p. 94 et p. 227).

» Tiki souriant sur l'île d'Hiva Oa (p. 247)

JEAN-BERNARD CARILLET

Lagons idylliques

Il faut le voir pour le croire : des cocotiers échevelés, des eaux turquoise, saphir, céladon, du sable clair corallien... La carte postale est partout !

Sud de Huahine L'un des plus beaux lagons des îles Sous-le-Vent, peu profond (p. 115).

Tubuai L'effet de surprise est maximal : très rares sont les touristes qui connaissent la beauté de ce lagon (p. 270).

Motu Piscine (Raivavae) Un motu (îlot) d'une beauté virginale, frangé de sable clair léché par des eaux translucides (p. 274).

Bora Bora À la hauteur de sa légende... Toute la gamme des bleus est représentée (p. 155).

Maupiti Un lagon assez petit pour se déplacer en kayak (p. 175).

Lagon Bleu (Rangiroa) L'un des sites les plus photogéniques de l'archipel (p. 186).

Sables roses (Fakarava) Le sable, d'une couleur rosée, donne encore plus d'intensité au turquoise de l'eau (p. 204)

Mataiva Perfection des formes et des couleurs, avec de superbes jardins coralliens.

Île aux Oiseaux (Tikehau) Un îlot isolé dans le lagon, où nichent plusieurs espèces d'oiseaux.

Escapades romantiques

Incarnation d'un paradis tropical, la Polynésie ne manque pas d'hôtels de charme pour se susurrer des mots doux.

Vahine Island (Tahaa) Un hôtel à taille humaine isolé sur un motu. La tranquillité absolue, dans un cadre de rêve (p. 142).

Saint Regis Resort (Bora Bora) L'une des adresses les plus glamour de l'île. Somptueux bungalows sur pilotis (p. 167).

Hôtel Opoa Beach (Raiatea) Des bungalows joliment décorés, et un service haut de gamme, à des tarifs accessibles (p. 133).

Kia Ora Resort & Spa (Rangiroa) Cet établissement entièrement rénové dispose d'une annexe sur un motu privé, à l'autre bout du lagon (p. 194).

Tikehau Pearl Beach Resort & Spa (Tikehau) Un grand classique des Tuamotu, sur un motu enchanteur. Choisissez entre les bungalows plage et les suites sur pilotis (p. 200).

Sofitel la Ora (Moorea) Un établissement de prestige, doté de superbes bungalows sur pilotis, d'un spa et d'un restaurant gastronomique (p. 103).

Raimiti (Fakarava) Au bout du monde, tout est pensé pour une robinsonnade "rustique chic" en amoureux (p. 208).

Sites sacrés

La Polynésie ne se réduit pas qu'à ses fabuleux lagons. L'archipel est un musée à ciel ouvert, avec d'importants vestiges qui témoignent d'un florissant passé pré-européen.

Marae Taputapuatea (Raiatea) Cette grande esplanade pavée au bord du lagon est le plus important site dans la mythologie polynésienne (p. 128).

Vestiges de Maeva (Huahine) Un ensemble complet de structures pré-européennes, disséminées au bord d'un bras de mer et sur une colline (p. 111, 114 et 116).

Tiki de Puamau (Hiva Oa) Les plus grands tikis de Polynésie, au milieu d'une clairière (p. 247).

Vallée d'Opunohu (Moorea) L'intérieur de Moorea recèle d'anciens sites sacrés bien mis en valeur et faciles d'accès (p. 90).

Pétroglyphes d'Omoa (Fatu Hiva) Une série d'impressionnants pétroglyphes gravés sur des rochers, dans une cocoteraie (p. 257).

Hatiheu (Nuku Hiva) Un magnifique complexe bien restauré, associant sites cérémoniels, pétroglyphes et vestiges d'habitations (p. 232).

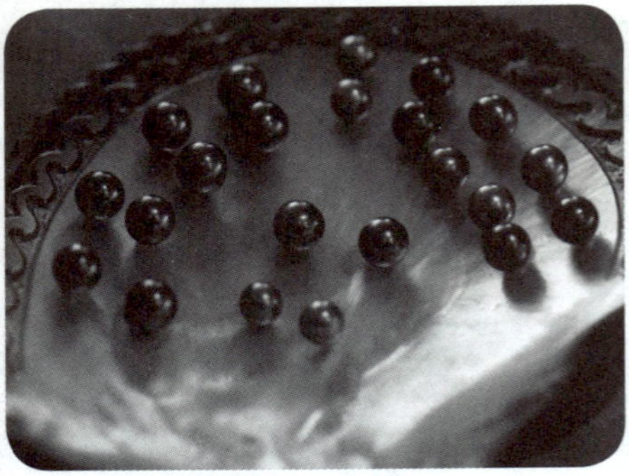

JEAN-BERNARD CARILLET

» Perles de Tahiti (p. 320)

Arts et patrimoine

Il serait dommage de quitter la Polynésie sans avoir visité quelques musées, des églises et des galeries d'art.

Canons de défense côtière (Bora Bora) Les Américains ont laissé des vestiges militaires lors de leur présence à Bora Bora pendant la Seconde Guerre mondiale (p. 158).

Musée de Tahiti et des Îles (Tahiti) Familiarisez-vous avec la culture ancestrale polynésienne dans ce musée très bien conçu (p. 66).

Galeries d'art (Papeete) Plusieurs galeries d'art exposent les œuvres des artistes polynésiens (peintures, sculptures) (p. 62).

Espace culturel Paul-Gauguin (Hiva Oa) Plongez-vous dans l'univers du célèbre peintre, qui retrouva l'inspiration en Polynésie (p. 244).

Musée de la Perle (Papeete) Un petit musée, bien organisé, pour tout savoir sur la filière perlicole (p. 55).

Cathédrale et églises de Rikitea (Gambier) L'archipel des Gambier possède un magnifique patrimoine religieux, du temps où il était une théocratie (p. 280).

Artisanat et traditions

La Polynésie est entrée de plain-pied dans l'ère de la modernité, mais la population n'a en rien oublié les gestes et les savoir-faire qui font la spécificité de la culture polynésienne.

Tatouage Des maîtres tatoueurs exercent leur art sur plusieurs îles de Polynésie. Rapportez un souvenir… indélébile (p. 330).

Spectacle de danse (Tahiti) Ne manquez pas d'assister à un spectacle de danse traditionnelle dans l'un des grands hôtels de Papeete, où se produisent les meilleurs groupes (p. 333).

Perles (Tahiti, Bora Bora, Fakarava) Offrez-vous un bijou monté d'une perle de Tahiti ou achetez une perle nue (p. 320).

Courses de pirogue (Tahiti, Huahine, Raiatea, Bora Bora) La pirogue est le sport national en Polynésie. Il est courant d'observer les rameurs s'entraîner dans le lagon en vue de la célèbre course Hawaiki Nui Va'a (p. 312).

Sculpture (Marquises) Les meilleurs sculpteurs du Pacifique sont marquisiens. Ils travaillent le bois, l'os et la pierre (p. 317).

Monoï (Tahiti) Le produit polynésien par excellence. Une route thématique lui est dédiée à Tahiti (p. 318).

Bouts du monde

Envie de sortir des sentiers battus ? Rien de plus facile en Polynésie. Avec une centaine d'îles dispersées sur un territoire grand comme l'Europe, vous aurez l'embarras du choix. Laissez-vous surprendre !

La presqu'île (Tahiti) Rares sont les visiteurs qui ont la bonne idée de passer quelques jours sur la presqu'île, loin du tumulte de la capitale (p. 80).

Tuamotu du Centre et de l'Est Le dépaysement absolu vous attend dans ces atolls restés à l'écart du développement touristique (p. 213). Et pourquoi ne pas embarquer sur un cargo ?

Ahe Un atoll de rêve, où il n'y a que deux pensions (p. 212).

Rimatara L'île la plus sauvage et la moins connue des Australes, réputée pour sa population de loris de Kuhl (p. 275).

Fatu Hiva La plus reculée et la plus mystérieuse des Marquises (p. 256).

Mangareva Le bout du monde, c'est ici, dans cette île merveilleuse, mais méconnue, à 1 700 km de Tahiti (p. 280).

Mois par mois

Le top des festivals

1. **Heiva i Tahiti**, juillet
2. **Festival des arts des îles Marquises**, décembre (tous les quatre ans)
3. **Hawaiki Nui Va'a**, novembre
4. **Billabong Pro Surfing,** août

Janvier

Festival international du film documentaire océanien (FIFO)

Un festival qui s'affirme comme l'un des meilleurs du genre dans le Pacifique. Projections, ateliers et colloques. À Papeete, fin janvier ou début février. Voir www.fifo-tahiti.com.

Février

Nouvel An chinois

Généralement entre la fin de janvier et la mi-février. Danses, spectacles d'arts martiaux et feux d'artifice à Papeete.

Marathon international de Moorea

Grand rendez-vous sportif rassemblant des athlètes du monde entier pour 3 courses et un parcours familial.

Salon de l'artisanat

Exposition artisanale, à l'Assemblée de la Polynésie française.

Mars

Arrivée des premiers missionnaires

L'arrivée à Tahiti des premiers membres de la London Missionary Society à bord du *Duff* est célébrée le 5 mars, avec une reconstitution du mouillage du navire à la pointe Vénus. Des célébrations sont organisées dans les temples protestants.

Avril

Raid Vanira

Course nature de 15 km à Tahaa, début avril.

Salon du tifaifai

Exposition-vente de *tifaifai* (couvertures et draperies en application ou en patchwork), à la mairie de Papeete.

Mai

Raiatea International Billfish Tournament

Compétition internationale de pêche en haute mer, au large de Raiatea.

Cérémonie du me

Grande fête religieuse protestante aux Australes.

Arii Mata Tini Race

Course de pirogues en individuel à Rangiroa.

Taps Junior

Compétition de surf junior dans la passe de Taapuna (Tahiti).

Taapuna Master Surfing

Compétition de surf amateur dans la passe de Taapuna (Tahiti).

Juin

Tahiti Pearl Regatta

Régate sur plusieurs jours entre Raiatea, Tahaa, Huahine et Bora Bora, fin mai ou début juin, pendant 4 jours. Tous types de voiliers, sans limitation de taille. Étapes en haute mer et dans le lagon, agrémentées de soirées festives. Voir www.tahitipearlregatta.org.pf.

Heiva Rima'i (Heiva des artisans)

Grande exposition-vente d'artisanat réunissant les artisans de toute la Polynésie, à Pirae (Tahiti). Jusqu'à mi-juillet.

Heiva des écoles de danse

Les écoles de danse traditionnelle présentent leur spectacle annuel place Toata à Papeete. Voir www.heivanui.com.

Juillet

Heiva i Tahiti

Le plus grand festival de danses et de chants traditionnels, sur la place Toata, à Papeete, jusqu'à la fin du mois de juillet (p. 63). En marge des concours, d'autres animations sont organisées (sports et jeux traditionnels polynésiens, courses de pirogue, marche sur le feu). Voir www.heivanui.com.

Heiva i Bora Bora

Concours de chants et de danses traditionnels, sur la place centrale de Vaitape à Bora Bora.

Te Aito Vaa

Course de pirogues en individuel d'une journée sur une distance d'une dizaine de kilomètres, à Tahiti. Les 100 meilleurs rameurs seront retenus pour la course du Super Aito.

Août

Super Aito Vaa

Course de pirogues en individuel avec les meilleurs rameurs de Polynésie (Tahiti).

Billabong Pro Surfing

Épreuve internationale de surf où s'affrontent les meilleurs surfeurs professionnels, sur la vague mythique de Teahupoo (presqu'île de Tahiti). Voir www.billabong.pro

Septembre

Raid Painapo

Course à pied en montagne, à Moorea.

Octobre

Salon des Australes

Exposition-vente de produits artisanaux des Australes à l'Assemblée de la Polynésie française à Papeete.

Lire en Polynésie

Salon du livre consacré à la littérature océanienne, à Papeete. Voir www.lireenpolynesie.pf.

Novembre

Monoi Here

La semaine du monoï. Exposition-vente, conférences, massages, démonstrations, à la Maison de la culture à Tahiti.

Hawaiki Nui Vaa

La plus célèbre course de pirogues du monde, entre Huahine, Raiatea, Tahaa et Bora Bora (3 jours). Début novembre (p. 312). Voir www.hawaikinuivaa.pf.

Festivités des Pléiades

Fête du retour de l'abondance placée sous le signe de la constellation des Pléiades. Diverses célébrations à Tahiti et à Moorea.

Hura Tapairu

Concours de danse traditionnelle à la Maison de la culture à Papeete.

Décembre

Festival des arts des îles Marquises

Fête de la culture marquisienne traditionnelle, à Nuku Hiva, à Ua Pou ou à Hiva Oa, une fois tous les 4 ans.

Journées du tiaré

Valorisation de l'emblème national. Concours de décoration florale. À Tahiti.

Itinéraires

Que vous ayez six jours ou deux mois devant vous, ces itinéraires constituent une ébauche pour un périple inoubliable. Et pour nourrir un peu plus votre imagination, rendez-vous sur lonelyplanet.fr, où d'autres voyageurs vous feront part de leur expérience.

Entre 16 et 19 jours

L'archipel de la Société

La découverte de cet archipel, regroupant les îles du Vent et les îles Sous-le-Vent, est un incontournable. Les îles, assez rapprochées, sont très bien reliées les unes aux autres par avion ou par bateau. Récupérez le décalage horaire en vous prélassant dans un bon hôtel à la périphérie de **Papeete**, face au lagon, puis consacrez une journée au **tour de l'île**. Un saut de puce en catamaran vous conduira à **Moorea**, qui réserve autant de découvertes terrestres que nautiques. Vous aurez sans doute du mal à la quitter… mais **Huahine** et ses plaisirs vous attendent ! Trois jours ne seront pas de trop pour vous mettre au parfum de cette île discrète et sauvage. Rejoignez ensuite **Raiatea**, l'île sacrée, dont les superbes vestiges archéologiques vous étonneront. Explorez-la de fond en comble, profitez des activités nature, puis prenez une navette jusqu'à **Tahaa**, l'île sœur. Imprégnez-vous de l'ambiance langoureuse de ses villages pendant un jour ou deux et réservez une journée à la découverte du lagon et des îlots, paradisiaques. Ralliez ensuite **Bora Bora**, la "perle du Pacifique", dont le lagon scintillant aimante en permanence le regard. Dernière étape de ce périple tropical : **Maupiti**, le bijou méconnu, accessible par avion ou par une navette régulière depuis Bora Bora.

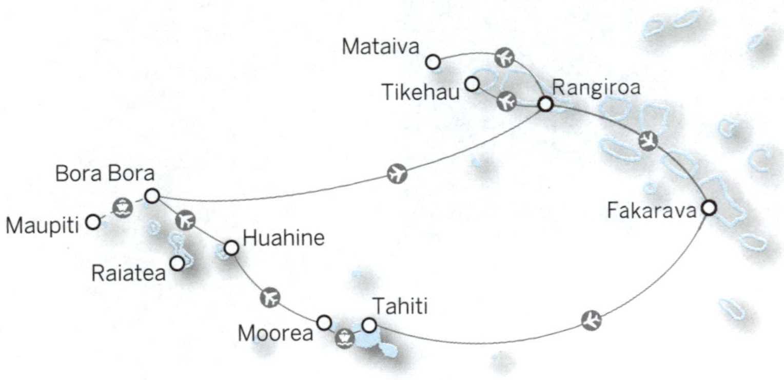

3 semaines

Les perles de la Société et des Tuamotu

Cet itinéraire panache deux archipels et offre une vue générale de la Polynésie, avec ses différents types d'îles (atolls et îles hautes) et ses attraits multiples, nature et culture.

Séjournez quelques jours à **Tahiti** et à **Moorea**, les deux incontournables îles du Vent. Faites le tour de Tahiti, et poussez jusqu'à la presqu'île, qui vous charmera par ses paysages et son atmosphère si sereins. À Moorea, découvrez les joies du lagon (snorkeling, kayak, plongée), et visitez la baie de Cook et la baie d'Opunohu. Après les charmes de Moorea, prenez l'avion pour **Huahine**, où vous passerez quelques jours, avant de rejoindre **Bora Bora**. De Bora Bora, faites une excursion à la journée à **Maupiti**. Louez un vélo dès votre arrivée sur le quai et faites le tour de l'île (une dizaine de kilomètres), sans oublier de faire une pause déjeuner à la plage de Tereia.

Ensuite, les vols d'Air Tahiti vous permettront de passer directement aux Tuamotu, sans repasser par Tahiti. L'atoll de **Rangiroa** est un grand classique, avec ses excursions sur le lagon et ses magnifiques plongées. Complétez cet aperçu des Tuamotu par la découverte d'un atoll plus petit, accessible depuis Rangiroa, par exemple **Tikehau** ou **Mataiva**. Prévoyez 3 jours pour chaque atoll. Vous aurez ainsi le temps de vous imprégner de l'ambiance si particulière des Tuamotu et de profitez des plaisirs du lagon. Revenez à Rangiroa, plaque tournante des transports aux Tuamotu, et prenez l'avion pour **Fakarava**, un atoll de rêve où l'on peut combiner farniente, plongée et excursions sur le lagon. À Fakarava, il est judicieux de combiner un séjour au nord de l'atoll et une robinsonnade dans le sud, à Tetamanu..

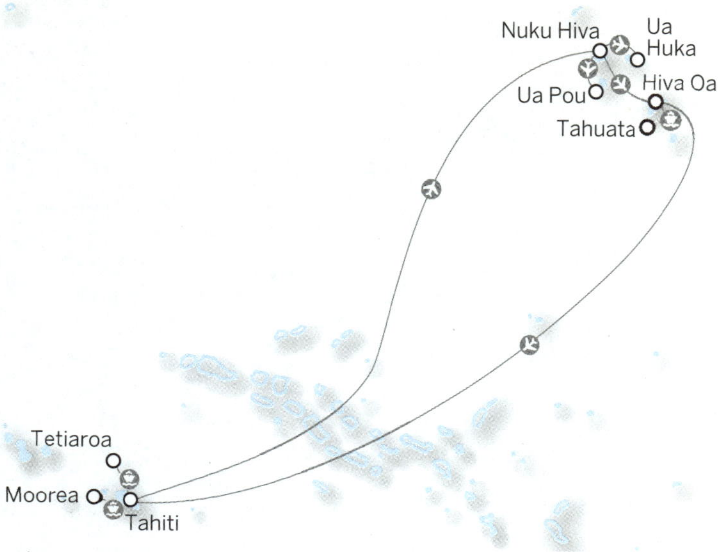

2 semaines

Exquises Marquises

Avant d'aborder les Marquises, prenez le temps de découvrir **Tahiti** et **Moorea**, ainsi que **Tetiaroa**, un atoll facilement accessible lors d'une excursion à la journée depuis Papeete. Vous aurez ainsi un aperçu des îles de la Société. Ensuite, prenez l'avion pour **Nuku Hiva**, la principale île des Marquises, dont les richesses naturelles et culturelles méritent au moins quatre jours : visite des sites archéologiques, randonnées pédestres, excursions, rencontres avec les artisants. En fonction des possibilités de transports (avion, bateau), rejoignez **Ua Pou** ou **Ua Huka**, des îles encore plus sauvages, idéales pour déconnecter et faire de belles randonnées pédestres. De retour à Nuku Hiva, prenez un vol pour l'autre grande île des Marquises, **Hiva Oa**, rendue célèbre par Paul Gauguin et Jacques Brel, qui possède d'importants vestiges archéologiques et de superbes paysages ; prévoyez quatre jours pour en découvrir les mystères. De Hiva Oa, vous pourrez faire une excursion à la journée à **Tahuata**, qui aligne quelques jolies baies isolées, frangées de plages de sable clair, et quelques hameaux où le temps semble s'être arrêté.

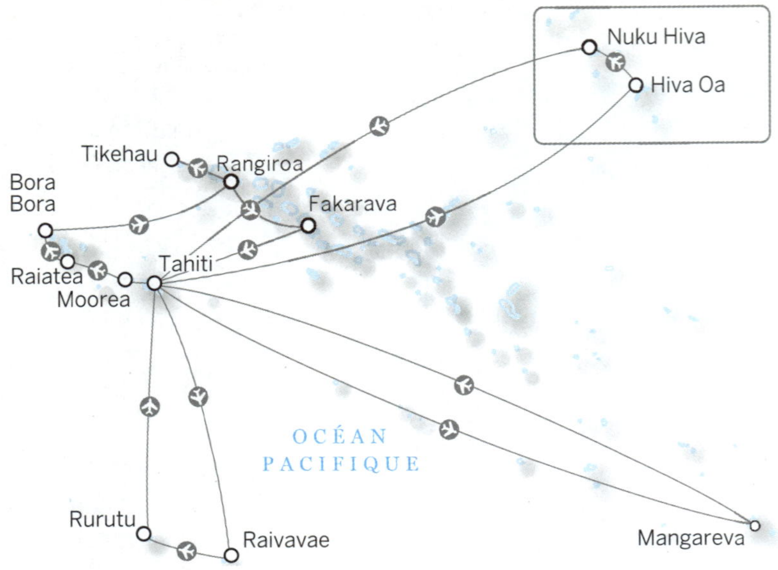

5 semaines

Panel d'archipels

Vous souhaitez une vue d'ensemble de la Polynésie, avec son incroyable diversité ? Ce parcours vous permettra de savourer des ambiances et des paysages complètement différentes, entre îles hautes, lagons et montages. Consacrez un peu plus d'une semaine à chaque archipel. Après le tour de **Tahiti**, visitez **Moorea** et l'une des îles de la Société les mieux desservies, comme **Raiatea** ou **Bora Bora**, puis passez directement aux Tuamotu, en avion. Si vous plongez, privilégiez les atolls de **Rangiroa** et **Fakarava** (voire **Tikehau**), dont les passes regorgent d'une faune exceptionnelle (requins, raies mantas, loches, dauphins). Ces atolls offrent également de belles possibilités d'excursions en bateau. Après avoir fait le plein d'images idylliques, revenez à Tahiti et prenez un vol pour les Marquises. **Nuku Hiva** et **Hiva Oa**, bien reliées entre elles, vous occuperont une bonne semaine, entre visites culturelles et activités sportives. Pour rejoindre le quatrième archipel, les Australes, il faut repasser par Papeete. En une semaine, vous aurez le temps de découvrir deux îles dans ce magnifique archipel, encore méconnu ; combinez par exemple **Raivavae**, réputée pour la beauté de son lagon, et **Rurutu**, célèbre pour son relief karstique, percé d'énormes grottes. Pour couronner le tout, passez quelques jours aux **Gambier**, l'archipel le plus méconnu de Polynésie. S'y rendre coûte très cher, mais le dépaysement est garanti ! Vous serez seul ou presque dans cette île éloignée, pratiquement inconnue des voyagistes.

Choisir son hébergement

Les plus beaux bungalows sur pilotis

Four Seasons Resort, Bora Bora (p. 167)

Saint Regis Bora Bora Resort, Bora Bora (p. 167)

Le Tahaa Private Island & Spa, Tahaa (p. 142)

Intercontinental Resort & Thalasso Spa, Bora Bora (p. 167)

Hôtel Kia Ora Resort & Spa, Rangiroa (p. 194)

Les meilleurs rapports qualité/prix

Pension Ariihevai, Mataiva (p. 202)

Maupiti Résidence, Maupiti (p. 177)

Rande's Shack, Huahine (p. 118)

Pension Atger, Tahaa (p. 142)

Sunset Hill Lodge, Bora Bora (p. 163)

Les plus belles vues

Hanakéé Pearl Lodge, Hiva Oa (p. 249)

Legends Resort, Moorea (p. 100)

Chez Robert et Tina, Bora Bora (p. 163)

Chez Bianca et Benoît, Gambier (p. 282)

Temetiu Village – Chez Gaby, Hiva Oa (p. 248)

Du bon choix de son hébergement dépend en grande partie la réussite d'un séjour en Polynésie. Les visiteurs n'ont qu'une idée très floue des possibilités d'hébergement disponibles dans les îles polynésiennes. La faute aux brochures des agents de voyages et aux reportages dans les magazines qui font étalage de somptueux bungalows sur pilotis, alors que cette formule est loin d'être la plus représentative. En réalité, les catégories d'hébergement sont assez diversifiées. L'éventail va du complexe balnéaire cinq étoiles à l'emplacement de tente.

Quelle que soit la formule, attendez-vous à ce que le rapport qualité/prix se révèle rarement favorable. Bon nombre d'hébergements – camping, hôtels, pensions – vous sembleront surfacturés par rapport au service, au niveau de confort, à la qualité des infrastructures, à l'emplacement, etc. Le personnel n'est pas toujours réactif, malgré l'existence de formations hôtelières spécifiques, et la notion de "prestation de service" est très irrégulière et approximative.

Campings

Oui, il est possible de planter la tente en Polynésie, mais il n'existe pas de camping au sens habituel du terme. En fait, les possibilités de camping sont informelles et consistent en des emplacements et un bloc sanitaire mis à disposition par des pensions de famille ou des particuliers, sur leur propriété. Rien de comparable, donc, avec les campings multiservices à l'anglo-saxonne.

On peut camper à Moorea, Maupiti, Huahine, Raiatea, Bora Bora, Tahaa, Fakarava, Rangiroa, Tikehau, Mataiva et Tubuai.

Ce mode d'hébergement est incontestablement le moins onéreux, mais les tarifs varient selon les îles : comptez de 1 300 à 2 500 CFP/pers (environ 11 à 20 €). Prévoyez impérativement d'autres possibilités d'hébergement en cas d'intempéries – rien de pire qu'une nuit sous un déluge tropical –, et munissez-vous d'une bonne moustiquaire.

Lits en dortoir

Il n'existe aucune auberge de jeunesse en Polynésie, mais, sur plusieurs îles, quelques pensions disposent de pièces aménagées en petits dortoirs de quelques lits, d'un niveau de confort variant du sommaire à l'acceptable. C'est le cas à Tahiti, Moorea, Raiatea et Rangiroa. Comptez environ 2 500 CFP/pers et par nuit (environ 20 €).

Pensions de famille

Cette formule se développe de plus en plus en Polynésie. C'est l'option la plus répandue (on en compte environ 200, dans tous les archipels), et presque toutes les îles en possèdent.

Cette appellation fait référence à deux types d'hébergement : la chambre chez l'habitant (une pièce dans la maison des propriétaires) ou, plus généralement, la location de bungalows indépendants sur la propriété de la famille. Les chambres à l'intérieur de la maison des propriétaires offrent un confort très standard, avec ou sans sdb privative. Les maisons elles-mêmes n'ont pas de cachet particulier. Quant aux "bungalows", le pire côtoie le meilleur. Les moins chers sont des constructions sommaires, en contreplaqué, de style vaguement traditionnel, avec, au mieux, une douche, des toilettes, un lit, une moustiquaire ou un tortillon antimoustiques et un ventilateur, voire un brasseur d'air (gros ventilateur au plafond). L'eau chaude n'est pas toujours disponible, mais elle est à température ambiante, donc tiède.

Dans la gamme moyenne, les pensions louent des bungalows plus confortables, en dur et carrelés, ou en bois solide (ils ressemblent alors à de petits chalets), avec un toit en palmes de cocotier (*niau*) ou des bardeaux en bois, et parfois des murs recouverts de bambou tressé, plus conformes aux attentes des touristes. Ne rêvez cependant pas : ils restent de conception simple et leur résistance au vieillissement et aux intempéries n'est pas éternelle. Leur confort dépend donc de leur date de mise en service, et de leur degré de maintenance... D'une pension à l'autre et d'une île à l'autre, vous constaterez que tous ces bungalows se ressemblent, car il n'y a qu'un seul modèle disponible. Quant à la clim, elle est encore exceptionnelle dans ce type de constructions. Gardez en tête que les bungalows qui agrémentent les dépliants touristiques sont ceux des hôtels de luxe.

Bon nombre de prestations annexes sont gérées directement par les pensions : pique-nique sur un motu, tour de l'île, pêche, etc. S'ils n'organisent pas eux-mêmes des activités, vos hôtes se chargeront de contacter les prestataires souhaités.

Dans la plupart des cas, les pensions assurent la restauration. La formule la plus courante est la demi-pension, c'est-à-dire la nuitée, le petit-déjeuner et le dîner. La qualité de la cuisine dépend des pensions ; certaines jouissent d'une excellente réputation dans ce domaine, d'autres ne font guère

LES BONNES QUESTIONS À SE POSER

Avant de choisir un hébergement, tenez compte de plusieurs facteurs, à commencer par la localisation. Y a-t-il une plage dans les environs ? Méfiez-vous de l'appellation "en bord de lagon", qui n'est pas synonyme de "en bord de plage". Vous risquerez fort de vous retrouver les pieds dans l'eau sur du récif... coupant ! Par ailleurs, "en bord de plage" ne signifie pas que la zone soit propice à la baignade (le lagon est trop peu profond, par exemple). Les seuls établissements possédant une plage (souvent artificielle) sont les grands hôtels ou les structures implantées sur les îlots (motu) de la barrière de corail.

Autres critères qui méritent considération : où sont les infrastructures touristiques et les services dont vous aurez besoin (clubs de plongée, commerces, etc.) ? Les transferts au quai ou à l'aérodrome sont-ils inclus ? Comment peut-on se déplacer ? Y a-t-il des vélos et des kayaks ? Si l'on voyage avec des enfants, l'établissement est-il adapté à l'accueil des familles ? Le Wi-Fi est-il payant ? Si l'on est isolé sur un motu, quelles sont les activités prévues ? Est-il possible de rejoindre facilement l'île principale ou est-on "captif" ? Y a-t-il des possibilités de restauration et des épiceries à proximité ? Quel est le coût des extras (boissons, déplacements, sandwichs, pique-nique) ?

d'effort pour sortir de la figure imposée poisson-riz. Les boissons alcoolisées sont rarement proposées (il faut une licence).

Le ménage quotidien n'est pas systématique. En principe, les serviettes et le savon sont fournis. Selon les pensions, les transferts sont ou ne sont pas inclus dans le tarif. Ne les oubliez pas dans le calcul de votre budgetcar les transports en commun sont presque inexistants. La facture peut vite gonfler si la pension est installée sur un îlot éloigné !

Comptez entre 6 500 et 9 000 CFP/pers et par jour en demi-pension (54-75 € environ) dans une pension ordinaire. Dans la gamme moyenne, comptez de 9 000 à 15 000 CFP/pers et par jour en demi-pension (75-120 € environ). Ces tarifs sont indicatifs et varient selon les îles. Pour la pension complète (nuitée plus 3 repas), ajoutez 1 500 à 2 500 CFP (13-21 €). Les enfants de moins de 12 ans paient demi-tarif. Prévoyez des espèces, car toutes les pensions ne sont pas équipées pour recevoir la carte de crédit.

L'office du tourisme à Papeete vous remettra une liste des pensions, île par île.

Quelques sites utiles sur les pensions :

Haere Mai (www.haere-mai.pf). Le site de la Fédération Haere Mai, avec une centrale de réservation. Mise à jour irrégulière.

Pensions de famille (www.tahiti-pensions.com). Similaire au précédent. Regroupe une bonne partie des pensions, dans tous les archipels.

Séjours dans les îles (www.sejoursdanslesiles.pf). Prestation d'Air Tahiti, qui a mis en place un système intéressant de forfaits avion plus hébergement dans des pensions sélectionnées, dans tous les archipels.

Petite hôtellerie

Dans cette gamme intermédiaire, on peut trouver d'excellents hébergements. Généralement, ils sont bien situés et proposent un confort supérieur aux pensions. Il s'agit généralement de bungalows indépendants d'assez bon standing, tout équipés. Le style est "traditionnel" (de type *fare* polynésien, avec toit en *niau*) mais intègre des éléments de confort. Les tarifs se situent dans une fourchette allant de 90 à 150 € le bungalow pour 2 personnes, sans les repas. L'établissement comprend généralement un restaurant. La plupart acceptent la carte de crédit.

Hôtels de luxe

Vitrine touristique de la Polynésie, les hôtels de luxe incarnent le rêve tropical par excellence. Ces somptueux complexes balnéaires se composent d'un ensemble de bungalows de grand standing s'intégrant harmonieusement à l'environnement. Il en existe à Tahiti, Moorea, Huahine, Raiatea, Tahaa, Rangiroa, Manihi, Fakarava, Tikehau, Hiva Oa, Nuku Hiva et surtout Bora Bora. Certains appartiennent à des particuliers, mais la plupart font partie d'une chaîne (Méridien, Hilton, Intercontinental, Accor, Four Seasons, Pearl Beach, Maitai). Une bonne partie de leur clientèle est constituée de couples en lune de miel japonais ou américains.

Ces établissements sont bâtis sur les plus beaux secteurs des îles. Certains sont même construits sur les motu (îlots), dans un cadre paradisiaque avec cocotiers et sable blanc. Ils comprennent souvent deux restaurants, un bar de plage, une piscine, une boutique, une bijouterie de perles, un spa, des équipements sportifs et organisent toutes les activités. Des animations sont aussi proposées, comme un buffet animé de danses traditionnelles, deux ou trois fois par semaine.

Il existe en général trois types de bungalows – jardin, plage et sur pilotis –, avec des subdivisions ("suites jardin", "pilotis premium", etc.). L'architecture est de style traditionnel (toits en pandanus, murs en bambou) et la décoration, raffinée, intègre des bois précieux, du parquet et des *tapa* aux murs. Dans les bungalows sur pilotis, les musts sont la table vitrée encastrée dans le plancher, amovible pour pouvoir donner à manger aux poissons, une terrasse avec accès direct au lagon et le petit-déjeuner livré en pirogue à la demande.

Les tarifs publics sont astronomiques : comptez de 300 à 1 500 € la nuitée pour 2 personnes, sans les repas ni les activités. Ajoutez environ de 45 à 90 €/jour pour la pension complète. Les plus onéreux sont les bungalows sur pilotis, aménagés directement sur le lagon. En réalité, rares sont les clients qui paient le tarif public. La quasi-totalité des touristes achètent ces prestations par l'intermédiaire d'une agence de voyages, qui bénéficie de tarifs négociés. Avec un "package", la note est plus abordable. Guettez les offres promotionnelles proposées par les hôtels, à certaines époques de l'année. Il arrive que des bungalows sur pilotis soient "soldés" à 200 € la nuitée !

Contrairement à ce qu'on imagine, la plupart de ces complexes ne sont pas des forteresses et sont ouverts aux clients extérieurs, qui pourront prendre une consommation au bar, dîner au restaurant ou assister à un spectacle de danse, à des tarifs qui restent raisonnables.

Plongée sous-marine

S'informer

www.diving-tahiti.com
Guide des poissons de Tahiti et ses îles, Philippe Bacchet, Yves Lefèvre, Thierry Zysman (Au Vent des Îles, 2007)
Rangiroa, sous le signe du poisson, Yves Lefèvre (Au Vent des Îles, 2002)
Guide des récifs coralliens de Tahiti et ses îles, Bernard Salvat (Au Vent des Îles, 2011)

Le top des plongées à sensations

Passe nord, Fakarava
Passe sud, Fakarava
Tiputa, Rangiroa
Passe de Tuheiava, Tikehau
Passe Teavanui, Raiatea
Le Trou de la Pieuvre, Raiatea
Le Trou aux Gris, Maupiti

Le top des sites à baptême

L'Aquarium, Tahiti
Nemo, Maupiti
Motu Nuhi Nuhi, Rangiroa

Le top des plongées sur épaves

Le Nordby, Raiatea
L'"hydravion et la goélette, Tahiti

Un seul mot : fa-bu-leux. La plongée en Polynésie est de classe mondiale, avec un éventail de sites exceptionnels, dans tous les archipels. Le lagon translucide, le bleu profond de l'océan, une eau chaude en permanence, pas de pollution, pas de surfréquentation des sites et des centres de plongée professionnels, bons connaisseurs de la faune locale, qui accueillent les plongeurs dans d'excellentes conditions de sécurité : tous ces atouts font de la Polynésie une destination de rêve pour pratiquer la plongée. S'y ajoute un privilège énorme : la certitude d'approcher facilement de grosses espèces de poissons, notamment plusieurs sortes de requins et des raies mantas. En quelque sorte, la Polynésie est à la plongée ce que le Kenya est au safari animalier. Autre bonne nouvelle : les plongées conviennent aussi bien aux confirmés qu'aux débutants. Le seul réel "point faible" est la quasi absence d'épaves.

Consultez les chapitres régionaux à la rubrique *Activités* pour les coordonnées des centres de plongée et les détails de leurs prestations.

Conditions de plongée

Les conditions de plongée sont exceptionnelles, et l'on peut plonger toute l'année. La température de l'eau oscille entre 26° et 29°C. C'est pendant l'été austral (novembre à mars) qu'elle est la plus chaude. Chaque saison et chaque zone ont leur charme ; ainsi, les requins-marteaux sont à Rangiroa de novembre à février, tandis que la période juillet-septembre est plus propice à l'observation des raies mantas. La visibilité est partout excellente, sauf aux Marquises où elle dépasse rarement les 15 mètres. Ailleurs, elle flirte facilement avec les 40 m, sauf en période de pluie, au cours de laquelle les cours d'eau charrient des sédiments dans le lagon.

À savoir : le vent peut jouer les trouble-fête. Un certain nombre de sites ne sont pas accessibles s'il y a trop de vent et si la mer est trop agitée.

Les plongées se déroulent dans un cadre somptueux : le lagon (baptême et initiation), le versant océanique du récif ("plongée océan"), au profil de tombant plus ou moins abrupt, et dans les passes, qui jouent un rôle de carrefour pour la faune. Sur la plupart des îles, les sites sont rapidement accessibles (de 5 à 15 min), sauf aux Marquises, où, plus éloignés, ils nécessitent un trajet de 30 à 40 minutes de bateau.

SITES DE PLONGÉE

Essayez de combiner plusieurs îles lors de votre séjour, car chacune possède ses spécificités.

Tahiti

La plongée à Tahiti, moins réputée que dans les autres îles, est bien plus riche et surprenante qu'on ne l'imagine, même si l'on y voit moins de grosses espèces qu'ailleurs. L'attrait de Tahiti vient de sa petite faune corallienne et du relief sous-marin, composé de tombants vertigineux et de failles dans le récif, ainsi que du nombre de sites disponibles (on en dénombre près d'une vingtaine, en lagon et en océan, répartis entre Arue et Punaauia). Quelques petites épaves ajoutent une note de diversité. Quant à l'état des coraux, il varie de médiocre à acceptable, en raison des dégâts causés par les cyclones et l'*Acanthaster planci* (une étoile de mer qui se nourrit des coraux).

De mi-juillet à mi-octobre, la plupart des centres de plongée de Tahiti organisent également des sorties d'observation des baleines et, toute l'année, des sorties d'observation des dauphins, à l'ouest de l'île.

Tahiti Nui

Reportez-vous p. 56 pour les coordonnées des centres de plongée de Tahiti Nui.

Failles d'Arue – Le site le plus réputé de la côte est, dans la baie de Matavai. Plateau corallien immergé à 5 m de profondeur, à l'extérieur du récif, idéal pour les baptêmes, puis tombant qui s'enfonce dans les abysses. À moins de 100 m de là, entre -10 et -30 m environ, deux failles étroites forment deux échancrures dans ce plateau. Faune abondante (nudibranches, alcyonaires, polypes de corail, anémones, crabes). Présence de requins attirés par des appâts.

L'Aquarium – Un enchantement pour les débutants. Aquarium mi-naturel, mi-artificiel aménagé dans le lagon, près de la piste de l'aéroport à Faa'a. Des centaines de tonnes de coraux ont été déplacés avec des parachutes gonflés à l'air, puis rassemblés dans le lagon. La carcasse d'un cessna et deux coques de bateau animent le relief.

L'hydravion et la goélette – Deux petites épaves (rares en Polynésie !), posées sur un fond sableux, par -20 m, dans le lagon de Faa'a. L'hydravion, de type Catalina, doté d'une structure en aluminium, servait à la liaison entre Tahiti et Bora Bora. La goélette, en bois, est en moins bon état, mais l'armature est entière.

La Source – Source d'eau douce jaillissant au sommet d'un pinacle corallien, à quelques mètres sous la surface. Plusieurs autres pitons coralliens sont proches de cette source et abritent une faune récifale dense, entre 15 et 20 m sous la surface. Tortues, napoléons, raies léopard. Plongée facile, dans moins de 20 m d'eau. En face de la pointe des Pêcheurs à Punaauia, sur la côte ouest.

Tombant Saint-Étienne – Très bel à-pic sous-marin, de -15 m à -40 m. Bancs de perches et de saupes.

Plateau de la Tortue – Plateau à -12 m, dont les contours forment un tombant jusqu'à -40 m. Présence de plusieurs tortues "apprivoisées", que les moniteurs nourrissent à la main. Colonie de dauphins stenelles tous les matins, en surface. Raies léopard, requins pointes blanches et corail noir. Coraux en mauvais état. Au milieu de la baie des Pêcheurs.

Vallée Blanche (pointe de Faa'a) – En face de la tour de contrôle de l'aéroport. Site très régulièrement proposé. Belle densité de poissons car les moniteurs pratiquent le "smelling" de temps à autre (ils déposent une tête de thon) pour attirer la faune, notamment des requins citron, des requins pointes noires et des pointes blanches. Plongée facile, entre -15 m et -25 m. Napoléons, tortues, murènes et bécunes. Récif en pente douce, agrémenté de formations coralliennes. Pour les confirmés, champ de roses coralliennes entre -40 m et -50 m.

Temaruata – Caractéristiques similaires à la vallée Blanche, à hauteur du PK 16.

Vallée des Rougets – Avancée corallienne truffée d'espèces (rougets, perches, murènes, bécunes, mérous et tortues apprivoisées) et passage de requins citron et de pointes blanches. Entre -20 m et -30 m.

La presqu'île (Tahiti Iti)

La spécificité des plongées à la presqu'île tient à la limpidité exceptionnelle de l'eau, aux vertigineux tombants et à la présence d'imposantes gorgones.

Marado – Tombant impressionnant, parcouru de deux cheminées. Gorgones.
La plongée se termine sur le platier, veiné de petits canyons.

Canyon blanc – Plongée océan, au large de Papeari. Grand tombant et plateau corallien.

Trou du Lagon – Cuvette circulaire à l'intérieur du lagon, reliée au reste du lagon par un chenal. Une faune riche y a élu domicile.

Les Gorgones – Plongée océan. Corail noir, alcyonaires (coraux mous), requins, murènes.

Fer à Cheval – En face de Teahupoo. Tunnel en forme de fer à cheval qui relie le lagon à l'océan.

Faille de Tautira – Un site pour amateurs de plongées profondes. Grande faille dans le récif, entre -40 m et -60 m, garnie de volumineuses gorgones.

Tetiaroa

Quelques centres de plongée organisent environ une fois par mois des sorties à la journée sur l'atoll de Tetiaroa, combinant une plongée et une excursion sur l'île aux Oiseaux. Les sites sont faciles et se caractérisent par la variété du relief, animé de grottes, d'arches, de cavités et de failles dans le récif (beaux jeux de lumière), dans moins de 15 m d'eau. Les sites sont peu pêchés, donc poissonneux.

Moorea

Les coraux de Moorea ont beaucoup souffert des dégâts causés par la *taramea* (nom polynésien de l'étoile de mer *Acanthaster planci*), mais les plongées gardent cependant leur intérêt, grâce à la présence régulière de requins citron et de raies, ainsi qu'à la clarté de l'eau et au relief sous-marin, avec une dominante de canyons creusés dans le récif. Pendant la période juillet-octobre, il est fréquent d'apercevoir des

UN BAPTÊME DANS LE LAGON

La Polynésie réunit tous les atouts pour s'initier à la plongée sous-marine : l'eau est chaude, limpide et le lagon ressemble à une immense piscine très rassurante et peu profonde. Tous les centres de plongée emploient des moniteurs professionnels qui vous feront connaître vos premières joies subaquatiques lors du baptême.

Le baptême est une balade sous-marine d'une trentaine de minutes, encadrée par un moniteur, dans un site très sécurisant (3 à 6 m d'eau, sans vague et sans courant). Aucune formalité n'est requise, si ce n'est une autorisation parentale pour les mineurs. Les seules contre-indications sont d'ordre médical : affections ORL graves, épilepsie et pathologies cardio-vasculaires, rhume, sinusite et grossesse. Comptez de 45 à 75 €, selon le centre. Si vous avez le choix sur une île, frappez à plusieurs portes pour trouver le centre qui vous inspire le plus. Comme pour toute activité nouvelle, la relation de confiance est essentielle pour la réussite d'un baptême. Sentez l'ambiance et écoutez votre feeling.

Le moniteur prend un ou deux élèves à la fois. À terre, il vous explique brièvement les règles élémentaires de sécurité (communication par signes : "ça va", "ça ne va pas", manœuvre d'équilibration des oreilles) et vous présente le matériel.

Vient ensuite le grand moment : l'immersion, dans un site peu profond. Le moniteur vous équipe. Premier essai de respiration dans le détendeur, en surface. Il vous fait descendre en douceur, en vous tenant par la main et en ne vous quittant pas des yeux. Au fond, il guide vos évolutions, pendant 30 à 45 minutes. Vous n'avez qu'à respirer et à faire le plein d'images, en apesanteur !

Grisé par ces sensations nouvelles ? Vous pouvez alors envisager une formation débutant pour décrocher un brevet reconnu dans les centres de plongée du monde entier. En Polynésie, vous pouvez suivre le cursus français (du niveau 1 au niveau 4) et, dans certains centres, les cursus anglo-saxons PADI ou SSI. La formation dure de 3 à 4 jours et vous permet de plonger encadré par un moniteur dans la zone des -20 m (-29m en Polynésie). Comptez de 350 à 450 €.

baleines. Les sites, presque tous situés au nord de l'île, conviennent à tous les niveaux et sont très facilement accessibles depuis les centres de plongée, tous basés le long de la côte nord, à l'exception du Ia Ora Diving, à l'hôtel Sofitel.

Reportez-vous à la p. 93 pour les coordonnées des centres de plongée de Moorea.

Le Tiki – Site célèbre, réputé pour sa faune prolifique et la présence régulière de plusieurs espèces de requins (pointes noires, requins gris, requins citron). L'exploration s'effectue à l'extérieur du récif, à -25 m de profondeur, à l'extrémité nord-ouest de l'île. La limpidité de l'eau est excellente. Également perches, chirurgiens, balistes, lutjans, papillons, mérous et napoléons.

Canyons d'Opunohu/Eden Park – *Le* spot favori des requins citron, attirés par les appâts apportés par les moniteurs. Selon les jours, on en croise de 2 à 7 individus. Joli relief, creusé de petites vallées, mais corail très pauvre.

Jardin des roses – Immense champ de roses de corail sur le versant océanique du récif, par -50 m. Le plein de sensations pour les plongeurs expérimentés.

Taotoi – Un grand classique, au nord-est. Jardin de corail vallonné, faune récifale abondante.

Le centre de plongée Ia Ora Diving, au Sofitel (p. 103), exploite des sites différents, tous situés à l'est de l'île :

Passe de Vaiare – Les plongées s'effectuent sur les extérieurs de la passe. Présence de pointes noires et de requins citron sur l'extérieur droit. Relief agrémenté de cavités sur l'extérieur gauche.

Temae – Site très original, où l'on découvre une vallée de sable blanc entrecoupée d'éperons coralliens, dans laquelle ont élu domicile des colonies d'hétérocongres (sortes de petites anguilles qui ondulent mollement dans le courant) ; dès qu'on s'approche, elles s'enfouissent dans le substrat sableux.

Le tombant (passe de Teruaupu) – Une plongée le long d'un tombant, entre -6 m et -50 m.

Couloir des raies – Un site facile, dans le lagon, entre -2 m et -20 m, où l'on a de bonnes chances d'apercevoir des raies aigles et des platax.

Huahine

Comme dans le reste de l'archipel de la Société, les coraux ont souffert des dégâts causés par l'*Acanthaster planci* et par le cyclone Oli en 2010.

Reportez-vous à la p. 115 pour les coordonnées des centres de plongée de Huahine.

Passe d'Avapeihi – Le site phare du nord de l'île, à quelques minutes de bateau de Fare. Bancs de bécunes, de carangues, de requins gris et de raies, entre -10 m et -28 m. Les centres de plongée locaux y emmènent les plongeurs de niveau 1, mais ce site est plutôt adapté aux confirmés, car il faut palmer à contre-courant en fin de plongée pour revenir au bateau.

Fa'a Miti – Au nord-ouest de l'île, juste avant l'aérodrome. Murènes, faune récifale diversifiée, petits canyons, chemins de sable. Plongée facile, entre -10 et -25 m, mais le corail a été dévasté par le cyclone.

Cité Corail – À hauteur de l'aéroport, au bout de la piste. Requins pointes noires, requins gris, murènes. Porte mal son nom, car le corail a là aussi beaucoup souffert du cyclone.

Les Roses – Tout près de la Cité Corail. Magnifique champ de roses de corail vers -45 m. Pour confirmés.

Passe Araara – Au sud de l'île. Belle passe, fréquentée par des tortues vertes, des barracudas et quelques requins (gris et pointes blanches). Le corail est en meilleur état que dans les sites du nord de l'île.

Passe Farerea – À l'est de l'île. Site exposé aux vents dominants. Plongée facile, par -25 m. Rencontres avec des pointes noires, des pointes blanches, des napoléons et des carangues.

Raiatea et Tahaa

Les deux centres de Raiatea et le centre de Tahaa desservent indifféremment les sites de Raiatea et de Tahaa. Les plongées sont faciles, variées, peu fréquentées et accessibles à tous les niveaux. Avec Tahiti, Raiatea est la seule île de Polynésie offrant une plongée sur épave.

Reportez-vous aux p. 129 et p. 139 pour les coordonnées des centres de plongée de Raiatea et de Tahaa.

Nordby – Juste devant l'hôtel Hawaiki Nui, l'une des rares épaves de Polynésie, entre -18 m et -29 m. Ce splendide trois-mâts d'une soixantaine de mètres de long a coulé en 1900. Elle est largement garnie d'éponges encroûtantes, au milieu desquelles de nombreux nudibranches peuvent être observés. On peut évoluer dans les cales, ouvertes. Présence de poissons pterois, cochers, poissons-anges, coraux noirs, poissons-chirurgiens, poissons-feuilles. Ce site est idéal pour les plongées de nuit ; on voit alors des grosses loches qui dorment dans l'épave.

Passe de Teavapiti – Site superbe, poissonneux, offrant des plongées différentes, par courant rentrant ou courant sortant. Également propice aux baptêmes. On observe de multiples requins gris, des raies léopard, des raies mantas (à certaines époques de l'année), des bancs de bécunes, des carangues, des perches et des napoléons.

Les Roses – Désignent un vaste champ de roses de corail, par -40 m. Pour les plongeurs confirmés.

Miri – Au-dessus des Roses. Quelques napoléons et pointes noires. Pour tous niveaux (profondeur moyenne : entre -15 m et -25 m). Porites, perches pagaies, carangues. Faciles.

Passe de Céran – À Tahaa (côte est), la passe de Céran, sauvage, est très réputée pour son relief tourmenté, avec des surplombs, des gros pitons et des recoins. On admirera du corail jaune, des barracudas, des requins gris, des pointes blanches, des bancs de carangues, des napoléons et des murènes, par -35 m environ. Pour confirmés.

Trou de la Pieuvre – L'une des plongées les plus spectaculaires des îles de la Société, au sud-est de Tahaa, pour plongeurs très expérimentés uniquement. On s'immerge dans un trou bleu dans le lagon, dont l'entrée commence vers -27 m. Il est égayé de stalactites et se prolonge par une deuxième salle, vers -45 m.

Passe de Tiva – À Tahaa (côte ouest). Plusieurs plongées possibles (extérieur droit, extérieur gauche). Surplombs garnis de corail jaune. Belle visibilité par courant rentrant. Passage de thons, de barracudas, de platax et de napoléons.

Tau Tau – À Tahaa (côte ouest). Plongée océan, sur la pente externe du récif, à 45 minutes du centre de plongée. Eau très claire, offrant une vision panoramique. Napoléons, carangues, thons, barracudas, pointes blanches.

Tapu Tapu – À Tahaa (côte ouest), un peu plus au nord que Tau Tau. Caractéristiques similaires à Tau Tau.

Lagon Tau Tau – À Tahaa (côte ouest), plongée dans le lagon, facile d'accès, adaptée aux débutants. Belles patates de corail dans 5 m d'eau, et petit tombant que l'on longe dans la zone des 10 m. Beaucoup d'espèces lagonaires, ainsi que des tortues. Le corail est assez bien préservé.

Bora Bora

Les plongées à Bora Bora sont splendides mais manquent de diversité. À peine quatre sites sont régulièrement exploités par les centres de plongée de l'île, d'où une certaine surfréquentation. Comme dans les autres îles de l'archipel, une bonne partie du corail a été dévastée par la vorace *Acanthaster planci* voici quelques années. Bora Bora est une destination idéale pour les débutants, avec des sites à baptême très sécurisants, dans une eau cristalline.

Reportez-vous à la p. 159 pour les coordonnées des centres de plongée de Bora Bora.

Anau – Une plongée superbe, dans le lagon, côté est. Les stars de ce site sont les raies mantas (de 2 à 8 individus), qui viennent se faire déparasiter par des labres, dans moins de 20 m d'eau. Visibilité réduite (une dizaine de mètres environ). Plongée organisée en matinée uniquement, pour limiter l'impact sur les raies.

Too Pua et Toopua Iti – Ce tombant dans le lagon, de -3 m à -30 m, est fréquenté par des raies léopard, des murènes et une abondante faune récifale. Toopua Iti présente un relief intéressant, avec de petits canyons et tunnels.

Muri Muri – Également appelé la vallée Blanche, ce site magnifique, à l'extérieur du récif, près de l'aéroport, procure des sensations fortes : on y plonge pour observer des requins qui, habitués à être nourris, convergent dès que le bateau s'est immobilisé. Thons, barracudas, tortues, bancs de carangues. Accès difficile (environ 30 min depuis Matira), tributaire des conditions météo. Pour confirmés.

Tapu – À l'ouest de l'île, au large du motu du même nom. Rencontres avec plusieurs requins citron (jusqu'à 10 individus !), par -15 à -40 m, habitués à fréquenter le site grâce à des stimuli alimentaires (généralement des appâts déposés par les moniteurs). Quelques petits canyons et crevasses égaient le relief.

Haapiti – Tombant en pente douce. Ancien site de *feeding*, présence régulière de requins (pointes noires et requins citron) dans une eau très claire.

Tupitipiti – Une plongée à grand spectacle, malheureusement très rarement proposée par les centres locaux, car éloignée (il faut passer par la passe de Teavanui, soit au moins une heure de bateau) et très exposée au vent et à la houle. Belle architecture corallienne, relief très diversifié (éboulis, anfractuosités), coraux en bon état.

Maupiti

Une excellente surprise ! À la grande satisfaction des plongeurs, les fonds marins de cette île sont encore très préservés. Par rapport au reste de l'archipel, le corail est en bien meilleur état (surtout à l'est de l'île).

Maupiti se distingue par la présence d'une station de nettoyage de raies mantas, dans le lagon, à proximité de la passe. Quatre autres sites sont régulièrement exploités, la plupart à l'extérieur de la barrière de corail, sur la pente externe du récif. Il n'y a qu'un seul centre, dont les plongées ne se font qu'en petit comité.

Aucune plongée n'a lieu dans l'unique passe de l'île (passe Onoiau), trop dangereuse en raison des courants. Quant aux sites à l'extérieur du lagon, ils ne sont pas toujours accessibles, car le bateau du centre de plongée ne peut pas sortir de la passe en cas de trop forte houle (deux jours par semaine en moyenne).

Reportez-vous à la p. 176 pour les coordonnées du centre de plongée de Maupiti.

Manta Point – Une station de nettoyage pour raies mantas. D'avril à mi-septembre, de 2 à 5 raies mantas tournoient dans moins de 8 m d'eau, dans la partie sud du lagon, près de la passe, et se font déparasiter par des labres. La visibilité est parfois très réduite, mais le spectacle est extraordinaire. Ne pas trop s'approcher pour ne pas les déranger. Tous niveaux.

Nemo – Une grande plaine sableuse sur laquelle sont disséminées des patates de corail, dans le sud du lagon. Excellent site pour l'initiation, dans quelques mètres d'eau.

Faaapu – Site magnifique, avec de superbes paysages sous-marins, accessible après une vingtaine de minutes de navigation, sur le versant externe du récif, à l'est de l'île. Vaste cirque corallien vers -12 m, et restanques sableuses entre -30 m et -45 m. Très poissonneux.

Trou aux Gris – Site un peu plus au sud que le précédent. Relief accidenté, succession de tombants. De 30 à 50 requins gris sont présents dans la zone des -50 m (il s'agit probablement d'une nurserie). Très bonne visibilité. Pour confirmés.

La Grotte – Belle grotte creusée dans le récif, habitée par des dizaines de rougets, à l'est de l'île. Formations coralliennes en très bon état.

Jardin de corail – Au nord du lagon, face à la pension Chez Jeanine. Une série de magnifiques massifs coralliens sont dispersés dans un chenal peu profond. Petite faune multicolore, passage de raies aigles et de pastenagues. Bon site à baptêmes.

Tuamotu

Rangiroa

Fantastique, exceptionnel, époustouflant... "Rangi", c'est la plongée de tous les superlatifs, avec des sites de classe mondiale qui attirent les plongeurs, les vidéastes et les photographes sous-marins du monde entier. Explication : c'est l'une des rares zones dans le monde où l'on est assuré de rencontrer la grosse faune pélagique du Pacifique (plusieurs espèces de requins, thons, espadons, carangues, dauphins, raies mantas et raies léopard, entre autres) à chaque plongée ou presque, à seulement quelques minutes de bateau des centres de plongée (la logistique est donc très légère), avec une superbe visibilité. Pour les passionnés de plongée animalière, c'est un pur régal, car on peut assister à différents comportements (reproduction, prédation, etc.).

Paradoxalement, les sites ne sont pas très variés (5 ou 6 sont couramment exploités) et les massifs coralliens sont pauvres ; en

CROISIÈRES PLONGÉE

Pour ceux qui souhaitent conjuguer les plaisirs de la croisière à ceux de la plongée, la formule croisière plongée est tout indiquée. Deux sociétés installées de longue date en Polynésie proposent cette prestation :

» **Aqua Polynésie** (en France ☎01 64 90 50 10 ; www.aquatiki.com). Luxueux catamaran de 18 m, récent (2011). Croisières à la cabine dans les Tuamotu du Nord (départ de Fakarava), dans les Tuamotu du Centre (départ Makemo) et occasionnellement aux Marquises (départ de Nuku Hiva), d'une durée de 9 à 18 jours. Bateau spécialement étudié pour les croisières plongée, 8 plongeurs au maximum. À partir de 2 800 € par personne.

» **Niyati Plongée** (☎79 10 54 ; www.niyati-plongee.com). Voilier monocoque (15,40 m) de propriétaire, équipé de 2 cabines (4 personnes au maximum), basé à Raiatea. Croisières à la cabine dans les îles Sous-le-Vent. Programme plongée et snorkeling à la carte, de 2 à 9 jours.

fait, ce sont les plongées dérivantes dans les deux passes (Tiputa et Avatoru) et la densité de la faune (surtout les requins) qui donnent une tonalité si particulière aux plongées de Rangiroa.

La plupart des plongées sont des dérivantes (on se laisse entraîner par le courant rentrant, dans la passe), mais il existe des variantes plus classiques, le long des abords extérieurs des passes. La plupart des sites sont accessibles aux niveau 1, à condition d'être bien à l'aise dans l'eau (sinon, faites une ou deux plongées de réadaptation avant de vous lancer dans les dérivantes).

Reportez-vous à la p. 188 pour les coordonnées des centres de plongée de Rangiroa.

Passe de Tiputa – Le site le plus célèbre de Polynésie. Sa notoriété est mondiale. Plusieurs plongées sont envisageables, en fonction du sens du courant : dérivante par courant rentrant ; extérieur droit et extérieur gauche par courant sortant ; traversée de passe en diagonale (à l'étale). Ambiances à chaque fois différente. Toutes les rencontres sont possibles dans cette passe fabuleuse : raies mantas par dizaines (surtout lorsque le courant est sortant pendant plusieurs jours d'affilée), requins gris par centaines, groupes de dauphins tursiops qui viennent jouer avec les plongeurs, escadrilles de raies léopard... Entre novembre et février, d'énormes requins-marteaux, plus discrets, évoluent près du lit de la passe. Et toute la petite faune récifale.

L'Éolienne – Plongée le long de la pente externe du récif, à l'écart de la passe de Tiputa, à droite (donc pas de courant). Formations coralliennes très pauvres, mais site facile et agréable, idéal pour une plongée de réadaptation. Les requins font régulièrement leur apparition.

Motu Nuhi Nuhi (l'Aquarium) – Site calme et abrité, dans le lagon, réservé aux débutants et aux inconditionnels de snorkeling (masque et tuba), riche en petite faune corallienne, où la profondeur ne dépasse pas 10 m.

Le Bleu – Pour les amateurs d'adrénaline... Les plongeurs s'immergent côté océan, assez loin de l'entrée de la passe, dans le bleu. Le moniteur descend une cage contenant un morceau de poisson mort. Des requins (surtout des requins soyeux, des gris et des requins à aileron blanc de récif) montent des profondeurs et viennent tournoyer autour de l'appât.

Passe d'Avatoru – Moins emblématique (et moins poissonneuse) que la passe de Tiputa, mais grandiose tout de même. Trois plongées différentes, en fonction du sens du courant (dérivante, extérieur gauche, extérieur droit). Passage occasionnel de raies mantas. À l'extérieur droit de la passe, présence régulière de gros requins pointes blanches de récif, assez intimidants, appâtés par les clubs locaux au moyen du "*smelling*". Carangues, bécunes, lutjans, priacanthes.

Les Failles – Site magique, très différent des autres, mais sous-exploité, car situé de l'autre côté de l'atoll. Très jolie architecture sous-marine (arches, failles, tombants), avec de superbes colonies coralliennes, en très bon état. Limpidité souvent exceptionnelle. Sorties à la journée.

Fakarava

"Faka" est le principal concurrent de "Rangi". Ici aussi, les sites ont acquis une réputation qui a franchi les frontières de la Polynésie, avec des passes incroyablement riches en faune et un superbe relief (petits canyons, cuvettes, surplombs). Par rapport à "Rangi", Fakarava a l'avantage d'offrir des zones coralliennes plus épanouies. Vous survolerez des champs de *Montipora*, de *Pocillopora* et d'*Acropora* en excellent état. On aime également l'atmosphère très sauvage qui se dégage de cet atoll.

On compte deux zones de plongée : l'une près de la passe de Garuae, au nord de l'atoll, facilement accessible depuis le village de Rotoava ; l'autre près de la passe de Tumakohua, à 60 km au sud.

Reportez-vous à la p. 205 pour les coordonnées des centres de plongée de Fakarava.

Passe de Garuae (passe nord) – Cette passe géante mesure près de 1,6 km de large. Plongées à grand spectacle, avec plusieurs espèces de requins (et même parfois des marteaux), raies, thons, carangues, barracudas et bancs compacts de poissons. Très belle

LES "SUNSET"

Certains centres à Rangiroa, à Fakarava et à Tikehau proposent des plongées "sunset", avec une mise à l'eau environ une heure avant le coucher du soleil. Bien qu'ayant lieu sur les sites habituels, ces plongées sont très différentes des plongées "de jour" car l'ambiance est particulière ; c'est le moment où les prédateurs entrent en scène, et l'on assiste à des scènes de chasse. Tout le récif est en ébullition. À ne pas manquer !

POLYNÉSIE : UN SAFARI SOUS-MARIN

Destination réputée pour la quantité et la diversité de sa faune, la Polynésie est à la plongée ce que le Kenya est au safari.

Où plonger avec des raies mantas ?

Il existe quatre stations de nettoyage clairement identifiées en Polynésie, où l'on peut approcher facilement ces majestueux animaux : Bora Bora, Maupiti, Tikehau et Manihi. Ailleurs, on a de grandes chances d'apercevoir des mantas dans les passes de Rangiroa et de Fakarava, ainsi que le long des côtes de Hiva Oa et de Nuku Hiva aux Marquises.

Où plonger avec des requins ?

Presque partout ! Les plongées requins sont la grande spécialité de la Polynésie. Rencontres avec les squales garanties pratiquement à chaque sortie à Moorea, Huahine, Raiatea, Bora Bora, Maupiti, Rangiroa (le nec plus ultra), Fakarava, Manihi, Tikehau et Nuku Hiva.

Où nager avec des baleines ?

L'observation des baleines a le vent en poupe en Polynésie, qui est une étape de leur migration annuelle, de mi-juillet à fin octobre. Rurutu (Australes) est le spot le plus connu, mais il existe aussi de superbes possibilités d'approche à Tahiti, à Moorea et à Maupiti. À condition de suivre les consignes de sécurité données par le moniteur, on peut s'immerger avec un masque, des palmes et un tuba et approcher ces animaux majestueux. Sensationnel !

Où nager avec des dauphins ?

À l'est de Nuku Hiva (Marquises), plusieurs dizaines de dauphins d'Électre (aux lèvres blanches caractéristiques) se rassemblent quotidiennement au large de la côte, en surface. Ailleurs en Polynésie, on rencontre régulièrement des dauphins stenelles ou tursiops à Tahiti, à Moorea et à Rangiroa.

ambiance sous-marine. Plusieurs plongées sont possibles, en fonction du sens du courant. En dérive rentrante, la plongée se termine dans une cuvette appelée le "Trou d'Ali Baba", dans le lagon, qui pullule de poissons (perches, priacanthes, requins, napoléons). Par courant sortant, les plongées se font à l'extérieur du récif, de part et d'autre de la passe. Belles formations coralliennes.

Ohotu – Plongée sur l'extérieur droit de la passe. On palme le long du tombant, garni de jolies formations coralliennes, avec une faune abondante. La plongée se termine sur le platier. Passage de requins, de thons et de carangues.

Pufana (la Balise rouge) – Site dans le lagon, un peu avant d'arriver à la passe nord, adapté à l'initiation et aux baptêmes, à proximité d'une balise de navigation. Petite faune bariolée, eau limpide.

Passe de Tumakohua (passe sud) – Beaucoup plus étroite que la passe précédente (environ 200 m de large). Ambiance exceptionnelle et paysage sous-marin très pittoresque. Faune foisonnante, avec des murs de requins gris et de requins bordés, des pointes noires, des perches pagaies, des priacanthes et quantité d'autres espèces récifales.

Toau

Il n'y a pas de centre de plongée sur l'atoll de Toau, mais les centres de plongée basés à Fakarava, l'atoll voisin, organisent de temps à autre des sorties plongées à la journée sur les deux passes, la **passe de Fakatauna** et la **passe d'Otugi**, par mer calme uniquement.

Tikehau

Toutes les plongées (sauf une) s'effectuent aux abords de la passe de Tuheiava, à 30 minutes de bateau du village de Tuherahera. Il n'y a que deux centres de plongée, donc les sites sont pratiquement vierges. Les coraux sont en bon état et la faune est abondante. Autre point fort : la possibilité de plonger avec des raies mantas, sur une station de nettoyage dans le lagon (voir la Ferme perlière, ci-dessous).

Reportez-vous à la p. 198 pour les coordonnées des centres de plongée de Tikehau.

Passe de Tuheiava – Cette passe est très poissonneuse. Trois plongées possibles, selon le sens du courant : en dérive par courant rentrant ; à l'angle sud ou à l'angle nord (appelé Teonai) si le courant est sortant. Requins gris, bécunes, carangues argentées, barracudas, lutjans, napoléons, perches pagaies, becs de canes, requins pointes blanches font couramment leur apparition. Quelques *tapete* (requins à ailerons blancs de récif) se sont sédentarisés près de l'angle gauche de la passe. Belles tables de corail dans une dizaine de mètres d'eau. Tous niveaux.

Trou aux Requins – Une longue anfractuosité dans le tombant (entrée à -57 m, sortie à -72 m), dans laquelle plusieurs espèces de requins ont coutume de se rassembler. Vu la profondeur, il est exclu de pénétrer dans ce boyau, mais on distingue nettement l'entrée en restant à -50 m (confirmés uniquement). Le reste de la plongée se déroule le long du tombant.

Ferme perlière (la Ferme aux mantas) – La seule plongée du lagon, mais quelle plongée ! À côté d'une ferme perlière désaffectée, des raies mantas viennent se faire déparasiter par des labres, à proximité d'un massif corallien. Leur présence sur cette station de nettoyage n'est pas garantie à 100%, mais elles sont là très régulièrement, surtout en matinée. Elles paradent autour des plongeurs, dans quelques mètres d'eau seulement, donc même les débutants et les snorkelers pourront profiter du spectacle. Contentez-vous de les observer, pour éviter de les déranger.

Manihi

La plongée à Manihi n'est pas auréolée du même prestige qu'à Rangiroa ou à Fakarava. Pourtant, les sites n'ont rien à envier aux autres atolls de l'archipel. Il n'y a qu'un seul centre (au Manihi Pearl Beach, p. 210), qui exploite cinq plongées dans les environs immédiats de la passe de Tairapa, à moins de 10 minutes de bateau. Sites tous niveaux.

Tombant Ouest – À la sortie ouest de la passe de Tairapa. Désigne un mur vertigineux. Grande variété d'espèces : requins gris, carangues, bécunes, napoléons, poissons os, perches, poissons-papillons et raies léopard. Énormes bancs de perches à bordures jaunes chaque mois, entre le 3ᵉ et le 6ᵉ jour après la pleine lune. Chaque année en mai-juin, d'impressionnantes formations de loches marbrées se rassemblent à cet endroit pour se reproduire.

Tombant Est (ou tombant de Turipaoa) – À la sortie est de la passe de Tairapa. Belle faune colorée : tétrodons, anémones, raies léopard, napoléons, barracudas, et passage régulier de raies mantas. Petite grotte à -29 m où évoluent des requins pointes blanches, des poissons-soldats et parfois des requins dormeurs. On termine la plongée sur le platier corallien, à -5 m, environné de poissons-bagnards, de balistes et de nasons.

Passe de Tairapa – Cette passe forme un couloir de 70 m de large et d'une vingtaine de mètres de profondeur. Côté village, elle n'est pas belle à voir (les habitants du village ont coutume d'y déverser leurs déchets). De l'autre côté (côté ouest), elle présente un visage plus attrayant, avec de petites grottes dans lesquelles stationnent des requins dormeurs et des pointes blanches.

Pointe Ouest – Site de repli quand il y a de la houle du sud ou du sud-ouest. Jardin de corail en pente douce, avec quelques requins pointes noires. On termine la plongée par les petits canyons creusés dans la partie supérieure du récif dans moins de 6 m d'eau.

Le Cirque – Un site dans le prolongement de la passe de Tairapa, côté lagon. Décor lunaire, composé de blocs de coraux morts posés sur le sable, qui fait office de station de nettoyage de raies mantas. Elles sont là occasionnellement, plutôt en début de matinée (2 ou 3 individus en moyenne). Également requins pointes noires, pointes blanches de lagon, poulpes, murènes, nasons et, occasionnellement, raies léopard et napoléons. Ouvrez l'œil pour trouver de jolis nudibranches colorés. Visibilité réduite.

La Faille – Plongée océan. Cassure dans le récif. Plongée tranquille, entre -5 m et -25 m. Avec un œil exercé, vous verrez des poissons-feuilles et des poissons-pipes.

Jardin de corail – Belle plongée, facile, située juste après la Faille, dans une vingtaine de mètres d'eau. Coraux en bon état. Présence occasionnelle de requins gris, de pointes noires et de pointes blanches.

Makemo

L'atoll de Makemo, au cœur des Tuamotu, est encore peu connu des plongeurs, qui vont en priorité à Rangiroa ou à Fakarava. Le centre de plongée local (p. 214), une toute petite structure gérée par un seul moniteur, ne fait d'ailleurs pas de publicité. Seul le bouche-à-oreille fonctionne, notamment auprès des résidents. Makemo n'a rien à envier aux autres atolls, avec de belles plongées sauvages, pour tous les niveaux.

LE SHARK FEEDING, C'EST OUT, LE SMELLING, C'EST IN

Longtemps le "*shark feeding*" (nourrissage des requins) a tenu le haut du pavé en Polynésie. Le scénario était bien réglé : en début de plongée, le moniteur distribuait à la main des morceaux de poisson mort à des requins excités par l'appât, sous les yeux ébahis des plongeurs, sagement plaqués au sol, en retrait. L'écotourisme étant passé par là, cette pratique n'est quasi plus proposée par les centres de Polynésie. En revanche, ils ont inventé une technique plus douce pour attirer les requins : le "*smelling*". Les moniteurs emportent un morceau de poisson dans une petite cage ou un sac, qu'ils déposent sous un bloc de corail, au fond. Les requins, attirés par l'appât, affluent ; au bout de plusieurs minutes, le moniteur libère le morceau de poisson, que les requins dévorent. Cette approche, sans interaction directe avec l'homme, est moins critiquable que le *feeding*, mais reste tout de même contre nature. Quel que soit votre avis, sachez que s'il n'y avait pas de *feeding* ou de *smelling* sur certains sites (notamment dans les îles de la Société), les requins ne se montreraient pas si facilement. Au fil des ans, le feeding a contribué à fixer les squales sur certaines zones.

À signaler : certains centres se targuent de ne faire ni *feeding* ni *smelling* au nom du respect de l'environnement, mais n'hésitent pas à profiter des sites sur lesquels leurs concurrents le pratiquent....

Au programme : des dérivantes dans les passes, ou des explorations côté océan, le long du récif.

Passe Arikitamiro – À 5 minutes du centre de plongée. Passe riche en requins, napoléons, barracudas, thons et mérous. Coraux en bon état, plateau creusé de vasques et de canyons.

Passe de Tapuhiria – Site exploité occasionnellement par le centre de plongée local, vu l'éloignement par rapport au village (1 heure 30 de bateau). Accessible par mer calme uniquement. Quasi vierge. C'est le "garde-manger" de Makemo, avec de nombreuses espèces et une superbe ambiance sous-marine.

Pointe de Pohue – Site vierge, à 45 minutes du village, peu fréquenté par le centre local, compte tenu de la distance. Exposé au vent dominant, poissonneux. Relief escarpé, plateau à -15 m, puis tombant.

Marquises

Rien à voir avec le reste de la Polynésie. Aux Marquises, les conditions naturelles diffèrent totalement de celles rencontrées dans les autres archipels. Ici, pas de lagon ni d'eaux turquoise, mais des eaux sombres, beaucoup plus chargées de plancton. On plonge près de falaises ou de hauts-fonds battus par la houle. La visibilité est réduite d'autant (généralement 10 à 15 m), mais ces eaux riches et oxygénées sont fréquentées par une faune pélagique importante. Requins-marteaux, raies mantas, raies léopard, thazars, thons, barracudas, carangues et oursins comptent parmi les espèces les plus fréquentes.

Aux Marquises plus qu'ailleurs, les sorties sont étroitement dépendantes des caprices de la météo, en particulier de la houle qui rend les déplacements, les manœuvres et les mises à l'eau difficiles.

Il n'y a que deux centres de plongée dans l'archipel, à Nuku Hiva (p. 227) et à Hiva Oa (p. 247), et les sites sont très peu fréquentés.

Nuku Hiva

Le seul centre de plongée de l'île fonctionne sur affrètement, et n'encadre pas les plongées, réservées aux plongeurs confirmés.

Sentinelle aux Marteaux – À l'entrée de la baie de Taiohae. Passage de requins-marteaux à festons, de raies mantas et de raies léopard.

Tikapo – Rocher émergeant en plein océan, en face du cap Tikapo. Faune incroyable (thazars, requins, carangues, raies, barracudas...). Site très exposé, courants fréquents.

Pointe Motumano – Avancée rocheuse sur un plateau de sable au sud-ouest de l'île. Passage de raies mantas et de requins.

Pointe Matateiko – À l'ouest de l'île. Mamelon rocheux fréquenté par des raies mantas, des raies léopard, des carangues et des requins.

Hiva Oa

La présence régulière de raies mantas et un relief sous-marin spectaculaire, avec des éboulis et quelques tombants, font partie des principaux attraits de la plongée à Hiva

PLONGÉE RESPONSABLE

L'impact de la plongée sur le patrimoine sous-marin n'est pas nul. Pour limiter au maximum la pression sur cet écosystème fragile, les visiteurs sous-marins s'en tiendront aux recommandations suivantes :

» Survolez les fonds et évitez les coups de palme intempestifs grâce à une bonne maîtrise de votre flottabilité et de votre stabilisation. La faune fixée, notamment les gorgones et les éponges, ainsi que les polypes coralliens, ne résistent pas à ces coups de boutoir.

» Ne jetez pas l'ancre sur les récifs, et faites pression sur les centres de plongée et les organismes officiels pour qu'ils installent des bouées d'amarrage sur chaque site.

» Évitez tout contact avec des organismes marins vivants. Un simple effleurement suffit à endommager les polypes. Ne touchez pas les coraux.

» Ne vous attardez pas dans les grottes : les bulles qui s'échappent des détendeurs restent prisonnières sous les voûtes, exposant ainsi au milieu aérien des organismes qui se nécrosent.

» Ne remontez rien du fond, pas même un coquillage.

» Emportez tous vos détritus et ramassez ceux que l'on trouve sous l'eau, notamment les sacs plastique, particulièrement dangereux pour la faune. Certaines espèces risquent en effet de les absorber et de s'étouffer.

» Résistez à la tentation de nourrir les poissons. Les aliments étrangers à leur régime habituel peuvent perturber leur métabolisme et conduire à des comportements contre nature.

» Limitez vos interactions avec les animaux. Contentez-vous d'être un observateur bienveillant et responsable. Par exemple, ne chevauchez pas des tortues, source de stress pour cette espèce, et évitez de toucher les raies pastenagues ou les raies mantas, car leur peau est recouverte d'un mucus fragile.

Oa. Les sites se trouvent le long de la côte sud-ouest de Hiva Oa, dans des petites baies bien abritées, ainsi que près des caps de Tahuata. Les temps de trajet varient entre 25 et 45 minutes. La plupart sont accessibles pour tous les niveaux.

Rabot (Hiva Oa) – site archéologique – Un site étonnant, qui combine une belle arche à -25 m, très poissonneuse (carangues, perches, thons, chirurgiens, nasons), des éboulis rocheux garnis d'éponges encroûtantes colorées et un site archéologique sous-marin où l'on peut voir plusieurs dizaines d'anciennes ancres en pierre, inventoriées par des archéologues en 2006. Tous niveaux.

Tekui (Hiva Oa) – *Le* site pour observer des raies mantas. Elles planent à proximité d'un haut-fond très poissonneux et de gros éboulis. Thons, nudibranches, murènes dragons. Souvent combinée avec le Rabot. Profondeur maximale -22 m. Tous niveaux.

Tombant (Hiva Oa) – Un bel à-pic, très exposé. Présence régulière d'espèces du large. Zone d'évolution : de -20 à -25 m. Pour confirmés.

Matatehoke (Tahuata) – Beau relief en marches d'escalier, avec une partie éboulis et une partie tombants. Bancs de nasons et de balistes. Tous niveaux.

Pointe Motopu (Tahuata) – Cap très exposé, régulièrement soumis à de forts courants. Grand tombant, près duquel on peut apercevoir des requins, des carangues, des raies léopard et des thons. Mise à l'eau parfois difficile. Pour confirmés.

CENTRES DE PLONGÉE

Reportez-vous aux chapitres régionaux pour tous les détails sur les centres de plongée (coordonnées, tarifs et prestations).

Organisation et fonctionnement

Environ 25 centres de plongée professionnels exercent en Polynésie. Ils emploient des moniteurs diplômés et expérimentés et possèdent un matériel en bon état. Tous sont ouverts à l'année et la plupart fonctionnent tous les jours. Ils proposent de 2 à 4 sorties quotidiennes en moyenne, généralement vers 8h-9h et vers 14h. La plupart des centres n'ont pas de programme de sorties bien défini mais tiennent compte, pour le choix des sites de la journée, des conditions météo et des niveaux des plongeurs inscrits. Quelle que soit l'époque, il est préférable de réserver ses plongées au moins un jour à l'avance.

La plupart des centres assurent un service de ramassage gratuit sur l'île ou sur un secteur de l'île avant tout départ en plongée pour les personnes ayant réservé.

Prestations

Les centres de plongée de Polynésie offrent une gamme complète de prestations : baptême (enfants et adultes), plongée exploration, plongée de nuit, passage de brevet et forfaits de plusieurs plongées à tarif réduit. Pour les formations, seul est indiqué le tarif du niveau 1, le plus couramment demandé, et le premier niveau du cursus d'enseignement PADI (l'Open Water, ou OW). Les centres les plus importants proposent également la plongée au Nitrox, sans supplément. Pratiquement tous les centres acceptent la carte de crédit.

Les centres installés dans les hôtels sont tous ouverts aux visiteurs extérieurs.

Tarifs

Les tarifs varient selon les îles (les moins chers à Tahiti, les plus chers à Bora Bora) et les centres. Pour un baptême, comptez entre 45 et 75 €, matériel inclus. Pour une plongée à l'unité, vous paierez entre 50 et 70 €. On peut faire baisser la note d'environ 10% en achetant un forfait plongée (généralement 4, 5 ou 10 plongées). Une formation débutant (PADI Open Water ou Niveau 1) coûte entre 350 et 450 €.

Les tarifs incluent la location de l'équipement. Ne vous encombrez donc pas inutilement, d'autant plus que vous êtes limité à 15 kg sur les vols d'Air Tahiti (soit, pour les plongeurs, 5 kg de plus que pour les autres passagers, sur présentation du brevet de plongée).

Pass inter-îles

Les centres de l'enseigne Topdive (Tahiti, Moorea, Bora Bora et Fakarava) et les centres de l'enseigne Blue Nui (Bora Bora, Manihi et Tikehau) proposent des forfaits 10 plongées valables indifféremment dans tous leurs centres. Il existe également un pass de 10 plongées à 60 000 CFP, appelé Te Moana, valable dans 11 centres (8 îles), valable pour une ou deux personnes pendant un an.

Choisir un centre

Au même titre qu'un hôtel ou un restaurant, un centre de plongée a sa personnalité, son style. Petite structure décontractée où n'exerce qu'un seul moniteur ou "usine à bulles", il y en a pour tous les goûts. Sur les îles où il existe plusieurs centres, n'hésitez pas à rendre une petite visite à chacun d'entre eux pour estimer la qualité de l'accueil, la disponibilité des moniteurs, l'organisation, la sensibilisation au respect de l'environnement, la bonne tenue des locaux et sentir l'ambiance, avant de vous décider. Le bouche-à-oreille est à double tranchant, car chaque centre a ses détracteurs et ses inconditionnels.

Formalités

Pour un baptême, aucune formalité n'est requise. Seule une autorisation parentale est nécessaire pour les mineurs. Si vous êtes déjà breveté, on vous demandera de produire votre attestation de niveau et votre carnet de plongée.

Tous les plongeurs sont acceptés, quel que soit l'organisme qui les a formés (PADI, CMAS, NAUI, etc.). Tout au plus vous demandera-t-on d'effectuer une plongée de réadaptation pour évaluer votre aisance et vérifier vos compétences. Un certificat médical – que l'on peut se faire délivrer sur place s'il y a un médecin sur l'île – est obligatoire pour une formation. Quelques clubs l'exigent également si vous effectuez plusieurs plongées exploration.

En matière d'assurance, tous les clubs possèdent une assurance professionnelle en responsabilité civile couvrant leurs clients. Cependant, il peut être judicieux de contracter une police complémentaire, dans son pays ou auprès des clubs, couvrant les risques spécifiques à la plongée, et notamment la prise en charge et un rapatriement en cas d'accident.

La Polynésie en un clin d'œil

Avec cinq archipels et des dizaines d'îles toutes différentes, la question essentielle est : lesquelles choisir ?
Au minimum, visitez Tahiti, Moorea et au moins trois îles Sous-le-Vent (par exemple Huahine, Bora Bora et Maupiti, ou Raiatea, Tahaa et Bora Bora), bien reliées entre elles par avion et par bateau ; ajoutez à ce parcours de base deux atolls des Tuamotu (Fakarava, Tikehau et Rangiroa), à plus forte raison si vous êtes passionné(e) de plongée sous-marine. Ceux qui aiment sortir des sentiers battus incluront plusieurs îles des Marquises ou des Australes.
Sur place, à quoi s'attendre ? Renoncez aux grandes plages de sable fin des Caraïbes ou de l'océan Indien. Ici, elles n'existent pas, ou presque. Le "sable" blanc des brochures est en réalité un gravier corallien assez grossier.
La Polynésie est une destination *lagons*, pas une destination balnéaire. Lesdits lagons, les plus beaux de la planète, se découvrent lors d'excursions en bateau, ponctuées d'arrêts snorkeling et de pique-nique sur d'idylliques îlots. Certaines îles, vu leur relief, conviennent également au tourisme vert, comme les Australes et les Marquises, avec de belles randonnées équestres ou pédestres, et au tourisme culturel, grâce à de nombreux vestiges archéologiques datant de l'ère pré-européenne.

Tahiti

Randonnée et canyoning ✓✓✓
Activités nautiques ✓✓✓
Culture et patrimoine ✓✓

Randonnée et canyoning
L'imposant relief de Tahiti offre une belle palette de randonnées pédestres, comme l'emblématique ascension du mont Aorai ou les falaises du Pari. D'autres belles balades conduisent à des vallées secrètes et à des cascades. Le canyoning se développe dans le centre de l'île.

Activités nautiques
On fait de belles plongées à Tahiti, même si la faune n'est pas aussi abondante que dans les autres îles. Quant aux amateurs de surf, ils seront aux anges, avec une série de spots d'anthologie, dont la mythique vague de Teahupoo.

Culture et patrimoine
Tahiti compte plusieurs musées qui valent le coup d'œil, dont le musée de Tahiti et des îles, des églises pittoresques, ainsi que des galeries d'art où exposent les artistes locaux, à Papeete. Plusieurs sites archéologiques valent également le détour, dont des *marae* (sites cérémoniels) bien préservés.

p. 48

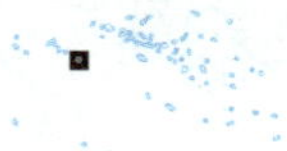

Moorea

Activités sportives ✓✓✓
Patrimoine ✓✓✓
Observation des baleines ✓✓

Activités sportives
Plongée ? Snorkeling ? Randonnée pédestre ? Randonnée équestre ? Quad ? Golf ? Surf ? Kitesurf ? Tous vos rêves d'aventure, sur terre comme dans l'eau, sont possibles à Moorea, aussi séduisante côté montagne que côté lagon.

Patrimoine
Pas de musée digne de ce nom à Moorea, mais quelques sites archéologiques bien restaurés, en pleine nature, qui racontent une histoire pluricentenaire.

Observation des baleines
De juillet à octobre, les baleines à bosse viennent se reproduire dans le chenal entre Tahiti et Moorea. Parfois, elles s'approchent très près de la côte, pour le plus grand bonheur des nageurs.

p. 85

Huahine

Sites archéologiques ✓✓✓
Excursions lagonaires ✓✓✓
Randonnée ✓✓

Sites archéologiques
Huahine compte d'intéressants vestiges archéologiques, notamment les *marae* (sites cérémoniels) à Maeva, dans le nord de l'île. Bien aménagés, ces sites vous catapulteront plusieurs siècles en arrière, avant l'arrivée des Européens.

Excursions lagonaires
Plusieurs prestataires proposent d'inoubliables excursions sur le lagon de Huahine, d'une grande beauté, surtout dans sa partie sud. Les sorties, à la journée, incluent un pique-nique sur un *motu* (îlot) et des arrêts baignade et snorkeling.

Randonnée
Bien que modeste, le relief de Huahine offre quelques belles possibilités de randonnée, à pied et à cheval, accessibles à tous. Accompagné d'un guide, on découvre des panoramas époustouflants et la richesse botanique de l'île.

p. 109

Raiatea et Tahaa

Activités sportives ✓✓✓
Sites archéologiques ✓✓
Excursions sur le lagon ✓✓

Activités sportives
Les plongeurs ne jurent que par la passe de Teavapiti, sur la côte est de Raiatea, qui passe pour l'une des plus poissonneuses des îles de la Société, et par le *Nordby*, la seule véritable épave de Polynésie. L'intérieur de Raiatea, montagneux, se prête à de superbes randonnées pédestres guidées, comme le plateau du Temehani, où l'on peut observer le très rare *Tiare apetahi*.

Sites archéologiques
C'est à Raiatea que se trouve le plus important site cérémoniel polynésien datant d'avant la présence européenne, le *marae* Taputapuatea, nimbé d'une atmosphère mystique, au bord du lagon.

Excursions sur le lagon
Le tour du lagon de Tahaa en pirogue est un must. Il est ponctué de plusieurs arrêts : snorkeling au milieu de poissons multicolores près du motu Tau Tau, visite d'une ferme perlière et d'une vanilleraie, et pique-nique sur un idyllique motu.

p. 124

Bora Bora

Excursions sur le lagon ✓✓✓
Activités sportives ✓✓✓
Baignade ✓✓✓

Excursions sur le lagon
La “perle du Pacifique” possède un lagon d'une magistrale beauté, où scintillent toutes les nuances de bleu. Pour en découvrir toutes les richesses, de nombreux prestataires organisent des tours de l'île en bateau, avec des arrêts sur les plus beaux spots de snorkeling. On nage en compagnie de raies et d'inoffensifs requins pointes noires.

Activités sportives
Il serait dommage de se limiter au farniente à Bora Bora. L'intérieur offre de beaux parcours de randonnée pédestre, garantissant de merveilleux points de vue. La plongée est à l'honneur, avec des sites de qualité, adaptés à tous les niveaux. Pêche au gros, marche sous l'eau et parachute ascensionnel complètent la panoplie.

Baignade
La plage de Matira semble avoir été créée pour figurer sur les cartes postales. Elle est bordée de sable clair, et le lagon invite à nager dans ses eaux translucides. Sur les motu, on trouve aussi de belles étendues de sable clair.

p. 153

Maupiti

Activités sportives ✓✓✓
Loin des foules ✓✓✓
Plages ✓✓

Activités sportives
Randonnée jusqu'au sommet de l'île, plongée sur le versant extérieur du récif, snorkeling avec des raies mantas, kayak sur les eaux translucides du lagon… Cette petite île se prête à toutes les envies.

Loin des foules
Maupiti est l'île la plus préservée des îles Sous-le-Vent. Contrairement à sa voisine Bora Bora, elle ne compte aucun hôtel, seulement quelques pensions réparties sur l'île principale et les motu (îlots), dont rien ne vient troubler la quiétude. L'éden par excellence !

Plages
Le terme de “plages” est à utiliser avec des pincettes en Polynésie, mais à Maupiti on peut lézarder sur des zones bordées de sable corallien clair, à l'ombre de cocotiers, comme à Tereia, un vrai paysage de carte postale.

p. 172

Tuamotu

Plongée ✓✓✓
Excursions sur le lagon ✓✓✓
Loin des foules ✓✓✓

Plongée
Ces sublimes confettis coralliens posés au ras de l'océan offrent des sites de plongée extraordinaires. Certains sont mondialement connus pour leur concentration d'espèces, comme la passe de Tiputa à Rangiroa ou les deux passes de Fakarava. Manihi, Tikehau et Makemo valent également le détour.

Excursions sur le lagon
Archétypes du paradis insulaire, les motu (îlots) des Tuamotu, frangés d'une étroite bande de sable corallien et de cocotiers échevelés, dévoilent la magie de leurs paysages lors de sorties en bateau, incluant un pique-nique et des arrêts snorkeling.

Loin des foules
Le mot “foule” n'existe pas aux Tuamotu, même à Rangiroa, l'atoll le plus “fréquenté”. À peine quelques routes et pistes, des hameaux où le temps s'est arrêté, et des infrastructures touristiques intégrées à leur environnement : peut-on rêver mieux pour déconnecter ?

p. 181

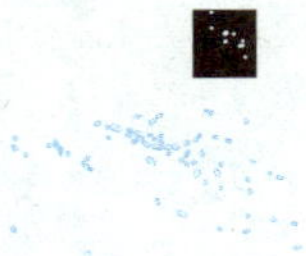

Marquises

Sites archéologiques ✓✓✓
Activités sportives ✓✓✓
Artisanat ✓✓

Sites archéologiques
Les Marquises sont un gigantesque musée à ciel ouvert. Au milieu de l'épaisse végétation tropicale émergent des sites archéologiques datant de la période pré-européenne. Jouez les explorateurs et partez à la découverte de ce riche patrimoine.

Activités sportives
Les Marquises sont aussi un fabuleux terrain d'aventure. Ces îles au relief très prononcé sont sillonnées de sentiers praticables à pied ou à cheval (avec un guide). À Nuku Hiva, on peut également faire du quad et de la plongée sous-marine.

Artisanat
L'artisanat marquisien est l'un des plus réputés du Pacifique. Dans toutes les îles, de talentueux sculpteurs (sur bois, sur pierre, sur os) réalisent des merveilles en puisant leur inspiration dans la culture ancestrale. Les meilleurs tatoueurs sont également d'origine marquisienne.

p. 216

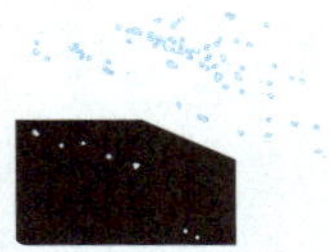

Australes

Loin des foules ✓✓✓
Écotourisme ✓✓✓
Excursions sur le lagon ✓✓

Loin des foules
Les Australes restent encore à l'écart des itinéraires touristiques habituels et pourtant elles méritent largement le détour, autant par leurs somptueux paysages, d'une étonnante variété, que par leurs traditions, toujours intactes. C'est la Polynésie d'il y a 30 ans.

Écotourisme
Rurutu est percé d'immenses grottes calcaires que l'on peut visiter avec un guide. De juillet à octobre, des baleines à bosse se donnent en spectacle à une encablure des côtes. On peut pratiquer la randonnée pédestre sur chaque île, et de belles balades équestres sont possibles à Rurutu.

Excursions sur le lagon
Le lagon de Raivavae est l'un des plus beaux du Pacifique, mais personne ne le sait… Le "motu piscine" incarne la carte postale. Le lagon de Tubuai offre également des sites édéniques, à découvrir lors d'une excursion en bateau.

p. 260

Gambier

Loin des foules ✓✓✓
Églises ✓✓✓
Excursions sur le lagon ✓✓

Loin des foules
Très rares sont les visiteurs qui se rendent dans ces bouts d'île situés aux confins de la Polynésie française. Raison de plus pour passer plusieurs jours dans l'une des pensions de Rikitea, qui réservent un accueil authentique à leurs hôtes.

Églises
L'histoire des Gambier est singulière. Cet archipel est le berceau du catholicisme en Polynésie. Il abrite des dizaines de bâtiments religieux datant du XIXe siècle – églises, presbytères, tours de guet, disséminés sur les îles de Mangareva, ainsi que la plus belle cathédrale du territoire, à Rikitea. Assister aux messes chantées est un grand moment.

Excursions sur le lagon
Mangareva se compose de 10 îles hautes et de 18 motu sertis dans un lagon semi-fermé, baignée par des eaux d'un beau bleu métallique, idéales pour le snorkeling. Un vrai condensé des paysages de Polynésie ! Certains îlots sont ourlés de plages de sable corallien, de couleur blanche, et même de sable doré. Une halte pique-nique s'impose !

p. 278

Les pictos pour se repérer :

Les coups de cœur de l'auteur

Les adresses écoresponsables

BON PLAN Les meilleurs rapports qualité/prix

Voir aussi l'index p. 400 où figurent tous les sites couverts dans ce guide.

Sur la route

Tahiti

185 000 HABITANTS

Dans ce chapitre »

Le top des activités

» Randonnée (p. 78)
» Plongée (p. 56)
» Observation des baleines (p. 57)

Le top des hébergements

» Le Méridien Tahiti (p. 67)
» Vanira Lodge (p. 84)
» Fare Suisse (p. 57)

Pourquoi y aller

Au premier abord, la plus célèbre des îles de Polynésie laisse perplexe. La plupart des visiteurs sont surpris par l'urbanisation galopante le long du littoral, l'absence de "vraies" plages de carte postale, la vie chère et l'hébergement très ordinaire qu'ils trouvent à Papeete. L'immense majorité des touristes en restent à ces premières impressions et ne s'attardent pas, tentés par les promesses de Moorea, de Bora Bora ou des Tuamotu. Quel dommage ! Cette île s'apprécie sur la durée. À la différence d'autres îles de Polynésie, Tahiti présente un bel équilibre entre les joies de l'océan et celles de l'intérieur, inhabité et vierge. Ses vallées secrètes, ses cascades, ses impressionnants pics et massifs volcaniques qui dépassent les 2 000 m lui donnent un profil de forteresse grandiose.

Ce paradis naturel est propice à la pratique de nombreuses activités, notamment le canyoning et la randonnée pédestre. Côté mer, Tahiti n'est pas en reste : plongée sous-marine, surf (de réputation mondiale), observation des baleines, kitesurf... Pour qui s'intéresse à l'histoire de la Polynésie, on recense d'importants vestiges de la civilisation pré-européenne. Les infrastructures sont diversifiées. Tahiti compte d'excellents restaurants, et Papeete possède de nombreuses boutiques. Et il suffit de faire quelques dizaines de kilomètres pour se replonger dans le Tahiti d'antan, à la presqu'île.

Quand partir

Tahiti se visite toute l'année, mais pendant la saison humide (de novembre à avril) les fortes précipitations rendent aléatoire la pratique de certaines activités, dont la randonnée. Juillet est idéal car Papeete accueille les festivités du Heiva, ainsi qu'un salon artisanal. La saison d'observation des baleines s'étend de mi-juillet à octobre.

À ne pas manquer

1. La **traversée de l'île** en 4x4 (p. 79)
2. Faire une matinée **shopping** dans les boutiques et au marché de Papeete (p. 62)
3. Observer les **baleines à bosse** en saison (p.57)
4. Dîner à la bonne franquette dans l'une des **roulottes** sur le front de mer (p. 59)
5. Gravir le **mont Aorai** (p. 78) ou effectuer la **randonnée du Te Pari**, à la presqu'île (p. 82)
6. S'initier à la plongée (p. 56) dans le lagon de Tahiti

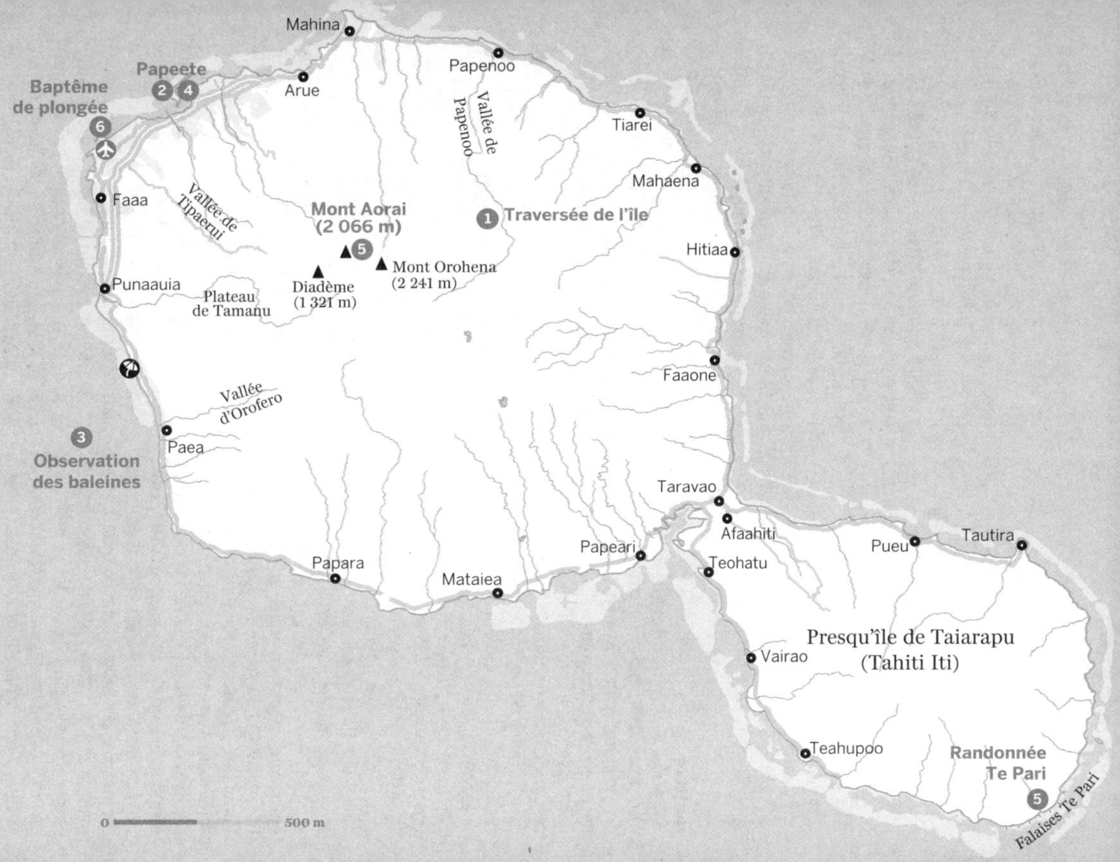

"TAHITI" OU "POLYNÉSIE FRANÇAISE" ?

Bon nombre de gens confondent, à tort, Tahiti et la Polynésie française. En fait, Tahiti n'est qu'une des îles de la Polynésie française, qui en comprend 118, réparties en cinq archipels. Comme c'est la plus grande, la plus développée et la plus connue, elle est devenue synonyme de Polynésie française. Ainsi, on entendra souvent dire "Je vais à Tahiti", mais il faut comprendre "Je vais en Polynésie française".

Histoire

À l'époque de l'arrivée des Européens, Tahiti n'était pas l'île la plus puissante. Sur chaque île, de nombreux micro-royaumes et chefferies se livraient d'incessantes querelles pour asseoir leur suprématie sans qu'aucun ne parvienne à prendre l'ascendant. Il était exceptionnel qu'un *arii* (chef) réussisse à régner sur une île entière.

La prééminence de Tahiti s'affirma à partir de 1767, lors de l'arrivée de l'explorateur britannique Samuel Wallis, bientôt suivi de Louis Antoine de Bougainville et de James Cook. Les navigateurs appréciaient Tahiti car ils trouvaient des conditions de mouillage idéales. Les armes européennes et, durant quelque temps, les mercenaires européens bouleversèrent le fragile équilibre politique local, en faveur de la famille Pomaré. Cette dynastie allait dominer non seulement l'ensemble de Tahiti, mais aussi d'autres îles de l'archipel de la Société (dont Moorea, la grande rivale) et des Australes. En peu de temps, Tahiti devint une base secondaire de l'expansion coloniale européenne : il ne s'écoula qu'une génération entre la prise de Tahiti par le roi Pomaré II en 1815 et son annexion par la France en 1842, sous la houlette de l'amiral Dupetit-Thouars. Les Tahitiens, opposés à cette mainmise française, s'insurgèrent, et Tahiti fut le théâtre de sanglants affrontements entre Français et Tahitiens de 1843 à 1846. La rébellion fut matée par la puissance coloniale.

Au début du XXe siècle, avec la création des Établissements français d'Océanie (ÉFO), Tahiti acquit une position prédominante en matière commerciale, avec Papeete comme plaque tournante. L'essor de l'île date de cette époque. Depuis, Tahiti et Papeete n'ont cessé de gagner en importance. La construction de l'aéroport de Tahiti-Faa'a en 1961 et l'installation du Centre d'expérimentation du Pacifique renforcèrent le déséquilibre déjà manifeste entre Tahiti et le reste de la Polynésie.

Aujourd'hui, Tahiti rassemble environ 185 000 habitants (contre 37 000 en 1956), soit environ 70% de la population totale de Polynésie française. L'île concentre tous les pouvoirs, d'où une certaine frustration de la part des habitants des archipels éloignés, qui vivent mal ce centralisme et ce déséquilibre croissant. En réalité, c'est surtout entre Papeete et son agglomération (totalisant plus de 120 000 habitants, et dont les lumières attirent vers un avenir incertain les insulaires des autres archipels) et le reste de la Polynésie que le fossé se creuse.

Géographie et géologie

Tahiti est la plus grande des îles de la Polynésie française. Elle se compose de deux entités nettement distinctes : Tahiti Nui ("grande Tahiti"), à l'ouest, et Tahiti Iti ("petite Tahiti"), à l'est, également appelée la "presqu'île". Ces deux blocs sont reliés par un isthme étroit. L'étroite frange côtière, où réside l'immense majorité de la population, est dominée par des versants escarpés et luxuriants qui forment le cœur de l'île. Impossible de se perdre : il n'y a que quelques routes. L'une d'elles fait le tour de la grande île, et trois autres desservent la presqu'île sur de courts tronçons. Il n'y a qu'une seule piste qui traverse la grande île.

L'intérieur montagneux de Tahiti Nui est constitué d'un unique et vaste cratère volcanique bordé par des pics très élevés. Le point culminant de l'île, le mont Orohena (2 241 m), s'élève sur le flanc occidental de la cuvette. Autres sommets facilement repérables : le spectaculaire Diadème (1 321 m), le mont Marau (1 493 m) et le mont Aorai (2 066 m). De nombreuses vallées, disposées en étoiles, entaillent les flancs du cratère.

Le point culminant de Tahiti Iti, géologiquement plus récente que sa grande voisine, est le mont Ronui (1 332 m). L'extrémité orientale de la péninsule est bordée par de magnifiques hautes falaises escarpées, la région du Te Pari.

Un récif frangeant encercle la majeure partie de l'île, bien que certaines zones, plus particulièrement sur la côte nord, ne soient pas protégées par une barrière de corail.

PAPEETE

120 000 HABITANTS

Au premier abord, Papeete n'a rien d'une beauté fatale des mers du Sud. L'architecture des immeubles du centre-ville n'a aucun charme, les rues sont encombrées de véhicules, les nuisances sonores sont nombreuses et, le soir, dans les rues désertes, on se croirait dans une ville fantôme. Il n'y a pas non plus de monuments ou de musées incontournables. Bref, on est loin du paradis attendu.

Et pourtant... Papeete réserve aussi de bonnes surprises. Flânez sur le front de mer, faites du shopping au marché couvert et dans les boutiques de perles, assistez au ballet incessant des cargos et des ferries qui traversent la rade, admirez les piroguiers qui s'entraînent dans la baie, découvrez quelques vestiges du passé et profitez de ses restaurants, parmi les meilleurs de Polynésie.

Papeete mérite qu'on lui consacre un ou deux jours, pour s'imprégner de son atmosphère. Belles demies (métisses) portant une fleur à l'oreille, Farani (Français) résidents ou fraîchement débarqués, Chinois et îliens en provenance de tous les archipels se côtoient dans une ambiance cosmopolite bon enfant.

Papeete est aussi une base bien pratique pour partir à la découverte de l'intérieur de l'île, en 4x4 ou à pied, faire de la plongée sous-marine, s'initier au surf et, en saison, observer les baleines qui passent à quelques dizaines de mètres du lagon. Et en juillet, toute la ville bat au rythme des festivités du Heiva, à ne manquer sous aucun prétexte.

Histoire

Le nom de Papeete signifie "corbeille d'eau" ; jadis, on venait probablement chercher de l'eau aux sources jaillissant entre le bâtiment de l'Assemblée territoriale et la résidence du haut-commissaire, dans le domaine de l'ancien palais Pomaré.

En 1769, quand Cook jeta l'ancre à 10 km à l'est, dans la baie de Matavai, le site de l'actuelle Papeete était pratiquement vierge. À la fin du XVIIIe siècle, les visiteurs européens prirent conscience des avantages de sa baie abritée, facilement accessible par une large passe. Après une tentative d'établissement infructueuse en 1797, les premiers missionnaires protestants de la London Missionary Society (LMS) débarquèrent à Papeete en 1824, avant que la jeune reine Pomaré IV ne s'y installe un peu plus tard. La ville devint ainsi un centre religieux et politique.

L'importance économique de la ville s'affirma également : le port de Papeete devint une escale prisée, notamment par les baleiniers. Le gouverneur Bruat éleva en 1843 la ville au rang de siège administratif du nouveau protectorat français. Vers 1860, elle avait acquis sa forme actuelle.

Des négociants et des commerçants chinois commencèrent à s'implanter en petit nombre à Papeete, mais sa population ne dépassait pas 5 000 âmes au début du XXe siècle. Malgré plusieurs cyclones – dont celui de 1906, dévastateur – qui fit de nombreuses victimes, et le bombardement naval allemand de 1914, qui détruisit le marché central, le chiffre de 10 000 habitants fut atteint durant la Seconde Guerre mondiale. Au début des années 1960, la population s'élevait à 20 000 habitants.

La mutation de la ville s'accéléra au cours de la décennie 1960. L'inauguration de l'aéroport de Faa'a, dans la banlieue ouest, en 1961, enclencha la dynamique touristique.

L'implantation du Centre d'expérimentation du Pacifique (CEP) se traduisit par un afflux massif d'argent. Le secteur tertiaire et administratif se développa, incitant de nombreux Polynésiens des autres archipels à s'installer dans la capitale. La croissance urbaine et démographique explosa. Cette expansion rapide a malheureusement eu raison de l'ancien et charmant quartier colonial de la ville.

Orientation

L'agglomération de Papeete forme une vaste conurbation, coincée entre le lagon et les contreforts montagneux, qui s'étire sur une trentaine de kilomètres sur la côte nord de Tahiti. Elle englobe les communes d'Arue, de Pirae et de Mahina à l'est, de Faa'a et de Punaauia à l'ouest.

La ville de Papeete s'étire autour d'une baie quasi fermée. Le centre-ville constitue une zone compacte que l'on peut facilement explorer à pied. Le boulevard Pomaré longe le front de mer : les boutiques, les banques, l'office du tourisme, les hôtels et les restaurants du centre-ville sont pour la plupart concentrés le long de cette artère animée, ou dans les rues adjacentes. Le quai des ferries et des paquebots se trouve également à cet endroit. La zone portuaire (Fare Ute et Motu Uta), facilement visible du centre-ville, se déploie au nord. Bruyant et complètement engorgé pendant la journée, le centre se vide rapidement en fin d'après-midi.

En allant vers l'ouest, on arrive à Faa'a, la banlieue populaire de Papeete, peu attrayante. La RDO (route de dégagement ouest) est un court tronçon autoroutier qui relie Punaauia à l'entrée ouest de la ville.

Centre de Papeete

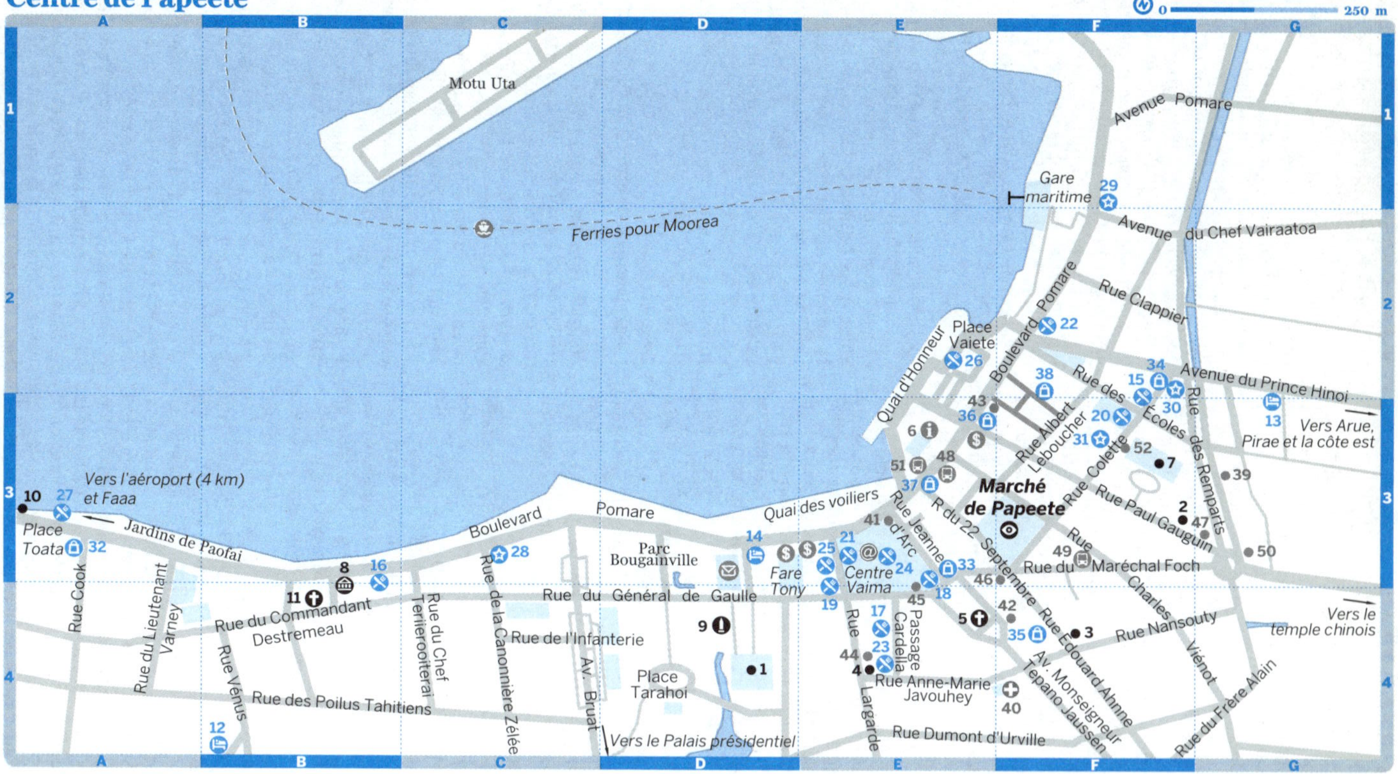

Papeete

Les incontournables

Marché de Papeete F3

À voir

1 Assemblée de Polynésie française D4
2 Association Koo Men Tong F3
3 Association Philanthropique chinoise F4
4 Bâtiment du Kuo Min Tang E4
5 Cathédrale Notre-Dame E4
6 Fare Manihini (office du tourisme) E3
7 Mairie F3
8 Musée de la Perle B3
9 Statue de Pouvanaa a Oopa D4
10 Te Fare Tauhiti Nui (Maison de la Culture) A3
11 Temple de Paofai B4

Où se loger

12 Fare Suisse B4
13 Hôtel Tahiti Nui G3
14 Hôtel Tiare Tahiti D3

Où se restaurer

15 Chez Jimmy F2
16 L'Api'zzeria B3
17 L'O à la Bouche E4
18 L'Oasis E3
19 La Terrasse Api E3
20 Le Mandarin F3
21 Le Rétro E3
22 Les 3 Brasseurs F2
23 Lou Pescadou E4
24 Morrison's Café E3
25 Patachoux E3
26 Roulottes E2
27 Snacks de la place Toata A3

Où prendre un verre

Le Rétro .... (voir 21)
Les 3 Brasseurs .... (voir 22)
Morrison's Café .... (voir 24)

Où sortir

28 Le Club 106 .... C3
29 Le Paradise Night F1
Morrison's Café .... (voir 24)
30 Royal Kikiriri F2
31 Ute Ute F3

Achats

Centre artisanal de Tipaerui .... (voir 10)
Efraima et Siméon Huuti (tatoueurs) F3
32 Galerie des Tropiques A3
33 Galerie Winkler E3
Ganesha .... (voir 24)
34 Mana'o Tattoo F2
Marché central F3
35 Odyssey F4
36 Tahiti Black Pearls E3
37 Te Mana E3
38 Tahiti Vanilla Market F2

Renseignements

39 Archipels (librairie) G3
Broadway (bureau de change) .. (voir 22)
40 Clinique Cardella F4
41 Kiosque du centre Vaima E3
42 Klima (librairie) F4
43 Maison de la Presse E3
Odyssey .... (voir 35)
Office du tourisme de Tahiti et ses Îles .... (voir 6)

Transports

44 Air France E4
45 Air New Zealand E3
46 Air Tahiti F3
47 Air Tahiti Nui G3
48 Arrêt central du front de mer (bus) ... E3
49 Arrêt central du marché (bus) F3
50 Avis Pacificar G3
51 Embarquement longues distances (bus) E3
52 Gare de l'hôtel de ville (bus) F3
Lan .... (voir 24)

Désagréments et dangers

La petite délinquance et les agressions sont en augmentation à Papeete, surtout le soir, dans les rues du centre-ville. Ne vous éloignez pas des lieux éclairés et fréquentés et ne laissez aucun objet de valeur dans votre véhicule.

Dans vos déplacements, tenez compte de la “file”, autrement dit les embouteillages monstres tôt le matin et à la sortie des bureaux en fin d'après-midi, afin de ne pas rester piégé dans la circulation.

À voir

Marché de Papeete MARCHÉ
(angle rue Colette et rue du 22-Septembre ; tlj 7h-17h, 4h-9h dim). Pittoresque et animé, le marché central de Papeete constitue un excellent point de départ pour sentir battre le pouls de la ville. Agréable à visiter n'importe quel jour de la semaine, c'est très tôt le dimanche, dès 4h, quand affluent les résidents des “districts” (les villages), qu'il se révèle le plus coloré. C'est également une halte toute désignée pour faire des emplettes et rapporter des souvenirs.

Au rez-de-chaussée, vous trouverez les fruits exotiques, légumes, viandes et poissons ; à l'étage, l'habillement, le bazar et l'artisanat. Les produits traditionnels tahitiens sont bien entendu à l'honneur, notamment le taro, le fruit de l'arbre à pain, la noix de coco, les ananas de Moorea et les pastèques de Maupiti. On trouvera chez les poissonniers du *mahi mahi*, du thon et bien d'autres espèces de poissons. Des fleurs aux couleurs éclatantes agrémentent et parfument l'atmosphère. À l'étage, vous pourrez acheter de la vannerie en feuilles de pandanus – sacs, paniers, nattes et chapeaux –, des paréos, du monoï, des colliers et bijoux en coquillage, ainsi que les incontournables T-shirts à fleurs.

L'édifice actuel date de 1987, en remplacement d'un bâtiment à structure métallique qui remontait à 1927.

Plusieurs snacks bon marché proposent des plats simples au rez-de-chaussée et à l'étage.

Front de mer — PROMENADE

Le front de mer, bordé d'une promenade joliment aménagée, donne une touche de charme à Papeete. Les voiliers au mouillage dans le port, les cargos provenant des confins de la Polynésie chargeant ou déchargeant leur cargaison, l'arrivée et le départ des ferries inter-îles à la gare maritime font des quais un lieu pittoresque. À la nuit tombée, les "roulottes" s'installent sur la **place Vaiete**, où s'amarrent les paquebots, et proposent les repas les moins onéreux de Papeete, dans une ambiance bon enfant. C'est là que se trouve le **Fare Manihini**, dont la structure en forme d'abri traditionnel abrite les bureaux de l'office du tourisme de Tahiti et ses îles (p. 64).

Les principaux centres commerciaux sont également bâtis sur le front de mer, dont le **centre Vaima**, qui regroupe des boutiques, quelques restaurants et les bureaux des compagnies aériennes.

En marchant vers l'est, on arrive rapidement aux **jardins de Paofai**, un joli parc public, très bien entretenu, où l'on peut se reposer. C'est d'ici que partent les piroguiers lorsqu'ils s'entraînent dans la rade, tôt le matin ou en fin d'après-midi, voire à la pause déjeuner. Les jardins de Paofai se prolongent par la **place Toata**, qui accueille chaque année les concours de danse du Heiva, la grande fête traditionnelle polynésienne qui se déroule en juillet. À côté, l'imposant édifice du **Te Fare Tauhiti Nui**, la Maison de la culture, se distingue par son style néopolynésien. Diverses expositions et activités culturelles y sont régulièrement organisées.

Parc Bougainville — PARC

À côté de la poste, boulevard Pomaré, l'agréable parc Bougainville peut être prétexte à une pause rafraîchissante. Remarquez le buste du grand explorateur français, érigé en 1909. Son socle est flanqué de deux **canons de marine**, dont l'un provient du vaisseau français *La Zélée*, coulé à l'embouchure du port durant le raid allemand de septembre 1914.

Temple de Paofai — CULTE PROTESTANT

(boulevard Pomaré). Impossible de ne pas remarquer les tonalités rose, vert et blanc de ce temple aux proportions très géométriques, sur le boulevard Pomaré, près du front de mer. C'est le plus important des édifices protestants de l'île.

Le temple occupe le site de la première église protestante de Papeete, construite en bois en 1818, et remplacée en 1824 par un édifice en pierre, puis par un autre en

PAPEETE EN...

Deux jours

Vous aurez sans doute un important décalage horaire à récupérer. Ne forcez donc pas la première journée. Contentez-vous d'une balade sur le **front de mer** jusqu'aux **jardins de Paofai**, une oasis de verdure, puis faites un tour au **marché**. Le soir, sirotez une bière ou un cocktail à la terrasse du **Rétro** ou des **3 Brasseurs**. Le lendemain, faites une balade un peu plus approfondie au centre-ville, en vous arrêtant devant l'étonnant bâtiment de la **mairie**, au **musée de la Perle**, puis à la **cathédrale de l'Immaculée-Conception**. Pour la pause déjeuner, goûtez un poisson cru au lait de coco dans l'un des snacks situés aux abords du centre Vaima. Traversez ensuite le **quartier des administrations** et rejoignez le **temple de Paofai**. Le soir, sacrifiez à un rituel typique de Papeete : un repas aux "**roulottes**".

À NE PAS MANQUER

MONUMENTS CHINOIS

On ne s'attend pas à trouver pareils monuments dans la capitale polynésienne, et pourtant... Papeete compte plusieurs bâtiments qui témoignent de l'implantation chinoise à Tahiti. Le principal **temple chinois** (angle av. Georges-Clemenceau et av. du Commandant-Chessé), le Kanti de Mamao, qui date de 1987, remplace l'ancien temple chinois bâti voici plus d'un siècle. Il a l'allure d'une grande pagode, égayée de tons rouge, vert et or. À voir également : le **bâtiment du Kuo Min Tang** (rue Lagarde), le bâtiment de l'**Association philanthropique chinoise** (rue Édouard-Ahnne) et l'édifice de l'**association Koo Men Tang** (rue Paul-Gauguin).

1907. La population de Tahiti est demeurée essentiellement protestante grâce au zèle des premiers missionnaires de la London Missionary Society (LMS).

Lors des cultes dominicaux, il accueille une assemblée des fidèles vêtus de leurs plus beaux atours – les hommes revêtus de leurs plus beaux costumes et les femmes arborant de magnifiques robes blanches et des chapeaux blancs à large bord –, qui chantent à gorge déployée des *himene* (chants religieux).

Musée de la Perle MUSÉE

(✆46 15 54 ; www.robertwan.com ; bd Pomaré ; entrée libre ; ⏲9h-17h lun-sam). Sur le front de mer, ce musée moderne et bien conçu, créé par le magnat de la perle Robert Wan, vous apprendra tout sur la perliculture, son histoire et ses techniques. Bien entendu, il se double d'une boutique de perles !

Mairie de Papeete ARCHITECTURE CIVILE

(rue Paul-Gauguin). Selon l'humeur, on la trouve clinquante, kitsch ou bien proportionnée. La mairie de Papeete mérite le coup d'œil, avec sa façade jaune pastel, ses balustrades blanches, son toit en tuiles rouges et son clocher caractéristique.

Cathédrale de l'Immaculée-Conception ÉDIFICE RELIGIEUX

(place de la Cathédrale). Cette belle église à la façade jaune, derrière le centre Vaima, également appelée cathédrale Notre-Dame, fut bâtie en 1856. À l'origine, on envisagea de la construire en pierres importées d'Australie et de la pourvoir d'un portail sculpté dans du granit provenant de Mangareva, dans l'archipel des Gambier. Ce projet, jugé bien trop ambitieux pour un port aussi minuscule que celui de Papeete, souleva de vives controverses, mais le chantier fut lancé. Des tailleurs de pierre de Mangareva, formés par les missionnaires catholiques, furent mis à contribution. Le financement du projet vint cependant à se tarir à peine un an plus tard. L'édifice d'origine fut démoli en 1867 avant que l'on entreprenne, en 1869, la construction d'une nouvelle cathédrale, plus modeste, achevée en 1875.

Quartier des administrations QUARTIER

Les bâtiments de l'**Assemblée de Polynésie française** de la présidence et des autres organismes gouvernementaux occupent le site de l'ancien palais Pomaré, sur la **place Tarahoi**, qui tire son nom du *marae* Tarahoi, le site cérémoniel royal de la famille Pomaré.

Dans la rue du Général-de-Gaulle, devant la façade du bâtiment de l'Assemblée, se dresse la **statue de Pouvanaa a Oopa**. Cet homme politique fut élu à trois reprises député à l'assemblée tahitienne durant les années 1950 et 1960. Sa défense du nationalisme tahitien lui valut d'être emprisonné après les émeutes qui secouèrent Papeete en 1958. Il demeure un puissant symbole des aspirations tahitiennes (voir l'encadré p. 299).

La **résidence du haut-commissaire**, appelée "haussariat", flanque un côté du bâtiment de l'assemblée. Plus récent, le **palais présidentiel** est un édifice imposant et luxueux qui abrite les services de la présidence du gouvernement. Jugé trop somptuaire, il a fait couler beaucoup d'encre lors de sa construction.

Zone portuaire (Fare Ute et motu Uta) QUARTIER

Après la **gare maritime** d'où partent les ferries pour Moorea, à l'extrémité du boulevard Pomaré, on passe la **base navale**, puis on arrive dans la **zone industrielle de Fare Ute**, composée d'entrepôts et de diverses grandes enseignes. C'est au **motu Uta**, après le pont, que sont amarrés les cargos inter-îles. Ce secteur mérite le coup d'œil pour l'ambiance. La zone portuaire n'est pas fermée et le public est toléré, à condition de ne pas gêner les manœuvres des dockers. Ceux-ci déchargent, dans l'odeur douceâtre

À NE PAS MANQUER

EXCURSION À TETIAROA

Situé à 40 km au nord de Tahiti, l'atoll de Tetiaroa est un splendide but d'excursion. Il incarne à merveille le paysage de carte postale du Pacifique Sud, avec une douzaine d'îlots sablonneux qui encerclent un lagon de 7 km de diamètre, très sauvage. La population n'est composée que d'oiseaux migrateurs, mais la construction d'un hôtel de prestige, **The Brando** (www.brandohotel.com), avec 47 villas de grand luxe (chacune avec piscine privée), en chantier lors de la rédaction de cet ouvrage (achèvement prévu en 2013 ou 2014), risque de bouleverser cet équilibre, malgré les intentions "écologiques" affichées des promoteurs.

Ce joyau appartient aux héritiers de Marlon Brando. En 1965, l'acteur, au sortir du tournage du film *Les Révoltés du Bounty*, signa un bail emphytéotique de 99 ans. Il y aménagea une piste d'atterrissage et un hôtel discret sur le motu Onetahi, aujourd'hui fermé. L'accès est contrôlé.

Les seules possibilités d'accès se limitent aux excursions en bateau à la journée, au départ de Papeete. Les bateaux ne peuvent accoster (il n'y a pas de quai ni de passe navigable). Les débarquements s'effectuent à bord d'un Zodiac, qui passe la barrière de corail.

Sur place, vous découvrirez les plus beaux sites de l'île, dont l'**île aux Oiseaux**, où nidifient des noddis, des frégates et des fous, qui se laissent facilement approcher. Attention ! Ne caressez pas les oisillons dans le nid, car la mère risquerait de les abandonner.

Prévoyez un masque et des palmes pour la baignade, des sandales en plastique pour marcher sur les coraux, de la crème solaire, un couvre-chef et une petite laine pour le trajet en bateau. Les sorties peuvent être annulées en fonction de l'état de la mer et des conditions météo. Notez que la traversée est longue, et pénible en cas de houle ; prenez vos précautions si vous êtes sujet au mal de mer.

Les sorties n'ont pas lieu tous les jours, mais en fonction de la demande. Les départs ont lieu de Papeete, au quai des voiliers, près de l'office du tourisme.

Vehia (☎71 53 15 ; www.vehiatetiaroa.com). Catamaran (fonctionnant au moteur). Sorties en moyenne trois fois par semaine. 13 000 CFP/pers, pique-nique inclus. Durée du trajet aller : environ 2 heures 15.

L'Escapade (☎72 85 31 ; www.tahiti-charter-catamaran.com). Excursion à bord d'un catamaran. À certaines périodes seulement (en alternance avec des croisières dans les autres archipels). 13 000 CFP/pers, petit-déj et repas sur le bateau inclus. Durée du trajet aller : 3 heures 45.

Blue Island (☎77 94 10 ; www.ablueisland.com). Monocoque. Formule 2 jours/1 nuit (à bord du bateau) à 19 500 CFP/pers. Durée du trajet aller : environ 4 heures 15.

de la noix de coco, les cargaisons de coprah provenant des autres îles et on charge dans les cargos le fret à destination des îles les plus reculées de Polynésie. Les palettes contiennent toutes sortes de marchandises, des matériaux de construction aux caisses de bière Hinano, des barils de gazole aux bicyclettes taïwanaises flambant neuves, en passant par les couches-culottes.

Activités

Plongée sous-marine

Plusieurs centres de plongée sont installés sur la côte ouest. Ils proposent entre 2 et 4 sorties par jour et des formations pour tous les niveaux. La plupart assurent un service de ramassage dans les hôtels et les pensions.

La plongée à Tahiti est moins spectaculaire que dans le reste de la Polynésie (surtout pour la grosse faune, assez peu présente le long des côtes de Tahiti), mais les sites, répartis entre Punaauia et Arue, sont nombreux et conviennent aussi bien aux débutants qu'aux confirmés. L'intérêt des plongées réside dans le relief, avec de beaux tombants, et la petite faune récifale, présente en quantité. Par ailleurs, les tarifs pratiqués comptent parmi les plus avantageux de Polynésie.

Près de l'aéroport, on trouve de superbes sites d'initiation dans le lagon (dont l'Aquarium, dans quelques mètres d'eau), avec quelques petites épaves posées sur du sable. Reportez-vous au chapitre *Plongée* p. 30 pour plus de détails sur les sites.

Eleuthera (carte p. 68 ; ☎42 49 29, 77 65 68 ; www.dive-tahiti.com ; marina Taina, Punaauia ; baptême 7 900 CFP, explo 7 600 CFP, sortie deux plongées 14 100 CFP, forfait 5/10 plongées 35 000/60 000 CFP). Centre très pro et bien organisé. Plongées au Nitrox sans supplément. Adhérent au pass inter-îles Te Moana, valable dans 11 centres de Polynésie.

Fluid (carte p. 68 ; ☎85 41 46, 70 83 75 ; www.fluidtahiti.com ; PK 9, marina Taina, Punaauia ; baptême 10 000 CFP, explo 7 000 CFP, sortie 2 plongées 12 600 CFP, forfait 10 plongées 48 000 CFP). Prestations personnalisées, petits groupes uniquement.

Topdive (carte p. 68 ; ☎53 34 96 ; PK 7,5, Faa'a ; www.topdive.com ; baptême 8 000 CFP, explo 8 000 CFP, forfait 6/10 plongées 43 000/70 000 CFP). À l'Intercontinental Tahiti Resort. Enseigne représentée sur plusieurs îles de Polynésie. Plongées au Nitrox sans supplément. Forfait 10 plongées également valable dans les centres Topdive de Fakarava, de Rangiroa et de Moorea, ainsi que dans les centres Blue Nui (Bora Bora, Tikehau, Manihi).

Scuba Tek (carte p. 68 ; ☎42 23 55, 74 32 10 ; www.scubatek-tahiti.com ; PK 4, marina d'Arue ; baptême ou explo 4 800 CFP, forfait 5/10 plongées 21 000/38 000 CFP). Petite structure, fréquentée par des habitués. Exploite surtout les sites entre Arue et Faa'a.

Observation des dauphins et des baleines

Se retrouver face à une masse de la taille d'un semi-remorque dans quelques mètres d'eau laisse un souvenir indélébile. Tahiti s'est progressivement imposée comme l'un des principaux spots d'observation des baleines à bosse et des dauphins dans le Pacifique Sud.

Plusieurs baleines à bosse viennent se reproduire entre mi-juillet et octobre à proximité des côtes. Sachez cependant que leur présence n'est pas garantie d'une année sur l'autre. Certaines années peuvent être décevantes, d'autres sont exceptionnelles. Les dauphins sont présents toute l'année.

La plupart des centres de plongée (p. 40) organisent des sorties d'observation des baleines de mi-juillet ou août à septembre ou octobre (en fonction de la présence des baleines), à la demi-journée. Comptez entre 8 000 et 9 000 CFP/pers. La mise à l'eau est possible sous certaines conditions (c'est au moniteur naturaliste de décider), mais il existe des règles élémentaires d'approche pour ne pas stresser et faire fuir les animaux (mise à l'eau discrète, pas de déplacements brusques, ne pas s'approcher à moins de 50 m d'un adulte et à moins de 100 m d'un baleineau) ; veillez à ce que les prestataires les respectent. Les sorties d'observation des dauphins sont un peu moins chères (environ 7 500 CFP/pers la demi-journée).

Surf

Les côtes de Tahiti comportent d'excellents spots de surf, dont certains ont une notoriété internationale (voir l'encadré p. 72).

Pour des cours ou des stages d'initiation (sur le spot de Papenoo) ou de perfectionnement, contactez les prestataires suivants, tous professionnels diplômés :

École de surf Turai Mataare (☎41 91 37, 77 27 69 ; www.tahitisurfschool.info)

Tehani Surf's Cool (☎72 02 27)

École de surf Iti Nui (☎73 14 21)

Où se loger

L'hébergement n'est pas le point fort de Papeete. Les hôtels se comptent sur les doigts de la main et le rapport qualité/prix laisse à désirer. Il n'y a qu'une poignée d'adresses au centre-ville. D'autres établissements sont à la périphérie est et ouest de Papeete.

BON PLAN **Fare Suisse** PENSION €
(☎42 00 30 ; www.fare-suisse.com ; rue des Poilus-Tahitiens ; d 10 200 CFP ; ❄📶). Le meilleur rapport qualité/prix de la ville, dans un quartier calme, à 15 minutes à pied du centre-ville. Cette maison moderne, d'une propreté exemplaire, comprend plusieurs chambres, sans fioritures mais claires et accueillantes, avec du mobilier en bambou. Bon accueil de Beni, le propriétaire, un Suisse, qui vient chercher gratuitement les clients à l'aéroport et offre un service de consigne.

Hôtel Tiare Tahiti HÔTEL €€
(☎50 01 00 ; hoteltiaretahiti@mail.pf ; bd Pomaré ; d à partir de 15 500 CFP ; ❄📶). Idéalement situé face au front de mer, en plein centre-ville, cet établissement de couleur blanche est le plus acceptable dans cette catégorie, même s'il profite outrageusement de ce statut de monopole en pratiquant des tarifs élevés.

Les 38 chambres, réparties sur 5 étages, avec balcon, clim, sdb et TV sat, sont accueillantes mais sans âme. Les moins chères donnent sur le côté ou sur l'arrière, mais sont moins bruyantes. En cas de "check-out" tardif, en cas de départ le soir, majorez les tarifs de 50 à 75%. Petit-déjeuner en sus (1 500 CFP).

Hôtel Tahiti Nui HÔTEL €€
(☎46 38 99 ; www.hoteltahitinui.com ; av. du Prince-Hinoi ; d à partir de 18 540 CFP ;). Première impression : la localisation laisse à désirer – l'hôtel est au bord d'une avenue bruyante et sans charme. Il a cependant l'avantage d'être proche du centre-ville et du front de mer. Il vise plutôt une clientèle d'affaires. Les chambres offrent un excellent confort (demandez celles qui donnent à l'arrière, côté piscine) mais n'ont pas de cachet particulier. Spa et restaurant sur place.

Le Royal Tahitien HÔTEL €€
(carte p. 68 ; ☎50 40 40 ; PK 3,1, Pirae ; d 12 500 CFP ;). Le Royal Tahitien a des airs de motel des années 1970, mais le cadre est superbe : les deux bâtiments, sur deux niveaux, sont sertis dans un magnifique jardin exotique de 3 ha, face à une plage de sable noir. La déco des 40 chambres est d'un autre âge, mais la propreté est correcte. Le centre de Papeete, à 3 km, est relativement facile d'accès par les transports en commun. Également petite piscine et restaurant en bord de mer, avec "bringue" en fin de semaine. À Pirae, dans la banlieue est de Papeete.

Tahiti Airport Motel HÔTEL €€
(☎50 40 00 ; www.tahitiairportmotel.com ; PK 5,5, Faa'a ; d/qua avec petit-déj 13 700/22 000 CFP ;). Juste en face de l'aéroport, à 150 m du parking, à flanc de colline. Très pratique pour un transit d'une nuit, mais, malgré la proximité, avec des bagages, il vous faudra beaucoup de courage pour monter jusqu'à la réception (ouverte 24h/24). Sur réservation, l'hôtel peut organiser le transfert depuis l'aéroport moyennant 1 000 CFP/pers. Pas d'ascenseur, mais service de bagagiste en journée. Chambres impersonnelles et décor un peu froid, mais rien à redire sur la propreté et le confort. Distributeur de boissons à la réception.

BON PLAN **Radisson Plaza Resort** HÔTEL €€
(carte p. 68 ; ☎48 88 88 ; www.radisson.com/tahiti ; PK 7, Arue ; d à partir de 15 000 CFP ;). Une bonne adresse pour un transit dans de bonnes conditions de repos et de confort, à des tarifs raisonnables si l'on réserve suffisamment à l'avance sur Internet. L'établissement est bien situé, face à la plage de sable noir de Lafayette et à la baie de Matavai, sur la côte est. La décoration polynésienne de style contemporain, avec des chambres dans les tons chocolat, crème et beige, est réussie. Chambres spacieuses, avec vue sur la mer, superbe piscine et petit spa. Bar et restaurant sur place. Animations musicales certains soirs.

Intercontinental Resort Tahiti HÔTEL €€€
(carte p. 68 ; ☎86 51 10 ; www.tahitiresorts.intercontinental.com ; PK 8, Faa'a ; ch et bungalows d à partir de 25 000 CFP ;). L'Intercontinental reste un grand nom de l'hôtellerie de luxe à Tahiti, mais il aurait besoin d'une petite cure de jouvence dans le domaine de la déco et du mobilier. Le site, lui, n'a rien perdu de sa magie. En pénétrant dans le hall, on est captivé par la vue panoramique sur l'immense parc en bord de lagon et les deux piscines scintillantes, avec Moorea en toile de fond. Malgré sa taille (262 unités), ce complexe garde un côté humain et un cachet très polynésien. Les 230 chambres sont réparties en plusieurs bâtiments. Quant aux 32 bungalows, certains sont disposés autour d'un îlot, les autres sont de véritables bungalows sur pilotis ; ils n'offrent pas toute la tranquillité voulue, eu égard à la proximité de la piste de l'aéroport. Il n'y a pas de plage. Coup de cœur pour le restaurant Lotus, sur l'eau (voir p. 60), et pour le magnifique *pool-bar*, où l'on pourra siroter un cocktail assis dans l'eau. Belles soirées spectacles. Le centre de Papeete est à 8 km, l'aéroport à 2 km. Wi-Fi payant.

Où se restaurer

Papeete compte de nombreux restaurants. Française, chinoise, polynésienne et italienne, bon nombre de cuisines sont représentées. Vous pourrez aussi bien déguster des plats du Sud-Ouest qu'un sashimi de thon, un *chao men* ou une pizza cuite au feu de bois, le tout arrosé d'un vin français. Après un séjour dans les îles, vous apprécierez cette diversité.

Vous aurez également le choix entre les restaurants classiques, les snacks, les roulottes (voir l'encadré ci-dessus) et les restaurants des grands hôtels. Le dimanche matin, ces derniers proposent des brunchs tahitiens.

Le Rétro SNACK €
(☎42 86 83 ; bd Pomaré ; plats 1 000-2 000 CFP ; tlj). Cette institution idéalement placée sur le front de mer a retrouvé de l'allant

À NE PAS MANQUER

LES ROULOTTES

Ne manquez pas de prendre un repas aux **roulottes** (plats 1 200-1 700 CFP ; place Vaiete ; ⏲tous les soirs), véritables institutions à Papeete. Au nombre d'une dizaine, ces camionnettes transformées en restaurants ambulants prennent position tous les soirs sur la place Vaiete, sur le front de mer. Les battants relevés des deux côtés deviennent des comptoirs, des tabourets sont installés pour les clients et le personnel s'affaire à l'intérieur de la camionnette ou sur un brasero à l'extérieur. S'y mitonnent des plats bon marché que l'on savoure à la bonne franquette. Chaque roulotte a sa spécialité. Selon les enseignes (Chez Michou, Hong Kong, Crêperie la Boule Rouge, etc.), vous pourrez commander des *chao men*, des steak-frites, des plats de poisson, des pizzas et même des crêpes bretonnes ! La qualité culinaire est variable, mais qu'importe, on apprécie le cadre et l'ambiance bon enfant. Toutes les catégories sociales s'y côtoient, et l'on y vient seul, en couple, entre amis ou en famille. Les plus tardives ferment vers 1h.

après une rénovation du mobilier et du décor, aménagé dans un esprit de brasserie moderne. La carte couvre tous les genres culinaires (salades, viande, poisson, burgers, sandwichs, glaces), et les plats sont goûteux et bien présentés. Le hic : la terrasse, à quelques mètres du boulevard Pomaré, est bruyante.

Patachoux SNACK, PÂTISSERIE €
(☎83 72 82 ; rue Lagarde ; plats 600-1 200 CFP ; ⏲6h-16h lun-sam) Une bonne adresse pour un déjeuner sur le pouce (salades, sandwichs, pizzas, plats du jours, viennoiseries).

L'Oasis SNACK €
(☎45 45 01 ; centre Vaima ; plats 1 600-2 500 CFP ; ⏲lun-sam 5h-16h). Une étape incontournable pour un déjeuner sur le pouce. Face à la cathédrale, ce snack très animé (voire bruyant) draine une clientèle variée. Prenez place sur la terrasse, bien aérée, et faites un sort au plat du jour (filet de thon, rôti de bœuf...) ou optez pour un sandwich ou une salade. Bon choix de poissons crus et de tartares de thon. Salle climatisée à l'étage. Venir de préférence après 13h pour un meilleur service (débordé pendant le coup de feu).

La Terrasse Api SNACK €
(☎43 01 98 ; rue Lagarde ; plats 1 800-2 400 CFP ; ⏲tlj sauf dim, petit-déj et déj). Ce snack toujours en effervescence est idéal pour un petit-déjeuner ou un déjeuner sans se ruiner. Carte brasserie, très variée (salades, omelettes, burgers, grillades ou sandwichs).

Lou Pescadou RESTAURANT €
(☎43 74 26 ; rue Anne-Marie-Javouhey ; plats 1 200-2 700 CFP ; ⏲mar-sam). Des pâtes (fettucine, spaghettis, penne...), des pizzas au feu de bois, des grillades, des viandes poêlées, du poisson... Impossible de ne pas trouver son bonheur dans ce restaurant évoquant une trattoria napolitaine, dans le quartier de la cathédrale. Le plafond est tapissé des publicités humoristiques du restaurant.

L'Api'zzeria RESTAURANT €
(☎42 98 30 ; bd Pomaré ; plats 1 200-3 000 CFP ; ⏲tlj sauf dim). Les spécialités italiennes, notamment les pizzas au feu de bois et les pâtes, se taillent la part du lion dans ce restaurant au décor inspiré d'une trattoria, mais les poissons et les viandes, de qualité, ont également droit de cité. Dommage que la terrasse ombragée, côté boulevard, soit bruyante. Service en continu.

Les 3 Brasseurs BRASSERIE €€
(☎50 60 25 ; www.3brasseurs-pacific.com ; bd Pomaré ; plats 1 800-2 500 CFP ; ⏲tlj). Sur le front de mer, cette brasserie ne désemplit pas. Divers plats en adéquation avec l'esprit du lieu sont proposés, notamment des tartes flambées, des choucroutes, des moules-frites, de la carbonade flamande, mais aussi des grillades, des plats de poisson et des salades repas. Plusieurs formules à partir de 1 600 CFP. L'un des rares restaurants ouverts jusqu'à minuit.

Chez Jimmy RESTAURANT €€
(☎43 63 32 ; angle rue Colette et rue des Écoles ; plats 1 600-3 000 CFP ; ⏲tlj sauf dim). En plein centre-ville, Chez Jimmy contentera les inconditionnels de la cuisine asiatique avec un bel éventail de spécialités chinoises, vietnamiennes et thaïlandaises. Dommage que le décor (une grande salle carrelée) manque de chaleur, malgré la présence de l'incontournable aquarium.

L'O à la Bouche RESTAURANT €€
(☎45 29 76 ; passage Cardella ; plats 1 600-3 700 CFP ; ⏲tlj sauf sam midi et dim). Un classique sur la scène culinaire de la ville.

On se délecte d'une cuisine alléchante, fusionnant avec une certaine réussite les influences polynésiennes traditionnelles et le répertoire occidental. Le cadre, aux tonalités bleu et jaune, avec quelques tableaux au mur, est à la fois sobre et rafraîchissant.

Le Mandarin RESTAURANT €€

(☎50 33 90 ; rue des Écoles ; plats 1600-3500 CFP ; ⏰11h30-13h30 et 18h30-21h30 tlj). Le dépaysement est garanti sitôt franchi la porte du restaurant. Boiseries, tentures et laque donnent une tonalité extrême-orientale à cette vénérable institution qui n'a pas pris une ride depuis son ouverture en 1964. Le chef, originaire de Hong Kong, décline toutes les saveurs de la Chine en pas moins de 200 plats différents et les végétariens ne sont pas oubliés. C'est l'occasion de goûter le canard pékinois, des abalones sautés ou des bêches de mer. Carte des vins bien fournie.

Morrison's Café RESTAURANT €€

(☎42 78 61 ; centre Vaima ; plats 1600-2800 CFP ; ⏰fermé sam midi, dim, lun et mar soir). À l'arrière du centre Vaima (à l'étage), accessible par un escalier ou un ascenseur, le Morrison's est un lieu accueillant. Du restaurant en terrasse, conçu comme un deck panoramique, égayé par un joli mobilier, on jouit d'une belle vue sur le port. Service jusqu'à minuit le vendredi et le samedi (plutôt rare à Papeete !).

Le Royal Tahitien HÔTEL €€

(voir p. 68 ; ☎50 40 40 ; PK 3,1, Pirae ; plats 1500-3500 CFP ; ⏰tlj). Avec son décor polynésien des années 1970, le restaurant du Royal Tahitien a des airs rétro, qui plaisent à une clientèle essentiellement locale. Son emplacement au bord du lagon est splendide (réservez une table au bord de l'eau, les autres sont dans la grande salle) et la cuisine très convenable. La carte bien fournie contentera tous les goûts. Les viandes et les poissons sont bien cuisinés, mais évitez les desserts. Animations musicales en fin de semaine.

♥ **Le Lotus** RESTAURANT D'HÔTEL €€€

(voir p. 68 ; ☎86 51 25 ; PK 8 ; plats 2000-4500 CFP ; ⏰tlj). Le restaurant sur pilotis de l'Intercontinental Tahiti Resort, au-dessus du lagon, est un bel endroit pour se faire plaisir avec l'élu(e) de son cœur. Le soir, l'ambiance est romantique et le cadre invite à la dégustation de plats raffinés. Au déjeuner, la carte est plus légère.

Où prendre un verre

Bars

Les 3 Brasseurs BRASSERIE

(☎50 60 25 ; www.3brasseurs-pacific.com ; bd Pomaré ; ⏰tlj). Cette célèbre brasserie sur le front de mer, copie presque conforme de son homologue lilloise, est un lieu de rendez-vous incontournable. Attablé en terrasse, commandez un cocktail, une bière artisanale maison, à la pression (500 CFP), au "pitcher" (1,8 l), voire au mètre... Musique live en fin de semaine.

Le Rétro BAR

(☎42 86 83 ; bd Pomaré ; ⏰tlj). La terrasse vaste et aérée, donnant sur le front de mer, est fréquentée à toute heure du jour. Bières (à partir de 500 CFP), cocktails et jus de fruits. Musique live en fin de semaine.

Morrison's Café BAR-LOUNGE

(☎42 78 61 ; centre Vaima ; ⏰tlj sauf dim). Espace lounge, sympathique et bien fréquenté, à l'arrière du restaurant (voir ci-contre).

Les terrasses des restaurants de la marina Taina (PK 9), notamment le Pink Coconut (p. 71), sont idéales pour siroter un cocktail au soleil couchant, certains soirs en musique.

Bars des grands hôtels

Dans un autre registre, les hôtels de luxe possèdent des bars généralement très attrayants, ouverts aux clients extérieurs. Ils pratiquent des tarifs fort raisonnables eu égard à leur cadre avantageux (environ 1 300 CFP pour un cocktail, avec parfois des happy hours). Essayez celui de l'Intercontinental Tahiti Resort, du Radisson Plaza Resort, du Manava Suite Resort ou du Sofitel Maeva Beach Resort.

Où sortir

Revues et spectacles de danse tahitienne

C'est à Tahiti que vous aurez l'occasion d'assister aux meilleurs spectacles de danse tahitienne. Les groupes les plus connus de l'île se produisent plusieurs fois par semaine alternativement dans les grands hôtels et dans certains restaurants, et les clients extérieurs sont les bienvenus. Ne manquez pas cette occasion d'admirer d'excellents interprètes parés de somptueux costumes, qui exécutent de superbes danses traditionnelles, dans un cadre souvent très attrayant. Renseignez-vous auprès de l'**Intercontinental Tahiti Resort**, du **Sofitel Maeva Beach Resort**, du **Manava Suite Resort**, du **Radisson**

Plaza Resort et du **Méridien**, qui proposent 1 ou 2 fois par semaine des buffets-spectacles vers 21h, d'une durée d'environ 45 minutes. Ceux du Méridien sont les plus réputés. Comptez entre 7 000 et 8 500 CFP/pers pour la soirée. Il est parfois possible de n'assister qu'au spectacle, moyennant une consommation au bar. Contactez la réception de chaque établissement au préalable pour connaître les programmes et les conditions d'entrée.

Clubs et bars musicaux

Après un séjour dans les îles où, après la tombée de la nuit, les divertissements sont très limités, voire inexistants, Papeete pourrait presque passer pour une métropole survoltée... Mais, en réalité, la vie nocturne est limitée à quelques établissements.

Dans les boîtes de nuit, les droits d'entrée oscillent entre 1 000 et 2 000 CFP selon les établissements, avec une boisson incluse. Les tenues décontractées ne sont pas admises (pas de tongs, pas de shorts). Les heures de fermeture sont fixées à 3h ou 4h du matin.

Le Paradise Night BOÎTE DE NUIT
(☎42 73 05 ; bd Pomaré ; ⏲tlj). Cette boîte de nuit rassemble une clientèle éclectique, à l'image de son répertoire, empruntant à tous les styles (avec une prédilection pour les danses à deux). Ambiance un peu kitsch et néocalifornienne, pour une clientèle masculine d'âge mûr, surtout composée de militaires. Sur le front de mer, en face de la gare maritime.

Ute Ute BAR DANSANT
(☎53 46 46 ; 45 rue Colette ; ⏲lun-sam). Un grand classique à Papeete, branché et convivial, longtemps le QG de la jeunesse dorée de Tahiti, essentiellement demis et *popa'a*. Bar en début de soirée, puis boîte de nuit (en fin de semaine) avec animation par un DJ.

Royal Kikiriri DANCING
(☎43 58 64 ; rue Colette ; ⏲jeu-sam). Le temple de la musique locale, où les demis bons danseurs viennent séduire leurs belles en fin de semaine. Ambiance conviviale de bar-dancing polynésien, particulièrement animé dès le vendredi après-midi. Le répertoire se compose uniquement de musique locale, interprétée par l'orchestre maison, le Royal Trio Kikiriri. À découvrir en compagnie d'amis polynésiens.

Morrison's Café BAR DANSANT
(☎42 78 61 ; centre Vaima ; ⏲jeu-sam). Bar dansant à partir de 21h. Clientèle éclectique et musique électro, jazzy, rock assurée par un DJ.

> **SORTIES**
>
> L'office du tourisme publie un dépliant gratuit, *What's On*, qui répertorie les principaux spectacles et animations à Tahiti. Renseignez-vous également sur le site www.tahiti-agenda.com.

Le Club 106 BOÎTE DE NUIT
(☎42 72 92 ; bd Pomaré ; ⏲jeu-sam). Disco, rock et techno, et ambiance de club privé pour trentenaires et plus. Sur le front de mer, à l'ouest du centre-ville.

Hôtel Royal Tahitien DANCING
(☎50 40 40 ; PK 3,1, Pirae ; ⏲ven-sam). Les soirées du "RT", animées par un orchestre local le vendredi et le samedi à partir de 19h30, sont très courues par les demis, qui viennent exprimer leurs talents de danseurs. Certes, c'est à Pirae, dans les faubourgs de Papeete, donc excentré, mais le cadre, près de la plage, est moins confiné que dans les boîtes de nuit de la ville. Soirée jazz le jeudi de 20h à 22h.

Les grands hôtels accueillent également des soirées musicales. Appelez la réception de chaque établissement pour connaître le calendrier.

Achats

Tahiti n'est pas un centre de production d'artisanat, mais vous pourrez vous y procurer des produits originaires des différentes îles, des perles des Tuamotu, des sculptures sur bois des Marquises, ou des chapeaux et des paniers tressés des Australes.

Marché central SOUVENIRS
(angle rue Colette et rue du 22-Septembre ; ⏲tlj). Vous trouverez une grande diversité de produits artisanaux au marché central, plus particulièrement à l'étage. Le pire côtoie le meilleur. À vous de faire votre choix parmi les sculptures, le monoï, les paréos, les vêtements, les coquillages, les nacres gravées, les bijoux fantaisie et les objets en vannerie.

Centre artisanal de Tipaerui ARTISANAT
(⏲7h-17h tlj). Juste après la Maison de la culture (Te Fare Tauhiti Nui), à l'ouest du boulevard Pomaré, en face de la passerelle, le centre artisanal de Tipaerui rassemble des productions artisanales variées (tissus, sculptures, vannerie et nacres) à des prix

divers, réalisées par des artisans originaires de toute la Polynésie installés à Tahiti.

Tahiti Vanilla Market COSMÉTIQUES

(☎83 74 83 ; rue Émile-Martin ; ⊙9h-17h lun-ven). Cette boutique vend des cosmétiques réalisés à Tahiti, notamment des bougies au tiaré, des perles de senteur au tiaré, des laits corporels au monoï, des savons au monoï, ainsi que des produits à base de vanille (gousses, poudre, extrait, pâte).

Chris Tahiti Perles BIJOUX

(☎58 36 79 ; http://christahitiperle.canalblog.com ; Cité de l'air, Faa'a ; ⊙sur rendez-vous). Des bijoux d'une créatrice, qui vous présentera ses réalisations à son domicile, sur rendez-vous. Colliers, boucles d'oreille, bracelets, pendentifs, tous à base de perles de Tahiti, montées sur or, argent, nacre ou cuir.

Tahiti Black Pearls PERLES

(☎82 37 08 ; bd Pomaré ; ⊙9h-17h lun-ven, 9h-12h sam). Les boutiques de perles ne manquent pas le long du boulevard Pomaré, mais celle-ci, tenue par une jeune propriétaire et son amie styliste, se distingue par son concept : on choisit sa perle, on choisit sa monture (or ou argent), et le montage est fait sur place. Les perles viennent de la ferme perlière familiale, à Takaroa et à Raroia. Bon choix, à tous les prix.

Te Mana VÊTEMENTS

(☎43 23 30 ; www.temana.com ; bd Pomaré ; ⊙8h-17h lun-ven, 8h-16h sam). Une ligne de vêtements homme, femme et enfant, d'excellente qualité, conçue et fabriquée à Tahiti. Chemises, tee-shirts, robes et accessoires.

Ganesha ARTISANAT

(☎43 04 18 ; www.ganeshatahiti.com ; centre Vaima ; ⊙9h-17h30 lun-ven, 9h-12h et 14h-17h30 sam). Dans la galerie marchande du Vaima, cette boutique commercialise des objets artisanaux de Polynésie française, et du Pacifique en général.

Efraima et Siméon Huuti TATOUEURS

(☎70 36 34 ; ⊙sur rendez-vous). Ces deux frères, marquisiens, sont connus de longue date, et leur travail a bonne presse. Leur studio est à l'étage du marché central.

Mana'o Tattoo TATOUEURS

(☎42 45 00 ; www.manaotattoo.com ; 43 rue Leboucher ; ⊙sur rendez-vous). Studio où exercent plusieurs tatoueurs, réputés pour la finesse et la délicatesse des traits. Tatouages personnalisés de qualité, de style polynésien et marquisien.

Galerie Winkler GALERIE D'ART

(☎42 81 77 ; gal.winkler@mail.pf ; 17 rue Jeanne-d'Arc). Expose les œuvres d'artistes polynésiens.

Galerie des Tropiques GALERIE D'ART

(☎41 05 00 ; bd Pomaré). Expose les œuvres d'artistes polynésiens.

Odyssey MUSIQUE

(☎50 13 15 ; 9 place de la Cathédrale). CD de chanteurs et de groupes polynésiens.

Renseignements

Accès Internet

Business Center (☎83 63 88 ; aéroport, Faa'a ; 1 000 CFP/heure ; ⊙8h-18h et 20h-22h30 lun-ven). À l'aéroport, du côté de la zone d'arrivée des vols intérieurs.

Cybernesia (☎85 43 67 ; centre Vaima ; 720 CFP/heure ; ⊙8h30-17h lun-ven, 9h-13h sam)

Maison de la Presse (☎50 93 93 ; bd Pomaré ; 600 CFP/heure ; ⊙8h-18h lun-ven, 8h30-13h et 16h30-18h sam)

Argent

La Socredo, la Banque de Tahiti et la Banque de Polynésie disposent de plusieurs agences à Papeete et dans les communes de l'agglomération, équipées de distributeurs acceptant les cartes de crédit Visa et MasterCard (dans la limite de votre plafond de retrait). L'aéroport abrite également un distributeur automatique de billets.

Banque de Polynésie (bd Pomaré ; ⊙lun-jeu 7h45-15h30 et ven 7h45-14h30). Change et distributeur de billets.

Banque de Tahiti (bd Pomaré ; ⊙lun-ven 8h-11h45 et 13h30-16h30, sam 8h-11h30). Change, distributeur de billets et changeur automatique de devises acceptant les euros, les francs suisses et les dollars canadiens et américains (pas toujours en fonctionnement).

Broadway (☎43 34 39 ; bd Pomaré ; ⊙7h30-23h lun-mer, 7h-1h jeu-sam, 8h-23h dim). Petit bureau de change indépendant, attenant aux 3 Brasseurs. Contrairement aux banques, il ne prend pas de commission sur les devises (euros, dollars canadiens, dollars américains, mais pas les francs suisses), mais il offre des taux de change inférieurs à ceux des banques (115 CFP pour un euro, au lieu de 119,30 CFP pour un euro au cours officiel).

Socredo (bd Pomaré ; ⊙lun-ven 8h-11h45 et 14h-17h). Change et distributeur de billets.

À NE PAS MANQUER

LE HEIVA I TAHITI

Le Heiva ("fête") est l'apothéose de la célébration de la culture maohi. Chaque année, de fin juin à fin juillet, des festivités réunissent des Polynésiens de tous les archipels. Papeete en est l'épicentre, mais chaque île organise son propre Heiva. Les concours de danse et de chant ont la part belle, mais nombre d'autres activités sont présentées.

Avant 1985, le Heiva s'appelait Tiurai ("juillet"). La première édition eut lieu en 1882. Il s'agissait alors de fêter le très républicain 14 juillet. Les danses, interdites au début du siècle, firent progressivement leur apparition. Peu à peu, le Tiurai perdit sa résonance républicaine pour devenir la fête de la culture polynésienne.

Les billets, pour les chants et les concours de danse en soirée à Papeete, sont en principe en vente dès la fin du mois de mai à la Maison de la culture Te Fare Tauhiti Nui, sur la place Toata. Renseignez-vous également à l'office du tourisme. Il faut compter entre 1 500 et 2 500 CFP pour une soirée. Les représentations se déroulent place Toata, sur une grande scène aménagée pour l'occasion, à côté de la Maison de la culture.

Danses

Les concours de danse constituent les épreuves reines du Heiva. Pendant plusieurs soirées, une vingtaine de groupes originaires des différents archipels s'affrontent et se disputent plusieurs prix face à un jury : prix du meilleur groupe, prix du meilleur costume, prix du meilleur couple de danseurs, etc. Les concours de danse font régulièrement l'objet de débats mouvementés entre les tenants de la tradition, au purisme affiché, et les novateurs, qui n'hésitent pas à s'écarter des canons et de la norme. Le jury note la synchronisation, l'interprétation du thème, les costumes, la chorégraphie...

Chants

Les concours de chant polyphonique, opposant diverses chorales, sont également très relevés. Malheureusement, ils restent relativement hermétiques pour le public néophyte, qui a du mal à s'y retrouver parmi les structures polyphoniques complexes des différents *himene*, chantés en tahitien. Les chorales sont mixtes et l'on peut entendre jusqu'à dix voix différentes. Les thèmes évoquent les légendes maohi.

Courses de pirogue

Les courses de va'a (pirogue) sont le sport national. Les meilleurs rameurs de Polynésie s'affrontent lors de courses, avec des équipages de un (V1), trois (V3), six (V6) et seize rameurs (V16), hommes et femmes, dans le lagon de Tahiti et en haute mer. L'une d'elles fait le tour de Moorea (84 km), mais autorise des changements d'équipage.

Sports traditionnels

Les sports traditionnels sont aussi à l'honneur, notamment le très spectaculaire concours de lever de pierre. Les compétiteurs doivent soulever une pierre de 110 à 145 kg dépourvue de toute prise et la hisser sur l'épaule. Également très visuel, le concours de lancer de javelot, originaire des Tuamotu, revit lors du Heiva. Il s'agit d'atteindre une noix de coco attachée sur un mât de 7,5 m de haut, distant de 22 m.

Le concours de préparation du coprah fait aussi l'objet d'une compétition. Chaque équipe compte trois compétiteurs, qui doivent fendre, ouvrir et extraire la chair d'environ 150 à 200 noix de coco en un minimum de temps, puis les placer dans des sacs de jute.

La course des porteurs de fruits est également prisée. Dans l'ancienne civilisation, les Polynésiens attachaient les fruits cueillis (bananes, cocos, oranges) aux deux extrémités d'un bâton qu'ils portaient sur leurs épaules. Deux courses, sur un parcours d'environ 2 km, figurent au programme : l'une se déroule avec un fardeau de 30 kg, l'autre avec une charge de 50 kg.

Librairies

Archipels (☎42 47 30 ; 68 rue des Remparts). Bon choix d'ouvrages sur la Polynésie.

Kiosque du centre Vaima. À hauteur de la station de taxis. Presse française.

Klima (☎42 00 63 ; 13 place Notre-Dame). En face de la cathédrale. Cartes marines ou cartes à l'échelle couvrant la plupart des îles.

Maison de la Presse (☎50 93 93 ; bd Pomaré). Presse française et étrangère, et quelques ouvrages sur la Polynésie.

Odyssey (☎50 13 15 ; 9 place de la Cathédrale). Bon choix d'ouvrages et de guides sur la région.

Office du tourisme

Les bureaux de l'**office du tourisme de Tahiti et ses îles** (☎50 40 30 ; www.tahiti-tourisme.pf ; bd Pomaré ; 7h30-17h30 lun-ven, 8h-16h sam, 8h-12h dim) sont aménagés dans le centre-ville au Fare Manihini, sur le boulevard Pomaré, du côté des quais. Cet office du tourisme couvre l'ensemble de la Polynésie, et pas seulement Papeete ou Tahiti. Vous trouverez de nombreuses brochures, ainsi que les prospectus de prestataires, mais n'espérez guère de renseignements pointus.

Poste

OPT (☎53 15 50 ; www.opt.pf ; bd Pomaré ; 7h30-17h lun-ven, 7h30-11h sam). Sur le front de mer, à proximité du parc Bougainville. Également centre philatélique.

Services médicaux

De nombreux médecins exercent à Papeete. Vous trouverez également des pharmacies, dont certaines sont ouvertes le dimanche matin.

Centre hospitalier du Taaone (☎48 62 62 ; Pirae). Le plus grand hôpital de Polynésie. Toutes spécialités.

Clinique Cardella (☎46 04 25 ; 11 rue Anne-Marie-Javouhey). Derrière la cathédrale.

Urgences

Le centre hospitalier du Taaone et la clinique privée de la ville (voir ci-dessus) disposent de services d'urgence fonctionnant 24h/24.

Police secours ☎17

SOS Médecins (☎42 34 56)

Urgences médicales ☎15

Depuis/vers Papeete

Avion

L'aéroport de Faa'a (prononcez fa-ha-ha), à 6 km du centre-ville, est la plaque tournante du trafic aérien de la Polynésie française, qu'il s'agisse des vols internationaux ou intérieurs. Papeete est ainsi reliée à 47 îles de Polynésie française. La plupart des correspondances entre les différents archipels s'effectuent à Papeete. Reportez-vous aux chapitres régionaux pour les fréquences et les tarifs. Pour les dessertes internationales, voir p. 373.

La compagnie intérieure, **Air Tahiti** (www.airtahiti.pf), dispose d'une **agence principale** (☎86 42 42, 47 44 00 ; angle rue du Maréchal-Foch et rue Édouard-Ahnne ; 8h-17h lun-ven, 8h-11h sam) au centre-ville, ainsi que d'une **agence à l'aéroport** (☎86 41 84 ; 6h-16h30 lun-ven, 6h-16h sam-dim), dans la zone d'arrivée des vols intérieurs.

Bateaux inter-îles

Papeete est le centre des communications maritimes pour l'ensemble de la Polynésie française. Pour Moorea, il existe un système de navettes à bord de catamarans rapides ou de ferries, tous les jours entre 6h et 16h30 ou 17h30, au départ de la gare maritime, au nord-est du boulevard Pomaré. Voir p. 107 pour tous les détails.

Au départ de Papeete, il existe également des liaisons avec Huahine, Raiatea et Bora Bora, une fois par semaine (aller le vendredi, retour le dimanche) avec l'**Aremiti 4** (☎50 57 57 ; www.aremiti.pf). À titre indicatif, l'aller simple pour Huahine coûte 7 400 CFP, l'aller-retour 11 000 CFP pour un adulte).

Les paquebots de luxe accostent au quai d'Honneur, près des bureaux de l'office du tourisme et de la capitainerie.

Quant aux nombreux cargos à destination des différents archipels de la Polynésie, toute leur activité se concentre dans la zone portuaire de Motu Uta, dans le nord de la ville. Vous trouverez tous les détails sur les déplacements inter-îles au chapitre *Transports* p. 379.

Bus

En semaine, les bus fonctionnent de l'aube jusqu'à 17h ou 18h, sauf la ligne Papeete-Outumaoro (qui passe devant l'aéroport), qui fonctionne en principe jusqu'à 21h ou 22h en fin de semaine (mais ce n'est pas garanti). Le week-end, et surtout le dimanche, les services sont réduits. Comptez au moins 140/60 CFP par adulte/enfant pour les trajets les plus courts, par exemple de Papeete à un arrêt situé dans le secteur de l'aéroport. Les tarifs s'élèvent ensuite progressivement en fonction de la distance (500 CFP pour les zones les plus éloignées).

Les bus affichent à l'avant le numéro de leur itinéraire et le nom de leur destination finale.

ARRÊTS DE BUS À PAPEETE

Il n'y a pas de gare routière à Papeete, mais quatre terminus différents, correspondant chacun à une zone de l'île.

Les arrêts de bus sont les suivants :

Arrêt central du marché. Dans la rue du Général-de-Gaulle, à côté du marché central. Bus desservant l'aéroport de Faa'a et les faubourgs ouest, dont Faa'a, Punaauia et Paea, ainsi que des communes plus éloignées comme Papara. Le bus d'Outumaoro passe devant l'aéroport de Faa'a et les hôtels de la côte ouest situés après l'aéroport.

Arrêt central du front de mer. Sur le boulevard Pomaré, en face du *fare* Manihini (l'office du tourisme). Bus desservant la côte nord jusqu'à Papenoo, à 17 km environ à l'ouest de Papeete. Communes et quartiers concernés : Mahina, Arue, Papenoo (entre autres lieux).

Embarquement longues distances. Également sur le boulevard Pomaré, mais du côté de l'office du tourisme. Bus pour la presqu'île (Tahiti Iti), notamment Tautira et Teahupoo (400 CFP).

Gare de l'hôtel de ville. À côté de la mairie. Bus à destination de la côte est et de plusieurs faubourgs à l'est de Papeete. Seules lignes véritablement utiles pour les touristes : le n°3 (Motu Uta, la zone portuaire des cargos) et le n°7 (pour le tombeau du roi Pomaré V à Arue).

Voiture

Compte tenu de l'absence de transports publics fiables et réguliers en dehors de l'agglomération, la solution la plus pratique pour visiter Tahiti est de louer une voiture. Certes, les statistiques d'accidents ne sont guère encourageantes, mais, sauf aux heures de pointe dans la banlieue de Papeete, pendant lesquelles les grands axes sont complètement saturés, la conduite automobile pose peu de difficultés sur l'île. À mesure que l'on s'éloigne de Papeete, la circulation s'éclaircit rapidement. Hormis sur l'autoroute (appelé "RDO", route de dégagement ouest) à l'ouest de Papeete, les automobilistes ne roulent pas trop vite. Faites cependant attention aux enfants traversant inopinément la chaussée, aux conducteurs en état d'ivresse les soirs de week-end, et aux vélos ou scooters circulant sans éclairage à la nuit tombée.

Il existe plusieurs agences de location de voitures à Papeete. Les tarifs sont comparables d'une société à l'autre. Comptez de 9 000 à 11 000 CFP pour la location d'un véhicule de petite catégorie pour 24 heures en kilométrage illimité, assurance incluse. Le montant des franchises est élevé (au moins 50 000 CFP). Des tarifs dégressifs s'appliquent pour une durée de 2 jours et plus. Si vous optez pour une voiture climatisée, l'addition grimpe à 11 000-12 000 CFP/jour. Vous trouverez des stations-service dans la plupart des localités de l'île.

Certaines agences disposent d'un bureau à l'aéroport, ouvert tous les jours jusqu'à 19h environ, en plus d'une agence à Papeete. Certains loueurs sont également représentés dans les grands hôtels.

Avis Pacificar Papeete (☎54 10 10 ; www.avis-tahiti.com ; rue des Remparts) ; **Taravao** (☎57 70 70) ; **Faa'a** (☎85 02 84 ; aéroport de Faa'a)

Daniel Rent-a-Car (☎82 30 04 et 81 96 32 ; daniel.location@mail.pf ; aéroport de Faa'a)

Europcar (☎86 61 96 ; www.europcarpolynesie.com ; aéroport de Faa'a)

Hertz Papeete (☎42 04 71 ; rue des Remparts) ; **Faa'a** (☎82 55 86 ; aéroport de Faa'a)

Tahiti Auto Center (☎82 33 33 ; www.tahitiautocenter.pf ; PK 20,2, Paea ; ⏲7h30-16h30 lun-ven, 8h-11h30 sam). Tarifs avantageux (à partir de 6 000 CFP pour 24 heures et 16 000 CFP les 3 jours en kilométrage illimité). Pas de livraison à l'aéroport. Réserver bien à l'avance, surtout pour les véhicules de petite catégorie.

Tahiti Rent-a-Car (☎81 94 00 ; aéroport de Faa'a)

En stop

S'il est moins facile que naguère de se déplacer en stop à Tahiti, cela reste toujours possible, plus particulièrement lorsqu'on se rapproche de l'extrémité de l'île opposée à Papeete, où les transports en commun ne sont guère fréquents.

Les règles universelles du stop s'appliquent également à Tahiti : ce n'est pas le mode de transport le plus sûr, les femmes ne devraient jamais voyager seules en stop, et nous ne le recommandons pas.

Comment circuler

Desserte de l'aéroport

L'aéroport de Faa'a est à moins de 6 km du centre de Papeete. Tous les bus roulant de l'aéroport en direction de la ville, c'est-à-dire vers l'est – ou vers votre gauche quand vous sortez de l'aérogare –, vous amèneront directement au centre de Papeete pour 140/200 CFP durant la journée/la nuit. Ils se font très rares après 21h en semaine. En sortant de l'aérogare, traversez le parking, gravissez l'escalier jusqu'au niveau de la route, traversez-la et faites signe au truck qui se présente.

Au départ de Papeete, l'arrêt des bus passant devant l'aéroport de Faa'a se trouve à côté du marché central. Empruntez un bus à destination d'Outumaoro (affiché en toutes lettres à l'avant du véhicule).

Des taxis attendent également à chaque vol. Comptez 1 500 CFP durant la journée, 2 500 CFP au tarif de nuit (de 20h à 6h), plus 100 CFP par bagage.

Taxi

La plupart des courses en taxi ont un prix forfaitaire, fixé par le gouvernement. Les tarifs sont particulièrement élevés. Le tarif de nuit s'applique de 20h à 6h. Dans Papeete même, la course est facturée environ 1 000 CFP (1 800 CFP pour l'Intercontinental Resort ou le Sofitel). Vous trouverez plusieurs stations de taxi dans le centre-ville.

TAHITI NUI

Impossible de quitter Tahiti sans avoir fait le tour de l'île ! Les 114 km de route côtière sont jalonnés de sites culturels et historiques. S'y ajoutent, bien sûr, les paysages, avec de jolies échappées côté mer et côté montagne, avec un relief toujours spectaculaire et une luxuriance tropicale caractéristique, et même de petites plages.

En théorie, un jour suffit à faire le tour de l'île en voiture de location, mais mieux vaut prévoir plus de temps et passer une nuit dans une pension de la côte ouest ou sud.

Pour les sites situés sur la presqu'île, consultez la section *La presqu'île (Tahiti Iti)* p. 80.

Côte ouest

Le littoral ouest de l'île est le plus urbanisé. Les habitations se succèdent sans discontinuer depuis le centre de Papeete jusqu'à Paea.

À voir

Punaauia (PK 10 À PK 18) COMMUNE

Punaaiua est la banlieue résidentielle de Papeete. Les villas chics et de luxueuses résidences sont bâties en hauteur à flanc de montagne, où elles bénéficient d'une brise rafraîchissante et de belles vues sur le lagon et l'île de Moorea en toile de fond.

Marina Taina (PK 9) MARINA

La marina Taina est l'un des sites branchés du secteur et l'un des lieux les plus animés de la côte ouest, avec plusieurs restaurants et des animations nocturnes.

Ancienne maison de Paul Gauguin (PK 12,5) SITE HISTORIQUE

Au PK 12,5, les inconditionnels du peintre Paul Gauguin pourront voir le site où se dressait sa maison, lieu actuel de l'école primaire "2+2 = 4". C'est ici qu'il vécut lors de son second séjour tahitien, en 1897-1898. Il ne reste rien de sa demeure coloniale en bois, bâtie sur le lagon, à côté de la rivière. Endetté et malade, désespéré par la mort de sa fille Aline, il tenta même de se suicider ici en absorbant de l'arsenic.

♥ Musée de Tahiti et des Îles (PK 15,1) CULTURE POLYNÉSIENNE

(☎54 84 36 ; adulte/enfant 800/400 CFP ; ⌚9h30-17h30 mar-dim). Seul musée digne de ce nom de toute la Polynésie française, et préalable indispensable à la compréhension de la culture polynésienne, le musée de Tahiti et des Îles possède l'une des plus belles collections du Pacifique. Son cadre est superbe : il est aménagé en bord de mer, à quelques centaines de mètres à pied en retrait de la route côtière, après le pont de Punaruu.

Après avoir traversé une librairie, on pénètre dans le musée. Celui-ci comporte quatre départements distincts : la géographie et l'histoire naturelle, la culture pré-européenne, l'exploration européenne et les expositions en plein air. Toute la civilisation pré-européenne est évoquée à l'aide d'objets anciens, de documents, de dessins et de panneaux explicatifs : les migrations dans le Pacifique Sud, les sports traditionnels, l'agriculture, l'élevage, la chasse, le milieu naturel, la musique, la danse, la guerre, l'arrivée des explorateurs...

Plage de Toaroto (PK 15,4) BAIGNADE

Une petite plage de sable blanc corallien, adaptée à la baignade, en toute sécurité.

Plage du PK 18 (PK 18) BAIGNADE

Pour les habitants, c'est "la plus belle plage de l'île". C'est trop lui faire honneur, même si elle présente des atouts indéniables (sable blanc corallien, lagon turquoise). Elle convient plus à la bronzette (même si elle

TOUR DE L'ÎLE ET PK

À Tahiti, les bornes kilométriques (PK) prennent la grande île en tenaille. Au départ du centre de Papeete, les PK de la côte nord s'égrènent sur 54 km jusqu'à Taravao. Les PK de la côte sud s'égrènent quant à eux sur 60 km, également jusqu'à Taravao. Ainsi, quand quelqu'un vous dit qu'il habite au "PK 17", il faut lui demander s'il s'agit de la côte nord ou de la côte sud. À la presqu'île, les PK sont comptés avec Taravao comme point zéro. Là encore, la numérotation part dans deux directions : l'une pour la côte nord, jusqu'à Tautira (PK 18), l'autre pour la côte sud, jusqu'à Teahupoo (PK 17).

est étroite) qu'à la baignade, vu le manque de fond.

Plage du Mahana Park (PK 18,5) BAIGNADE
Il ne reste plus beaucoup de sable sur cette plage, plutôt destinée aux amateurs de snorkeling (beaux massifs coralliens dans le lagon). Le week-end, il est possible de louer des kayaks (simples et doubles) sur place (respectivement 800 CFP et 1 500 CFP l'heure).

Marae Tataa (PK 19) SITE ARCHÉOLOGIQUE
À environ 200 m de la route de ceinture côté montagne (indiqué), ce *marae* est situé dans une propriété privée, mais on l'aperçoit très bien depuis la route.

Paea (PK 20) VILLAGE
Le centre de la commune de Paea est ramassé autour de la rivière Orofero, au PK 20, à l'embouchure de laquelle se trouve un site de surf très prisé. C'est également à cet endroit qu'en 1815 le roi Pomaré II remporta la bataille qui allait lui permettre de régner à nouveau sur Tahiti et allait assurer la prédominance du christianisme. Dans le bourg, vous remarquerez la belle église en pierre, au bord de la route, côté montagne.

Marae Arahurahu (PK22,5) SITE ARCHÉOLOGIQUE
Ne manquez pas la visite de cet impressionnant *marae*, bien mis en valeur grâce à une restauration complète. Pour faire plus vrai que nature, et rappeler son aspect originel, on lui a adjoint des tikis ainsi que des huttes en bambou et en jonc. Ce lieu, luxuriant et photogénique, prête parfois son cadre à des reconstitutions historiques, notamment pendant les fêtes traditionnelles du Heiva, en juillet.

Plage du PK 23,5 BAIGNADE
Cette belle plage aménagée (sanitaires, parking) est prisée des familles. Elle est assez large, mais le sable corallien n'est pas blanc ; il a des teintes grisâtres.

Grottes de Maraa (PK 28,5) SITE NATUREL
Le long de la route, un sentier traverse un jardin bordant une série de grottes en surplomb, agrémentées de fougères et de bassins aux eaux cristallines.

Où se loger

Par rapport aux hébergements de Papeete, ces établissements jouissent d'un environnement plus agréable et de la proximité de quelques petits bouts de plages de sable blanc, notamment celle de Toaroto, au PK 15,4, celle du PK 18 et celle du Mahana Park au PK 18,5. Papeete est facilement accessible en bus pendant la journée, mais les services s'arrêtent vers 16h ou 17h. On trouvera sur place de quoi se restaurer, ainsi que des petits commerces et des supermarchés.

Manava Suite Resort Tahiti HÔTEL €€
(☎47 31 00 ; www.spmhotels.com/resort/tahiti ; d à partir de 18 000 CFP ; ❄@≋📶). Un hôtel de bon standing, décoré dans un esprit contemporain, judicieusement orienté face à Moorea (mais toutes les chambres n'ont pas vue sur la mer). Il est généralement utilisé par une clientèle en transit pour les hôtels de luxe des autres îles de la Société. Superbe piscine à débordement, très vaste. Spa, bar et restaurant.

Le Méridien Tahiti HÔTEL €€€
(☎47 07 07 ; www.lemeridien-tahiti.com ; PK 15, Punaauia ; d à partir de 35 000 CFP ; ❄@≋📶). Une valeur sûre, dans un cadre flatteur : les bâtiments de style néopolynésien abritant les 138 chambres sont disposés en amphithéâtre autour d'une piscine à fond de sable, face au lagon. Toutes les chambres bénéficient d'une vue sur la mer. Petite plage, artificielle. S'y ajoutent 12 bungalows sur pilotis, de bon standing, construits au milieu de pâtés coralliens, deux bars et deux restaurants. La déco des chambres a été récemment rafraîchie. Les spectacles de danse du Méridien sont réputés. Wi-Fi payant.

Pension de la Plage STUDIOS €
(☎45 56 12 ; www.pensiondelaplage.com ; PK 15,4, Punaaiua ; s/d 8 500/9 000 CFP et 10 500/11 000 CFP ; ≋📶). Aucun risque de mauvaise surprise dans cette pension, même si le nom est trompeur : elle n'est pas en bord de plage, mais au bord de la route côtière (donc exposée au bruit), côté montagne. Les propriétaires louent 12 chambres-studios, mitoyennes et de plain-pied, dans un petit jardin agrémenté d'une piscine. La propreté est sans reproche (le ménage est fait tous les jours). Les chambres (32 m²), carrelées, égayées d'un mobilier en bambou, possèdent une salle d'eau, un réfrigérateur, un brasseur d'air, un coffre, la TV et une petite terrasse. Les plus chères disposent d'une kitchenette. On peut commander un petit-déjeuner (1 000 CFP) ou un dîner (2 600 CFP), que l'on savourera sous un agréable auvent de style local. Équipement de snorkeling à disposition. La plage de Toaroto est de l'autre côté de la route. Wi-Fi payant.

BON PLAN **Taaroa Lodge** DORTOIR, BUNGALOWS €
(☎58 39 21, 78 84 86 ; www.taaroalodge.com ; PK 18,2, Punaauia ; dort/d/bungalows

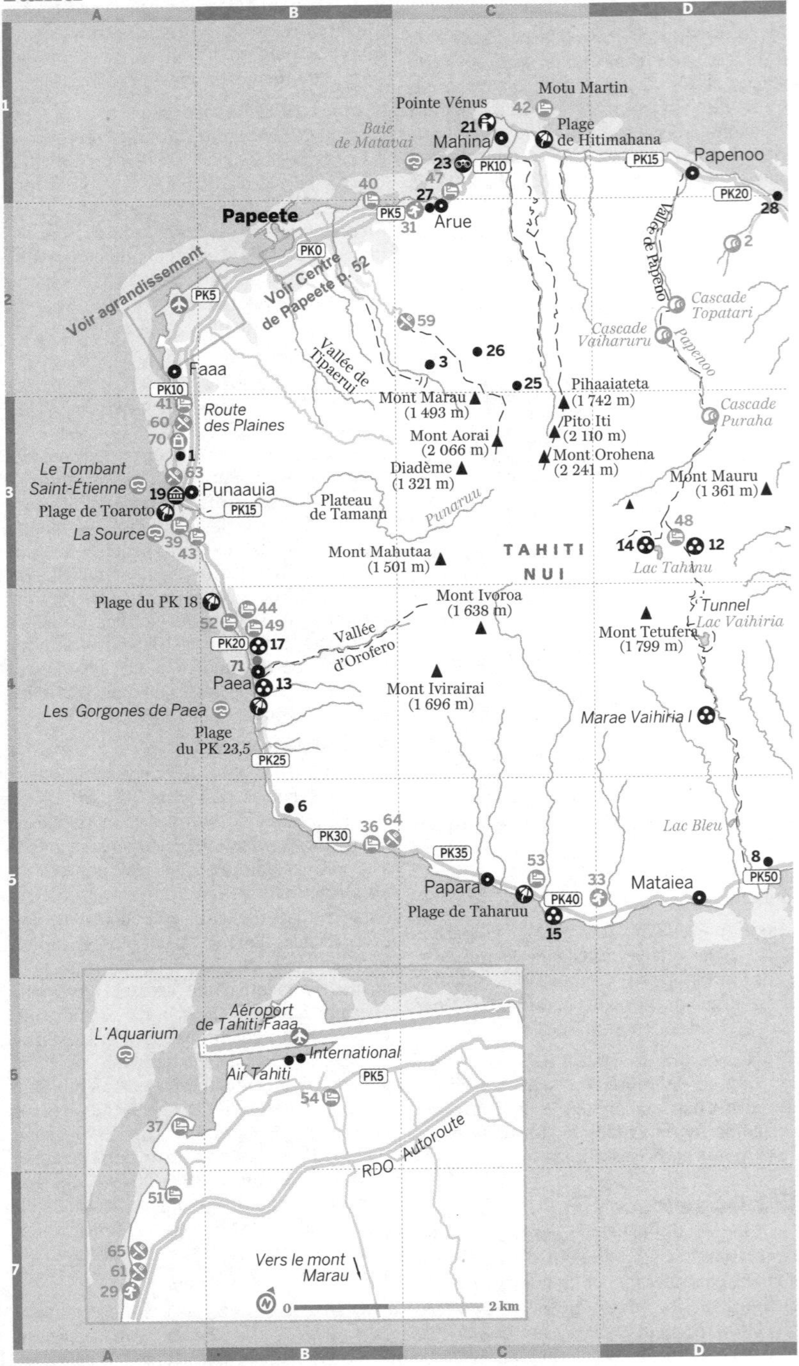
A
B
C
D
1
2
3
4
5
6
7
Motu Martin
Pointe Vénus
42
21
Plage
de Hitimahana
Baie
de Matavai
Mahina
23
PK10
47
PK15
Papenoo
40
27
PK5
31
Arue
PK20
28
Papeete
2
PK0
Voir agrandissement
Voir Centre
de Papeete p. 52
Vallée de Papeno
PK5
Cascade
Topatari
59
Cascade
Vaiharuru
Papenoo
Vallée de
Tipaerui
26
3
Faaa
25
Pihaaiateta
(1 742 m)
PK10
Mont Marau
(1 493 m)
Cascade
Puraha
41
Route
des Plaines
60
Pito Iti
(2 110 m)
Mont Aorai
(2 066 m)
70
1
Mont Orohena
(2 241 m)
Le Tombant
Saint-Étienne
63
Diadème
(1 321 m)
Mont Mauru
(1 361 m)
19
Punaauia
Plateau
de Tamanu
Punaruu
Plage de Toaroto
PK15
48
La Source
39
14
12
43
TAHITI
NUI
Mont Mahutaa
(1 501 m)
Lac Tahinu
Mont Ivoroa
(1 638 m)
Plage du PK 18
44
Tunnel
52
49
Lac Vaihiria
Mont Tetufera
(1 799 m)
PK20
17
Vallée
d'Orofero
71
Paea
13
Mont Ivirairai
(1 696 m)
Les Gorgones de Paea
Marae Vaihiria I
Plage
du PK 23,5
PK25
6
Lac Bleu
36
64
PK30
PK35
8
53
33
PK50
Papara
Mataiea
PK40
Plage de Taharuu
15
Aéroport
de Tahiti-Faaa
L'Aquarium
International
Air Tahiti
PK5
54
37
RDO Autoroute
51
65
61
Vers le mont
Marau
29
0
2 km

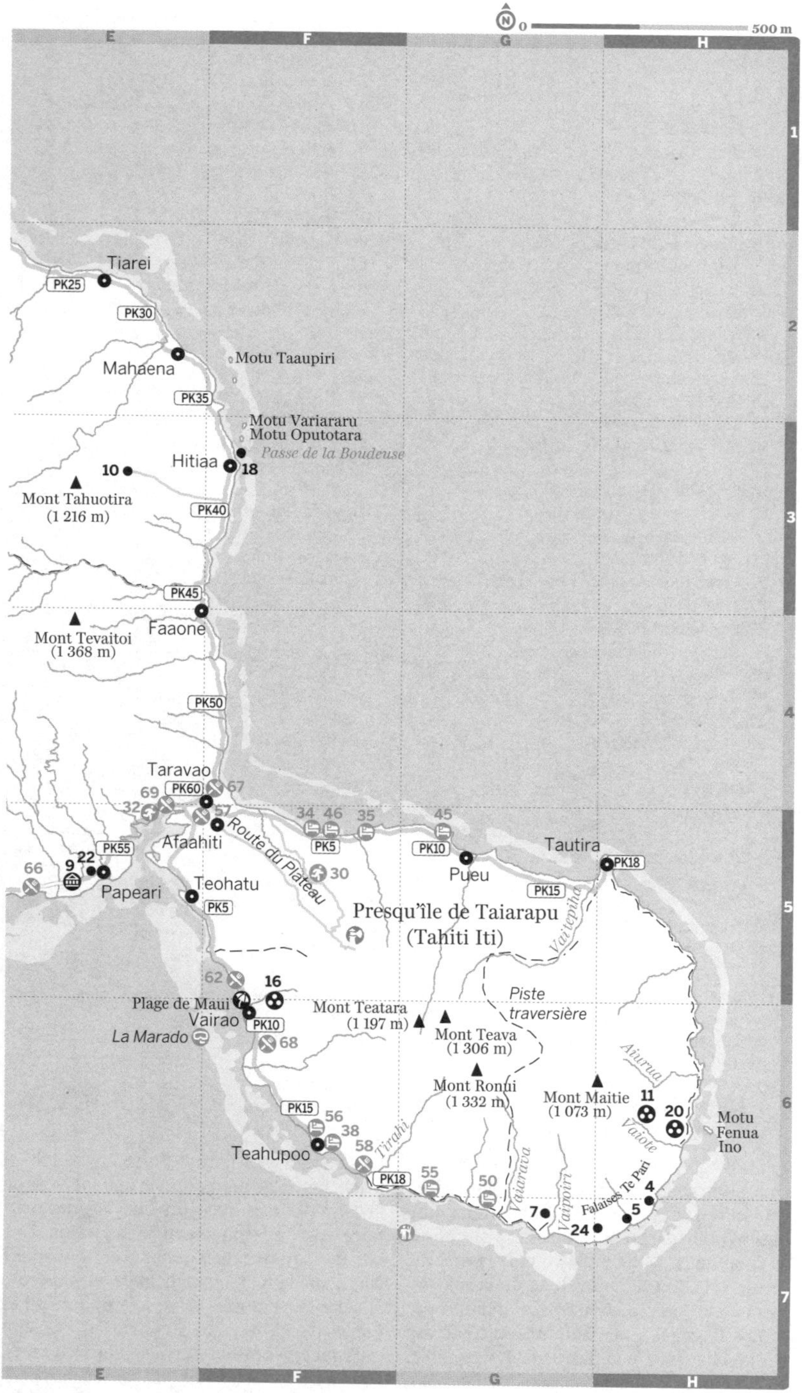
0
500 m
E
F
G
H
1
2
3
4
5
6
7
Tiarei
PK25
PK30
Mahaena
Motu Taaupiri
PK35
Motu Variararu
Motu Oputotara
Passe de la Boudeuse
Hitiaa
18
10
Mont Tahuotira
(1 216 m)
PK40
PK45
Faaone
Mont Tevaitoi
(1 368 m)
PK50
Taravao
PK60
67
69
32
57
Afaahiti
Route du Plateau
34
46
35
45
PK5
PK10
30
Pueu
Tautira
PK18
66
9
22
PK55
Papeari
Teohatu
PK5
PK15
Presqu'île de Taiarapu
(Tahiti Iti)
Vaitepiha
62
16
Plage de Maui
Vairao
PK10
La Marado
68
Mont Teatara
(1 197 m)
Mont Teava
(1 306 m)
Piste
traversière
Mont Ronui
(1 332 m)
Mont Maitie
(1 073 m)
Aiurua
11
20
Vaiote
Motu
Fenua
Ino
PK15
56
38
58
Teahupoo
Tirahi
PK18
55
50
Vaiarava
Vaipoiri
7
24
Falaises Te Pari
5
4

Tahiti

À voir

1 Ancienne maison de Paul Gauguin....... A3
2 Cascades de Faarumai......................... D2
3 Fort Fachoda.. C2
4 Grotte d'Anaihe................................... H7
5 Grotte de la Reine H7
6 Grottes de Maraa................................. B5
7 Grotte de Vaipoiri G7
8 Jardins d'eau de Vaipahi
et source Vaima.................................... D5
9 Jardins botaniques E5
10 Lavatubes de Hitiaa............................ E3
11 Marae... H6
12 Marae Anapua....................................... D3
13 Marae Arahurahu................................. B4
14 Marae Farehape.................................... D3
15 Marae Mahaiatea C5
16 Marae Nuutere...................................... F5
17 Marae Taata B4
18 Mouillage de Bougainville F3
19 Musée de Tahiti et des îles.................. A3
Musée Paul-Gauguin .... (voir 9)
20 Pétroglyphes.. H6
21 Phare de la pointe Vénus C1
22 Point d'arrivée des premiers Tahitiens.. E5
23 Pointe du Taharaa C1
24 Refuge de Faaroa.................................. H7
25 Refuge fare ata...................................... C2
26 Refuge fare mato C2
27 Tombeau du roi Pomare V.................... C2
28 Trou du Souffleur.................................. D1

Activités

29 Eleuthera Plongée A7
Fluid ....(voir 29)
30 L'Amour de la Nature à cheval F5
31 Scuba Tek... C1
32 Tahiti Iti Diving E5
33 Terrain de golf Olivier-Bréaud D5
Topdive...(voir 37)

Où se loger

34 Chez Maïthé F5
35 Flotahia.. F5
36 Hiti Moana Villa B5
37 Intercontinental Resort Tahiti A6
38 La Vague Bleue F6
39 Le Méridien Tahiti A3
40 Le Royal Tahitien B1
41 Manava Suite Resort Tahiti.................. A3
42 Motu Martin.. C1
43 Pension de la Plage................................ A3
44 Te Miti.. B4
45 Pueu Village.. G5
46 Punatea Village F5
47 Radisson Plaza Resort C1
48 Relais de la Maroto D3
49 Relais Fenua.. B4
50 Reva G7
51 Sofitel Maeva Beach Resort A7
52 Taaroa Lodge B4
53 Taharuu Lodge....................................... C5
54 Tahiti Airport Motel B6
55 Te Pari Village G6
56 Vanira Lodge... F6

Où se restaurer

57 Chez Loula et Rémy.............................. F5
58 Hinareva F6
59 Le Belvédère C2
60 Le Blue Banana A3
61 La Casa Bianca A7
62 La Plage de Maui.................................... F5
Le Club House..............................(voir 33)
63 Le Coco's.. A3
Le Lotus...(voir 37)
Le Méridien Tahiti –
restaurant Le Carré.....................(voir 39)
64 Le Nuutere B5
65 Le Pink Coconut...................................... A7
Le Quai des Îles.............................(voir 65)
Le Royal Tahitien ....(voir 40)
66 Restaurant du musée
Paul-Gauguin E5
67 Taumatai F4
68 Tavania F6
69 Terre-Mer E5

Achats

70 Rau Hotu.. A3

Transports

71 Paea Auto Center B4

2 800/6 400/10 600 CFP, 2 nuits minimum ; 📶). Une adresse attrayante, tenue par Ralph, un ancien champion de surf, dans une petite propriété en bord de mer. Vous aurez le choix entre 3 formules d'hébergement : un dortoir de 6 lits, à l'étage de la maison principale, simple et compact mais propre (draps fournis), une chambre avec sdb, au rez-de-chaussée, peu claire mais acceptable, et 2 bungalows indépendants, bien conçus, ressemblant à 2 petits chalets, avec sdb, et kitchenette. Le petit plus : la vue sur le lagon et sur Moorea, et le prêt de kayaks pour faire des ronds dans l'eau, juste devant. Une cuisine équipée, très propre, est à disposition dans la maison principale, et plusieurs snacks et roulottes sont à proximité. Les plages du PK 18 et du Mahana Park ne sont qu'à quelques minutes à pied. Pour les transferts à l'aéroport, comptez 3 000 CFP/pers.

Relais Fenua STUDIOS €

(☎45 01 98, 77 25 45 ; www.relaisfenua.fr ; PK 18,25, Paea ; studios d 9 000-12 000 CFP ;). Bien qu'à seulement 200 m de la route de ceinture, côté montagne, le site est tranquille. Les 7 studios, mitoyens, de plain-pied, disposés autour d'une mini-piscine, sont impeccables et tout confort, à défaut de se prévaloir du moindre zeste de personnalité. Rien ne manque : brasseur d'air, clim, TV, minibar, sèche-cheveux, coffre et sdb. Trois d'entre eux sont équipés d'une kitchenette. La plage du Mahana Park est à 200 m. Le petit-déjeuner est facturé 1 000 CFP. Vous pourrez prendre les autres repas dans les snacks des environs. Pour le transfert à l'aéroport, vous paierez 3 200 CFP/pers l'aller-retour. Remise de 10% à partir de 3 nuits. Wi-Fi payant.

BON PLAN **Te Miti** AUBERGE €

(☎58 48 61, 78 60 80 ; www.pensiontemiti.com ; PK 18,6, Paea ; dort/d avec petit-déj 2 500/6 600-7 600 CFP ; @). L'équivalent d'une petite auberge de jeunesse, située côté montagne, à 200 m de la plage du Mahana Park. Les propriétaires, un couple de *popa'a*, proposent 2 formules d'hébergement, réparties dans 2 *fare* : 2 dortoirs de 4 lits chacun, et 7 chambres avec sdb commune (eau chaude), moustiquaire et ventilateur, dépouillées, avec des matelas mollassons, mais propres. Il n'y a aucune intimité, mais l'ambiance est conviviale – l'idéal pour échanger des tuyaux et partager son expérience. À savoir : le linge de maison est fourni. Pour la restauration, 2 cuisines équipées sont à disposition. Des petits commerces et des snacks, à proximité, pourront aussi vous dépanner. Si vous souhaitez louer une voiture, les propriétaires vous conduiront dans un garage à Paea qui pratique des tarifs intéressants. Autres prestations utiles : service de consigne (gratuit à condition de revenir au moins une nuit à la pension), machine à laver (1 000 CFP), accès à Internet (500 CFP la demi-heure) et transfert à l'aéroport assuré 24h/24 (1 500 CFP/pers et par trajet le jour, 1 800 CFP la nuit). Vélos à disposition. Wi-Fi prévu.

Où se restaurer et prendre un verre

Punaauia, la banlieue chic à l'extrémité occidentale de l'agglomération de Papeete, s'affirme progressivement comme le second pôle de restauration de l'île.

Le Pink Coconut RESTAURANT, BAR €€

(☎41 22 23 ; www.pinkcoconuttahiti.com ; PK 9, marina Taina ; plats 1 800-3 600 CFP ; ⌚tlj sauf dim). La popularité du Pink Coconut est constante. Est-ce dû à son emplacement, remarquable, face aux yachts dans la marina Taina ? À sa cuisine suffisamment diversifiée pour plaire à une clientère variée (bœuf Angus, pavé de *mahi mahi* à la vanille) ? Ou à ses animations musicales, les mercredi et samedi soir, assurées par Teiva LC, le propriétaire ? Le bar en terrasse, de style lounge, est un bel endroit pour siroter un cocktail. Happy hour 17h30-19h.

Casa Bianca RESTAURANT, BAR €€

(☎43 91 35 ; PK 9, marina Taina ; plats 1300-2 700 CFP ; ⌚tlj). Également à la marina Taina, mais du côté des voiliers de plaisance. Belle terrasse pour admirer le coucher du soleil, et carte étoffée, faisant la part belle aux spécialités italiennes (viandes, salades, pizzas, pâtes). Veau à la broche le vendredi soir. Bon choix de cocktails.

Le Blue Banana RESTAURANT €€

(☎41 22 24 ; PK 11,2, Punaauia ; plats 1 400-3 500 CFP ; ⌚tlj sauf dim soir et lun). Peut-on rêver mieux pour des agapes qu'une salle en bord de lagon, avec Moorea en arrière-plan ? Le plaisir se poursuit dans l'assiette, bien présentée, avec des plats classiques, français et polynésiens, sans fausse note. Également pizzas.

Le Méridien Tahiti – restaurant Le Carré RESTAURANT D'HÔTEL €€€

(voir p. 67 ; ☎47 07 23 ; hôtel le Méridien, PK 15 ; plats 2 000-3 800 CFP ; ⌚tlj). Cadre superbe, face au lagon et à la plage. Cuisine internationale à base de produits locaux, présentation soignée.

Le Coco's RESTAURANT €€€

(☎ 900-6 400 CFP ; ⌚fermé dim soir et lun). Une adresse haut de gamme, au cadre raffiné, où la bonne société de Papeete a ses habitudes. La salle couverte est décorée de tableaux de peintres locaux et donne sur le lagon, avec Moorea en toile de fond. Un jardin, entouré par une terrasse, ajoute une note tropicale. La cuisine, à orientation gastronomique, marie tradition française et parfums des îles. Bonne carte des vins, à partir de 2 500 CFP, et bon choix de desserts. Pourtant, aux dires de certains, la prestation culinaire ne serait pas toujours à la hauteur des tarifs pratiqués.

LES PLUS BEAUX SPOTS DE SURF DE TAHITI

Le surf est une activité phare à Tahiti. *Reefbreaks*, *shorebreaks*, côte est, côte ouest… Il y en a pour tous les goûts. Surfeurs, n'oubliez pas votre planche ! Pour les non-initiés, le simple spectacle des prouesses des surfeurs vaut le déplacement.

Côte est

Plage de Lafayette – PK 7. *Shorebreak* (nov-avr). Accès facile depuis la route de ceinture. Un *shorebreak* assez radical avec des rouleaux puissants et peu de profondeur. Le meilleur spot se trouve vers l'embouchure de la rivière.

Pointe Vénus – PK 10 (prendre la route de la pointe Vénus). *Shorebreak* (nov-avr), *reefbreak* (toute l'année suivant la houle). La "droite" du récif de la pointe Vénus est l'une des plus spectaculaires de l'île.

Ahonu, Orofara – PK 12,5-13. *Shorebreak* (nov-avr). Ces spots "marchent" lorsque la houle du nord rentre. Vagues plutôt faciles.

La Ligne droite de Papenoo : la Source, les Sapins, Rocky Point – PK 13-14. *Shorebreak* (nov-avr). Vagues plus creuses et plus puissantes. Attention aux forts courants occasionnels. Accès facile.

Papenoo : la Baie – PK 14,5. *Shorebreak* (nov-avr). Le spot idéal pour les débutants. Vagues longues et pas très creuses.

Papenoo : l'Embouchure – PK 15,5. *Shorebreak* (nov-avr). En fait, il existe 2 embouchures. Vagues plus techniques. Le meilleur moment : au petit matin lorsque le vent de terre (*offshore*) descendant de la vallée de la Papenoo fait se dresser les vagues.

Faaone : embouchure de Mahaena – PK 33,5. *Shorebreak* (nov-avr). Des vagues d'embouchure assez techniques.

Achats

Rau Hotu PRODUITS DE BEAUTÉ

(☎75 03 25 ; www.rauhotu.pf ; ⏲sur rendez-vous). À Punaauia, au PK 12,6 côté mer, une jeune chef d'entreprise a créé une ligne de soins et de produits de beauté bio, entièrement réalisés avec des produits locaux. Shampooings, crèmes, huiles essentielles, parfumées au tiaré, à la goyave, au bambou, etc., constituent des cadeaux originaux. Boutique dans la maison de la propriétaire.

Côte sud

C'est à partir de Paea que la côte reprend un aspect sauvage et que l'on a vraiment la sensation de quitter la banlieue de Papeete.

À voir

Plage de Taharuu (PK 39) BAIGNADE, SURF

Cette très belle plage de sable noir est fréquentée autant par les surfeurs que par les nageurs et amateurs de farniente. Un excellent snack, sur la plage, permet de caler un petit creux entre deux séances de bronzage.

Marae Mahaiatea (PK 39,2) SITE ARCHÉOLOGIQUE

Cet ancien site cérémoniel est malheureusement réduit à l'état d'éboulis. On a du mal à imaginer qu'il était monumental à l'époque de Samuel Wallis et de James Cook. Selon les relevés effectués par ce dernier, ce *marae* avait une base de 80 m sur 27 m, et onze degrés de hauteur (soit 13 m).

Jetez-y un coup d'œil, ne serait-ce que pour vous replonger dans l'histoire de Tahiti à l'époque pré-européenne. Le *marae* fut bâti par la reine Purea (Obarea), quelques années avant la visite des explorateurs anglais en 1769, en l'honneur de son fils, âgé alors de 8 ans. Le déclin de la religion tahitienne se traduisit par le délabrement rapide de ce magnifique monument, processus qu'accélérèrent à la fois l'érosion naturelle et le fait que le *marae* constituait une carrière pour les nouvelles constructions de la région. Ses vestiges éboulés demeurent cependant impressionnants par leur ampleur. Sa restauration impliquerait des travaux colossaux.

La route d'accès se trouve entre le restaurant Beach Burger et le PK 39. Suivez la route jusqu'à la côte, sur environ 500 m.

Embouchure de la Vaiiha – PK 44,5. *Shorebreak* (nov-avr). Des vagues d'embouchure assez techniques.

Côtes ouest et sud

Papara – PK 38,7. *Shorebreak* (mai-oct). Un spot très populaire. Accès facile depuis la route de ceinture. Vagues de difficulté moyenne. Attention toutefois aux courants puissants en cas de forte houle.

Paea – PK 21,5. *Shorebreak* (mai-oct). Situé en face de la mairie de Paea. Spot qui ne "marche" qu'assez rarement. Vagues puissantes de type embouchure.

Sapinus, Pointe des Pêcheurs – PK 15. *Shorebreak* (mai-oct). Accessible par la route du musée de Tahiti et des îles. Un *shorebreak* assez radical avec des vagues creuses et rapides.

Taapuna – PK 12. *Reefbreak* (toute l'année). Un "classique". Très belle gauche, fréquentée.

Presqu'île

Grande et petite passe de Vairao – *Reefbreak* (toute l'année). De magnifiques gauches et droites réservées aux surfeurs expérimentés. Demander aux habitants le meilleur moyen de se rendre sur les spots.

Teahupoo – *Reefbreak* (avr-oct). Le spot le plus radical de Polynésie, avec une gauche redoutable, pouvant atteindre 10 m. Épreuve du Circuit Pro, la Tahiti Billabong Pro se déroule en août sur ce spot exceptionnel, dont la redoutable gauche ne se laissera dompter que par les meilleurs.

Mataiea (PK 45) — VILLAGE

Les inconditionnels de Gauguin connaissent Mataiea, puisque le peintre y vécut lors de son premier séjour à Tahiti, de 1891 à 1893. Ce fut une période heureuse, durant laquelle il peignit notamment *Femme au mango* et *Ia orana Maria* (Je vous salue Marie). Dans le village, rien ne rappelle son passage.

Aucun monument particulier n'est à signaler, sauf l'**église catholique Saint-Jean-Baptiste**, qui date de 1857, à la limite de la ville, et le **temple protestant** qui se dresse au bord de la route, aux vagues airs de temple hindou.

La piste qui traverse l'île et rejoint la côte nord débute dans ce secteur, au PK 47,5 (consultez la rubrique *L'intérieur de Tahiti Nui* p. 78 pour plus de renseignements sur la traversée de l'île).

Jardins d'eau de Vaipahi et source Vaima (PK 49) — BALADE

Ce site s'étend le long de la route, côté montagne. Il rassemble des jardins paysagers, bien mis en valeur, ainsi que trois parcours pédestres en boucle, faciles, qui mènent à un plateau et à une cascade – idéal pour pique-niquer.

À 100 m des jardins d'eau de Vaipahi, la source Vaima désigne un petit plan d'eau naturel, dans la rivière, très fréquenté par les locaux le week-end.

Jardins botaniques et musée Paul-Gauguin (PK 51) — JARDINS BOTANIQUES, MUSÉE

(300 CFP musée, 600 CFP jardins botaniques ; 9h-17h tlj). Le musée et les jardins, attenants, sont desservis par une même route d'accès. Dégourdissez-vous les jambes aux jardins botaniques, un site bucolique de 137 ha, composé de jardins agrémentés de bassins, de palmiers et d'un magnifique bosquet de bambous. Ces jardins furent fondés en 1919 par un professeur américain qui introduisit à Tahiti un grand nombre de plantes. Après sa mort en 1947, les jardins furent ouverts au public. Prévoyez de quoi vous protéger des moustiques.

À quelques dizaines de mètres, le musée Paul-Gauguin est assez décevant. N'espérez pas admirer les tableaux du peintre, comme certains touristes l'imaginent ; il s'agit simplement d'un petit musée sans prétention qui retrace la vie de l'artiste. Les nombreuses reproductions de ses œuvres sont de qualité médiocre. En réalité, le site vaut plus pour ses trois superbes **tikis** (statues anthropomorphes en pierre) provenant de Raivavae, dans les îles Australes, exposés dans le jardin.

Ces sculptures furent apportées à Papeete en 1933, puis transférées en 1965 dans ce musée. Le plus grand tiki fait 2,70 m de haut. Ces tikis sont, dit-on, enveloppés de *mana* (puissance surnaturelle) et sont encore vénérés (voir p. 326 pour plus de renseignements).

Point d'arrivée des premiers Tahitiens (PK 52) SITE HISTORIQUE

Faites appel à votre imagination : les mythes tahitiens rapportent que c'est ici, au PK 52, qu'accostèrent les vastes pirogues à bord desquelles les ancêtres des Tahitiens traversèrent le Pacifique. Cela explique aussi pourquoi les chefs de cette région se virent conférer une prééminence sur ceux des autres parties de l'île. Les légendes narrant les extraordinaires exploits de navigation océane font ici l'objet d'un grand respect. Les sites de départ et d'arrivée sont localisés avec une même précision à Rarotonga, dans les îles Cook, et à Taipa, dans l'extrême nord de la Nouvelle-Zélande.

Activités

Golf

Le **terrain de golf Olivier-Bréaud** (☎57 43 41 ; Atimaono, PK 42 ; green 9/18 trous 2 500/6 100 CFP ; ⏲8h-18h tlj) occupe le site de l'ancienne plantation de coton d'Atimaono. Il comprend un 9-trous et un 18-trous, long de 5 950 m pour un par de 72. Il comprend un club-house, une piscine et un restaurant.

COTON ET MAIN-D'ŒUVRE CHINOISE

La majeure partie des Chinois que vous rencontrerez en Polynésie sont les descendants des ouvriers venus travailler dans les plantations de coton à **Atimaono**, au PK 42, à partir de 1860. Durant une courte période correspondant à la guerre de Sécession américaine, la culture du coton s'était révélée économiquement intéressante. La main-d'œuvre tahitienne ne suffisant pas, on fit venir des coolies de Chine. Le boom du coton à Tahiti fut de courte durée, puisque la paix revenue aux États-Unis en 1865 marqua la fin brutale de cette activité dans l'île. Le grand gagnant fut l'exploitant, un certain James Stewart, d'origine écossaise.

Où se loger

Hiti Moana Villa PETITE HÔTELLERIE €€

(☎57 93 93, 74 76 67 ; www.hitimoanavilla.com ; PK 32, Papara ; bungalows d 10 500-14 000 CFP ; bungalows et studios qua 13 000-14 500 CFP, 3 nuits minimum ;). Un établissement à la propreté irréprochable, aux airs de petite résidence, coincée entre la route de ceinture (bruyante en journée) et le lagon. Vous logerez dans l'un des 4 bungalows en dur (dont un bénéficie d'une vue sur la mer), de couleur blanche, tout confort, ou dans l'un des 4 studios, tout équipés (dont un avec vue sur la mer). L'ensemble se déploie au bord du lagon. Il n'y a pas de plage, mais un ponton est aménagé pour la baignade et une petite piscine bien entretenue permet de faire trempette. Le propriétaire prête des kayaks. Hormis le petit-déjeuner (900 CFP), aucun service de repas n'est assuré, mais un supermarché et un restaurant (le Nuutere, voir p. 75) sont à proximité.

BON PLAN **Taharuu Lodge** AUBERGE €

(☎74 79 32 ; PK 39, Papara ; s/d avec sdb commune 5 000/7 000 CFP ;). Il n'y a qu'à traverser la route pour accéder à la plage de Taharuu. Bon emplacement, donc, et des tarifs adaptés aux petits budgets, qui se contentent des 8 minuscules chambres, spartiates mais propres, équipées de bons matelas. Le bloc sanitaire, à l'extérieur, est bien tenu et les douches ont l'eau chaude. Grand salon, terrasse et cuisine commune à disposition. Location de planche de surf et de vélos. Plusieurs roulottes et snacks se trouvent dans le secteur, et on peut se servir des fruits du jardin. Possibilité de transfert à l'aéroport (3 000 CFP/pers le trajet). Wi-Fi payant.

Où se restaurer

En plus des deux établissements mentionnés ci-dessous, vous trouverez de nombreux snacks le long de la route côtière.

Le Nuutere RESTAURANT €€

(☎57 41 15 ; PK 32,5 ; plats 2 000-5 400 CFP ; ⏲tlj sauf mar). Une adresse réputée, bien qu'un peu vieillissante. Elle est repérable à son extravagante façade peinte, en bord de route, côté montagne. Le cadre – une salle assez intime et un bar – est exotique, avec des plantes tropicales et une lumière tamisée le soir. Cuisine originale, avec des spécialités de crustacés. La carte des vins, bien fournie, compte 250 références, et la carte des bières est remarquable.

BON PLAN **Le Club House** RESTAURANT €€
(☎57 40 32 ; Atimaono, PK 42 ; plats 1900-2200 CFP ; ⏲tlj 8h-19h). Le restaurant du golf d'Atimaono est une bonne surprise. À l'écart de la route de ceinture, il surplombe un étang et ménage de belles vues sur une partie du parcours. La carte est limitée, mais les poissons sont de première fraîcheur (arrivage de thon frais tous les matins). C'est donc en confiance que l'on peut commander un tartare, un sashimi ou un burger. On peut aussi profiter de la piscine. Également petit-déjeuner.

Restaurant du musée Paul-Gauguin RESTAURANT €€
(☎57 13 80 ; PK 50,5 ; plats 1 800-3 000 CFP ; ⏲midi tlj sauf lun). Situé 800 m après les jardins botaniques et le musée Paul-Gauguin (et non pas au même endroit que le musée), cet établissement séduit par son cadre. On prend place dans une grande salle donnant sur le lagon et des parcs à poissons. La carte est étoffée. Les habitués recommandent les chevrettes (crevettes d'eau douce) locales au lait de coco et le thon mi-cuit au sésame. *Ma'a tahiti* (repas traditionnel) le dimanche (3 500 CFP).

Terre-Mer RESTAURANT €€
(☎57 08 57 ; PK 58,8 ; plats 1 400-2 900 CFP ; ⏲fermé dim soir, lun, mar soir). Cet établissement a de bons arguments pour vous retenir le temps d'une pause déjeuner ou dîner : il est directement en bord de lagon, la déco est soignée (mobilier en teck, tables bien dressées) et la cuisine goûteuse. Le chef concocte des spécialités françaises à partir de produits locaux.

Côte est

De Taravao à Papeete, le littoral de la côte est constitue la partie la plus sauvage de la grande île. Par endroits, la route, étroite, serpente au pied de falaises, en corniche, et ménage de beaux points de vue sur la côte, battue par la houle. Les infrastructures d'hébergement sont inexistantes dans ce secteur de l'île.

À voir

Taravao (PK 54) COMMUNE
Seule localité d'importance dans ce secteur de l'île, Taravao est amenée à se développer au cours des prochaines années, Papeete étant complètement saturée. Pour les visiteurs, elle présente surtout l'intérêt de posséder plusieurs services utiles, notamment des commerces, des banques, des stations-service et plusieurs petits restaurants. Pour une halte déjeuner, à mi-parcours, c'est idéal.

Stratégiquement située sur l'isthme reliant la grande Tahiti Nui à la petite Tahiti Iti, la ville abrite une base militaire depuis 1844, année où fut construit le premier fort français. Celui-ci avait pour mission de prévenir les actions de guérilla sur Tahiti Nui préparées par les Tahitiens de Tahiti Iti opposés à la domination française.

Taravao est la porte d'accès à la presqu'île (Tahiti Iti). Pour cette partie, reportez-vous p. 80.

Hitiaa et mouillage de Bougainville (PK 38) SITE HISTORIQUE
C'est au large du village de Hitiaa qu'est né le mythe du paradis terrestre, lorsque l'explorateur français Louis Antoine de Bougainville rédigea sa description enthousiaste de Tahiti, qu'il comparait au paradis, après un bref séjour dans les parages en avril 1768 (voir p. 292). Le mouillage n'était pas idéal : durant les neuf jours de son séjour, pas moins de six ancres furent perdues. Honnête homme et érudit du siècle des Lumières, il donna à l'île le surnom de Nouvelle-Cythère, en hommage à l'île grecque où naquit Aphrodite, la déesse de l'Amour. Une **stèle commémorative** en hommage à Bougainville est apposée sur le pont, à la sortie du village, sur la droite.

> **À NE PAS MANQUER**
>
> **LA ROUTE DU MONOÏ**
>
> À l'initiative des producteurs, un itinéraire sur le thème du monoï, la Route du Monoï (www.monoiaddict.com) a été créé à Tahiti. Il comprend 22 étapes à Tahiti Nui, qui permettent de connaître toutes les facettes de ce produit si typique de Tahiti : les plantes qui entrent dans sa composition, sa fabrication et son utilisation.
> Vous pourrez visiter des ateliers de fabrication, des plantations de tiare, des instituts de soins qui utilisent le monoï, etc. On compose son parcours à la carte, en fonction du temps dont on dispose. Demandez le dépliant à l'office du tourisme ou consultez le site Internet.

Au PK 35,5, une **aire de pique-nique** a été aménagée face à une petite plage de sable noir.

Mahaena (PK33) et Tiarei (PK25)

SITES HISTORIQUES

La prise de Tahiti par les Français en 1843 ne fut pas acceptée de gaieté de cœur par les Tahitiens : une confrontation eut lieu en 1844 à Mahaena, au PK 32,5, qui se solda par la cuisante défaite des insulaires. Il ne reste rien du champ de bataille : les grandes tranchées creusées par les Tahitiens furent dévastées par la puissance de feu de l'assaut français. Ce fut la seule véritable passe d'armes entre Tahitiens et Français, les premiers optant pour des raids de guérilla jusqu'à leur défaite en 1846.

Pour l'anecdote, à hauteur du PK 34, regardez vers le large : vous distinguerez un minuscule motu (îlot), à 1 km environ de la côte. Le capitaine Cook y installa un second poste d'observation astronomique lors de sa mission de 1769, au cas où le premier, à la pointe Vénus, n'eût pas été opérationnel à cause des nuages.

Cascades de Faaurumai (PK 22,1)

SITE NATUREL

Ce site, en pleine nature, est l'idéal pour se rafraîchir. Si vous avez pris un maillot de bain (et beaucoup de produit anti-moustiques), vous pourrez faire trempette dans les vasques situées au pied de ces trois belles chutes.

Pour y accéder, prenez la route goudronnée qui s'enfonce vers l'intérieur des terres, à environ 100 m du trou du Souffleur. Elle conduit à un parking, quelque 1 km plus loin. Une courte promenade à travers une forêt de *mape*, le châtaignier local, mène à Vaimahutu, la première cascade. Comptez encore 20 minutes de marche jusqu'aux deux autres cascades, Haamarere Iti et Haamarere Rahi, situées presque côte à côte.

Trou du Souffleur (PK 22)

SITE NATUREL

Petit arrêt géologie au trou du Souffleur, juste après le village de Tiarei, dans un virage au bord de la route. La forte houle est à l'origine du geyser qui jaillit de cette cavité creusée dans le basalte.

Le spectacle est impressionnant lorsque la houle est forte : le jet d'eau peut alors se révéler très spectaculaire, à tel point qu'il peut emporter vers la mer les personnes présentes sur le rocher. Soyez donc prudent.

Juste avant le trou du Souffleur, une petite **plage** de sable noir et de galets constitue un lieu idéal pour pique-niquer.

Papenoo (PK 17)

VILLAGE

Papenoo fait les délices des surfeurs, avec un spot réputé. C'est également la porte d'accès vers l'intérieur de l'île. L'itinéraire pour 4x4 qui remonte la vallée de la Papenoo jusqu'au Relais de la Maroto débute sur la rive ouest du cours d'eau, au village (voir p. 78 pour plus d'informations sur la traversée).

Plage de Hitimahana et motu Martin (PK 11)

PLAGE, ÎLOT

Cette plage de sable noir, bien exposée aux vents dominants, est fréquentée par les véliplanchistes et les kitesurfeurs. Pour le farniente, le **motu Martin** (☎77 63 71 ; www.motu-martin.com), à 250 m au large, est beaucoup plus approprié. C'est un motu privé, aménagé, accessible au public moyennant 2 000/1 200 CFP par adulte/enfant le transfert depuis la pointe Vénus. On peut y passer la journée et pique-niquer (sur réservation). Le tarif inclut le prêt de kayaks. Il est également possible d'y dormir (voir p. 77).

Pointe Vénus et baie de Matavai (PK 10)

SITE HISTORIQUE

Encore un site historique décisif dans l'histoire de la Polynésie.

La **pointe Vénus**, qui ferme la baie de Matavai à l'est, symbolise la rencontre de l'Europe et de la Polynésie. C'est ici que le capitaine Cook, au cours d'une mission scientifique, aménagea son observatoire en 1769 pour y faire des observations astronomiques. Il devait observer le passage de Vénus devant le Soleil, préalable qui permettrait de calculer la distance du soleil par rapport à la Terre. Lors de ses deux expéditions ultérieures dans le Pacifique Sud, il revint mouiller au même endroit. Cette baie offrait manifestement des conditions de mouillage optimales, puisque pratiquement tous les navires européens s'y arrêtaient, avant que Papeete ne commence à se développer durant les années 1820.

Les missionnaires protestants de la London Missionary Society (LMS) débarquèrent également à la pointe Vénus lors de leur arrivée à Tahiti, le 4 mars 1797.

Il faudra faire un effort d'imagination : en dépit de son importance dans l'histoire des explorations européennes du Pacifique et des contacts entre les Polynésiens et l'Occident, aucun monument ne rappelle véritablement ces premières rencontres.

La pointe Vénus est aujourd'hui une **plage** de sable noir prisée des habitants de Papeete le week-end, ombragée par des arbres et dominée par un **phare** impressionnant datant de 1867. Plusieurs clubs de courses de pirogues sont établis dans le secteur et effectuent leurs entraînements dans la baie de Matavai. À la pointe Vénus, sur la droite, un secteur est réservé aux pêcheurs ; avec un peu de chance vous les verrez rapporter de belles prises au petit matin.

La pointe Vénus est signalisée depuis la route de ceinture. Tournez à hauteur du rond-point au PK 10 et roulez jusqu'au parking, à côté du phare.

Pointe du Taharaa (PK 8,1) POINT DE VUE

Ce site est à la fois historique et panoramique. Cette pointe ferme la baie de Matavai à l'ouest, où mouillèrent la plupart des grands explorateurs européens, dont Samuel Wallis, qui découvrit Tahiti en 1767, et le capitaine Cook, qui mouilla à cet endroit deux ans plus tard.

Les panoramas sont superbes : on découvre toute la périphérie est de Papeete, et le lagon.

Plage Lafayette (PK 7) BAIGNADE

La plage de sable noir qui s'étend devant l'hôtel Radisson Plaza Resort est peu fréquentée. Elle est bien adaptée à la baignade et le cadre est splendide, avec une grande falaise qui la borne vers l'est. Elle présente aussi l'avantage d'être suffisamment large. L'accès public se fait par un chemin juste à côté de l'hôtel.

Tombeau du roi Pomaré V (PK 4,7) SITE HISTORIQUE

La dynastie des Pomaré a régné sur Tahiti et une partie de la Polynésie au XIXe siècle (voir p. 295). Elle joua un rôle majeur dans l'histoire contemporaine de la Polynésie. Le roi Pomaré V, dernier représentant de cette lignée, est inhumé à Arue, dans un caveau au bord de l'eau, qui ressemble à un phare trapu fait de gros moellons de corail.

En réalité, ce tombeau, édifié en 1879, n'était pas destiné à recevoir la dépouille de Pomaré V, mais de sa mère, la reine Pomaré IV, décédée en 1877 après un demi-siècle de règne. Pomaré V, fils ingrat, fit retirer les cendres de sa mère quelques années plus tard et, lorsqu'il mourut à son tour en 1891, il se fit enterrer ici, à la place de sa mère. Les mauvaises langues disent qu'il serait mort d'excès de boisson et qu'une bouteille d'alcool serait plus adaptée que la réplique de l'urne grecque qui orne le tombeau... Gauguin assista à ses funérailles et les décrivit dans son livre *Noa-Noa*.

Les autres Pomaré sont inhumés dans le cimetière Pomaré situé en face de la maison de l'artisanat, au PK 5,4. Leurs tombes sont anonymes, mais un panneau à l'entrée du cimetière indique l'emplacement présumé des tombes des rois Pomaré Ier, II, III et la reine Pomaré IV.

Plage du Taaone (PK 3) BAIGNADE

Cette plage de sable noir, devant l'hôtel Royal Tahitien, a l'inconvénient d'être trop étroite.

Où se loger

Motu Martin BUNGALOWS €

(☎77 63 71 ; www.motu-martin.com ; PK 11 ; bungalows d avec sdb commune à partir de 10 000 CFP). Envie d'une petite escapade insulaire ? Optez pour la formule "2 jours/1 nuit" proposée par les propriétaires de ce motu, situé à moins de 300 m de la côte. Les 4 bungalows sont équipés de douche (mais partagent les sanitaires, sauf un bungalow, avec toilettes privées), à quelques mètres du lagon. Kayaks à disposition et tables de pique-nique. Transferts en bateau depuis la pointe Vénus.

Où se restaurer

Le Belvédère RESTAURANT €€

(☎42 73 44 ; Pirae ; plats 2 000-3 500 CFP ; ⏲tlj sauf mar). Perchée à 600 m d'altitude, cette adresse vaut surtout pour l'époustouflante vue sur Moorea et la pointe Vénus, plus particulièrement au crépuscule. Les spécialités sont les fondues, dont la savoyarde et la bourguignonne. On peut également commander des plats classiques de viande ou de poisson, très honnêtes, que l'on accompagnera d'un vin. Depuis Papeete, prenez la direction de Pirae et bifurquez dans la première rue à droite après la station-service Hamuta Total (c'est indiqué). Le trajet de 7 km jusqu'au restaurant est raide et sinueux.

Chez Rémy et Loula RESTAURANT €€

(☎57 74 99 ; Taravao ; plats 1 700-4 200 CFP ; ⏲tlj sauf mer soir et dim soir). Une institution à Taravao. On prend place à des tables couvertes de nappes à carreaux, dans un décor agrémenté de plantes vertes, entre le snack et le restaurant. Le menu s'appuie sur une cuisine française de tradition (filet de bœuf aux morilles, magret de canard) et les langoustes. Pour y accéder, prenez la route de Tautira (à hauteur du Champion) et tournez à droite au deuxième stop.

LE TOP DES RANDONNÉES

Voici trois randonnées classiques à Tahiti, à n'entreprendre qu'avec un guide (sauf la vallée de la Fautaua) :

Vallée de la Fautaua

Cette randonnée (environ 5 heures aller-retour) est l'une des plus accessibles et agréables de Tahiti, à quelques kilomètres seulement à l'est de Papeete. Il faut une autorisation d'accès (adulte/enfant 600/150 CFP), simple formalité, à retirer auprès du service des régies des recettes, à la **mairie de Papeete** (☎41 58 36, 41 58 34). La première étape du parcours, très facile, vous conduira jusqu'à un petit pont, appelé pont Fachoda ou pont Tearape, sous les frondaisons d'imposants *mape* (variété de châtaignier). Comptez 1 heure tout au plus. À partir du pont, vous commencerez une montée assez abrupte qui vous mènera en 45 minutes environ jusqu'à un superbe point de vue sur la **cascade de la Fautaua**. Encore une demi-heure et vous atteindrez le sommet de la cascade, et vous pourrez vous baigner dans des vasques. En chemin, vous devinerez les ruines du **fort Fachoda** où, en 1846, des soldats français escaladèrent une falaise pour dominer une position tahitienne.

Mont Aorai

L'ascension du mont Aorai (2 066 m), troisième sommet de l'île, est une belle course de montagne, pour marcheurs avertis. Comptez au moins 4 heures 30 d'ascension à un rythme soutenu. Le point de départ se trouve au restaurant le Belvédère, à 7 km depuis la route côtière et à 600 m d'altitude, accessible en voiture depuis Papeete. Comptez 1 heure de marche environ pour atteindre le **col Hamuta** (900 m), partie la plus facile, puis encore 1 heure 15 pour rejoindre le premier refuge, *fare mato*, perché

Taumatai RESTAURANT €€
(☎57 13 59 ; Taravao ; plats 1 700-3 000 CFP ; ⏲tlj sauf dim soir et lun). Protégé de la route par une haie, à deux pas du précédent, le Taumatai séduit par son cadre agréable, dans un jardin bien entretenu, avec du mobilier en bois. Aux dires des clients, la cuisine, à base de poissons et de viandes (cuisinées à la française), est très honnête.

Intérieur de Tahiti Nui

Il n'y a qu'une seule piste qui traverse l'île de Tahiti de part en part. L'itinéraire (39 km) relie Papenoo, au nord, à Mataiea au sud, via le Relais de la Maroto et le lac Vaihiria, au milieu de l'île. Il vous fera découvrir l'intérieur luxuriant et très accidenté de l'île, avec d'excellentes vues sur les sommets. Place aux paysages de montagne, aux torrents, à un lac, à une flore diversifiée et à quelques sites archéologiques. Cette traversée nécessite impérativement un 4x4, ainsi qu'un guide, car certains tronçons peuvent être périlleux. Plusieurs prestataires organisent des traversées à la journée (voir *Activités* p. 80). Un bon conseil : évitez les week-ends, lorsque les familles de Papeete prennent leur 4x4 et viennent pique-niquer dans le secteur de Papenoo. Embouteillages garantis !

Bien qu'inhabitées aujourd'hui, ces vallées centrales étaient autrefois densément peuplées. En témoignent les nombreux sites archéologiques – environ 200 *marae* ont été inventoriés dans cette vallée. La vallée de la Papenoo, plus particulièrement, a joué un rôle historique important. On estime qu'elle a été habitée du XIVe siècle jusqu'à 1850 environ.

À voir

DE PAPENOO AU RELAIS DE LA MAROTO

Les 18 km menant de **Papenoo**, sur la côte nord au PK 17, au **Relais de la Maroto**, au centre de Tahiti, suivent la large vallée de la Papenoo, la seule traversant l'ancien cratère. L'itinéraire franchit 10 fois cette rivière. Des petits ponts et des radiers en ciment ont été aménagés pour faciliter le passage des véhicules. Plusieurs **cascades** agrémentent le parcours, dont la **cascade Topatari**, la **cascade Vaiharuru** et la **cascade Puraha**. Entre la cascade Vaiharuru et la cascade Puraha se trouve le **marae Vaitoare**, sur la gauche, un joli site cérémoniel bien entretenu qui forme une esplanade dallée.

sur un promontoire rocheux, à 1 400 m d'altitude. La montée au second refuge, *fare ata* (1 800 m), est abrupte. De là, le sommet n'est plus qu'à une heure de marche, sur une crête. La vue dont on jouit au sommet récompense tous les efforts – à condition d'arriver avant les nuages.

Certains passages sont délicats ; il faut s'agripper à maintes reprises à des câbles et à des cordes. Pour les plus aguerris, l'aller-retour peut s'effectuer dans la journée, à condition de se mettre en route au lever du jour. Il est toutefois plus judicieux d'y consacrer une journée et demie. Ainsi, en passant la nuit au second refuge, vous pourrez jouir du lever du soleil depuis le sommet.

Lavatubes de Hitiaa

Évoluer dans les entrailles basaltiques de Tahiti est une expérience unique. Les *lavatubes* désignent des tunnels de lave refroidie, souterrains, d'un diamètre de 10 à 15 mètres. Ils sont en partie inondés (guide indispensable).

On peut progresser à pied dans les *lavatubes* de Hitiaa, mais cette marche ne pourra être effectuée que s'il n'existe aucun risque de pluies soudaines. Elle s'apparente par endroits à du canyoning, avec des passages en eaux vives.

À partir de la bifurcation du PK 39,9, une piste de 4x4 gagne l'intérieur des terres sur 6 km jusqu'à un barrage situé à 500 m d'altitude, précédant d'un kilomètre le début du sentier de randonnée, à 630 m d'altitude. De là, comptez environ 3 heures pour visiter les trois tubes. Le premier tube, d'environ 100 m de long, se trouve à moins de 15 minutes de marche, à 750 m d'altitude. L'entrée du second, situé à environ 200 m du premier, est marquée par deux cascades. Il mesure environ 300 m de long. Le troisième tube est plus long, plus obscur et plus complexe.

RELAIS DE LA MAROTO

La plupart des "safaris" en 4x4 qui effectuent la traversée de l'île font une halte à midi au **Relais de la Maroto** (☎57 90 29 ; d 7 000-10 000 CFP, bungalows d 13 000 CFP ; plats 1 400-2 800 CFP ; ⊙tlj), la seule possibilité d'hébergement et de restauration de l'intérieur de l'île. C'est un endroit magique, perdu en pleine nature, au milieu d'une végétation luxuriante et des massifs montagneux. Une rénovation en 2011 a redonné vie à cet établissement, qui dispose de chambres et de bungalows, simplement aménagés mais propres. La terrasse panoramique du restaurant ménage une vue splendide sur les principaux sommets de Tahiti.

Autour du Relais de la Maroto, des sentiers desservent des barrages hydroélectriques. Votre guide vous montrera certains vestiges archéologiques, nombreux dans le secteur, notamment le **marae Anapua** et le **marae Farehape**, un ensemble cérémoniel bien restauré, comportant une plate-forme d'archer. Aux temps anciens, le tir à l'arc était un divertissement réservé à l'aristocratie.

Un espace pique-nique a été aménagé à proximité des *marae*, ainsi que des petits refuges qui servent d'abris aux randonneurs.

Sur le parcours, vous remarquerez sans doute la présence des *Miconia* et des tulipiers du Gabon, deux plantes envahissantes qui font des ravages dans l'intérieur de l'île. Le reste de la flore se compose de lantana, d'*Albizia falcata*, de bambous, de fougères et de *purau* (hibiscus sauvage).

DU RELAIS DE LA MAROTO À MATAIEA

Par rapport à la première moitié du parcours, l'itinéraire est nettement plus abrupt, voire impraticable en cas d'intempéries. À partir du Relais de la Maroto, la route entame une montée régulière jusqu'à un col, à près de 800 m d'altitude, qui forme le rebord de l'ancien cratère. On traverse un tunnel de 200 m de long, avant de commencer la descente jusqu'au **lac Vaihiria**, le seul lac naturel de Polynésie, à 450 m d'altitude. La vision des eaux sombres du lac, au milieu de montagnes escarpées, est réellement spectaculaire. Une impression de mystère plane.

Il faut ensuite poursuivre la descente, toujours aussi abrupte, dans un magnifique paysage encaissé. Vous passerez devant le **lac Bleu**, un petit lac artificiel, précédé d'une cascade, destiné à la production électrique. La piste rejoint ensuite le village de **Mataiea**, sur la côte sud de Tahiti, à hauteur de la borne PK 47,5. Notez bien qu'au moment de la rédaction de cet ouvrage il n'était pas possible de traverser Mataiea en raison de problèmes fonciers non résolus (droits de passage sur une propriété privée).

Activités

Excursions en 4X4

Quelques sociétés se sont spécialisées dans la traversée de l'île en 4x4. La journée comprend notamment des arrêts baignade, des explications sur la géologie, la botanique et la visite de sites archéologiques. Comptez 6 500 CFP/pers pour la journée, transferts inclus (mais pas les repas). Attention, lors de la rédaction de cet ouvrage, il n'était pas possible de faire la traversée complète en raison de problèmes fonciers à Mataiea ; les prestataires font demi-tour à hauteur du lac Vaihiria.

Tahiti Safari Expedition (☎42 14 15, 77 80 76 ; www.tahiti-safari.com)

Patrick Adventure (☎83 29 29, 79 08 09 ; patrickaventure@mail.pf)

Ciao Tahiti (☎81 03 17, 73 73 97 ; www.ciaotahiti.com)

Tahiti Aventures (☎29 01 60 ; www.tahiti-aventures.net). Excursions en "rhino" (véhicule biplace, entre le quad et le 4x4) dans la vallée de la Papenoo (32 000 CFP) et au sommet du mont Marau.

Randonnée pédestre

L'intérieur de Tahiti Nui compte de magnifiques randonnées pédestres, qui permettent de découvrir l'intérieur de l'île, très accidenté, à des altitudes pouvant dépasser 2 000 m. Seuls inconvénients : l'ennuagement des sommets, presque systématique, et les risques de pluie. La saison allant de juin à septembre, plus sèche, est la plus indiquée.

La presque totalité des sentiers n'étant pas balisés, la présence d'un guide est indispensable. Les tarifs varient selon la durée des sorties, le nombre de participants et le niveau des randonnées. Comptez entre 5 000 CFP la balade à la demi-journée à 18 000 CFP la sortie de 2 jours avec bivouac. Réservez suffisamment à l'avance, car un nombre minimum de participants est requis (généralement 4). Les guides proposent les grands classiques (voir l'encadré p. 82), ainsi que des sorties dans d'autres vallées de Tahiti : la vallée de Vaipohe, à Paea ; le plateau des Orangers, à Punaaiua ; la vallée de la Tuauru, à Mahina ; la vallée de Vaihi, à Hitiaa ; le plateau d'Orofero, à Paea ; le col du Diadème ; le mont Pito Iti (liste non exhaustive). Pour les randonnées à la presqu'île (Tahiti Iti), reportez-vous à la section p. 83.

Contactez les prestataires suivants :

Mato Nui Excursions (☎78 95 47). Randonnées à la carte sur l'île.

Polynesian Adventure (☎43 25 95, 77 24 37 ; www.polynesianadventure.com). Toutes randonnées, tous niveaux.

Tahiti Evasion (☎74 67 13 ; www.tahitievasion.pf). Toutes randonnées.

Tahiti Reva Trek (☎74 77 20 ; www.tahitirevatrek.com). Toutes randonnées. Tarifs intéressants.

Canyoning

Le canyoning est pratiqué dans plusieurs vallées de l'île, principalement le long de la côte est. Au programme : rappels (de 25 à 60 m), sauts, toboggans... Certains sont accessibles aux débutants. Mieux vaut éviter la période novembre-février, sujette à de fortes précipitations.

Rando Pacific (☎70 56 18 ; www.randopacific.com) et **Mato Nui Excursions** (☎78 95 47) organisent des sorties encadrées par des moniteurs qualifiés. Vous paierez de 10 000 à 12 000 CFP/pers, matériel et transferts inclus (minimum 4 personnes).

LA PRESQU'ÎLE (TAHITI ITI)

C'est un petit coin de Polynésie qu'on garderait bien pour soi... Encore méconnue, la presqu'île, également appelée Tahiti Iti (la "petite Tahiti"), incarne à merveille la Tahiti d'il y a 30 ans. Cet appendice très sauvage de Tahiti Nui (la "grande") commence à une soixantaine de kilomètres de Papeete. Qu'il semble loin le tumulte de la capitale ! Place à une nature souveraine, à des hameaux paisibles et à des paysages superbes. Pour les Tahitiens eux-mêmes, c'est un sanctuaire, un lieu dont ils parlent avec une pointe d'émotion dans la voix : le *fenua aihere*, la partie de l'île qui n'est desservie par aucune route, incarne pour eux la Polynésie de leurs ancêtres.

On y vient pour se ressourcer et pour pratiquer un écotourisme de qualité. Les falaises du Pari, la traversée Teahupoo-Tautira, le lagon bordé de sable noir, les excursions en bateau et la vie traditionnelle des hameaux polynésiens vous combleront. Quant aux surfeurs en provenance du monde entier, ils ne jurent que par la célèbre vague de Teahupoo, l'un des spots les plus célèbres du monde.

Orientation

Tahiti Iti est desservie par trois routes : l'une longe sur 18 km le littoral nord jusqu'à Tautira (route de Tautira) ; une autre longe sur la même distance la côte sud jusqu'à Teahupoo (route de Teahupoo) ; la troisième (route du Plateau) gravit le centre de l'île jusqu'à un plateau et à un belvédère. Les routes nord et sud ne se rejoignent pas, interrompues par les falaises abruptes du Te Pari.

À voir

ROUTE NORD : DE TARAVAO À TAUTIRA

La route côtière passe par le bourg de **Pueu** avant de rejoindre **Tautira**, où elle se termine en cul-de-sac. Tautira est un village plein de charme, doté d'une **plage** de sable noir (signalée "plage de Vaitepiha"), malheureusement pas toujours très propre. Juste avant le bourg, vous apercevrez l'embouchure de la Vaitepiha et, en toile de fond, les superbes sommets de l'intérieur de la presqu'île.

La côte nord de Tahiti Iti fit jadis l'objet de la visite de quelques Européens célèbres, dont le capitaine espagnol Boenechea en 1772 et en 1774 et l'explorateur Cook en 1774 et en 1777. Les missionnaires suivirent. En 1836, l'*Eliza* déposa près de Tautira les pères Laval et Caret, deux prêtres français qui, pour éviter une confrontation avec les missionnaires protestants inquiets des avancées du catholicisme sur leur territoire, débarquèrent volontairement dans ce lieu reculé. Les deux envoyés marchèrent jusqu'à Papeete, où ils furent vite arrêtés et déportés. Cet événement allait se révéler regrettable pour les protestants, car il conduisit à la prise de possession de Tahiti par les Français et à la fin du monopole du protestantisme.

En 1888, Tautira accueillit Robert Louis Stevenson à bord de son navire, le *Casco*. Stevenson et son équipage séjournèrent près de deux mois dans le village.

DE TAUTIRA AUX FALAISES DU TE PARI

La route se termine en cul-de-sac à Tautira, mais il est possible de rouler un peu plus loin, sur une piste cahoteuse, le long du lagon, sur 1 ou 2 km, avant que la route ne devienne véritablement infranchissable par les véhicules. Un bon chemin de randonnée longe alors la côte sur une douzaine de kilomètres, jusqu'aux **falaises du Te Pari**, au-delà de la rivière Vaiote, sur la côte méridionale de Tahiti Iti. Ce secteur sauvage et préservé est appelé *fenua aihere* par les Tahitiens.

Au niveau de la rivière Vaiote, à environ 12 km de Tautira, un bel ensemble de **pétroglyphes** est visible à proximité de la côte. Plusieurs **marae** sont dispersés dans le fond de la vallée.

Des deux motu affleurant au large de ce point, **Fenua Ino**, le plus grand, est un site de pique-nique apprécié à l'occasion des excursions en bateau.

ROUTE DU PLATEAU, JUSQU'AU BELVÉDÈRE

C'est difficile à concevoir, mais le plateau de Taravao, auquel on accède par deux itinéraires depuis la route nord, ressemble étrangement à la Normandie... Sans doute la vision d'élevages bovins pâturant des prairies alimente-t-elle cette impression.

Au départ de Taravao, deux itinéraires gravissent la montagne jusqu'à un **belvédère** situé à moins de 10 km à l'est. Ils débutent tous les deux sur la route nord (la route de Tautira). Le premier embranchement est au PK 0,6, soit à 600 m sur la route de Tautira, sur la droite, juste avant le collège de Taravao. La route monte sur 8 km à travers des champs verdoyants jusqu'au parking aménagé à proximité du point de vue. L'autre voie d'accès, qui débute au PK 3, à environ 200 m après la pancarte "plateau de Maraeapai", rejoint le premier itinéraire 1 km avant le belvédère (on peut donc ainsi faire une boucle).

Du belvédère, vous embrasserez un magnifique panorama : l'isthme de Taravao avec, en toile de fond, l'imposante masse de Tahiti Nui.

ROUTE SUD : DE TARAVAO À TEAHUPOO

La route sud longe une succession d'étroites plages (dont la **plage de Maui**, au PK 8, une mince bande de sable corallien, pas assez profonde pour la baignade) et de petites baies jusqu'à **Vairao**, où se trouve une petite marina. Au PK 9,5, une bifurcation mène vers l'intérieur des terres jusqu'au **marae Nuutere**, un site historique restauré en 1994. Ce grand *marae* vaut le coup d'œil pour ses trois cours pavées (*tohua*) pourvues, aux extrémités, de places réservées aux dieux (*ahu*) et de grands trônes destinés aux prêtres, aux chefs ou aux rois (*arii*). Il appartenait à une femme, chef du district, qui avait épousé un membre de la famille royale de Huahine.

Continuez jusqu'à **Teahupoo**, au PK 18. Ce hameau protégé par des forteresses montagneuses est devenu mondialement célèbre depuis que les meilleurs spécialistes du surf ont découvert la mythique vague de

À NE PAS MANQUER

LA RANDONNÉE DU PARI

Te Pari signifie "falaises" en tahitien et désigne la portion côtière de la presqu'île, comprise entre Tautira, au nord, et la grotte de Vaipoiri, au sud. De hautes falaises sont battues par les lames de l'océan.

Plusieurs options sont possibles pour découvrir à pied cette partie de la presqu'île. Habituellement, depuis Tautira, on rejoint directement en 25 minutes de speed-boat l'embouchure de la Vaiote où se trouvent des **pétroglyphes**, ce qui vous épargnera 3 heures de marche sans grand intérêt le long du littoral. Sur l'un des pétroglyphes, on distingue nettement un disque solaire avec ses rayons surmontant une pirogue. Le second présente le même motif auquel s'ajoutent des mains. La **vallée de la Vaiote** est riche en vestiges archéologiques qui témoignent d'un peuplement pré-européen important, et comporte plusieurs *pae pae* (plates-formes de pierres, sur lesquelles étaient érigées les habitations), cachés sous un enchevêtrement végétal.

En poursuivant vers le sud, les falaises se font plus abruptes. Par endroits, elles sont percées de cavités rocheuses, dont la **grotte d'Anaihe** et la **grotte de la Reine**.

Le **refuge de Faaroa** est situé au bord de la rivière du même nom, délimitant les districts de Tautira et de Teahupoo. Si votre randonnée se déroule sur 2 jours, vous y passerez la nuit.

La randonnée peut se poursuivre le lendemain jusqu'à la **grotte de Vaipoiri**, où vous pourrez vous baigner. Le retour sur Tautira se fait en bateau avec éventuellement un arrêt pique-nique au **motu Fenua Ino**.

Comme vous aurez souvent les pieds dans l'eau, prévoyez des affaires de rechange et des sandalettes en plastique. Si votre guide n'a pas de masque ni de palmes, emportez votre propre matériel.

Il est également possible d'effectuer le parcours Teahupoo-grotte de Vaipoiri en longeant le littoral. Cette randonnée est tributaire des conditions météo et de la houle.

Teahupoo voici une dizaine d'années. Au mois d'août, Teahupoo accueille les épreuves de la Billabong Pro.

La route se termine en cul-de-sac à hauteur du restaurant Hinareva et de la rivière Fauoro. Vous voici arrivé au bout du monde. Quelques pensions sont situées un peu plus loin et sont accessibles en bateau et, éventuellement, à pied. On peut marcher environ 10 km le long du littoral jusqu'à la **grotte de Vaipoiri** et aux **falaises du Te Pari** (voir p. 81), qui marquent la fin du sentier (présence d'un guide indispensable).

Activités

Plongée sous-marine

Le centre de plongée **Tahiti Iti Diving** (☎42 25 33, 71 80 77 ; PK 58,1, baie de Phaëton ; www.tahiti-iti-diving.com ; baptême ou explo 5 800 CFP, forfait 10 plongées 48 000 CFP ; ⊙mar-dim), installé dans la baie Phaëton (à Tahiti Nui), propose des plongées le long de la presqu'île, le long de la côte sud, entre Taravao et Teahupoo. Occasionnellement, il organise des sorties sur des sites le long de la côte nord, à Faaone et à Tetiaroa. Paiement en espèces.

Promenade équestre

L'Amour de la Nature à cheval (☎73 84 43 ; http://lamournatcheval.onlc.fr ; PK 2,5, Taravao) propose des circuits dans le secteur du plateau de Taravao à l'heure/la demi-journée/la journée (2 500/6 000/10 000 CFP). Les sorties à la demi-journée et la journée incluent un repas ou un pique-nique.

Surf

Phénoménal ! La presqu'île est une étape incontournable pour les surfeurs expérimentés (voir l'encadré p. 72). La plupart des hébergements de la presqu'île peuvent organiser des transferts en bateau sur la vague de Teahupoo. Les prestataires d'excursions en bateau emmènent également leurs clients non surfeurs à proximité de la vague. La simple vision de la déferlante donne la chair de poule...

Pour les débutants, on peut s'initier au surf à Papenoo (voir p. 57), sur la côte est de Tahiti Nui.

Randonnée pédestre

Véritable paradis naturel parcouru de vallées profondes et coiffé de sommets majestueux, la presqu'île est une merveille pour la randonnée pédestre. Pourtant, la randonnée la plus couramment proposée,

Te Pari, n'effectue pas d'incursions vers l'intérieur, mais longe la partie la plus sauvage du littoral, où aucune route ne mène.

La présence d'un guide est indispensable car les sentiers ne sont pas balisés et certains passages sont escarpés. Reportez-vous à la rubrique p. 80 pour les coordonnées de guides professionnels.

♥ **Te Pari.** Cette bande côtière pratiquement inhabitée offre des paysages sauvages et majestueux, préservés de toute activité humaine et enveloppés de légendes. Voir l'encadré p. 82.

Traversée de la presqu'île. Plus rarement proposée par les guides, cet itinéraire traverse la presqu'île par les vallées et les montagnes de l'intérieur. Le départ se fait de Tautira (par la vallée de la Vaitepiha), l'arrivée à Teahupoo (ou inversement). Prévoir deux jours. À n'entreprendre que s'il n'a pas plu dans les jours précédents.

Excursions en bateau

L'un des moyens les plus ludiques de découvrir les sites sauvages du littoral de la presqu'île consiste à faire une excursion en bateau, à la demi-journée ou à la journée. Vous passerez à hauteur de la vague de Teahupoo, visiterez la grotte de Vaipoiri, longerez les falaises du Te Pari et piqueniquerez sur un îlot. Des arrêts baignade et snorkeling sont également prévus. Les tarifs varient selon la durée de la sortie, le nombre d'arrêts et le nombre de participants. Comptez 5 000 CFP/pers la demi-journée, et de 8 000 à 9 000 CFP/pers pour la journée. Prévoyez un pique-nique.

Adressez-vous à votre hébergement, ou contactez les prestataires suivants :

Teahupoo Excursion (☎75 11 98 ; http://web.me.com/teahupooexcursion)

Tahiti Iti Tour (☎75 55 66 ; www.tahitiititourandsurf.pf)

LA VAGUE SUPERSTAR

Dites "Teahupoo" à n'importe quel surfeur dans le monde, et vous lirez un mélange de crainte, de respect et de fascination dans ses yeux. La vague de Teahupoo, découverte il y a une dizaine d'années (auparavant elle n'était connue que des locaux), est devenue l'une des vagues les plus redoutées du monde. Pour les meilleurs surfeurs de la planète, réussir à dompter cette déferlante d'une effroyable puissance, qui peut dépasser les 10 m lors des grandes houles, relève du défi.

En août, elle est à l'affiche lors de la compétition internationale Tahiti Billabong Pro, qui voit s'affronter les meilleurs spécialistes de la discipline. En août 2011, la compétition a dû être interrompue plusieurs jours, tant le monstre était devenu insurfable... Plusieurs ouvrages lui ont été consacrés, dont *Teahupoo, la vague mythique de Tahiti* de Tim Mc Kenna et Guillaume Dufau (Au Vent des Îles, 2007).

Où se loger

CÔTE NORD

Punatea Village FARE D'HÔTES €
(☎57 71 00, 77 20 31 ; www.punatea.com ; PK 4,7, Afaahiti ; ch/bungalows 1-2 pers 6 000/9 600 CFP ; ❄). Une adresse correcte, dans un beau parc tropical en bord de mer. Un bâtiment en bois comprend 5 petites chambres mitoyennes, minimalistes mais acceptables, qui se partagent 2 sdb (eau chaude). Autre option : 4 bungalows indépendants, spacieux, avec sdb et brasseur d'air, face à la mer. Un petit effort a été fait en matière de décoration (murs couverts de *peue*, reproductions de tableaux...). Quelques jeux pour enfants ont été installés, ainsi qu'une petite piscine. Les propriétaires ont également aménagé une petite plage. Pas de service de restauration ; il faut aller à Taravao. Paiement en espèces.

Autres options :

Chez Maïthé CHAMBRES D'HÔTES €
(☎57 18 24 ; www.chez-maithe.com ; PK 4,5, Afaahiti ; d 7 500-8 500 CFP ; ❄). Une adresse pour dépanner plus que pour séjourner. Au bord de la route côtière, côté mer, cette pension loue 2 chambres, petites, pas très lumineuses et mal insonorisées, installées au niveau du garage de la maison avec sdb et ventilateur (clim dans la plus chère), en rez-de-jardin. Cuisine équipée à disposition. Accès à la mer au bout du jardin. Paiement en espèces.

Flotahia CHAMBRES D'HÔTES €
(☎57 97 38, 79 92 77 ; PK 5,6, Afaahiti ; s/d 5 000/7 000 CFP). Deux chambres, sans aucun cachet, fonctionnelles, sont disposées de part et d'autre d'une sdb entièrement carrelée, qu'elles se partagent, en rez-de-jardin. La maison est située dans une propriété située entre la route et le bord de mer. Prêt de

kayaks, pour aller au motu Nono (environ 30 min). Paiement en espèces.

Pueu Village BUNGALOWS €€
(☎57 57 87 ; www.pueuvillage.com ; PK 9,8, Pueu ; bungalows d 10 000-12 000 CFP). Quatre bungalows qui ne sont plus de première jeunesse mais au confort acceptable, équipés d'une sdb (eau chaude), dans un site plaisant, en bord de mer (mais pas de plage). Kayaks à disposition.

CÔTE SUD

Vanira Lodge FARE D'HÔTES €€
(☎57 70 18 ; www.vaniralodge.com ; PK 15, Teahupoo ; bungalows d/familiaux 12 900/16 900 CFP ;). La meilleure adresse de la presqu'île, même si elle n'est pas en bord de mer. Sur un promontoire naturel de 2 ha magnifiquement situé à 70 m d'altitude, les 9 bungalows, avec vue sur la mer, spacieux et équipés d'une cuisine, plaisent au regard. Tout est réalisé en matériaux traditionnels (toiture végétale, murs de pierre, bambous, bois rustique), égayés de touches colorées. Pas de repas assuré, sauf le petit-déjeuner (1 400 CFP). Pour le dîner, on peut se faire livrer sur place par le restaurant la Plage de Maui. Les propriétaires louent des kayaks, des vélos et du matériel de snorkeling.

La Vague Bleue FARE D'HÔTES €€
(☎57 23 23, 30 70 73 ; www.lavaguebleue.net ; PK 16, Teahupoo ; bungalows d 10 000-12 000 CFP ;). Le site est accueillant (bord de mer, pelouse et cocotiers), mais les 6 bungalows sont un peu trop proches les uns des autres, et un seul donne sur le lagon (sans plage). Le niveau de confort et de fonctionnalité est néanmoins très honorable, même si les tarifs paraissent surévalués. Repas sur commande (1 500 CFP) et possibilité d'excursion à la grotte du Pari. Vélos et kayaks à disposition. Paiement en espèces.

BON PLAN **Te Pari Village** PENSION €
(☎42 59 12 ; bungalows 10 500 CFP/pers en pension complète). Un petit air de bout du monde, et une réelle sensation de dépaysement... Cette pension n'est accessible qu'en bateau, qu'il faut prendre à l'embarcadère de Teahupoo (10 minutes de trajet environ). Prenez vos aises dans l'un des 4 bungalows de style traditionnel, très convenables, avec sdb, disposés en cercle au milieu d'une magnifique cocoteraie parfaitement entretenue, en bord de lagon. Le tarif comprend également une excursion à la grotte de Vaipoiri et les transferts à l'embarcadère de Teahupoo. Parking sécurisé à Teahupoo. Paiement en espèces.

Reva PENSION €€
(☎57 92 16, 77 14 28 ; www.reva-teahupoo.com ; bungalows 13 000 CFP/pers en pension complète). Un bon spot pour décompresser, encore plus isolé que le Te Pari Village. Cette pension située en bord de mer n'est accessible que par bateau au départ de Teahupoo. Les 4 bungalows sont implantés dans une belle propriété verdoyante et bien entretenue. Diverses excursions sont organisées au départ de la pension.

Où se restaurer

La Plage de Maui RESTAURANT €€
(☎74 71 74 ; PK 7,6, Vairao ; plats 1 600-2 700 CFP; 10h-17h tlj). Une bonne adresse, bien située, sur la plage du même nom. L'intérieur est très simple, mais le cadre est magnifique, avec une vue splendide sur le lagon. On déguste une cuisine polynésienne de qualité, à base de produits rigoureusement sélectionnés. Goûtez à l'assiette gourmande, ou au suprême de *mahi mahi* en croûte. Paiement en espèces.

Tavania SNACK €
(☎57 72 35 ; PK 9,8, Vairao ; plats 1 000-1 300 CFP ; midi tlj, midi et soir mer-ven). Un snack fréquenté par les locaux, en face de la mairie, côté montagne. Plats classiques mais savoureux (poisson cru, poulet citron, aubergines farcies...). Paiement en espèces.

Hinareva SNACK €€
(☎57 60 84 ; PK18, Teahupoo ; plats 1 200-2 200 CFP ; mar-dim). Terminus ! Tout au bout de la route à Teahupoo, cet établissement sert une cuisine convenable. Attablez-vous à la terrasse et faites votre choix parmi les plats de viande, de poisson et les burgers. Repas tahitien, *maa tahiti* (2 500 CFP), le dimanche.

Depuis/vers la presqu'île

Des bus desservent la presqu'île au départ de Papeete (voir p. 65), mais ils ne sont vraiment pas pratiques pour les touristes. La solution la plus adaptée est la location de voiture.

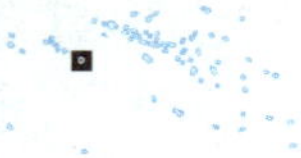

Moorea

16 200 HABITANTS

Dans ce chapitre »

Le top des activités

- » Plongée (p. 92)
- » Observation des baleines (p. 93)
- » Randonnée pédestre (p. 95)
- » Quad (p. 94)

Le top des hébergements

- » Sofitel la Ora Moorea Beach Resort (p. 103)
- » Tehuarupe (p. 102)
- » Green Lodge (p. 99)
- » Résidence Linareva (p. 102)
- » Fenua Matai'oa (p. 101)

Pourquoi y aller

Moorea, c'est l'île de charme de l'archipel de la Société. Si proche de Tahiti – un chenal de 20 km à peine les sépare –, Moorea se distingue pourtant complètement de sa grande voisine. L'atmosphère y est beaucoup plus reposante. D'ailleurs, les gens de Papeete viennent s'y détendre le week-end, pour échapper aux embouteillages et à l'agitation de la capitale. Son magnifique profil montagneux alterne crêtes, amphithéâtres et pics volcaniques recouverts d'une végétation luxuriante, sur fond de lagon turquoise. Moorea est aussi célèbre pour ses deux baies échancréès, Cook et Opunohu, parmi les plus photogéniques du monde. Les hébergements, du camping aux bungalows sur pilotis, sont suffisamment variés pour contenter tous les budgets. Si les loisirs nautiques – tour de l'île en pirogue, observation des dauphins et des baleines, plongée sous-marine, baignade, snorkeling, surf – tiennent le haut du pavé, les vallées de l'intérieur, qui recèlent un patrimoine archéologique bien mis en valeur, valent également le détour. L'époustouflant relief s'apprécie au cours d'une randonnée pédestre guidée. Envie de farniente ? Moorea compte quelques petites zones balnéaires.

L'île offre un bel équilibre entre développement touristique et authenticité polynésienne.

Quand partir

Le relief vigoureux de Moorea accroche facilement les nuages, notamment pendant la saison des pluies (novembre-avril). La meilleure période va de mai à octobre, lorsque la nébulosité et l'humidité sont moindres et les températures plus clémentes. La saison sèche est également la plus indiquée pour la randonnée pédestre et équestre. Pour observer les baleines, il faut visiter Moorea entre mi-juillet et fin octobre.

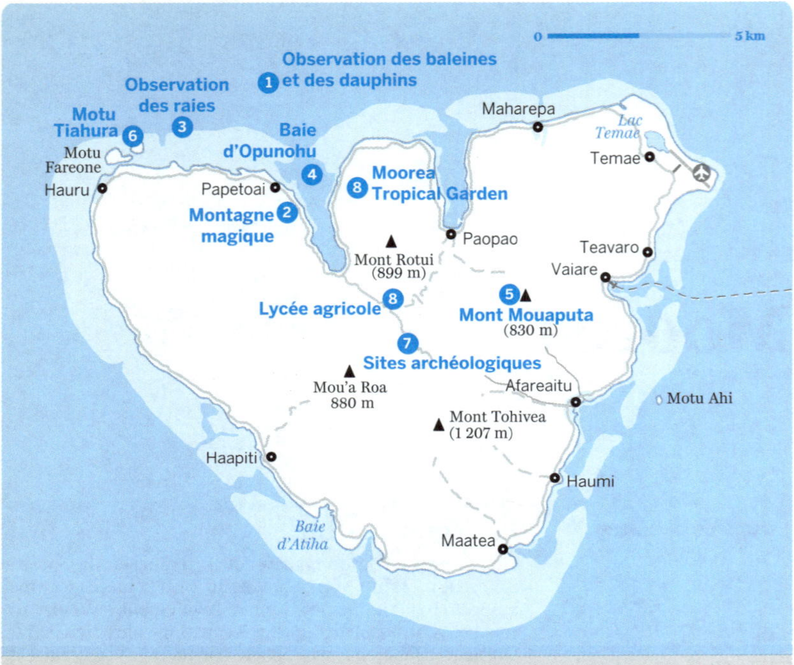

À ne pas manquer

1. **Observer les baleines et les dauphins** de juillet à octobre (p. 93)
2. Faire une balade en quad jusqu'à la **Montagne magique** (p. 91)
3. Nager au milieu d'un **banc de raies** dans le lagon (p. 93)
4. Plonger sur le sites de la **baie d'Opunohu** en compagnie de requins citron (p. 92)
5. Gravir le **mont Mouaputa** lors d'une randonnée guidée (p. 95)
6. Louer un kayak ou un bateau à moteur et pique-niquer sur le **motu Tiahura** (p. 91)
7. Visiter les **sites archéologiques** de la vallée d'Opunohu (p. 90)
8. Déguster des produits tropicaux au **lycée agricole** ou au **Moorea Tropical Garden** (p. 92)

Histoire

L'île s'appelait jadis Aimeho ou Eimeo ; Moorea (lézard jaune) pourrait être le nom de l'une des anciennes familles régnantes. Le *marae* (site cérémoniel) Umarea, à Afareaitu, est le plus ancien de l'île – il daterait de l'an 900. La vallée d'Opunohu, où se trouvent le plus grand nombre de vestiges archéologiques, était la plus peuplée à l'époque pré-européenne,

Samuel Wallis fut le premier Européen à apercevoir l'île en 1767, suivi de Bougainville en 1768 et de Cook en 1769 et en 1777.

Moorea, qui fut évitée par les premiers explorateurs européens, allait pourtant devenir la tête de pont à partir de laquelle la LMS (London Missionary Society) christianisa les autres îles. Les missionnaires débarquèrent en 1808 à Papetoai, à l'ouest de la baie d'Opunohu, et y établirent leur quartier général dans le Pacifique en 1811.

Moorea fut longtemps une terre d'asile pour les Tahitiens vaincus au cours des conflits de pouvoir qui faisaient rage sur Tahiti. Le roi Pomaré Ier conquit Moorea en 1790, laissant à son fils Pomaré II la souveraineté de Tahiti, mais ce dernier dut s'exiler à Moorea en 1808. Il s'installa à Papetoai, se lia d'amitié avec les missionnaires et, quand il reprit le pouvoir à Tahiti en 1815, rapporta le christianisme avec lui, qui allait vite devenir la religion dominante. La dépendance de Moorea à l'égard de Tahiti date de cette époque. Les maladies, les armes et l'alcool apportés par les Européens eurent au milieu du XIXe siècle des effets désastreux sur la population de l'île, qui chuta à moins d'un millier de sujets en 1860. Le protectorat français fut établi en 1843.

Le tourisme est relativement récent : en 1960, Moorea possédait à peine 13 lits d'hôtel !

Orientation

Moorea a la forme d'un triangle posé sur la pointe, et dont la base est creusée par les baies de Cook et d'Opunohu. Une route goudronnée fait le tour de l'île (60 km). Les ferries en provenance de Papeete empruntent tous la passe de Vaiare, sur la côte est.

Comparée à d'autres îles de l'archipel, Moorea possède peu de motu, ces îlots coralliens qui coiffent la barrière de corail. Les deux plus connus, facilement accessibles depuis le littoral, sont au large de la pointe Hauru.

De magnifiques montagnes dominent le littoral de Moorea. Le mont Rotui (899 m) et le Mouaputa (830 m) sont les plus connus, mais c'est le Tohivea (1 207 m) qui constitue le point culminant de l'île.

Le cœur de l'île, inhabité, est accessible en voiture par deux routes qui commencent au fond de chacune des deux baies et montent jusqu'à un point de vue aménagé, le Belvédère.

Les deux pôles touristiques de l'île comprennent le secteur allant de Maharepa à Pao Pao et la pointe Hauru, au nord-ouest de l'île. L'aérodrome est au nord-est de l'île, à Temae.

À voir

Tout le charme de Moorea réside dans sa douceur de vivre et ses paysages. Le tour de l'île (60 km) vous permettra de vous en imprégner. Louez une voiture, un scooter, voire un vélo si vous êtes sportif. Vous pouvez également passer par l'intermédiaire d'un prestataire spécialisé organisant des tours guidés en 4x4 (voir p. 108).

Le circuit décrit ci-après, qui débute à l'aérodrome, est effectué dans le sens contraire des aiguilles d'une montre.

Temae (PK 1) — PLAGE

Le secteur de Temae, très résidentiel, comprend de belles villas huppées. Touristes et locaux se retrouvent sur la belle plage publique, dotée de sable blanc. Le bain est excellent et sans danger. Elle est en principe bien entretenue. Ne laissez pas d'objets de valeur dans votre véhicule.

La route longeant la piste d'atterrissage du côté du lagon contourne le lac Temae, mais elle ne permet pas de rejoindre la principale route côtière, car elle s'achève en cul-de-sac dans un îlot marécageux.

> **LES PK**
>
> Attention à la confusion. À Moorea, les bornes kilométriques ne sont pas numérotées de 0 à 60. En sortant de l'aéroport, en direction du côté droit (au nord), vous allez en direction du PK 35 (il n'y a pas de PK 36). En allant sur la gauche (au sud), vous arriverez au PK 24 (il n'y a pas de PK 25). Entre le PK 35 et le PK 24, il y a 1 km... On passe donc directement du PK 35 au PK 24, et inversement.

Maharepa (PK 4 à 5) — VILLAGE

Des paréos en technicolor flottant dans la brise annoncent le début du village de Maharepa, l'une des principales localités de l'île, qui rassemble plusieurs services utiles (banques, poste, centre commercial, restaurants).

Au PK 5, admirez la **Maison blanche**. Bâtie au tournant du siècle, elle constitue un bel exemple de *fare vanira*, une demeure de plantation de vanille de style colonial construite durant l'âge d'or de ce type de culture à Moorea, de 1860 à 1960, avant qu'une maladie ne dévaste les cultures et que la croissance du tourisme ne mette un terme quasi définitif à ces plantations. La Maison blanche est aujourd'hui occupée par un magasin de souvenirs (voir p. 107).

Baie de Cook (PK 6 à 11) — SITE NATUREL

Un vrai décor de carte postale : la majestueuse baie de Cook forme une profonde échancrure dans le littoral, dominée par le mont Rotui. C'est également l'un des deux pôles touristiques de Moorea. La zone hôtelière débute au PK 5, à Maharepa, et se prolonge jusqu'au PK 9 et à la bifurcation sur l'intérieur de l'île et le Belvédère, à Pao Pao. Les magasins, restaurants et hôtels de la baie de Cook ponctuent la route longeant le lagon. En réalité, le nom de "baie de Cook" est plutôt mal approprié, car le capitaine Cook mouilla dans la baie d'Opunohu.

Moorea

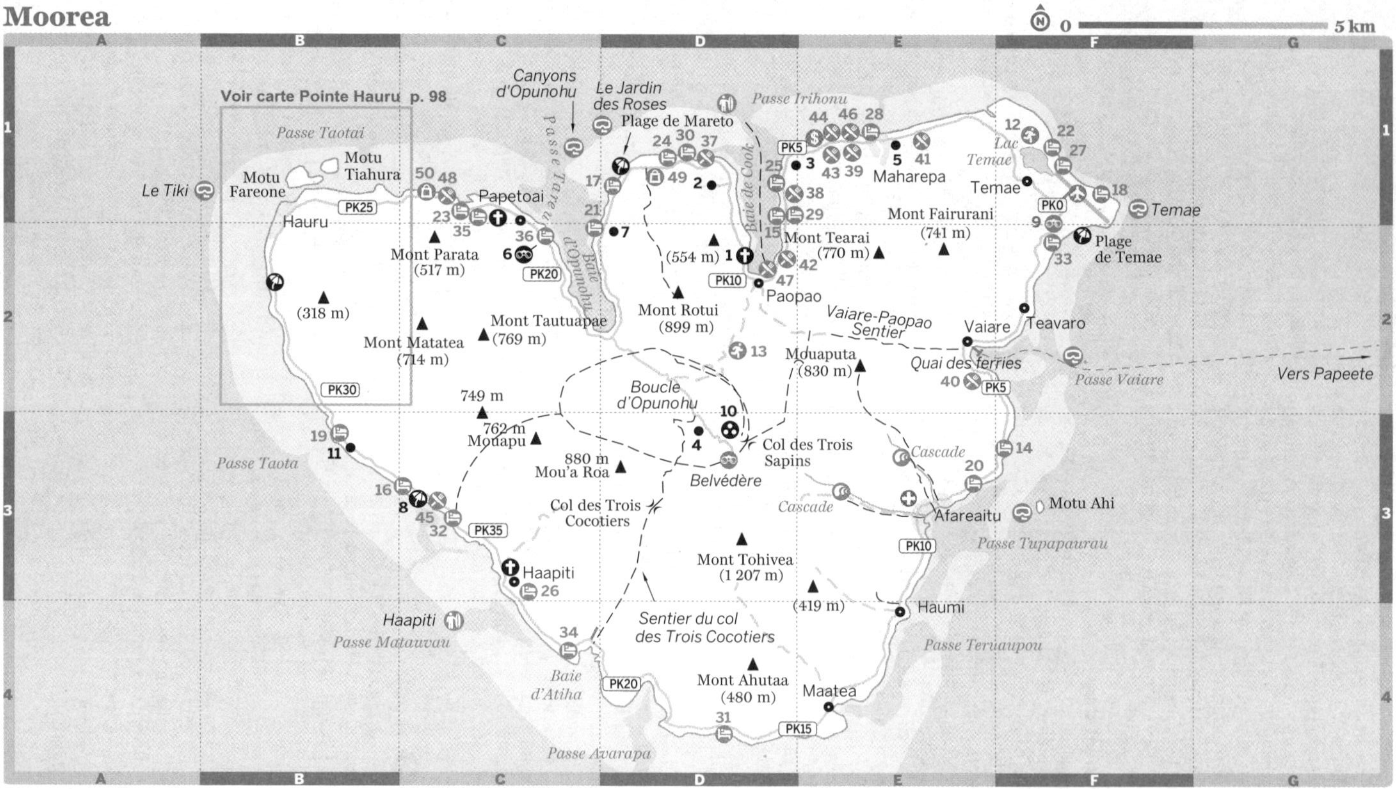
0 5 km
Voir carte Pointe Hauru p. 98
Canyons d'Opunohu
Le Jardin des Roses
Plage de Mareto
Passe Irihonu
Passe Taotai
Motu Tiahura
Motu Fareone
Le Tiki
Hauru
Papetoai
Passe Tareu
Baie d'Opunohu
Baie de Cook
Paopao
Maharepa
Lac Temae
Temae
Plage de Temae
Mont Fairurani (741 m)
Mont Tearai (770 m)
Mont Parata (517 m)
(554 m)
Mont Rotui (899 m)
(318 m)
Mont Tautuapae (769 m)
Mont Matatea (714 m)
Vaiare-Paopao Sentier
Vaiare
Teavaro
Mouaputa (830 m)
Quai des ferries
Passe Vaiare
Vers Papeete
749 m
Boucle d'Opunohu
762 m Mouapu
880 m Mou'a Roa
Col des Trois Sapins
Belvédère
Cascade
Passe Taota
Col des Trois Cocotiers
Afareaitu
Motu Ahi
Passe Tupapaurau
Mont Tohivea (1 207 m)
Haapiti
(419 m)
Haumi
Passe Matauvau
Sentier du col des Trois Cocotiers
Passe Teruaupou
Baie d'Atiha
Mont Ahutaa (480 m)
Maatea
Passe Avarapa
PK0
PK5
PK10
PK15
PK20
PK25
PK30
PK35

Moorea

À voir

1 Chapelle Saint-Joseph ... D2
2 Distillerie et usine de jus de fruits ... D1
3 Galerie van der Heyde ... D1
4 Lycée agricole ... D3
5 Maison Blanche ... E1
6 Montagne Magique ... C2
7 Moorea Tropical Garden ... D2
8 Plage de Painapo ... C3
9 Point de vue de Toatea ... F1
10 Sites archéologiques de la vallée d'Opunohu ... D3
11 Tiki Village ... B3

Activités

Ia Ora Diving ... (voir 33)
Moorea Blue Diving ... (voir 28)
12 Moorea Green Pearl ... F1
13 Ranch Opunohu Valley ... D2

Où se loger

14 Atuana Lodge ... F3
15 Club Bali Hai ... D1
16 Fare Edith ... C3
17 Fare Junette ... D1
18 Fare Maeva ... F1
19 Fare Pole ... B3
20 Fare Te Ora Hau ... E3
21 Fare Vaihere ... C2
22 Green Lodge ... F1
23 Haapiti Surf Lodge ... C1
24 Hilton Moorea Lagoon Resort & Spa ... D1
25 Hôtel Kaveka ... D1
26 Marks Place Moorea ... C3
27 Moorea Golf Lodge ... F1
28 Moorea Pearl Resort & Spa ... E1
29 Motel Albert ... D1
30 Motu Iti ... D1
31 Pension Aute ... D4
32 Résidence Linareva ... C3
33 Sofitel la Ora Moorea Beach Resort ... F2
34 Tarariki Village ... C4
35 Tehuarupe ... C1
36 Tipaniers Iti ... C2

Où se restaurer

37 Aito Restaurant ... D1
38 Allo Pizza ... D1
39 Caraméline ... E1
40 Champion Toa Moorea ... E2
Crêperie Toatea ... (voir 24)
L'Ananas Bleu ... (voir 15)
Le K ... (voir 33)
41 Le Mahogany ... E1
42 Le Martinez ... D2
Le Motu Lodge ... (voir 22)
43 Le Rudy's ... E1
44 Le Sud ... E1
45 Pizza Daniel ... C3
46 Pukalani ... E1
47 Restaurant Honu Iti – chez Roger ... D2
48 Snack Mahana ... C1

Achats

Distillerie et usine de jus de fruits ... (voir 2)
Galerie van der Heyde ... (voir 3)
Lycée agricole ... (voir 4)
Maison Blanche ... (voir 5)
Moorea Tropical Garden ... (voir 7)
49 Purotu Tattoo ... D1
50 Woody's ... C1

À l'entrée de la baie de Cook, vous passerez devant la **galerie Van der Heyde**, qui présente une riche collection d'art océanien.

Le village de **Pao Pao** est niché au fond de la baie de Cook. Dans l'ancien marché municipal, vous distinguerez une belle **fresque murale** de Ravello, un peintre polynésien bien connu. Sur la rive ouest de la baie, au PK 10,3, vous passerez à hauteur de la **chapelle Saint-Joseph**, dont le chœur est égayé d'une fresque murale représentant la Nativité, réalisée en 1946 par un peintre suédois.

Au fond de la baie, une route bifurque vers l'intérieur des terres et permet de rejoindre les sites archéologiques de la vallée d'Opunohu, le point de vue du Belvédère, le lycée agricole et le sentier pédestre pour le col des Trois Cocotiers.

Distillerie et usine de jus de fruits de Moorea (PK 11) ENTREPRISE LOCALE (☎55 20 00 ; www.manuteatahiti.com ; entrée libre ; ⏲8h30-16h lun-jeu, 8h30-15h ven, 9h-16h sam). Envie d'un petit rafraîchissement tropical ? En longeant la rive ouest de la baie de Cook, faites halte dans cette usine de jus de fruits, à environ 300 m de la route côtière. Elle fabrique des jus de fruits et des alcools à partir de productions locales, dont le célèbre jus d'ananas de Moorea. Allez-y de préférence en début de matinée, du lundi au jeudi, lorsque l'activité bat son plein (l'usine ne fonctionne pas le vendredi). Des visites guidées (40 min environ) ont lieu à 9h et à 14h du lundi au jeudi. La boutique, bien approvisionnée, ouvre du lundi au samedi (voir *Achats* p. 106).

À NE PAS MANQUER

LES VALLÉES DE PAO PAO ET D'OPUNOHU

Au fond des deux grandes baies de Moorea, deux vallées s'enfoncent vers l'intérieur des terres pour se rejoindre au sud du massif du mont Rotui. Faites impérativement ce petit crochet vers l'intérieur des terres, car elles offrent une autre ambiance, des vestiges archéologiques bien mis en valeur et de très belles vues sur les sommets. La vallée de Pao Pao est également réputée pour la culture d'ananas.

Les deux routes qui remontent ces vallées se rejoignent peu avant le lycée agricole. À partir de là, l'unique route continue dans la montagne jusqu'aux sites archéologiques, puis se termine au point de vue du Belvédère. Vous pourrez vous y rendre facilement avec un véhicule de location, et même un scooter.

Lycée agricole

Au *fare*-vente du **lycée agricole d'Opunohu** (✆56 11 34 ; route du Belvédère ; ⏲8h-16h30 lun-jeu, 8h-15h30 ven, 9h-14h30 sam), on se laisse facilement tenter par les alléchants produits naturels de l'exploitation (glaces, miel et confitures, entre autres). On peut aussi visiter les plantations tropicales, en suivant des **sentiers balisés** (boucle d'une heure et boucle de deux heures), dans le cadre sublime de l'intérieur de la caldeira.

Sites archéologiques de la vallée d'Opunohu

Les sites archéologiques de la vallée d'Opunohu comptent parmi les mieux mis en valeur de Polynésie ; des panneaux explicatifs facilitent la compréhension des lieux. Ils se composent d'un ensemble complet de vestiges, partiellement restaurés, comprenant des *marae* familiaux et communautaires, des lieux de culte, des habitations et des plates-formes de tir à l'arc. Ils méritent qu'on leur consacre une bonne heure de visite. Prenez soin de vous enduire de produit anti-moustiques.

Durant l'époque pré-européenne, l'intérieur de l'île était densément peuplé, ce qui explique la présence de nombreux vestiges archéologiques dans ces vallées. Les premières fouilles datent de 1925. Près de 500 structures ont été inventoriées. Les spécialistes estiment que cette vallée a été habitée de manière continue pendant six siècles au moins. Les plus anciennes structures dateraient du XIIIe siècle, et cette communauté d'agriculteurs aurait atteint son apogée aux XVIIe et XVIIIe siècles.

La route remontant la vallée débouche sur un parking à proximité du vaste **marae Titiroa**, à la lisière d'une forêt dense de magnifiques *mape*. Du *marae*, un sentier pédestre mène jusqu'à la plate-forme publique, ou *tohua*, et à deux *marae* de moindre importance, puis aboutit au **marae Ahu-o-Mahine**, plus récent et construit en pierres de taille sphériques. Son imposant *ahu* (autel) à trois niveaux constitue probablement une adjonction plus récente encore, datée de la fin du XVIIIe siècle. Ces *marae* comportent des pierres dressées et des pierres dossiers. Un peu plus vers l'amont, on arrive au **marae Afareaitu** (maison des guerriers). Ce grand *marae* présente un *ahu*, une petite terrasse surélevée pourvue de pierres dossiers contre lesquelles s'appuyaient les prêtres. Le *marae* est flanqué de deux plates-formes de tir à l'arc en forme de croissant, du haut desquelles les archers décochaient leurs flèches vers une zone dégagée. Le tir à l'arc était une activité de loisir et un sport rituel strictement réservés à l'aristocratie ; les arcs et les flèches n'étaient pas utilisés comme armes de guerre. Il n'y avait aucune cible spécifique sur laquelle viser : agenouillé au bord de la plate-forme, l'archer devait simplement tirer le plus loin possible en direction d'une colline déboisée.

Pour plus de détails sur les sites archéologiques de Polynésie, voir p. 19 et p. 327.

Belvédère

Après le *marae* Afareaitu, la route continue à serpenter abruptement jusqu'à son terminus, au Belvédère. Ce point de vue offre une vision panoramique imprenable sur le mont Rotui et, de part et d'autre, les baies d'Opunohu et de Cook. De l'autre côté, on distingue les hautes montagnes qui s'élèvent au centre de l'île et forment le rebord méridional de l'ancien cratère.

Plage de Ta'ahiamanu (Mareto) BAIGNADE, SNORKELING

Une plage, enfin ! La plage publique de Mareto est agrémentée de tables pour pique-niquer, à l'ombre des cocotiers. La bande de sable blanc est étroite, mais suffisante pour étaler sa serviette et contempler les dégradés de bleu du lagon, avec les voiliers au mouillage. La zone de baignade est sécurisante et le snorkeling possible autour de belles patates de corail, à quelques dizaines de mètres du bord.

Baie d'Opunohu (PK 14 à 18) SITE NATUREL

Le décor grandiose se prolonge : la route côtière contourne le mont Rotui avant de bifurquer à nouveau, au PK 14, vers l'intérieur des terres en suivant le tracé de la baie d'Opunohu. Celle-ci est moins urbanisée que la baie de Cook et peut-être plus majestueuse encore.

Au PK 18, au fond de la baie, une route part vers l'intérieur des terres pour longer la vallée d'Opunohu jusqu'aux sites archéologiques du centre de l'île, au point de vue du Belvédère, au lycée agricole et au sentier pédestre menant au col des Trois Cocotiers.

Montagne magique (PK 21) POINT DE VUE

Au PK 21, côté montagne (en face de la résidence Tipaniers Iti), une route cimentée, escarpée et très pentue, conduit à un belvédère naturel appelé "Montagne magique", à 209 m d'altitude, d'où l'on embrasse une vue sublime sur la baie d'Opunohu et une grande partie du nord de l'île. L'accès se mérite ; à pied, comptez environ 45 minutes, sous le soleil. Le terrain étant privé, il faut préalablement demander l'autorisation et acquitter un droit de passage (200 CFP). Mieux vaut s'y rendre lors d'une excursion en quad (voir p. 94).

Papetoai (PK 22) VILLAGE

Au village de Papetoai, jetez un œil sur l'**église octogonale**, édifiée par les missionnaires entre 1822 et 1827, la plus ancienne construction européenne du Pacifique Sud encore debout. Comme dans bien d'autres sites polynésiens, ils élevèrent volontairement l'église sur un ancien site religieux.

Pointe Hauru (PK 25 à 30) PLAGES

La pointe Hauru est frangée par une étroite bande sablonneuse qui s'étend sur 5 km environ. Malheureusement, il vous faudra vite déchanter car il n'est pas très facile d'y accéder, en raison de la continuité des constructions hôtelières et des propriétés privées qui bordent le littoral. Il existe néanmoins un accès public à la plage, par le chemin attenant à l'hôtel les Tipaniers. L'idéal est de louer un kayak ou un pédalo dans l'une des bases nautiques d'un hôtel et de profiter du site à votre guise.

Ce secteur, dans le nord-ouest de l'île, est logiquement le principal pôle touristique de Moorea. Outre les nombreux établissements hôteliers, on trouve des boutiques de souvenirs ou de perles, ainsi que le centre commercial le Petit Village. Près de l'hôtel Intercontinental, la petite usine où l'on fabrique des produits à base de *noni* et de monoï **Royal Tahiti Noni – Tahiti Arômes** (☎56 14 51 ; ⏲9h-16h lun-sam) se visite, tout comme le jardin botanique attenant.

Passé le PK 30, le littoral retrouve une physionomie plus sauvage.

Motu BAIGNADE, SNORKELING

À peu de distance au large de la pointe Hauru, les superbes **motu Tiahura** (également appelé motu Moea) et **Fareone**, facilement accessibles en kayak (ou en bateau à moteur), méritent amplement les quelques coups de pagaie nécessaires pour les rejoindre (n'y allez pas à la nage, car les courants sont fréquents dans le chenal). Prenez un masque et des palmes, car ils sont entourés de remarquables jardins coralliens. Un peu plus vers l'est s'étend le minuscule **motu Irioa**. L'intérieur de ces îlots est propriété privée, mais pas le littoral – vous pourrez donc profiter des plages et de l'ombre des cocotiers, et même y pique-niquer.

Tiki Village (PK 31) VILLAGE POLYNÉSIEN

(☎55 02 50 ; www.tikivillage.pf ; 2 500 CFP ; ⏲11h-14h30 mar-sam). L'inoxydable Tiki Village fait partie de la scène touristique de Moorea depuis plusieurs décennies. Le concept – une sorte de village polynésien reconstitué où sont présentées diverses facettes de la culture polynésienne traditionnelle sous un angle "folklorique" – a vieilli. Certains aiment, d'autres trouvent l'idée kitsch et les attractions bien peu naturelles. Plusieurs *fare* noyés dans une profusion de verdure abritent des ateliers artisanaux. Vous pourrez visiter une ferme perlière de démonstration, apprendre les techniques de tressage, la teinture des paréos, pêcher sur le lagon, voir un sculpteur à l'œuvre ou vous faire tatouer. Un petit spectacle de danse, avec une quinzaine d'interprètes, est organisé tous les jours vers 13h. Le Tiki Village est également réputé pour ses spectacles de danse polynésienne les mardi, mercredi, vendredi et samedi soir (voir p. 106).

À NE PAS MANQUER

PAUSE GOURMANDE AU MOOREA TROPICAL GARDEN

Au PK 16, côté montagne, une piste cahoteuse (mais praticable avec un véhicule de location) monte jusqu'au **Moorea Tropical Garden** (☎70 53 63 ; ⌚8h-17h lun-sam, 8h-15h dim), où l'on est récompensé par une vue splendide sur le lagon. Dans son jardin d'éden, la propriétaire vend des confitures maison, bio, réalisées avec des fruits tropicaux, absolument divines (hmm, la confiture à la papaye, ou corossol, à la goyave, au tiaré...), ainsi que des jus frais (500 CFP), des fruits séchés et des sorbets aux fruits tropicaux. La palme de l'originalité revient à la confiture au *noni* et à l'*uru*. Le vendredi au déjeuner, ne manquez pas le menu polynésien (1 500 CFP/pers). La propriété comprend aussi un petit bassin aux anguilles, ainsi qu'une cascade accessible en une dizaine de minutes à pied.

Plage de Painapo (PK 33) BAIGNADE, SNORKELING

Impossible de louper ce site, que signale une statue géante kitschissime, représentant un Polynésien agenouillé, une rame à la main. Le terrain qui précède cette jolie plage est privé, mais on peut profiter du site moyennant un droit de 2 000 CFP.

Haapiti (PK 24) VILLAGE

Le village de Haapiti, assez étendu, possède deux lieux de culte, dont l'**église de la Sainte-Famille**, sans doute la plus photographiée de l'île. Située côté montagne, au PK 24, et entourée d'une végétation luxuriante, elle est repérable à ses deux clochers. La montagne qui se détache en arrière-plan est le Moua Roa. Construite en corail et en calcaire par des tailleurs de pierres originaires de l'île de Pâques, elle date de la fin du XIXe siècle. L'autre monument religieux est le **temple protestant**, au PK 23,5, côté mer, également très photogénique.

Baie d'Atiha (PK 18) SITE NATUREL

Une ambiance paisible et sauvage enveloppe la baie d'Atiha, où habitent des familles de pêcheurs. Cette partie de l'île est la plus préservée.

Afareaitu (PK 9) VILLAGE

Centre administratif de Moorea, Afareaitu ne possède pas de monuments importants mais peut servir de base pour visiter quelques jolies **cascades** aux alentours, facilement accessibles à pied. Elles valent le détour, mais ne vous attendez pas à des chutes grandioses. Elles se limitent à de minces filets d'eau s'il n'a pas assez plu. Il est préférable de s'y rendre avec un guide, car l'accès n'est pas balisé.

Motu Ahi (PK 8) SNORKELING

À hauteur du PK 8, vous apercevrez, sur le lagon, le **motu Ahi**, un îlot de carte postale, pas très loin du bord, que les amateurs de snorkeling prendront plaisir à découvrir (mais il faut se faire déposer).

Vaiare (PK 4) VILLAGE

Les incessants départs et arrivées des ferries et des catamarans rapides effectuant la navette avec Papeete, le marché installé sur le quai, ainsi que la circulation, font de Vaiare la zone la plus animée de Moorea.

Point de vue de Toatea (PK 0,6) BELVÉDÈRE

La route passe à hauteur de l'hôtel Sofitel, puis s'éloigne du littoral et monte jusqu'à un belvédère aménagé, d'où l'on jouit d'une vue exceptionnelle sur Tahiti, les infrastructures de l'hôtel Sofitel et le lagon.

Activités

Pensez à réserver vos activités dès votre arrivée sur l'île. Contactez directement les prestataires ou passez par l'intermédiaire de votre pension ou du bureau d'activités de votre hôtel.

Plongée sous-marine

La partie nord de l'île offre de magnifiques sites de plongée convenant aussi bien aux débutants qu'aux confirmés, dans le lagon et à l'extérieur du récif. Les sites à proximité de la baie d'Opunohu sont réputés pour la présence régulière de requins citron. Longtemps nourris par les moniteurs des centres locaux, ces squales semblent s'être sédentarisés autour de l'île. Moorea a également bâti sa réputation sous-marine sur le *shark feeding* (nourrissage des requins par les moniteurs), mais ce spectacle controversé est de moins en moins proposé ; les plongeurs préfèrent observer les requins dans des conditions moins artificielles. Consultez le chapitre *Plongée* p. 30 pour plus de renseignements sur les sites.

À la suite des dégâts causés par l'*Acanthaster planci* et le cyclone Oli en 2010, le corail n'est pas en bon état autour de Moorea, mais il est en phase de repousse.

La plupart des centres organisent un système de ramassage dans les hébergements.

Topdive (☎56 31 44 ; www.topdive.com ; baptême 8 000 CFP, explo 8 000 CFP, forfait 6/10 plongées 43 000/70 000 CFP). À l'hôtel Intercontinental Moorea Resort & Spa. Enseigne représentée sur plusieurs îles de Polynésie. Seul centre à proposer officiellement des "*shark dives*" (plongées avec nourrissage des requins), d'un intérêt discutable. Forfait 10 plongées également valable dans les centres Topdive de Fakarava, de Tahiti et de Rangiroa, ainsi que dans les centres Blue Nui (Bora Bora, Tikehau, Manihi). Plongée au Nitrox sans supplément.

Ia Ora Diving (☎56 35 78 ; baptême 7 500 CFP, explo 7 200 CFP). À l'hôtel Sofitel Ia Ora Moorea Beach Resort. Propose des sites à l'est de l'île, dans le secteur de Temae.

Moorea Blue Diving (☎55 17 04 ; www.mooreabluediving.com ; baptême 7 500 CFP, explo 6 900 CFP, forfait 5/10 plongées 33 000/60 000 CFP). À l'hôtel Moorea Pearl Resort & Spa (p. 97).

Moorea Fun Dive (☎56 40 38 ; www.moorea-fundive.com ; PK 26,7). À la pointe Hauru. Petite structure conviviale.

Scubapiti (☎56 20 38, 78 03 52 ; www.scubapiti.com ; baptême 6 500 CFP, explo 6 100 CFP). Centre privilégiant les petits groupes et n'ayant jamais pratiqué le *shark feeding*. Tarifs dégressifs intéressants à partir de 2 plongées.

Excursions sur le lagon

Pour découvrir le magnifique lagon de Moorea, le moyen le plus classique (mais pas forcément le plus authentique ni le plus respectueux de l'environnement) consiste à se joindre à une excursion sur le lagon, à bord d'une pirogue à moteur. Le programme type comprend la visite des deux baies, un *shark feeding* (repas des requins), un *ray feeding* (repas des raies), suivis d'une baignade avec les raies pastenagues (près de l'Intercontinental Resort) et un pique-nique avec snorkeling dans le cadre superbe du motu Fareone, au large de l'ancien Club Med. Le spectacle du nourrissage des raies et des requins est divertissant, mais n'a rien de naturel ; cette prestation s'apparente plus à un numéro de cirque qu'à une approche écotouristique du milieu sous-marin.

Les tarifs sont variables selon les prestataires. Faites jouer la concurrence et épluchez le détail des prestations (durée, itinéraire, contenu exact des prestations, pique-nique et boissons inclus ou non, service de ramassage ou non, etc.). Comptez environ de 5 500 à 8 000 CFP/pers avec pique-nique (4 000 CFP/pers sans pique-nique) pour l'excursion à la journée (9h-15h). Les départs ont lieu plusieurs fois par semaine (2 à 4 fois selon les opérateurs), selon la demande. Pensez à vous inscrire le plus tôt possible. Munissez-vous de crème solaire, d'un couvre-chef, de sandalettes en plastique et de vêtements de bain.

Adressez-vous à votre hôtel ou à votre pension ou contactez directement l'un des prestataires suivants :

Manu (☎79 03 28). Sorties en catamaran à moteur. Pas de nourrissage des requins.

Moorea Boat Tours (☎56 28 44, 78 68 86 ; www.mooreaboattours.com)

Tip Nautic (☎78 76 73). À l'hôtel les Tipaniers. Pas de nourrissage des requins.

What to do on Moorea Tours (☎56 57 66 ; www.hirotour.com)

Location de bateau à moteur sans permis

Le prestataire **Moorea Loca Boat** (☎30 05 04), installé sur la plage des Tipaniers, propose la location de bateaux sans permis, formule idéale pour découvrir le lagon par ses propres moyens. Le loueur remettra un plan du lagon comportant les principaux centres d'intérêt (spot des raies, sites de snorkeling, accès aux motu). Un service de ramassage, gratuit, est également assuré. Vous paierez 7 000/9 000 CFP pour 2/4 heures, essence comprise. Également location de pédalos.

Observation des dauphins et des baleines

Moorea pourrait être surnommée l'"île aux dauphins". Ils ont coutume de batifoler à proximité des deux baies au nord de l'île, toute l'année, et il est assez facile de les rencontrer. De juillet à octobre, les baleines sont également de la partie, dans le même secteur. Un spectacle inoubliable... à condition de ne pas stresser les baleines et de les approcher avec discrétion. Les prestataires sont tenus de respecter une réglementation relative à l'approche des cétacés, mais certains prennent quelques libertés avec les règles et n'hésitent pas à "foncer" en direction des baleines. Comptez environ

8 000 CFP/pers la sortie à la demi-journée. Un service de ramassage est assuré.

Dolphin & Whale Watching Expeditions (☎56 23 22 ; www.drmichaelpoole.com). Sorties organisées par le Dr Michael Poole, un scientifique américain, francophone. Jouit d'une bonne réputation, mais certains clients se sont plaints des bateaux trop chargés en saison et d'une prestation devenue très commerciale.

Moorea Dolphin Expedition (☎78 42 42 ; www.moorea-dolphin-expedition.com). Combine rencontres avec les dauphins et les baleines et nourrissage des raies et des requins.

Manu (☎79 03 28). Sorties à bord d'un catamaran.

Moorea Deep Blue (☎76 37 27 ; www.moorea-deepblue.com). Sorties accompagnées par un moniteur de plongée. Approche douce du milieu, en petit groupe (12 personnes au maximum).

Les centres de plongée (voir p. 93) organisent également des sorties d'observation des baleines.

Snorkeling

Il existe de beaux jardins coralliens à proximité des zones de baignade et des deux motu, Fareone et Tiahura. Avant de partir seul, renseignez-vous sur la présence éventuelle de courants.

Une autre solution consiste à se joindre à une excursion sur le lagon. Au cours du tour de l'île en pirogue, les prestataires prévoient des arrêts snorkeling dans de magnifiques jardins de corail (voir p. 93). Les centres de plongée proposent également des sorties snorkeling.

Marche sous l'eau

La société **Aqua Blue** (☎56 53 53, 73 24 40 ; http://contact.aquablue.free.fr ; PK 25, pointe Hauru ; 7 500 CFP), dans l'enceinte de l'Intercontinental Moorea Resort & Spa, propose un produit touristique original. Dans le lagon, à 6 m de profondeur, vous effectuez un parcours sous-marin équipé d'un casque alimenté en air depuis la surface. L'immersion dure une demi-heure, et un moniteur de plongée vous accompagne. Il n'est pas même nécessaire de savoir nager, puisque vous marchez sur le fond. Les enfants peuvent pratiquer l'activité dès 8 ans.

Parachute ascensionnel

Envie de voir le lagon d'en haut, sans se mouiller ? Contactez le bureau d'activités de l'**Intercontinental Moorea Resort & Spa** (☎56 20 44 ; PK 25, pointe Hauru ; ⏲mar-sam), qui pourra vous organiser une séance de parachute ascensionnel. Il vous en coûtera 7 600 CFP/pers pour environ 15 minutes.

Quad

La société **ATV Moorea Tours** (☎70 73 45 ; www.atvmoorea.com ; PK 24,6 ; circuits 12 000-19 000 CFP/quad), en face de l'Intercontinental Moorea Resort & Spa, propose deux circuits guidés en quad à l'intérieur de l'île, dans le secteur du lycée agricole et sur le belvédère de la Montagne magique. Le parcours le plus court dure 2 heures 30, le plus long 3 heures 30. Plusieurs arrêts sont prévus, au cours desquels le guide donne des explications sur l'environnement. Il est nécessaire d'être en possession d'un permis de conduire. Transferts assurés dans les hôtels et les pensions.

Kayak

En louant un kayak simple ou double auprès de **Tip Nautic** (☎78 76 73 ; kayak simple/double/triple 500/1 000/1 500 CFP l'heure), basé sur la plage de l'hôtel les Tipaniers, vous pourrez explorer le lagon à votre guise et vous rendre sur les deux motu, Fareone et Tiahura, en toute sécurité.

Surf

Moorea compte plusieurs spots de surf réputés :

Temae – *Reefbreak*. Situé non loin de l'aérodrome de Temae, ce spot est particulier du fait qu'il n'existe pas de passe. Cette droite se déroule à la faveur d'un renfoncement et d'une courbure du récif à cet endroit précis. Très technique.

Pao Pao (baie de Cook) et baie d'Opunohu – *Reefbreak* (nov-avr). La gauche de Pao Pao, ainsi que les droite et gauche d'Opunohu vous permettront de surfer dans un cadre magnifique.

Intercontinental Moorea Resort & Spa – *Reefbreak* (juin-oct). À hauteur de la passe face à la plage de l'hôtel, dans la passe. Une gauche technique qui peut devenir dangereuse par forte houle en raison de l'étroitesse de la passe et des forts courants qui y naissent.

Haapiti – *Reefbreak* (mai-oct). La gauche de Haapiti est une perle. Elle allie la régularité et la puissance des vagues de récif à la sécurité des vagues de plage (profondeur honorable au moment

LES TATOUEURS DE MOOREA

Moorea regroupe plusieurs grands noms du tatouage en Polynésie, notamment Chimé, l'un des pionniers du renouveau de cet art, et Roonui (presque entièrement tatoué), qui ont tous les deux posé pour le photographe Gian Paolo Barbieri pour les besoins de son livre *Polynesian Tattoos* (éd. Taschen). Outre ces deux stars, installées à l'étranger pour une durée indéterminée au moment de la rédaction de cet ouvrage, Moorea compte plusieurs autres talents, qui réalisent des motifs traditionnels ou des adaptations plus personnelles du répertoire traditionnel, dans d'excellentes conditions d'hygiène (aiguilles à usage unique, matériel stérilisé, gants de chirurgien). Contactez **Taniera Tattoo** (☎56 16 98, 24 10 62 ; PK 27,3) et **Purotu Tattoo** (☎77 79 42, 56 49 00 ; www.purotu.com ; PK 18). Pour en savoir plus sur le tatouage, reportez-vous, p. 330.

du *take-off*). Et les vagues sont d'une longueur...

Randonnée pédestre

De magnifiques randonnées, de difficultés variées, permettent de découvrir le cœur luxuriant et escarpé de l'île. Les sentiers étant peu fréquentés et non balisés, il est fortement recommandé de se faire accompagner d'un guide.

De Vaiare à Pao Pao. Cette marche, relativement facile, dure environ 2 heures. On découvre en chemin de beaux points de vue, ainsi que la végétation dense qui recouvre les versants abrupts de l'île. Partant du village de Vaiare, elle gravit la crête séparant le mont Tearai (772 m) et le mont Mouaputa (830 m), avant de redescendre dans la vallée centrale pour déboucher à Pao Pao, dans la baie de Cook. L'itinéraire est plus facile dans le sens Vaiare-Pao Pao.

Le col des Trois Cocotiers. L'ascension de ce col est exténuante, mais réserve des vues extraordinaires du haut de la crête séparant le Mouaroa (880 m) du Tohiea (1 207 m). Vous n'y trouverez pas trois cocotiers – deux d'entre eux furent déracinés par un cyclone au début des années 1980. Vous pouvez commencer la randonnée depuis le parking du lycée agricole d'Opunohu. Après avoir franchi plusieurs gués, le sentier traverse une forêt de *mape*. Au bout d'une heure, vous entamerez la montée proprement dite vers le col, au milieu de *purau* et de fougères semi-arborescentes. Comptez une demi-heure de montée escarpée. Du col, on embrasse une vue superbe des deux côtés de l'île. De là, vous pouvez redescendre au lycée agricole, ou descendre dans la vallée de Vaianae, ou rejoindre le Belvédère (voir ci-dessous, *La boucle d'Opunohu*).

La boucle d'Opunohu. La boucle d'Opunohu est une randonnée relativement facile, agréable, d'une journée, à partir du lycée agricole. Après être monté au col des Trois Cocotiers (voir ci-dessus), vous rejoindrez, en restant sur une ligne de crête, le Belvédère, à travers des sous-bois de *mape* et de *purau* (1 heure 30 environ). De là, vous rejoindrez le **col des Trois Sapins**, en 45 minutes environ, d'où l'on jouit d'une vue superbe sur les baies de Cook et d'Opunohu, face à la crête du Rotui. En contrebas, on distingue les plantations d'ananas. Ce tronçon ne présente pas de difficulté particulière, hormis un petit raidillon sur la fin, juste avant le col. Dernière étape : le retour au lycée agricole, en 1 heure 45 environ. La descente est raide, et l'on rejoint le centre de la caldeira. À l'approche du lycée, on traverse les plantations d'ananas, une forêt de pins des Caraïbes et des caféiers.

Le Mouaputa (Montagne percée). L'ascension du mont Mouaputa (830 m), également appelé "Montagne percée", est très sportive, mais vous serez amplement récompensé de vos efforts par un panorama à 360°. Le départ s'effectue à Afareaitu (prévoir la journée). Le dernier tronçon est la partie la plus ardue et la plus éprouvante, car la progression est raide, sur une crête, à découvert. À plusieurs reprises, il faudra s'aider des cordes fixées à demeure.

Le mont Rotui par l'arête nord. Plus qu'à une randonnée pédestre, cette ascension s'apparente, du fait de sa difficulté, à une course en montagne. Le dénivelé n'a pourtant rien de spectaculaire : le mont Rotui, situé dans la partie nord de l'île, parallèle aux baies d'Opunohu et de Cook, culmine à 899 m. La vue sur les deux baies vaut largement tous les efforts consentis. Comptez au minimum 4 heures d'ascension éreintante et 2 heures pour la descente. On peut toutefois se limiter au **belvédère du Rotui**, plus court. Le point de départ se trouve à proximité du Moorea Pearl Resort & Spa. Une bonne condition physique est indispensable, car de multiples passages tiennent plus de la varappe que de la randonnée. La marche s'effectue sur une crête, écrasée de soleil, au milieu des buissons et des fougères. La progression se fait en escalier : des passages relativement plats alternent avec des dénivelés abrupts nécessitant l'usage des mains. Arrivé au sommet, on découvre l'ancien cratère du volcan et, au sud, les monts Tohiea (1 207 m) et Mouaputa (830 m).

Plusieurs guides expérimentés et sérieux proposent leurs services à Tahiti et à Moorea. Vous débourserez de 5 500 à 13 000 CFP/pers la sortie, selon la durée de la randonnée et le niveau de difficulté. Attention ! Pour la plupart des sorties, un nombre minimum de participants est requis (de 2 à 5). Contactez les prestataires bien à l'avance pour qu'ils puissent regrouper le nombre de participants nécessaires.

Moorea Hiking (☎56 16 48, 79 41 54 ; meretmontagne@mail.pf)

Hiking Discovery (☎70 73 31)

Tahiti Evasion (☎70 56 18 ; www.tahitievasion.com)

Les guides basés à Tahiti (voir p. 80) peuvent également accompagner des sorties à Moorea s'ils ont un nombre suffisant de clients.

Kitesurf

Moorea offre d'excellentes conditions de pratique du kitesurf, surtout dans le secteur de la pointe Hauru. **Lakana Fly** (☎70 96 71) propose des séances d'initiation sur la zone lagonaire à proximité de la plage des Tipaniers.

Randonnée équestre

La balade à cheval est un moyen original de découvrir les paysages sauvages du centre de l'île. Contactez le **Ranch Opunohu Valley** (☎56 28 55, 78 42 47 ; sur réservation), basé dans la vallée d'Opunohu (fléché). Les promenades, accessibles à tous, durent 2 heures et reviennent à 5 000 CFP/pers.

Golf

Le magnifique **Moorea Green Pearl** (☎56 27 32 ; www.temaemoorea.com ; parcours 9/18 trous 6 000/10 000 CFP) se déploie entre la route de ceinture et le lac de Temae, sur une ancienne zone marécageuse. Le parcours de 18 trous est splendide.

Tour de l'île guidé

Le programme type inclut le tour complet de l'île, avec la visite commentée des sites archéologiques de la vallée d'Opunohu, un arrêt au Belvédère, la visite de plantations d'ananas et de vanille, et de la distillerie de jus de fruits. Comptez environ 6 000 CFP/pers pour la demi-journée (sans pique-nique). Contactez les sociétés suivantes :

Inner Island Safari Tours (☎56 20 09, 72 84 87)

Julienne Safari Tours (☎56 48 87, 78 65 40)

Où se loger

Les lieux d'hébergement sont regroupés dans les deux secteurs les plus touristiques de l'île : la baie de Cook, entre les PK 5 et PK 9, et la pointe Hauru, entre les PK 26 et PK 31. D'autres possibilités existent, disséminées un peu partout dans le reste de l'île.

Du petit *fare* sans prétention au bungalow sur pilotis, en passant par la location en meublé, l'éventail des formules d'accueil à Moorea est vaste et s'adapte à tous les budgets. Il est même possible de camper.

SECTEUR DE LA BAIE DE COOK

La baie de Cook est un endroit magnifique, mais il n'y a pas de plage dans le secteur. La plage la plus proche est celle de Mareto, au PK 14.

Motel Albert BUNGALOWS €
(☎56 12 76 ; PK 7 ; www.ile-tropicale.com/motelalbert ; studios 1-3 pers 6 500-7 600 CFP, bungalows 4 pers 11 000 CFP, 2 nuits minimum, majoration 1 000 CFP pour une seule nuit ;). L'une des rares options abordables. Ce petit complexe tenu par une famille, dans la baie de Cook, au bord de la route côté montagne (pas de plage, donc), rassemble 10 unités, réparties entre des studios et des bungalows un peu plus grands, avec cuisine. L'aménagement intérieur est sobre et le mobilier fatigué, mais les chambres sont propres, avec sdb (eau chaude). On ne se sent pas à l'étroit, car la propriété est aérée, fleurie et arborée (à certaines saisons, des fruits vous seront offerts), et la vue sur le mont Rotui, en face, est reposante. Plusieurs commerces d'alimentation (et des restaurants) sont situés

à proximité. Wi-Fi payant. Paiement en espèces.

BON PLAN **Club Bali Hai** HÔTEL €€
(☎56 13 68 ; www.clubbalihai.com ; PK 8 ; ch et bungalows d à partir de 16 000 CFP ; ❄@≈📶). Un petit complexe hôtelier à l'ambiance familial et sans chichis, idéalement situé dans la baie de Cook, les pieds dans l'eau ou presque, face au mont Rotui. L'ensemble garde un visage humain, avec 44 unités. Les chambres climatisées, modernes et fonctionnelles, occupent un bâtiment de style motel à 2 niveaux, plutôt banal. Préférez celles à l'étage, pour profiter de la vue dégagée sur la baie depuis la terrasse. Quant aux bungalows, ils affichent un cachet plus polynésien, les pieds dans l'eau. À disposition : une piscine, juste suffisante pour barboter, et une plage aménagée, lilliputienne. Bar et restaurant sur place (déjeuner seulement, sauf le mercredi soir, réservé au buffet fruits de mer et au show polynésien). Tarifs préférentiels en réservant par Internet.

Hôtel Kaveka HÔTEL €€
(☎56 50 50 ; www.hotel-kaveka-moorea.com ; PK 7,3 ; bungalows d/fam à partir de 14 000/20 000 CFP ; ❄≈📶). Un bon point pour le cadre : les 30 bungalows, au bord de l'eau, ont vue sur le mont Rotui, qui se dresse de l'autre côté de la baie. Le Kaveka, géré par un Américain, draine essentiellement une clientèle nord-américaine. Les bungalows, sans caractère particulier, mais fonctionnels, avec sdb (eau chaude), brasseur d'air ou clim, ressemblent à des chalets. L'intérieur mériterait un rajeunissement. Leur tarif varie selon l'emplacement. Le point fort : les tarifs préférentiels, régulièrement proposés sur le site Internet de l'établissement, ainsi que le ponton, qui s'avance jusqu'au récif, au milieu des poissons. Une petite plage a été aménagée. Location de vélos et de kayaks. Restaurant sur place (possibilité de demi-pension), aménagé sur des pilotis.

Moorea Pearl Resort & Spa HÔTEL €€€
(☎55 17 50 ; www.pearlresorts.com ; PK 5 ; bungalows d à partir de 30 000 CFP ; ❄≈📶). Le plus abordable des hôtels de luxe de Moorea. Le Pearl Resort occupe une bande littorale très agréable, à l'est de Maharepa. Plage de sable corallien (artificielle) et cocotiers sont de rigueur. Aucune faute de goût n'est à déplorer en matière architecturale, et l'on retrouve l'esprit polynésien qui caractérise cette chaîne locale. Le confort des 94 unités, dont 28 bungalows sur pilotis, est excellent. Fierté de l'établissement : la plus grande piscine de Moorea (700 m²) et, pour les bungalows jardin deluxe, une piscine privée. S'y ajoute un spa. Activités nautiques et centre de plongée sur place (Moorea Blue Diving).

> **i LOUER UNE MAISON DE VACANCES**
>
> Une nouvelle tendance émerge à Moorea : la location de villa meublée et de maisons de vacances. La formule se révèle intéressante pour une famille ou des amis qui souhaitent rester plusieurs jours sur l'île. Un minimum de nuitées est généralement requis (au moins deux). Il s'agit de villas de bon standing, très bien situées.
>
> Quelques pistes :
>
> **Abritel** (www.abritel.fr)
>
> **Moorea Lodge** (www.moorea-lodge.com)
>
> **Fare Temehau** (http://faretemehau.tahiti-moorea.com)

ENTRE LA BAIE DE COOK ET LA POINTE HAURU

BON PLAN **Motu Iti** PENSION, DORTOIR €
(☎55 05 20, 74 43 38 ; www.pension-motuiti.com ; dort 1 700 CFP, bungalows d 10 500-12 000 CFP ; @). Pour les petits budgets, la grande mezzanine aménagée en dortoir (une dizaine de lits) au-dessus de la réception, bien ventilée, avec vue partielle sur le lagon (mais aussi le bruit de la route...), est une aubaine. La sdb (eau chaude), à l'extérieur, est correcte. Ceux qui préfèrent plus de confort choisiront l'un des 5 bungalows, au confort correct pour le prix, malheureusement un peu trop les uns sur les autres. Mieux vaut choisir les bungalows bord de mer, qui ont l'avantage d'être les pieds dans l'eau et bénéficient d'une vue dégagée. Les 2 bungalows jardin ont la vue bouchée par les bungalows plage et sont exposés au bruit de la circulation. Il n'y a pas de plage, mais un petit ponton a été installé pour faciliter la mise à l'eau. Des kayaks (gratuits) permettent de rejoindre de plus beaux spots sur le lagon, plus au large. Restaurant sur place et accès Internet (payant, 1 000 CFP/heure). Entre la baie de Cook et la baie d'Opunohu, à côté du restaurant Aito.

Hilton Moorea Lagoon Resort & Spa HÔTEL €€€
(☎55 11 11 ; www.hilton.com/worldwide ; PK 14 ; bungalows d à partir de 38 000 CFP ; ❄≈📶). Un

hôtel de prestige, idéalement situé, entre les baies de Cook et d'Opunohu, au bord d'une jolie plage de sable corallien. C'est un séjour de rêve qui attend les hôtes dans les 103 bungalows, au style polynésien raffiné. Les 54 unités sur pilotis, disposées comme un chandelier à trois branches au-dessus des eaux cristallines, sont dotées d'une ouverture vitrée au sol permettant d'admirer les poissons, de parquets vitrifiés, d'une baignoire à l'ancienne et d'une terrasse avec accès direct au lagon. Les bungalows jardin possèdent une petite piscine privative. Un centre nautique, un centre de plongée, une piscine, deux bars et deux restaurants (dont un avec vue panoramique) complètent l'ensemble. Le petit plus : le spa et le centre de fitness. Seule déception, les bungalows jardin ne sont pas assez espacés les uns des autres.

Fare Vaihere FARE D'HÔTES €€
(☎56 19 19 ; www.farevaihere.com ; PK 15,5 ; bungalows d avec petit-déj 19 000 CFP ; wifi). Sur la berge est de la baie de Cook, dans un cadre splendide, malgré l'absence de plage (un ponton a cependant été aménagé pour la baignade et le snorkeling), le Fare Vaihere propose 4 bungalows de bon confort sur un terrain ombragé. Demandez le Badamier, le mieux situé, les pieds dans l'eau. Repas sur demande (3 900 CFP/pers). Vélos et kayaks à disposition. Offres promotionnelles de mi-novembre à fin mars (4 nuits au prix de 3).

Fare Junette FARE D'HÔTES €€
(☎71 61 91 ; farejunettemoorea@gmail.com ; *fare* 1-5 pers 12 000-14 000 CFP ; wifi). Deux *fare* équipés, simples mais avenants, partagent une douche (eau chaude) extérieure et ouvrent sur le bord de mer et un petit bout de plage ombragée. Le bain est idéal à cet endroit. Les matelas sont un peu faiblards, et le bruit de la route perceptible. Un kayak à disposition.

Tipaniers Iti FARE D'HÔTES €€
(☎56 12 67 ; www.lestipaniers.com ; PK 21 ; bungalows d/qua 9 000/10 000 CFP). Les amateurs de tranquillité apprécieront les 5 bungalows tout confort, de style local, avec cuisine équipée, au fond de la baie d'Opunohu, en bord de lagon. Les tarifs sont attrayants, surtout pour 4 personnes. Seuls inconvénients : la sensation d'isolement, et l'absence de plage et de possibilité de baignade se fait sentir (prévoyez un véhicule). Le bon plan : les Tipaniers Iti étant l'annexe de l'hôtel les Tipaniers (p. 100), vous pourrez donc bénéficier des prestations de l'hôtel. Réductions pour des séjours de longue durée.

POINTE HAURU

À la différence de la baie de Cook, ce secteur est frangé d'une agréable petite plage. Bon nombre d'établissements balnéaires et de restaurants sont installés entre la route de ceinture et la plage, se succédant parfois de manière ininterrompue, et l'accès au bord de mer n'est pas facile si l'on n'est pas client de l'un d'entre eux.

Les deux motu face à la pointe, idylliques, sont facilement accessibles en kayak depuis le bord de mer.

Camping Nelson CAMPING, DORTOIR €
(☎56 15 18 ; www.camping-nelson.pf ; PK 27 ; camping 1 500 CFP/pers, dort 1 800 CFP/pers, d "Maire" 4 300 CFP, bungalow Aito 6 300 CFP, majoration 20% pour une seule nuit ; @). Verdict : tarifs raisonnables, type d'hébergement varié, emplacement superbe, mais accueil que l'on souhaiterait plus chaleureux (un sourire ne coûte rien) et confort limité. La propriété, aérée, avec une pelouse plantée de quelques cocotiers, donne sur une petite plage. Les campeurs peuvent s'installer à quelques mètres du lagon. Les 2 blocs dortoir, aux airs de baraquement, se composent chacun de 5 "chambres" de 2 lits chacune, de format boîte d'allumettes, sans prise électrique. Autre option : les "Maire rooms", des chambres un peu plus spacieuses, réparties dans 2 bâtiments de style casemate. Quant

Pointe Hauru 0 — 1 km

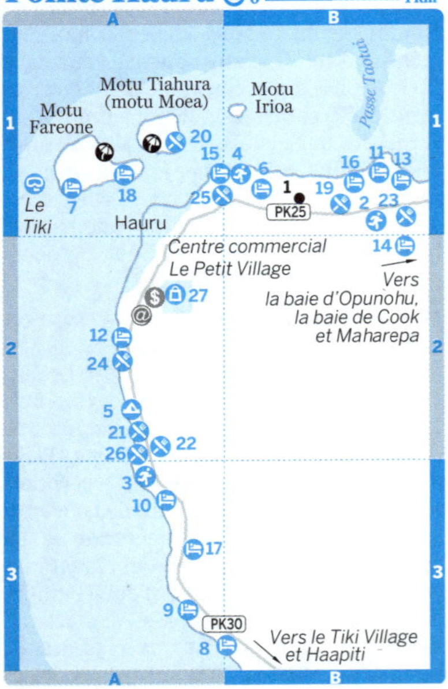

à l'Aito, la plus demandée, il s'agit d'un agréable petit bungalow face à la plage et au lagon. Trois autres bungalows en construction lors de notre passage offriront plus de confort (une sdb privative, notamment). Les sanitaires sont communs, modernes (carrelage) et équipés de l'eau chaude. La cuisine commune et la salle de restauration sont fonctionnelles. Réception ouverte du lundi au samedi de 8h à 12h et de 13h à 18h, et le dimanche de 8h à 11h30. Un conseil : ne laissez pas d'objets de valeur dans vos tentes ou vos *fare*. Accès Internet (payant) à la réception.

BON PLAN **Fare Miti** BUNGALOWS €€
(☎56 57 42, 21 65 59 ; www.mooreafaremiti.com ; PK 27,5 ; bungalows 1-4 pers 13 000-15 000 CFP ; @ Wi-Fi). Un cadre de carte postale : une mince plage de sable clair, léchée par les eaux limpides du lagon, avec un petit motu en toile de fond (que l'on peut rejoindre à pied). Les 8 bungalows, assez proches les uns des autres, ont fait l'objet d'une rénovation et peuvent, en forçant un peu, accueillir jusqu'à 4 personnes. Leur conception est simple, mais il y a l'essentiel (brasseur d'air, terrasse, eau chaude, kitchenette, literie qui respecte les vertèbres). Le n°5 (le plus cher) est directement sur la plage. Le n°4 et le n°6 sont légèrement en retrait, mais bénéficient également de la vue sur le lagon. Atmosphère conviviale. Location de kayaks et d'équipement de snorkeling. Pour la restauration, un service de livraison de repas est possible. Wi-Fi payant.

Tapu Lodge FARE D'HÔTES €€
(☎55 20 55 ; www.tapulodge.com ; PK 28 ; *fare* d/fam 13 000-22 000 CFP). Cet établissement conviendra très bien à ceux qui préfèrent être complètement indépendants : 6 maisons très spacieuses (de 70 à 120 m²), impeccablement aménagées, entièrement équipées, sont à louer. Elles sont situées légèrement en hauteur, à flanc de colline, et offrent de belles perspectives sur le lagon, mais n'ont aucun cachet polynésien. Accès plage de l'autre côté de la route. Les tarifs incluent une excursion sur le lagon. Offres promotionnelles en dehors des vacances scolaires et hors week-end (troisième nuit gratuite). Prêt de vélos pour faire ses courses.

Green Lodge VILLAS D'HÔTES €€
(☎56 31 00, 77 62 26 ; www.greenlodge.pf ; ch d à partir de 16 000 CFP, bungalows d à partir de 18 500 CFP, petit-déj inclus ; ❄ Wi-Fi). Un endroit intimiste et reposant, privilégié par les couples. Les 5 bungalows (2 "plage" et 3 "jardin") et la chambre, réalisés en matériaux locaux de qualité (pierre et bois), ont des airs de cocon dans lesquels on a envie de se lover, après avoir piqué une tête dans la jolie piscine. La déco est soignée et

Pointe Hauru

À voir
1 Royal Tahiti Noni – Tahiti Arômes B1

Activités
2 ATV Moorea Tours B1
3 Moorea Fun Dive A3
4 Moorea Loca Boat B1
Scubapiti .... (voir 15)
Tip Nautic .... (voir 15)
Topdive .... (voir 13)

Où se loger
5 Camping Nelson A2
6 Domloc B1
7 Dream Island A1
8 Fare Manuia A3
9 Fare Mato Tea A3
10 Fare Miti A3
11 Fenua Matai'oa B1
12 Hôtel Hibiscus A2
13 Intercontinental Moorea Resort & Spa B1
14 Legends Resort Moorea B2
15 Résidence Les Tipaniers A1
16 Taoa Here Beach House B1
17 Tapu Lodge A3
18 Villa Corallina A1

Où se restaurer
Beach Restaurant .... (voir 15)
19 Chez Vina B1
20 Coco Beach A1
21 Coco d'Isle A2
22 La Paillotte A2
23 La Villa des Sens B1
24 Le Mayflower A2
Le Sunset .... (voir 12)
Legends Gourmet .... (voir 14)
25 Les Tipaniers A1
26 PK 0 .... A2

Achats
27 Arts polynésiens A2
Royal Tahiti Noni – Tahiti Arômes .... (voir 1)
Taniera Tattoo .... (voir 22)

l'ambiance propice à la relaxation. Le Green Lodge est en bord de lagon, mais il n'y a pas de plage pour la baignade. Table d'hôtes certains soirs (4 000 CFP). Profitez de votre séjour pour vous initier au golf – le propriétaire est moniteur diplômé d'État. Vélos à disposition. Wi-Fi payant.

BON PLAN **Domloc** FARE D'HÔTES €€
(☎72 75 80 ; www.domlocpolynesie.com ; bungalows à partir de 12 000 CFP ; ❄📶). La formule est originale : dans une résidence au bord de la mer, des propriétaires louent leur habitation aux gens de passage. Un couple de gérants s'occupent des réservations et de l'accueil. Au total, on dénombre 9 unités, de superficie variable, entièrement équipées et toutes climatisées. Très spacieuses, elles conviennent à merveille pour des familles ou des amis. Elles sont très proches les unes des autres, mais des haies végétales assurent un minimum d'intimité. La plage n'est qu'à quelques mètres. Les tarifs varient selon les périodes de l'année (réservez bien à l'avance pendant les vacances scolaires) et le confort des *fare*.

Legends Resort Moorea VILLAS €€€
(☎55 15 15 ; www.legendsresortvillas.com ; PK 24,8 ; villas qua à partir de 45 000 CFP ; ❄🏊📶). Une prestation de grand luxe. Les 46 villas, magnifiquement conçues, sont construites à flanc de colline et ménagent une vue à couper le souffle, sur les montagnes ou sur le lagon, selon leur orientation. Piscine, spa, fitness et restaurant.

Résidence Les Tipaniers PETITE HÔTELLERIE €€
(☎56 12 67 ; www.lestipaniers.com ; pointe Hauru, PK 25 ; bungalows d 15 200-16 500 CFP, ch d 8 200 CFP ; demi-pension 5 500 CFP/pers ; 📶). Une valeur sûre, même si un petit effort de modernisation de la déco serait le bienvenu. Le site est splendide, au bord d'une plage de sable clair, avec de magnifiques possibilités de baignade. Les 22 bungalows sont répartis de manière très compacte dans un jardin fleuri donnant sur la plage. Ils associent un extérieur traditionnel et un intérieur fonctionnel, avec véranda, brasseur d'air et sdb (eau chaude), mais pas de clim. Pour les familles, des bungalows plus spacieux, avec cuisine équipée, sont à disposition. Dernière option, la plus abordable : 4 chambres, mitoyennes, côté jardin, avec sdb (eau chaude), très simples. L'établissement possède un snack de plage, un restaurant (voir p. 105), divers équipements de loisir, dont des pirogues et des vélos (gratuits), et une base nautique proposant des excursions sur le lagon, le dépôt sur un motu et la location de kayaks. Centre de plongée sur place (Scubapiti).

Hôtel Hibiscus HÔTEL €€
(☎56 12 20 ; www.hotel-hibiscus.pf ; PK 27 ; bungalows et ch d à partir de 15 000 CFP ; demi-pension 5 300 CFP/pers ; ❄🏊📶). Les 29 bungalows de style traditionnel, fonctionnels (tous pourvus d'eau chaude), avec terrasse et toit en *niau*, sont dispersés dans un agréable parc, débouchant sur la plage, et sont aménagés de telle sorte que l'on n'a pas de vis-à-vis. Ceux de devant bénéficient d'une vue sur le lagon (demandez les n°11, 12, 13 ou les n°1, 2, 3, 7 ou 8, les mieux exposés). Autre option : 12 chambres climatisées, avec kitchenette et sdb, dans un bâtiment de style motel, sur 2 niveaux, sans la moindre once de charme. L'établissement possède aussi une piscine et un restaurant avec terrasse, le Sunset, en front de mer. Pas d'activités sur place.

BON PLAN **Fare Mato Tea** BUNGALOWS €
(☎54 14 36 ; PK 28,7 ; *fare* qua 10 400-12 600 CFP, 2 nuits min). Une aubaine pour une famille ou des amis, vu les tarifs. Ce petit complexe qui résiste vaille que vaille au poids des ans comprend 9 unités d'habitation, mi-fare, mi-bungalows, très simples mais spacieuses et bien espacées sur une pelouse impeccable, au bord du lagon (petite plage à 200 m), dans un environnement paisible. Le bungalow n°1, le plus demandé, est à proximité immédiate du bord de mer. Vous disposez d'équipements usés mais pratiques (cuisine, salle à manger, sdb avec eau chaude, linge de maison). Dommage qu'il n'y ait ni brasseur d'air ni ventilateur ! La zone touristique et les commerces sont à 2 km environ. Seul inconvénient : il n'y a ni vélo ni kayak à disposition.

Fare Manuia BUNGALOWS €
(☎56 26 17, 72 74 36 ; PK 30 ; *fare* q 12 000 CFP ; 2 nuits min). Une autre option intéressante pour une famille ou un groupe d'amis, au regard des tarifs proposés, valables pour 4 personnes. La propriété verdoyante fait bonne impression, avec une pelouse soignée, en bord de plage. Le confort des 7 bungalows-fare, au toit en niau, est plus décevant, car le mobilier et la déco sont fanés. Tous sont équipés d'une sdb (eau chaude), d'une cuisine et d'une véranda, et certains possèdent un brasseur d'air. Location de kayak (1 000 CFP/jour), bien pratique pour rejoindre des jardins coralliens à proximité. Paiement en espèces.

Fenua Matai'oa VILLAS D'HÔTES €€€
(☎55 00 25 ; PK 25, Village Tiahura ; www.fenua-mataioa.com ; ste 25 000-40 000 CFP ; ❄@📶). Derrière un haut mur d'apparence banale, au bout d'un lotissement résidentiel, se cache un havre de paix, créé par Eileen, qui a exercé dans les Relais & Châteaux de la Côte d'Azur. La propriété est noyée sous une petite jungle savamment travaillée, qui évoque un jardin botanique. On devine à peine les 4 suites. À l'intérieur, tout n'est que raffinement ; des tableaux partout, des coussins, des couleurs aux dominantes feu (grenat, orange, ocre), du linge de maison haut de gamme, du mobilier ancien, des tissus en soie, de l'argenterie de luxe… cette déco un peu chargée impressionne – mieux vaut ne pas être un adepte du minimalisme ! Dans le jardin, de nombreux petits coins de vie ont été aménagés. Un regret : la propriété donne sur le lagon, mais il n'y a pas de plage. Kayaks à disposition. Repas en sus (10 000 CFP/pers la demi-pension). Cuisine soignée, service impeccable et personnel aux petits soins. Idéal pour un couple en lune de miel.

Taoa Here Beach House FARE D'HÔTES €€
(☎56 13 30 ; www.taoahere.com ; bungalows d à partir de 17 000 CFP, petit-déj inclus ; 📶). Trois superbes bungalows tout équipés, aux finitions soignées, construits avec des matériaux de qualité, dans une propriété calme, en bordure de lagon. Très spacieux, ils sont plutôt destinés à des familles. Le "Painapo" fait belle impression, avec une vue directe sur le lagon, et une chambre à l'étage. Vélos et kayaks à disposition.

Intercontinental Moorea Resort & Spa HÔTEL €€€
(☎55 19 19 ; www.tahitiresorts.intercontinental.com ; PK 25, pointe Hauru ; bungalows et ch d à partir de 28 000 CFP ; ❄🏊📶). L'Intercontinental Resort a longtemps régné sans partage sur la scène de l'hôtellerie de luxe à Moorea, mais l'arrivée de concurrents lui a fait de l'ombre. Il reste néanmoins attrayant, grâce à des tarifs intéressants, une ambiance décontractée, des animations, un cadre spacieux (11 ha) et une excellente exposition au soleil, du lever au coucher. Les 147 chambres et bungalows-suites, répartis en 5 types d'hébergement, se déploient autour d'un chenal artificiel, où s'ébattent des dauphins semi-apprivoisés. Notez bien que les bungalows pilotis sont en réalité des "semi-pilotis" (seule la terrasse est sur l'eau), aménagés sur des petits îlots. Confidence : le n°501 et le n°627 permettent de voir et d'entendre les dauphins dans leur bassin… Les bungalows-jardin avec piscine, très attrayants, sont les plus demandés. La clientèle est variée, du couple en lune de miel aux familles. Autre atout : une large gamme d'activités disponibles sur place (marche sous l'eau, centre de plongée, excursions sur le lagon), des boutiques, deux piscines, un spa, des soirées spectacle deux fois par semaine et un centre de soins pour tortues marines, que l'on peut visiter.

Deux établissements de luxe sont installés sur le motu Fareone :

Dream Island VILLAS €€€
(☎77 84 70 ; http://dream-island.com ; villas d à partir de 30 000 CFP ; 📶). Un luxueux refuge pour Robinson. Trois superbes bungalows de style traditionnel, en pleine nature, au bord d'une plage corallienne. Pas de service de restauration (il faut faire ses courses et sa cuisine).

Villa Corallina VILLAS €€€
(☎77 05 90 ; www.villacorallina.com ; cottage d à partir de 30 000 CFP, 4 nuits minimum ; 📶). Une autre adresse à l'exotisme absolu. Cadre d'exception (végétation exubérante, lagon aux couleurs de jade, intimité absolue). Une villa d'hôtes en bord de lagon et un cottage jardin. Pas de restauration, mais service traiteur possible.

SECTEUR DE HAAPITI

Pension Aute FARE D'HÔTES €€
(☎56 45 19, 78 23 34 ; www.pensionaute.com ; PK 16,4 ; bungalows d 11 000-13 000 CFP, 2 nuits minimum ; 📶). Vous devriez trouver votre bonheur dans cette pension, à conseiller aux familles, qui concilie confort et indépendance. Une belle pelouse donnant sur une petite plage, une propriété bien entretenue, 7 bungalows de style local (dont 3 en bord de mer) et une villa, proprets, spacieux, avec cuisine équipée et sdb… À cet endroit, le lagon est particulièrement agréable et sécurisant (idéal pour des enfants), à découvrir en kayak (gratuit). Le site est relativement isolé par rapport aux services et aux commerces, mais les propriétaires louent des voitures et des scooters. L'eau chaude et l'électricité fonctionnent au solaire. Réduction de 10% à partir d'une semaine de séjour.

Tarariki Village PENSION €
(☎55 21 05, 77 95 91 ; pensiontarariki@mail.pf ; PK 21,9 ; d avec sdb commune 4 500 CFP, bungalows d 5 500 CFP, 2 nuits minimum). Le Tarariki Village est un point de chute convenable pour les surfeurs (la passe de Haapiti est

juste en face). Outre l'emplacement face à la passe, son attrait tient au cadre et à la tranquillité – un jardin tropical donnant sur une mince plage de sable blanc. Pour la baignade, il faut s'éloigner du bord, pas assez profond et parfois envahi par les algues. Les tarifs sont intéressants, mais mieux vaut ne pas être exigeant : les 4 bungalows de 2 lits, minuscules, avec moustiquaire et ventilateur, ressemblent à des cabanons (douche avec eau froide). Quant aux 2 chambres à 4 500 CFP, dans un petit *fare*, elles sont vraiment rudimentaires et partagent un bloc sanitaire extérieur (eau chaude). Un *fare* de style traditionnel avec cuisine équipée est aménagé au milieu de la propriété. Prévoir de l'antimoustique. Un magasin d'alimentation est à 100 m. Kayaks à disposition. Paiement en espèces.

Tehuarupe FARE D'HÔTES €€
(56 57 33 ; www.moorea-paradise.com ; PK 22,2 ; bungalows d 12 000 CFP ;). Mention bien pour cette adresse agréable et sagement tarifée, même si elle n'est pas en bord de mer, mais en surplomb de la route de ceinture. Vous vous sentirez vite à l'aise dans ces 2 bungalows (jumelés) en bois exotiques, spacieux, dotés d'une cuisine équipée, de lits king size, et d'un deck offrant une vue panoramique sur le lagon. En journée, le bruit de la route est perceptible mais modéré. Petite piscine pour se rafraîchir, et accès à la mer de l'autre côté de la route (mais pas de plage). Kayaks à disposition. Deux épiceries se trouvent à moins de 5 minutes. Un effort est fait en matière de respect de l'environnement (recyclage de l'eau, tri des déchets).

Haapiti Surf Lodge BUNGALOWS €
(56 40 36, 72 64 84 ; haapitisurf@mail.pf ; PK 22,5 ; bungalows d 8 500 CFP ;). À louer, 3 petites maisonnettes (pour 2 personnes), tout équipées, côté montagne (on entend le passage des voitures). Aucun cachet ne s'en dégage, mais elles sont correctes et le rapport qualité/prix honnête pour l'île. Pas de plage dans les environs, mais prêt de kayaks et de vélos. Paiement en espèces.

Marks Place Moorea FARE D'HÔTES €€
(56 43 02, 78 93 65 ; www.marksplacemoorea.com ; PK 23,5 ; studios et bungalows s/d à partir de 6 000/8 000 CFP ;). Le propriétaire, un Américain francophone, ébéniste de métier, a remarquablement mis en valeur cette belle propriété, calme, à environ 300 m de la route de ceinture, côté montagne (donc aucune vue sur la mer). Il a construit 8 bungalows, tous différents, confortables et chaleureux, avec une cuisine équipée (mais les matelas sont mollassons). On se sent vite comme chez soi, même si quelques clients disent n'avoir pas gardé un très bon souvenir de leur échange avec Mark. Location de vélos, de kayaks (1 000 CFP/jour) et de voitures. Le site est isolé, mais il suffit de louer un véhicule pour rejoindre la plage Painapo, à environ 4 km. Plusieurs épiceries à proximité. Accès Internet (600 CFP/30 min) et Wi-Fi payant.

Fare Pole FARE D'HÔTES €€
(56 59 17 ; www.farepolemoorea.com ; PK 30,6 ; fare 13 200 CFP ;). Il règne une douce quiétude dans ce secteur de l'île, très préservé. Le Fare Pole se caractérise par son bon rapport qualité/prix, surtout si l'on vient en famille ou avec des amis, puisque le prix est le même de 1 à 5 personnes. Rien à redire sur le confort et les équipements des trois fare. Deux d'entre eux ouvrent directement sur une petite plage, assez large pour poser sa serviette. Le lagon, aux superbes dégradés turquoise, est très peu profond – les enfants en bas âge peuvent barboter en toute sécurité. En kayak (gratuit), on accède à de superbes jardins coralliens.

Fare Edith FARE D'HÔTES €
(56 35 34 ; www.fareedith.com ; PK 32,5 ; bungalows d 13 500 CFP). Une adresse qui vaut principalement pour la beauté du spot, au bord d'une petite plage baignée par les eaux turquoise du lagon. Au choix : 3 bungalows (dont un climatisé) avec cuisine, un peu défraîchis mais acceptables ; demandez celui qui donne sur le lagon (les autres présentent moins d'intérêt, et sont exposés au bruit de la route). Kayaks à disposition et magasin d'alimentation à quelques minutes à pied.

Résidence Linareva PETITE HÔTELLERIE €€
(55 05 65 ; www.linareva.com ; PK 34,5 ; studios et bungalows d à partir de 16 000 CFP ;). Cette résidence tenue par un couple d'Alsaciens, d'anciens moniteurs de plongée ayant exercé à Moorea, occupe un site enchanteur et tranquille au bord du lagon, dans un jardin exotique. L'ensemble comprend 9 unités indépendantes, impeccablement rénovées, fonctionnelles, avec sdb (eau chaude) et tout équipées. Parmi les petits plus : le prêt de vélos et de kayaks, un accès Internet (payant) et, sur commande, un copieux petit-déjeuner avec des produits bio (1 600-2 000 CFP) et le dîner (3 800 CFP). Deux magasins d'alimentation à 2 km. Une petite plage borde la propriété, mais l'eau est chargée en alluvions ; un ponton permet d'accéder à une zone de baignade

suffisamment claire et profonde. Trois fois par semaine, vous aurez droit au nourrissage des requins depuis le ponton. Il est prévu de récupérer l'eau de pluie et d'équiper le site de panneaux solaires.

AFAREAITU ET HAUMI

Fare Te Ora Hau FARE D'HÔTES €€
(☎77 48 22 ; www.teorahau.com ; PK 8,2 ; bungalows d/fam 12 200/20 000 CFP ; 2 nuits minimum ;). Une bonne adresse pour se la couler douce, dans un site enchanteur, face à l'îlot Ahi, devant une petite plage de sable blanc ombragée par des palmiers et des arbres de fer. Les 3 *fare* en bois, tout équipés, présentent une belle architecture tropicale. Clientèle visée : plutôt les familles. Pour les repas, vous pourrez vous approvisionner au supermarché Toa à 2 km ou prendre un repas simple dans un snack à 800 m. Kayaks à disposition (idéal pour pagayer jusqu'à l'îlot ou explorer le lagon). Paiement en espèces.

Atuana Lodge FARE D'HÔTES, CHAMBRES D'HÔTES €€
(☎56 36 03 ; www.atuanalodge.com ; PK 6,3 ; bungalow d 15 000 CFP, ch d 20 000 CFP en demi-pension ;). Une bonne adresse, discrète et accueillante, face au lagon, avec Tahiti en toile de fond. Dans un jardin entièrement clos, vous logerez dans un *fare* traditionnel, entièrement équipé, confortable, même s'il faut se contenter d'une chambre assez exiguë et des toilettes à l'extérieur. Autre option, 2 chambres, d'une propreté irréprochable, dans la maison des propriétaires ; préférez celle à l'étage, pour la vue sur le lagon. L'ensemble est un peu compact, donc l'intimité est en partie limitée. Pour le farniente, on lézarde sur un transat, sur la pelouse. Pas de bande de sable, mais la baignade est sans danger dans le lagon, peu profond et sablonneux. Kayaks à disposition. Paiement en espèces (euros acceptés) ou par PayPal. Transfert gratuit pour le quai des ferries à Vaiare.

TEMAE

L'ambiance est très différente de ce côté-ci de l'île, plus sauvage, avec, en prime, la proximité de la plage de Temae et du golf.

Sofitel la Ora Moorea Beach Resort HÔTEL €€€
(☎55 12 12 ; www.sofitel-frenchpolynesia.com ; bungalows d à partir de 35 000 CFP ;). À 2 km au sud de l'aérodrome, face à l'île de Tahiti, le Sofitel s'enorgueillit d'un cadre magnifique, au bord de l'une des plus belles plages de Moorea. À cet endroit, les eaux du lagon sont d'un bleu turquoise particulièrement intense. Rénové avec goût, il fait désormais partie des plus beaux hôtels de l'archipel, avec 114 unités, réparties en plusieurs catégories d'hébergement, dont de superbes bungalows sur pilotis, disposés en V sur le lagon, et de très confortables bungalows plage. Les hôtes, en majorité des couples en lune de miel (mais aussi des résidents de Tahiti, qui profitent d'offres promotionnelles le week-end), disposent d'un spa, de deux restaurants (dont le K, gastronomique), d'une piscine à débordement, d'un centre nautique et d'un centre de plongée. Notez tout de même que l'hôtel étant exposé à l'est, il n'y a plus de soleil en milieu d'après-midi.

Fare Maeva FARE D'HÔTES €
(☎74 10 14 ; www.faremaevamoorea.com ; Temae ; bungalows d 10 500 CFP, 12 300 CFP pour une seule nuit). À environ 600 m de la plage publique de Temae, entre l'aérodrome et l'océan, cet établissement sans histoire se compose de 3 bungalows avec sdb (eau chaude) et kitchenette, aménagés avec goût dans un beau jardin tropical. La propriété possède un accès à la mer, à une centaine de mètres, mais le récif est frangeant et il n'y a pas de lagon. Contentez-vous de la plage publique de Temae, à 5 minutes à pied. Une remise de 10% est consentie pour un séjour d'une semaine hors période scolaire. Également tarifs préférentiels en réservant par le site Internet. Pour le ravitaillement, profitez des déplacements de vos hôtes, ou faites vos courses dans une petite épicerie toute proche. La propriétaire vend des paréos faits main et peut vous apprendre à préparer des plats locaux. Paiement en espèces.

Moorea Golf Lodge BUNGALOWS €€
(☎55 08 55 ; www.mooreagolflodge.pf ; bungalows d à partir de 14 500 CFP ;). Un havre de paix, en bord de mer. À disposition, 4 bungalows aux allures de chalets de bon standing, spacieux et tout équipés. Le "Bora Bora" et le "Mangareva" ont vue sur l'océan et Tahiti. Dommage que les deux autres donnent directement sur l'arrière des deux premiers. Restaurant sur place, le Motu Lodge, très pratique.

Où se restaurer

Vous aurez le choix entre les restaurants des hôtels, ouverts aux clients extérieurs, et les établissements indépendants. La plupart sont logiquement regroupés à proximité des secteurs les plus touristiques de l'île, la pointe Hauru et la baie de Cook. Crêperies, snacks, fruits de mer, pizzas, cuisine polynésienne, les spécialités servies sont variées. La plupart ferment vers 21h. Le dimanche, l'éventail des choix est plus restreint.

Moorea compte de nombreux commerces d'alimentation et supermarchés, bien répartis dans l'île, et vous n'aurez aucun problème pour vous ravitailler. La plupart sont ouverts le dimanche matin et acceptent la carte de crédit.

Certains établissements proposent un service de transport gratuit entre votre lieu d'hébergement et le restaurant.

OÙ DÉJEUNER LES PIEDS DANS L'EAU ?

L'Ananas Bleu (voir ci-dessous)

Restaurant Honu Iti – chez Roger (voir ci-dessous)

Aito Restaurant (p. 105)

Snack Mahana (p. 105)

Coco Beach (p. 105)

Le Sunset (p. 105)

Les Tipaniers (Beach Restaurant) (p. 105)

Crêperie Toatea (p. 106)

DE MAHAREPA À LA BAIE D'OPUNOHU

Le Mahogany RESTAURANT €€

(☎56 39 73 ; Maharepa ; plats 1 690-3 000 CFP ; ⏲tlj sauf mer). Près du PK 4, le Mahogany conserve une clientèle d'habitués et de touristes curieux, même la carte et le décor n'ont pas évolué depuis de nombreuses années. Dans l'assiette : des spécialités de viande ou de poisson françaises et chinoises. En bord de route, il ne bénéficie d'aucune vue particulière, mais le cadre est réchauffé par des boiseries en acajou et des plantes exotiques.

BON PLAN **Pukalani** ROULOTTE-SNACK €

(☎28 89 54 ; Maharepa ; plats 1 000-1 500 CFP ; ⏲soir tlj). Une roulotte pour se restaurer à petits prix, dans un jardinet en retrait de la route principale. Poisson cru, *chao men*, sashimi.

Caraméline SNACK €

(☎56 15 88 ; Maharepa ; en-cas à partir de 500 CFP, plats 900-2 100 CFP ; ⏲7h-16h). Dans le centre commercial de Maharepa, cet établissement simple et sans prétention convient pour un petit-déjeuner (à partir de 1 100 CFP), un en-cas (crêpes, glaces, salades, pâtisseries maison) ou un plat simple au déjeuner (*mahi mahi*, poisson cru).

Le Sud RESTAURANT €€

(☎56 42 95 ; plats 1 600-3 000 CFP ; ⏲tlj sauf dim et lun midi). Le Sud mitonne une cuisine aux origines diverses, des pizzas (le soir seulement) et des viandes cuites au feu de bois dans un cadre agréable, surtout le soir, grâce à un éclairage étudié. Décor coloré et aéré, mais aucune vue particulière.

Le Rudy's RESTAURANT €€

(☎56 58 00 ; Maharepa, PK 6,7 ; plats 1 950-3 200 CFP ; ⏲soir tlj). Pour un tête-à-tête romantique en soirée, le Rudy's fait l'affaire, grâce à une atmosphère sereine et à un éclairage à la bougie. Cuisine d'inspiration française (filet d'agneau aux olives, bœuf aux morilles), qui plaît surtout à une clientèle anglo-saxonne.

L'Ananas Bleu RESTAURANT D'HÔTEL €

(☎56 13 68 ; www.clubbalihai.com ; Club Bali Hai, PK 8 ; plats 1 600-2 200 CFP ; ⏲tlj midi). La cuisine du restaurant de l'hôtel Bali Hai est très ordinaire, mais l'établissement possède un atout de taille qui fait oublier tout le reste : aménagé au bord de l'eau, il ménage une vue sensationnelle sur la baie de Cook et les sommets de l'intérieur.

Allo Pizza PIZZERIA €

(☎56 18 22 ; baie de Cook ; plats 1 400-1 900 CFP ; ⏲11h-14h et 17h-21h tlj). Une halte très convenable pour les amateurs de bonnes pizzas au feu de bois. La carte explore d'autres horizons, comme les steaks et la salade océane. En dessert, goûtez à la pizza banane ou la mousse au chocolat maison. Dégustation sur place ou à emporter.

Le Martinez RESTAURANT €€

(☎56 17 71 ; baie de Cook ; plats 1 700-3 500 CFP ; ⏲tlj sauf mar). Avis de coup de vent sur les prix : le sashimi et le tartare de thon sont à 1 950 CFP. Salle à manger avec terrasse, mais la proximité de la route nuit à la tranquillité, surtout au déjeuner. Presque au fond de la baie de Cook, côté montagne.

Restaurant Honu Iti – chez Roger RESTAURANT €€

(☎79 29 98 ; baie de Cook ; plats 1 700-3 500 CFP ; ⏲fermé dim et lun midi). Le chef Roger a eu son heure de gloire, et il a encore quelques beaux restes. Profitez du cadre, avec la terrasse panoramique sur l'eau, d'où le regard s'évade dans la baie et vers le mont Rotui. La cuisine est d'inspiration française, classique (tête de veau ravigote, tournedos au foie gras).

Aito Restaurant RESTAURANT €€

(☎56 45 52 ; www.aitomoorea.com ; PK 13 ; plats 1 800-3 500 CFP ; ⊙tlj sauf mar et mer midi). Une adresse qui plaît par son cadre (un joli *fare* tout en bois, avec des plantes exotiques, en surplomb du lagon). Côté cuisine, impossible de se prononcer, car l'établissement était en phase de transition lors de notre passage, avec un changement de chef et de formule prévus.

SECTEUR DE LA POINTE HAURU

Snack Mahana SNACK €

(☎56 41 70 ; plats 1 500-2 100 CFP ; ⊙11h-15h tlj sauf dim). Un adorable snack, à l'arrière d'un *fare*, pas très loin de l'Intercontinental Moorea Resort, les pieds dans l'eau. Quelques tables en plastique sur une pelouse, à l'ombre, et des plats frais (*mahi mahi* pané au coco, burgers, poisson cru au lait de coco) à petits prix. Paiement en espèces.

BON PLAN Chez Vina RESTAURANT €

(☎56 13 17 ; Papetoai ; plats 1 300-2 000 CFP ; ⊙tlj). Une adresse typique et sans prétention, dans un fare simple et traditionnel, au bord de la route, à environ 400 m de l'Intercontinental Resort. La cuisine fait honneur aux spécialités polynésiennes, à des prix mesurés. Les légumes viennent du *faaapu* (potager) du propriétaire. Également de volumineux sandwichs (à partir de 400 CFP). Le dimanche à midi, ne manquez pas le *maa tahiti* (repas tahitien traditionnel), à 3 800 CFP (réservation souhaitée).

BON PLAN Coco Beach SNACK €

(☎72 57 26 ; motu Tiahura ; plats 1 000-2 200 CFP ; ⊙midi mer-jeu et sam-dim, tlj pendant vac scol). Ce snack bénéficie d'un emplacement idyllique, sur la plage du motu Tiahura. Au menu : des plats simples mais très corrects, notamment le *fish burger*, excellent. Savourez votre plat en admirant les acrobaties des kitesurfeurs. Le repas terminé, profitez-en pour nager dans un superbe jardin de corail, tout proche, ou lézardez à l'ombre des *aito*. Venez en kayak (par mer calme) ou demandez un transfert en bateau (700 CFP/pers l'aller-retour, 5 min de trajet).

Le Sunset RESTAURANT D'HÔTEL €

(☎55 12 20 ; PK 27 ; plats 1 000-3 500 CFP ; ⊙tlj). Dans l'enceinte de l'hôtel Hibiscus, le Sunset tire avantageusement parti de son emplacement, en surplomb de la plage. La carte, étoffée, satisfera toutes les envies (salades, viandes burgers, pizzas au feu de bois, pâtes). Brunch tahitien le dimanche de 7h à 11h (3 000 CFP). Animations musicales les vendredi et samedi.

Coco d'Isle RESTAURANT €€

(☎56 59 07 ; PK 27 ; plats 1 400-2 600 CFP ; ⊙soir lun-sam). Cuisine variée (pizzas, poissons, viandes, salades) et bien tournée mais sans imagination. Bien qu'en bord de route, le cadre est assez plaisant, car on dîne les pieds dans le sable. Dommage que le mobilier en plastique blanc dénote.

Le Mayflower RESTAURANT €€

(☎56 53 59 ; PK 27 ; plats 1 900-3 300 CFP ; ⊙tlj sauf lun, mer midi, sam midi et dim midi). Une valeur sûre à Moorea, le Mayflower sert une cuisine élaborée, panachant spécialités françaises et influences exotiques (magret de canard au vinaigre de mangue, par exemple). Un effort a été fait en matière de déco, avec du mobilier exotique, un plancher en bois, quelques plantes vertes, un éclairage tamisé et des tables joliment dressées. Spécialité de la maison : les ravioles de langouste. Bonne carte des vins.

BON PLAN La Paillotte SNACK €

(☎56 48 49 ; PK 27,3 ; plats et en-cas 400-1 300 CFP ; ⊙tlj). Un excellent rapport qualité/prix pour le secteur. En face du restaurant PK 0, cette paillotte améliorée tenue par une dynamique *popa'a* fait des heureux avec un sandwich américain aux dimensions impressionnantes, des crêpes au Nutella, des poulets rôtis et quelques plats cuisinés, à consommer sur place ou à emporter.

PK 0 RESTAURANT €€

(☎22 84 01 ; PK 27,3 ; plats 1 600-2 600 CFP ; ⊙tlj sauf lun). Un couple de jeunes Français est aux commandes de cet établissement chaleureux, agrémenté d'un décor cosy tout en bois sombre, rehaussé par des plantes exotiques. On se régale de spécialités d'inspiration japonaise et locale, travaillées avec une pointe d'inventivité. Bons desserts maison. Animation musicale en fin de semaine.

Les Tipaniers RESTAURANT D'HÔTEL €€

(voir p. 100 ; ☎56 12 67 ; résidence les Tipaniers, pointe Hauru, PK 25 ; plats 1 100-2 600 CFP ; ⊙soir tlj, midi tlj pour le Beach Restaurant). L'une des adresses incontournables de Moorea. Le cadre exotique est plaisant, l'atmosphère gentiment feutrée, les tables joliment dressées et la cuisine sans mauvaise surprise (à défaut de sortir de l'ordinaire). Pizzas, pâtes, poissons, viandes et salades devraient contenter tous les goûts. Le restaurant de plage, le **Beach Restaurant**, enchante par son emplacement exceptionnel et propose une carte plus simple au déjeuner (dernier service à 14h15, ensuite des en-cas sont proposés). Faites un sort aux burgers, pâtes, salades et grillades en vous laissant éblouir par le lagon scintillant.

Crêperie Toatea RESTAURANT D'HÔTEL €€
(voir p. 97 ; ☎55 11 11 ; Hilton Moorea Lagoon Resort & Spa, PK 14 ; plats 1 300-3 400 CFP ; ⏲soir tlj). Que diriez-vous de crêpes et de galettes admirablement mitonnées, à savourer sur une passerelle sur pilotis, éclairée le soir, avec des requins pointes noires qui se baladent à quelques mètres sous vos pieds ? Vous garderez un très bon souvenir de la crêpe au Nutella, de la Belle Hélène ou de l'Aka (noix de pécan, sirop d'érable, glace à la fève de Tonga). Le service est longuet.

BON PLAN **Legends Gourmet** SNACK D'HÔTEL €
(voir p. 100 ; ☎55 15 05 ; PK 24,8 ; plats 1 500-2 300 CFP ; ⏲petit-déj et midi tlj, soir à emporter). Le snack chic de l'hôtel Legends offre une vue incomparable sur le lagon. Les assiettes sont bien présentées et les tarifs restent très abordables. On peut même profiter de la petite piscine à débordement. Notez les horaires : de 7h30 à 10h30 pour le petit-déj, de 11h30 à 15h pour le déjeuner, et de 18h à 20h30 (à emporter uniquement).

La Villa des Sens RESTAURANT €€€
(☎55 15 15 ; PK 24,8 ; plats 2 600-3 600 CFP ; ⏲soir mer-dim). Un établissement raffiné, en contrebas du Legends Resort. La déco puise dans le registre contemporain mais intègre des matériaux qui créent une atmosphère chaleureuse (verre, bois). L'éclairagé étudié et les tables bien agencées pour respecter l'intimité des convives en font une adresse de choix pour les couples. Cuisine raffinée.

Vous pourrez faire vos emplettes au **supermarché** situé dans le centre commercial le Petit Village.

DE HAAPITI À TEMAE

Pizza Daniel PIZZERIA €
(☎56 39 95 ; PK 34 ; pizzas 1 300-1 500 CFP ; ⏲fermé jeu). L'une des rares options de restauration dans cette partie de l'île, cette pizzeria peut caler un petit creux sans se ruiner. Les pizzas sont cuites au feu de bois.

Le Motu Lodge SNACK €
(☎55 08 55 ; plats 1 100-2 000 CFP ; ⏲tlj). À l'intérieur du Moorea Golf Lodge, ce restaurant se distingue par une cuisine simple mais de qualité, à des tarifs très raisonnables. Les spécialités chinoises et polynésiennes tiennent le haut du pavé.

Le K RESTAURANT D'HÔTEL €€€
(voir p. 103 ; ☎55 12 25 ; Sofitel Moorea la Ora Beach Resort ; plats 2 100-3 900 CFP ; ⏲fermé jeu et dim). L'endroit idéal pour un dîner en amoureux. Le restaurant gastronomique de l'hôtel Sofitel Ia Ora séduit par son décor polynésien, entièrement réalisé avec des matériaux naturels (bois, fibres naturelles). Les tables sont disposées sur du sable, et l'éclairage, savamment étudié, favorise la confidence amoureuse... On en oublierait le contenu de l'assiette : des spécialités classiques mais savoureuses et élégamment présentées. Réservez plusieurs jours à l'avance.

Quelques roulottes sont installées à côté du quai des ferries. Le supermarché **Champion TOA Moorea** (⏲8h-19h lun-sam, 6h-12h dim), bien approvisionné, est à un peu plus de 500 m au sud du quai de Vaiare.

Où prendre un verre et sortir

Moorea est une île très calme le soir et l'animation est rare. Difficile donc de désigner un point de chute fiable, régulier et digne de ce nom. Tentez votre chance dans les bars des hôtels ou au restaurant PK 0, qui propose des animations musicales en fin de semaine.

Vous pourrez également assister à des animations musicales et à de bons spectacles de danse tahitienne exécutés par des groupes locaux dans les grands hôtels, dont le Sofitel Ia Ora, l'Intercontinental Moorea Resort & Spa, le Hilton et le Moorea Pearl Resort & Spa, une ou deux fois par semaine, ainsi que le Club Bali Hai. En principe, ils accompagnent un buffet (de 5 500 à 8 500 CFP), mais, en réalité, vous pouvez assister moyennant seulement une consommation au bar. Appelez la réception pour connaître les jours de spectacle.

Au Tiki Village (voir p. 91), le **Tiki Theatre Village** (☎55 02 50 ; www.tikivillage.pf ; PK 31 ; spectacle 4 950 CFP ; ⏲20h45 mar-mer et ven-sam) propose des revues polynésiennes assez spectaculaires, réalisées par une troupe d'une quarantaine de danseurs. Évitez le repas, de qualité très moyenne. Le transfert peut être organisé depuis votre hôtel.

Achats

Souvenirs et artisanat

De très nombreuses boutiques commercialisent des paréos, dont certains sont "peints à la main", des T-shirts, des sculptures sur bois et des bijoux fantaisie.

La Maison blanche, à l'extrémité est de la zone touristique de Maharepa, facilement repérable à son architecture coloniale, propose un choix assez typique de curios : paréos, coquillages, nacres, sculptures sur bois, T-shirts et bijoux fantaisie.

À la pointe Hauru, au centre commercial le Petit Village, la boutique **Arts polynésiens** commercialise des *tapa*, des nacres, des sculptures marquisiennes, des lithographies et des aquarelles.

Galeries d'art

Dans la baie de Cook, la **galerie Van der Heyde**, au PK 7, expose les œuvres d'art de son propriétaire hollandais, des sculptures sur bois de Papouasie-Nouvelle-Guinée et des bijoux.

Woody's, au PK 24, immédiatement avant la pointe Hauru, propose des sculptures sur bois très réputées et vend des perles montées.

Perles de Tahiti

Plusieurs boutiques et bijouteries, dont les plus grandes enseignes, commercialisent des perles de Tahiti, nues ou montées, originaires des îles Sous-le-Vent ou des Tuamotu. Certains prestataires proposent un service de navette gratuite entre votre lieu d'hébergement et la bijouterie.

Le secteur de la pointe Hauru, dans le centre commercial le Petit Village ou dans les environs immédiats, rassemble la plupart des bijouteries. Les boutiques des grands hôtels (Sofitel Ia Ora, Intercontinental Resort, Hilton et Moorea Pearl Resort) disposent également de boutiques commercialisant des perles de Tahiti.

Produits locaux

Vous pourrez faire des emplettes de produits tropicaux à l'**usine de jus de fruits** (voir p. 89), notamment des eaux-de-vie, du rhum, des liqueurs, des jus de fruits, des ananas séchés, des confitures, des vinaigres aux fruits exotiques et divers souvenirs. **Moorea Tropical Garden** (voir p. 92) et le **lycée agricole** (voir p. 90) vendent de délicieuses confitures locales. **Royal Tahiti Noni – Tahiti Arômes** (voir p. 91) possède une boutique commercialisant du jus de *noni*, du savon parfumé au tiaré, au coco ou à la vanille, du monoï, de la vanille de Moorea et de l'huile de *tamanu*.

Renseignements

Accès Internet

Magic Photo (☎56 59 59 ; PK 26,5, pointe Hauru ; 540 CFP/heure ; ⏲8h-18h lun-sam). Cybercafé. Accès Wi-Fi (540 CFP l'heure). Impressions et gravures de DVD.

Tiki@Net (☎31 39 72 ; centre commercial le Petit Village, pointe Hauru ; 500 CFP/heure ; ⏲8h-17h lun, 8h-18h mar-sam). Cybercafé. Deux postes. Accès Wi-Fi (au même tarif).

Argent

Plusieurs agences bancaires sont réparties à divers endroits de l'île. Elles sont équipées de distributeurs de billets et pratiquent le change. Signalons les deux agences de la **Socredo** (en face du quai de Vaiare et à Maharepa), les deux agences de la **Banque de Polynésie** (à Maharepa et au centre commercial le Petit Village à la pointe Hauru), et l'agence de la **Banque de Tahiti** à Maharepa. Elles sont ouvertes du lundi au vendredi seulement.

Office du tourisme

Office du tourisme (☎56 29 09 ; gare maritime, Vaiare ; ⏲8h-13h lun-sam). Petit kiosque d'information, à la gare maritime.

Poste

Un bureau de l'**OPT** (⏲7h30-12h et 13h30-16h lun-jeu, 7h30-12h et 13h30-15h ven, 7h30-9h30 sam) se trouve dans le centre commercial de Maharepa. Un autre bureau de poste se trouve à Papetoai. Accès Wi-Fi par le réseau Manaspot.

Services médicaux

Plusieurs médecins libéraux exercent sur l'île. Une pharmacie se trouve à la sortie de la baie de Cook en direction de Maharepa, côté montagne. Elle est ouverte du lundi au samedi, ainsi que le dimanche matin. Une autre pharmacie fonctionne également du lundi au samedi, ainsi que le dimanche matin. Elle se situe peu après le Tiki Village, en direction du nord, côté montagne.

Depuis/vers Moorea

Il est très facile de rejoindre Moorea depuis Papeete. Moins de 20 km séparent les deux îles.

Avion

Air Tahiti dessert Moorea au départ de Papeete, mais essentiellement pour les passagers effectuant une correspondance à Moorea en direction d'autres îles de la Société, à raison de 1 à 3 vols par jour en moyenne (4 200 CFP l'aller simple). Moorea est reliée à Huahine (3 fois par semaine, 14 000 CFP l'aller simple), à Raiatea (3 fois par semaine, 14 000 CFP l'aller simple) et à Bora Bora (tous les jours, 19 000 CFP l'aller simple).

Air Tahiti (☎55 06 02, 86 42 42 réservation centrale ; www.airtahiti.pf). Agence à l'aérodrome.

Bateaux inter-îles

La liaison maritime Tahiti-Moorea est excellente, du moins en journée. Les premiers départs du matin depuis Moorea sont en général prévus vers 5h30. Ne vous laissez pas piéger par les horaires de retour : généralement, les dernières traversées ont lieu vers 16h30 (17h30 le dimanche). Les fréquences sont suspendues, ou moindres, entre 12h et 15h. La fréquence des navettes et la capacité de transport sont telles qu'il n'est pas nécessaire de réserver – sauf pour une place de voiture sur les ferries à certaines heures de pointe. Vous pouvez acheter votre billet au guichet sur le quai quelques minutes avant le départ.

À Papeete, les départs ont lieu à la gare maritime, au centre-ville. À Moorea, la gare maritime est à Vaiare. Plusieurs navires exploitent cette ligne :

Aremiti Ferry (☎50 57 91 à Papeete, 56 31 10 à Moorea ; www.aremiti.pf). De 2 à 4 rotations aller-retour selon les jours, 1 heure 15 de traversée. La traversée revient à 1 450/900 CFP par adulte/enfant et 250/3 100 CFP pour un vélo/une voiture.

Aremiti 5 (☎50 57 91 à Papeete, 56 31 10 à Moorea ; www.aremiti.pf). Catamaran rapide (35 min). Effectue de 5 à 7 rotations quotidiennes. La traversée revient à 1 450/900 CFP par adulte/enfant, 250/4 100 CFP pour un vélo/une voiture.

Moorea Ferry (☎50 11 11 à Papeete, 56 34 34 à Moorea ; www.mooreaferry.pf). Effectue 4 rotations aller-retour entre Tahiti et Moorea du lundi au samedi, 3 le dimanche. La traversée (1 heure 15 environ) revient à 1 100/550 CFP par adulte/enfant et 240/2 900 CFP pour un vélo/une voiture. Offres promotionnelles sur les passages voiture plus chauffeur à certaines périodes.

Comment circuler

Bien qu'il existe quelques possibilités de circuler en truck, cette solution se révèle peu fiable et trop contraignante pour les visiteurs. Le recours à un véhicule de location (voiture ou scooter) est vivement conseillé, à moins que vous n'optiez pour un prestataire organisant des visites guidées de l'île à bord de 4x4 ou de minibus.

Desserte de l'aérodrome et du quai des ferries

L'aérodrome est situé à Temae, dans le nord-est de l'île. Les hôtels de la baie de Cook sont distants de 5 à 9 km de l'aérodrome, tandis que les établissements de la pointe Hauru sont à 25-30 km. Comptez 5 km jusqu'au quai des ferries à Vaiare. De l'aérodrome, un taxi vous déposera à votre hôtel ou à votre pension.

Un service de navette en bus est assuré lors des arrivées de bateau (uniquement lors des arrivées de catamarans rapides, pas les ferries), à la gare maritime. Il vous en coûtera 400/200 CFP par adulte/enfant pour rejoindre les hôtels de la baie de Cook ou de la pointe Hauru. Dans l'autre sens, lors du retour, les hôtels et les pensions organisent un transfert par une société privée, moyennant 800 CFP par personne.

Scooter

Rent a Bike – Rent a Scooter (☎71 11 09). 5 500 CFP les 24 heures. Deux-roues livré à votre hébergement. Matériel en bon état.

Albert Rent-a-Car (☎56 19 28, 56 33 75, 56 30 58). 6 000 CFP les 24 heures.

Vélo

Certaines structures d'hébergement, notamment les Tipaniers, l'hôtel Hibiscus et l'Intercontinental Resort, disposent de deux-roues en location, pour leurs clients et pour les extérieurs.

Europcar (voir ci-dessous ; ☎56 34 00). 1 650 CFP les 24 heures.

Rent a Bike – Rent a Scooter (☎71 11 09). 1 600 CFP les 24 heures.

Magic Photo (☎56 59 59 ; PK 26,5, pointe Hauru). VTT (1 200 CFP les 8 heures).

Voiture

Trois agences de location sont installées à Moorea. Elles fonctionnent tous les jours aux heures de bureau. Comptez 9 500 CFP pour la location d'un véhicule de catégorie A pour 24 heures en kilométrage illimité, assurance incluse. Des possibilités de location de 4 heures ou 8 heures existent, mais la différence de coût n'est pas vraiment significative avec une location pour 24 heures. Des tarifs dégressifs s'appliquent à partir du deuxième ou du troisième jour. Il est conseillé de réserver plusieurs jours à l'avance. Les véhicules peuvent vous être livrés sur votre lieu d'hébergement.

Vous trouverez des stations-service près de l'aérodrome, au centre commercial le Petit Village près du Club Med, dans la baie de Cook et à la gare maritime de Vaiare.

Albert Rent-a-Car (☎56 19 28, 56 33 75, 56 30 58). En face du Club Bali Hai (baie de Cook), en face du Moorea Pearl Resort et en face de l'Intercontinental Resort.

Avis (☎56 32 61, 56 32 68 ; www.avis-tahiti.com). Agences en face de la gare maritime de Vaiare, au Club Bali Hai et à l'Intercontinental Resort. Offres promotionnelles à certaines périodes.

Europcar (☎56 34 00, 56 28 64 ; www.europcarpolynesie.com). Agences au centre commercial le Petit Village et en face de la gare maritime à Vaiare.

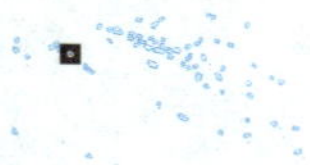

Huahine

6 000 HABITANTS

Dans ce chapitre »

Le top des activités

» Plongée (p. 115)
» Randonnée équestre (p. 116)
» Balade en kayak p. 116)
» Randonnée pédestre (p. 115)

Le top des hébergements

» Hôtel Maitai Lapita Village (p. 121)
» Au Motu Mahare (p. 119)
» Rande's Shack (p. 118)
» Hiva Plage (p. 120)
» Fare le Huahine (p. 117)

Pourquoi y aller

Comment ne pas être séduit par cette île à l'atmosphère reposante, par cette authenticité perceptible dès l'arrivée ? Le tourisme s'y est développé à une échelle relativement modeste, et la population n'a jamais été favorable à l'implantation d'hôtels de luxe, comme à Bora Bora. À Huahine, les petites unités hôtelières et les pensions de famille sont la règle. L'ambiance y est donc différente.

Huahine n'a rien à envier à ses voisines. Son lagon, surtout dans la partie sud, est féerique. Son relief, recouvert d'un manteau végétal d'un beau vert lumineux, est plus doux que celui des autres îles de la Société. Le pourtour de l'île, très échancré, est creusé de baies magnifiques, que l'on découvre en suivant la route côtière ou lors d'une excursion en bateau. Et n'oublions pas les idylliques motu (îlots) de la barrière récifale !

Huahine offre largement de quoi s'occuper pendant trois à quatre jours. De la plongée à la randonnée pédestre, en passant par les balades à cheval, le kayak, le kitesurf, le surf et les sorties en bateau, votre programme d'activités s'annonce varié. À moins que vous ne succombiez à la tentation du farniente sur une bande de sable au bord du lagon cristallin.

Sur le plan culturel, ne manquez pas les vestiges archéologiques de Maeva, dans le nord de l'île, parmi les plus importants de Polynésie française.

Quand partir

Comme dans le reste des îles de la Société, la période novembre-avril est en principe la plus arrosée. La période juillet-août est plus sèche mais très ventée. En novembre, Huahine accueille le départ de la célèbre course de pirogue Hawaiki Nui (p. 312) – à ne pas manquer !

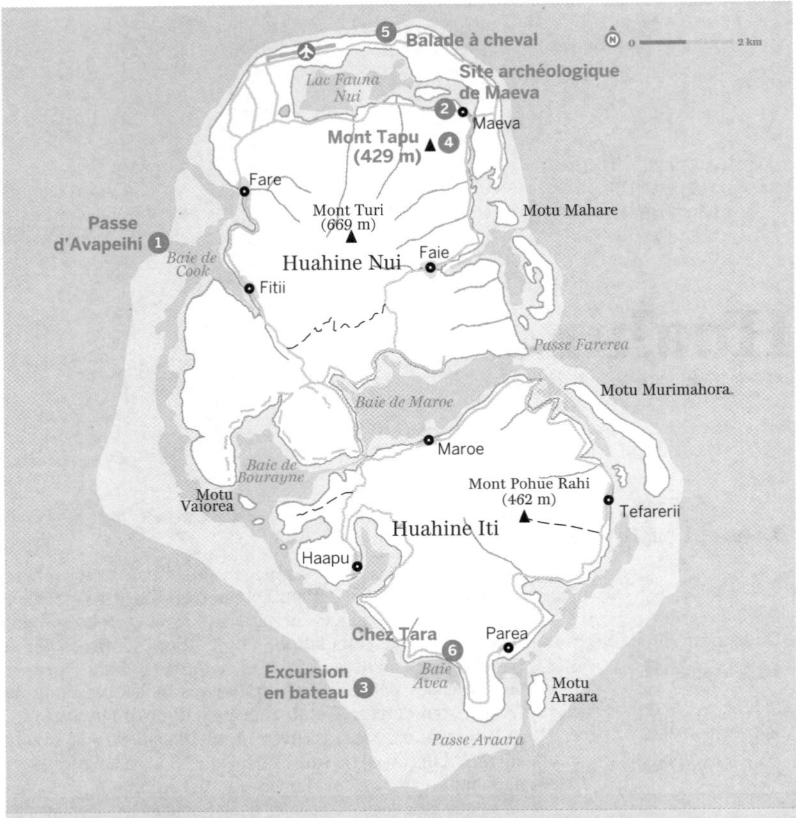

À ne pas manquer

1 **Plonger** au milieu d'une faune dense dans la passe d'Avapeihi (p. 115)

2 Visiter les **sites archéologiques de Maeva** en compagnie d'un guide (p. 116)

3 Découvrir les beautés du lagon lors d'une **excursion en bateau** (p. 115)

4 Monter à pied **au mont Tapu** pour profiter d'un panorama extraordinaire (p. 116)

5 Parcourir le lagon au rythme d'une **balade équestre** (p. 116)

6 Un repas tahitien traditionnel au restaurant **Chez Tara** (p. 122)

Histoire

Des fouilles archéologiques effectuées dans le nord de l'île ont mis au jour des vestiges comptant parmi les plus anciens des îles de la Société. Plus tard, alors que les puissantes chefferies de Bora Bora étendaient progressivement leur souveraineté vers l'est et l'ouest, Huahine parvint à conserver une certaine indépendance.

James Cook fut le premier Européen à visiter Huahine, en 1769. Il ne reçut pas un accueil très chaleureux, mais revint pourtant en 1774. En 1777, il ramena sur l'île Omai, un jeune Polynésien qu'il avait invité en Grande-Bretagne lors de sa deuxième expédition.

Huahine prit le parti de la reine Pomaré IV dans la lutte contre les Français, ce qui déclencha une série d'affrontements de 1846 à 1888. La souveraineté française fut effective en 1888. Même si les Français boutèrent les missionnaires anglais de la London Missionary Society hors de l'île, celle-ci demeura dans le giron protestant.

Orientation

Huahine se compose de deux îles, Huahine Nui ("grande Huahine") au nord et Huahine Iti ("petite Huahine") au sud, presque symétriques. Ces deux jumelles, serties dans le même lagon, sont séparées par un isthme de quelques dizaines de mètres, qu'enjambe un pont. Une série d'îlots s'échelonne le long des façades orientales des deux îles. La côte nord est bordée par le lac Fauna Nui qui est, en réalité, un bras de mer. C'est au sud et à l'ouest de l'île que le lagon est le plus large. Au nord, le récif est frangeant (il n'y a donc pas de lagon à cet endroit) et n'offre que peu de plages.

Fare, dans le nord-ouest de Huahine Nui et à 2,5 km au sud de l'aérodrome, est le port et le centre administratif de l'île. Faie et Maeva, sur la côte orientale, et Fitii, sur la côte occidentale, sont les trois autres localités de Huahine Nui. Quatre villages se répartissent sur le pourtour de Huahine Iti : Haapu, Parea, Tefarerii et Maroe. Le mont Turi (669 m) est le point culminant de Huahine Nui ; le mont Pohue Rahi (462 m), celui de Huahine Iti.

Une route de ceinture asphaltée fait le tour des deux îles, soit environ 60 km.

À voir

Consacrez au moins une journée au tour de l'île (60 km environ). Si vous ne comptez pas louer une voiture, adressez-vous aux prestataires qui organisent des tours de l'île à bord de 4x4 (voir p. 116).

HUAHINE NUI

Fare VILLAGE

Vous aurez vite fait le tour de ce bourg dont rien ne trouble la quiétude. Deux rues seulement le traversent : la route de ceinture, qui fait le tour de l'île, et la rue qui longe le front de mer. C'est autour de cette dernière que se concentre l'essentiel de l'activité : petit marché qui s'anime à l'aube, roulottes, commerces et supermarchés, et quelques restaurants. Banques, poste, loueurs de voitures et de vélos, agence Air Tahiti et centre de plongée ont pignon sur rue, ce qui permet d'organiser facilement son séjour.

À la sortie nord de la ville, peu avant la poste, une piste sur la gauche mène à une agréable **plage** bordée de sable blanc, à côté de l'hôtel Maitai Lapita Village. Elle présente assez de fond pour se baigner, mais est fréquentée le week-end. On peut aussi y accéder en longeant le bord de mer depuis le restaurant New Temarara.

Lac Fauna Nui BRAS DE MER

Quittez Fare vers le nord. Vous passerez devant le carrefour menant à l'aérodrome. Continuez tout droit, en restant sur la route principale. Celle-ci longe bientôt le lac Fauna Nui. Il s'agit d'un long bras de mer, une extension du lagon qui pénètre loin dans les terres. Cette vaste étendue marécageuse se rétrécit et forme un isthme à hauteur du village de Maeva. La rive nord forme une longue péninsule qui s'enroule autour du lac et de l'isthme. Elle est utilisée à des fins agricoles (pastèques, melons). La couleur de ses eaux n'a rien d'engageant et il n'offre aucune possibilité de baignade intéressante.

Maeva VILLAGE

Au village de Maeva, qui s'étire le long de la route, à 7 km environ de Fare, vous remarquerez un petit pont, sur la gauche, qui mène au motu Ovarei et à l'ancien hôtel Sofitel. À partir du petit pont, le lac devient un étroit canal s'étendant sur 3 km jusqu'à la baie de Faie. À voir : les **parcs à poissons** aménagés de part et d'autre du pont, là où le lac forme un étroit chenal. Disposés en forme de V, construits avec des blocs de coraux, ils sont facilement repérables grâce aux petites cabanes où prennent place les pêcheurs. Ces parcs, qui ont plusieurs siècles d'existence, sont encore utilisés de nos jours pour piéger les poissons.

Marae Mananu SITE ARCHÉOLOGIQUE

Franchissez le petit pont et prenez la direction de l'ancien Sofitel, puis, au prochain croisement, prenez à gauche la piste en direction de l'aérodrome. Vous arriverez rapidement à hauteur de cet imposant *marae* (site cérémoniel), sur la gauche. Cette construction massive de 2 m de hauteur s'étend sur 40 m de longueur et près de 7 m de largeur. À l'extrémité occidentale, une dalle de l'*ahu* (une plate-forme à deux gradins) est ornée d'un pétroglyphe émoussé représentant une tortue. Ce type d'*ahu* est très rare aux îles Sous-le-Vent. Ce *marae* était voué en tout premier lieu à Tane, le dieu de la Guerre et de la Pêche propre à Huahine, mais on y honorait également Oro, comme dans le reste de l'archipel. Raiti, le dernier grand prêtre de Huahine, fut inhumé ici en 1915.

Jardin de corail BAIGNADE ET SNORKELING

Si vous souhaitez faire trempette dans le lagon, suivez la route jusqu'à l'ancien hôtel Sofitel. À hauteur du parking des visiteurs se trouvent une jolie **plage** corallienne et le **Jardin de corail**, un site de snorkeling parsemé de pinacles coralliens et d'une riche faune, à quelques mètres du bord.

Huahine

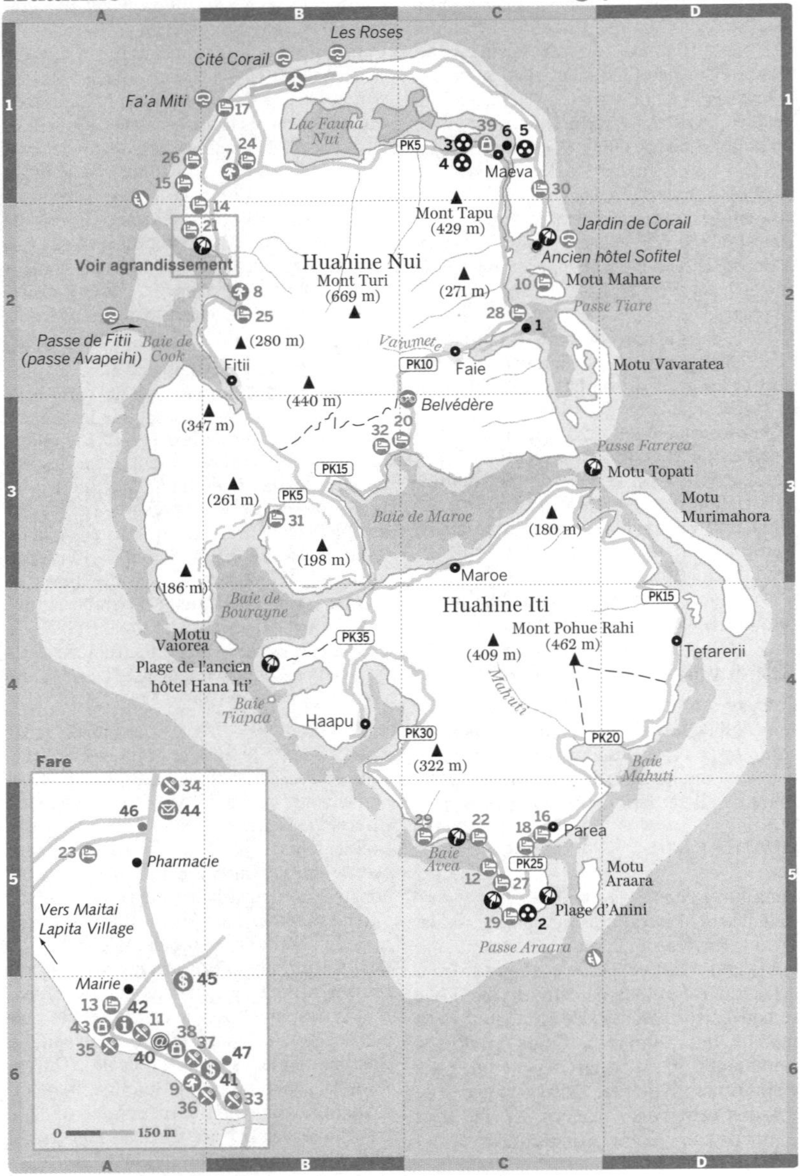

Huahine Pearl Farm & Pottery FERME PERLIÈRE (☎78 30 20 ; www.huahine-pearlfarm.com). À quelques kilomètres au sud de Maeva, vous arriverez devant l'embarcadère pour rejoindre cette petite ferme perlière établie sur le lagon (transferts gratuits), qui vaut la visite si vous souhaitez en savoir plus sur les perles (ou en acheter ; voir p. 122). On y trouve aussi les belles poteries du propriétaire, Peter Owen.

Faie VILLAGE

Faie est un petit village blotti au fond d'une étroite baie. À la sortie du village, juste après le petit pont, faites halte au bord de la rivière où évoluent les **anguilles à yeux bleus** de

Huahine-Fare

À voir

1 Huahine Pearl Farm & Pottery C2
2 Marae Anini C5
3 Marae côtiers de Maeva C1
4 Marae de la colline Matairea C1
5 Marae Manunu C1
6 Parcs à poissons C1

Activités

Heremiti Dive .... (voir 22)
7 La Petite Ferme B1
8 Mahana Dive B2
9 Pacific Blue Adventure A6

Où se loger

10 Au Motu Mahare C2
11 Chez Guynette A6
12 Chez Tara C5
13 Enite A6
14 Fare Ariitere A1
15 Fare Ie Ie A1
16 Fare Ie Parea C5
17 Fare Maeva B1
18 Hiva One C5
19 Hiva Plage C5
20 Huahine Vacances B3
21 Maitai Lapita Village A2
22 Mauarii C5
23 Meherio A5
24 Motel Vanille B1
25 Poetaina B2
26 Rande's Shack A1
27 Relais Mahana C5
28 Te Nahe Toe Toe 1 – chez Armelle C2
29 Te Nahe Toe Toe 2 .... C5
30 Tifaifai et Café C1
31 Tupuna B3
32 Villas Bougainville B3

Où se restaurer

Chez Guynette .... (voir 11)
Chez Tara .... (voir 12)
33 Le Mahi Mahi B6
34 Les Dauphins B5
Maitai Lapita Village .... (voir 21)
Mauarii .... (voir 22)
35 New Temarara A6
36 Roulottes B6
37 Super Fare Nui – Super U B6
Tenahe – Relais Mahana .... (voir 27)

Achats

38 Rima'i Te Niu Taue A6
Pacific Art .... (voir 43)
Huahine Pearl Farm & Pottery .... (voir 1)
39 Maison de la Vanille C1

Renseignements

40 Ao Api New World A6
41 Banque de Tahiti B6
42 Comité du tourisme A6
43 Huahine Lagoon A6
44 OPT A5
45 Socredo B6

Transports

Huahine Lagoon .... (voir 43)
46 Europcar A6
47 Avis-Pacificar B6
Fare Maeva .... (voir 17)

Huahine. La vue de ces monstres, nourris par les jeunes du village, est impressionnante.

Vous aborderez ensuite la montée, très raide (certains passages atteignent 20%), menant au **Belvédère**, d'où l'on profite d'une vue féerique sur les baies en contrebas et Huahine Iti en arrière-plan. La route plonge ensuite vers la baie de Maroe, profondément découpée.

Fitii — VILLAGE

Sur la côte ouest, le district de Fitii est une importante zone agricole (pâturages, arbres fruitiers) dominée par le mont Paeo (440 m). Les habitations du village de Fitii s'égrènent autour d'une baie très échancrée.

HUAHINE ITI

En venant de Huahine Nui, on longe le fond de la **baie de Maroe**, jusqu'à un carrefour, où l'on prend la direction de Huahine Iti, l'île méridionale, plus petite et moins peuplée, accessible par le pont qui sépare les baies de Maroe et de Bourayne. L'itinéraire décrit ci-après fait le tour de Huahine Iti dans le sens des aiguilles d'une montre.

Maroe — VILLAGE

Le village de Maroe s'étend sur la rive sud de la baie de Maroe, une zone sauvage qui conserve quelques souvenirs du séjour mouvementé du dieu Hiro sur l'île. Selon la légende, celui-ci ne s'est pas contenté de fendre l'île en deux avec sa pirogue : l'observateur découvrira les marques que laissa sa pagaie, l'empreinte de son doigt et même le rocher qui symbolise ses attributs phalliques (son *kokoro*).

Tefarerii — VILLAGE

La route suit les échancrures de la côte et traverse l'embouchure de plusieurs bras de mer peu profonds avant d'arriver à Tefarerii, la "maison des rois", un autre hameau assoupi où la vie s'écoule paisiblement. Il y

À NE PAS MANQUER

LES VESTIGES ARCHÉOLOGIQUES DE MAEVA

À l'entrée de Maeva, vous apercevrez sur la gauche, au bord du lagon, l'un des sites pré-européens les plus significatifs de Polynésie : les vestiges archéologiques de Maeva, un site majeur dans l'histoire de la Polynésie pré-européenne. C'était en effet le siège du pouvoir royal de l'île. Les grands chefs vivaient au bord du lagon, et se livraient à leurs cultes sur les *marae* (structures cérémonielles composées de dallages de pierre). Les vestiges sont facilement visibles, avec une dizaine de **marae côtiers**, dont certains dateraient du XVIe siècle. Des dalles recouvrent une vaste superficie le long du rivage. Au même endroit, la reconstitution du **fare potee** (maison commune de forme ovale) abrite un musée archéologique, mais il est rarement ouvert faute de personnel. Les fouilles et la restauration du site commencèrent en 1923 sous la houlette d'archéologues hawaïens. D'autres fouilles ont été réalisées en 1967, en 1968, puis en 1979.

D'autres *marae* sont disséminés sur les versants de la **colline Matairea**, de l'autre côté de la route. Un sentier non balisé (signalé, à 200 m à l'est du *fare potee*, côté montagne) y conduit. Il passe à hauteur du **marae Tefano**, au pied d'un magnifique banyan. Plus loin, ne manquez pas le **marae Matairea Rahi**, le plus important, dédié au dieu Tane, ombragé par des *tamanu*, et le **pae pae Ofata**, d'où l'on découvre un superbe panorama sur le motu Ovarei et le nord-est de l'île. Ces *marae* sont dotés de pierres-dossiers et *d'ahu*. L'importante concentration de *marae* sur la colline laisse penser qu'elle fut exclusivement habitée par des familles royales et aristocratiques.

Quant aux parcs à poissons en pierres, visibles à l'embouchure du lac Fauna Nui, ils servaient de sources de nourriture pour les familles des chefs. Ils sont toujours utilisés.

Il est conseillé de visiter ces vestiges en compagnie d'un guide compétent, qui restituera toute la dimension historique des lieux. À savoir : le sentier sur la colline de Matairea n'est pas balisé.

Contactez **Island Eco Tours** (☎71 30 83 ; www.islandecotours.net), tenu par un anthropologue qui connaît très bien l'archéologie de l'île, ou **Huahine Randonnée** (☎68 89 50, 73 53 45 ; teriitetumu@mail.pf). Comptez 5 000 CFP pour 3 heures environ. Prévoyez de l'eau et du produit antimoustique.

a un siècle, ce village était le domaine de la plus puissante famille de Huahine.

Parea VILLAGE

Après Tefarerii, la route se poursuit jusqu'à Parea, le village le plus au sud de l'île, face au beau **motu Araara**.

Marae Anini SITE ARCHÉOLOGIQUE

De Parea, continuez sur environ 1 km, jusqu'au *marae* Anini (signalé), un ancien site cérémoniel bâti sur la pointe sud de l'île. Composé de gros blocs de corail, ce *marae* côtier frappe par ses dimensions imposantes et son emplacement, au bord du lagon. C'est un vestige relativement récent, consacré à Oro (le dieu de la Guerre) et à Hiro (le dieu des Voleurs). Le culte d'Oro, accompagné de sacrifices humains, fut quasi le dernier souffle de l'ancienne religion, avant son effondrement définitif face à l'influence croissante du christianisme. Dans ses mémoires publiés en 1818, le missionnaire William Ellis rapporte que le dernier prêtre du *marae* se souvenait d'au moins quatorze sacrifices humains.

Plage d'Anini BAIGNADE

La petite plage d'Anini, composée de sable blanc d'origine corallienne, jouxte le *marae* Anini. C'est un beau lieu de baignade, face au motu Araara, mais la plage n'est pas toujours bien entretenue.

Baie d'Avea PLAGES

La route longe la longue baie d'Avea, prisée des plaisanciers, qui trouvent là un mouillage idyllique et abrité. Vous aurez l'occasion de faire de fréquentes haltes, car la baie est frangée de très minces plages de sable clair. Mais il faudra vous contenter de barboter, car il n'y a pas assez de fond pour nager. La plus belle plage est celle qui s'étend devant le Relais Mahana.

Haapu VILLAGE

Après avoir décrit un arrondi autour d'une échancrure de la côte, la route parvient à un carrefour. En tournant à gauche, on arrive à Haapu, un village qui donne l'impression d'être au bout du monde. En tournant à droite, on rejoint le pont qui relie les deux îles.

Activités

Plongée sous-marine

La qualité des plongées à Huahine est excellente, avec des sites accessibles à tous les niveaux. Le récif descend en pente douce, la visibilité est bonne et les courants faibles. La faune, notamment les requins, est abondante, surtout aux abords de la passe d'Avapeihi, à quelques minutes de bateau de Fare. En revanche, les coraux ont souffert des dégâts causés par l'étoile de mer *Acanthaster planci*, qui a tout ravagé voici quelques années, et du passage du cyclone Oli en 2010. Les centres de plongée de Fare exploitent trois à quatre sites au nord de l'île ; le centre installé au sud propose également des plongées dans le sud et l'est. Reportez-vous au chapitre *Plongée* p. 30 pour plus de détails sur les sites de plongée.

Mahana Dive (☎73 07 17 ; www.mahanadive.com ; baptême 7 000 CFP, explo 6 200 CFP, forfait 4 plongées 23 200 CFP). À la sortie sud de Fare.

Pacific Blue Adventure (☎68 87 21 ; www.divehuahine.com ; baptême 7 000 CFP, explo 6 200 CFP, forfait 4 plongées 23 200 CFP ; ⌚lun-sam). Sur le quai, à Fare.

Heremiti Dive (☎27 90 57, 68 86 49 ; baptême 7 000 CFP, explo 6 500 CFP, 2 plongées 12 000 CFP, forfait 4 plongées 22 000 CFP). À la Pension Mauarii (p. 120), dans le sud de l'île. Exploite les mêmes sites que les deux centres de Fare (20 min de bateau environ), ainsi que la passe Araara, au sud, et la passe Farerea, à l'est (selon météo). Organise également des sorties de snorkeling guidées sur les jardins de corail de Huahine Iti.

Snorkeling

Au nord de Huahine, le meilleur spot de snorkeling est le Jardin de corail devant l'ancien Sofitel (voir p. 111). Il a l'avantage d'être accessible du bord.

Les îlots autour de Huahine Iti, dont le **motu Topati**, à hauteur de la baie de Maroe, et le **motu Vaiorea**, à l'entrée de la baie de Bourayne, conviennent également pour le snorkeling, mais ils ne sont accessibles qu'en bateau. Pour vous y rendre, vous pouvez participer à une excursion sur le lagon (voir p. 115), au cours de laquelle des arrêts snorkeling sont prévus sur ces îlots. Si vous préférez découvrir le lagon à votre rythme, louez un bateau à moteur (15 CV) auprès de **Huahine Lagoon** (☎68 70 00 ; 5 000/7 000 CFP pour 2/4 heures, essence en sus ; ⌚8h-18h lun-sam), à Fare, sur le front de mer. Des gilets, une carte marine et une glacière sont fournis.

Le centre de plongée **Heremiti Dive** (☎27 90 57, 68 86 49 ; 6 500 CFP), à la Pension Mauarii (p. 120), dans le sud de l'île, propose des sorties de snorkeling dans le lagon de Huahine Iti, d'une durée de 3 heures.

Excursions sur le lagon

Plusieurs prestataires organisent des sorties consacrées à la découverte du lagon :

Huahine Nautique (☎68 83 15 ; www.huahine-nautique.com ; 8 500 CFP/pers, pique-nique inclus). Excursion sur le lagon à bord d'une pirogue à moteur, avec des arrêts snorkeling, baignade, la visite de la ferme perlière Huahine Pearl Farm & Pottery (voir p. 112) et un pique-nique sur un motu (mais pas de grillades), avec animation musicale. La prestation se termine par un *shark feeding* (nourrissage des requins), dans l'eau ou au sec (sur une plate-forme), effectué par le guide ; certaines personnes peuvent trouver cette pratique discutable car trop artificielle. Les départs ont lieu vers 9h-10h, les retours vers 16h.

Poetaina Cruise (☎60 60 06 ; www.poetaina.com ; 9 800 CFP/pers, pique-nique inclus). Sortie analogue au prestataire précédent, sans *shark feeding*. Le tarif est de 8 500 CFP pour les clients de la pension Poetaina.

Sailing Huahine Voile (☎68 72 49, 23 23 79 ; www.tahitisailingcharter.com ; excursion demi-journée/journée 7 500/12 500 CFP/pers, base 4 pers). Croisière de plusieurs jours dans les îles de la Société, et découverte du lagon et des passes de l'ouest de Huahine à bord d'un monocoque, à la demi-journée ou à la journée. Pique-nique inclus dans la formule journée. Appelez bien à l'avance pour vous assurer de la présence du bateau à Huahine lors de votre séjour.

Randonnée pédestre

Le relief relativement doux de Huahine est sillonné de sentiers qui offrent de délicieux points de vue sur les deux parties de l'île. L'intérieur de l'île est très luxuriant, et la diversité des espèces végétales rencontrées renforce l'attrait des balades. Contrairement à la randonnée à Tahiti ou à Moorea, plus sportive, les balades pédestres sont ici accessibles à tous. Aucun sentier n'étant balisé, il est recommandé de partir accompagné d'un guide qualifié, qui apportera en

VAUT LE DÉTOUR

LA PLAGE DE L'ANCIEN HÔTEL HANA ITI

En louant un petit bateau à moteur, vous pourrez explorer le lagon de Huahine sans contrainte de "timing" et découvrir des endroits paradisiaques peu connus, comme la plage de l'ancien hôtel Hana Iti, sur la côte ouest. Ce site sauvage, au pied d'une colline recouverte d'une forêt, convient à merveille pour la robinsonnade. Il était occupé par l'un des plus luxueux hôtels du Pacifique, avant qu'un cyclone ne le dévaste à la fin des années 1990. Vous serez seul au monde ! Prévoyez quelques provisions.

outre des éclairages sur la flore, la faune et les légendes de l'île.

Quelques balades proposées :

Mont Pohue Rahi (462 m ; Huahine Iti). Balade à la demi-journée, facile, sur une piste forestière, ou à la journée, en descendant jusqu'à la baie de Mahuti.

Baie d'Avea (Huahine Iti). Balade à la demi-journée, facile.

Mont Tapu (429 m ; Huahine Nui). Ascension un peu plus difficile, en raison de passages escarpés. Demi-journée.

Sites archéologiques de Maeva (Huahine Nui). Balade culturelle, à la découverte des *marae* du site de Maeva, sur la colline de Matairea. Demi-journée.

Contactez Terii Tetumu de **Huahine Randonnée** (☎68 89 50, 73 53 45 ; teriitetumu@mail.pf). Comptez 4 500 CFP/pers la demi-journée et 9 000 CFP/pers la journée avec pique-nique (transferts en sus, 1 000 CFP/pers). Pour la balade sur les sites archéologiques de Maeva, adressez-vous à **Island Eco Tours** (☎71 30 83 ; www.islandecotours.net), tenu par un anthropologue d'origine américaine (francophone), installé depuis longtemps sur l'île, qui possède de solides connaissances en archéologie et en histoire.

Promenade équestre

Entre Fare et l'aérodrome, au bord de la route de ceinture, **La Petite Ferme** (☎68 82 98 ; lapetiteferme@mail.pf) organise des randonnées équestres, dans le nord de l'île. Les montures, environ une quinzaine de chevaux marquisiens et néo-zélandais, conviendront aux débutants comme aux cavaliers confirmés, ainsi qu'aux enfants à partir de 10 ans. Moyennant 7 500 CFP, vous effectuerez une promenade de 2 heures le long de la plage, jusqu'au rivage du lac Fauna Nui. La promenade d'une journée (18 000 CFP, repas compris) inclut généralement le lac Fauna Nui, un arrêt baignade au Jardin de corail, à hauteur de l'ancien hôtel Sofitel, et les sites archéologiques de la colline de Matairea. Également un bungalow en location. Attention, les tarifs, au demeurant élevés, n'incluent pas les transferts (1 500 CFP/pers).

Surf

Huahine bénéficie de vagues parmi les meilleures et les plus régulières de Polynésie française. Il s'agit de *reefbreaks*, gauches et droites, plutôt destinés à des surfeurs confirmés.

Fare – *Reefbreak* (toute l'année). La gauche de Fare a séduit les plus grands noms du surf mondial. Mais la droite se défend bien également.

Fitii – *Reefbreak* (toute l'année). Comme pour la gauche de Fare, celle de Fitii "marche" avec une houle de sud-ouest.

Parea – *Reefbreak* (toute l'année). Si les alizés ne soufflent pas, la passe de Parea peut aussi offrir de belles vagues.

Excursions en 4x4

Pensez à réserver, car un minimum de participants est requis (au moins deux). Les circuits durent 3 heures environ, et partent en début de matinée et/ou en début d'après-midi. Ils comprennent la visite commentée des principaux centres d'intérêt : villages, sites archéologiques, points de vue, plantations, ferme perlière, parcs à poissons et artisanat.

Huahine Land (☎68 89 21 ; 5 000 CFP/pers). Assure les transferts dans les pensions. Tenu par un Américain francophone installé de longue date en Polynésie.

Island Eco Tours (☎71 30 83 ; www.islandecotours.net ; 5 000 CFP/pers). Tenu par un Américain francophone, anthropologue. Bonne réputation.

Kayak

La plupart des hébergements mettent à disposition de leurs clients des kayaks, ce qui permet de découvrir une partie du lagon et de rejoindre les motu les plus proches. À Fare, **Huahine Lagoon** (☎68 70 00) loue des kayaks moyennant 4 000 CFP/jour.

Kitesurf

L'est et le sud du lagon offrent un plan d'eau sans danger pour les amateurs de glisse. Contactez **Guillaume Chastagnol** (☎25 62 62) pour des prestations de location, d'initiation et de conseils.

Où se loger

L'essentiel des possibilités d'hébergement est concentré dans le nord de l'île, mais il existe des options très intéressantes dans le sud, ainsi que quelques structures isolées çà et là.

FARE (HUAHINE NUI)

La seule plage du secteur se situe à la sortie nord de Fare, à côté de l'hôtel Maitai Lapita Village.

BON PLAN **Chez Guynette** AUBERGE €

(☎68 83 75 ; www.pension-guynette-huahine.com ; dort/s/d 1 800/4 900/5 900 CFP, 2 nuit min, majoration 200/300 CFP par lit/ch pour une seule nuit). Tenue par un couple de jeunes Français, Chez Guynette est un camp de base bien adapté aux petits budgets, proche de toutes les commodités, à 2 minutes à pied de la plage de Fare. Les 7 chambres, avec sdb (eau chaude), brasseur d'air et moustiquaire, sont sobres, mais les propriétaires ont entrepris des travaux de rénovation. Le dortoir (8 places, draps fournis), à l'arrière de la bâtisse, est spacieux et bien aéré, mais il a l'inconvénient d'être traversant – la cuisine est derrière –, ce qui limite l'intimité. Grande cuisine équipée (propre et fonctionnelle) et laverie (1 500 CFP). L'extinction des feux dans les parties communes est fixée à 22h. Sur la terrasse ombragée, on sert le petit-déjeuner (à partir de 800 CFP) et quelques plats simples. Accueil de nuit possible pour ceux qui arrivent en cargo. Transfert à l'aérodrome : 500 CFP/pers et par trajet. Wi-Fi payant. Carte de crédit acceptée.

Enite PENSION €

(☎68 82 37 ; martial.enite@mail.pf ; d 6 200 CFP, 6 900 CFP/pers en demi-pension ; 2 nuits min ; 📶). Une pension sans originalité, mais les chambres doubles, sans la demi-pension, sont une bonne affaire pour les budgets serrés, d'autant qu'il est facile de se ravitailler dans le secteur. Les 8 chambres, propres et sans fioritures, avec ventilateur, au rez-de-chaussée d'une maison en dur, partagent une sdb commune (eau chaude). Petit salon avec TV. La plage est à 2 minutes à pied, en suivant le lagon. Le transfert à l'aérodrome est facturé 1 200 CFP/pers l'aller-retour. Au centre de Fare. Paiement en espèces ou par chèques (euros acceptés).

Fare Ariitere PENSION €

(☎68 82 09, 74 40 30 ; www.pensionariitere.com ; bungalows d avec petit-déj 7 500 CFP, ch d avec petit-déj 6 300 CFP ; 🏊📶). Le cadre n'a rien de dépaysant (pas de vue particulière), mais les tarifs restent abordables et l'emplacement pratique, à 5 minutes de marche de la plage de Fare. Les 3 bungalows, tout équipés (sdb avec eau chaude), sont disposés autour d'une petite piscine ronde. Ils présentent un confort très simple mais suffisant. Également deux chambres, fonctionnelles (7 000 CFP avec la clim). L'ensemble, serré sur une petite propriété, manque d'intimité. Vélos et kayaks à disposition. Transferts gratuits à l'aérodrome.

Poetaina PENSION €

(☎60 60 06 ; www.poetaina.com ; d avec petit-déj 8 600-10 500 CFP ; ❄🏊📶). Cette grande bâtisse blanche sur deux niveaux, avec une balustrade à colonnes, a des airs de pavillon kitsch. Pas la moindre once de charme ne s'en dégage, mais la propreté est sans défaut (carrelage blanc partout). Vous poserez vos valises dans l'une des trois chambres standard, avec sdb commune (eau chaude) ou dans une grande chambre familiale, avec sdb (eau chaude). Pour les repas, vous disposez d'une cuisine commune, ou pouvez commander un dîner (3 000 CFP). À 1 km environ du bourg, côté montagne. Transferts gratuits à l'aérodrome. Wi-Fi payant.

Meherio PENSION €

(☎68 75 71, 60 61 35 ; meherio.huahine@mail.pf ; s/d avec petit-déj 8 500/10 600 CFP ; 📶). Une pension accueillante et bien placée, à 150 m de la plage publique (à côté de l'hôtel Maitai Lapita Village), et à 10 minutes à pied du centre de Fare. Pas de bungalows, mais les 7 chambres, de plain-pied, sont bien agencées et gaies, avec des tissus et des murs de couleurs qui tranchent sur le carrelage blanc. La sdb est séparée de la chambre par un rideau. Chacune possède une petite terrasse, mais il n'y a pas de vue. "Teps", le jeune propriétaire, met de l'ambiance en soirée si les clients le souhaitent. Dîner sur demande (2 500 CFP, plats 1 200 CFP). Kayaks (trois seulement) et vélos à disposition. Transferts gratuits à l'aérodrome.

Fare le le HÉBERGEMENT TOILÉ €€

(☎60 63 77 ; www.tahitisafari.com ; cottage toilé d avec petit-déj 16 500 CFP ; 📶). Une structure originale. Imaginez deux "beach cottages" en toile, en fait deux tentes de luxe, spacieuses (60 m²), sur le modèle des tentes-safaris des lodges d'Afrique du Sud, installées au bord du lagon, à quelques minutes à pied de la plage publique de Fare. Les clients adorent, d'autant que l'intérieur est aménagé avec goût (mobilier en teck, sdb avec eau chaude, deck à l'avant), même si la sdb est séparée de la chambre par un simple rideau de toile. Possibilités de baignade et de snorkeling devant la tente. Vous pourrez préparer vos repas dans un *fare* avec cuisine équipée. À disposition : kayaks, vélos, masques et tubas. Transferts gratuits à l'aérodrome. Paiement en espèces ou par Paypal.

BON PLAN **Rande's Shack** BUNGALOWS €€
(68 86 27 ; randesshack@mail.pf ; bungalows 10 000-15 000 CFP ;). L'un des meilleurs rapports qualité/prix de l'île. Ce port d'attache, dans une belle parcelle fleurie débouchant sur le lagon, se compose de deux bungalows entièrement équipés, l'un d'une capacité de 3 personnes, l'autre de 6, très bien entretenus. On s'y sent bien, à tel point que certains clients (en majorité des Anglo-Saxons, le propriétaire étant d'origine américaine) s'installent plusieurs semaines. Leur programme ? Baignade dans le lagon (pas de plage à cet endroit, mais de bons spots de snorkeling), surf (le site est juste en face), farniente dans les hamacs, face au soleil couchant. Vélos et kayaks à disposition. À 5 minutes de Fare à vélo. Transferts à l'aérodrome 600 CFP/trajet.

NORD DE FARE

Quelques établissements sont installés entre Fare et l'aérodrome, à 2 km au nord, en bord de mer ou près de la route de ceinture. Principal intérêt du secteur : la proximité de Fare et de tous les services.

Petite précision géographique : aucune pension n'est au bord d'une véritable plage, car le récif est frangeant. Fort heureusement, la plage située à côté de l'hôtel Maitai Lapita Village est facilement accessible à pied.

BON PLAN **Tifaifai et Café** CHAMBRES D'HÔTES €
(77 07 74 ; uguen05@yahoo.fr ; s/d 5 500/7 500 CFP ;). Une adresse sans prétention, presque confidentielle, isolée au nord de l'île, sur le motu. Le paysage est sauvage, dans une cocoteraie, face au récif frangeant. On loge dans l'une des deux chambres, de part et d'autre d'une pièce commune. Le confort est simple et la déco défraîchie, mais les petits budgets se sentent à l'aise. La proximité de la plage de l'ancien Sofitel est un avantage. Dîners sur demande (2 000 CFP), et possibilité d'utiliser une cuisine commune. Accueil sympathique de Flora. Transferts gratuits à l'aérodrome.

Motel Vanille RÉSIDENCE HÔTELIÈRE €€
(68 71 77 ; www.motelvanille.com ; bungalows 1-2 pers 10 700 CFP, 2 nuits min ;). Ce "motel" est en réalité une petite résidence, avec 5 bungalows de style local, plutôt prévus pour 2 personnes, avec toit en palme de cocotiers tressée, sdb (eau chaude), ventilateur et petite terrasse. Aménagés autour d'une piscine, ils se fondent dans le décor, au milieu d'un jardin fleuri. L'intérieur, minimaliste, mériterait d'être modernisé. Les tarifs incluent le prêt de deux vélos pendant la durée du séjour, une prestation utile vu l'emplacement, en bord de route, à 50 m du carrefour pour l'aérodrome et à environ 1 km du bord de mer. Demi-pension possible (3 500 CFP/pers ; le dîner comprend un plat et un dessert). Les repas sont servis dans un *fare*, au bord de la piscine. Transferts gratuits pour l'aérodrome. Réduction de 10% si réservation par Internet.

Fare Maeva RÉSIDENCE HÔTELIÈRE €€
(68 75 53 ; www.fare-maeva.com ; ch/bungalows d 7 500/12 800 CFP ;). Vous êtes au bord de l'océan, ou plus exactement du récif frangeant (pour la baignade, il faudra vous contenter de la petite piscine). Cette petite résidence hôtelière rassemble 10 bungalows dans un beau jardin tropical, un peu les uns sur les autres (mais la végétation assure un peu d'intimité). Ils sont impersonnels et leurs équipements ne sont plus de première jeunesse mais conviennent par leur côté fonctionnel (coin cuisine, sdb avec eau chaude, clim). Autre option : 5 chambres mitoyennes, climatisées, avec sdb (eau chaude), correctes. Pour les repas, un *fare* snack est aménagé au bord de l'eau. Forfait hébergement-location de voiture à partir de 14 600 CFP/jour pour deux personnes. Location de vélos (1 500 CFP/jour). Le transfert pour l'aérodrome (à seulement 2 minutes !) revient à 1 000 CFP/pers l'aller-retour.

FAIE (HUAHINE NUI)

Te Nahe Toe Toe 1 – chez Armelle PENSION €
(68 71 43, 77 79 99 ; www.pensionarmelle.com ; s/d avec sdb commune 3 000/4 200 CFP, bungalows avec sdb commune petit/grand 5 200-7 500 CFP). Cette pension se distingue par son style polynésien. Au bord du lagon, la maison n'utilise que du bois de cocotier, du *niau* (palme de cocotier tressée) et des morceaux de corail pour le sol. Le confort (et l'intimité) des 4 petites chambres est réduit à sa plus simple expression, au point qu'on se croirait dans un refuge. Autre option : deux bungalows, de conception sommaire mais bien situés, au bord de l'eau, avec sdb

extérieure (eau chaude). Préférez le plus grand, avec terrasse sur l'eau ; le petit fait penser à une cabane. La sdb, commune, possède l'eau chaude et l'on peut utiliser la cuisine ou commander un repas (plat 2 000 CFP). Pas de plage à cet endroit de l'île, mais la propriétaire prête des kayaks et des vélos. Accueil à l'humeur variable. Transferts gratuits à l'aérodrome. Paiement en espèces.

Au Motu Mahare PENSION €
(77 76 97 ; www.aumotumahare.blogspot.com ; bungalows d/tr 8 000/9 900 CFP). Un petit bout de paradis vous attend dans cette cocoteraie superbement aménagée sur un motu, à quelques minutes de bateau de Faie. Les deux petits bungalows de style local, au confort sans prétention (toit en *niau*, sol en morceaux de corail, sdb extérieure privative avec douche –eau froide –, pas de ventilateur) et à la propreté exemplaire, laissent une impression favorable, même s'il vaut mieux ne pas oublier son produit antimoustique. Pour la baignade, on a le choix entre le côté lagon (jolis jardins de corail à proximité) et une lagune cristalline côté récif. Saluons l'attention portée au respect de l'environnement : l'électricité est fournie par des panneaux solaires et l'eau de pluie, récupérée. À savoir : pas de service de restauration mais vos hôtes vous emmèneront gratuitement à Fare pour le ravitaillement, et vous pourrez utiliser une cuisine commune en bon état. Prêts de kayaks (on peut pagayer jusqu'à la Huahine Pearl Farm & Pottery et au Jardin de corail du Sofitel). Transferts gratuits pour l'aérodrome. Paiement en espèces.

SUD DE HUAHINE NUI

Tupuna PENSION €
(68 70 36, 79 07 94 ; www.pensiontupuna.com ; bungalows d avec petit-déj 8 000-12 000 CFP ;). Une pension pour jouer les Robinson. Isolée dans la baie de Bourayne, dans un magnifique jardin botanique (200 espèces différentes !), au bord du lagon, cette petite structure comprend 4 bungalows (le moins cher dans le jardin, le plus cher en bord de mer) réalisés avec des matériaux locaux (bois de cocotier, toit en pandanus, coquillages) et équipés de sdb avec eau chaude et de moustiquaire. Certains clients adorent, d'autres trouvent l'hébergement un peu sombre et minimaliste. Autre point : il n'y a pas assez de fond pour la baignade et le bord de mer est vaseux à marée basse. On peut rejoindre la plage de l'ancien hôtel Hana Iti en kayak en une demi-heure environ, ou s'y faire déposer en bateau (1 500 CFP/pers l'aller-retour). Les repas (3 500 CFP) se prennent sous un abri traditionnel, très agréable. Les transferts à l'aérodrome coûtent 1 500 CFP/pers l'aller-retour. Vu l'isolement, il est indispensable de louer un véhicule. Paiement en espèces.

BON PLAN **Villas Bougainville** VILLAS €€
(60 60 30 ; www.villas-bougainville.com ; villas 2 pers à partir de 21 000 CFP, voiture et bateau à moteur inclus, 3 nuits min ;). Une formule intéressante pour un groupe d'amis, puisque cette structure, sur la rive nord de la baie de Maroe, se compose de quatre "villas" (des maisonnettes en dur), meublées et tout confort, dans un jardin tropical magnifiquement entretenu. Malgré la proximité de la baie, pas de possibilité de baignade, mais les tarifs incluent le prêt d'une voiture et d'un bateau à moteur sans permis, idéal pour visiter le lagon et pique-niquer sur les motu. Chaque villa peut accueillir de 2 à 5 personnes, dans plusieurs chambres. Les loueurs garantissent l'excellent état du véhicule et de l'embarcation, mais vérifiez au préalable. Réductions à partir d'une semaine de séjour. Transfert à l'aérodrome inclus.

BON PLAN **Huahine Vacances** VILLAS €€
(68 73 63 ; www.huahinevacance.pf ; villas 2/4 pers 21 000/25 000 CFP, voiture et bateau à moteur inclus ;). Cette formule similaire à la précédente, dans la propriété voisine, a fait ses preuves. Trois villas équipées sont à louer. Elles sont modernes, spacieuses (jusqu'à 5 personnes) et fonctionnelles, dans un grand jardin, au calme, et donnent sur la baie de Maroe. Pas de plage, mais les propriétaires mettent gratuitement à disposition une voiture et un canot à moteur durant votre séjour. Petit plus pour les familles : un service de baby-sitting, sur demande (2 500 CFP la demi-journée ou la soirée). Pour un séjour d'une semaine, le septième jour est offert. Transferts à l'aérodrome gratuits.

HUAHINE ITI

C'est à Huahine Iti que les plages sont les plus belles et que le lagon ressemble à une immense piscine turquoise. Les possibilités de ravitaillement sont assez limitées dans ce secteur de l'île et on ne peut pas compter sur les transports en commun pour circuler.

Te Nahe Toe Toe 2 PENSION, CAMPING €
(68 71 43, 77 79 99 ; www.pensionarmelle.com ; camping 1 100 CFP/pers, bungalows d 7500-8500 CFP). De la terrasse des bungalows, vous n'avez que quelques mètres à parcourir pour monter dans un kayak (gratuit) et naviguer sur le lagon. L'emplacement, au

bord d'une petite plage (notez qu'il n'y a pas assez de fond pour se baigner), fait oublier le confort limité des 4 bungalows, avec sdb (eau chaude), ventilateur et moustiquaire, orientés face au soleil couchant. Dommage qu'ils soient mitoyens, ce qui limite l'intimité. Un espace est réservé aux campeurs qui, en cas de pluie, peuvent dormir à l'abri de cabanons (2 500 CFP). Un effort pourrait être fait pour rénover la cuisine commune, rudimentaire et mal entretenue. Possibilité de repas sur place (2 500 CFP), de location de voitures (6 500 CFP/jour, mais bien vérifier l'état du véhicule) et de scooters (4 500 CFP/jour). Transferts 2 000 CFP/pers l'aller-retour.

Mauarii PENSION, RESTAURANT €
(68 86 49 ; www.mauarii.com ; bungalows d 9 200 CFP, petit-déj inclus ; demi-pension 3 000 CFP/pers ; @ wifi). Une sensation d'exotisme se dégage de cette belle propriété en bord de mer, frangée d'une très mince plage de sable clair. Si cette pension conserve sa réputation en matière de restauration (voir p. 122), on ne peut pas en dire autant de l'hébergement (4 bungalows jardin et un bungalow plage, et 3 chambres plage, mitoyennes et sans intimité, donnant sur le lagon), qui gagnerait à être modernisé. Les petits plus : des vélos (en location), des kayaks (gratuits), une boutique de paréos et le centre de plongée Heremiti Dive (p. 115), bien pratique pour les activités nautiques. Ambiance "bringue" certains soirs avec le jeune patron au restaurant. Transfert aller-retour à l'aérodrome 2 000 CFP/pers. Wi-Fi payant.

Relais Mahana HÔTEL €€
(60 60 40 ; www.relaismahana.com ; bungalows d 23 000-34 000 CFP ; @ piscine wifi). Cette structure hôtelière de taille moyenne (30 bungalows), à l'extrémité sud de l'île, possède deux atouts : l'emplacement, au bord d'une très jolie plage ombragée, que prolonge un ponton donnant accès à de belles patates de corail, et des bungalows confortables (mais non climatisés) et spacieux, avec du mobilier de qualité, dans les tons blond et miel, égayés d'une belle décoration florale à l'arrivée. Dommage qu'ils ne soient pas assez espacés les uns des autres, et que la plupart des "jardin" aient une vue bouchée. Offrez-vous les "DeLuxe beach", équipés d'une sdb ouvrant sur un jardinet tropical, et orientés vers la mer (on voit le lagon depuis son lit). Autre avantage, un bel éventail d'activités gratuites (kayak, prêt de masque et palmes, beach-volley). Les repas se prennent dans un *fare* restaurant donnant sur le lagon. Transferts 2 100 CFP par trajet et par personne. Service de laverie (2 500 CFP) et (petite) piscine.

BON PLAN **Hiva Plage** CAMPING €
(68 89 50, 73 53 45 ; teriitetumu@mail.pf ; camping 1/2 pers 1 300/1 800 CFP, ch s/d avec sdb commune 2 800/5 000 CFP ; wifi). Le guide de randonnée Terii Tetumu (voir p. 116) et sa femme, d'origine bretonne, se sont fait une réputation auprès des petits budgets et des tours-du-mondistes, qui peuvent camper sur leur belle parcelle en bord de lagon, dans un endroit calme et préservé, en face du spot de surf de Parea. Seul bémol : l'ombre est rare. Trois petites chambres, séparées par des cloisons fines, spartiates mais propres, avec sdb commune (eau froide), sont également à disposition. Elles ne sont dotées ni de moustiquaire ni de ventilateur mais sont bien aérées. Pour la restauration, vous pouvez utiliser une cuisine aménagée (épicerie à 2 minutes à pied) ou commander un repas (1 500-2 000 CFP, 500 CFP le petit-déj). Bon accueil et ambiance familiale. Les petits plus : Wi-Fi (500 CFP/heure), vélos et kayaks (gratuits), location de tente (1 000 CFP), de surfs (1 000 CFP la demi-journée) et de scooters (5 500 CFP/jour), service de laverie (750 CFP). Transfert aérodrome 2 000 CFP/pers l'aller-retour. Accès facile à la plage d'Anini, à 5 minutes à pied, et à celle du Relais Mahana, à un quart d'heure. Paiement en espèces.

Fare le Parea HÉBERGEMENT TOILÉ €€
(60 63 77 ; www.tahitisafari.com ; cottage toilé 2 pers avec petit-déj 16 500-27 000 CFP). La copie conforme du Fare Ie Ie à Fare (p. 117), dans un cadre très agréable, au bord du lagon, face au motu Araara. Installez-vous dans l'une des 4 tentes toilées, de bon confort, bien espacées, dans un grand jardin. Couvre-lits colorés, moustiquaire, ventilateur, plancher, bonne literie... C'est "Indiana Jones" version luxe ! Pas de service de restauration (sauf le petit-déjeuner), mais plusieurs cuisines équipées sont à disposition. Aucun problème de ravitaillement : à l'arrivée, un arrêt "provisions" est prévu à Fare, et un snack et des épiceries se trouvent à deux pas de l'établissement. Pour le farniente et le snorkeling, pagayez en kayak (gratuit) jusqu'au motu Araara, facile d'accès. Vélos à disposition. Transferts gratuits pour l'aérodrome. Paiement en espèces.

Hiva One PENSION €€
(90 01 83 ; www.hivaone.com ; bungalows 15 600 CFP, petit-déj inclus ; wifi). Un bon point pour l'emplacement, au bord d'une

jolie baie préservée, ourlée d'une petite plage de sable clair. Les 3 bungalows, de conception simple mais sans mauvaise surprise, regardent la baie et les collines verdoyantes en arrière-plan. Le prêt de kayaks est un plus – on peut explorer la baie à sa guise et rejoindre le motu Araara. Cuisine commune à disposition. Transferts à l'aérodrome inclus.

Chez Tara PENSION €
(☎68 78 45 ; bungalow 12 000 CFP, petit-déj inclus). Juste à côté du restaurant (voir p. 122), un bungalow tout simple mais charmant, de style polynésien, est posé devant la plage, au milieu des arbres. Le site est superbe et reposant, et la présence du restaurant est un atout supplémentaire. En revanche, évitez les deux autres bungalows dans le jardin, rudimentaires. Kayaks à disposition.

Maitai Lapita Village HÔTEL €€€
(☎68 80 80 ; www.hotelmaitai.com ; bungalow d à partir de 27 000 CFP ;). Le plus récent des hôtels des îles Sous-le-Vent (fin 2011). Bâti sur un site archéologique, le Lapita enchante par sa conception novatrice. Ici, pas de bungalows sur pilotis, mais des bungalows dont la structure s'inspire des *fare va'a* (abris pour pirogue), disposés autour d'un petit lac naturel rempli de nénuphars, à seulement 100 m de la plage. Outre l'architecture, l'hôtel se distingue par sa déco, imprégnée par l'esprit polynésien (peintures d'artistes locaux, frises incrustées de perles, motifs lapita sur les murs, vasques en forme d'*umete*, bar en forme d'hameçon...) tout en intégrant des touches modernes (mobilier contemporain). Le respect de l'environnement est une priorité (électricité solaire, recyclage, potager bio). Restaurant sur place et petite piscine face à la plage.

Où se restaurer

FARE (HUAHINE NUI)

New Temarara RESTAURANT €€
(☎68 70 81 ; plats 1 600-2 400 CFP ; lun-sam). Une valeur sûre à Fare, qui plaît par son cadre, les pieds dans l'eau. Installez-vous sur la terrasse aux airs de deck et faites-vous plaisir avec une papillote de *mahi mahi* au citron confit, l'une des spécialités. Le happy hour (17h à 18h) est une belle occasion de rêvasser face à la baie, un cocktail à la main.

BON PLAN **Chez Guynette** SNACK €
(voir p. 117 ; ☎68 83 75 ; petit-déj 1 000 CFP, plats 800-1 400 CFP ; matin et midi tlj sauf mer). Face au quai, la terrasse de ce petit établissement offre une belle vue sur la baie. Le matin, on démarre la journée grâce à un bon petit-déjeuner. À midi, petite restauration, avec de bons petits plats du jour à des tarifs intéressants, notamment un excellent steak de thon ou des brochettes de *mahi mahi*.

Le Mahi Mahi RESTAURANT €
(☎68 70 55 ; plats 1 100-2 200 CFP ; fermé dim soir et lun). Malgré une fresque murale colorée, le décor – une salle carrelée, moderne – n'a rien d'exotique, mais la cuisine est goûteuse et variée, avec quelques bonnes trouvailles (tagliatelle à l'espadon, magret de canard à l'ananas) et un excellent fish burger garni. Terminez votre repas par un sorbet maison. Également vente de viennoiseries.

Les Dauphins RESTAURANT €€
(☎68 89 01 ; plats 1 600-2 400 CFP ; mar-dim). Envie de retrouver des fondamentaux de la cuisine française ? Faites une infidélité aux plats polynésiens en commandant du bœuf sauce morilles ou une andouillette à la moutarde. En dessert, évitez les tartes, décevantes. Cadre banal, avec une terrasse protégée de la route par une haie végétale.

BON PLAN **Roulottes** COMMERCES AMBULANTS €
(Fare ; plats 1 000-1 500 CFP ; tlj). Pour se restaurer à peu de frais, les roulottes installées dans la rue principale de Fare sont une aubaine, même si la qualité des plats, très simples (pizzas, poisson, *chao men*, steak), est variable. Certaines roulottes ouvrent également au déjeuner.

Si vous souhaitez préparer vous-mêmes vos repas, vous trouverez des fruits et des légumes, du poisson et d'autres produits frais au **marché** (lun-sam), le long du quai. Fare compte par ailleurs un magasin d'alimentation bien approvisionné, **Super Fare Nui – Super U** (Fare ; 6h-18h30 lun-ven, 6h-11h30 dim), sur le front de mer.

AGRICULTURE INSULAIRE

Le secteur agricole est développé à Huahine. Dans leur *faaapu* (parcelle agricole), les habitants cultivent la vanille, le pamplemousse, le fruit à pain, le taro et l'ananas. Sur les motu poussent melons et pastèques, qui sont, pour la plupart, vendus sur le marché de Papeete. Avant de cueillir un fruit, demandez impérativement l'autorisation au propriétaire.

HUAHINE ITI

Tenahe – Relais Mahana RESTAURANT D'HÔTEL €€
(☎ 68 81 54 ; plats 1 800-3 100 CFP ; ⏲tlj). L'emplacement, au bord de la plage, est superbe, mais la déco de la salle, passée de mode, mériterait d'être remise au goût du jour. La carte est variée, mais, selon les clients, la cuisine ne sort pas de l'ordinaire. Le soir, notez les horaires de service, restreints : 19h15-20h30.

♥ **Chez Tara** RESTAURANT €€
(☎ 68 78 45 ; plats 1 300-3 800 CFP ; ⏲tlj). Surtout, ne manquez pas le *maa tahiti* (3 500 CFP) du dimanche à midi ! Après l'ouverture du four (vers 11h30), on s'installe dans un coin ombragé au bord du lagon, face aux voiliers au mouillage dans la baie d'Avea. Rien de tel que ce décor de carte postale pour s'ouvrir l'appétit et déguster les excellentes spécialités polynésiennes servies sous forme de buffet dans des *umete* (plats traditionnels en bois), sur fond d'orchestre local. À vous le poulet *fafa*, l'*ipo* banane, le *pua'a* chou, le *poé* manioc ! Carte plus classique le reste de la semaine.

Mauarii RESTAURANT €€
(voir p. 120 ; ☎ 68 86 49 ; plats 1 600-3 500 CFP ; ⏲tlj). Logé dans la pension du même nom, à 3 km de Parea, ce restaurant séduit par son cadre exotique, avec ses belles tables en bois donnant sur le lagon et sa carte réputée pour ses spécialités polynésiennes (crustacés, poissons du large et du lagon, viandes, desserts), préparées avec des ingrédients en provenance de l'île. C'est l'un des rares restaurants de Polynésie qui a inscrit le *fafaru* (p. 343) à sa carte, “pour une clientèle avertie”, précise le propriétaire... Copieux sandwichs (à partir de 600 CFP) à toute heure.

Des petits magasins d'alimentation aux horaires peu fiables se trouvent à Haapu et à Parea.

Achats

Rima'i Te Niu Taue SOUVENIRS
(Fare). En face du quai, voici une accueillante petite boutique qui commercialise des poteries, des bijoux, des T-shirts, des coquillages et des paréos aux couleurs éclatantes.

Pacific Art SOUVENIRS
(Fare). Sur le quai, ce magasin propose de l'artisanat local et des paréos.

Huahine Pearl Farm & Pottery PERLES ET POTERIES
(☎ 78 30 20 ; www.huahine-pearlfarm.com ; Faie ; ⏲10h-16h lun-sam, 10h-12h dim). Cette ferme perlière installée sur le lagon appartient à l'artiste-potier Peter Owen. Libre d'accès, elle comprend un espace-vente où l'on peut acheter des perles (nues ou montées) ou des poteries, après s'être fait expliquer le processus nécessaire pour obtenir une belle perle. Navette gratuite au départ du quai de Faie. Carte de crédit acceptée.

Maison de la Vanille VANILLE
(☎ 28 96 43 ; Maeva ; ⏲8h-16h lun-sam). Hmm, la délicieuse vanille des îles Sous-le-Vent ! Faites quelques emplettes de gousses (1 000 CFP les 40 gr), d'extrait et de poudre chez ce vanilliculteur qui écoule sa production dans son fare, à l'entrée du village de Maeva, près du site archéologique (signalé, côté mer).

Renseignements

On trouve une pharmacie et des cabinets médicaux privés à Fare. Les voiliers pourront se ravitailler en eau au centre de plongée Pacific Blue Adventure, situé sur le quai (service payant, aux heures d'ouverture du centre).
La capitainerie est attenante au quai.

Tous les services utiles aux visiteurs sont regroupés à Fare :

Ao Api New World (☎ 68 70 99 ; 15 CFP/min ; ⏲8h30-19h lun-ven). Accès Internet, photocopies, gravures CD, imprimante. À l'étage (accès par l'arrière).

Banque de Tahiti (☎ 68 82 46 ; ⏲8h15-12h et 13h-15h30 lun-ven pour le change). En face du quai. Distributeur automatique de billets et opérations de change (devises et chèques de voyage).

Comité du tourisme (☎ 68 78 81 ; ⏲9h-14h lun-ven). Office du tourisme. Dans la rue principale. Brochures et dépliants des principaux prestataires de l'île.

Huahine Lagoon (☎ 68 70 00 ; ⏲8h-18h lun-sam). À Fare, sur le quai. Service de laverie (lavage-séchage 1 800 CFP).

OPT (⏲7h-15h lun-jeu, 7h-14h ven, 7h30-8h sam). À la sortie de Fare, en direction de l'aéroport. Accès Internet et Wi-Fi, fonctionnant avec la carte Manaspot (en vente sur place).

Socredo (⏲7h30-11h30 et 13h30-16h lun-ven). À 200 m après la station Mobil. Change de devises. Distributeur automatique de billets.

Depuis/vers Huahine

Huahine, la première des îles Sous-le-Vent en venant de Tahiti, est située à 170 km à l'ouest de Tahiti. Les îles jumelles de Raiatea et de Tahaa se trouvent à 35 km à l'ouest.

Avion

Au départ de Papeete, Air Tahiti dessert Huahine 4 ou 5 fois par jour, en liaison directe ou via Moorea (35 min en vol direct). Les vols se prolongent jusqu'à Raiatea et/ou Bora Bora. Le vol pour Raiatea dure à peine 15 minutes. Pour vous rendre à Maupiti, il faut changer d'avion à Raiatea. Comptez 12 600/9 500/7 100 CFP l'aller simple plein tarif depuis Papeete/Bora Bora/Raiatea.

Air Tahiti (☎68 77 02, 60 62 60, 86 42 42 réservation centrale ; www.airtahiti.pf ; ⏲7h30-11h30 et 13h30-16h30 lun-ven, 8h-11h30 sam). Dans la rue principale de Fare, en face du quai.

Bateaux inter-îles

Le catamaran rapide Aremiti 4 (☎50 57 57 ; www.aremiti.pf) dessert Huahine au départ de Papeete une fois par semaine, le vendredi, avec retour sur Papeete le dimanche. De Huahine ,il continue sur Raiatea et Bora Bora. L'aller-retour Papeete-Huahine revient à 11 000 CFP par adulte.

Les cargos inter-îles **Taporo VII** et **Hawaiki Nui** desservent Huahine au départ de Papeete, deux fois par semaine (voir p. 64). Ils partent de Papeete vers 17h et arrivent généralement à Fare dans la nuit. De Fare, il est possible d'embarquer pour les îles suivantes (Tahaa, Raiatea et Bora Bora), mais ce n'est pas garanti ; l'embarquement est à la discrétion du capitaine.

ℹ Comment circuler

Ne comptez pas sur les transports en commun ; il n'y a pas de service fiable à Huahine.

Desserte de l'aérodrome

L'aérodrome se trouve dans le nord de l'île, sur la péninsule qui s'étire le long du lac Fauna Nui, à environ 2,5 km de Fare. Pensions et hôtels se chargent du transfert, qui n'est pas toujours gratuit. Un taxi attend les clients à l'arrivée de chaque vol, et demande 600 CFP/pers jusqu'à Fare et 1 300 CFP/pers pour le sud de l'île.

Scooter et vélo

Huahine Lagoon (☎68 70 00), à Fare, loue des vélos moyennant 2 000 CFP/jour. **Europcar** (voir p. ci-dessous) demande 2 000 CFP/jour pour un vélo et 6 200 CFP pour un scooter. Certaines pensions et des hôtels prêtent ou louent à des tarifs intéressants des vélos à leurs clients.

Voiture

Faire le tour de l'île (60 km) en voiture ne présente aucune difficulté car la route est asphaltée. Plusieurs agences de location sont représentées à Huahine et ouvrent 7j/7, de 7h à 17h environ. Pensez à réserver quelques jours à l'avance, surtout pendant les périodes chargées (week-ends, vacances scolaires, haute saison touristique, etc.). Les véhicules peuvent vous être livrés à l'aérodrome ou à votre hébergement. Deux stations-service sont installées à Fare : Total et Mobil Fare Nui. L'une d'elles au moins est ouverte le dimanche matin.

Avis-Pacificar (☎68 73 34 ; fax 68 73 35). À côté de la station-service Mobil Fare Nui, à Fare. Environ 12 600 CFP les 24 heures en kilométrage illimité. Tarifs préférentiels via les pensions (environ 6 800 CFP).

Europcar (☎68 82 59 ; kake@mail.pf). Au nord de Fare, à hauteur de la poste. Également représenté au Relais Mahana. Comptez environ 9 400 CFP pour 24 heures en kilométrage illimité. Tarifs préférentiels via certaines pensions (7 400 CFP).

Raiatea et Tahaa

17 000 HABITANTS

Dans ce chapitre »

Le top des activités

» Plongée (p. 129)
» Randonnée (p. 131)
» Snorkeling (p. 130)

Le top des hébergements

» Sunset Beach Motel (p. 133)
» Raiatea Lodge (p. 134)
» Hôtel Opoa Beach (p. 133)
» Pension Titaina (p. 141)
» Pension Atger (p. 142)
» La Pirogue (p. 142)

Pourquoi y aller

Au cœur des îles Sous-le-Vent, ces deux îles aux noms de princesses sont indissociables. Un chenal de 3 km seulement sépare Raiatea de sa petite sœur Tahaa, et elles partagent le même lagon. La ressemblance s'arrête là.

Raiatea ambitionne de devenir la plaque tournante de l'archipel, tandis que Tahaa, plus discrète, préfère se tenir à l'écart. Raiatea est bien desservie par avion et par bateau, alors que Tahaa est dépourvue d'aérodrome. Le relief de Raiatea est plus prononcé (certains sommets dépassent 1 000 m d'altitude), tandis que la physionomie de Tahaa est plus aplatie. La côte de Raiatea est plus homogène, celle de Tahaa est très échancrée, avec de majestueuses baies qui s'enfoncent jusqu'au cœur de l'île.

Un point les rapproche : elles respirent l'authenticité et possèdent un charme inimitable. Certes, les plages sont inexistantes, mais il suffit de se rendre en bateau sur les îlots de la barrière de corail pour se baigner dans d'idylliques jardins coralliens ou lézarder à l'ombre des cocotiers. On peut également pratiquer la plongée sous-marine, la randonnée pédestre, explorer le lagon à bord d'un kayak de mer ou d'un voilier... Les passionnés de culture ancienne visiteront le *marae* Taputapuatea, l'un des sites cérémoniels pré-européens les plus importants du Pacifique Sud.

Quand partir

Comme dans le reste des îles de la Société, la période novembre-mars est en principe la plus arrosée. La période juillet-août est plus sèche et plus fraîche mais plus ventée. En juillet, les festivités du Heiva (fêtes traditionnelles polynésiennes) se déroulent dans les deux îles. Début novembre, Raiatea et Tahaa accueillent une étape de la célèbre course de pirogue Hawaiki Nui (p. 312).

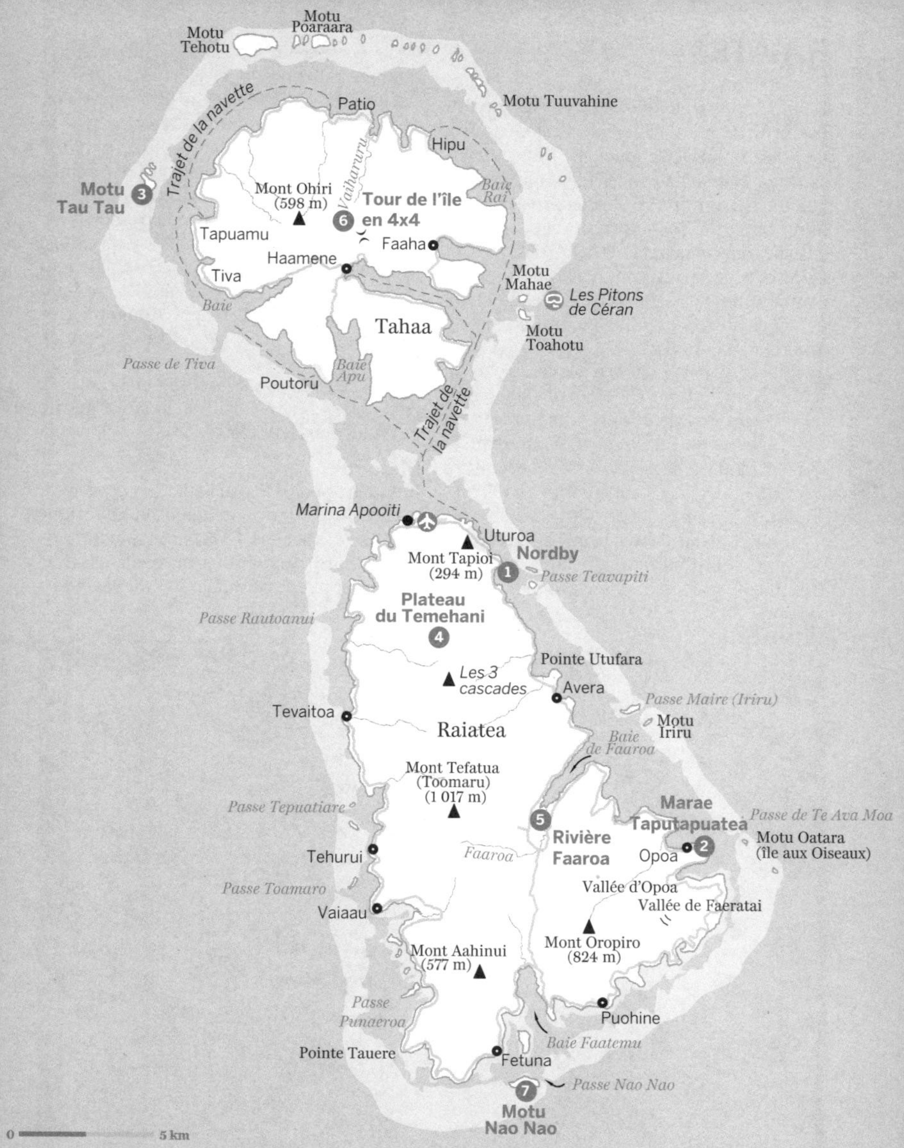

À ne pas manquer

1 **Plonger** dans les entrailles du *Nordby* (p. 129)

2 Visiter le mystique **marae Taputapuatea** (p. 126)

3 Nager au milieu de poissons tropicaux au **motu Tau Tau** (p. 137)

4 **Randonner** sur le plateau du Temehani et admirer le *Tiare apetahi* (p. 131)

5 Remonter la rivière Faaroa en **kayak** (p. 130)

6 Découvrir les richesses botaniques de Tahaa lors d'un **tour de l'île** en 4x4 (p. 131)

7 Se baigner au **motu Nao Nao** (p. 128)

RAIATEA

12 000 HABITANTS

Raiatea est une île très nature. Dès que l'on quitte Uturoa, la principale agglomération de l'île, le paysage devient franchement sauvage, et seuls quelques hameaux rappellent au visiteur que l'île est habitée. Loin du bling bling de Bora Bora, Raiatea se tient à l'écart des principaux flux touristiques, et l'atmosphère s'en ressent. L'hébergement se compose de petits établissements hôteliers et de pensions de famille, qui misent sur un accueil personnalisé.

L'île ne compte aucune plage et peu de motu (îlots) mais possède l'un des sites cérémoniels pré-européens les plus importants du Pacifique Sud, le *marae* Taputapuatea, qui enchantera les passionnés de culture ancienne. On la surnomme d'ailleurs "Raiatea la sacrée", car elle joue un rôle symbolique capital dans la mythologie polynésienne. Côté nature, son lagon soutient largement la comparaison avec les autres îles, avec de beaux camaïeux de bleus. L'intérieur, au relief prononcé (certains sommets frisent les 1 000 m), dégage une impression de mystère impénétrable. N'est-ce pas là que pousse le magnifique *Tiare apetahi*, endémique à l'île ? Ces paysages accidentés se prêtent à de superbes balades pédestres, au cours desquelles on découvre de splendides panoramas. La magie se prolonge sous la surface, avec de superbes plongées et des sites de première qualité, notamment la passe de Teavapiti, toujours très poissonneuse, et la seule véritable épave de Polynésie.

Très centrale dans l'archipel de la Société, bien reliée à ses voisines, Raiatea mérite qu'on lui consacre trois jours.

Histoire

Raiatea, appelée Havai'i aux temps anciens, est le centre culturel, religieux et historique des îles de la Société. C'est d'ici que les grands navigateurs polynésiens auraient essaimé pour aller peupler d'autres îles du Pacifique.

Raiatea

Des légendes polynésiennes plus anciennes encore relatent que Raiatea et Tahaa furent les premières îles colonisées, probablement par des populations provenant des Samoa, très loin vers le nord-ouest. Le premier roi de Raiatea aurait été le dieu Hiro qui, avec ses compagnons, aurait construit les grandes pirogues qui effectuèrent la traversée vers Rarotonga et la Nouvelle-Zélande.

À l'époque du premier passage de l'explorateur anglais James Cook, Raiatea était probablement sous le joug de Bora Bora, les chefs de l'île étant exilés au loin. Cook montra un grand intérêt pour cette île. Il s'y rendit pour la première fois en 1769 à bord de l'*Endeavour*, mouillant au large d'Opoa. Il y revint en 1774 lors de son deuxième grand voyage dans le Pacifique, invitant à cette occasion un jeune Tahitien appelé Omai à l'accompagner en Europe. En 1777, Cook effectua de nouveau un séjour prolongé sur l'île avant de mettre le cap sur Hawaï où il trouva la mort.

Raiatea

À voir

1 Collection privée de coquillages C4
2 Marae Tainuu B3
3 Marae Taputapuatea C3
Mini-golf et practice de Vaiorie ... (voir 1)

Où se loger

4 Hôtel Hinano Api B2
5 Laura Lodge B2
6 Les 3 Cascades C2
7 Manava C2
8 Opeha C2
9 Opoa Beach D3
10 Oviri Lodge C3
11 Raiatea Hawaiki Nui B2
12 Raiatea Lodge B2
13 Sunset Beach Motel B2
14 Temehani B2
15 Tepua B2

Où se restaurer

16 Le Napoli B1
Opoa Beach .... (voir 9)
Raiatea Hawaiki Nui – Le Nordby .... (voir 11)
Raiatea Lodge .... (voir 12)

Achats

17 Tahi Perles C2

Transports

18 Avis B1
19 Moana Rent a Car B2

John Williams, l'un des premiers missionnaires anglais à se rendre en Polynésie, débarqua à Raiatea en 1818. L'île demeura sous l'influence des missionnaires britanniques longtemps après que Tahiti fut tombée sous la domination française.

La prise de possession de Tahiti par les Français en 1842 entraîna une longue période d'instabilité. Les habitants de Raiatea opposèrent en effet une résistance acharnée à la présence française. Les Français ne réussirent véritablement à asseoir leur domination qu'en 1888. En 1897, des troupes françaises mirent un terme à la rébellion polynésienne. Teraupoo, le dernier chef de Raiatea, fut exilé en Nouvelle-Calédonie où il demeura jusqu'en 1906.

Orientation

Une route côtière goudronnée fait le tour de l'île. La numérotation des bornes kilométriques (PK) débute à Uturoa et part des deux côtés de l'île, à l'est et à l'ouest ; elles se rejoignent à l'extrémité sud de l'île, au PK 50.

Les plus hauts sommets, le mont Tefatua (1 017 m) et le mont Tepatuarahi (945 m), se dressent précisément au centre de l'île. Une route traversière remonte la vallée de la Faaroa qui entaille profondément la côte est de l'île. Elle franchit un petit col et descend jusqu'à la baie Faatemu, au sud.

L'aérodrome de Raiatea est dans le nord de l'île. À quelques kilomètres à l'est s'étend Uturoa, la principale localité. Le reste du littoral n'est parsemé que de quelques hameaux dépourvus d'infrastructure touristique.

Raiatea ne compte pas de plages facilement accessibles. Pour le farniente et la baignade, il faudra vous faire conduire en bateau sur un îlot.

À voir

Les 98 km du tour de l'île offrent l'occasion de s'imprégner de l'atmosphère paisible de Raiatea et d'admirer ses paysages montagneux et ses attrayants îlots sur la barrière de corail, visibles depuis la route ou depuis plusieurs points de vue. La route est goudronnée sur l'ensemble du parcours.

L'itinéraire présenté ci-dessous débute à Uturoa dans le sens des aiguilles d'une montre.

UTUROA

Animée en semaine, cette petite ville est déserte le week-end à partir du samedi midi. Difficile de croire qu'on se trouve dans le deuxième pôle urbain et économique de Polynésie française après Papeete !

Principale caractéristique d'Uturoa : l'importance de la communauté chinoise. Bon nombre de commerces sont tenus par des membres de cette communauté. Le bâtiment de l'association chinoise **Kuo Min Tang**, à l'est du centre-ville, est en ruine, en attendant une hypothétique rénovation.

Au centre, le **marché couvert** (6h-16h lun-ven, 6h-12h sam) mérite une petite visite. Le rez-de-chaussée est occupé par les étals de fruits et légumes, l'étage est réservé à l'artisanat.

Le quai est souvent animé par les arrivées et les départs des bateaux inter-îles ou par le service régulier de navette maritime desservant Tahaa.

Uturoa se blottit au pied du **mont Tapioi** (294 m), que surmontent les pylônes d'un relais de télévision. Accessible à pied, il offre de superbes perspectives sur le lagon.

D'UTUROA AU MARAE TAPUTAPUATEA

À partir du centre d'Uturoa, l'agglomération se fond dans **Avera**, le site de l'ultime bataille opposant les Français aux insurgés polynésiens en 1897. Les habitations se font alors très éparses et le caractère sauvage de l'île s'affirme nettement. La route épouse le contour de l'étroite et magnifique **baie de Faaroa** qui forme une profonde échancrure dans le littoral, avec de hauts massifs montagneux en arrière-plan – un vrai paysage de carte postale. La **Faaroa**, la seule rivière navigable (encore que très brièvement !) de Polynésie française, se jette au fond de la baie. Au large, sur la barrière de corail, on distingue le **motu Iriru**, un îlot paradisiaque, dont l'accès est public. Pour vous y rendre, il faut recourir aux services d'un *taxi-boat* ou louer un kayak de mer.

Quelques kilomètres plus loin, on arrive au carrefour avec la route traversière ; n'empruntez pas celle-ci, mais continuez en direction d'Opoa, dans le sud-est de l'île. La route décrit de nombreux lacets avant d'arriver aux premières maisons du village d'**Opoa**. Encore quelques tours de roue jusqu'à une petite **plage** artificielle, où l'on peut se baigner en toute sécurité, et, juste après, le célèbre *marae* Taputapuatea.

MOTU OATARA

Au large du *marae* Taputapuatea, sur la barrière de corail, on distingue un îlot, le motu Oatara, appelé également île aux Oiseaux ou motu aux Oiseaux. C'est un excellent spot de snorkeling accessible en kayak de mer depuis les hébergements situés à proximité (hôtel Opoa Beach et Oviri Lodge).

DU MARAE TAPUTAPUATEA À LA ROUTE TRAVERSIÈRE

Après le *marae* Taputapuatea, la route longe la splendide **baie de Hotopu**, au nord de laquelle se dresse une impressionnante falaise (bien visible depuis la rive sud) plissée. À la sortie de la baie, la route monte légèrement et ménage une belle perspective sur le lagon et le motu Oatara. Après avoir dépassé l'hôtel Opoa Beach, la route côtière aborde la partie la plus spectaculaire de Raiatea.

Au PK 41, au bord de mer, se trouve le **mini-golf et practice de Vaiorie** (60 04 70, 74 53 93 ; 600 CFP ; sur demande). Quelques centaines de mètres plus loin, côté montagne, la même famille a créé une remarquable **collection privée de coquillages** (60 04 70, 74 53 93 ; 600 CFP ; sur demande), avec environ 2 500 coquillages exposés, en provenance du monde entier. Après un virage en corniche, à hauteur du PK 42, on découvre un paysage de toute beauté ; les versants de la montagne sont très abrupts, et on distingue des pains de sucre qui s'élancent vers le ciel. Vers le PK 44, des cascades forment des zébrures claires qui tranchent sur le vert profond des parois, surtout pendant la période pluvieuse, de novembre à avril. Après le village de **Puohine**, on entre dans la **baie de Faatemu**, très échancrée. Peu après le PK 50, on parvient à hauteur du carrefour avec la route traversière, qui relie la baie de Faatemu et la baie de Faaroa. Empruntez-la sur plusieurs kilomètres jusqu'au **belvédère**, qui dégage de superbes perspectives de la baie de Faaroa, de la côte et des montagnes environnantes. Redescendez ensuite dans la baie de Faatemu et continuez le tour de l'île.

DE LA BAIE DE FAATEMU À TEVAITOA

La route longe la côte, franchissant parfois des chaussées délimitant de petites anses aux eaux calmes, jusqu'au village de **Fetuna**, aux airs de bout du monde. Durant la Seconde Guerre mondiale, l'armée américaine qui occupait Bora Bora a construit ici une piste d'atterrissage.

Le superbe **motu Nao Nao**, en face du village, possède une plage attrayante, et constitue un but d'excursion en bateau. La

À NE PAS MANQUER

LE MARAE TAPUTAPUATEA

Le site archéologique à ne pas manquer dans l'archipel des îles Sous-le-Vent. Le *marae* Taputapuatea, le plus important de Polynésie, s'étend dans une grande clairière, entre la route de ceinture et le lagon, face à la passe Te Ava Moa. Très bien restauré, ce site cérémoniel dégage une impression grandiose, même si les panneaux explicatifs sont relativement succincts. Son rôle est éminent dans l'histoire de la Polynésie. Consacré au culte d'Oro, le dieu de la Guerre qui domina les croyances religieuses polynésiennes durant le XVIIIe siècle, il ne date que du XVIIe siècle et fut bâti pour remplacer un ancien *marae* dédié à Taaroa, le dieu de la Création, situé davantage vers l'intérieur des terres. Malgré son histoire relativement brève, ce *marae* joua manifestement un rôle capital dans la religion polynésienne, car tout nouveau *marae* sur les îles voisines devait incorporer une pierre de ce grand *marae*, à titre d'allégeance et afin de symboliser le lignage spirituel. À l'arrivée des Européens, il constituait le siège du pouvoir spirituel et temporel en Polynésie. Son rayonnement était international, à l'échelle du monde maori, puisque des *arii* (chefs) originaires d'autres îles de la Société, des Australes, des îles Cook, voire de Nouvelle-Zélande, venaient prendre part à des cérémonies sur ce *marae*.

Cet ensemble religieux se compose de plusieurs éléments : un *marae* international, un *marae* de district et un *marae* familial. La partie principale du *marae* est constituée d'une grande plate-forme dallée et d'un long *ahu* (équivalent d'un autel). À l'extrémité du cap, le petit *marae* Tauraa présente un enclos *tapu* (sacré) et une haute "pierre d'investiture", où les jeunes chefs étaient intronisés. Au bord du lagon, le *marae* Hauviri possède également une pierre dressée. L'ensemble est construit avec des morceaux de corail prélevés sur le platier. Les énormes pirogues doubles des pèlerins royaux empruntaient la passe Te Ava Moa, la "passe sacrée", pour se rendre au *marae*.

Mieux vaut se faire accompagner d'un guide, qui restituera au site toute sa dimension culturelle. Les excursions tour de l'île en 4x4 incluent systématiquement la visite de ce *marae*.

Pour plus d'informations sur les *marae* et leurs fonctions, consultez les chapitres *Civilisation polynésienne* p. 323 et *Sites archéologiques* p. 327.

route traverse ensuite **Vaiaau**, puis **Tehurui**, deux coquets hameaux.

Au cœur du village de **Tevaitoa** se dresse le plus ancien temple protestant de l'île, une curiosité architecturale bâtie sur un magnifique *marae*. Derrière l'église, les imposants blocs en coraux du **marae Tainuu** s'étendent sur un peu plus de 50 m, avec quelques pierres massives dressées, de plus de 4 m de hauteur. Un panneau de présentation du site est installé à l'entrée.

DE TEVAITOA À LA MARINA APOOITI

Du *marae* Tainuu à la marina Apooiti, la route continue à longer la côte échancrée, offrant de splendides panoramas. Cette partie de l'île est exposée à de magnifiques couchers de soleil.

Dans la **marina Apooiti**, qui rassemble de nombreux voiliers, vous trouverez quelques boutiques, deux restaurants, un bar et un centre de plongée (voir ci-contre).

À partir de la marina, la route longe l'aérodrome et revient à Uturoa.

Activités

Plongée sous-marine

La plongée est l'une des principales activités de loisir de l'île. Une dizaine de sites pour tous niveaux sont couramment exploités, sur la côte est, sur la côte ouest, ainsi qu'autour de Tahaa. Raiatea offre la seule plongée sur épave de Polynésie française, le *Nordby*, qui repose juste devant le ponton de l'hôtel Raiatea Hawaiki Nui (p. 132). Reportez-vous au chapitre *Plongée* p. 30 pour plus de détails sur les sites.

Deux centres accueillent débutants et confirmés ; ils assurent les transferts dans les pensions.

Hémisphère Sub (☎66 12 49, 72 19 52 ; www.hemispheresub.com ; marina Apooiti ; baptême 7 000 CFP, explo 6 200 CFP, "two tanks" 11 700 CFP, forfait 5 plongées 29 000 CFP, formation niveau 1 38 000 CFP ; ⏲tlj). À la marina Apooiti et à l'hôtel Raiatea Hawaiki Nui (p. 132). Structure bien tenue, très pro. Bon accueil. Package hébergement/plongée à tarifs préférentiels avec l'hôtel Raiatea Hawaiki Nui et le Raiatea Lodge.

Te Mara Nui (☎66 11 88, 72 60 19 ; www.temaranui.pf ; marina d'Uturoa ; baptême 6 200 CFP, explo 6 000 CFP, formation niveau 1 37 000 CFP ; ⏲tlj). Petite structure (une monitrice) à l'accueil personnalisé. Package hébergement/plongée à tarifs préférentiels avec la pension Tepua.

Kayak de mer

Le kayak de mer est un mode d'approche idéal pour partir à la découverte du lagon. **Lagon Aventure** (☎79 26 27 ; www.raiatea.com/lagonaventure), à la marina Apooiti, organise des randonnées guidées, dans la Faaroa (voir p. 130) et sur le lagon, au motu Miri Miri (demi-journée 5 000 CFP/pers, minimum 2 pers), ainsi qu'au *marae* Taputapuatea (journée avec pique-nique au motu Oatara ou au motu Iriru 8 000 CFP/pers). Pour les plus sportifs, il est même possible de faire le tour de Raiatea ou de Tahaa en trois jours, avec bivouac tous les soirs sur un motu différent (7 500 CFP/jour et par personne, minimum 4 pers).

Remontée de la Faaroa

La Faaroa, la seule rivière navigable de Polynésie, peut se remonter en pirogue ou en kayak sur quelques kilomètres. L'excursion fait découvrir un autre visage de l'île, au milieu d'une végétation aux airs de petite jungle. La sortie ne présente pas de difficulté, car il n'y a pas de vent ni de vagues.

Manava Tours (voir p. 139 ; ☎66 28 26). Demande 5 000 CFP pour la remontée en pirogue de la rivière Faaroa couplée avec la visite du *marae* Taputapuatea et une baignade au motu Iriru (demi-journée, minimum 4 pers).

Lagon Aventure (☎79 26 27 ; www.raiatea.com/lagonaventure). Propose une approche plus originale, sous la forme d'une randonnée guidée, en kayak de mer (demi-journée 5 000 CFP/pers, minimum 2 pers, transferts inclus).

Excursions sur le lagon

La plupart des excursions ont lieu autour du lagon de Tahaa, au départ de Raiatea ou de Tahaa (voir p. 139), mais certains prestataires peuvent vous faire découvrir plusieurs sites superbes dans le lagon de Raiatea, dont les motu Nao Noa, Iriru, Oatara et Miri Miri.

♥ **Temehani** (☎66 12 88, 77 54 87 ; www.vacances-tahiti.com). Sorties en monocoque à la journée ou à la demi-journée, parcours à la carte (7 500/9 500 CFP la demi-journée/journée).

Arii Moana Tours (☎79 69 72). Tour de Raiatea en bateau, avec arrêts baignade sur les motu et visite du *marae* Taputapuatea (9 000 CFP, pique-nique inclus).

Baignade et snorkeling

Certaines parties du sud de l'île comportent une mince frange de sable blanc, mais ne sont pas facilement accessibles. Dans le reste de l'île, pour faire trempette, vous devrez vous contenter des pontons qui équipent les pensions ou hôtels installés au bord de l'eau. En revanche, certains motu du récif sont magnifiques et se prêtent tout à fait aux joies de la baignade et du snorkeling. Il s'agit du **motu Iriru**, à l'est de l'île, du **motu Oatara**, au sud-est, et du **motu Nao Nao**, au sud. Les pensions ou les prestataires spécialisés peuvent organiser une sortie sur ces motu.

Navigation de plaisance

Raiatea est le principal centre nautique des îles Sous-le-Vent et le point de départ de nombreuses croisières, pour la plupart dans les îles Sous-le-Vent (comptez une semaine en moyenne pour Tahaa, Huahine et Bora Bora). Vous aurez le choix entre des formules "bare-boat" ou avec skipper et/ou hôtesse et des croisières à la cabine, sur des monocoques ou des catamarans. Contactez les sociétés suivantes :

Sunsail (☎60 04 85 ; www.sunsailtahiti.com). Monocoques et catamarans. Croisières dans les îles Sous-le-Vent et les Tuamotu (skipper obligatoire pour les Tuamotu). À la marina Apooiti.

The Moorings (☎66 35 93 ; www.moorings.com). Croisières dans les îles Sous-le-Vent. À la marina Apooiti.

Tahiti Yacht Charter (☎66 28 86 ; www.tahitiyachtcharter.com). Catamarans et monocoques. À la marine Apooiti.

Dream Yacht Charter (☎66 18 80, 28 42 64 ; www.dreamyachtcharter.com). Catamarans et monocoques. À la marina d'Uturoa.

Charter Tane (☎73 96 90 ; http://chartertane.free.fr). Croisières à la carte à bord d'un catamaran (avec skipper) dans les îles Sous-le-Vent, et croisières dans le lagon de Raiatea et Tahaa. Au port d'Uturoa.

Randonnée pédestre

Il existe de belles possibilités de randonnée pédestre à Raiatea, encore largement sous-exploitées. Vous serez seul ou presque dans des paysages magnifiques, présentant un intérêt culturel ou botanique. Parmi les grands classiques :

Plateau du Temehani. Ce plateau, à 750 m d'altitude, dans le nord de l'île, est l'une des plus belles randonnées des îles Sous-le-Vent. Ascension par l'est, redescente vers l'ouest ou retour par le même chemin. te une piste de 4x4 dans une forêt de pins. Suit un court raidillon (avec un bref passage cordé) qui débouche sur un plateau vallonné, à la végétation plus rase. On traverse le plateau jusqu'à une grande dalle, d'où l'on embrasse une vue spectaculaire sur la côte est et le centre de l'île. Sur le plateau, le guide vous montrera des plants du célèbre *Tiare apetahi*, une fleur protégée, emblème de Raiatea. Prévoir environ 7 heures. Guide indispensable.

Les Trois Cascades. Cette très belle randonnée dure environ 4 heures aller-retour, au départ du PK 6, sur la côte est. Ne l'entreprenez pas seul, car l'itinéraire traverse une propriété privée – la présence d'un guide est indispensable. Bambous géants, *ylang ylang*, *mape*, fougères, gingembre, cordyline, *purau*, basilic sauvage, *tarua*, goyaviers, etc. forment un superbe décor végétal. L'itinéraire débute par une marche d'approche jusqu'à la première cascade. La progression devient ensuite plus abrupte, et certains passages sont équipés d'une corde. On passe la deuxième cascade, avant de traverser une forêt de bambous, le long du lit de la rivière. Certains passages sont encordés. L'arrivée à la troisième cascade est une vraie récompense ; la chute d'eau, en deux parties, mesure une quarantaine de mètres, et l'on peut se baigner dans la vasque.

Sentier de Faaroa. Randonnée facile (environ 3 heures) sur un immense domaine situé dans l'ancien cratère de l'île, à proximité de la baie de Faaroa. Grande diversité botanique, jolis cours d'eau. À faire en famille.

Mont Tapioi. Le mont Tapioi (294 m) domine Uturoa et offre d'excellents panoramas sur le lagon et Tahaa. Cette petite randonnée (1 à 2 heures) peut être réalisée sans guide. Entre la poste et la gendarmerie, au nord du centre-ville d'Uturoa, empruntez la route menant vers l'intérieur des terres et vers le mont Tapioi. Ne vous écartez pas du sentier, il y a parfois des chiens agressifs.

À l'exception du Tapioi, il est nécessaire d'être accompagné par un guide, car les sentiers ne sont pas balisés. Contactez le guide professionnel **Thierry Laroche** (☎66 20 32, 77 91 23 ; raiatearando@mail.pf), qui connaît bien la flore de l'île. Comptez 4 000 CFP/personne pour les Trois Cascades ou le sentier de Faaroa et 8 000 CFP/pers pour le plateau du Temehani (transferts et pique-nique inclus).

Tour de l'île guidé

Plusieurs prestataires organisent des tours de l'île guidés, en 4x4 ou à bord d'un minibus. Ils incluent des arrêts sur les principaux sites touristiques, avec commentaires.

Raiatea Discovery (☎66 24 16, 78 33 25 ; 4 500 CFP/pers, minimum 4 pers). Côte est de l'île uniquement. Baie de Faaroa, visite d'une vanilleraie, *marae* Taputapuatea.

Trucky Tour (☎78 23 36, 75 66 02 ; 5 000 CFP/pers, minimum 2 pers). Circuit à la journée, très complet. Le tarif inclut une collation. Excellente réputation.

LE SAVIEZ-VOUS ?

TIARE APETAHI, L'EMBLÈME DE RAIATEA

Raiatea abrite l'une des fleurs les plus rares au monde, le *Tiare apetahi*. Cette espèce endémique ne pousse que dans le massif du mont Temehani. De couleur blanche, elle a la forme d'une demi-corolle qui s'ouvre à l'aube en produisant, dit-on, un petit claquement. Malheureusement, il est de plus en plus rare de pouvoir l'observer, car il ne reste plus qu'une trentaine de plants sur une zone de 202 hectares. Lors d'une randonnée, le guide, qui connaît l'emplacement de la plupart des plants, vous montrera cette magnifique fleur, fragile et menacée.

Où se loger

Les lieux d'hébergement de Raiatea sont surtout concentrés dans la partie nord de l'île. Les structures du sud sont très isolées. Aucun ne se situe aux abords d'une plage, mais certains ont aménagé un ponton pour faciliter la baignade dans le lagon.

UTUROA ET ENVIRONS

Hôtel Hinano Api HÔTEL €

(☎66 13 13, 70 82 40 ; www.hotel-hinano-tahiti.com ; s/d 6 600/7 600 CFP ; ❄📶). Essentiellement utilisé par les personnes en mission, cet établissement de style motel n'a rien d'un lieu de vacances mais peut dépanner les petits budgets. Situé au centre-ville, à 100 m du quai, il possède 10 chambres impersonnelles mais spacieuses et fonctionnelles, équipées d'une sdb (eau chaude), de la télévision et de la clim (majoration de 1 000 CFP), disposées autour d'un patio central. Évitez les chambres aveugles ; préférez celles qui donnent sur l'arrière, côté mer. Petit-déjeuner sur demande (600 CFP), service de laverie (1 200 CFP), et deux vélos en location (1 000 CFP/jour). Le transfert aller-retour à l'aéroport est payant (1 800 CFP/pers).

BON PLAN **Tepua** PENSION €

(☎66 33 00 ; www.pension-tepua.com ; PK 2,5 ; dort 2 500 CFP/pers, s/d 5 000/7 500 CFP, bungalows d 10 000-13 000 CFP ; @🏊📶). Ce petit établissement très correct, dans une propriété compacte, en bord de mer (mais il n'y a pas de plage), s'adapte à tous les budgets. Option la moins chère : le dortoir, une pièce spartiate et compacte de 12 lits superposés, ventilé par un brasseur d'air. Un cran au-dessus, les 4 chambres attenantes, avec sdb commune (eau chaude), brasseur d'air et moustiquaire, peuvent faire l'affaire, bien que minimalistes et peu isolées phoniquement. Les 4 bungalows jumelés, avec façade en bambou tressé, sdb (eau chaude), moustiquaire et brasseur d'air, offrent un peu plus d'intimité. Une cuisine commune, un bar-restaurant et une minipiscine complètent les infrastructures. Autres prestations utiles : un service de laverie (1 500 CFP), la location de vélos (1 000 CFP la journée ; bien s'assurer de leur bon état de marche) et de kayaks (2 000 CFP la demi-journée), un espace TV, et l'accès Internet (payant). Le transfert à l'aérodrome ou au quai est facturé 1 000 CFP/pers l'aller-retour.

Raiatea Hawaiki Nui HÔTEL €€

(☎60 05 00 ; www.hawaikinuihotel.com ; PK 2 ; bungalows 15 000-28 000 CFP, formule "last minute" 8 000 CFP ; ❄🏊📶). Longtemps positionné comme un hôtel de luxe, cet hôtel à la périphérie sud d'Uturoa était en transition lors de notre passage. Après avoir subi des vents contraires, il semble avoir retrouvé un second souffle grâce à un changement de direction, à des tarifs avantageux (la chambre ou le bungalow sont à 8 000 CFP en formule "last minute", sans réservation, selon disponibilité, entre 18h et 20h) et à une rénovation progressive des chambres et des bungalows. Les 28 unités sont réparties entre bungalows sur pilotis, bungalows semi-lagon (qui donnent sur l'arrière des bungalows sur pilotis), bungalows jardin et chambres jardin (attenantes et sans grande intimité). L'hôtel est en bord de route, mais la végétation profuse fait oublier cet inconvénient. Il dispose d'un restaurant, d'un bar et d'une toute petite piscine, face au lagon. Superbe tombant à quelques mètres de l'hôtel, idéal pour le snorkeling et la plongée (centre sur place ; voir p. 129).

CÔTE EST

BON PLAN **Les 3 Cascades** PENSION €

(☎66 10 90 ; www.pensionles3cascades.com ; PK 6 ; s/d avec sdb commune 4 500/5 500 CFP, bungalows d 7 000-8 000 CFP ; 📶). Cette pension s'adapte à tous les budgets. Les 4 chambres, dans un *fare*, sont spartiates mais propres, et les 2 bungalows offrent un confort convenable, dans une propriété verdoyante. Service bien pratique compte tenu des maigres options disponibles : la restauration est assurée sur place, à des tarifs abordables (900 CFP le petit-déj, 2 200 CFP le dîner). Pour la baignade, faites-vous déposer au motu Iriru (3 000 CFP l'aller-retour pour 2 personnes), à 15 minutes de bateau. Le propriétaire organise des tours du lagon de Tahaa (9 000 CFP). Transferts gratuits à l'aérodrome pour un séjour d'au moins 2 nuits.

Manava PENSION €

(☎66 28 26 ; www.manavapension.com ; PK 6 ; d avec sdb commune 5 000 CFP, bungalows d 8 500 CFP ; 📶). Située côté montagne, légèrement en retrait de la route côtière (juste après la pension précédente), cette adresse n'a pas de vue sur le lagon, mais la prestation est convenable. Les petits budgets opteront pour l'une des 2 chambres dans le grand *fare*, très simples, avec sdb commune (eau chaude), brasseur d'air et cuisine commune. Autre possibilité : l'un des 4 bungalows, recouverts de bambou tressé, spacieux, disséminés dans un beau jardin tropical. Tous possèdent une sdb (eau chaude) et une cuisine équipée. Andrew Brotherson, le propriétaire, organise diverses excursions (voir Manava Tours, p. 130), notamment la visite du *marae* Taputapuatea et le dépôt sur le motu Iriru (1 500 CFP/pers, minimum 4 participants). Son épouse réalise de jolis paréos peints à la main, proposés à la vente. Des vélos sont à louer (1 500 CFP/jour). Pas de service de restauration (sauf petit-déjeuner, 800 CFP), mais roulotte à 500 m et transferts possibles pour des snacks à Uturoa le soir. Transferts gratuits pour l'aérodrome.

Opeha PENSION €

(☎66 19 48, 79 88 92 ; www.pensionopeha.pf ; PK 10,5 ; bungalows d avec petit-déj 10 000 CFP ; ❄📶). Cette pension a bonne réputation. Certes, les 5 bungalows, modernes, n'ont aucun cachet local, mais la propreté est irréprochable, les petits-déj sont copieux, et les tarifs incluent le prêt de vélos et de kayaks. La propriété donne directement sur le lagon (pas vraiment turquoise à cet endroit), mais il n'y a aucune possibilité de baignade, même si un ponton a été aménagé. L'idéal est de se faire déposer au motu Iriru ou de s'y rendre en kayak. Les excursions (remontée de la rivière Faaroa, tour de Tahaa) sont directement assurées par la pension. Pour les repas du soir, on s'arrange avec les hôtes, qui commandent un repas dans les roulottes du secteur, livré sur place. Le transfert à l'aérodrome coûte 1 000 CFP/pers l'aller-retour. Paiement en espèces.

Oviri Lodge FARE D'HÔTES €€

(☎66 30 51, 79 53 96 ; www.ovirilodge.com ; PK 35,2 ; bungalows d 14 000 CFP ; 📶). Un calme absolu et un dépaysement total vous attendent dans ces 2 bungalows accrochés à flanc de colline, avec une vue inégalable sur la baie de Hotopu et le lagon. L'architecture de ces deux unités, vraiment originale, mélange le bois et la pierre, avec une toiture végétalisée ; tout a été réalisé à partir de matériaux locaux. Les petits-déj (1 500-2 000 CFP) se prennent en bas de la propriété. Pas de plage, mais un ponton donne accès à une zone de baignade dans la baie. On peut aussi se rendre en kayak au motu Oatara. Vu l'isolement et l'absence de service de restauration, il est vivement conseillé de louer une voiture dès l'arrivée à l'aérodrome. Bon accueil.

♥ **Opoa Beach** HÔTEL €€€

(☎60 05 10 ; www.hotel-raiatea.com ; PK 37 ; bungalows d à partir de 25 000 CFP, demi-pension 8 000 CFP/pers ; ❄📶). Les clients de cet hôtel de charme ne tarissent pas d'éloges sur leur séjour. Les propriétaires, des professionnels expérimentés de la restauration et de l'hôtellerie, ont habilement mis en valeur ce site en bord de mer, complètement isolé dans le sud-est de l'île. Si l'aspect extérieur des 9 bungalows (la plupart avec vue sur la mer, mais non climatisés) est dénué de caractère local, l'intérieur est agencé avec beaucoup de goût, et la décoration s'appuie sur des matériaux locaux (fibres végétales, coquillages) et des meubles en teck cérusé blanc. La piscine est petite, mais un ponton permet d'accéder à une belle zone de baignade dans le lagon. L'hôtel étant situé en face du motu Oatara, il est possible de s'y faire déposer gratuitement pour pratiquer le snorkeling (l'équipement est prêté). Kayaks à disposition. L'Opoa Beach est également réputé pour sa cuisine raffinée. Offres promotionnelles à certaines saisons. Compte tenu de l'éloignement, la location d'un véhicule (disponible à l'hôtel) est souhaitable.

CÔTE OUEST

♥ **Sunset Beach Motel** BUNGALOWS, CAMPING €

(☎66 33 47 ; www.sunset-raiatea.pf ; PK 5 ; camping 1 200 CFP/pers, bungalows s/d 11 000/12 000 CFP, majoration 1 000 CFP/bungalow pour une seule nuit ; 📶). Une valeur sûre, qui n'a de motel que le nom. Le cadre est superbe : 22 bungalows disséminés sur une pelouse impeccable, au milieu d'une magnifique cocoteraie, face au lagon et au coucher du soleil. Suffisamment espacés les uns des autres, spacieux et confortables, ils possèdent une sdb (eau chaude), du mobilier en rotin, la TV, un brasseur d'air et une cuisine équipée. Les propriétaires ont même pensé aux campeurs, qui pourront planter leur tente dans un espace qui leur est réservé et profiter d'une vaste cuisine équipée et d'un bloc sanitaire (eau froide) bien entretenu. Un abri pour tente est prévu en cas de pluie. Sachez qu'il n'y a pas de plage de sable, mais un long ponton sur le lagon permet de trouver un peu de profondeur (prêt du matériel de snorkeling). Hormis le petit-déjeuner (1 200 CFP), le Sunset Beach ne propose pas de service de restauration. Si vous préférez faire vos courses et cuisiner, joignez-vous aux propriétaires qui vont tous les jours à Uturoa. Parmi les petits plus : des kayaks (gratuits), des vélos (2 100 CFP/jour), ainsi qu'un petit salon avec bibliothèque. Les transferts à l'aérodrome sont inclus. Wi-Fi payant. À 2 km de l'aéroport et à environ 5 km du centre-ville d'Uturoa.

Raiatea Lodge HÔTEL €€
(☎66 20 00 ; www.raiateahotel.com ; PK 8,8 ; s 14 000 CFP, d standard/supérieure 16 500/20 000 CFP ;). Un établissement au charme colonial, à 4 km environ de l'aérodrome. Construit côté montagne, sur deux niveaux, il offre une vue dégagée sur le lagon et Bora Bora. Le petit nombre de chambres (16) lui assure calme et intimité. L'ensemble est confortable et chaleureux, avec TV, sdb, balcon-terrasse (avec vue sur le lagon pour toutes les chambres) et parquet. C'est en outre l'un des rares à être équipé de la clim. sur l'île. La déco des 3 supérieures séduit par sa touche contemporaine ; celle des standard est plus ordinaire. L'établissement dispose d'un restaurant, d'un bar et d'une petite piscine. Il n'y a pas de plage, mais on peut s'adonner au snorkeling au bout d'un ponton aménagé sur le lagon, ou rejoindre un petit îlot, le motu Miri Miri, en canoe (gratuit) en 15 minutes environ. Demi-pension possible (6 000 CFP/pers). Vélos à disposition et prêt de palmes, masque et tuba. Les transferts aller-retour à l'aérodrome sont facturés 2 000 CFP le trajet jusqu'à 4 personnes.

Laura Lodge FARE D'HÔTES €€
(☎66 15 57 ; www.lauralodgeraiatea.com ; bungalows d avec petit-déj 12 700 CFP ;). L'unique bungalow, dans le jardin tropical des propriétaires, derrière le Raiatea Lodge, est un nid douillet. Le site est calme et luxuriant, et la piscine est un plus. Côté confort, rien ne manque, et le bungalow est entièrement équipé. Vélos et kayaks sont à disposition. Pour la baignade, les hôtes utilisent un ponton sur le lagon, ou se rendent sur le motu Miri Miri en kayak (environ 15 min). Transferts gratuits pour l'aérodrome. Paiement en espèces.

BON PLAN **Temehani** CHAMBRES D'HÔTES €€
(☎66 12 88, 77 54 87 ; www.vacances-tahiti.com ; PK 11,3 ; s/d avec petit-déj 8 000-11 000/9 000-12 000 CFP ;). On tombe vite sous le charme de cette chambre d'hôtes, dans laquelle diverses essences de bois (le propriétaire est un ancien menuisier) créent une atmosphère cosy. Sur les 3 chambres (dont 2 avec vue sur la mer, équipées d'un deck), une seule possède sa propre sdb, les 2 autres partagent une sdb commune. Elles sont disposées de part et d'autre d'un vaste séjour ; l'intimité n'est donc pas le point fort, mais la convivialité est au rendez-vous. Pas de plage ni de possibilité de baignade, mais on peut se rendre en kayak (gratuit) jusqu'à un banc de sable, en face de la pension, ou au motu Miri Miri. Des vélos sont également à disposition. Dîner (excellent) sur demande (2 800 CFP), servi en terrasse. Le propriétaire organise des sorties à la voile (monocoque) dans le lagon de Raiatea et de Tahaa, à la journée (9 500 CFP) ou à la demi-journée (7 500 CFP). Transferts gratuits pour l'aérodrome. Paiement en espèces.

Où se restaurer et prendre un verre

Si vous effectuez le tour de l'île, prévoyez un pique-nique, car, en dehors d'Uturoa, les possibilités de restauration sont limitées.

Jade Garden RESTAURANT €
(☎66 34 40 ; plats 1 500-3 000 CFP ; ⏲midi et soir mer-ven, soir sam). Un restaurant de spécialités chinoises, au centre d'Uturoa. Salle impersonnelle malgré la présence de quelques lampions. La cuisine est très ordinaire, à en juger par le poulet au citron. Notez bien les horaires de service : de 11h à 13h pour le déjeuner et de 18h30 à 20h30 pour le dîner.

Le Napoli PIZZERIA-RESTAURANT €
(☎66 10 77 ; plats 1 400-2 400 CFP ; ⏲tlj sauf sam midi, dim midi et lun). Le décor de cette pizzeria, en bord de route, près de l'aérodrome, est modeste et la cuisine sans prétention, mais la carte, variée, contentera tous les appétits et tous les budgets, avec des spécialités italiennes (pâtes, pizzas cuites au feu de bois) et des plats de viandes et de poissons.

La Voile d'Or RESTAURANT €
(☎66 12 97 ; marina Apooiti ; plats 1 500-2 500 CFP ; ⏲tlj). Principaux atouts de la Voile d'Or, au bout de la marina : il ouvre tous les jours et possède une terrasse au bord du lagon, bien exposée, face à Tahaa et à Bora Bora. Dans l'assiette, c'est plus ordinaire, avec des plats de viande et de poisson (côte d'agneau, sole meunière, *mahi mahi*) de qualité moyenne.

Raiatea Hawaiki Nui – Le Nordby RESTAURANT D'HÔTEL €
(voir p. 132 ; ☎60 05 00 ; plats 1 400-3 000 CFP ; ⏲tlj). Une adresse pour se faire plaisir sans se ruiner ; demandez une table en terrasse, face au lagon. La cuisine est fraîche et variée (le *mahi mahi* burger est excellent), et les desserts alléchants. Le bar est l'un des rares lieux animés de l'île les mercredi et vendredi (happy hour avec orchestre de 17h à 19h les mercredi et vendredi, et show polynésien le vendredi).

Raiatea Lodge RESTAURANT D'HÔTEL €€
(voir ci-dessus ; ☎66 20 00 ; plats 2 200-2 900 CFP ; ⏲tlj). On apprécie le cadre : mobilier de style colonial, plancher en bois, tables joliment

dressées, éclairage tamisé le soir. La cuisine, à la présentation soignée, laisse un bon souvenir. Le chef fait preuve d'une certaine inventivité, en travaillant des produits en grande partie issus de l'île. Essayez le filet de perroquet au risotto de langouste et, en dessert, la tarte Tatin à l'ananas. Le bar permet de savourer un cocktail face au soleil couchant.

Opoa Beach RESTAURANT D'HÔTEL €€€
(☎60 05 10 ; www.hotel-raiatea.com ; PK 37 ; menu 5 000 CFP ; ⏲le soir sur réservation). Envie d'un dîner aux chandelles ? Régalez vos papilles d'une cuisine de gourmet, élégamment préparée et savoureuse, dans un cadre romantique. Le menu change tous les jours, mais le choix est limité (2 entrées, 2 plats, 2 desserts).

Plusieurs supermarchés bien approvisionnés sont installés dans le centre-ville d'Uturoa. Ils sont ouverts du lundi au samedi, ainsi que le dimanche matin pour certains, et acceptent la carte de crédit. Mentionnons l'enseigne **Champion**, sur le front de mer, le magasin **Leogite**, dans la rue principale. Le supermarché **Liaut**, également dans la rue principale, livre les plaisanciers à bord du navire pour tout achat supérieur à 15 000 CFP.

Achats

Les possibilités de shopping sont à Uturoa.

Marché couvert (⏲tlj sauf dim). En face de la gare maritime. La galerie à l'étage est consacrée aux objets artisanaux. Également vente de vanille.

Arii Création (☎66 35 54). Boutique spécialisée dans les tissus polynésiens, T-shirts, chemises, débardeurs. Dans la rue principale.

La Palme d'Or (☎60 07 85). Bijouterie. Bon choix de perles de Tahiti, et vente de vanille. Dans la rue principale.

Galerie Anuanua (☎66 12 66 ; www.galerie-anuanua.com). Galerie d'art regroupant les créations d'artisans de différentes îles. Vous y trouverez des sculptures, des poteries, des tableaux et des objets en nacre. Dans la rue principale.

Te Fare (☎66 17 17). Côté quai, cette boutique vend des tissus, des tableaux, des bijoux, de la vannerie et des sculptures.

Tahi Perles (☎60 20 20 ; PK 4,1). Vente de perles nues et montées. Visite gratuite de l'atelier greffe (sur rendez-vous).

Renseignements

Tous les services sont regroupés à Uturoa. Plusieurs médecins libéraux exercent à Uturoa. L'hôpital se situe en face de la poste. Également une pharmacie dans la rue principale.

Banque de Polynésie (⏲8h15-12h et 13h-15h30 lun-ven pour le change). Dans la rue principale, près du marché. Distributeur automatique de billets, et opérations de change.

Banque de Tahiti (⏲8h15-12h et 13h-15h30 lun-ven pour le change). Dans la rue principale, près du marché. Distributeur automatique de billets, et opérations de change.

ITS (☎60 25 25 ; Uturoa ; 1 000 CFP/heure ; ⏲8h-12h et 13h-17h lun-ven, 8h-11h30 sam). Accès Internet. À l'intérieur de la gare maritime.

Office du tourisme (☎60 07 77 ; Uturoa ; ⏲8h-16h lun-ven). À l'intérieur de la gare maritime, côté front de mer. Quelques brochures.

OPT (Uturoa ; ⏲8h-12h30 et 14h-16h lun-ven, 8h-10h sam). Bureau de poste. Légèrement à l'écart du centre-ville, en direction de l'aérodrome. Accès Internet et Wi-Fi, fonctionnant avec la carte Manaspot (en vente sur place). Distributeur automatique de billets.

Socredo (☎68 82 46 ; ⏲8h15-12h et 13h-15h30 lun-ven pour le change). Distributeur automatique de billets, et opérations de change.

Depuis/vers Raiatea

Raiatea est située à 220 km au nord-ouest de Tahiti, à 40 km au sud-est de Bora Bora, et elle est séparée de Tahaa par un chenal de 3 km de large.

Avion

Air Tahiti dessert Raiatea de 7 à 9 fois par jour au départ de Tahiti, directement ou via Moorea et/ou Huahine (aller simple tarif plein 14 200 CFP). La durée du vol direct est de 40 minutes. Raiatea est également reliée à Huahine (7 100 CFP) et à Bora Bora (7 800 CFP) au moins une fois par jour, ainsi qu'à Maupiti (8 500 CFP) 3 fois par semaine.

Air Tahiti (☎60 04 44, 60 04 40, 86 42 42 réservation centrale ; www.airtahiti.pf ; ⏲7h30-11h30 et 13h30-16h30 lun-ven, 7h30-11h30 sam). Bureau à l'aérodrome.

Bateaux inter-îles

DEPUIS/VERS TAHAA

NAVETTES Les deux navettes **Te Haere Maru** (☎65 61 33) circulent entre le quai d'Uturoa (au centre-ville) et la plupart des baies de Tahaa (Poutoru, Tiva, Tapuamu, quai Amaru, Haamene). Ce service fonctionne tous les jours du lundi au samedi midi, mais pas le dimanche.

Comptez environ 15 minutes de traversée d'Uturoa à la marina Apu, l'escale la plus proche à Tahaa (mais près d'une heure pour les villages du nord de l'île). Deux navettes par jour en semaine (départ vers 5h30 et 11h de Tahaa, départ vers 9h30 et 15h30 du port d'Uturoa), et une le samedi matin (départ vers 5h30 de Tahaa et 9h30 de Raiatea), 650 CFP l'aller simple. Vous pouvez acheter les billets directement à bord. Appelez la société pour confirmer les horaires exacts de départ.

TAXI-BOAT Le **taxi-boat Dominique** (☎79 62 01) assure des transferts à la demande entre les deux îles à bord de petits bateaux. Le trajet coûte entre 3 300 CFP/pers pour le sud de Tahaa et 6 300 CFP/pers pour le nord de Tahaa (minimum 2 pers, tarifs de jour). La prise en charge peut avoir lieu directement à l'aéroport ou à la marina d'Uturoa. Réservation 24 heures à l'avance souhaitée.

DEPUIS/VERS LES AUTRES ÎLES DE L'ARCHIPEL

Le catamaran rapide **Aremiti 4** (☎50 57 57 ; www.aremiti.pf) assure un service hebdomadaire entre Papeete, Huahine, Raiatea et Bora Bora (aller le vendredi, retour le dimanche). L'aller simple Papeete-Raiatea coûte 6 300 CFP. Le passage Raiatea-Bora Bora revient à 5 250 CFP.

Spécifiquement prévu pour le transport de passagers, le **Maupiti Express 2** (☎67 66 69 ; www.maupitiexpress.com), basé à Bora Bora, circule entre Bora Bora, Tahaa (au quai de Poutoru) et Raiatea. Les mercredi, vendredi et dimanche, il quitte Vaitape (Bora Bora) à 7h, passe à Tahaa (quai de Poutoru) à 8h30 et arrive à Uturoa (Raiatea) à 8h45. Le même jour, il repart d'Uturoa à 16h, dessert Tahaa (quai de Poutoru) à 16h30, puis continue sur Bora Bora où il arrive à 18h. Comptez 4 000/5 000 CFP l'aller simple/aller-retour, et 500 CFP le passage Raiatea-Tahaa.

Les cargos **Taporo** et **Hawaiki Nui** desservent Raiatea au départ de Tahiti. Pour plus de détails concernant les cargos inter-îles, consultez le chapitre *Transports* p. 373.

Comment circuler

Desserte de l'aérodrome

L'aérodrome n'est distant que de 3 km du centre d'Uturoa. Des taxis attendent devant l'aérogare, mais les hôtels et les pensions viennent chercher leurs clients qui ont réservé, gratuitement ou non.

Scooter, vélo et bateau

Avis (☎66 34 06 ; avis.raiatea.loc@mail.pf) facture 3 500/6 500 CFP la location d'un vélo/scooter pour 24 heures. On peut aussi louer un bateau à moteur sans permis (10 200 CFP les 8 heures) pour explorer le lagon à son rythme.

Certaines structures d'hébergement louent des vélos à leurs clients. C'est le cas des pensions Manava et Tepua et du Sunset Beach Motel. La chambre d'hôtes Temehani prête des vélos.

Taxi

La **station de taxis** se trouve à proximité du marché couvert. Des taxis stationnent également à l'aérogare. Comptez 1 000 CFP la course entre l'aérodrome et le centre-ville, 1 500 CFP jusqu'au Raiatea Hawaiki Nui Hotel.

Transports en commun

Ne comptez pas sur les bus locaux. Leurs rares passages les rendent peu pratiques pour les touristes.

Voiture

La location d'une voiture reste la formule la plus adaptée pour découvrir l'ensemble de l'île. Le tour de l'île fait 98 km, entièrement bitumé. Trois sociétés de location se partagent le marché à Raiatea. Il est vivement conseillé de réserver. À votre demande, le véhicule peut vous être livré gratuitement à l'aérodrome. Les stations-service sont à Uturoa.

Hertz (☎66 35 35 ; hertz.raiatea@mail.pf). Agence à côté de l'aérodrome. Comptez environ 11 500 CFP les 24 heures pour un véhicule de catégorie A en kilométrage illimité.

Avis (☎66 34 06 ; avis.raiatea.loc@mail.pf). Bureau à la sortie d'Uturoa, en direction de l'aérodrome. Comptez 9 800 CFP la location d'un véhicule de catégorie A pour 24 heures en kilométrage illimité.

Moana Rent a Car (☎75 08 30 ; www.moanarentacar.com). À 300 m de l'aéroport. Environ 8 100 CFP pour 24 heures.

TAHAA

5 000 HABITANTS

Ceux qui ont pris le temps de l'explorer sont unanimes : Tahaa est un bijou. Accessible par bateau uniquement, elle a gardé une atmosphère toute villageoise, faite de bonhomie et de simplicité. Tahaa est également réputée pour sa vanille, qui passe pour l'une des meilleures du monde (d'où son surnom d'"île vanille").

Une route côtière sinueuse fait le tour de l'île, mais la circulation est rare et les transports publics inexistants. Comme Raiatea, elle ne possède aucune plage digne de ce nom, mais les motu de la barrière de corail sont superbes.

Les activités ne manquent pas : snorkeling, tour de l'île guidé, visite des vanillères, découverte de la flore, plongée... Le lagon facilement navigable et ses mouillages abrités en font une destination de prédilection des plaisanciers.

Histoire

Tahaa s'appelait jadis Kuporu ou Uporu, nom que l'on rencontre ailleurs en Polynésie et peut-être associé aux grandes migrations. Il pourrait provenir de l'île samoane d'Upolu. Tahaa vécut dans l'ombre de Raiatea, sa puissante voisine, mais fut durant quelques temps un enjeu stratégique dans le cadre des luttes qui opposèrent Raiatea et Bora Bora, au XVIIIe siècle.

Les premiers missionnaires arrivèrent de Raiatea en 1822 et Tahaa tomba sous la domination française à la même époque que sa grande voisine, à la fin du XIXe siècle.

Orientation

Le littoral au nord de l'île forme une bande relativement continue, alors que le sud de l'île est creusé de profondes et magnifiques baies. Une route de ceinture de 70 km, asphaltée, suit le tracé du littoral. Une piste traversière, carrossable (4x4 uniquement), relie Patio au nord à Haamene au sud. La population est regroupée dans 8 villages principaux, tous au bord de la côte. Patio est le centre administratif de l'île, et abrite divers services, dont une poste, une banque, des magasins et un petit centre artisanal. Le mont Ohiri (598 m) est le point culminant de l'île. La baie d'Apu au sud, la baie de Haamene à l'est et la baie de Hurepiti à l'ouest sont des criques profondément échancrées offrant des abris sûrs pour les plaisanciers.

La numérotation des bornes kilométriques PK, qui débute à Haamene, s'achève vers le PK 25 dans le sens des aiguilles d'une montre, à Patio, et reprend à partir de là en décroissant jusqu'à Haamene.

À voir

La route côtière fait environ 70 km et traverse de magnifiques paysages, luxuriants et paisibles. Vous ne croiserez guère d'autres véhicules. L'essentiel du trajet présenté ci-dessous se fait le long du littoral, sauf à quelques endroits où la route bifurque vers l'intérieur, gravissant quelques raidillons. Louez une voiture (p. 144), ou passez par l'intermédiaire d'un prestataire organisant un tour de l'île en 4x4.

DE VAITOARE À HAAMENE

À l'extrémité sud de l'île, la **ferme perlière Champon** (☎65 66 26 ; www.champonperles.com) commercialise des perles de très bonne qualité, à des tarifs élevés. Certains lecteurs ont cependant été déçus par l'accueil.

TAHAA, L'ÎLE VANILLE

Tahaa est fort justement surnommée "l'île vanille". L'île assure en effet les trois quarts de la production polynésienne de vanille, estimée à 20 tonnes par an environ. On est très loin des 150 à 200 tonnes du début du siècle, lorsque cette culture était florissante dans l'archipel de la Société.

Plusieurs vanilleraies sont ouvertes au public. Il s'agit de petites exploitations familiales, où vous pourrez vous procurer des gousses à des tarifs avantageux (comptez 2 300 CFP les 100 g) et où l'on vous expliquera les techniques du "mariage" (fécondation artificielle) de la vanille. Sa culture est très délicate et assez technique, car la fécondation de la fleur est pratiquée à la main. Neuf mois plus tard, les gousses sont mises à sécher et à brunir pendant 4 à 5 mois ; elles sont ensuite triées, calibrées, puis empaquetées dans des sachets ou des tubes en bambou avant d'être commercialisées à Papeete ou exportées.

La route longe ensuite la côte en contournant la **baie d'Apu**. Au fond de la baie, une bifurcation mène vers le sud jusqu'au village de **Poutoru**, puis au hameau de **Pati**, où la route se termine en cul-de-sac. L'itinéraire côtier quitte le littoral, part vers l'intérieur des terres, franchit quelques collines, puis redescend jusqu'au plus grand village de **Haamene**. Au passage, sur la droite, ne manquez pas la visite de la **Maison de la vanille** (☎65 67 27), une petite exploitation familiale où vous pourrez acheter des gousses de vanille et visiter l'atelier de préparation et de séchage.

DE HAAMENE À PATIO

La route s'élève à nouveau dans la montagne, puis redescend dans la magnifique **baie de Hurepiti**, qu'elle longe jusqu'au village de **Tiva**, avec Bora Bora en arrière-plan.

Continuez quelques kilomètres vers le nord, jusqu'à **Tapuamu**, qui possède le principal quai de l'île. De là, on découvre le collier d'îlots cernant le littoral septentrional de l'île, dont le **motu Tau Tau**, sur lequel se déploie l'hôtel Tahaa Private Island & Spa (p. 142). Avant de rejoindre **Patio**,

Tahaa

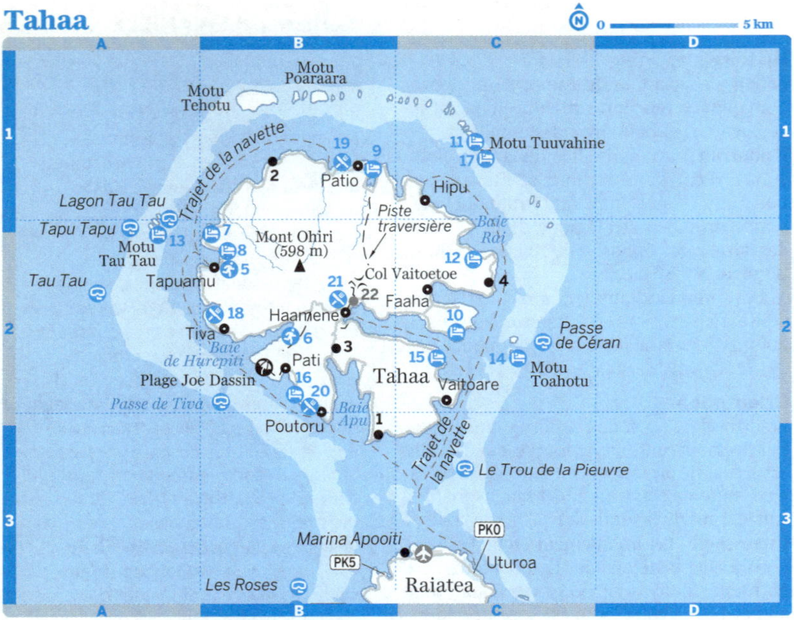

la principale localité de l'île, tout au nord, où sont regroupés les principaux services administratifs de l'île, faites halte à **Love Here Pearl Farm** (☎65 62 62 ; www.lovehere-pearlfarm.com), une ferme perlière où vous pourrez acheter des perles, des bijoux et des objets décoratifs à tous les prix.

DE PATIO À HAAMENE

Au-delà de Patio, la route se poursuit en épousant les contours de la côte, passant par des plantations de coprah, jusqu'à **Faaha** et la baie du même nom. Avant d'arriver à Faaha, arrêtez-vous à la **Vallée de la vanille** (☎65 74 89 ; thevanillavalley@gmail.com), une exploitation familiale spécialisée dans la vanilliculture, où vous pourrez acheter des gousses et de produits dérivés de la vanille.

Il existe une possibilité plus directe de rejoindre Haamene au départ de Patio, par la **piste traversière**, qui débute peu après le village, et traverse les collines, mais elle n'est carrossable qu'en 4x4.

Quand la route côtière arrive à la baie de Haamene, tournez à gauche en direction de l'hôtel Hibiscus (p. 140), où se trouve la **Fondation Hibiscus** (☎65 61 06 ; www.hibiscustahaa.com), qui se consacre au sauvetage des tortues prises au piège dans les filets des pêcheurs. Les propriétaires de l'hôtel rachètent les tortues aux pêcheurs, puis les parquent dans des enclos aménagés à côté de l'embarcadère de l'hôtel jusqu'à ce qu'elles atteignent une taille suffisante pour être libérées. Elles sont ensuite relâchées par un "parrain", un plaisancier en général, qui les emmène loin de l'île et les remet en liberté. La fondation avait déjà sauvé plus de 1 510 tortues. Le nourrissage des tortues a lieu tous les matins vers 9h, au ponton (gratuit).

À partir de l'hôtel Hibiscus, la route côtière longe le littoral nord de la baie de Haamene jusqu'au paisible village de **Haamene**.

DE HAAMENE À VAITOARE

Après Haamene, la route suit la rive sud de la baie, serpente interminablement autour de petites baies et traverse le hameau de **Vaitoare**.

Activités

Plongée sous-marine

Basé à Tapuamu, le centre de plongée **Tahaa Diving** (☎65 78 37, 24 80 69 ; www.tahaa-diving.com ; baptême ou explo 6 000 CFP, "two tanks" 11 000 CFP) propose des plongées en petit comité (un seul bateau) au nord-ouest de l'île, à l'extérieur du lagon (passe de Tiva, Tau Tau, Tapu Tapu) et à l'intérieur du lagon. Comptez de 20 à 45 minutes de bateau. Les sites de Raiatea sont également accessibles au départ de Tahaa. Consultez le chapitre

Tahaa

À voir

1 Ferme perlière Champon.................B3
Fondation Hibiscus.................(voir 10)
2 Love Here Pearl Farm.......................B1
3 Maison de la vanille..........................B2
4 Vallée de la vanille...........................C2

Activités

5 Tahaa Diving B2
6 Vanilla Tours B2

Où se loger

7 Au Phil du Temps..............................B2
Chez Louise............................(voir 18)
8 Chez Pascal...B2
9 Fare Pea Iti B1
10 L'Hibiscus...C2
11 La Pirogue C1
12 Le Passage C2
13 Le Tahaa Private Island & Spa..........A2
14 Pension Atger C2
15 Tiare Breeze..C2
16 Titaina..B2
17 Vahine Island.......................................C1

Où se restaurer

18 Chez Louise...B2
L'Hibiscus...............................(voir 10)
La Pirogue .... (voir 11)
Le Tahaa Private Island
& Spa – La Plage.....................(voir 13)
19 Maina Nui..B1
Pension Atger ....(voir 14)
20 Snack Poutoru B2
21 Tahaa Maitai..B2

Transports

22 Monique Locations B2
Tahaa Location Voitures.........(voir 12)

Plongée p. 30 pour de plus amples informations sur les sites. Également sorties snorkeling (3 000 CFP). Service de ramassage dans les hôtels et les pensions. Paiement en espèces.

Baignade et snorkeling

Comme Raiatea, Tahaa est dépourvue de plage, à l'exception de la "plage Joe Dassin" (voir l'encadré p. 140), également réputée pour ses fonds coralliens propices au snorkeling. On peut aussi se rendre sur les motu, notamment le **motu Tau Tau**, à l'ouest, le **motu Toahotu** ou le **motu Atger**, à l'est, vraiment superbes. Il existe un magnifique jardin de corail à proximité du motu Tau Tau ; la plupart des tours du lagon s'y arrêtent. Attention toutefois aux nombreux oursins cachés dans les patates de corail.

Certaines pensions peuvent vous déposer sur un motu, pour la journée. Sinon, joignez-vous à une excursion organisée en pirogue (voir p. 130), où des arrêts baignade et snorkeling sont prévus.

Excursions sur le lagon

Le lagon de Tahaa est vraiment superbe. Les prestataires proposent peu ou prou le même parcours, au départ de Tahaa ou de Raiatea : à bord d'une pirogue à moteur (couverte, en principe), arrêts baignade et snorkeling à proximité de plusieurs motu (dont le motu Toahotu, à l'est de l'île, et le superbe motu Tau Tau, à l'ouest de l'île, où se trouve le Tahaa Pearl Beach Resort), visite d'une vanilleraie et d'une ferme perlière. Faites jouer la concurrence et comparez les prestations de chacun, car les tarifs oscillent entre 7 500 et 10 500 CFP/personne la journée, pique-nique inclus. Si vous logez à Raiatea, les prestataires basés à Tahaa, et a fortiori ceux de Raiatea, acceptent en principe de venir vous chercher (gratuitement) au port de Raiatea.

Arii Moana Tours (☎79 69 72). Basé à Raiatea. Bonne réputation.

L'Excursion Bleue (☎66 10 90 ; www.tahaa.net). Basé à Raiatea. Bonne réputation.

Manava Tours (☎66 28 26 ; www.manavapension.com). Basé à Raiatea.

Tahaa Tour Excursion (☎65 62 18, 79 27 56). Tour mixte (combiné tour de l'île en 4x4 le matin et pique-nique sur un motu l'après-midi). Basé à Tahaa.

Vaituariki Taxi Motu (☎70 56 94). Basé à Raiatea.

Vaipoe Tours (☎65 60 83). Basé à Tahaa.

Temehani (☎66 12 88, 77 54 87 ; www.vacances-tahiti.com). Sorties en monocoque à la journée ou à la demi-journée, parcours à la carte (7 500/9 500 CFP la demi-journée/journée). Basé à Raiatea.

Promenade à pied

La seule véritable possibilité de balade pédestre consiste à emprunter la piste traversière qui relie Patio (début de la piste à la sortie est du village) à Haamene. Comptez environ 8 km (soit environ 1 heure 30 à 2 heures), partiellement ombragés. Vous franchirez le **col Vaitoetoe**, d'où l'on jouit d'une vue magnifique sur la baie de Haamene.

Tour de l'île guidé

Le tour de l'île guidé est une bonne solution si vous ne comptez pas louer une voiture. Plusieurs prestataires organisent des tours de l'île en 4x4, généralement d'une demi-journée, incluant la visite d'une vanilleraie, d'une boutique de perles, de diverses plantations, en prenant éventuellement la piste traversière. Réservez dès votre arrivée, car un nombre minimum de participants est requis (généralement entre 4 et 6).

Tahaa Tour Excursion (☎65 62 18, 79 27 56). Ce prestataire combine tour de l'île en 4x4 le matin et pique-nique sur un motu l'après-midi (7 500 CFP la journée). Les transferts au port d'Uturoa sont inclus.

Dave's Tours (☎65 62 42). Tour de l'île en 4x4 à la demi-journée (5 000 CFP).

Vaipoe Tours (☎65 60 83). Tour de l'île en 4x4 à la demi-journée (5 000 CFP).

Vanilla Tours (☎65 62 46 ; vanilla.tours@mail.pf). Une prestation originale et instructive : Alain Plantier axe son circuit sur la botanique, avec des explications sur la flore et ses utilisations traditionnelles et médicinales, et emprunte la piste traversière. Les plaisanciers pourront le contacter par le canal VHF 9 et mouiller devant la maison. Sorties en semaine seulement (et éventuellement le samedi). Comptez 5 500 CFP/pers la demi-journée.

Où se loger

Les divers lieux d'hébergement qu'offre Tahaa sont disséminés dans l'île. Il n'y a donc pas de zone touristique à proprement parler. Pensez à réserver pour que vos hôtes viennent vous chercher au quai de l'un des villages de Tahaa si vous arrivez par les navettes en provenance de Raiatea, ou éventuellement à l'aérodrome d'Uturoa, sur Raiatea (comptez entre 20 et 45 minutes de traversée).

EST DE L'ÎLE

BON PLAN **L'Hibiscus** HÔTEL €
(☎65 61 06 ; www.hibiscustahaa.com ; VHF canal 68 ; bungalows d à partir de 10 600 CFP ; demi-pension 5 000 CFP/pers ; @). Un bon plan, surtout si l'on bénéficie des tarifs promotionnels (2 nuits payées, 1 nuit offerte), régulièrement proposés. Cette propriété luxuriante, côté montagne, à deux pas du bord de mer, dans la baie de Haamene (pas de plage), comprend 7 bungalows, dont certains ont été rénovés (parquet, literie neuve, ventilateur, grande sdb). L'Hibiscus est bien connu des plaisanciers, qui trouveront 8 mouillages à leur disposition ainsi qu'un bar-restaurant, au bord du lagon. Location de vélos (2 000 CFP/jour), et kayaks à disposition. Cet établissement gère également la Fondation Hibiscus, qui se consacre au sauvetage des tortues (voir p. 138). Les transferts depuis Raiatea sont possibles (lieu de rendez-vous au port d'Uturoa), moyennant 3 000 CFP/pers et par trajet.

Le Passage PENSION €€
(☎65 66 75, 72 07 71 ; www.hotel-tahaa.com ; bungalows d 15 000 CFP/pers en demi-pension, minimum 2 nuits ; ❄🏊📶). Cette résidence moderne est tenue par un couple franco-polynésien, à l'accueil simple et direct. Ils louent 3 bungalows, climatisés et de bon confort, avec vue (partielle) sur le lagon, mais mieux vaut aimer la déco kitsch et les couleurs électriques (tissus bleu nuit, tentures vert électrique). Minuscule piscine entourée d'un deck (pas de vue sur la mer). La cuisine, à savourer dans une salle avec vue panoramique, a bonne presse. Les prix incluent le prêt de kayaks et de vélos.

VAUT LE DÉTOUR

PATI ET LA PLAGE JOE DASSIN

Elle n'est connue que d'une poignée d'initiés… La plage Joe Dassin, au nord de Poutoru, est une plage sauvage, accessible uniquement à pied ou par bateau. Depuis Poutoru, marchez ou roulez jusqu'à Pati, un village du bout du monde, qui évoque la vie polynésienne d'antan, avec des *fare* rustiques à côté desquels sont disposés des séchoirs à coprah. Continuez à pied jusqu'à la dernière maison du village, chez "mama Tina", au nord de la baie, où vous demanderez la permission de passer. De là, longez le littoral jusqu'à la plage (comptez un quart d'heure). Il y a quelques clôtures pour le bétail, que vous n'oublierez pas de refermer.

Cette plage déserte encadrée de cocotiers a appartenu au chanteur Joe Dassin, d'où son nom. C'est un superbe site de pique-nique. N'oubliez pas votre équipement de snorkeling, car le jardin corallien qui se déploie devant la plage est splendide.

Aucune zone de baignade dans ce secteur. Notez l'attrayante offre : une voiture de location est offerte pour tout séjour d'au moins 3 nuitées. Transferts possibles (payants) à l'aérodrome d'Uturoa, à Raiatea.

Tiare Breeze FARE D'HÔTES €€€
(☎65 62 26 ; www.tiarebreeze.com ; bungalow d avec petit-déj à partir de 43 000 CFP ; 📶). Un bungalow seulement, mais quel remarquable emplacement, accroché à flanc de colline, à l'entrée de la baie de Haamene ! La vue est majestueuse et le confort irréprochable. Décoration soignée, de style traditionnel, avec des matériaux locaux et des tissus colorés. Pour la baignade, il suffit de descendre au ponton d'accueil, aménagé sur le lagon. Pas de service de restauration, mais on peut se faire conduire à l'hôtel Hibiscus ou au Tahaa Maitai, à Haamene. Kayaks et vélos à disposition.

NORD DE L'ÎLE

Fare Pea Iti PENSION €€€
(☎60 81 11, 76 98 55 ; www.farepeaiti.pf ; bungalows d jardin/plage 18 000/36 000 CFP ; demi-pension 9 500 CFP/pers ; 🏊📶). Un agréable cocon tropical, près de Patio, en bord de lagon, même s'il n'y a aucune plage et pas de possibilité de baignade digne de ce nom (pas assez de fond, algues). Une petite piscine permet de se rafraîchir. La propriétaire a l'art de recevoir et propose 3 bungalows de charme, très spacieux (75 m²), orientés vers la mer et les motu, et un bungalow jardin, intimiste, apprécié des couples. Les membres du personnel sont aux petits soins pour les clients (8 au maximum), qui apprécient le confort et le bon goût des lieux, la qualité de la table d'hôtes et les services offerts (kayaks, vélos, tennis de table, DVD, bibliothèque). Malgré tout, les tarifs des bungalows plage, presque équivalents à ceux d'un hôtel de luxe, sont surévalués, à moins d'obtenir une offre promotionnelle. Les transferts à l'aérodrome ou au port d'Uturoa coûtent 10 400 CFP/pers l'aller-retour.

OUEST DE L'ÎLE

Chez Louise CAMPING €
(☎71 23 06 ; Tiva ; camping 1 000 CFP/pers). En cas d'asphyxie budgétaire, adressez-vous au restaurant Chez Louise. La propriétaire vous laissera planter la tente dans son jardinet, au bord du lagon, dans un endroit ombragé, avec Bora Bora en toile de fond. Douche (froide) en plein air. Vous utiliserez les toilettes du restaurant. Paiement en espèces.

BON PLAN **Chez Pascal** PENSION €
(☎65 60 42 ; Tapuamu ; ch et bungalows avec petit-déj 4 000 CFP/pers). La pension la moins chère de l'île, mais aussi la plus rustique. Peu après Tapuamu, une bifurcation vers l'intérieur des terres mène à cette pension implantée dans un cadre sans grand intérêt (pas de vue sur la mer), mais à l'ambiance typiquement polynésienne. La finition et le confort des 4 minuscules bungalows et des 6 chambres sont rudimentaires (matelas mousse, eau froide, linoléum), mais ils sont correctement entretenus, tout comme le bloc sanitaire commun. Moustiquaire et ventilateur dans chaque unité. Pour les repas, arrangez-vous avec les propriétaires pour qu'ils vous conduisent à un snack. Pascal peut vous déposer au motu Tau Tau le matin et vous récupérer le soir moyennant un tarif forfaitaire de 1 500 CFP/pers aller-retour. Le transfert au quai de Poutoru (là où s'arrête le *Maupiti Express 2*) coûte 2 500 CFP/pers jusqu'à 3 personnes.

Au Phil du Temps PENSION €€
(☎65 64 19 ; www.au-phil-du-temps.com ; d 10 000 CFP, bungalows 12 600 CFP, demi-pension 5 000 CFP/pers ; 📶). Les avis divergent sur cette pension tenue par un couple de Français. Certains clients trouvent que les forfaits hébergement/activités (à partir de 3 jours en pension complète, sur la base de 2 personnes) sont surfacturés, tout comme les repas et les bungalows ; d'autres se contentent de la formule et apprécient l'emplacement, à quelques mètres du bord de mer (pas de plage), côté montagne, à la sortie de Tapuamu, avec une vue superbe sur Bora Bora. Reste que la configuration des lieux est déconcertante : il faut traverser le jardin pour accéder à la sdb de l'un des deux bungalows (la sdb du second bungalow est fort heureusement juste à côté de celui-ci). Aucun des deux n'est orienté face au lagon. Également une grande chambre, dans la maison principale. Paiement en espèces. Wi-Fi payant.

♥ **Titaina** PENSION €€
(☎65 69 58, 29 17 13 ; www.pension-titaina.com ; Poutoru ; bungalows d 11 700-14 500 CFP ; 📶). Il fait bon s'arrêter dans cette pension très bien tenue par un couple de *popa'a* tombés sous le charme des lieux. Les 3 bungalows, accueillants mais sans superflu, sont implantés dans un superbe jardin tropical, où règne la sérénité. Pas de plage mais un bon spot de snorkeling dans la baie, à quelques dizaines de mètres, et la proximité de la plage Joe Dassin, facile

d'accès à vélo (prêté). Également kayaks à disposition. Les petits-déj (1 400 CFP), à base de produits maison, sont excellents, tout comme les dîners (3 500 CFP) et le punch maison. On peut aussi se restaurer pour moins cher au snack Poutoru, à côté de la pension. Diverses activités sont organisées, dont une sortie snorkeling au motu Tau Tau (5 000 CFP) et une journée pique-nique et snorkeling sur un motu au nord de l'île. Lionel, moniteur de plongée, propose aussi des baptêmes pour les débutants. Accueil courtois. Pas de transfert à Utuora, mais le quai de Poutoru (où s'arrêtent les navettes et le *Maupiti Express*) n'est qu'à 200 m. Paiement en espèces.

SUR LES MOTU

BON PLAN **Pension Atger** PENSION €

(28 26 81 ; motu Atger ; atgertheodore@mail.pf ; bungalows 9 000 CFP/pers en pension complète ;). L'un des meilleurs rapports qualité/prix de Tahaa. Jouez les Robinson sur le motu Atger, face à la passe de Toahotu, dans l'un des 4 bungalows, de conception simple mais propre et très convenable, avec sdb et ventil, à quelques mètres du bord de mer. C'est pour le cadre que l'on s'enthousiasme : de tous côtés, les eaux limpides du lagon, et de magnifiques possibilités de snorkeling à quelques mètres du rivage. Parcs à poissons, avec raies, requins et carangues (les enfants adorent !). Kayaks à disposition. Cuisine familiale, simple. Venez de préférence en semaine, beaucoup plus calme que le week-end. Transferts 5 000 CFP/bateau l'aller-retour depuis Uturoa.

Vahine Island HÔTEL €€€

(65 67 38 ; www.vahine-island.com ; VHF canal 70, motu Tuuvahine ; bungalows 1-2 pers à partir de 60 000 CFP ;). Rien ne manque : la tranquillité absolue (une vingtaine de clients, au maximum), une cocoteraie somptueuse, un motu paradisiaque léché par les eaux turquoise du lagon, un accueil personnalisé, un service attentif et une ambiance authentique, loin des ambiances aseptisées et guindées des hôtels de luxe de Bora Bora... Cette valeur sûre de l'hôtellerie polynésienne propose un hébergement de charme dans ses 9 unités, réparties en 6 bungalows plage et 3 bungalows sur pilotis. Un petit bémol : ils ne sont plus tout jeunes – une petite mise au goût du jour serait la bienvenue. Un bon choix d'activités, encadrées par le "beach boy" de l'établissement, est proposé sur le motu : pêche, promenade naturaliste sur le motu, tour du récif, initiation au tressage de feuilles de cocotier, etc. Des kayaks et des équipements de snorkeling sont à disposition. Très beau jardin corallien à proximité immédiate. La demi-pension revient à 10 500 CFP/pers, et les transferts en bateau privé à l'aérodrome d'Uturoa 8 000 CFP/pers l'aller-retour. Tarifs promotionnels sur le site Internet.

La Pirogue HÔTEL €€€

(60 81 45 ; www.hotel-la-pirogue.com ; motu Rootava ; bungalows d à partir de 30 000 CFP ; demi-pension 8 500 CFP/pers ;). Cette bonne adresse permet de s'offrir une part de rêve à des tarifs relativement abordables dans le cadre splendide du motu Rootava. Les 9 bungalows (4 "plage", 4 "jardin" et une suite plage) n'ont rien de luxueux et ne sont pas climatisés mais séduisent par leur cachet local (l'emploi de bois nobles a été privilégié) et leur intégration harmonieuse dans la végétation ambiante. Petite plage pour la baignade, et spot de snorkeling accessible à pied ou en kayak, à 10 minutes. En prime, un fabuleux coucher de soleil sur Bora Bora. Cuisine de qualité, servie dans le restaurant, à quelques mètres du lagon. Ajoutez 8 400 CFP/pers pour les transferts à l'aérodrome d'Uturoa. On peut rejoindre l'île par navette gratuite, trois fois par jour. Kayaks et équipement de snorkeling à disposition. Tarifs préférentiels pour les couples en lune de miel et les anniversaires de mariage.

Le Tahaa Private Island & Spa HÔTEL €€€

(60 84 00 ; www.letahaa.com ; motu Tau Tau ; bungalows d à partir de 85 000 CFP ;). L'un des porte-drapeaux de l'hôtellerie de luxe en Polynésie, le Tahaa Private Island & Spa se déploie dans le cadre exceptionnel du motu Tau Tau, à l'ouest de l'île. Les bungalows, répartis en 12 suites plage de 100 m² et 48 bungalows sur pilotis de 90 m², offrent un confort inégalable. Chaque suite plage possède sa piscine privée ! Bars, restaurants, spa, activités, tout est prévu pour passer un séjour de rêve.

Où se restaurer

Il existe de modestes épiceries dans chaque village. Côté restaurant, l'éventail des possibilités est réduit en dehors des structures d'hébergement.

L'Hibiscus RESTAURANT D'HÔTEL €€

(65 61 06 ; VHF canal 68 ; plats 2 100-2 600 CFP ; tlj). Le restaurant de l'hôtel Hibiscus est situé au bord de l'eau (les bungalows sont de l'autre côté de la route). La cuisine, tournée vers les produits de la mer, est correcte, sans plus.

Le Tahaa Private Island & Spa – La Plage RESTAURANT D'HÔTEL €€
(☎60 84 00 ; www.letahaa.com ; motu Tau Tau ; plats 1 500-3 000 CFP ; ⏲tlj à midi, sur réservation). Cet établissement de luxe accepte les clients extérieurs au déjeuner selon les disponibilités, et sur réservation. Prenez la navette de 11h30 à Tapuamu. Les tarifs des plats restent raisonnables compte tenu du cadre idyllique. Notez cependant que le déjeuner ne vous donne pas le droit de profiter de la piscine, pour laquelle il faut débourser 5 000 CFP.

Tahaa Maitai RESTAURANT €€
(☎65 70 85 ; Haamene ; plats 1 300-3 500 CFP ; ⏲tlj sauf sam midi, dim soir et lun). Une adresse recommandée, sans doute la meilleure de l'île si l'on en croit les échos recueillis. On se régale de spécialités françaises élaborées à partir de produits locaux (chaud-froid de thon, *mahi mahi* à la vanille). Les desserts sont moins convaincants. Préférez la terrasse, avec vue sur la baie, à la salle, impersonnelle.

Chez Louise RESTAURANT €€
(☎71 23 06 ; Tiva ; plats 1 400-1 900 CFP, menu marina 4 900 CFP ; ⏲tlj). Si vous souhaitez une adresse authentique, passez Chez Louise, dont la salle de restaurant, au cachet local (les murs sont en palmes de *niau*), se prolonge par une terrasse au bord du lagon et fait face à Bora Bora. Le menu "marina" réunit une demi-langouste, des chevrettes (crevettes) au curry, du poisson cru et du riz – un peu cher tout de même. Si votre budget est modeste, mieux vaut s'en tenir aux plats du jour (poisson grillé, poisson cru). Paiement en espèces.

La Pirogue RESTAURANT D'HÔTEL €€
(☎60 81 45 ; plats 1 700-2 400 CFP ; ⏲tlj à midi sur réservation). Profitez du cadre époustouflant de cet hôtel délicieusement situé sur un motu le temps d'un déjeuner, et savourez un poisson cru au lait de coco, un burger ou une pizza face à l'eau turquoise du lagon. Transferts depuis le quai au nord de Tahaa 1 000 CFP/pers l'aller-retour.

Autres options :

Maina Nui RESTAURANT €
(☎65 65 68 ; Patio ; plats 1 200-1 300 CFP ; ⏲lun-ven à midi). Ce modeste restaurant, dans une maison moderne, mitonne des spécialités chinoises (*chao men*, porc sauce huître).

♥ **Snack Poutoru** SNACK €
(☎21 81 54 ; plats 1 200 CFP ; ⏲tlj à midi). Un snack familial et sans prétention. Poissons, poulet, steak-frites et sandwichs.

Pension Atger RESTAURANT €
(☎28 26 81 ; motu Atger ; menu 3 500 CFP ; ⏲tlj à midi, sur réservation). Sur le motu Atger, dégustez des spécialités locales dans une atmosphère conviviale. Pour les transferts (payants), il faudra vous arranger avec les propriétaires.

Où prendre un verre et sortir

Impossible de faire des folies nocturnes à Tahaa. Les rares divertissements se limitent au bar de l'Hibiscus (p. 140), fréquenté par les plaisanciers, et aux spectacles de danse polynésienne organisés en général une fois par semaine dans les hôtels.

Achats

La perle de Tahiti et la célèbre vanille de Tahaa, vendue en gousse, sont disponibles directement chez certains producteurs. Reportez-vous à la rubrique *À voir* p. 137 pour leurs coordonnées. Si vous participez à un tour de l'île guidé, un arrêt est prévu dans une vanilleraie et dans une ferme perlière. Vous trouverez également quelques boutiques de souvenirs et d'objets artisanaux dans les principaux villages.

C'est à Tahaa qu'est installé **Tavita** (☎70 37 32, 65 72 09 ; Patio), l'un des tatoueurs les plus célèbres de Polynésie. Son visage est entièrement tatoué. Sa réputation est excellente et toutes les normes d'hygiène sont respectées. Il se déplace directement dans les hôtels ou les pensions, sur rendez-vous.

Renseignements

Médecin et pharmacie à Haamene.

ACCÈS INTERNET Les bureaux de l'OPT à Patio et à Haamene sont équipés d'un poste connecté à Internet fonctionnant avec le réseau Manaspot. Également Wi-Fi.

ARGENT Distributeurs de billets à la Socredo de Patio, à l'OPT de Patio et à l'OPT de Haamene.

Depuis/vers Tahaa

Tahaa ne possède pas d'aérodrome, mais celui de Raiatea n'est qu'à une vingtaine de minutes de bateau (au plus court), de l'autre côté du lagon.

Bateaux inter-îles

DEPUIS/VERS RAIATEA

Un service de navettes maritimes existe entre Uturoa et les différents villages de Tahaa, du lundi au samedi. Il est également possible de faire appel aux services d'un *taxi-boat*. Voir la rubrique *Depuis/vers Raiatea* p. 135 pour tous les détails relatifs à ces services maritimes.

DEPUIS/VERS LES AUTRES ÎLES DE L'ARCHIPEL

La vedette **Maupiti Express 2** (☎67 66 69 ; www.maupitiexpress.com), basée à Bora Bora, circule entre Bora Bora, Tahaa (au quai de Poutoru) et Raiatea. Les mercredi, vendredi et dimanche, elle quitte Vaitape (Bora Bora) à 7h, passe à Tahaa (quai de Poutoru) à 8h30 et elle arrive à Uturoa (Raiatea) à 8h45. Le même jour, elle repart d'Uturoa à 16h, dessert Tahaa (quai de Poutoru) à 16h30, puis continue sur Bora Bora où elle arrive à 18h. Comptez 4 000/5 000 CFP l'aller simple/aller-retour, et 500 CFP le passage Raiatea-Tahaa.

Les cargos **Taporo** et **Hawaiki Nui** desservent Raiatea au départ de Tahiti. Pour plus de détails concernant les cargos inter-îles, consultez le chapitre *Transports* p. 373.

ℹ Comment circuler

Certains hébergements peuvent venir vous chercher directement à l'aérodrome de Raiatea en bateau.

Il n'existe aucun service de transports publics à Tahaa, et la circulation est très clairsemée. La route de ceinture mesure environ 70 km et est goudronnée.

Vélo

Le tour de l'île est envisageable à vélo, mais sachez que plusieurs montées très abruptes dans le sud de l'île vous donneront du fil à retordre. Certaines pensions louent ou prêtent des vélos à leurs clients. Si vous souhaitez vous déplacer en deux-roues, une solution consiste à en louer un à Raiatea et à l'embarquer sur la navette (voir p. 143).

Voiture

Si vous comptez louer une voiture à Tahaa, il vous faudra dépenser des sommes rondelettes.

Monique Locations (☎65 62 48). À Haamene, près de l'église. Comptez 11 000/14 000 CFP pour 8/24 heures. Prévoir une caution de 100 000 CFP en espèces.

Tahaa Location Voitures (☎65 66 75, 72 07 71 ; www.hotel-tahaa.com). À la résidence Le Passage, à l'est de l'île. Facture 9 500/10 000 CFP la location d'un monospace les 8/24 heures. Il faut récupérer et ramener le véhicule à la pension (pas de service de livraison). Propose un package hébergement/location de voiture (voir p. 382).

Vous trouverez une station-service à Patio et à Tapuamu – ouvertes du lundi au samedi.

Expériences insulaires

Les joies du lagon »
Activités nature »
Le démon de la danse »
Sites archéologiques»

(Atoll de Tetiaroa, p. 56)

Les joies du lagon

Les lagons polynésiens sont considérés, à juste titre, comme les plus beaux du monde. Impossible de se lasser de ces somptueux dégradés de bleu, du turquoise le plus pur à l'indigo le plus intense. Les comparaisons sont difficiles, car aucun ne se ressemble. À chaque île, son lagon.

Bora Bora (p. 154), la "perle du Pacifique", est sans conteste la plus célèbre, avec son lagon étincelant et ses hôtels de luxe. Sa petite sœur Maupiti (p. 172), plus discrète mais aussi plus authentique, n'est pas en reste avec un lagon à l'étonnant camaïeu de bleus fréquenté par des raies mantas. Les Tuamotu (p 181), paradis bleu par excellence, représentent l'eldorado des plongeurs. On vient du monde entier rencontrer la faune pélagique (requins, dauphins, raies mantas...) lors de plongées en dérive dans les passes mythiques de Rangiroa (p. 35 et 188) ou de Fakarava (p. 36 et 204). Ignoré par la plupart des visiteurs, l'archipel des Australes offre de belles suprises, comme les lagons de Tubuai (p. 270) et de Raivavae (p. 274), riches en massifs coralliens.

Des prestataires se chargent d'organiser des tours du lagon en pirogue, à la demi-journée ou à la journée. La sortie inclut des arrêts baignade et snorkeling à plusieurs endroits, ainsi qu'un pique-nique sur un motu (îlot) de la barrière de corail. C'est l'assurance d'approcher de très près la faune du lagon, notamment les raies pastenagues et les requins pointes noires, dans moins d'un mètre d'eau. Inoubliable ! Sur certaines îles, on peut aussi louer un petit bateau à moteur sans permis ou un kayak pour circuler à son rythme.

---

1. Lagon bleu à Rangiroa (p. 189) **2.** Plage de Matira à Bora Bora (p. 157) **3.** Lagon bleu à Fakarava (p. 204) **4.** Tortue imbriquée dans les Tuamotu

JEAN-BERNARD CARILLET

1

3

JEAN-BERNARD CARILLET

MICHAEL AW/LONELY PLANET IMAGES ©

4

2

Activités nature

La Polynésie est un fabuleux terrain d'aventure pour les amateurs de loisirs toniques. Outre la plongée sous-marine et le snorkeling, les possibilités abondent côté terre.

Le paradis bleu se double d'un paradis vert. Les îles hautes se prêtent à merveille à la randonnée pédestre, avec de nombreux sentiers qui permettent de gravir des sommets, de parcourir des crêtes, de remonter des vallées, de profiter de panoramas exceptionnels et de se familiariser avec la richesse botanique insulaire. Compte tenu de l'absence de balisage, la présence d'un guide est indispensable.

Autre activité phare, le surf est pratiqué dans la plupart des archipels, toute l'année. Les vagues, assez techniques, s'adressent plutôt aux surfeurs confirmés mais il existe également quelques sites adaptés aux débutants.

À Tahiti, Moorea, Huahine, Hiva Oa et Nuku Hiva, des prestataires organisent des des balades équestres pour tous les niveaux. Au rythme de votre monture, vous explorez l'intérieur des îles, en quelques heures ou en plusieurs jours. Pour faire le plein de sensations, enfourchez un quad et partez à l'aventure, en suivant des pistes peu fréquentées, comme à Moorea et à Nuku Hiva.

JEAN-BERNARD CARILLET

1

4

JEAN-BERNARD CARILLET/LONELY PLANET IMAGES©

Dans le sens des aiguilles d'une montre

1. Bodysurfeur sur la vague de Teahupoo (p. 83)
2. Sortie quad dans l'intérieur de l'île de Moorea (p. 94)
3. Ascension du Temehani à Raiatea (p. 131)
4. Promenade équestre à Raiatea

2

JEAN-BERNARD CARILLET

3

Le démon de la danse

La danse constitue un vecteur essentiel de l'affirmation de l'identité polynésienne. Contrairement à certains clichés, elle n'a rien de folklorique, mais constitue un socle sur lequel s'appuie l'expression intime et viscérale de la culture polynésienne.

L'*ori tahiti* est une façon d'exprimer et de faire partager sa culture. Sur scène, les troupes donnent le meilleur d'eux-mêmes pour communiquer leur énergie à travers une gestuelle codifiée. Danser, c'est transmettre : les chefs de groupe, lorsqu'ils préparent une chorégraphie, consultent les *matahiapo* (les anciens) et puisent dans le répertoire légendaire, qu'ils réinterprètent à leur façon. Les troupes, pour la plupart amateurs, s'investissent complètement dans ce rôle, à raison de plusieurs répétitions hebdomadaires, voire quotidiennes lors de la préparation aux concours de danse comme le Heiva, chaque année en juillet (voir p. 63). Chaque danseur, chaque danseuse réalise ses costumes, uniquement avec des matériaux naturels, dans le respect de la tradition.

Les Marquisiens ont leurs propres danses, inspirées de thématiques plus guerrières ; les plus expressives sont la danse du cochon et la danse de l'oiseau (*haka manu*).

Pour aller plus loin, consultez le chapitre *Ori tahiti– la danse tahitienne* p. 332.

JEAN-BERNARD CARILLET

1

JEAN-BERNARD CARILLET

4

1. à 4. Heiva i Tahiti (p. 63)

2

JEAN-BERNARD CARILLET

3

Sites archéologiques

Les passionnés de culture ancienne trouveront de quoi alimenter leur penchant en Polynésie.

Les Marquises (p. 216) sont un immense parc archéologique et culturel. C'est dans cet archipel que se trouvent les vestiges pré-européens les plus spectaculaires : plates-formes d'habitations anciennes, lieux de cérémonie, sites religieux, sites communautaires, tikis (statues)... Tous sont en harmonie avec l'environnement paysager et naturel, au cœur de luxuriantes vallées ou à flanc de colline, ce qui leur donne un côté grandiose et permet de mieux ressentir leur aura historique. Dans les îles Sous-le-Vent, on trouve également plusieurs sites majeurs qui vous catapulteront dans le passé mystérieux des Polynésiens : le *marae* Taputapuatea à Raiatea (p. 129), les vestiges de Maeva (p. 114) à Huahine, les vestiges de la vallée d'Opunohu à Moorea (p. 90), les pétroglyphes de Maupiti (p. 174) ou de la presqu'île à Tahiti (p. 81) racontent une histoire pluriséculaire qui n'a pas encore livré tous ses secrets. Pour plus d'informations, consultez le chapitre *Sites archéologiques* p. 327.

Ci-dessous

1. L'archéologue Pierre Ottino devant les pétroglyphes de Hatiheu sur l'île de Nuku Hiva (p. 232).

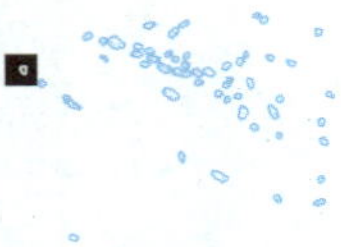

Bora Bora

9 000 HABITANTS

Dans ce chapitre »

Le top des activités

» Excursion sur le lagon (p. 160)

» Plongée et snorkeling (p. 159)

» Tour de l'île en 4x4 (p. 161)

Le top des hébergements

» Sunset Hill Lodge (p. 163)

» Intercontinental Resort & Thalasso Spa (p. 167)

» Sofitel Motu (p. 166)

» Hotel Matira (p. 164)

» Rohotu Fare Lodge (p. 163)

Pourquoi y aller

Enfin, la voilà, la star du Pacifique. Quand elle fait son apparition à travers les hublots de l'avion, on écarquille les yeux, ébloui par l'harmonie de ses proportions : une île au relief puissant, recouverte d'une végétation d'un vert lumineux, un lagon aux extraordinaires camaïeux de bleu et de turquoise, et un chapelet d'îlots frangés par le sable blanc qui l'encercle comme une étincelante parure.

Le lagon de Bora est parfaitement adapté aux loisirs nautiques : plongée, snorkeling, excursions en pirogue, parachute ascensionnel, marche sous l'eau. Pour le farniente, l'unique plage de l'île, Matira, fait l'affaire. À terre, l'intérieur mystérieux se dévoile à l'occasion d'une randonnée pédestre, et des tours de l'île en 4x4 permettent de découvrir des sites historiques méconnus.

Le côté authentique de Bora Bora s'est estompé avec le développement du parc hôtelier, en grande partie composé d'hôtels de luxe, dont les bungalows sur pilotis font rêver les couples en lune de miel. En parallèle, le nombre de pensions de famille s'est réduit, confortant la réputation de cherté de Bora Bora. D'autres îles de Polynésie, plus préservées, commencent d'ailleurs à lui faire de l'ombre, notamment sa très jolie petite sœur, Maupiti. Malgré tout, Bora Bora reste une escale idyllique. Ici, la tranquillité est garantie, et la magie opère toujours.

Quand partir

Bora Bora se visite toute l'année, mais certaines périodes sont plus favorables. En juillet, les fêtes du Heiva, célébrées à Vaitape, apportent une note d'animation bienvenue. Début novembre, l'arrivée de la course de pirogue Hawaiki Nui sur la plage de Matira est un événement exceptionnel. De novembre à avril, la chaleur est étouffante et la nébulosité élevée, avec des risques de précipitations qui peuvent durer plusieurs jours. Juillet et août sont des mois plus frais et plus secs, mais très ventés.

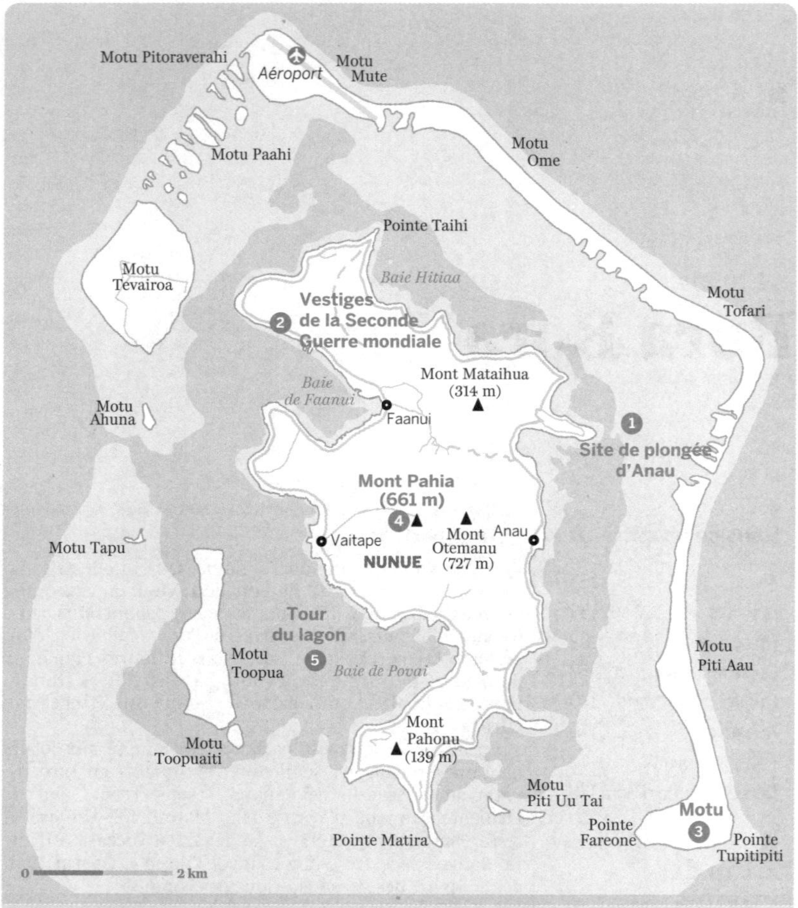

À ne pas manquer

1 **Plonger** avec les raies mantas sur le site d'Anau (p. 159)

2 Découvrir les vestiges de la Seconde Guerre mondiale lors d'un **tour de l'île en 4x4** (p. 161)

3 Jouer à Robinson sur un **motu** (p. 162)

4 Gravir le **mont Pahia** pour profiter d'un panorama époustouflant (p. 162)

5 Explorer les richesses du lagon avec un **bateau à moteur de location** (p. 161)

Histoire

Le nom de Bora Bora, qui pourrait se traduire par "premier-né", laisse penser qu'elle fut l'île la plus importante après l'île "sacrée" de Raiatea. Hiro, premier roi légendaire de Raiatea, l'"île sacrée", aurait envoyé son fils Ohatatama gouverner Bora Bora. L'exiguïté des terres favorisa les conflits interclaniques, mais aussi à l'égard des autres îles de l'archipel de la Société.

Premier Européen à apercevoir Bora Bora en 1769, James Cook y fit brièvement relâche en 1777, durant son dernier voyage. Une mission de la London Missionary Society (LMS) s'y implanta en 1820 ; depuis cette date, Bora Bora est une île essentiellement protestante. L'île soutint les Pomaré dans leur prise de pouvoir sur Tahiti. Bora Bora résista à l'influence française jusqu'à son annexion en 1888.

Bora Bora est pionnière en matière de développement touristique. Les premières constructions hôtelières ont vu le jour dans les années 1960. Les années 1980 ont confirmé cette tendance, avec la construction d'hôtels de luxe par des groupes américains ou japonais, et des célèbres bungalows sur pilotis qui ont contribué à façonner le mythe de Bora Bora.

Orientation

Comme la presque totalité des îles Sous-le-Vent, Bora Bora est une île haute, au relief d'origine volcanique, cernée par un lagon. Les sommets de l'île sont les monts Pahia (661 m) et Otemanu (727 m). L'île principale s'étend sur environ 9 km de long du nord au sud et 4 km dans sa plus grande largeur. Une route bitumée de 32 km fait le tour de la côte. La passe de Teavanui, sur la côte occidentale, est l'unique passe franchissant la barrière de corail. Vaitape, à l'ouest, est la principale localité. Faanui et Anau sont deux agglomérations de moindre importance.

La plupart des établissements et des activités touristiques sont concentrés à proximité de la pointe Matira, péninsule bordée d'une plage qui s'avance dans le lagon, au sud. Le quai de la navigation inter-îles est situé à la pointe Farepiti, entre Vaitape et Faanui. L'aérodrome se trouve sur le motu Mute.

Désagréments et dangers

Les plaisanciers mouillant à Bora Bora devront prendre toutes leurs précautions contre le vol. Veillez sur vos annexes qui auront tendance à prendre le large la nuit. Ne laissez pas d'affaires sans surveillance sur la plage de Matira.

À voir

L'attraction principale de Bora Bora est son lagon, mais l'île elle-même peut donner lieu à une agréable balade d'une demi-journée. Vous verrez les villages, les pointes et les baies, et quelques vestiges historiques, malheureusement non signalisés et mal mis en valeur. Les 32 km de route côtière longent le littoral sur presque tout l'itinéraire. Très plane (à l'exception d'un raidillon, près d'Anau), la route se prête au déplacement à vélo. Vous pouvez également louer une voiture ou passer par l'intermédiaire d'un prestataire spécialisé dans les tours de l'île en 4x4. L'itinéraire décrit ci-après débute à Vaitape et s'effectue dans le sens contraire des aiguilles d'une montre.

VAITAPE

La principale localité de l'île n'a pas beaucoup de charme, mais elle concentre la plupart des services utiles aux touristes : banques, supermarchés, office du tourisme, etc. Elle est particulièrement animée en journée, mais l'effervescence décroît en fin d'après-midi, moment choisi par les joueurs de pétanque pour s'installer devant le *fare* artisanal. Le dimanche matin, il règne une intense animation près de la place centrale. On vient de toute l'île pour acheter les éléments de base du brunch tahitien, vendus sur le bord de la route : le *taioro*, les *firi firi*, le poisson cru, le taro…

À proximité du quai de Vaitape (à côté du *fare* artisanal) s'élève un **monument dédié à Alain Gerbault**, le navigateur français. Entre 1923 et 1929, il fit le tour du monde à bord de son voilier le *Firecrest*, se rendant à Bora Bora en 1926. Il y résida de 1934 à 1940,

NOTEZ BIEN

- Bora Bora est une destination tournée vers les joies du *lagon*, elle n'est pas une destination *plage*. L'île ne compte qu'une seule plage, assez étroite. Les plages des grands hôtels sont artificielles.
- Bora Bora est une île chère, mais il n'y a pas que des hôtels de luxe ; on trouve plusieurs établissements pratiquant des tarifs abordables.
- De juin à août, lorsque souffle le *maraamu* (fort vent d'est), il arrive que le lagon soit démonté ; la plupart des sorties sont susceptibles d'être annulées.
- Les restaurants et les bars des grands hôtels sont accessibles aux clients extérieurs, sur réservation.
- Hormis quelques *marae* et des vestiges militaires de la Seconde Guerre mondiale, il n'y a pas de sites historiques ou culturels à Bora Bora.
- Les soirées sont calmes sur l'île. Les principales distractions se déroulent dans les grands hôtels, sous forme de spectacles de danse traditionnelle.

Bora Bora

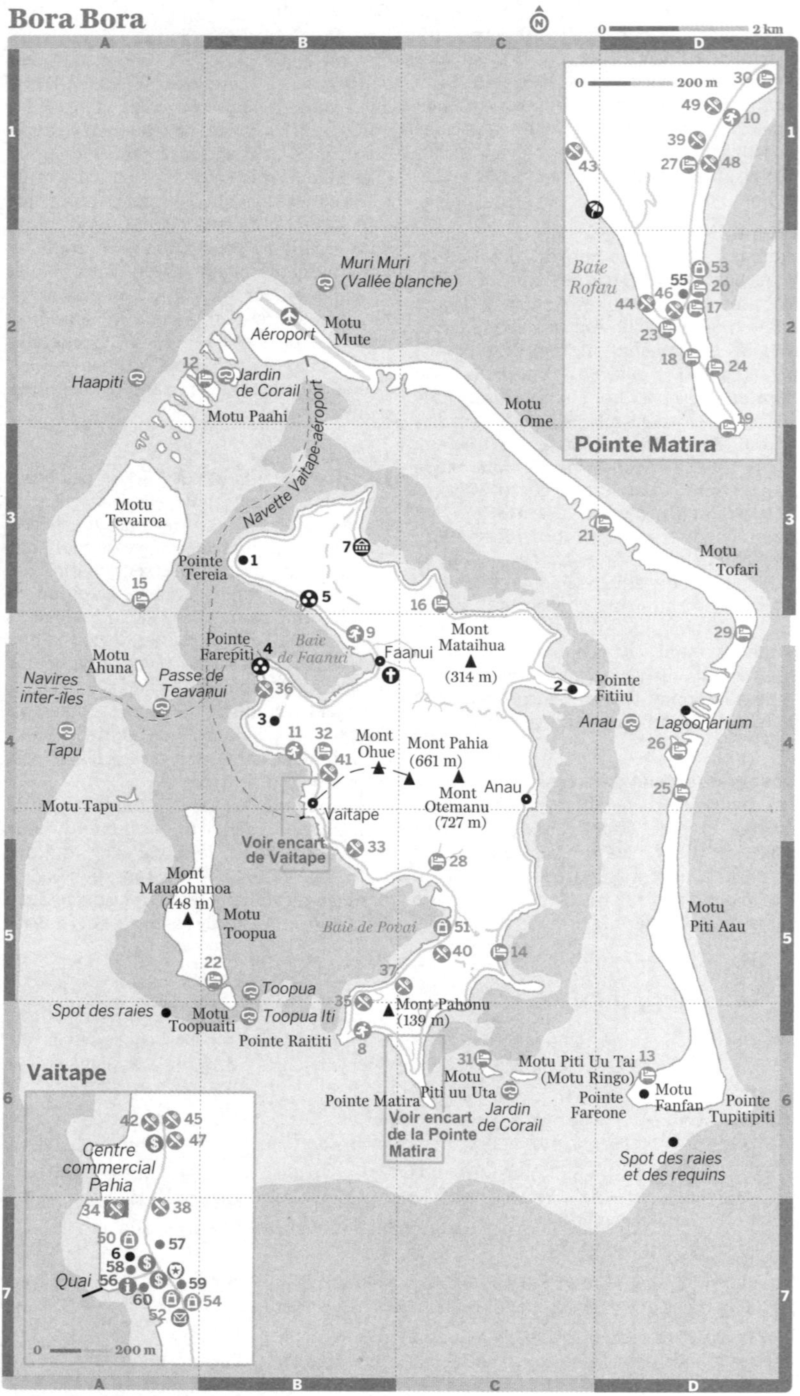
0 2 km
A
B
C
D
1
2
3
4
5
6
7
0 200 m
Pointe Matira
Baie Rofau
Muri Muri
(Vallée blanche)
Aéroport
Motu Mute
Haapiti
Jardin de Corail
Motu Paahi
Navette Vaitape-aéroport
Motu Ome
Motu Tevairoa
Pointe Tereia
Motu Tofari
Mont Mataihua
(314 m)
Faanui
Baie de Faanui
Pointe Farepiti
Motu Ahuna
Navires inter-îles
Passe de Teavanui
Pointe Fitiiu
Anau
Lagoonarium
Tapu
Mont Ohue
Mont Pahia
(661 m)
Mont Otemanu
(727 m)
Motu Tapu
Vaitape
Voir encart de Vaitape
Mont Mauaohunoa
(148 m)
Motu Toopua
Baie de Povai
Motu Piti Aau
Toopua
Spot des raies
Motu Toopuaiti
Toopua Iti
Mont Pahonu
(139 m)
Pointe Raititi
Motu Piti uu Uta
Motu Piti Uu Tai
(Motu Ringo)
Pointe Matira
Voir encart de la Pointe Matira
Jardin de Corail
Pointe Fareone
Motu Fanfan
Pointe Tupitipiti
Spot des raies et des requins
Vaitape
Centre commercial Pahia
Quai
0 200 m

Bora Bora

À voir

1 Canon de défense côtière B3
2 Canons de défense côtière C4
3 Canons de défense côtière B4
4 Marae côtier B4
5 Marae Fare Opu B3
6 Monument à Alain Gerbault A7
7 Musée de la Marine B3

Activités

Bora Bora Blue Nui .... (voir 15)
8 Bora Diving Centre B6
9 Bora Fishing Lodge B4
10 La Plage D1
Manu Taxi Boat .... (voir 20)
11 Topdive B4

Où se loger

12 Blue Heaven Island B2
13 Bora Bora Camping D6
14 Bora Bora Ecolodge & Spa C5
15 Bora Borea Pearl Beach Resort & Spa A3
16 Bora Vaïte Lodge C3
17 Bungalows Temanuata D2
Centre de protection des tortues marines .... (voir 26)
18 Chez Nono D2
19 Chez Robert et Tina D3
20 Chez Rosine Masson D2
21 Four Seasons Resort Bora Bora D3
22 Hilton Bora Bora Nui Resort & Spa B5
23 Hôtel Matira D2
24 Intercontinental Bora Bora Le Moana Resort D2
25 Intercontinental Resort & Thalasso Spa Bora Bora D4
26 Le Méridien Bora Bora D4
27 Maitai Bora Bora D1
28 Rohotu Fare Lodge C5
29 Saint Régis Resort D4
30 Sofitel Bora Bora Marara Beach D1
31 Sofitel Bora Bora Private Island C6
32 Sunset Hill Lodge B4

Où se restaurer

33 Alfredo B5
34 Aloe Café A7
35 Bloody Mary's B5
36 Bora Bora Yacht Club B4
37 Bora Kaina Hut C5
38 Chin Lee A7
Fare Manuia .... (voir 17)
39 La Bounty D1
40 La Villa Mahana C5
41 Le Panda d'Or B4
42 Le St James A6
Maikai Marina & Yacht Club .... (voir 11)
43 Matira – chez Julie C1
44 Moi-Here D2
45 Nunue A6
46 Roulotte Matira D2
47 Super To'a Amok A6
48 Tama'a Maitai D1
49 Tiare Market D1

Où prendre un verre

Bloody Mary's .... (voir 35)
Bora Bora Yacht Club .... (voir 36)
Maikai Marina & Yacht Club .... (voir 11)

Achats

50 Centre artisanal A7
51 Galerie Alain et Linda C5
52 Galerie Pakalola A7
53 Marama Tattoo D2
54 Pearla Joaillerie A7

Renseignements

Aloe Café .... (voir 34)
55 Bora Spirit Matira D2
56 Comité du tourisme A7
57 Maison de la Presse A7

Transports

58 Air Tahiti A7
59 Bora Bora Rent a Car – Avis A7
Bora Spirit Matira .... (voir 55)
60 Maupiti Express 2 .... A7

mais mourut à Timor en 1941. Ses cendres furent rapatriées à Bora Bora en 1947 et le monument fut érigé en 1951

BAIE DE POVAI

Passées les dernières maisons au sud de Vaitape, la route suit les contours de la baie de Povai, un lieu de mouillage très apprécié des plaisanciers. Ce n'est pourtant pas la baie la plus spectaculaire de l'île, car les couleurs du lagon ne sont pas éclatantes et il n'y a aucune possibilité de baignade.

PLAGE DE MATIRA ET POINTE MATIRA

À partir de l'ancien hôtel Bora Bora, sur la pointe Raititi, vous entrez véritablement dans un univers de "carte postale". Le long de la route côtière s'égrènent des boutiques de souvenirs et de perles, ainsi que des snacks, des restaurants et des établissements hôteliers.

Par beau temps, la vision de la **plage de Matira** fait l'effet d'un choc, tant on se croirait dans un paysage de carte postale. C'est Bora Bora tel qu'on se l'imagine, avec une immense piscine turquoise qui scintille, bordée par une plage de sable blanc (pas très large, mais suffisante pour soigner son bronzage). Elle descend en pente douce, ce qui en fait un site rassurant pour les enfants. La plage de Matira est séparée de la baie voisine (également frangée d'une mince plage de sable blanc) par une péninsule, la **pointe Matira**, qui forme un long doigt pointé dans le lagon turquoise. C'est ici que s'achève en apothéose la dernière étape de la célèbre course de pirogues Hawaiki Nui, organisée chaque année en novembre, de Raiatea à Bora Bora. Dommage que les structures touristiques (pensions, hôtels) aient monopolisé une bonne partie de cette petite péninsule.

DE LA POINTE MATIRA À ANAU

Après la pointe Matira, la route côtière longe une zone touristique où s'égrènent des magasins, des restaurants et des hôtels, dont le Maitai et le Sofitel Bora Bora Marara Beach Resort, reconnaissables à leurs bungalows sur pilotis. La route passe à hauteur de l'ancien Club Med (km 9), aujourd'hui laissé à l'abandon, qui se déploie autour d'une superbe baie (pas d'accès possible). La route descend ensuite vers la côte et rejoint Anau.

À Anau, changement de décor. On passe de l'autre côté du miroir, dans un village de pêcheurs dépourvu d'infrastructures touristiques, qui s'étire le long d'une portion de littoral dépourvue de possibilités de baignade. Un atelier de réparation de camions marque l'entrée de l'agglomération.

DES AMÉRICAINS À BORA BORA

Bien que la Seconde Guerre mondiale ait épargné le sud de la Polynésie, elle a eu un impact important à Bora Bora. Peu après l'attaque de Pearl Harbour le 7 décembre 1941, les Américains prirent la décision d'installer sur l'île une base de ravitaillement. Les forces américaines quittèrent la Caroline du Sud à la fin de janvier 1942, emportant à bord de leurs 9 navires 20 000 tonnes de matériel et près de 5 000 hommes. De début 1942 à mi-1946, l'opération Bobcat allait métamorphoser l'île, qui accueillit jusqu'à 6 000 soldats. Cette base approvisionnait les convois en route pour les îles Salomon. La piste d'atterrissage aménagée sur le motu Mute date de cette période.

POINTE FITIIU

Sur cette étroite péninsule s'allongeant dans le lagon, la route s'élève brièvement au-dessus du littoral. Plusieurs sites archéologiques intéressants sont répartis le long de la pointe, mais aucun n'est signalisé ni entretenu. Vous aurez quelques difficultés à les trouver.

À l'endroit où la route arrive à un petit col, un sentier conduit à l'extrémité de la péninsule en une dizaine de minutes, où se trouvent deux superbes batteries de **canons de défense côtière** de la Seconde Guerre mondiale, sur une crête. Le terrain étant privé, demandez l'autorisation aux habitants de la maison située au bord de la route, avant d'emprunter le sentier.

NORD DE L'ÎLE

De la baie de Taimoo à la baie de Faanui, la route longe la partie de l'île la plus sauvage. Quelques habitations, très peu de véhicules, quelques étals de fruits en bord de route... C'est Bora Bora version tranquille. Faites une courte pause au très modeste **musée de la Marine** (☎67 75 24 ; entrée libre ; ⏲selon présence du propriétaire), privé, qui possède une collection de maquettes de navires réalisées par l'architecte Bertrand Darasse. On pourra admirer diverses pirogues polynésiennes, ainsi que les bâtiments des premiers explorateurs, dont des maquettes du *Firecrest* d'Alain Gerbault, de l'*Endeavour* de James Cook et de l'*Astrolabe* de Dumont d'Urville.

BAIE DE FAANUI

La baie de Faanui fut le site de la principale base militaire américaine durant la Seconde Guerre mondiale. Il reste quelques vestiges de cette époque. À hauteur de la pointe Tereia, côté montagne, levez la tête et vous apercevrez un **canon de défense côtière** sur une colline, au milieu de la végétation (prenez comme repère la base de l'hôtel Pearl Beach Resort, c'est à 50 m vers le nord).

Juste avant le panneau signalant l'entrée du village de Faanui, le **marae Fare Opu** s'étend au bord de la route, entre le bas-côté et le rivage. Le site est très petit, mais les deux dalles ornées des pétroglyphes de tortues, animaux sacrés des anciens Polynésiens, méritent le coup d'œil.

Au village de **Faanui**, la pittoresque église s'élevant dans le fond de la baie monopolise le regard.

L'ÎLE AUX DEUX VISAGES

Cette île si souvent citée comme la plus belle du Pacifique présente un double visage en matière de protection de l'environnement. D'un côté, la propreté laisse à désirer ; le littoral d'Anau arbore une couche particulièrement dense de canettes de boissons gazeuses et d'emballages plastique, sans parler des tours en pirogue qui déposent les touristes sur des patates de corail qu'ils piétinent allégrement, abîmant le fragile écosystème du lagon. De l'autre, il est indéniable que des progrès ont été réalisés au cours des dernières années. La décharge située à l'extrémité de la pointe Fitiiu, qui a longtemps fait tache à côté du lagon enchanteur, devrait bientôt n'être plus qu'un mauvais souvenir – le site doit être enterré. Précisons également que Bora Bora est la seule île dotée d'un réseau d'assainissement. Les eaux usées des hôtels, y compris ceux situés sur les motu, sont ainsi traitées dans une station d'épuration.

DE LA POINTE FAREPITI À VAITAPE

Un peu avant d'arriver au **quai de Farepiti**, où accostent les cargos assurant le ravitaillement inter-îles, une piste pour 4x4 s'enfonce côté montagne et conduit à deux superbes **canons de défense côtière** et à des casemates. Le chemin n'est pas signalé ; demandez que l'on vous l'indique.

Au quai de Farepiti, avancez jusqu'au bord de l'eau ; à l'angle sud, vous distinguerez un **marae côtier** (on ne peut y accéder car il s'agit d'une propriété privée).

Activités

À Bora Bora, presque toutes les activités sont orientées vers le lagon. La plupart des prestataires viennent chercher gratuitement les clients à leur pension ou leur hôtel. Contactez-les dès votre arrivée.

Plongée sous-marine

La plongée sous-marine est l'une des activités reines à Bora Bora. Raies, requins (notamment un groupe de requins citrons, présents sur le site de Tapu) et faune du récif abondent et peuvent être observés à très petite profondeur, dans le lagon ou à l'extérieur du récif. Les coraux ont subi les dégâts causés par l'étoile de mer *Acanthaster planci* il y a quelques années et le cyclone Oli en 2010, mais le paysage sous-marin a malgré tout conservé sa magie. Sachez que l'éventail des sites est restreint – quatre ou cinq sites seulement sont régulièrement proposés par les centres de plongée de l'île. Dans le lagon, le site Anau, une station de nettoyage des raies mantas, est très prisé. Reportez-vous au chapitre *Plongée* (p. 30) pour des informations plus détaillées sur les sites.

Bora Bora convient également parfaitement pour l'initiation, car les sites sont sécurisants et le cadre idyllique. Tous les centres assurent un service de ramassage gratuit dans les hôtels et les pensions.

Bora Bora Blue Nui (☎67 79 07 ; www.bluenui.com ; baptême 9 000 CFP, explo 7 800 CFP, "two tanks" (2 plongées) 15 000 CFP, forfait 6/10 plongées 37 500/70 000 CFP). Au Bora Bora Pearl Beach Resort. Le forfait de 6 plongées est utilisable dans les autres centres de plongée Blue Nui à Bora Bora et Tikehau ; celui de 10 plongées (le pass "Gold") peut aussi être utilisé dans les centres Topdive.

Bora Diving Centre (☎67 71 84, 77 67 46 ; www.boradiving.com ; baptême 9 000 CFP, explo 8 000 CFP, "two tanks" (2 plongées) 15 000 CFP, forfait 6/10 plongées 40 000/64 000 CFP). À la pointe Matira (également représenté au Méridien). Petite structure conviviale et familiale. Plongées au Nitrox aux mêmes tarifs que les plongées à l'air. Adhérent au pass inter-îles Te Moana, valable dans 11 centres de Polynésie.

Topdive (☎60 50 50 ; www.topdive.com ; baptême 9 000 CFP, explo 8 500 CFP, "two tanks" (2 plongées) 15 000 CFP, forfait 6/10 plongées 43 000/70 000 CFP). Base principale à la sortie nord de Vaitape et une annexe à l'hôtel Intercontinental Resort & Thalasso Spa. Enseigne représentée sur plusieurs îles de Polynésie. Plongées au Nitrox sans supplément. Forfait 10 plongées également valable dans les centres Topdive de Fakarava, Tahiti et Moorea, ainsi que dans les centres Blue Nui (Bora Bora, Tikehau, Manihi).

Baignade et snorkeling

À Bora Bora, comme d'ailleurs dans la plupart des îles de Polynésie, ne vous attendez pas à un ruban ininterrompu de grandes plages de sable blanc. Sur l'île principale, la seule plage digne de ce nom est la **plage de Matira** au sud, où sont rassemblées la plupart des infrastructures touristiques. On trouve d'excellentes possibilités de snorkeling dans le secteur, notamment près de l'ancien hôtel Bora Bora. Les conditions de sécurité sont idéales, car la passe, et donc les courants, est éloignée de la côte.

Restent les **motu** (îlots) sur la barrière de corail (voir l'encadré p. 162) : ce sont eux qui offrent un cadre idyllique, avec une vue fantastique sur l'île. Certains sont privés, et donc interdits aux visiteurs. D'autres sont occupés par les hôtels de luxe, où des plages (artificielles) ont été aménagées, mais elles sont réservées aux clients de l'hôtel.

La solution la plus pratique pour accéder aux plus beaux sites de baignade consiste à participer à une excursion sur le lagon (voir ci-dessous). La plupart des prestataires prévoient en effet un ou plusieurs arrêts sur les motu. Autre formule, très intéressante pour ceux qui préfèrent découvrir le lagon en toute indépendance : la location d'un bateau à moteur sans permis (voir l'encadré p. 161).

Excursions sur le lagon

C'est l'activité phare de Bora Bora. Elle comporte le tour de l'île à l'intérieur du lagon à bord d'une pirogue à moteur, avec plusieurs arrêts pour profiter des joies de celui-ci : le "déjeuner aux requins", un pique-nique sous forme de barbecue, éventuellement accompagné d'un orchestre, plusieurs arrêts baignade et snorkeling sur les plus beaux jardins coralliens et un "déjeuner des raies" (même opération qu'avec les requins) ; les raies, inoffensives, se laissent approcher, mais évitez de les caresser.

Cette activité est tellement incontournable qu'elle est devenue un produit touristique standardisé. Vous serez en compagnie d'une dizaine, voire d'une vingtaine d'autres touristes. Par ailleurs, les prestations de nourrissage des requins et des raies, qui s'apparentent à un show de cirque, sont assez discutables sur le plan écologique (les animaux deviennent dépendants). D'autres prestataires n'hésitent pas à s'accrocher à des requins citrons pour épater les touristes... Par ailleurs, les prestataires se contentent d'instructions minimales et ne donnent que peu d'explications sur le mode de vie des animaux et l'écosystème du lagon. Dommage.

Malgré tout, pour les personnes ne pratiquant pas de plongée, ou pour une famille, cette prestation constitue une sortie inoubliable, car elle permet d'approcher de près ces animaux (et donc de mieux les connaître) et de profiter de sites autrement inaccessibles. Prévoyez des sandalettes en plastique, un couvre-chef, de la crème solaire et un maillot de bain.

La concurrence fait rage entre les prestataires, qui organisent des tours de l'île d'une demi-journée ou d'une journée. Comptez environ 7 000 CFP la demi-journée et 8 000-9 500 CFP la journée (de 9h à 15h30, en règle générale), pique-nique compris. Cette activité est proposée par des prestataires indépendants ou directement par les hôtels ou les pensions (mais si vous réservez par l'intermédiaire de votre hôtel, il faut ajouter la commission de l'hôtel). Un nombre minimum de participants – généralement quatre – est requis. Les pirogues, couvertes ou non, ont une capacité de 10 à 20 personnes environ. Les transferts depuis/vers les lieux d'hébergement sont gratuits.

Voici plusieurs prestataires reconnus :

Bora Bora Lagoonarium (☎67 71 34 ; tlj sauf sam). À la demi-journée (7 000 CFP/pers) ou à la journée (9 000 CFP/pers, avec pique-nique). Repas aux raies et aux requins, baignade dans un jardin de corail, tour du lagon et visite du "lagoonarium", une sorte de zoo composé d'enclos grillagés en bord de lagon où sont rassemblés des requins, des tortues et des raies.

Lagoon Service (☎67 71 34 ; -tlj sauf sam). Très beaux bateaux (max 8 personnes). Quatre arrêts pour la baignade et le snorkeling, et pique-nique au motu Tane. Demi-journée/journée à 12 500/24 000 CFP par personne.

Manu Tours (☎79 11 62). Tour du lagon à bord d'une pirogue double, à la demi-journée (6 500 CFP, avec dégustation de fruits sur le motu Fanfan) ou à la journée (8 500 CFP avec pique-niques). Les pique-nique se font dans le cadre idyllique du "motu Fanfan", à la pointe sud du motu Piti Aau.

Pure Snorkeling (☎76 43 43 ; www.puresnorkeling.com). Un ancien moniteur de plongée propose des sorties à la carte, à la demi-journée (10 000 CFP/pers), sur un bateau confortable (maximum 8 pers), dans un esprit de respect de l'environnement (pas de nourrissage de raies ou de requins). Snorkeling guidé sur plusieurs jardins coralliens (dont celui situé près du motu Tane) et arrêt sur le site d'Anau (le matin) pour observer les raies mantas.

Teiva Tours (☎67 64 26 ; tlj sauf sam). Demi-journée uniquement (le matin ; 6 000 CFP/pers). Déjeuner aux requins et aux raies, snorkeling dans un jardin de corail et tour de l'île.

À NE PAS MANQUER

LE LAGON DE BORA BORA À VOTRE RYTHME

Vous souhaitez découvrir le lagon à votre rythme et vous n'avez pas envie de vous retrouver avec une vingtaine d'autres touristes sur une même embarcation ? Louez un bateau à moteur sans permis (6CV) auprès de **La Plage** (☎67 68 75, 28 48 66 ; laplage.bora@hotmail.com), un loueur basé sur la plage, près de l'hôtel Maitai. La formule est certes onéreuse (14 000/20 000 CFP la demi-journée/journée, essence incluse) mais est amortie à partir de 3 personnes. Les bateaux sont prévus pour 4 personnes au maximum (2 adultes et 2 enfants de moins de 12 ans). Cette société peut venir vous chercher gratuitement sur votre lieu d'hébergement.

Une carte détaillée du lagon vous est fournie, avec la localisation des principaux sites dignes d'intérêt, les jardins coralliens, et les motu accessibles sans autorisation.

Teremoana Nono Tours (☎67 71 38 ; www.cheznonobora.com). Basé à la pension Chez Nono. Excursion à la journée (9 200 CFP/pers, avec pique-nique). Repas aux requins et aux raies, arrêts snorkeling sur des jardins de corail et tour de l'île. Excellent pique-nique, en musique, sur un motu.

Bateaux à fond de verre

Moana Adventure Tours (☎67 61 41, 78 27 37) organise des sorties de 1 heure 15 en bateau à fond de verre trois fois par semaine (4 100 CFP/pers). Transferts assurés dans les pensions.

Marche sous l'eau

Pour ceux qui veulent approcher l'univers sous-marin sans faire de plongée, **Aqua Safari** (☎28 87 77 ; www.aquasafaribora.com) est une belle entrée en matière. Dans un jardin de corail du lagon, à 3 m de profondeur, vous effectuez un parcours sous-marin équipé d'un casque alimenté en air depuis la surface ; votre tête reste au sec. Il n'est même pas nécessaire de savoir nager, puisqu'on marche sur le fond, et un guide vous accompagne. Cette formule sans risque est idéale pour les familles et les seniors. La sortie dure 2 heures environ (dont 30 min d'immersion ; 8 400 CFP/pers). Vous verrez des raies pastenagues et beaucoup de petits poissons colorés. Les enfants peuvent pratiquer l'activité dès l'âge de 8 ans. Transfert gratuit.

Parachute ascensionnel

La société **Parasail** (☎70 56 62, 78 27 10 ; parasail@mail.pf ; ⏲fermé jeu et dim, et jan-fév) propose des vols avec 100 m de corde (environ 50 m au-dessus du lagon) et 300 m de corde (environ 130 m au-dessus du lagon), seul ou biplace, dans le secteur de la pointe Matira. L'activité ne présente aucun risque, et l'on reste sec en permanence – un excellent moyen d'apprécier le lagon vu d'en haut. Les enfants sont acceptés dès 4 ans. En duo, comptez 25 000 CFP le vol de 15 minutes à 100 m, et 32 000 CFP le vol de 25 minutes à 300 m. En solo, comptez respectivement 18 000 CFP et 23 000 CFP. Transfert gratuit.

Pêche au gros

Moana Adventure Tours (☎67 61 41, 78 27 37 ; www.moanatours.com) propose 2 sortes de pêche : la pêche lagonaire (41 500 CFP les 4 heures, 1 ou 2 pers), et la pêche côtière (41 000 CFP les 4 heures, même tarif). Contactez également **Bora Fishing Lodge** (☎67 71 33 ; www.boraborafishingparadiselodge.pf), qui pratique des tarifs plus abordables, en pêche côtière et en pêche hauturière. Le Bora Fishing Lodge loue également 3 chambres, à Faanui.

Tour de l'île en 4x4

Le tour guidé de l'île en 4x4 est une option intéressante pour ceux qui voyagent seuls et ne peuvent pas partager les frais de location d'une voiture, d'autant plus que certains sites, cachés dans la végétation et non signalisés, ne sont pas faciles à trouver par ses propres moyens. La prestation (environ 7 600 CFP la demi-journée) comprend en général cinq arrêts, incluant des points de vue, la visite des vestiges américains et des principaux sites archéologiques, et quelques éléments d'explication sur la flore et la dégustation de fruits selon la saison. Contactez la société **Tupuna Mountain Safari** (☎67 75 06) ou **Vavau Adventures** (☎72 01 21).

Randonnée pédestre

Il serait dommage de quitter Bora Bora sans avoir visité l'intérieur de l'île, au relief très spectaculaire, noyé dans une végétation touffue. Compte tenu de l'absence de tout chemin balisé et du relief parfois abrupt, il est indispensable de passer par l'intermédiaire d'un guide professionel.

VAUT LE DÉTOUR

LES MOTU

Ah, les idylliques motu de Bora Bora. Ils sont là, à portée de mains, tentateurs... Et pourtant il n'est pas très facile de profiter de leur cadre merveilleux. Certains d'entre eux appartiennent aux hôtels de luxe et ne sont donc pas accessibles aux clients extérieurs (sauf pour les repas, sur réservation) ; les autres sont privés et donc ne sont accessibles que par l'intermédiaire d'un prestataire. Quelques pistes :

» Au départ de la pension Rosine Masson, **Manu Taxi Boat** (79 11 62 ; tlj 9h-16h30) dépose les clients à la demande sur son motu familial, le **motu Fanfan**, à l'extrémité sud du motu Piti Aau, moyennant 3 000 CFP le transfert. Le site est époustouflant, à quelques mètres d'une zone corallienne où sont immergés des tikis concrétionnés et d'un chenal emprunté par des raies aigles. La petite plage de sable corallien est idéale pour la baignade ou la bronzette. Le motu est équipé de chaises longues, de hamacs, de sanitaires, de douches, et l'on peut commander un pique-nique (2 000 CFP) et des boissons.

» Au départ de la pointe Matira, **Rohivai Tours** (67 54 26, 32 60 46) peut vous déposer au **motu Ringo** (motu Piti U'u Tai) moyennant 2 500 CFP/pers (aller vers 12h30, retour à 15h30). Vous serez en compagnie de clients qui font le tour de l'île en bateau et s'arrêtent là pour pique-niquer. Chaises longues et sanitaires.

» Au départ de la pointe Matira (sur la plage, près de l'hôtel Maitai), **La Plage** (67 68 75, 28 48 66 ; laplage.bora@hotmail.com) assure des transferts sur le motu attenant au motu Fanfan (3 500 CFP/pers, min 2 pers).

» Au départ d'Anau, **Bora Bora Lagoonarium** (67 71 34, 79 73 67 ; tlj sauf sam) peut vous déposer sur le motu familial, à l'extrémité nord du motu Piti Aau, sur le site appelé "lagoonarium", moyennant 2 500 CFP/pers. Possibilité de repas (2 500 CFP). Le motu est équipé de chaises longues et la baignade et le snorkeling sont excellents. À savoir : des parcs à poissons sont installés au bord de la plage ; leur intérêt est discutable (des requins, notamment des requins citron, des tortues et des raies y sont maintenus en captivité pour le plaisir des touristes).

Les principales sorties sont les suivantes :

Vallée des Rois et Piste des Ancêtres. Intéressante sortie dans la vallée de Faanui, proposée par le guide de Polynesia Island Tours (voir ci-contre). Découverte de la flore, des légendes et de vestiges archéologiques. La Piste des Ancêtres inclut la montée jusqu'au col de Faanui pour le point de vue. Niveau facile. Prévoir la demi-journée.

Grotte d'Anau. Au départ d'Anau, montée jusqu'à une grotte percée dans la paroi volcanique, à environ 400 m d'altitude. Longue marche d'approche en suivant une ligne de crêtes (pas d'ombre). La grotte ressemble à une cathédrale naturelle. Belles perspectives sur le lagon. Environ 5 heures de marche. Sortie à la journée. Niveau moyen.

Mont Ohue et mont Pahia. Ascension très engagée et passages aériens, mais vues sensationnelles. La première partie se déroule sous un couvert végétal, à flanc de montagne, sur un sentier escarpé. On longe ensuite le pied d'une falaise avant d'aborder une montée très abrupte (équipée de mains courantes) pour accéder à une crête et au mont Ohue (656 m). On peut continuer jusqu'au Pahia (671 m ; 20 min supplémentaires), mais certains passages, dangereux, nécessitent d'être encordés. La chaleur rend cette ascension d'environ 5 à 6 heures l'aller-retour (départ de Vaitape) très éprouvante.

Crêtes d'Anau. Beaux points de vue. Niveau facile. Demi-journée.

Contactez les guides de **Polynesia Island Tours** (29 66 60) ou de **Bora Bora Mountain Trek** (73 61 23). Pour les sorties à la demi-journée, comptez au moins 6 500 CFP/pers. Les randonnées à la journée (grotte d'Anau et mont Pahia) coûtent entre 12 000 et 14 500 CFP/pers, transfert inclus.

Où se loger

Bora Bora a bâti sa réputation autour de ses hôtels de luxe et de ses bungalows sur pilotis, symboles de l'éden tropical. En réalité, même si Bora Bora est une île onéreuse, la gamme d'hébergements est plus étoffée qu'on ne l'imagine, avec plusieurs structures de gamme moyenne, relativement abordables. En revanche, les options pour petits budgets ont quasi disparu.

La majeure partie des hébergements sont fort logiquement regroupés dans le secteur de la pointe Matira, le plus idyllique de l'île, entre la pointe Raititi, à 6 km de Vaitape, et l'hôtel Sofitel Marara, à 9 km de Vaitape.

Les motu accueillent les hôtels de luxe équipés de superbes bungalows sur pilotis.

CÔTE OUEST

Sunset Hill Lodge FARE D'HÔTES €
(☎79 26 48 ; www.sunset-hill-borabora.biz ; Vaitape ; bungalows d 6 000-8 000 CFP ; 📶). Une bonne surprise. Le Sunset Hill Lodge se distingue par ses tarifs corrects pour Bora Bora, ainsi que par la qualité et la propreté irréprochable des 3 bungalows, coquets et bien conçus, disposés autour d'un jardin paysager zen, à côté de la maison du propriétaire. Le plus cher, sur pilotis, tout équipé, est climatisé et offre une belle vue sur la baie de Vaitape. L'emplacement est calme, à la sortie nord de Vaitape, à 200 m en retrait de la route de ceinture, au début de la colline. Vélos en location (1 000 CFP) et kayaks (2 500 CFP). Bon accueil. Paiement en espèces.

Rohotu Fare Lodge FARE D'HÔTES €€
(☎70 77 99 ; www.rohotufarelodge.com ; baie de Povai ; bungalows d 19 000 CFP ; 📶). Accrochés à flanc de colline, les 3 confortables bungalows de ce "lodge" sortent de l'ordinaire. Mobilier en teck, sdb en marbre, avec fontaines et statues kitsch (voire lascives), balcon avec chaises longues pour profiter de la vue sur la baie de Povai (2 bungalows seulement, le troisième n'a pas la même orientation), jardin tropical luxuriant (300 espèces de plantes)... Nir, le propriétaire, a habilement créé une ambiance originale. Aucune plage à proximité ni de service de restauration, mais vous pourrez vous rendre à vélo (gratuit) dans la baie de Povai, à Vaitape ou à la plage de Matira, à 10 minutes environ, ainsi que dans les bons restaurants du secteur (courage pour gravir le raidillon menant à la propriété, au retour !). Transfert gratuit en voiture pour la plage de Matira et pour Vaitape.

POINTE MATIRA ET ENVIRONS

La pointe Matira est le principal pôle touristique de Bora Bora. C'est là que s'égrènent les lieux d'hébergement le long de la plage.

Les transferts jusqu'à la navette pour l'aéroport coûtent de 500 à 1 000 CFP par trajet.

Chez Robert et Tina FARE D'HÔTES €
(☎67 72 92 ; pensionrobertettina@mail.pf ; d avec sdb commune/privative 8 400/9 500 CFP). L'emplacement de cette pension, au bout de la pointe Matira, est magique, mais les propriétaires se contentent d'exploiter le filon sans réellement se soucier d'améliorer la qualité de leur prestation. Résultat : on a l'impression de payer pour le cadre. La vue dégagée sur le lagon turquoise est exceptionnelle, mais, pour la bronzette et la baignade, il faudra marcher 5 minutes jusqu'à la plage de Matira, car il n'y a pas assez de sable à cet endroit. L'hébergement se compose de 3 habitations en dur de 4, 5 et 6 chambres, sans charme et minimalistes. Le moindre mètre carré de la propriété a été rentabilisé, d'où l'absence d'intimité. Les plus chères, avec terrasse et sdb, donnent directement sur le lagon étincelant. Cuisine équipée dans chaque bâtisse et sdb commune (eau froide). On peut se faire déposer sur un motu (environ 2 500 CFP l'aller-retour). Accueil indifférent (dans le meilleur des cas) des propriétaires ; on a l'impression de déranger, sauf quand il s'agit de régler la note.

Chez Nono FARE D'HÔTES €€
(☎67 71 38 ; nono.leverd@mail.pf ; bungalows d 13 200 CFP). Cette pension a longtemps été l'une des préférées des touristes, mais ,depuis qu'une partie de la propriété a brûlé (sans que rien ne soit refait), elle est en perte de vitesse. Malgré tout, l'emplacement est splendide, les pieds dans le sable, directement sur la plage de Matira. Les 2 bungalows (de forme circulaire, avec sdb) sont convenables, mais on aurait apprécié que la sdb soit séparée de la pièce par une porte (et non par un rideau). Réservez le bungalow face au lagon, au même prix que l'autre, plus en retrait. Il n'y a aucun service de restauration, mais les snacks et les restaurants de la pointe Matira ne sont qu'à quelques minutes à pied. Deux kayaks à disposition.

Bungalows Temanuata PETITE HÔTELLERIE €€
(☎67 75 61 ; www.temanuata.com ; bungalows d à partir de 19 950 CFP ; 📶). Les 12 bungalows de style local, confortables, décorés de murs en bambou et de toit en *niau*, sont disposés dans une propriété bien entretenue, juste derrière le restaurant Fare Manuia. Dommage que chaque

centimètre carré de terrain ait été méticuleusement exploité... d'où la sensation d'être à l'étroit. Tous sont dotés d'un brasseur d'air, d'une terrasse et d'une sdb (eau chaude). Deux d'entre eux seulement donnent sur une mince plage de sable blanc, que prolonge une belle zone de baignade. Les autres sont posés sur une pelouse impeccable, en retrait, sans vue. Attention à l'heure de sortie : après 10h, un supplément est appliqué. Location de vélos (1 800 CFP). Offres promotionnelles à certaines périodes de l'année.

BON PLAN **Maitai Bora Bora** HÔTEL €€
(☎60 30 00 ; www.hotelmaitai.com ; ch/bungalow d avec petit-déj à partir de 20 000/35 000 CFP ;). Principal atout du Maitai : il permet de s'offrir un hôtel de bonne gamme à des tarifs accessibles, notamment en basse saison (guettez les offres promotionnelles). L'hôtel s'étend sur une vaste superficie de part et d'autre de la route de ceinture, côté lagon et côté montagne. Il n'offre pas la même classe que ses concurrents (le mobilier est un peu fatigué) et le cadre n'est pas aussi sauvage, mais son ambiance conviviale et l'absence de tape-à-l'œil en font une escale agréable. Côté montagne, les 48 chambres, climatisées, sont réparties dans 2 bâtiments avec vue sur le jardin ou, nettement mieux, sur le lagon. Côté lagon : 13 bungalows plage et 13 bungalows sur pilotis (les moins chers de Bora Bora), très proches de la route. Équipements de snorkeling et kayak à disposition. L'hôtel a été distingué par le réseau Earthcheck pour sa démarche environnementale.

Bora Bora Ecolodge & Spa FARE D'HÔTES €€
(☎21 54 07 ; www.sejour-en-polynesie.com ; Anau ; bungalows d 10 000-12 000 CFP ;). Attention à l'appellation : ici ni "spa" ni "lodge" mais une pension qui périclitait, reprise par une enseigne désireuse de créer un nouveau concept d'hébergement en Polynésie. L'hébergement se compose de 6 bungalows fonctionnels (carrelage, sdb avec eau chaude, cuisine équipée et moustiquaire). La localisation n'est pas idéale ; de ce côté-ci de l'île, on se sent isolé, et la couleur de l'eau (pas de baignade possible) n'est pas engageante. Les tarifs incluent le transfert aller-retour au quai de Vaitape. Possibilité de commander un petit-déj ou un repas.

Hôtel Matira PETITE HÔTELLERIE €€
(☎67 70 51, 60 58 40 ; www.hotel-matira.com ; bungalows d 22 000-36 000 CFP). Une bonne adresse, très bien située sur le début de la plage de Matira, malgré la proximité immédiate de la route de ceinture et de hauts murs en béton un peu incongrus. Les 14 bungalows, très vastes, en bois sombre, sont aménagés sur une pelouse soignée, débouchant directement sur la plage. Ils offrent un bon confort (malgré l'absence de clim, de TV et d'accès Wi-Fi), mais les boiseries auraient besoin d'un petit coup de pinceau. La différence de prix se justifie par l'emplacement : les plus chers ont vue sur le lagon (notamment le n°1 et le n°11, les plus proches de la plage), les moins chers sont à l'arrière de la propriété. Dans tous les cas, ne laissez pas d'affaires de valeur à l'intérieur, vu la proximité immédiate de la plage publique et l'absence de clôture. Les transferts aller-retour au quai coûtent 2 400 CFP/pers.

ACCÉDER AUX GRANDS HÔTELS

Vous ne séjournez pas dans un hôtel de luxe, mais vous rêvez d'y faire un tour pour profiter de leur cadre idyllique ? Voici quelques pistes :

- La plupart des restaurants (et des bars) des hôtels de luxe de Bora Bora sont ouverts aux extérieurs, à condition de réserver. L'accès au reste des infrastructures (piscine, plage) est en revanche interdit, sauf si vous achetez un "beach pass", proposé par certains hôtels. Pour les établissements situés sur les motu, un service de navette, en principe gratuit, est assuré depuis l'île principale (chaque établissement a sa base de départ ; renseignez-vous).
- Il est possible d'assister aux shows polynésiens organisés par les grands hôtels deux ou trois fois par semaine. Contactez la réception pour effectuer une réservation.
- Certains hôtels ont une politique d'accès plus restrictive. C'est notamment le cas du Four Seasons, qui n'admet pas les clients extérieurs, et du Saint Regis Resort, qui accueille les extérieurs en basse saison uniquement.

Intercontinental Bora Bora Le Moana Resort HÔTEL €€€
(☎60 49 00 ; www.borabora.interconti.com ; bungalows à partir de 70 000 CFP ;). Certes, dans le créneau du luxe, le Moana est aujourd'hui très largement distancé par les hôtels de standing qui ont pris position sur les motu. Mais son emplacement, sur la façade est de la pointe Matira, avec des bungalows sur pilotis construits au milieu de splendides jardins coralliens, est enviable (même s'ils sont exposés plein est, donc sans possibilité d'apprécier le coucher du soleil). Les mieux orientés sont ceux numérotés de 11 à 18. Autre atout : on peut profiter des infrastructures de l'Intercontinental Resort & Thalasso Spa (qui, lui, est vraiment luxueux), accessible par un service de navettes régulières. Avec 64 unités d'hébergement, il reste à taille humaine. Parmi les couacs, le mobilier et la déco, qui commencent à montrer des signes de fatigue, le service, un peu trop décontracté, et la cuisine, de qualité inégale. Membre du réseau Earthcheck pour sa démarche environnementale.

Sofitel Bora Bora Marara Beach HÔTEL €€€
(☎60 55 00 ; www.sofitel-frenchpolynesia.com ; bungalows à partir de 30 000 CFP ;). Les 64 bungalows du Sofitel, à la décoration contemporaine, sont un peu les uns sur les autres, et l'emplacement, au bord de la route de ceinture, près d'habitations (souvent bruyantes), n'est pas idéal, mais les tarifs sont avantageux dans cette gamme (renseignez-vous sur les offres spéciales). Les 13 bungalows sur pilotis n'ont pas une vue très dégagée et le lagon n'est pas aussi limpide qu'ailleurs. Le bar-restaurant en front de mer est avenant et la jolie piscine à débordement, près d'une petite plage, est appréciée. L'hôtel se retrouve dans l'ombre à partir de 14h, mais ce n'est pas un problème : il suffit de prendre la navette pour le Sofitel Private Island (dit "Sofitel Motu"), juste en face, et d'utiliser ses infrastructures, sans supplément – un bon plan.

CÔTE NORD

Bora Vaïte Lodge PENSION €
(☎67 55 69, 73 57 71 ; www.boravaite.com ; Hitiaa ; dort 3 000 CFP, s/d avec sdb commune et petit-déj 6 000/8 400 CFP, studios s/d avec petit-déj 8 400/9 500 CFP ;). Soyez prévenu : cette pension est isolée au nord de l'île, loin des principaux sites touristiques (la pointe Matira est à l'exact opposé), mais les propriétaires, un ancien chef de cuisine et sa vahiné, sont arrangeants et peuvent vous conduire à Matira moyennant 500 CFP l'aller-retour (en journée seulement). Avantage de ce secteur : le calme. La maison en dur se compose de 3 chambres, carrelées, propres et fonctionnelles, avec sdb commune (eau chaude), dont une jouit d'une vue sur le lagon ; pour plus d'intimité, optez pour l'un des deux studios-appartements, à l'étage en dessous, tout confort, spacieux et entièrement équipés – une bonne affaire pour 3 ou 4 personnes (14 000 CFP). Pour les petits budgets, une maisonnette séparée abrite 3 lits. Les repas, sur demande (environ 2 800 CFP, plat et dessert), se prennent en terrasse, avec vue sur le lagon et la montagne. Épicerie à 300 m. Transferts gratuits au quai de Vaitape. Paiement en espèces. Wi-Fi payant.

SUR LES MOTU

Le mythe, c'est ici ! Tranquillité et dépaysement absolu sont garantis si vous logez sur un motu. Par beau temps, la vue sur l'intérieur de l'île principale est inoubliable.

Bora Bora Camping CAMPING €
(☎31 55 33 ; boraboracamping@gmail.com ; emplacement 2 000 CFP/pers ;). "Camping" est un bien grand mot, mais il s'agit du seul endroit de l'île où l'on peut planter sa tente. Et quel endroit ! Sur l'un des plus beaux motu, bordé d'une frange de sable corallien, à quelques brasses d'un magnifique jardin de corail, avec une vue imprenable sur l'île principale. Les infrastructures sont sommaires mais suffisantes (douche tiède, petit réchaud pour cuisiner, électricité quelques heures par jour). On se sent tout de même un peu captif ; les transferts aller-retour jusqu'à la pointe Matira reviennent à 2 000 CFP par personne. Les transferts à l'arrivée et au départ coûtent 2 000 CFP/pers le trajet.

Blue Heaven Island PENSION €€
(☎72 42 11 ; www.blueheavenisland.com ; bungalows d 24 000 CFP). Après un changement de mains en 2010, cette pension ne fait plus l'unanimité. C'est dommage, car l'emplacement, au bord d'un chenal turquoise où s'épanouissent des colonies de coraux, est exceptionnel. L'hébergement se compose de 5 bungalows, de style local, au confort correct, dispersés dans une grande cocoteraie. Certains clients ont indiqué s'être sentis trop dépendants des propriétaires, autant pour les repas (pas de cuisine équipée, il faut prendre la demi-pension

VAUT LE DÉTOUR

NAGER AVEC DES TORTUES

Le **Centre de protection des tortues marines** (www.boraboraturtles.com) de l'hôtel le Méridien, impliqué dans la sauvegarde de ces reptiles, a mis en place un programme de sensibilisation en direction du public, et pas seulement des clients de l'hôtel. Moyennant 5 000 CFP (avec un à-valoir de 3 000 CFP au restaurant de l'hôtel), on peut observer les tortues dans une lagune aménagée et nager librement en leur compagnie. Des guides naturalistes apportent des explications. Sur réservation (appelez la réception du Méridien).

à 4 500 CFP ou la pension complète à 6 500 CFP) que pour les transports (pour se rendre sur l'île principale, il faut se faire déposer au motu de l'aéroport moyennant 1 000 CFP, puis prendre les navettes d'Air Tahiti) et les équipements (l'eau chaude solaire n'est pas toujours fonctionnelle). Par ailleurs, les moustiques sont nombreux sur le motu. Pas d'accès Internet. En conclusion : du potentiel, mais une tarification à revoir. Kayaks à disposition. Paiement en espèces.

Sofitel Bora Bora Private Island HÔTEL €€€
(☎60 55 00, 86 66 66 ; www.sofitel-frenchpolynesia.com ; bungalows d à partir de 45 000 CFP ; ❄🏊📶). Un bijou, autant par son côté intimiste que par sa situation de rêve, sur un motu légèrement montueux (ce qui le distingue de ses concurrents), tout près de l'un des plus beaux jardins de corail du lagon, avec une exposition au soleil du matin au soir. Dans ce havre de tranquillité de 3 ha, 31 luxueux bungalows jouissent d'une perspective imprenable sur l'île. Fait unique à Bora Bora, certains bungalows sont accrochés à une petite colline, tandis que d'autres sont disséminés au milieu des cocotiers, sur la plage ou sur des pilotis. Coup de cœur pour les 3 "lagoon views", sur le côté ouest du motu, au ras de l'eau turquoise. Restaurant panoramique et un bar. "Sunset cocktail" avec vue insurpassable deux fois par semaine, au sommet de la colline. L'hôtel est relié au Sofitel Bora Bora Marara Beach, à 5 minutes, par un service régulier de navettes.

Bora Bora Pearl Beach Resort & Spa HÔTEL €€€
(☎60 52 00 ; www.spmhotels.com ; bungalows d à partir de 60 000 CFP ; ❄@🏊📶). Le plus polynésien des hôtels de luxe de Bora Bora, construit en matériaux naturels (murs en bambou, toits en pandanus). Ce bel ensemble étale ses 80 luxueux bungalows sur le motu le plus grand du lagon de Bora Bora, face au mont Otemanu, au bord d'une petite plage. Vous pouvez choisir entre 20 suites jardin avec piscine privée et petit jardin privatif entouré d'une palissade, 10 suites plage avec Jacuzzi et 50 bungalows sur pilotis, avec une vue éblouissante sur l'île principale. On reste admiratif devant la magnifique piscine en cascade. Très joli spa, édifié au milieu d'une végétation exubérante, dans lequel ne sont utilisés que des produits polynésiens. Dommage que l'établissement soit exposé aux vents dominants. Membre du réseau Earthcheck pour sa démarche environnementale.

Hilton Bora Bora Nui Resort & Spa HÔTEL €€€
(☎60 33 00 ; www.boraboranui.com ; bungalows d à partir de 60 000 CFP ; ❄@🏊📶). Le seul hôtel sur les motu qui n'est pas orienté face à l'île principale, mais vers l'océan, à l'ouest. Ce motu a également la particularité de ne pas être plat – il forme une petite colline. On ne voit donc pas le mont Otemanu des bungalows mais qu'importe, le lagon est idyllique à cet endroit, et la grande plage (aménagée) fait presque 600 m de long. Tout a été vu en grand dans ce bel hôtel de luxe qui totalise 120 unités, réparties dans une dizaine de catégories d'hébergement, dont 84 sur pilotis et, sur les pentes de l'îlot, 7 villas spa, le tout déployé sur près d'un kilomètre. S'y ajoutent une splendide piscine de 1 000 m², trois restaurants, un centre de remise en forme, et bien entendu toute la gamme des activités nautiques. Autre point fort : un magnifique spa aménagé sur la colline, d'où l'on embrasse une vue extraordinaire.

Le Méridien Bora Bora HÔTEL €€€
(☎60 51 51 ; www.borabora.lemeridien.com ; bungalows d à partir de 55 000 CFP ; ❄@🏊📶). Le Méridien s'enorgueillit d'un emplacement exceptionnel et d'un style architectural plutôt novateur. Rénové en 2011, le complexe offre un angle de vue inhabituel sur le mont Otemanu, dont le profil apparaît cette fois en lame de couteau. La majorité des 98 bungalows, avec bois sombre

et sol en verre, sont sur pilotis. Leur décoration puise dans le répertoire océanien (Papouasie, Vanuatu, etc.). Les bungalows plage entourent une jolie lagune intérieure, conçue comme une réserve naturelle, dans laquelle un intéressant programme de réhabilitation des tortues marines a été mis en place. Les clients peuvent même soutenir cette initiative en adoptant une tortue. La piscine, en forme de poisson, est une réussite architecturale. L'immense lobby englobe, entre autres, deux restaurants (dont l'un est conçu comme une planche de surf), ainsi qu'un bar surélevé ressemblant à la proue d'un bateau. Seule déception : la restauration, très moyenne, au dire de certains clients.

Saint Regis Resort HÔTEL €€€
(☎60 78 88 ; www.stregis.com/borabora ; bungalows d à partir de 100 000 CFP; ❄@≋ᯤ). Établissement de prestige, le Saint Regis a la faveur des couples en lune de miel, notamment américains. Les 90 bungalows sur pilotis et villas (d'une superficie de 145 m² !) sont élégamment décorés, avec des bois précieux et des tissus de très haute qualité. Le spa Miri Miri passe également pour un point fort, tout comme les deux restaurants.

Intercontinental Resort & Thalasso Spa Bora Bora HÔTEL €€€
(☎60 76 00 ; www.tahitiresorts.intercontinental.com ; bungalows d à partir de 80 000 CFP ; ❄@≋ᯤ). Vus d'avion, les 80 bungalows sur pilotis du "Thalasso" ressemblent à deux pinces de crabe géantes. L'esprit de la déco est plutôt design, avec un mélange de matériaux en bois, en chrome et en pierre, inspiré par Philippe Starck, peu en rapport avec le style polynésien. Astucieux, de grandes baies vitrées permettent de jouir d'une vue splendide depuis le lit. Le système de refroidissement à l'eau de mer (celle-ci est pompée à grande profondeur) permet de produire 90% de l'électricité nécessaire au fonctionnement de l'établissement, sans recours à l'essence. Le point fort, c'est le spa à l'eau de mer (www.deepoceanspa.com), magnifique. Autre curiosité, la chapelle des mariages est construite sur une lagune, et dispose d'un sol en partie vitré... Belles possibilités de baignade devant l'hôtel, mais snorkeling décevant (les fonds sont sableux). Navettes régulières pour l'Intercontinental Bora Bora Le Moana Resort, sur la pointe Matira.

Four Seasons Resort Bora Bora HÔTEL €€€
(☎60 31 30 ; www.fourseasons.com/borabora ; bungalows d à partir de 75 000 CFP ; ❄@≋ᯤ). On ne vient pas à Bora Bora, mais au Four Seasons. Tout est dit. Cet établissement de très grand standing est l'une des étapes des VIP et des célébrités de Hollywood, qui retrouvent ici l'esprit et le service Four Seasons qu'ils apprécient tant. Situé sur un motu au nord-est de l'île, l'hôtel ne comprend que des bungalows sur pilotis, immenses (150 m² !), avec une piscine privée. Le spa est magnifique, et une lagune a été aménagée. Par rapport aux autres hôtels de l'île, le Four Seasons est une "forteresse" qui se distingue par sa politique de "vase clos" : les visiteurs extérieurs n'y sont pas admis, et tout est fait pour que les clients séjournant à l'hôtel ne consomment pas de prestations à l'extérieur de celui-ci (ainsi, il y a peu de navettes pour l'île principale, et elles sont payantes). L'hôtel n'accueille pas que des couples ; les familles y sont les bienvenues (programme d'animations pour les enfants et les adolescents).

Où se restaurer

Rapporté à l'importance touristique de l'île, l'éventail des choix en matière de restauration est plutôt restreint. En dehors des restaurants indépendants, vous pouvez aussi faire l'expérience d'un buffet-spectacle dans le cadre prestigieux d'un grand hôtel (voir l'encadré p. 164) sur un motu.

Sur l'île, la plupart des établissements ferment leurs portes vers 21h. Certains proposent une prestation fort utile à ceux qui n'ont pas de véhicule : un service de transport aller-retour gratuit du restaurant à votre lieu d'hébergement, sur réservation.

VAITAPE

BON PLAN **Roulottes** COMMERCES AMBULANTS €
(🕘tous les soirs). Des roulottes prennent position chaque soir aux abords de la place centrale. Elles servent des plats simples, à base de viande ou de poisson, à des tarifs très économiques (environ 1 100 CFP).

BON PLAN **Aloe Cafe** SNACK, PÂTISSERIE €
(☎67 78 88 ; plats 1 400-2 000 CFP ; 🕘lun-sam 6h30-18h ; @ᯤ). Dans le centre commercial, en face du temple, ce snack possède une belle carte brasserie, à des tarifs avantageux. Sur la terrasse ombragée (aucune vue sur le lagon malheureusement), vous pourrez prendre un petit-déjeuner (servi jusqu'à 10h30), diverses pâtisseries (maison), une salade, des pâtes, des plats de poisson ou de viande, ou une coupe glacée (maison). Le

mahi mahi burger est excellent. Également accès Internet et Wi-Fi. Service jusqu'à 17h. Paiement en espèces.

Le Panda d'Or RESTAURANT €
(☎67 62 70 ; plats 1 500-2 700 CFP ; ⏲tlj). Passons sur le décor de ce restaurant chinois, ultra banal, à la sortie nord de Vaitape. En revanche, les spécialités cantonaises, comme le *chao men*, le poulet citron ou les chevrettes (crevettes d'eau douce) panées, sont excellentes. Sur le côté, un comptoir sert des plats à emporter. À noter : dernier service à 13h au déjeuner et à 20h au dîner.

Maikai Marina & Yacht Club RESTAURANT €
(☎60 38 00 ; plats 1 600-2 500 CFP ; ⏲fermé dim-lun en basse saison). Une excellente adresse, où l'on déguste une cuisine fraîche et inventive, bien présentée, dans un cadre chic mais sans ostentation. L'impressionnante charpente apparente est bien mise en valeur par un éclairage étudié. Les tarifs ont le mérite de rester sage. Bon choix de cocktails. Au même endroit que le centre de plongée Topdive, à la sortie nord de Vaitape.

Alfredo SNACK €
(☎67 58 68 ; plats 1 300-3 000 CFP ; ⏲mar-dim). Une carte étoffée et des plats bien garnis, français et polynésiens, voici ce qui vous attend dans cet établissement à 500 m au sud de la poste, côté montagne. Déco originale, avec des tables en teck et des murs en galets noirs.

Le St James RESTAURANT €€
(☎67 64 62 ; plats 1 700-3 000 CFP ; ⏲tlj sauf dim). Une halte agréable, animée, avec un deck bien ventilé surplombant le lagon, et du mobilier en bois. Cuisine assez recherchée à base de produits locaux, très correcte, et élégamment présentée. Quelques trouvailles, comme le tartare de thon à la mangue épicée. Formules intéressantes au déjeuner, à 1 900 et 2 400 CFP. Réservez une table sur le ponton, pour profiter de la vue sur les voiliers qui mouillent dans la baie. Service de transport gratuit le soir.

Bora Bora Yacht Club RESTAURANT €€
(☎67 60 47 ; VHF canal 69 ; plats 1 500-3 600 CFP ; ⏲tlj). Le Yacht Club a connu des hauts et des bas et de nombreux changements de propriétaire. Lors de notre venue, il cherchait une nouvelle fois ses marques. La grande terrasse couverte, de style traditionnel, se prolonge par un beau deck sur le lagon. La carte du soir est chère ; celle du midi est plus abordable, avec des salades, des burgers et des plats de poisson à partir de 1 200 CFP.

Vaitape possède plusieurs supermarchés bien approvisionnés, dans lesquels vous pourrez régler avec votre carte de crédit. En allant vers le nord de la localité, côté montagne, vous verrez les enseignes suivantes :

Super To'a Amok (⏲5h30-18h30 lun-sam)

Nunue (⏲5h-18h lun-sam, 5h-10h dim)

Chin Lee (⏲5h-18h lun-sam, 5h-11h dim)

DE VAITAPE À LA POINTE MATIRA

Bora Kaina Hut RESTAURANT €€
(☎67 54 06 ; plats 1 500-3 500 CFP ; ⏲soir tlj sauf ven). Coup de cœur pour le cadre exotique-chic du Kaina Hut, avec sol en sable, mobilier en teck, abats-jour en coquillages et toit en matériaux locaux. Il ne manque que la vue sur le lagon ! Goûtez les deux plats phares de l'établissement : les gnocchi de uru maison et le *mahi mahi* cuit sur de la pierre volcanique avec sauce passion. Un délice ! Le tout est joliment présenté. Les desserts, bien qu'alléchants, sont plus décevants. Arrivage de poisson frais tous les jours. Service de transport gratuit.

Bloody Mary's RESTAURANT €€
(☎67 72 86 ; plats environ 3 500 CFP ; ⏲soir tlj sauf dim). Attrape-touriste ou véritable institution ? Un peu des deux. Depuis 1979, cet établissement applique la même recette. Spécialité maison, des poissons du lagon et du large sont présentés sur un lit de glace, à l'entrée. Il n'y a pas de carte, on regarde, on écoute les explications de l'hôtesse multilingue, et on commande, selon son envie (quelques viandes sont également disponibles). Le décor vaut le coup d'œil. À l'intérieur d'un immense *fare* en bambou et en cocotier, des tables et des tabourets en troncs de cocotier sont posés sur du sable, au milieu d'une végétation tropicale. Service très efficace, qui pousse habilement à la consommation sur les boissons. À 5 km de Vaitape.

La Villa Mahana RESTAURANT €€€
(☎67 50 63 ; www.villamahana.com ; plats env. 5 000 CFP, menus 11 000-15 000 CFP ; ⏲soir tlj). Pas d'erreur de zéro dans les tarifs, ce sont bien ceux qui sont pratiqués à la Villa Mahana. C'est une cuisine de haute volée qui attend les gourmets dans ce restaurant discret (pas d'enseigne) aménagé dans un cadre incongru pour Bora Bora : une maison de style provençal, simplement décorée, mais

très romantique. Les couples en lune de miel, surtout étrangers, adorent ! Le chef, corse, propose une cuisine d'inspiration méditerranéenne, élaborée à partir de produits locaux soigneusement sélectionnés, que l'on arrose avec des grands crus français. En dessert, le fondant au chocolat est divin. Il n'y a que 7 tables, pour préserver l'atmosphère intimiste du lieu. Réservation impérative.

POINTE MATIRA ET ENVIRONS

Tiare Market SUPERMARCHÉ €

(6h30-19h lun-sam, 6h30-13h et 15h-18h dim). Seul supermarché du secteur, le Tiare Market, bien approvisionné, fait le bonheur des touristes qui n'ont pas retenu la formule demi-pension dans leur hébergement.

BON PLAN **Matira – chez Julie** SNACK €

(67 77 32 ; plats 400-2 000 CFP ; 10h-15h tlj sauf lun). Emplacement mirifique, directement sur la plage de Matira. Décor tout simple, cuisine sans façon (poisson cru, salades, omelettes, steak-frites, sandwichs, poissons grillés) et tarifs sages. Idéal pour caler une petite faim entre deux séances de bronzette au déjeuner. La formule "plat à emporter" est possible.

Moi-Here SNACK €

(67 56 46 ; plats 300-1 800 CFP ; 8h-20h tlj). Le cadre, une charmante terrasse en bois directement en surplomb de la plage Matira, avec le lagon turquoise au premier plan (et de fabuleux couchers de soleil), est digne d'un cinq-étoiles mais la cuisine vous ramènera vite à la réalité ; les plats sont très ordinaires (steak-frites, *chao men*, burgers). Également sandwichs et spécialités de jus de fruits frais (900 CFP). Paiement en espèces.

Roulotte Matira SNACK €

(plats 1 200-1 800 CFP ; tlj). Assis devant une table en bois, les pieds dans du sable, on commande des plats simples mais corrects (burgers, bœuf légumes, poisson grillé). Également petit-déjeuner. En face de l'hôtel Matira.

BON PLAN **Tama'a Maitai** SNACK D'HÔTEL €

(60 30 00 ; plats 1 500-2 800 CFP ; tlj 11h30-21h). Le snack de l'hôtel Maitai (p. 164), agréablement situé en bord de lagon (mais la vue est partiellement bouchée par les bungalows sur pilotis), est idéal pour un repas sur le pouce, dans un cadre accueillant, sans se ruiner. Carte très variée (pâtes, pizzas, salades, viandes, plats végétariens et poisson de pêche locale). Quelques desserts originaux, comme le moelleux au coco et le tiramisu à la mangue. Service en continu.

QUAND BORA BORA FAIT LA FÊTE

L'animation à Bora Bora est très réduite, sauf à deux périodes de l'année. En juillet, à l'occasion des festivités du Heiva (voir p. 63), l'île est en pleine effervescence. Plusieurs soirs par semaine, les groupes de danse des différents districts de l'île font la démonstration de leurs talents sur une grande scène aménagée sur le quai à Vaitape. Le programme inclut également des compétitions sportives, des défilés et des concours de chant. Le Heiva de Bora Bora est le plus réputé de Polynésie après celui de Papeete. Les manifestations débutent vers 18h (environ 1 000 CFP).

Autre temps fort : l'arrivée de la course de pirogue Hawaiki Nui (voir p. 312) sur la plage de Matira, début novembre. Les centaines de pirogues colorées qui envahissent la plage constituent un spectacle inoubliable, et l'ambiance est très festive.

La Bounty RESTAURANT €

(67 70 43 ; plats 1 300-3 500 CFP ; tlj). Cet établissement retient l'attention avec sa carte alléchante et ses plats d'inspiration française. Les habitués recommandent aussi les pierrades et la fondue bourguignonne, spécialités de la maison. Également de copieuses pizzas. Cadre relaxant, malgré l'absence de vue sur le lagon : un grand *fare* de style local, du mobilier en bois, une partie du sol en gravier corallien et une charpente en bois. Pas de service de transport.

♥ **Fare Manuia** RESTAURANT €€

(67 68 08 ; plats 1 500-3 900 CFP ; tlj). Une valeur sûre, appréciée pour sa carte très étoffée, son rapport qualité/prix, ses généreux plats de viande et de poisson, et ses pizzas au feu de bois. Si vous avez un gros appétit, faites-vous plaisir avec la côte de bœuf (600 g) rôtie au feu de bois ou le carré d'agneau de Nouvelle-Zélande. Décor accueillant, avec des touches tropicales (bambou, tables vernies, jardin avec pelouse). Pas de vue sur la plage. Également petit-déjeuner. Service de transport gratuit.

SUR LES MOTU

Vous pouvez aussi profiter des restaurants des grands hôtels installés sur les motu, au cadre souvent incomparable (voir l'encadré

p. 164), accessibles par des navettes au départ de l'île principale, jusqu'à 23h environ. La qualité de la cuisine varie selon le talent du chef du moment. Le restaurant du Saint Regis Resort (p. 167) est l'un des plus réputés. Les tarifs restent corrects si l'on s'en tient aux plats les moins chers. Comptez environ 2 500 CFP au minimum pour un plat. À midi, des formules déjeuner sont généralement proposées, à des prix plus intéressants. Attention, un code vestimentaire est exigé, surtout le soir (pas de short, pas de tongs). Réservez impérativement, sinon vous ne pourrez embarquer sur la navette.

Où prendre un verre

Offrez-vous le divin plaisir, financièrement très abordable, d'un cocktail au bar d'un des hôtels de luxe de Bora Bora. Le cadre est toujours superbe, et vous ne débourserez qu'environ 1 500 CFP (guère plus que dans un bar "normal"). Les hôtels situés sur les motu disposent d'une navette gratuite, en service jusqu'à minuit environ. Afin d'éviter toute déconvenue, il est impératif de téléphoner avant pour savoir si le bar de l'hôtel est accessible aux visiteurs extérieurs.

Plusieurs restaurants font également office de bar en soirée. L'ambiance n'est pas spécialement électrique, mais c'est un bon moyen de sortir du cadre aseptisé des hôtels. Essayez le bar du **Maikai Marina & Yacht Club** (p. 168), à l'ambiance lounge, avec des animations musicales certains soirs, celui du **Bora Bora Yacht Club** (p. 168), équipé d'un deck au bord de l'eau, et celui du **St James** (p. 168), doté d'une terrasse-lounge au bord de l'eau. Quant au bar du **Bloody Mary's** (p. 168), il vaut le détour pour son cadre tout en bambou et en cocotier.

Où sortir

Bora Bora ne compte pas de vie nocturne digne de ce nom. Les seules possibilités intéressantes sont les **buffets-spectacles** (ou "shows polynésiens") dans les grands hôtels. Le buffet est accompagné d'un spectacle de danses traditionnelles, interprété par des groupes locaux. Il n'est pas toujours nécessaire de payer le buffet (de 8 000 à 10 000 CFP/pers selon les établissements) pour assister au spectacle ; parfois, une consommation au bar suffit, ou un droit d'entrée. Chaque grand hôtel organise en moyenne une représentation deux ou trois fois par semaine. Renseignez-vous à la réception sur les jours de spectacle et sur la politique d'accueil des clients extérieurs.

Achats

Les boutiques d'artisanat, de souvenirs ou de perles, de bonne et de moins bonne qualité, sont nombreuses sur l'île. Prenez le temps de comparer avant tout achat.

Centre artisanal ARTISANAT
(Vaitape ; tlj 8h-16h). À Vaitape, sur le quai. Vous y trouverez de nombreux objets réalisés par les mamas de l'île.

Galerie Pakalola ART, ARTISANAT
(67 71 82 ; Vaitape ; lun-sam 9h-18h). Cette très belle galerie est une caverne d'Ali Baba pour les amateurs d'art local. Elle diffuse les œuvres d'une vingtaine d'artistes de l'île, et vend également de l'artisanat de qualité (bijoux, paréos).

Pearla Joaillerie PERLES
(67 63 91 ; Vaitape ; tlj 9h-18h). La boutique du designer de perles Laurent Rebstock rassemble des pièces uniques, mais aussi des créations beaucoup plus abordables financièrement (à partir de 8 000 CFP), dans un style résolument moderne. Perles nues et montées, bracelets, bagues, pendentifs, colliers, boucles d'oreille...

Galerie Alain et Linda ART
(67 70 32; www.borabora-art.com). Une galerie connue, où sont diffusées les œuvres de plusieurs artistes polynésiens. Peintures, poteries, livres. Entre Vaitape et Matira.

Marama Tattoo TATOUEUR
(74 57 92, 76 35 34 ; sur rendez-vous). L'un des meilleurs tatoueurs des îles Sous-le-Vent. Son portfolio est convaincant (beau répertoire de motifs traditionnels, avec une touche de modernisme) et il respecte toutes les normes d'hygiène. Prenez rendez-vous plusieurs jours à l'avance.

Renseignements

Plusieurs médecins exercent sur l'île. Vous trouverez également une pharmacie à Vaitape.

La plupart des services sont à Vaitape :

Aloe Cafe (Internet 1 000 CFP/heure ; 6h30-18h lun-sam). Dans le centre commercial Pahia, en face du temple. Trois postes à disposition. Également Wi-Fi (même tarif).

Banque de Polynésie (8h-12h et 13h15-16h30 lun-jeu, 8h-12h et 13h15-15h30 ven). Opérations de change et distributeur de billets.

Banque de Tahiti (8h-12h et 13h-16h lun-ven). Opérations de change et distributeur de billets.

Banque Socredo (⌚7h30-11h30 et 13h30-15h30 lun-ven). Opérations de change et distributeur de billets.

Bora Spirit Matira (Internet 500 CFP/heure ; ⌚9h-19h). À la pointe Matira. Également Wi-Fi.

Comité du tourisme (☎67 76 36 ; info-bora-bora@mail.pf ; ⌚9h-12h et 13-16h lun-ven, 9h-12h sam). Sur le quai à Vaitape. Quelques brochures à disposition.

Maison de la Presse (⌚7h30-18h30 lun-sam, 8h-18h dim). Presse locale et française, et bon choix d'ouvrages sur la Polynésie.

OPT (⌚7h-15h lun-jeu, 7h15-14h15 ven). Bureau de poste. Vente de cartes téléphoniques, accès Internet et Wi-Fi (fonctionnant avec le réseau Manaspot). Distributeur de billets.

ℹ Depuis/vers Bora Bora

Bora Bora est située à 270 km au nord-ouest de Tahiti, et à 15 km à l'ouest de Tahaa.

Avion

Air Tahiti assure de 8 à 10 liaisons quotidiennes entre Papeete et Bora Bora ; certaines sont directes et durent 50 minutes environ, d'autres transitent par Moorea, Huahine ou Raiatea. L'aller simple plein tarif coûte 9 500 CFP depuis/vers Huahine, 19 500 CFP depuis/vers Moorea, 16 700 CFP depuis/vers Papeete et 7 800 CFP depuis/vers Raiatea.

Bora Bora est également reliée à Rangiroa, Manihi, Tikehau et Fakarava, dans l'archipel des Tuamotu, mais uniquement dans le sens Bora Bora-Tuamotu. Il existe un vol direct par jour Bora Bora-Rangiroa (1 heure 15, aller simple plein tarif 26 000 CFP) et plusieurs vols hebdomadaires Bora Bora et Manihi, Bora Bora et Tikehau, ainsi que Bora Bora et Fakarava.

Air Tahiti (☎60 53 53, 60 53 54, 86 42 42 réservation centrale ; www.airtahiti.pf ; ⌚7h30-11h30 et 13h30-16h30 lun-ven, 8h-11h30 sam). Bureau à Vaitape.

ℹ Bateaux inter-îles

Les cargos inter-îles **Hawaiki Nui** et **Taporo** desservent Bora Bora deux fois par semaine, au départ de Papeete, via Huahine, Raiatea et Tahaa. Ils partent de Papeete les mardi et jeudi vers 16h, et arrivent le lendemain matin à Bora Bora. Les cargos accostent au quai de Farepiti à Faanui, à 3 km au nord de Vaitape. Reportez-vous p. 379 pour plus d'informations sur les liaisons inter-îles.

Le catamaran rapide **Aremiti 4** (☎50 57 57 ; www.aremiti.pf) assure une desserte hebdomadaire (aller le vendredi, retour le dimanche) de Bora Bora au départ de Papeete, via Huahine et Raiatea. L'aller simple plein tarif depuis Papeete coûte 9 500 CFP. Bora Bora-Huahine coûte 6 300 CFP et Bora Bora-Raiatea 5 300 CFP.

Pour Maupiti, il existe une liaison régulière très pratique à bord d'une confortable vedette, le **Maupiti Express 2** (☎67 66 69 à Vaitape ; www.maupitiexpress.com), qui circule les jeudi et samedi (aller simple/aller-retour 4 000/5 000 CFP). Départ à 8h30 de Vaitape (Bora Bora), arrivée à 10h15 à Maupiti ; retour de Maupiti à 16h le même jour, arrivée vers 18h à Bora Bora. Ces horaires permettent de faire une excursion à la journée à Maupiti au départ de Bora Bora. Attendez-vous à être secoué pendant la traversée, surtout dans le sens Maupiti-Bora Bora.

Le **Maupiti Express 2** dessert également Raiatea et Tahaa (1 heure 30) au départ de Bora Bora, les mercredi et vendredi (départ à 7h), ainsi que le dimanche (départ à 15h). Tarifs identiques à la liaison pour Maupiti. Les billets sont en vente dans le bureau du *Maupiti Express 2* sur le quai de Vaitape ou directement à l'embarquement.

ℹ Comment circuler

Desserte de l'aéroport

L'aéroport est aménagé sur le motu Mute, au nord du lagon. Air Tahiti assure gratuitement le transfert maritime de ses passagers entre l'aérodrome et le quai de Vaitape, à bord de deux grands catamarans. Au moment de quitter l'île, il faut se présenter au quai de Vaitape au plus tard 1 heure 15 avant l'heure du décollage.

D'ordinaire, les grands hôtels assurent eux-mêmes le transfert de leur clientèle. Certains établissements viennent directement accueillir leurs clients à l'aérodrome, d'autres viennent les chercher au quai de Vaitape. Un service de truck dessert également les pensions de la pointe Matira (500 CFP), à partir du quai de Vaitape, à chaque arrivée (et départ) d'avion.

Voiture et vélo

En l'absence de transports en commun, la location d'une voiture ou d'un vélo reste la formule la plus adaptée pour couvrir les 32 km du tour de l'île. Plusieurs pensions et hôtels louent des vélos à leurs clients. Dans tous les cas, il est conseillé de réserver son véhicule.

Bora Bora Rent a Car – Avis (☎67 70 15, 67 56 44 ; ⌚7h30-17h lun-sam). Au centre de Vaitape. Également représenté à la pointe Matira. Location de voiture à des tarifs exorbitants (13 500 CFP !) et de vélo (2 000 CFP).

Bora Spirit Matira (⌚9h-19h). Location de vélo (1 000 CFP/jour). À la pointe Matira.

Les deux seules stations-service de l'île sont à Vaitape. Elles sont ouvertes du lundi au samedi de 6h à 17h30 environ, et l'une des deux est en principe ouverte le dimanche matin de 6h à 11h.

Maupiti

1 200 HABITANTS

Dans ce chapitre »

Le top des hébergements

» Maupiti Résidence (p. 177)
» Kuriri Village (p. 179)
» Pension Papahani – Chez Vilna (p. 179)

Le top des activités

» Snorkeling (p. 175)
» Plongée (p. 176)
» Randonnée pédestre (p. 176)

Pourquoi y aller

Coup de cœur assuré pour Maupiti, la plus authentique des îles Sous-le-Vent. Toutes les composantes du petit paradis que l'on est venu chercher en Polynésie sont rassemblées ici : un lagon aux resplendissants dégradés de bleu, la tranquillité absolue, une île au format miniature où l'on circule à bicyclette, un chapelet d'îlots ourlés d'un liseré de sable blanc et la douceur de vivre d'un village fleuri adossé à une impressionnante falaise de basalte.

Depuis plusieurs années, Maupiti a la cote, autant auprès des résidents de Tahiti qu'auprès des touristes, séduits par son cachet intimiste et authentique. Tout la sépare de sa voisine Bora Bora, à 40 km à l'est. Ici, pas de luxe tapageur, pas de bungalows sur pilotis, pas de boutiques de perles, pas de pirogues chargées de touristes, pas de Jet-Ski et encore moins d'animations nocturnes. Il n'y a pas d'hôtel (la population n'en veut pas), juste des pensions de famille, installées sur l'île ou sur les motu (îlots) de la barrière de corail, dans un décor de carte postale. Tout est à taille humaine.

Les visiteurs explorent le lagon à bord d'un kayak ou d'un petit bateau à moteur, admirent les poissons multicolores autour des massifs coralliens, pique-niquent sur un îlot ou font le tour de l'île à vélo. Les plus sportifs entreprennent la montée jusqu'au sommet de l'île. Les hédonistes lézardent à l'ombre des cocotiers. On peut aussi pratiquer la plongée, en petit comité, sur des sites peu fréquentés, et même évoluer au milieu d'un ballet de raies mantas.

Quand partir

Maupiti s'apprécie en toute saison, mais si vous souhaitez observer les raies mantas dans le lagon, il faut venir entre avril et mi-septembre. Pour les baleines, la période allant de juillet à octobre est indiquée. En juillet, les fêtes du Tiurai (danses, artisanat) animent le village. La période novembre-mars est la plus arrosée. Juillet-août sont les mois les plus ventés.

À ne pas manquer

1 Admirer le ballet des **raies mantas** dans le lagon (p. 176)

2 Marcher jusqu'au sommet du **mont Teurufaatiu** (p. 176)

3 **Faire le tour du lagon** en bateau (p. 175)

4 Profiter du coucher du soleil sur la petite **plage de Tereia** (p. 175)

5 Se plonger dans le passé mystérieux de Maupiti en découvrant les **pétroglyphes de Haranae** (p. 174)

Histoire

Comme Raiatea, Maupiti a jadis joué un rôle éminent dans la civilisation polynésienne. Les chefs des autres îles se rendaient fréquemment à Maupiti à l'occasion de certaines cérémonies.

Le premier Européen ayant découvert Maupiti est l'explorateur hollandais Jakob Roggeveen, en 1722, soit près d'un demi-siècle avant que Wallis, Bougainville et Cook n'accostent à Tahiti.

Au début du XIXe siècle, l'île passa sous l'influence de Bora Bora. L'arrivée de missionnaires européens se traduisit par un nouveau conflit de pouvoir, qui déboucha sur la suprématie sans partage de la religion protestante. Plus tard, un conflit opposa Maupiti à Bora Bora pour la possession de l'atoll de Scilly. L'influence française commença à se faire sentir, mais les missionnaires et les chefs coutumiers continuèrent à exercer leur pouvoir jusqu'après la Seconde Guerre mondiale.

Fin 1997, le cyclone Oséa a dévasté une partie des infrastructures de l'île.

La culture de la pastèque sur les motu est l'une des principales sources de revenu de Maupiti, avec la culture du tiaré et la pêche.

Orientation

Une route fait le tour de l'île, soit environ 10 km. La presque totalité de la population (1 200 personnes) vit dans l'unique village, qui s'étire tout en longueur sur la côte est, au pied d'une ligne de crête acérée. L'intérieur de l'île est dominé par le mont Teurufaatiu (380 m). L'île est cernée par un large lagon très peu profond, délimité par un chapelet de motu.

L'aérodrome se situe sur un motu. À l'extrémité sud du lagon, les deux plus petits motu, Tiapaa et Pitihahei, flanquent l'unique passe franchissable de Maupiti, la passe Onoiau, réputée dangereuse pour la navigation. Une autre passe, au nord, à hauteur du motu Paeao, est appelée "fausse passe", car elle n'est pas praticable.

> **MAUPITI PRATIQUE**
>
> Attention ! Il n'y a ni banque ni distributeur automatique de billets sur l'île, et seules deux pensions acceptent la carte de crédit (Kuriri Village et Maupiti Résidence). Prévoyez suffisamment d'espèces.

L'île principale ne comprend qu'une seule plage, à la pointe Tereia. Les motu sont en revanche pourvus d'étroites bandes de sable blanc.

À voir

Vaiea VILLAGE

Le village, tout en longueur, se pelotonne au pied d'une impressionnante barre rocheuse, aux angles taillés à la serpette, qui se termine par une falaise, au sud, appelée Hotu Paraoa. Les habitations s'alignent sagement le long de l'unique route bétonnée. Leur architecture fonctionnelle et sans véritable charme – il s'agit pour l'essentiel de "*fare* MTR", sortes de maisonnettes standardisées, conçues pour résister aux cyclones – contraste avec les parterres et les jardins généreusement fleuris. Vous repérerez facilement les bâtiments abritant les services administratifs (mairie, poste), les lieux de culte (protestant, adventiste, mormon), les écoles, les terrains de sport et les quelques magasins.

Pétroglyphes de Haranae SITE ARCHÉOLOGIQUE

Ce site archéologique, modeste mais émouvant, vaut le coup d'œil. Vous verrez dans une petite rivière une série de pétroglyphes, gravés sur des gros rochers. La représentation de tortue la plus impressionnante figure sur un rocher plat se dressant à droite de la rivière. On observera aussi un motif anthropomorphe, affublé d'un symbole phallique.

Le site est facilement accessible. Quittez le village en allant vers le nord et dépassez

Maupiti

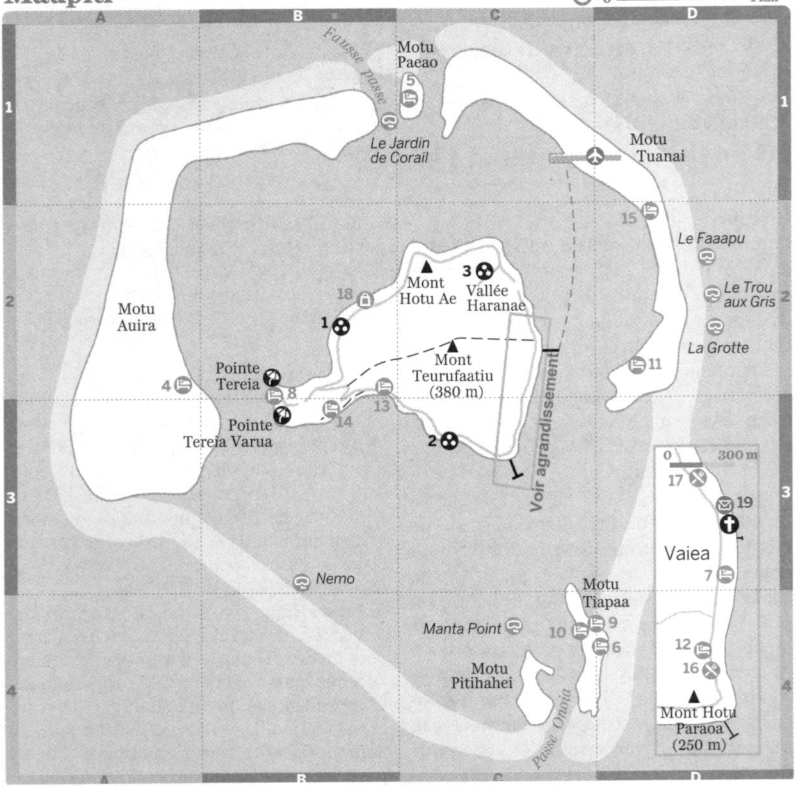

le terrain de basket près de l'église. Vous débouchez dans la vallée de la Haranae. Côté montagne, juste après une maison verte, un chemin mène vers l'intérieur des terres. Celui-ci s'achève à la hauteur d'une station de pompage, à 200 m. Le site se trouve une centaine de mètres plus loin, sur la gauche.

Pointe Tereia PLAGE

Un paysage de carte postale vous attend sur la plage de Tereia, dotée d'une belle étendue de sable blanc et baignée par des eaux cristallines. Il faudrait juste un peu plus d'ombre pour se protéger de l'ardeur du soleil, et un peu plus de fond pour nager. À cet endroit, le lagon est si peu profond qu'on peut le traverser à pied (vous aurez de l'eau jusqu'à mi-corps à marée basse) et rejoindre le motu Auira, en face. Prévoyez des sandales en plastique. Pour caler une petite faim, le snack Chez Mimi (voir *Où se restaurer* p. 179) fera l'affaire.

En longeant le littoral à pied vers le sud, on rejoint des petites **criques sableuses** derrière la pointe Tereia Varua. Le bout du monde !

Marae Vaiahu SITE ARCHÉOLOGIQUE

Faute de panneaux explicatifs, cet ancien site cérémoniel au bord du lagon n'est pas très évocateur mais vaut le coup d'œil. Faites-vous accompagner par quelqu'un qui pourra vous restituer l'histoire du lieu et les légendes qui s'y rattachent. Ce *marae*, le plus important de l'île, est recouvert d'un dallage où subsiste un "coffre à poissons", structure formée de grandes dalles de corail, dont une qui fait office de couvercle. L'ensemble était utilisé lors des cérémonies destinées à assurer une pêche fructueuse. Pour en savoir plus sur les *marae*, reportez-vous à la p. 327.

Marae Marauira SITE ARCHÉOLOGIQUE

De dimension plus modeste que le *marae* Vaiahu, cet autre marae côtier se trouve dans l'ouest de l'île et se compose d'un site cérémoniel au bord du lagon.

Motu SITES LAGONAIRES

Les motu (îlots) de Maupiti offrent un cadre encore sauvage et idyllique. La majorité des pensions sont d'ailleurs installées sur le **motu Tiapaa**, frangé d'une petite plage de sable blanc. Le **motu Auira** est accessible à pied, en traversant le lagon, depuis la plage de Tereia. Si vous résidez au village, demandez à votre pension de vous déposer en bateau sur l'un des motu (le transfert dure quelques minutes à peine), ou faites l'excursion sur le lagon (voir ci-dessous).

Activités

Snorkeling et excursions sur le lagon

Le lagon de Maupiti est magnifique, avec un étonnant camaïeu de bleus. La magie se prolonge sous la surface ; les meilleurs spots de snorkeling se trouvent aux abords de la **passe Onoiau** (mais gare aux courants !), ainsi qu'à proximité du **motu Paeao**, sur un site appelé la "fausse passe", riche en jardins coralliens autour desquels virevoltent des poissons colorés.

Toutes les pensions proposent des **tours de l'île en bateau** avec arrêts snorkeling et éventuellement pique-nique sur un motu moyennant 3 000 à 5 000 CFP/pers. La sortie proposée par **Sammy Maupiti Tour** (☎76 99 28 ; demi-journée/journée 3 000/5 000 CFP) a bonne réputation et inclut un arrêt pêche (harpon ou fusil), du snorkeling, les raies mantas (en saison) et l'observation de requins près de la barrière récifale.

Maupiti

À voir

1 Marae Marauira B2
2 Marae Vaiahu C3
3 Pétroglyphes de Haranae C2

Où se loger

4 Auira – chez Edna A2
5 Fare Paeao C1
6 Kuriri Village D4
7 Mareta – chez Manu D3
8 Maupiti Résidence B2
9 Maupiti Village C4
10 Papahani – chez Vilna C4
11 Poe Iti – chez Gérald et Joséphine D2
12 Taputea D4
13 Tautiare Village B2
14 Teheimana B3
15 Terama D2

Où se restaurer

Ben Sa ..... (voir 12)
Chez Mimi ..... (voir 8)
16 Purotu Shop D4
17 Tarona D3

Achats

18 Vaitia B2

Renseignements

19 OPT D3

RENCONTRE AVEC LES RAIES MANTAS

À l'intérieur du lagon, à proximité de la passe, plusieurs raies mantas (deux à quatre individus en moyenne) viennent se faire nettoyer par des labres, dans quelques mètres d'eau sur un fond sableux. Elles en profitent également pour se livrer à des parades amoureuses... Ce ballet animalier est saisonnier, en principe d'avril à mi-septembre, tous les matins. La visibilité est parfois réduite, en fonction de la direction de la houle, et les courants peuvent être forts.

Les pensions organisent des sorties d'observation moyennant 2 500-3 500 CFP/ pers, au cours desquelles on reste en surface, en snorkeling (il est déconseillé de faire des apnées, pour ne pas les déranger). Pour assister au spectacle sous l'eau, contactez le centre de plongée **Huahine Nautique**, qui propose des plongées spécifiques.

Plongée sous-marine

Un petit centre de plongée, **Huahine Nautique** (☎67 83 80 ; www.maupiti-nautique.com), tenu par un seul moniteur, est installé à Maupiti et propose de très belles plongées à l'extérieur du lagon, le long de la partie est de la barrière de corail, entre la passe Onoiau et le motu de l'aérodrome (voir le chapitre *Plongée* p. 30). Les coraux sont de bonne qualité et la faune corallienne est au rendez-vous. Seul inconvénient : compte tenu de la configuration de la passe, dangereuse en cas de houle, il n'est pas toujours possible de sortir du lagon et les sorties sont alors annulées. Dans le lagon, près de la passe Onoiau, les plongeurs peuvent approcher une station de nettoyage pour raies mantas (voir l'encadré ci-dessus). Pour les baptêmes et les débutants, deux sites sont proposés, le Jardin de corail, au nord du lagon, et Nemo, au sud.

La plongée ou le baptême revient à 6 500 CFP la plongée sur le site des raies mantas (d'avril à mi-septembre), la sortie 2 plongées à 12 000 CFP, le forfait de 5 plongées à 30 000 CFP et la formation au Niveau 1 à 41 000 CFP. Paiement en espèces. Attention ! Les palanquées sont limitées à 4 plongeurs au maximum ; il est donc indispensable de réserver plusieurs jours à l'avance.

Observation des baleines

De juillet à octobre, les baleines à bosse fréquentent les parages de Maupiti, à l'extérieur du récif. Sous réserve que la mer soit très calme, les pensions peuvent organiser des sorties d'observation. Contactez également les pensions Tautiare Village et Teheimana, équipées d'un bateau adapté aux sorties en océan (6 000-7 500 CFP/pers).

♥ Randonnée pédestre

Vu de loin, la muraille rocheuse qui domine le centre de l'île paraît imprenable. Pourtant, il est possible d'y monter à pied. Sensations fortes et panoramas garantis !

L'ascension du **mont Teurufaatiu**, le point culminant de l'île (380 m), est magnifique (points de vue à couper le souffle) mais ne peut être entreprise que par des personnes non sujettes au vertige, car certains passages relèvent plus de la varappe que de la randonnée. Abstenez-vous s'il a plu, car la roche est très glissante et certaines sections sont friables. Comptez 3 heures pour l'aller-retour. Prévoyez suffisamment d'eau. La présence d'un guide est recommandée, même si certains tronçons sont balisés de marques jaunes. Le sentier débute en face du snack Tarona, sur les escaliers en ciment. La montée est ombragée sur une bonne partie de l'itinéraire. La partie la plus technique se situe en fin de parcours, lorsqu'il faut progresser avec difficulté sur des rochers escarpés pour accéder à la crête – puis au sommet. Pour un guide, adressez-vous à votre pension ou contactez **Albert** (☎67 83 64 ; 4 000 CFP/pers).

Kayak

La plupart des pensions mettent à disposition de leurs clients des kayaks, une formule tout indiquée pour naviguer en toute sécurité sur le lagon.

Pêche au gros

Les pensions Tautiare Village et Teheimana disposent de bateaux conçus pour la pêche au gros. Comptez de 6 000 à 10 000 CFP la demi-journée, matériel inclus.

Excursions organisées

Le guide **Albert** (☎67 83 64 ; 2 000 CFP/pers) propose des tours de l'île guidés, au cours desquels il détaille les sites archéologiques et explique les légendes de l'île.

Fêtes et festivals

Comme les autres îles de l'archipel, Maupiti vibre pendant les **fêtes de juillet**, dites "Tiurai". Des animations ont lieu tous les jours (concours de danse, tours de l'île, démonstrations artisanales, baraques foraines).

Où se loger

Si vous recherchez l'atmosphère d'un village polynésien et un peu d'animation, préférez les pensions installées sur l'île. Si vous préférez jouer les Robinson, optez pour l'une des pensions établies sur un motu. À signaler : quelques pensions seulement disposent de l'eau chaude.

Les possibilités de restauration se limitant à un snack, à une pizzeria et à quelques épiceries au village, il vaut mieux choisir la formule demi-pension. Attention ! Prévoyez suffisamment d'espèces pour couvrir tous vos frais, car la carte de crédit n'est acceptée que dans deux pensions.

SUR L'ÎLE

Deux pensions sont établies dans le village même (où il n'y a aucune plage, ni aucune vue particulière), et trois autres sont à proximité de la plage de Tereia.

Mareta – chez Manu PENSION €

(☎67 82 32 ; ch avec sdb commune 3 000 CFP/pers petit-déj inclus, 4 500 CFP/pers en demi-pension ; @). Le point de chute habituel des petits budgets, dans une maisonnette au centre du village, au bord de la route. Côté confort, c'est spartiate ; les 3 chambres, avec ventilateur, sont monacales et se partagent une sdb (eau froide) dans le couloir. Côté ambiance, les clients apprécient l'atmosphère décontractée et typiquement polynésienne, ainsi que la copieuse cuisine familiale. Cuisine à disposition (300 CFP). Transfert à l'aérodrome 1 000 CFP l'aller-retour, par la navette d'Air Tahiti.

BON PLAN **Taputea** PENSION €

(☎67 82 78 ; ch avec sdb commune 3 000 CFP/pers avec petit-déj, ch avec sdb 4 000 CFP/pers avec petit-déj ; wifi). Une pension sans mauvaise surprise, dans une grande maison moderne, près de la supérette Purotu Shop, et des tarifs abordables. On est logé très convenablement dans les 3 chambres (dont l'une est équipée d'une sdb privative, avec eau chaude). Les propriétaires sont absents pendant la journée en semaine. La pizzeria Ben Sa, tenue par la fille, est juste à côté de la pension. Pour le repas du soir, comptez 2 500 CFP. Les transferts à l'aérodrome, avec la navette d'Air Tahiti, coûtent 1 000 CFP l'aller-retour par personne.

Teheimana PENSION €

(☎67 81 45, 71 29 97 ; tapututeheimana@live.fr ; ch avec sdb commune 7 500 CFP/pers en demi-pension, transferts inclus ; wifi). Située dans l'un des endroits les plus retirés de l'île, non loin de la plage de Tereia (accessible à pied), cette pension dispose de 3 chambres dans un *fare* en dur, au confort simple mais suffisant, avec sdb commune (eau chaude) et cuisine équipée. Le site est très paisible et le jardin ouvre sur le lagon, mais la baignade n'est pas possible à cet endroit, en raison des fonds récifaux. Les pique-niques sur les motu sont parmi les moins chers de l'île, à 3 000 CFP/pers. Sorties d'observation des baleines en saison, et pêche au gros.

Tautiare Village PENSION €

(☎60 15 90, 32 42 67 ; www.pension-tautiare-village.sitew.com ; ch s/d 8 000/12 000 CFP/pers avec petit-déj, 10 000/16 000 CFP en demi-pension ; wifi). Les 4 chambres, mitoyennes, occupent un *fare* en dur, près de la maison familiale. Elles sont bizarrement proportionnées : les sdb (avec eau chaude) sont presque aussi grandes que la pièce principale. Rien à redire sur la propreté, exemplaire. Chacune possède une petite terrasse, exposée aux vents dominants (un peu gênant pendant les mois les plus frais, mais très agréable pendant la saison la plus chaude), qui ouvre sur une pelouse bien entretenue et sur le lagon. Notez qu'on ne peut pas se baigner, à cause des fonds récifaux et de la faible profondeur, mais un long ponton, avec échelle de mise à l'eau, donne accès à une zone où l'on peut faire trempette. Le compagnon de la propriétaire peut vous emmener à la pêche dans l'océan. Service de blanchisserie (300 CFP). Transfert à l'aérodrome 1 650 CFP l'aller-retour. À 3 km du centre du village.

♥ **Maupiti Résidence** PENSION €€

(☎67 82 61 ; www.maupitiresidence.info ; plage de Tereia ; bungalows 1-2/3-4 pers 10 800/14 800 CFP en moyenne saison, 12 800/14 800 CFP en haute saison ou séjour moins de 3 nuits ; clim, wifi). Une excellente adresse, à des tarifs qui restent raisonnables.

> **MAUPITI À VÉLO**
>
> Pour mieux vous imprégner de l'ambiance paisible de Maupiti, louez un vélo (1 000 CFP/jour) et faites le tour de l'île. Le parcours (environ 10 km) est plat (mais pas ombragé) et la route longe le lagon, à l'exception d'un court tronçon où elle bifurque à l'intérieur des terres pour franchir un petit col, à proximité de la pointe Tereia.

Le cadre, sauvage, directement sur la plage de Tereia (très sûre pour les enfants), face au lagon étincelant et au soleil couchant, a l'allure d'une carte postale. Les 2 *fare* d'hôtes, avec terrasse, sont spacieux (72 m² pour 2 chambres et un grand séjour-cuisine) et d'une propreté irréprochable, les prestations de qualité (clim dans la chambre, cuisine équipée, accès Internet, machine à laver, TV, lecteur DVD, eau chaude, ménage quotidien) et les services bien étudiés (possibilité de livraison de plats cuisinés dans le *fare*, service de petit-déjeuner, prêt de vélos et de kayaks). Snack chez Mimi à 100 m. Transferts 2 000 CFP pour l'aérodrome (prendre la navette d'Air Tahiti jusqu'au village, et on viendra vous chercher). Clim en sus (500 CFP/jour, plus consommation). Carte de crédit acceptée. Réservez longtemps à l'avance.

SUR LES MOTU

Les pensions établies sur les motu offrent un emplacement exceptionnel, au bord du lagon et de petites plages de sable blanc. Si vous voulez reprendre contact avec la "civilisation", le transport vers l'île principale peut être facilement organisé vu la petite taille du lagon, mais sachez qu'il est payant.

Auira – chez Edna PENSION, CAMPING €

(67 80 26 ; bungalows jardin 5 000 CFP, bungalows plage 9 000 CFP/pers en demi-pension, camping 2 100 CFP/pers). Le cadre : un motu sauvage, une vue magnifique sur l'île, une plage frangée par les cocotiers et un lagon translucide. Dommage que des bataillons de moustiques adorent l'endroit ! L'hébergement : 3 bungalows "plage" avec sdb, terrasse et moustiquaire, défraîchis mais corrects, et 2 bungalows "jardin", plus anciens et plus petits, qui peuvent dépanner les petits budgets. Les campeurs plantent leur tente sur une zone sableuse ombragée, à deux pas de la plage. Un bloc sanitaire, rudimentaire, et un réchaud sont à leur disposition. Service de repas en option, dans le *fare* ouvrant sur la plage (1 500 CFP le petit-déjeuner, 2 600 CFP le dîner). À signaler : à marée basse, on peut rejoindre l'île principale à pied en traversant le lagon (on est dans l'eau jusqu'à la taille), jusqu'à la plage de Tereia. Les propriétaires peuvent vous emmener gratuitement faire des courses lorsqu'ils se rendent au village. Accueil sans chichis. Le transfert aller-retour à l'aérodrome revient à 2 100 CFP/pers.

Maupiti Village PENSION €

(67 80 08, 21 98 51 ; dort/ch/bungalows 6000/7000/9000 CFP/pers en pension complète). Certains clients (surtout des habitués de Tahiti) trouvent leur compte dans cette pension, la plus ancienne de l'île, d'autres sont moins enthousiastes. L'hébergement, très simple, se compose de 3 bungalows sommairement agencés, en contreplaqué (demandez celui qui donne sur la plage), avec sdb (eau chaude) et de trois chambres mitoyennes, étouffantes et sans intimité, dans la maison principale (bloc sanitaire commun à l'extérieur, eau froide). S'y ajoute une pièce avec une dizaine de matelas, qui fait office de dortoir. En revanche, les tarifs sont avantageux et la cuisine d'Audine, la propriétaire, à base de produits frais, a bonne presse. Ambiance bon enfant et sans chichis. La pension est orientée côté océan mais on peut faire du snorkeling dans la petite zone lagonaire qui précède le récif, ou traverser le motu en 3 minutes jusqu'à une zone de baignade côté lagon. Kayaks à disposition. Diverses activités sont proposées, dont un pique-nique sur un motu. Vérifiez bien le prix des extras. Le transfert à l'aérodrome coûte 2 000 CFP/pers l'aller-retour, et 1 500 CFP pour le village.

Terama PENSION €

(67 81 96, 71 03 33 ; http://maupiti.terama.over-blog.com ; ch et bungalow avec sdb commune 7 000 CFP/pers en demi-pension, transferts inclus). Calme, décontraction et convivialité caractérisent cette pension aux tarifs raisonnables, tenue par Marc et Mélissa, un couple franco-polynésien qui cultive des plants de tiaré (vous repartirez avec une superbe couronne !). L'hébergement est modeste : 3 petites chambres sobres mais propres, se partagent 2 sdb, dont une faite de bric et de broc (un bac rempli d'eau remplace la douche), dans une maison en dur. S'y ajoute un bungalow très simple, avec ventilateur et moustiquaire, aménagé directement au bord du lagon (sdb partagée avec celle des chambres) ; allongé sur le lit, on voit l'île principale. Petite plage devant la propriété. Pour la baignade, le lagon n'est pas assez profond à cet endroit (pour les enfants, en revanche, c'est très sécurisant), mais il suffit de prendre un kayak (prêté) pour s'éloigner.

Poe Iti – chez Gérald et Joséphine PENSION €€

(74 58 76 ; maupitiexpress@mail.pf ; bungalows s/d/tr 8 400/9 500/10 500 CFP, transferts inclus ;). Cette pension, qui bénéficie d'un bouche-à-oreille favorable, est une valeur sûre à Maupiti, aussi est-il nécessaire de réserver longtemps à l'avance. On apprécie le niveau d'équipement des 4 bungalows, répartis dans une belle propriété fleurie, au bord du lagon :

clim, eau chaude, télévision et réfrigérateur (mais pas de Wi-Fi). Les propriétaires ont fait un gros effort en matière de protection de l'environnement, car l'électricité est fournie par des panneaux solaires et deux éoliennes. Les repas sont en sus, ce qui permet d'ajuster ses dépenses (1 100 CFP le petit-déjeuner et 2 600 CFP le déjeuner ou le dîner) et la cuisine de la maîtresse de maison est excellente et variée. Les transferts au village sont gratuits à certaines heures (sinon, comptez 500 CFP/pers l'aller simple). Masques et tubas à disposition. Petite plage, mais le lagon n'est pas assez profond pour la baignade (en revanche, c'est idéal pour des enfants en bas âge) ; des kayaks (gratuits) permettent de s'éloigner.

Papahani – chez Vilna PENSION €€
(☎60 15 35 ; pensionpapahani@hotmail.fr ; bungalows 9 500-12 600 CFP/pers en demi-pension, transferts inclus ; Wi-Fi). Pas de risque de déception dans cette pension, qui occupe le plus beau site du motu. Imaginez une jolie plage de sable blanc, un spot idéal pour la baignade (ici, le lagon est suffisamment profond) et un terrain où foisonne une végétation exotique, face au soleil couchant. On prend un kayak (à disposition) et on glisse sur le lagon cristallin. Le rêve ! Trois bungalows (le plus cher donne sur la plage), fonctionnels, aux airs de petits chalets, possèdent une sdb carrelée (eau chaude), un brasseur d'air, une moustiquaire et une petite terrasse. Deux autres bungalows, en retrait dans le jardin, sont plus anciens, plus petits et moins attrayants, mais peuvent dépanner. Un bon point pour le *fare* restaurant, de style traditionnel, sur la plage. Le transfert au village revient à 1 200 CFP/pers l'aller-retour.

♥ **Kuriri Village** PENSION €€
(☎67 82 23, 74 54 54 ; www.maupiti-kuriri.com ; bungalows s 14 700 CFP en demi-pension, bungalows d 12 600 CFP/pers en demi-pension, transferts inclus ; Wi-Fi). Une pension réputée, tenue par un couple de Français, anciens globe-trotteurs à la voile. Les 4 bungalows, avec sdb (eau chaude), n'ont rien de luxueux mais se distinguent par leur décoration exotique, avec des matériaux locaux et une sdb-jardin pour deux d'entre eux. Ils sont disséminés dans un beau jardin où se côtoient des hibiscus, des frangipaniers, des pandanus et des tiarés, et qui débouche d'un côté sur l'océan, de l'autre sur le lagon (pas de plage de sable côté lagon, mais une belle zone de baignade). La cuisine a bonne presse, et l'on prend son repas dans un *fare* avec sol en *iri iri* (petits morceaux de corail). Vous pourrez lire (bibliothèque bien fournie) ou prendre l'apéritif au salon-terrasse panoramique ou sur un petit deck en hauteur, face aux vagues. Kayaks, cannes à pêche, palmes, masques et tubas sont prêtés. Les propriétaires emmènent gratuitement leurs clients sur le site des raies mantas, tout proche. Le transfert au village coûte 1 100 CFP l'aller-retour. Carte de crédit acceptée.

Fare Paeao PENSION €€
(☎67 81 01 ; fare.pae.ao@mail.pf ; bungalows s/d 15 200/20 000 CFP en demi-pension). Cette structure bénéficie d'un emplacement exceptionnel, au bord d'un beau jardin de corail, idéal pour le snorkeling. Les 6 bungalows, fonctionnels, de conception standardisée (brasseur d'air, diffuseur électrique anti-moustique, sdb avec eau chaude et terrasse), ne réservent aucune mauvaise surprise, et sont disséminés dans une propriété plantée de tiarés, à deux pas du lagon, face au soleil couchant. Les repas se prennent dans une salle à manger, ouvrant sur une petite plage. Kayaks. Le transfert aller-retour à l'aérodrome se monte à 1 350 CFP/pers. Pour aller au village, il faut débourser 1 800 CFP.

Où se restaurer

La plupart des visiteurs optent pour la formule demi-pension, proposée par tous les hébergements de l'île. Au village, quelques modestes magasins, dont **Purotu Shop**, vendent des produits alimentaires de base, des conserves ou des boissons gazeuses.

Tarona SNACK €
(☎67 82 46 ; village ; plats 1 200-1 700 CFP ; ⏲tlj sauf dim). Cet établissement sans prétention sert des plats simples, tels que du poisson cru à la chinoise, du sashimi de thon, du porc au taro ou du bœuf braisé, dans un cadre aéré ; on mange sur des tables en plastique, à quelques mètres de l'eau. À savoir : le dernier service est à 13h30 pour le déjeuner, et à 20h le soir.

BON PLAN **Chez Mimi** SNACK €
(plage de Tereia ; ⏲9h-15h). Ce snack adorable, aux allures de paillotte tropicale, est magnifiquement situé, à quelques mètres des fonds de couleur jade de la plage de Tereia. On s'installe sur des tables en cocotier, sur le sable. L'idéal pour caler un petit creux à midi, sans se ruiner. Carte très limitée (poisson grillé et poisson cru, et sandwichs) et sans prétention. Service un peu longuet.

Ben Sa PIZZERIA €
(☎33 18 68 ; village ; pizzas 1 200-1 400 CFP ; ⏲tlj). Au même endroit que la pension Taputea, voici une halte qui redonnera la sourire aux

LES TORTUES PASSENT À LA CASSEROLE

Les habitants de Maupiti ont du tempérament (par référendum, ils ont refusé la construction d'un hôtel sur leur île voilà quelques années), mais ils ont aussi la réputation d'être des amateurs de chair de tortue, qu'ils n'hésitent pas à braconner jusqu'à l'île de Mopelia, bien à l'est, au mépris de toutes les lois existantes. La difficulté des contrôles (la gendarmerie la plus proche est à Bora Bora) renforce le sentiment d'impunité des braconniers. Vous ne verrez évidemment aucune tortue tuée ou consommée (tout se passe sous le manteau), mais n'hésitez pas à manifester votre hostilité à ces pratiques, jugées un peu hâtivement "culturelles" alors qu'il s'agit avant tout d'une affaire de gros sous ; le kilo se négocie entre 5 000 et 8 000 CFP.

amateurs de pizzas richement garnies. Bon choix (une vingtaine de garnitures différentes). Livraison possible dans les pensions de l'île (majoration de 250 CFP).

Achats

Quelques particuliers vendent des objets artisanaux à leur domicile, notamment des *penu* (pilons), réalisés en granit noir.

Vaitia ARTISANAT
(☎67 83 23 ; ⏲tlj). Au bord de la route, dans l'est de l'île, cette boutique est tenue par un couple de Français. Au choix : des réalisations originales à partir de la nacre, de burgau, d'oursins crayons, ainsi que des perles (montées en pendentifs, avec des nacres, etc.). Paiement en espèces ou en euros.

Renseignements

Aucun service bancaire n'est fourni sur l'île et la carte de crédit n'est acceptée que par deux pensions.

Au village sont regroupés la mairie, le bureau de poste de l'**OPT** (⏲7h30-12h lun-mar et ven, 7h30-12h et 13h-15h mer-jeu) et l'agence d'Air Tahiti.

Un **accès Internet** est disponible à la pension Mareta – chez Manu (250 CFP les 15 min). Le Wi-Fi fonctionne autour de la poste, avec les cartes Manaspot. Un médecin et un dentiste exercent sur l'île.

Depuis/vers Maupiti

Maupiti est située à 320 km au nord-ouest de Tahiti, et à 40 km à l'ouest de Bora Bora.

Avion

Air Tahiti (☎60 15 05, 67 81 24, 86 42 42 réservation centrale ; www.airtahiti.pf ; ⏲8h-12h lun-ven) assure environ 5 vols par semaine de Papeete à Maupiti, directs ou via Raiatea ou Bora Bora (17 000 CFP l'aller simple Papeete-Maupiti, 8 500 CFP l'aller simple Raiatea-Maupiti et 8 000 CFP l'aller simple Bora Bora-Maupiti).

Bateau

La passe Onoiau, à l'extrémité sud du lagon, est l'unique accès au lagon de Maupiti. Cette passe étroite aux courants violents est franchie avec de grandes précautions par des navires de faible tonnage, qui devront souvent attendre des conditions de marée optimales. Les bateaux accostent au quai principal, à l'extrémité sud du village.

La vedette rapide (et climatisée) **Maupiti Express 2** (☎67 66 69, 78 27 22 ; www.maupitiexpress.com) assure un service de transport efficace entre Bora Bora et Maupiti les jeudi et samedi, moyennant 4 000 CFP le trajet ou 5 000 CFP l'aller-retour. Départ à 8h30 de Vaitape (Bora Bora), arrivée vers 10h15 à Maupiti ; départ de Maupiti à 16h le même jour, arrivée vers 18h à Bora Bora. Ces horaires permettent de faire une excursion à la journée à Maupiti au départ de Bora Bora. Préparez-vous à être secoué pendant la traversée, surtout dans le sens Maupiti-Bora Bora, très inconfortable en raison de la houle.

Comment circuler

Desserte de l'aérodrome

Si vous avez réservé votre logement, vos hôtes viendront vous chercher à l'aérodrome. Comptez de 1 000 à 2 000 CFP/pers l'aller-retour. Certaines pensions incluent les transferts dans leurs tarifs d'hébergement.

Sinon, un bateau transporte jusqu'à l'île principale l'équipage d'Air Tahiti et toute personne demeurant sur le motu après le départ de l'avion. Le trajet dure 15 minutes et l'aller simple adulte/enfant coûte 500/250 CFP.

Bateau

Presque chaque famille possède une embarcation, et il est facile d'organiser un déplacement. Comptez de 500 à 1 000 CFP le trajet entre l'île et les motu.

Vélo

Pour la location d'une bicyclette, adressez-vous à votre pension. Si vous arrivez avec le *Maupiti Express*, les loueurs de vélos attendent sur le quai. Comptez 1 000 CFP la journée.

Tuamotu

15 800 HABITANTS

Dans ce chapitre »

Le top des activités

» Plongée (p. 188, p. 198 et p. 204)

» Excursions sur le lagon (p. 189, p. 198 et p. 205)

» Pêche (p. 202)

Le top des hébergements

» Ninamu (p. 199)

» Hôtel Kia Ora Resort & Spa (p. 194)

» Pension Ariiheevai (p. 202)

» Cocoperle Lodge (p. 213)

» Raimiti (p. 208)

Pourquoi y aller

De tous les archipels polynésiens, les Tuamotu sont sans doute le plus déroutant pour les visiteurs. Imaginez un chapelet de 77 atolls, délicats anneaux coralliens à fleur d'eau, plantés de cocotiers, dispersés sur 1 500 km du nord-ouest au sud-est et sur 500 km d'est en ouest. Pas le moindre relief, seulement une platitude absolue, un vertige liquide allant du bleu outremer au turquoise. Rien de commun avec les îles de la Société ou les Marquises, au relief très vigoureux.

Le dépaysement est immédiat et absolu. Le quotidien des Paumotu (les habitants des Tuamotu) est rythmé par la pêche, les travaux dans les cocoteraies, les offices religieux, les arrivées d'avion ou de cargos. On ne compte qu'une poignée d'hôtels ; le mode d'hébergement le plus répandu est la pension de famille. La vie est simple, les distractions sont rares.

Mieux vaut aimer les joies de l'eau. Paradis bleus par excellence, les atolls des Tuamotu font rêver les plongeurs. Dans les lagons et les passes prolifère une faune dense, notamment les requins et les raies mantas. Les non-plongeurs découvrent le lagon à l'occasion d'excursions en bateau. Au programme : pique-nique sur des motu déserts, snorkeling sur de splendides jardins coralliens et visite d'îlots sauvages où nichent des oiseaux.

Les Tuamotu sont le principal lieu de production des perles de Tahiti. Malgré la crise qui touche ce secteur, certains atolls vivent encore de ces joyaux que l'on récolte dans les fermes perlières.

Rangiroa, Fakarava, Tikehau et, dans une moindre mesure, Manihi et Mataiva sont les atolls les plus visités et les mieux desservis au départ de Tahiti.

Quand partir

L'archipel des Tuamotu est le plus ensoleillé de la Polynésie. Vu la configuration des atolls, les nuages ne restent jamais bien longtemps. La période mai-octobre est la plus sèche (mais souvent très ventée en juillet-août), tandis que novembre-avril est plus humide. La température de l'eau oscille entre 26°C et 29°C. Sous l'eau, certaines espèces sont plus présentes à certaines époques de l'année.

À ne pas manquer

1 Pique-niquer sur un motu lors d'une excursion en bateau au **lagon Bleu** (p. 186), à Rangiroa

2 Se baigner dans une eau translucide aux **Sables roses**, à Fakarava (p. 188)

3 Plonger avec les requins, les raies manta et les dauphins dans la **passe de Tiputa** à Rangiroa (p. 185)

4 Se laisser dériver dans le courant en snorkeling ou en plongée dans la **passe de Tumakohua (passe Sud)** à à Fakarava (p. 204)

5 Goûter à la vie de Robinson à **Mataiva** (p. 201)

6 S'adonner aux joies de la pêche à **Ahe** (p. 212)

7 Visiter une ferme perlière à **Manihi** (p. 210)

Histoire

Le passé de l'archipel des Tuamotu reste encore nimbé de mystère. Les Tuamotu ont toujours été perçues comme un monde en marge, dangereuses pour la navigation, avec un potentiel économique limité et à la merci des perturbations climatiques. Cet archipel, auquel Bougainville accola l'épithète "dangereux" en 1768, en raison des conditions de navigation, est longtemps resté dans l'ombre des îles de la Société qui correspondaient mieux aux représentations édéniques des Européens.

LA PÉRIODE PRÉ-EUROPÉENNE

L'origine des Paumotu (habitants des Tuamotu) n'est pas clairement établie. Certains formulent l'hypothèse qu'ils auraient pour ancêtres des insulaires chassés des îles Sous-le-Vent et des Marquises à la suite de conflits survenus entre le XIVe et le XVIe siècle. Pour d'autres, les Tuamotu de l'Est auraient été peuplées lors de la grande diaspora polynésienne joignant les Marquises aux Gambier et à l'île de Pâques autour de l'an mil.

L'étude des dialectes en usage au début du XXe siècle et des fouilles archéologiques ont permis de circonscrire sept aires sociopolitiques et linguistiques distinctes : le Mihiroa (Makatea, Mataiva, Tikehau, Arutua, Apataki et Kaukura) et le Vahitu (Manihi, Ahe, Takaroa et Takapoto) au nord-ouest, le Parata et le Tapuhoe au centre, le Manrangai au sud-est, le Napuka et le Fangatau au nord-est.

LES PASSAGES DES NAVIGATEURS

L'explorateur portugais Magellan fut le premier Européen à faire une brève escale aux Tuamotu, à Puka Puka, en 1521. D'autres navigateurs lui emboîtèrent le pas, mais aucun n'osa s'attarder dans ces eaux inhospitalières. Les noms qu'ils donnèrent aux atolls découverts témoignent de la répulsion qu'ils suscitaient : les Hollandais Le Maire et Schouten parlent d'"île des Chiens", d'"îles sans Fond" ou d'"île des Mouches". Tout aussi évocateur le nom d'"île Pernicieuse" donné en 1722 à Takapoto par Jakob Roggeveen, le découvreur de l'île de Pâques. Bougainville en 1768 et Dupetit-Thouars en 1838 ne furent guère plus laudatifs.

Ces explorateurs scellèrent la réputation d'univers peu engageant des Tuamotu. Les Européens tournèrent leur attention vers les îles de la Société, jugées plus accueillantes. La connaissance de ces atolls progressa quelque peu grâce au passage de Darwin dans les années 1830, suivi des Russes Bellingshausen et Kotzebue et de l'Américain Wilkes. Ce n'est qu'en 1950 que la Marine française acheva définitivement de dresser la carte de l'archipel.

L'HÉGÉMONIE D'ANAA

Vers le XVIe siècle, les Tuamotu du Centre et de l'Ouest étaient déchirées par des guerres intestines. L'atoll d'Anaa, grâce à la férocité, restée légendaire, de ses guerriers, réussit à s'imposer à la fin du XVIIIe siècle. Les insulaires vaincus des autres atolls trouvèrent refuge à Tahiti où les Pomaré, qui avaient des ancêtres à Anaa et à Fakarava, les prirent sous leur protection.

De retour dans le Vahitu et le Mihiroa en 1817, convertis par les missionnaires à Tahiti, les insulaires entreprirent de rallier à la cause chrétienne le reste de la population paumotu, signant là le début de la christianisation de l'archipel.

La paix ne fut définitivement conclue entre l'atoll d'Anaa et ses adversaires qu'en 1821, sous l'égide du roi Pomaré III, qui étendit de facto sa souveraineté sur cette zone. Lorsque Tahiti fut annexée par la France en 1880, les Tuamotu, considérées comme dépendances du royaume Pomaré, tombèrent également dans l'escarcelle des Français.

COPRAH, NACRE ET PHOSPHATE

Les Tuamotu ne sortirent vraiment de l'ombre qu'avec l'exploitation de la nacre, ainsi que la production du coprah, encouragée par les missionnaires catholiques à partir de 1870. De vastes cocoteraies furent plantées, provoquant un bouleversement sans précédent du paysage. En 1900, le coprah représentait environ 40% des exportations totales des Établissements français d'Océanie (ÉFO).

Le commerce des huîtres nacrières, destinées à l'industrie boutonnière, connut un âge d'or dès 1850. Les lagons des Tuamotu furent écumés par des commerçants chiliens, australiens ou américains. L'épuisement des stocks naturels et la production de boutons en plastique dans les années 1960 mirent un terme à cette industrie.

Au coprah et à la nacre s'ajouta l'exploitation de la richesse en phosphate de l'atoll de Makatea de 1911 à 1966 (voir l'encadré p. 211).

LES TUAMOTU, TERRES DE MISSION

Au XIXe siècle, les seuls Occidentaux installés dans l'archipel étaient des missionnaires chrétiens. Catholiques et protestants se livrèrent à une course à l'évangélisation plus ou moins fructueuse selon les atolls. La concurrence entre ces deux pôles du christianisme explique la diversité des cultes dans l'archipel : catholiques, protestants, mormons, adventistes et sanitos.

DE LA NACRE À L'ATOME ET À LA PERLE

Les méthodes d'élevage rationnel, appliquées dans le courant des années 1960, ont donné un second souffle à la culture des nacres. Couplées avec les techniques de greffe, elles ont donné naissance à une nouvelle industrie, la perliculture, qui a connu un essor sans précédent à partir des années 1970.

Nettement moins réjouissante, l'installation du Centre d'expérimentation du Pacifique (CEP) à Hao, à Moruroa et à Fangataufa en 1964 inaugurait une ère tristement célèbre qui allait durer plus de trente ans (voir l'encadré p. 212).

L'impact économique de la perliculture et du nucléaire a été considérable. De multiples emplois ont été générés, mettant ainsi fin à l'exode des Paumotu vers Tahiti. Des cargos (toujours appelés goélettes) ont pris la relève des goélettes en bois et des infrastructures aéroportuaires ont été aménagées sur de nombreux atolls, contribuant ainsi au désenclavement de l'archipel.

LES TUAMOTU AUJOURD'HUI

Les Tuamotu du Nord, notamment les atolls de Rangiroa, de Tikehau et de Fakarava, les plus touristiques, sont désormais bien desservies et correctement reliées au reste de la Polynésie. En revanche, les Tuamotu du Centre et de l'Est souffrent encore d'un relatif isolement, malgré une desserte aérienne et maritime suffisante.

La pêche et le coprah restent les activités traditionnelles dominantes, mais plusieurs atolls s'orientent vers le tourisme bleu, notamment Fakarava et Tikehau, suivant ainsi l'exemple de Rangiroa, qui s'est ouvert à la plongée sous-marine au début des années 1980. D'autres atolls, voisins, misent également sur le tourisme, tels Mataiva et Ahe, mais à très petite échelle. Le tourisme représente incontestablement un vecteur de développement, mais la fragilité du milieu naturel, et notamment la rareté des ressources en eau potable, interdit toute exploitation à grande échelle. Les Tuamotu ne ressembleront jamais à Bora Bora !

L'archipel est très vulnérable aux excès climatiques : de décembre 1982 à avril 1983, il a été dévasté par une série de cyclones. Plus récemment, en janvier 1998, d'autres dépressions tropicales ont partiellement détruit les infrastructures de plusieurs atolls des Tuamotu du Nord-Ouest.

Depuis quelques années, l'archipel est touché de plein fouet par la crise de la perliculture. Après l'effondrement des cours de la perle de Tahiti, beaucoup de fermes perlières ont dû cesser leur activité.

Depuis/vers les Tuamotu

AVION Le maillage de l'archipel est fort complet. À ce jour, 32 atolls sont équipés d'une piste d'atterrissage et sont régulièrement desservis par Air Tahiti à bord d'ATR-72, d'ATR-42, de Twin Otter et de Beechcraft. L'essentiel du trafic se fait avec Papeete mais il existe quelques liaisons directes entre Bora Bora et plusieurs atolls touristiques. Au sein de l'archipel, Rangiroa est la principale plaque tournante.

CARGOS INTER-ÎLES Il n'y a pas de navires spécifiquement prévus pour le transport de passagers entre les Tuamotu et les autres archipels. Les seules possibilités existantes se limitent aux cargos inter-îles, qui acheminent le fret au départ de Papeete. La plupart acceptent d'embarquer des passagers, mais les conditions de confort sont minimales et leur régularité aléatoire – à ne conseiller qu'aux voyageurs rompus à ce type d'expérience et dotés d'un solide pied marin. Le **Saint Xavier Maris Stella**, le **Dory**, le **Cobia**, le **Mareva Nui**, le **Kura Ora**, le **Nuku Hau** et l'**Aranui 3** desservent l'archipel, au départ de Papeete. Depuis Tahiti, comptez au moins deux jours de navigation jusqu'à Rangiroa. Reportez-vous à *Transports* p. 373 pour plus de renseignements.

Comment circuler

Les infrastructures routières sur les atolls se limitent le plus souvent à une piste de longueur variable (de quelques kilomètres à quelques dizaines de kilomètres), en soupe de corail ou recouverte de sable, qui relie le village à l'aérodrome et au "secteur" (les parties de l'atoll inhabitées, où le coprah est exploité). Les voitures sont rares.

Les aérodromes sont parfois attenants aux villages, parfois situés sur un motu à l'opposé sur le lagon. Si vous avez réservé votre hébergement, vos hôtes viendront vous chercher. Sachez que les transferts ne sont pas systématiquement gratuits. Leur éventuelle facturation dépend de la distance et du moyen de déplacement.

Les transports publics étant inexistants, vous devrez vous adresser à votre hôtel ou à votre pension pour vos déplacements terrestres, ou louer un vélo ou scooter. La circulation est évidemment très réduite. Rapide et parfaitement adapté à la configuration de l'atoll, le *speed-boat* (vedette de type hors-bord) permet de se déplacer facilement d'un bout à l'autre du lagon.

NOTEZ BIEN...

» On ne va pas aux Tuamotu pour visiter des monuments ou faire les boutiques. Les activités sont invariablement orientées autour des joies de l'eau (snorkeling, plongée sous-marine, excursions sur le lagon).

» Les distractions nocturnes sont très rares. On vit au rythme du soleil : on se lève tôt et on se couche tôt.

» Pour profiter des différentes activités proposées, vous devrez faire appel à un prestataire local. Prévoyez un budget suffisant pour couvrir ces dépenses.

» Les plages coralliennes de type carte postale sont le plus souvent situées sur des îlots, loin des villages et de votre lieu d'hébergement (sauf à Tikehau et à Fakarava). Là aussi, le recours aux services (payants) d'un prestataire est indispensable pour qu'il vous conduise en bateau sur les spots les plus idylliques, où vous passerez la demi-journée ou la journée.

» Les plages ne sont pas formées de sable fin comme du talc, mais de résidus coralliens.

» Les seules agences bancaires de l'archipel sont à Rangiroa, et la carte de crédit n'est pas acceptée partout. Prévoyez suffisamment d'espèces.

» La formule d'hébergement la plus répandue dans l'archipel est la pension de famille, dans des bungalows indépendants. Seuls Manihi, Rangiroa, Fakarava et Tikehau disposent d'un hôtel de classe internationale.

» Le camping est possible, sur quatre atolls (Rangiroa, Fakarava, Mataiva, Tikehau).

» Attention également à la localisation : "en bord de lagon" n'est pas synonyme de bord de plage... On devrait plutôt dire "en bord de récif", ce qui ne désigne pas la même réalité.

» Compte tenu des rares possibilités de restauration indépendante, la formule généralement en usage est la demi-pension (nuitée, petit-déjeuner et dîner inclus).

RANGIROA

2 400 HABITANTS

"Rangi", c'est un mot magique pour les plongeurs du monde entier, qui rêvent de fabuleuses rencontres sous-marines dans la passe de Tiputa et la passe d'Avatoru, dont les eaux régulièrement renouvelées attirent une exceptionnelle concentration de faune, notamment de requins. Sensations fortes assurées : impossible de rentrer bredouille d'une plongée !

Cet atoll est celui de tous les superlatifs, et pas seulement sous la surface. Ses dimensions, 75 km d'est en ouest et 25 km du nord au sud, le classent deuxième atoll du monde par sa superficie. Son lagon est si grand qu'il pourrait contenir l'île entière de Tahiti. D'un bord, il est impossible d'apercevoir la rive opposée.

Les infrastructures, bien que relativement "développées" par rapport aux autres atolls des Tuamotu, n'ont pas dénaturé l'aspect sauvage de l'île. L'essentiel des structures d'hébergement se compose de pensions de famille et de petites unités d'une dizaine de bungalows tout au plus, ainsi que d'un hôtel de luxe.

Si la plongée constitue la motivation première d'un séjour à Rangiroa, il existe également quelques activités complémentaires pour varier les plaisirs, comme les excursions en bateau à la découverte des plus beaux endroits du lagon. En revanche, si c'est le farniente sur la plage que vous recherchez, vous resterez sur votre faim ; mieux vaut dans ce cas choisir Fakarava ou Tikehau.

Histoire

L'atoll de Rangiroa rassemble plus de 10% de la population de l'archipel. Jadis, il était certainement beaucoup plus peuplé. Des *marae* (sites cérémoniels) et des fosses de culture attestent l'existence de multiples foyers de peuplement répartis sur l'atoll.

Rangiroa eut à affronter deux types de menace au cours de son histoire : les actes de piraterie des guerriers de l'atoll d'Anaa, au sud-est, et les cyclones dévastateurs. Face aux exactions des premiers, les habitants de Rangiroa se réfugièrent, au XVIIe siècle, à proximité du motu Taeoo (actuellement le site appelé lagon Bleu), au sud-ouest de l'atoll. Quant aux catastrophes climatiques, un cataclysme, vraisemblablement un tsunami, aurait ravagé vers 1560 les implantations humaines de la partie ouest de l'atoll.

Deux siècles plus tard, la population était majoritairement établie aux abords des passes de Tivaru, d'Avatoru et de Tiputa. Rangiroa noua d'importantes relations avec les autres atolls des Tuamotu septentrionales. Cette prospérité fut éphémère, car, à la fin des années 1770, les guerriers d'Anaa pillèrent à nouveau l'atoll et détruisirent les édifices collectifs. Les survivants furent contraints de s'exiler à Tikehau ou à Tahiti où les rois Pomaré les prirent sous leur aile protectrice. Ils purent regagner Rangiroa en 1821 et repeuplèrent l'atoll.

Bien que découvert par le navigateur hollandais Le Maire le 18 avril 1616, Rangiroa ne vit s'établir les premiers Européens qu'en 1851, en l'occurrence des missionnaires chrétiens qui introduisirent des cocotiers pour la culture du coprah. La coprahculture connut un essor constant jusqu'à ce que la pêche prenne le relais dans le courant du XXe siècle. Avant que les boutons de plastique ne supplantent ceux de nacre, la culture des huîtres nacrières était florissante à Rangiroa. Aujourd'hui, elle est remplacée par l'aquaculture et le tourisme.

Orientation

L'atoll forme un vaste périmètre de plus de 200 km composé d'îles, de motu et de *hoa* (chenaux). La largeur de la ceinture corallienne n'excède pas 200 à 300 m. Le lagon s'ouvre sur l'océan par trois passes : Tivaru à l'ouest, Avatoru et Tiputa au nord. La passe de Tivaru est étroite et peu profonde, tandis que celles d'Avatoru et de Tiputa dépassent 200 m de largeur. Seules Tiputa et Avatoru sont empruntées par les navires.

Rangiroa compte deux villages, Avatoru et Tiputa, situés en bordure des passes éponymes, sur deux îlots séparés. Une route goudronnée, presque rectiligne, relie le village d'Avatoru, situé à l'extrémité ouest de la chaîne d'îlots, à la passe de Tiputa, quelque 10 km plus loin, à l'extrémité est. L'essentiel des infrastructures touristiques et hôtelières est disséminé tout le long de cette route. Le village de Tiputa, de l'autre côté de la passe, est plus isolé ; on s'y rend en *taxi-boat*.

À voir

Avatoru — VILLAGE

Ce village, à l'extrémité ouest de la chaîne d'îlots, est blotti en bordure de la passe et du lagon. Seuls bâtiments remarquables, les édifices religieux attirent le regard, notamment l'église catholique, postée en sentinelle au bord de la passe. L'église réorganisée de Jésus-Christ-des-Saints-des-Derniers-Jours, à la flèche effilée, s'élève un peu plus à l'écart. Quelques petits commerces et boutiques sont installés dans le village, ainsi que les principaux services (banque, poste, mairie).

Tiputa — VILLAGE

Un *taxi-boat* au quai d'Ohotu vous conduira en 5 minutes au village de Tiputa. Le contraste est frappant avec Avatoru. Le cadre et l'atmosphère sont plus intimes. Les *popa'a* (étrangers) y sont moins nombreux et les contacts avec la population, plus spontanés. Flânez dans les ruelles du village, bordées de maisons proprettes entourées de jardinets fleuris. Au milieu du village se dresse l'église catholique, à la blancheur immaculée. Dans la même rue, légèrement en retrait, on peut distinguer un discret autel marial orné de nacres. Un petit temple sanito fait presque face à la mairie. Approchez-vous de la passe, à deux pas du village, vous apercevrez peut-être des dauphins qui cabriolent dans le courant.

Après la sortie du village, à l'est, la piste mène à un lotissement, puis continue dans la cocoteraie jusqu'aux prochains chenaux. Au-delà, il n'y a plus la moindre âme qui vive.

Plage publique — BAIGNADE

Pour pallier l'absence de lieu de baignade, la commune de Rangiroa a aménagé une petite "plage" artificielle à proximité du centre de plongée Topdive, précédée d'une belle cocoteraie. Elle n'a rien d'exceptionnel mais permet de faire trempette dans le lagon, en toute sécurité.

Lagon Bleu — SITE LAGONAIRE

Ce site emblématique est situé à 1 heure de bateau, à l'ouest de l'atoll. Quelques motu et récifs coralliens délimitent une piscine naturelle à la lisière de la couronne récifale principale, à l'intérieur du lagon. Autrement dit, il s'agit d'un lagon dans le lagon. Sable blanc étincelant, cocotiers et eaux de couleur lapis-lazuli lui ont valu l'appellation justifiée de "lagon Bleu".

Les fonds de faible profondeur et les patates de corail entourées de myriades de poissons conviennent pour le snorkeling.

Rangiroa

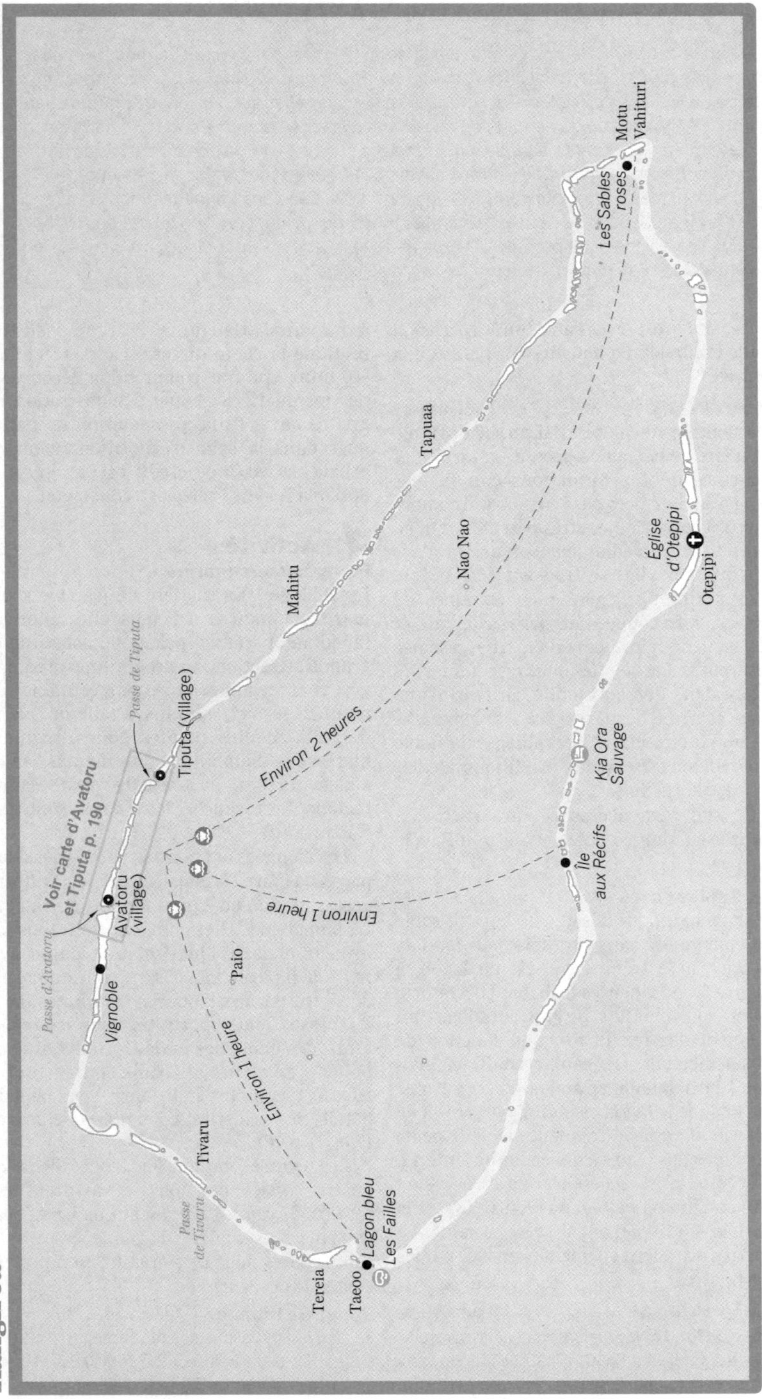

N
0
20 km
Voir carte d'Avatoru et Tiputa p. 190
Passe d'Avatoru
Avatoru (village)
Vignoble
Passe de Tiputa
Tiputa (village)
Mahitu
Tapuaa
Nao Nao
Environ 2 heures
Environ 1 heure
Environ 1 heure
Paio
Tivaru
Passe de Tivaru
Tereia
Taeoo
Lagon bleu
Les Failles
Île aux Récifs
Kia Ora Sauvage
Otepipi
Église d'Otepipi
Les Sables roses
Motu Vahituri

MAIS OÙ SONT LES PLAGES À RANGIROA ?

Qu'on se le dise : Rangiroa est une destination plongée, pas une destination balnéaire. Certains touristes arrivent à Rangiroa dans l'espoir de passer un séjour farniente, de type Seychelles ou île Maurice, confortablement installés sur une longue plage de sable fin. Or il n'y a pas de plage sur la chaîne d'îlots d'Avatoru (comme dans bon nombre d'atolls, au demeurant), sauf devant l'hôtel Kia Ora (p. 194), où une mince bande de sable a été aménagée (réservée aux clients de l'hôtel), et sur la "plage publique", elle aussi artificielle. Si les bungalows de la plupart des pensions donnent effectivement sur le lagon, le bord de l'eau est constitué tantôt de gravier corallien ou de "*beach rock*" (blocs coralliens), peu propices à l'étalage de serviette... Attention donc à la confusion sémantique entre "bord de lagon" et "bord de plage".

Ce site n'est accessible qu'à l'occasion d'une excursion en bateau (voir p. 189), à la journée.

Île aux Récifs — SITE LAGONAIRE

Les alentours du motu Ai Ai, au sud de l'atoll, à 1 heure de bateau environ d'Avatoru, sont parsemés de *feo*, formations coralliennes surélevées burinées par l'érosion qui composent d'étranges silhouettes pétrifiées. On ne les voit pas immédiatement en arrivant sur le motu, car elles se trouvent côté océan. Elles s'étirent sur plusieurs centaines de mètres, entrecoupées de petits chenaux et de vasques qui forment de superbes piscines naturelles. Les pique-niques se font côté lagon, dans une cocoteraie, au bord d'une plage et d'un chenal propice à la baignade. De nombreux massifs coralliens, de faible profondeur, offrent des conditions idéales pour le snorkeling.

Ce site n'est accessible qu'à l'occasion d'une excursion en bateau (voir p. 189), à la journée.

Les Sables roses — SITE LAGONAIRE

Ce site magnifique désigne un banc de sable qui émerge des eaux turquoise, sur fond de cocotier, à l'extrémité sud-est du lagon, à 1 heure 30 ou 2 heures de bateau d'Avatoru. Il doit son nom aux résidus coralliens qui prennent des reflets rosés en fonction de l'ensoleillement. Les eaux cristallines invitent à la baignade et au snorkeling. Notez que lorsque le lagon est agité, ou après à de fortes houles, il est fréquent que le banc de sable soit sous l'eau, ce qui en limite l'intérêt.

Ce site n'est accessible qu'à l'occasion d'une excursion en bateau (voir p. 189), à la journée. Vu l'éloignement, cette sortie n'est que très occasionnellement proposée par les prestataires.

Gauguin's Pearl — FERME PERLIÈRE

(☎93 11 30 ; www.gauguinspearl.com ; gratuit ; ⊙visites guidées à 8h30, 10h30 et 14h lun-ven). Seule ferme perlière encore en activité à Rangiroa, Gauguin's Pearl se visite et pratique la vente directe. La visite guidée (40 min), gratuite, comprend la découverte des installations et une démonstration de greffe, suivie d'une présentation de perles nues dans la salle d'exposition. Pour les achats, la carte de crédit est acceptée. À 800 m à l'est de l'aéroport, côté lagon.

Activités

Plongée sous-marine

Inoubliable ! En matière de plongée sous-marine, Rangiroa a acquis une notoriété mondiale. La faune pélagique constitue la grande attraction. Au programme : requins gris (par dizaines, voire par centaines !), requins soyeux, requins à aileron blanc de récif, requins pointes noires, requins-marteaux, dauphins, raies mantas, raies aigles, tortues, et toute la petite faune récifale. En revanche, les coraux n'ont rien d'attrayant.

Les plongées ont lieu aux abords des deux passes, Tiputa (la plus célèbre) et Avatoru, accessibles en quelques minutes de bateau. La plupart des sites conviennent à tous les niveaux, mais il est préférable de commencer par une plongée facile, sans courant, avant de se frotter aux plongées dérivantes dans les passes, plus sportives. Pour les débutants, des baptêmes et des formations sont prévues, au motu Nuhi Nuhi. Pour un brevet Niveau 1, comptez trois jours. Pour plus de détails sur ces sites, consultez le chapitre *Plongée* p. 30.

Les centres organisent entre deux et quatre sorties par jour, et assurent un service de ramassage dans tous les hébergements. Les centres de plongée suivants sont réputés pour leur organisation professionnelle et sécurisée :

Rangiroa Plongée (☎77 65 86, 27 57 82 ; www.rangiroaplongee.pf ; baptême 6 800 CFP, explo 6 300 CFP, 5 750 CFP si 5 plongées et plus, 5 250 CFP si 10 plongées et plus). Petite structure tenue par deux moniteurs, plongée en petit comité, tarifs compétitifs.

The Six Passengers (96 02 60 ; www.the6passengers.com ; baptême 7 900 CFP, explo 6 950 CFP, forfait 5/10 plongées 33 500/63 000 CFP). Très belle base plongée, confortable et accueillante, au bord d'une petite plage corallienne. Centre le plus actif de l'atoll, à la mécanique bien huilée. Plongées au Nitrox sur demande (7 450 CFP). Réduction de 10% pour les plongeurs qui viennent avec leur équipement.

Topdive (96 05 60 ; www.topdive.com ; baptême 8 000 CFP, explo 8 000 CFP, forfait 6/10 plongées 43 000/70 000 CFP). Enseigne représentée sur plusieurs îles de Polynésie. Plongées au Nitrox sans supplément (et vivement recommandées par les moniteurs du centre). Forfait 10 plongées également valable dans les centres Topdive de Fakarava, de Tahiti et de Moorea, ainsi que dans les centres Blue Nui (Bora Bora, Tikehau, Manihi).

Y'aka Plongée (20 68 98 ; yakaplongeerangiroa.com ; baptême et explo 7 500 CFP, 6 900 CFP si 5 plongées et plus, 6 500 CFP si 10 plongées et plus). Petit centre tenu par un couple expérimenté. Prestations personnalisées et ambiance conviviale. Organise régulièrement des sorties sur le site les Failles (minimum 4 plongeurs, 23 000 CFP les 2 plongées avec pique-nique).

Descente de passe en snorkeling

Il s'agit de descendre la passe de Tiputa équipé d'un masque, de palmes, d'un tuba et d'un gilet de flottabilité, accompagné d'un guide connaissant parfaitement le courant et la faune. Un bateau suit le groupe en permanence. L'activité s'adresse aussi bien aux plongeurs qui veulent varier les plaisirs et voir la passe "de haut" qu'aux débutants et aux non-plongeurs souhaitant éprouver une sensation de grand bleu. La mise à l'eau a lieu à l'extérieur de la passe, dans l'arrondi du tombant. Elle est suivie de la descente de la passe proprement dite en se laissant dériver par le courant rentrant, puis se termine par l'exploration du motu Nuhi Nuhi. La descente est renouvelée plusieurs fois à des endroits différents de la passe, mais les rencontres ne sont pas garanties.

Rangiroa Plongée (77 65 86 ; www.rangiroaplongee.pf). Sortie encadrée par un moniteur de plongée. Combinaison en lycra fournie. La sortie de 2 heures coûte 5 000 CFP/pers, équipement compris (minimum 2 pers).

Spirit Excursion (96 73 62 ; 71 29 90). Sortie guidée (4 500 CFP les 2 heures).

Excursions sur le lagon

L'immense atoll de Rangiroa recèle plusieurs sites sauvages et idylliques – lagon Bleu, île aux Récifs, Sables roses –, mais ils sont à l'opposé du lagon par rapport aux lieux d'hébergement... Vous devrez donc obligatoirement passer par l'intermédiaire d'un prestataire pour les découvrir, à l'occasion d'une excursion en bateau à la journée.

Un nombre minimal de participants est requis, généralement de 4 à 6. À certaines périodes chargées de l'année, notamment juillet-août, ces sorties sont complètes plusieurs jours à l'avance. Il n'est pas rare d'être intégré à un groupe de 20 personnes. À d'autres périodes, plus creuses, c'est le phénomène inverse : les prestataires sollicitent toutes les pensions la veille pour trouver le nombre minimum de participants. Il est conseillé de réserver dès l'arrivée en contactant l'un des prestataires mentionnés p. 190. ou en s'adressant à votre pension qui fera le nécessaire. Les transferts sont gratuits.

Ces excursions sont tributaires des conditions météorologiques et de l'état du lagon. En cas de pluie ou de vent – notamment le *maraamu*, vent du sud-est qui souffle parfois pendant la saison sèche et démonte le lagon –, elles sont annulées. La traversée, à bord d'embarcations hors-bord relativement puissantes et confortables, dure au moins une heure et peut se révéler inconfortable si le lagon est agité. Gare au mal de mer !

Munissez-vous impérativement de crème solaire, de lunettes de soleil, de sandalettes en plastique, d'un maillot de bain et de vêtements de rechange. Quelques équipements de snorkeling (palmes, masques et tuba) sont généralement fournis par le prestataire, mais il est préférable de venir avec son matériel.

Plusieurs petites entreprises touristiques assurent ces sorties à la journée. Si vous résidez dans une pension, vos hôtes serviront d'intermédiaires (service gratuit). Les départs ont lieu vers 8h30, et les retours vers 16h. Comptez entre 7 500 et 8 000 CFP la sortie au lagon Bleu ou à l'île aux Récifs, et 12 000 CFP pour les Sables roses, par personne, pique-nique inclus (demi-tarif pour les enfants de moins de 12 ans). Les prestataires organisent un pique-nique à

Avatoru et Tiputa

Avatoru-Tiputa

À voir

1 Gauguin's Pearl C1

Activités

2 Rangiroa Plongée G2
3 The Six Passengers F1
4 Topdive G1
5 Y'aka Plongée G1

Où se loger

6 Ariitini Village – chez Félix et Judith E1
7 Bounty G1
8 Chez Cécile C1
9 Chez Henri B1
10 Chez Loyna B1
11 Kia Ora Resort & Spa G1
12 Le Mérou Bleu A1
13 Les Relais de Joséphine H1
14 Maitai Rangiroa D1
15 Raira Lagon D1
16 Rangiroa Lodge B1
17 Tapuheitini C1
18 Tevahine Dream C1
19 Tuanake C1
20 Turiroa Village – chez Olga D1
21 Vahaui Paradis G1

Où se restaurer

Chez Obelix .... (voir 20)
22 Heirani F1

base de poisson fraîchement pêché. Certains effectuent un numéro de *shark feeding* (nourrissage des requins pointes noires), que l'on peut trouver discutable, surtout si l'opérateur sort le requin de l'eau pour l'exhiber devant les touristes.

Hiria Arnoux (☎21 85 91). Sorties sur le lagon à bord d'un voilier, à la demi-journée, avec arrêts baignade et snorkeling. Parcours à la carte (5 300 CFP).

Paati Excursions – Léon (☎96 02 57). Plutôt spécialisé dans les excursions à l'île aux Récifs. Bonne réputation.

Spirit Excursion (☎96 73 62 ; 71 29 90). Lagon Bleu et île aux Récifs.

Tereva Excursions – Jean-Pierre (☎96 82 51, 70 71 38). Lagon Bleu, et parfois l'île aux Récifs. Bonne réputation.

Où se loger

Du luxueux bungalow sur pilotis au bungalow plus familial, en passant par la chambre chez l'habitant et le camping, vous aurez l'embarras du choix à Rangiroa. Pensions et hôtels s'égrènent le long de l'atoll, sur plus de 10 km. À noter : la carte de crédit n'est pas acceptée dans toutes les pensions. Quant à l'eau chaude, elle est encore peu répandue, à l'exception des hébergements de catégorie moyenne à supérieure. Les transferts aller-retour à l'aéroport sont inclus, sauf mention contraire.

Rangiroa Lodge PENSION €
(☎20 09 22 ; www.rangiroalodge.com ; camping 1 400 CFP, dort 2 800 CFP/pers, d avec/sans sdb 7 100/6 100 CFP, petit-déj inclus ; wifi). Au lieu de "lodge", le terme de "cage à poules" conviendrait mieux, tant les 6 chambres, compartimentées dans un même *fare*, sont

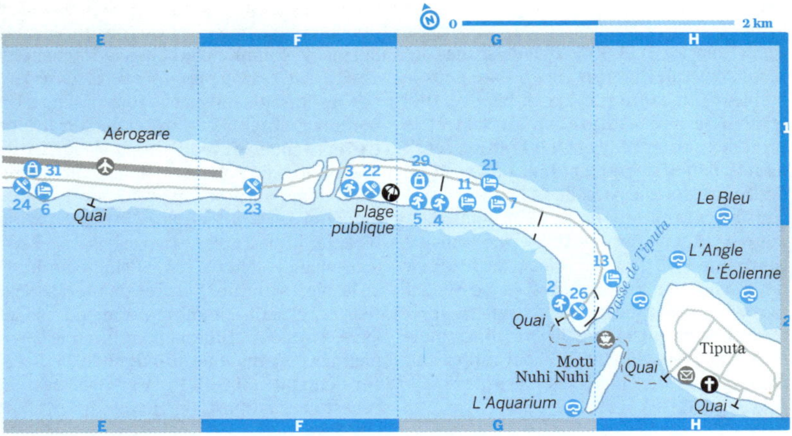

Kia Ora Resort & Spa – Te Rairoa ....(voir 11)
23 Lagoon Grill F1
24 Le Kai Kai E1
Les Relais de Joséphine ....(voir 13)
25 Ma'a Mika B1
Maitai Rangiroa – Le Lagon Bleu ....(voir 14)
26 Moetua – Ohotu G2
27 Puna A1
Raira Lagon – Beach Raira ....(voir 15)
28 Vaimario D1

Où prendre un verre et sortir
Kia Ora Rangiroa – Le Miki Miki....(voir 11)
Maitai Rangiroa – Le Mawake......(voir 14)

Achats
29 Arno G1
Gauguin's Pearl.............................(voir 1)
30 Ikimasho C1
31 L'Atelier Corinne E1

Renseignements
32 Pharmacie A1

Transports
33 Arenahio Location C1
JJ Loc...(voir 31)

étouffantes et sans aucune intimité. Les plongeurs au budget limité s'en contentent, vu l'emplacement agréable, à quelques mètres du lagon, et la convivialité des lieux. Deux chambres, équipées de 3 lits, font office de dortoir. Les 4 autres sont des chambres doubles ; les plus chères possèdent une sdb (eau froide). Aucune n'est équipée de ventilateur. Les campeurs peuvent planter la tente sur du gravier corallien. Pour les familles, un *fare* spacieux est également en location (14 000 CFP). La propriété n'étant pas fermée, ne laissez pas d'objets de valeur sur place. Le bloc sanitaire, d'une propreté correcte, comporte deux toilettes et une douche (eau froide). Cuisine commune équipée (réfrigérateur et feux à gaz), simple mais convenable, et snacks à proximité. Transferts à l'aéroport payants (aller-simple 350 CFP/pers).

Chez Loyna PENSION €

(☎96 82 09, 29 90 30 ; info@pensionloyna.com ; ch 6 500 CFP/pers en demi-pension, bungalows 7 500 CFP/pers en demi-pension ; wifi). Cette pension est la seule de l'atoll à ne pas être située en bord de mer. Qu'importe, ceux qui logent ici sont en majorité des plongeurs à la recherche d'un bon rapport qualité/prix. Les 3 chambres dans le jardin, mitoyennes, avec terrasse, ventilateur et sdb (eau chaude), sont petites et très simplement agencées mais propres. Pour plus d'espace, optez pour l'un des 4 bungalows. Ambiance conviviale pendant les repas, autour d'une grande tablée. Cuisine fraîche et copieuse. Bon accueil de Loyna. Notez tout de même que la pension, légèrement en retrait de la route, au milieu d'un jardin fleuri, n'a pas de vue sur le lagon ou l'océan. Paiement en espèces.

Chez Henri CAMPING €

(☎96 82 67 ; http://henri.sejour-a-rangiroa.com ; camping 2 000 CFP/tente). L'une des rares structures situées côté océan, pour le meilleur (un cadre sauvage et bien ventilé) et pour le pire (l'exposition au vent et le bruit des vagues). Gilbert, un Français, et sa femme polynésienne mettent à disposition des campeurs une parcelle de leur terrain et deux blocs sanitaires en bon état, à quelques mètres du platier récifal. Une cuisine commune est prévue. Mieux vaut aimer les chiens : les propriétaires en possèdent plusieurs, intimidants, qui divaguent librement. Également 2 bungalows équipés, mais bien trop chers (15 000 CFP) par rapport au confort proposé. Paiement en espèces.

Chez Cécile PENSION €

(☎93 12 65 ; pensioncecile@mail.pf ; bungalows 7 500-8 500 CFP/pers en demi-pension ; 📶). On se sent bien dans cette pension typiquement polynésienne, une valeur sûre à Rangiroa. Les 9 bungalows (dont 7 avec vue sur la mer), avec sdb (eau froide) et terrasse, offrent un confort très acceptable, sans être particulièrement originaux (préférez l'un des 4 bungalows plus récents, à peine plus chers que les autres). La cuisine, familiale, se déguste dans une bâtisse en dur, avec du sable sur le sol, installée au milieu d'un agréable décor végétal où abondent les plants de tiaré. Pas de plage, mais un petit ponton a été construit sur le lagon, avec un abri, idéal pour le farniente, et une échelle pour se mettre à l'eau et barboter dans le lagon. Bon accueil. À côté de la gendarmerie.

♥ **Turiroa Village – chez Olga** DORTOIR, FARE D'HÔTES €

(☎96 04 27, 70 59 21 ; pension.turiroa@mail.pf ; dort 2 500 CFP/pers, bungalows 1-3 pers 10 000 CFP ; 📶). Changement de formule ; ici, pas de demi-pension, car Olga n'est pas disposée à cuisiner pour ses hôtes. On fait sa popote soi-même (épicerie à proximité) dans la cuisine commune ou dans la kitchenette de son *fare*, ou l'on prend ses repas dans l'un des restaurants ou snacks tout proches. Un bon plan, aussi bien dans le dortoir (6 lits, très convenables ; ventil et draps fournis), le mieux situé de Polynésie, dans le prolongement d'une terrasse aménagée sur le lagon, que pour les 4 *fare* en dur, de construction récente, impeccables et spacieux, avec sdb (eau chaude solaire). La cuisine commune et le bloc sanitaire sont en bon état. Seul regret, ce petit complexe n'a aucun cachet local. Kayaks gratuits, et ponton sur le lagon pour accès à une zone de baignade. Petit-déj sur demande (500 CFP). À environ 1 km à l'ouest de l'aéroport, derrière le snack Chez Obelix.

Ariitini Village – chez Félix et Judith PENSION €

(☎96 04 41 ; pensionariitinivillage@mail.pf ; bungalows 8 000 CFP/pers en demi-pension). Cette pension sans histoire est une option envisageable, à condition de réserver l'un des 3 bungalows plus récents (les 4 autres, plus anciens, sont à éviter), face au lagon. Les petits plus : un cadre fleuri, l'eau chaude dans la sdb, et une mini-anse (à ne pas confondre avec une plage) juste à côté de la pension pour faire trempette. La décoration de la salle à manger vous étonnera, avec ses murs entièrement incrustés de coquillages ! Paiement en espèces.

Tapuheitini PENSION €€

(☎96 04 07, 73 76 30 ; www.rangiroa-dream.com ; bungalows s/d 11 000/18 000 CFP en demi-pension ; 📶). Les 3 bungalows, de style local, avec une petite terrasse, une bonne literie, du parquet flottant, un ventilateur et une moustiquaire, sont très bien entretenus et correctement aménagés, mais les tarifs sont

AVEC QUEL CENTRE PLONGER ?

Les centres de plongée de Rangiroa se livrent une concurrence acharnée. Ils sont tous professionnels et emploient des moniteurs qualifiés, mais chaque centre a son style, sa personnalité, sa "vision" de la plongée à Rangiroa. Plus qu'ailleurs, le choix d'un centre de plongée sur cet atoll est déterminant, compte tenu des plongées très spécifiques dans les courants de passe. Avant de vous décider pour tel ou tel centre, nous vous conseillons de les contacter tous pour comparer leurs prestations, évaluer leur accueil et l'état du matériel, sentir l'ambiance et rencontrer les moniteurs. Si, après une ou deux plongées, vous n'êtes pas content de la prestation (le moniteur ou l'organisation des sorties ne vous conviennent pas, l'ambiance de la structure ne vous est pas adaptée ou, pire, vous estimez que vos exigences en matière de sécurité et d'encadrement n'ont pas été assez prises en compte), n'hésitez pas à faire part de votre mécontentement et à changer de centre de plongée.

surévalués par rapport aux autres pensions de cette gamme, compte tenu qu'il n'y a pas d'eau chaude, que les bungalows sont orientés perpendiculairement au rivage, et que la pension est isolée par rapport aux commodités du village. La salle de restaurant est égayée de nappes colorées et de murs en *niau*, avec vue sur le lagon. Paiement en espèces.

Le Mérou Bleu PENSION €€

(☎96 84 62, 79 16 82 ; www.merou-bleu.com ; bungalows s/d 16 000/30 000 CFP en demi-pension ; 📶). Cette pension tenue par une *popa'a*, à l'écart du village d'Avatoru, au bout d'un chemin rocailleux, se fond harmonieusement dans un cadre sauvage et ombragé. Face à vous : ni lagon ni océan, mais la passe d'Avatoru, dans toute sa largeur, et le spot des surfeurs. On ne peut pas se baigner (on est en bord de passe), mais le site vaut par son paysage caractéristique des Tuamotu, digne de Robinson Crusoé. L'hébergement se compose de 3 bungalows en bois, rustiques et de conception simple, mais convenables. La part est faite belle aux matériaux locaux, tels que le bambou, les coquillages, le *niau*, sans pour autant renoncer au confort (eau chaude, terrasse, moustiquaire). On savoure une cuisine variée sous un coquet *fare* de style traditionnel, avec une vue imprenable sur la passe. L'orientation plein ouest garantit de magnifiques couchers de soleil. Vélos à disposition. Paiement en espèces.

Tuanake PENSION €€

(☎96 03 52 ; www.tuanake.pf ; bungalows standard s/d 10 500/16 800 CFP en demi-pension, bungalows familiaux 2/4 pers 19 500/32 000 CFP en demi-pension ; 📶). Après un changement de gérance en 2011, cette pension a de nouveau la cote auprès des visiteurs, enchantés par l'accueil de Michel et Salie et le joli cadre ombragé du site, en bord de lagon. L'architecture des bungalows n'est plus de première jeunesse, mais des améliorations sont prévues. Chaque unité possède une sdb (eau chaude, solaire), un brasseur d'air, une moustiquaire et une literie de qualité. C'est surtout la cuisine et l'ambiance conviviale que plébiscitent les clients. Il n'est pas rare que les dîners soient animés – Michel est musicien. Vélos gratuits.

Bounty PENSION €€

(☎96 05 22 ; www.pension-bounty.com ; studio avec petit-déj 8 500 CFP/pers, 12 000 CFP/pers en demi-pension ; 📶). Une pension sans histoire, tenue par un couple de Français. Sur un lopin de corail, 4 studios sans charme et petits mais fonctionnels et bien équipés (kitchenette, sdb avec eau chaude, moustiquaire, brasseur d'air, terrasse, bonne literie), mitoyens (les terrasses ne sont séparées que par une haie fleurie), sont prévus pour des couples (familles avec enfants, s'abstenir). Il n'y a aucune vue, mais le lagon et la plage de l'hôtel Kia Ora ne sont qu'à 2 minutes à pied, tout comme les centres de plongée Topdive et Six Passengers. On peut même emmener sa chaise longue jusqu'à la zone de baignade, juste à côté de la plage de l'hôtel Kia Ora. Prêt de vélos, bien pratique pour circuler dans cette partie de l'atoll ou aller se ravitailler à l'épicerie, à 800 m. Les personnes seules paient un supplément de 4 000 CFP par nuit.

Vahaui Paradis GÎTES €

(☎96 02 40, 74 29 56 ; arorii@mail.pf ; bungalows d 11 000-12 000 CFP avec petit-déj ; 📶). Quelqu'un a enfin osé ! Cette pension est directement implantée côté océan, à quelques mètres du platier récifal. C'est la seule de l'atoll. Cette localisation a des inconvénients : beaucoup de vent et beaucoup de bruit dû aux vagues. Mais par beau temps, l'aspect sauvage des lieux et la vue imprenable sur l'indigo du Pacifique valent leur pesant d'or. Le bungalow le plus proche du platier, le Fare Arenui, entièrement équipé, se distingue par son côté typiquement polynésien (sol en soupe de corail, bois locaux) et son intérieur de style bateau ; l'autre unité, le Fare Tinihau, est un ancien bungalow de l'hôtel Kia Ora qui a été rénové pour être installé à côté de la maison des propriétaires. Joli deck en bois et paillotte au bord de l'eau. Possibilité de demi-pension pour les clients du Fare Tinihau. Pour la baignade (pas vraiment possible dans les vasques du platier), il suffit de se rendre à la petite plage corallienne attenante au Kia Ora Resort & Spa ou à la plage publique.

♥ **Tevahine Dream** PENSION €€

(☎93 12 75 ; www.tevahinedream.com ; bungalows jardin/plage 12 500/14 500 CFP/pers en demi-pension, 2 nuits minimum ; 📶). Cette pension de style "rustique chic", prisée des couples en lune de miel préférant la convivialité d'une pension au côté plus impersonnel des hôtels, fait l'unanimité, grâce à une décoration originale, réalisée avec des matériaux locaux (coquillages, bois flotté, bambou, cocotier, pandanus tressé, sdb en corail). Trois bungalows, face au lagon, dégagent beaucoup de charme. Pas de serrures, pas de placards, pas de porte pour la sdb, mais une bonne literie, un brasseur d'air, une moustiquaire et l'eau chaude. Deux autres unités, un peu plus en retrait, sont construites en bois et disposent d'une petite piscine privative. Les repas sont servis dans un beau *fare* de style "deck" donnant sur le lagon, et la cuisine de Norbert, à base de spécialités polynésiennes et chinoises, a bonne presse. Seul hic : la propriété manque de végétation et d'ombre. Deux kayaks et plusieurs vélos sont à disposition. À la sortie du village d'Avatoru. Paiement en espèces.

Maitai Rangiroa HÔTEL €€
(☎93 13 50, 86 66 66 ; www.hotelmaitai.com ; bungalows d à partir de 26 000 CFP avec petit-déj ; ❄📶). Les 38 unités du Maitai, réparties en trois catégories différentes (dont 6 "bungalows lagon", en bord de mer), sont modernes, bien équipées et confortables, à défaut d'avoir du charme. Dommage qu'elles soient les unes sur les autres et qu'il n'y ait pas la moindre plage pour poser sa serviette. À cet endroit, le bord de mer est rocailleux (et donc ne convient pas à des enfants ou des personnes d'un certain âge) ; pour pallier cet inconvénient, un ponton avec échelle de mise à l'eau a été installé sur le lagon. Bar et restaurant sur place (voir p. 196). Kayaks et équipements de snorkeling à disposition. Transferts aller-retour pour l'aérodrome 1 800 CFP. Wi-Fi payant.

Raira Lagon PETITE HÔTELLERIE €€
(☎93 12 30 ; www.raira-lagon.pf ; bungalows jardin 11 600/13 700 CFP/pers avec petit-déj/demi-pension, bungalows lagon 12 600/15 300 CFP/pers avec petit déj/demi-pension, base 2 pers ; ❄📶). Les 10 bungalows de ce petit complexe, situés dans une propriété verdoyante au bord du lagon, sont accueillants, joliment décorés (*tapa* marquisien au mur, revêtement de bambou), impeccablement entretenus et suffisamment espacés les uns des autres pour respecter l'intimité de chacun. D'une surface de 23 m^2, ils possèdent une sdb carrelée (eau chaude), la clim, un sol en parquet flottant, une baie vitrée et une petite terrasse. Offrez-vous les bungalows les plus proches du bord de mer. Pas de plage, mais une zone de baignade. On appréciera les kayaks et le matériel de snorkeling (gratuits), et le *fare* salle à manger, face au lagon, où est servie une cuisine de qualité, à base de poisson. Il ne manque qu'une petite pointe de fantaisie.

Les Relais de Joséphine PENSION €€
(☎96 02 00 ; http://relaisjosephine.free.fr ; bungalows 16 000 CFP/pers en demi-pension ; 📶). Cette pension haut de gamme cible les couples en lune de miel. Les 7 bungalows (4 "jardin" et 3 "plage") sont disposés dans une propriété arborée, au bord de la mythique passe de Tiputa. Il n'y a pas de plage (ni de possibilité de baignade), mais la vue des dauphins cabriolant dans la passe, depuis le deck au bord de l'eau, vaut son pesant d'or. La décoration, de style colonial, avec des tons chocolat et blanc et des charpentes cérusées, et des sdb modernisées, fait bonne impression, en dépit de petites erreurs dans l'agencement (ainsi, la partie supérieure de la façade à l'avant est ajourée, ce qui limite l'intimité). Préférez les bungalows situés face à la passe, car les "jardin", au milieu d'une végétation un peu fouillis, manquent de clarté. On prend ses repas à la table d'hôte ou, pour ceux qui veulent plus d'intimité, à une table séparée. Cuisine soignée, que l'on pourra accompagner de bons vins.

Kia Ora Resort & Spa HÔTEL €€€
(☎93 11 11 ; www.hotelkiaora.com ; bungalows d à partir de 52 000 CFP ; ❄🏊📶). Entièrement rénové en 2011, cet hôtel a retrouvé son rang parmi les plus beaux hôtels de Polynésie. Les 50 bungalows, dont 10 sur pilotis, reliés entre eux par une passerelle en bois qui serpente au-dessus du lagon, intègrent les dernières tendances du design et du luxe. Les "junior suite" et les "villas", dans la cocoteraie, possèdent même une petite piscine privative. L'établissement dispose d'un brin de plage artificielle – un vrai luxe à Rangiroa. Sans parler du bar sur pilotis et du restaurant donnant sur le lagon, de la piscine à débordement, des boutiques, du spa et d'un programme complet d'activités, allant de la plongée aux excursions sur le lagon. L'hôtel propose aussi une robinsonnade de luxe dans une annexe d'une dizaine de bungalows, le **Kia Ora Sauvage**, sur un motu isolé, de l'autre côté de l'atoll. Féerique ! À 2,5 km à l'est de l'aéroport.

Où se restaurer

La plupart des visiteurs choisissent la formule demi-pension (petit-déjeuner et dîner), très pratique, mais il existe également d'intéressantes possibilités de restauration indépendante.

Avatoru et Tiputa comptent plusieurs magasins d'alimentation assez bien approvisionnés. Ils sont en principe ouverts du lundi au samedi, ainsi que le dimanche matin.

Puna SNACK €
(☎73 76 10 ; Avatoru ; plats 400-2 000 CFP ; ⏲mar-dim). Les copieuses brochettes de poisson, à 400 CFP pièce, ont fait la réputation de ce snack installé à côté de la petite marina d'Avatoru. La carte, variée, explore d'autres horizons, des plats de viande aux burgers, en passant par les sandwichs et les spécialités de poissons, à des tarifs imbattables. Cadre avenant, avec des tables en bois disposées sur du gravier corallien.

Moetua – Ohotu SNACK €
(☎78 30 38 ; Avatoru ; plats 1 000-1 300 CFP ; ⏲lun-sam midi). Ce snack tout simple ne désemplit pas au déjeuner. Pour une somme modique, on dévore un poisson grillé, un tartare de thon, un sashimi, une salade composée ou un sandwich, sur une petite terrasse en bois directement posée sur le lagon turquoise, face à la baie du Kia Ora et aux voiliers aux mouillages. Spectacle garanti : quelques miettes de pain jetées dans l'eau, et un aréopage de poissons bariolés frétillent sous vos yeux ! À l'autre bout de la chaîne d'îlots, à hauteur du quai.

Chez Obelix SNACK €
(☎96 02 07 ; Avatoru ; plats 1 600-1 900 CFP ; ⏲fermé mar, et certains mois de l'année). C'est Charlie, un ancien légionnaire, qui est aux fourneaux dans cette sympathique roulotte au bord de la route, noyée dans un décor végétal, juste devant la pension Turiroa Village. Quelques tables, des chaises en plastique, du sol en gravier corallien, un toit en *niau*, de la musique locale en fond sonore... Rien d'extravagant, mais quelques plats simples à des prix sages. Possibilité de transferts le soir.

Raira Lagon – Beach Raira RESTAURANT D'HÔTEL €
(voir ci-contre ; ☎93 12 30 ; plats 1 500 CFP, menu 3 500 CFP soir ; ⏲tlj). Une bonne adresse au déjeuner et un excellent rapport qualité/prix, grâce à une carte snack alignant une dizaine de plats bien préparés, à base de produits frais, tous à 1 500 CFP. Essayez la spécialité, le carpaccio de poisson au pistou, et, en dessert, faites-vous plaisir avec un succulent flan coco, maison. Le soir, menu fixe et carte snack.

Vaimario RESTAURANT-PIZZERIA €€
(☎96 05 96 ; Avatoru ; plats 1 200-2 900 CFP ; ⏲tlj sauf mer et sam midi). La carte panache des spécialités locales et françaises, à base de poisson et de viande. Les pâtes ont également droit de cité, tout comme les pizzas. Rien d'exceptionnel côté saveur, à en juger par les brochettes de thon. Au dessert, les crêpes au miel de Rangiroa sont plus convaincantes. Dommage que le cadre manque de caractère. Transferts gratuits le soir sur réservation. Situé côté océan, près de l'aérodrome.

Le Kai Kai RESTAURANT €
(☎96 03 39 ; Avatoru ; plats 1 000-2 600 CFP ; ⏲tlj sauf jeu). Au bord de la route, le Kai Kai surprend agréablement par sa carte étoffée. Les fondamentaux de la cuisine polynésienne (poisson cru, poisson grillé) cohabitent avec des spécialités travaillées de manière originale (mahi mahi orange et gingembre, par exemple) ou empruntant à d'autres registres (tajine, rougail saucisse). Le décor ? Des tables sous un grand auvent, sur du sol en morceaux de corail, mais aucune orientation côté lagon. Transferts gratuits sur réservation. Paiement en espèces.

Lagoon Grill RESTAURANT €€
(☎96 04 10 ; Avatoru ; plats 1 600-3 500 CFP ; ⏲fermé mar). Au royaume du poisson, le Lagoon Grill se distingue en proposant une énorme côte de bœuf de Nouvelle-Zélande, ainsi que du magret de canard (au miel de Rangiroa) et des andouillettes grillées. La carte offre aussi quelques plats de poisson (*mahi mahi* grillé) et plusieurs références de vins français à partir de 2 500 CFP. Le cadre est superbe : imaginez une terrasse avec du mobilier en bois, à quelques mètres des dégradés turquoise du lagon. Transferts gratuits le soir sur réservation.

Heirani SNACK €
(☎28 65 61 ; Avatoru ; plats 1 100-1 900 CFP ; ⏲mar-dim midi). À côté du centre de plongée Six Passengers, cet établissement sans prétention concocte des plats polynésiens copieux (*chao men*, poisson grillé, salades) à des tarifs économiques, dans une maison à quelques mètres du lagon (pas de terrasse). L'idéal pour recharger les batteries après les plongées du matin.

Kia Ora Resort & Spa – Te Rairoa RESTAURANT D'HÔTEL €€
(voir p. 194 ; ☎93 11 11 ; plats 1 400-3 200 CFP ; ⏲tlj). On apprécie le cadre élégant, une grande salle à côté de la magnifique piscine à débordement, avec le lagon turquoise en arrière-plan. La cuisine, à l'image du standing de l'établissement, est soignée.

Maitai Rangiroa – Le Lagon Bleu RESTAURANT D'HÔTEL €€
(voir p. 194 ; ☎93 13 50 ; plats 1 500-3 000 CFP ; ⏲tlj). Le décor de la salle de restaurant est

DU VIN À L'OMBRE DES COCOTIERS

Faire pousser de la vigne et produire du vin à Rangiroa ? Ce pari osé a été relevé par deux Français passionnés de vin. Après de multiples tests réalisés partout en Polynésie, ils ont planté ex nihilo une vigne sur plusieurs hectares à Rangiroa, à 5 km à l'ouest de la passe d'Avatoru. Les obstacles n'ont pas manqué : crabes de terre gourmands, parasites, cochons sauvages, embruns, absence de saisons... Trois cépages, connus pour être résistants et productifs, ont finalement pu s'épanouir sur ce sol corallien très spécial : le carignan en cépage rouge, l'italia en cépage blanc et le muscat de Hambourg en cépage rosé. Les vendanges se déroulent deux fois par an. Le raisin est apporté à bord de petits bateaux jusqu'au chai climatisé, près du village d'Avatoru, où il est élevé en fûts de chêne ou en cuves Inox pendant un an, avant d'être mis en bouteille sur place puis commercialisé à Tahiti et dans quelques restaurants en France. La production annuelle avoisine les 60 000 bouteilles.

Les spécialistes sont unanimes : le vin de Tahiti (c'est son appellation officielle), très surprenant, ne ressemble à aucun autre. À vous de juger, entre le blanc sec (appelé vin de corail), le blanc moelleux ou le rosé. Il est en vente dans les magasins de l'atoll et servi dans les restaurants. C'est aussi un excellent souvenir à rapporter, même si le tarif est élevé (de 2 500 à 4 800 CFP le prix moyen d'une bouteille).

avenant, avec du mobilier contemporain, à quelques mètres du lagon. Cuisine correcte, sans plus, tournée vers les spécialités de poisson. Également buffet petit-déjeuner, à 2 500 CFP.

Ma'a Mika SNACK €
(☎34 91 71 ; plats 500-1 200 CFP, menu 2 000 CFP ; ⏲mar-dim 9h-18h). De l'extérieur, cet établissement passe presque inaperçu, à la sortie d'Avatoru, au bord de la route. Ce serait une erreur de ne pas s'y arrêter, car la cuisine du jeune chef français, qui a travaillé au Maitai, est goûteuse et très raisonnablement tarifée. Carte dans l'esprit "snacking" : burger, tarte salée du jour, poisson du moment... Le menu du jour est une excellente affaire. Service en continu.

Les Relais de Joséphine PENSION €€
(voir p. 194 ; ☎96 02 00 ; menu soir 4 900 CFP ; ⏲tlj sur réservation). Cette pension propose une formule table d'hôte pour les clients extérieurs, sur réservation. Le tarif est élevé, mais la cuisine sort de l'ordinaire, le service est personnalisé et l'atmosphère, romantique (dîner à la bougie). La terrasse se prolonge par un deck donnant directement sur la passe de Tiputa. Au déjeuner, une assiette composée (1 900 CFP) est proposée (pas de réservation nécessaire).

Où prendre un verre

Vos soirées seront très calmes à Rangiroa.

Kia Ora Rangiroa – Le Miki Miki BAR D'HÔTEL
(⏲tlj 8h-23h). Pour siroter un cocktail au soleil couchant, le bar lounge de l'hôtel Kia Ora, sur pilotis, en surplomb du lagon, est très agréable. Les tarifs restent raisonnables (cocktails à partir de 1 100 CFP).

Maitai Rangiroa – Le Mawake BAR D'HÔTEL
(⏲tlj 11h-22h). Le bar de l'hôtel Maitai Rangiroa tire honorablement son épingle du jeu, avec un cadre avenant, de style deck, au bord du lagon.

Achats

L'Atelier Corinne PERLES
(☎96 03 13 ; ☎10h-18h lun-sam). Petite boutique commercialisant des perles nues ou montées, des montures en or et des *keshi*. Le perçage est gratuit pour les clients.

Ikimasho PERLES
(☎96 0391 ; http://ikimasho-black-pearls.com ; ⏲9h-17h30 lun-sam). Vente de boucles d'oreille réalisées avec des perles, des colliers, des perles nues et montées, ainsi que des pendentifs et des bagues associant os et perle.

Gauguin's Pearl PERLES
(☎93 11 30 ; www.gauguinspearl.com ; ⏲8h-17h lun-ven, 9h-12h et 15h-17h sam). Cette ferme perlière (voir p. 188) pratique la vente directe de perles nues ou montées. Bon choix et personnel de bon conseil.

Arno ARTISANAT LOCAL
(☎96 02 41 ; ⏲10h-18h tlj). À quelques mètres de Y'Aka Plongée, cette boutique est réputée pour la qualité de ses tableaux de terre, qui représentent des motifs traditionnels polynésiens (geckos, tikis, animaux marins) peints avec des couleurs naturelles. Également collection de T-shirts et de débar-

deurs, et vente de colliers et de bracelets en coquillages.

Renseignements

Comme partout dans l'archipel, prévoyez suffisamment d'espèces, car la carte de crédit n'est pas acceptée partout, et l'atoll ne compte que deux distributeurs, pas toujours approvisionnés. Il n'y a pas d'office de tourisme, mais quelques informations sur les sites www.sejour-a-rangiroa.com et www.rangiroa.pf. Zones Wi-Fi (payantes) autour des clubs de plongée Six Passengers et Topdive.

Banque de Tahiti (96 85 52 ; 8h-11h lun-mar et jeu-ven, 13h-16h lun et ven). Opérations de change.

Chez Obelix (voir p. 195 ; 1 000 CFP/heure ; aux heures d'ouverture du snack). Un ordinateur connecté à Internet.

Centre médical d'Avatoru (96 03 75 ; 7h30-15h30 lun-ven). Médecins. Également deux cabinets médicaux privés dans le village.

Le Kai Kai (96 03 39 ; 700 CFP/heure ; ouvert aux heures du restaurant, p. 195). Accès Internet (un seul poste), sur le comptoir.

OPT (Avatoru) (7h-15h lun-jeu, jusqu'à 14h ven). Bureau de poste. Un ordinateur connecté à Internet et Wi-Fi dans un rayon de 50 m, tous deux fonctionnant avec la carte Manaspot, en vente sur place. Au centre du village.

OPT (Tiputa). Bureau de poste équipé d'un distributeur de billets accessible 24h/24. Au centre du village.

Socredo (96 85 63 ; 7h30-11h30 et 13h30-16h lun, mer et ven, 13h30-16h mar et jeu). Opérations de change. Distributeur de billets accessible 24h/24 (mais munissez-vous de suffisamment d'espèces car le distributeur est parfois vide en fin de semaine).

The Six Passengers (voir p. 189 ; 500 CFP/heure ; tlj 8h-12h et 14h-17h). Centre de plongée. Accès Wi-Fi et Internet par le réseau Iaoranet.

Depuis/vers Rangiroa

Avion

La desserte de Rangiroa est excellente.

Air Tahiti (93 14 00, 93 14 01, 86 42 42 réservation centrale ; www.airtahiti.pf ; Avatoru ; 7h30-11h30 et 13h30-16h30 lun-ven, 8h-11h30 sam) relie Rangiroa à Tahiti (2 à 3 vols quotidiens, 1 heure), à Bora Bora (5 vols/sem) et à d'autres atolls des Tuamotu (Tikehau, Manihi, Mataiva et Fakarava). Les vols Bora Bora-Rangiroa sont en correspondance avec Manihi, Tikehau et Fakarava certains jours. Attention, il n'y a pas de vols dans le sens Rangiroa-Bora Bora.

L'aller simple plein tarif Rangiroa-Papeete coûte 19 000 CFP, Rangiroa-Tikehau, Rangiroa-Mataiva et Rangiroa-Fakarava 7 500 CFP, Rangiroa-Manihi 12 200 CFP, et Bora Bora-Rangiroa 26 000 CFP.

Cargos inter-îles

Le **Dory**, le **Mareva Nui** et le **Saint Xavier Maris Stella** desservent Rangiroa, au départ de Papeete (voir p. 379). Ils chargent et déchargent le fret en plusieurs endroits : au quai situé dans la passe d'Avatoru, au quai situé à l'autre bout de la chaîne de motu, et au quai de Tiputa.

L'**Aranui 3** (www.aranui.com), sur le chemin du retour des Marquises, toutes les 3 semaines environ, effectue également une escale d'une demi-journée à Rangiroa, la dernière avant Papeete, et jette l'ancre en face de l'hôtel Kia Ora.

Comment circuler

Il n'y a pas de transport en commun sur l'atoll.

Desserte de l'aérodrome

L'aérodrome est situé à 5,5 km à l'est du village d'Avatoru. Si vous avez réservé votre hébergement, vos hôtes viendront vous accueillir à l'aérodrome. Les transferts sont généralement inclus dans le tarif de l'hébergement.

Taxi-boat

Pour franchir la passe de Tiputa et rejoindre le village de Tiputa, il existe un service de *taxi-boat* quotidien (7h-17h tlj en général), assuré par **Manu Taxi Boat** (78 13 25), entre le quai situé tout au bout de la chaîne d'îlots d'Avatoru, et le quai du village de Tiputa. Comptez 500 CFP le passage aller-retour (750/1 000 CFP avec un vélo/scooter). La traversée ne dure que 5 minutes.

Vélo, scooter et voiture

L'unique route de 10 km, parfaitement plate, ne justifie guère la location d'une voiture. Attention, elle n'est pas éclairée la nuit. La plupart des pensions disposent de vélos en dépôt, aux mêmes conditions que celles des loueurs.

JJ Loc (96 03 13, 27 57 82). Dans le même *fare* que l'Atelier Corinne. Vélos (1 400 CFP/jour) et scooters (5 300 CFP/jour).

Arenahio Location (96 82 45, 73 92 84). À hauteur de la pension Chez Loyna, à 1,5 km environ à l'est du village d'Avatoru. Vélos (1 300 CFP/jour), scooters (5 200 CFP/jour) et voiture (8 400 CFP/jour).

Rangi Rent a Car (96 03 28, 21 35 08). Voitures (tarif préférentiel à 6 500 CFP pour les clients des pensions). Livraison du véhicule dans votre hébergement.

TIKEHAU

400 HABITANTS

La plupart des visiteurs ont un coup de cœur pour Tikehau. Le décor de carte postale des motu et la quiétude de Tuherahera, l'unique village, font de cet atoll un lieu de villégiature prisé par les habitants de Tahiti et par les touristes. On vient ici pour lézarder sur des plages de sable corallien (Tikehau est l'un des rares atolls de l'archipel offrant des plages facilement accessibles) à l'ombre des cocotiers, plonger sur les sites splendides de la passe de Tuheiava, faire du snorkeling sur des jardins coralliens multicolores et visiter des îlots sur le lagon où nichent plusieurs espèces d'oiseaux. Facile d'accès aussi bien depuis Tahiti, Bora Bora ou Rangiroa, Tikehau mérite impérativement qu'on lui consacre quelques jours.

Orientation

L'atoll forme un anneau légèrement ovale d'un diamètre maximal de 26 km entrecoupé d'une seule passe, Tuheiava, à l'ouest. Une poignée de motu parsèment le lagon et servent de lieu de nidification à plusieurs espèces d'oiseaux. Le village, Tuherahera, est au sud.

À voir

Tuherahera VILLAGE

Seule localité de l'île, Tuherahera, au sud-ouest, est un charmant village, tout en longueur, au bord du lagon. Ses trois rues principales sont égayées de rangées d'uru, de cocotiers, de bougainvillées et d'hibiscus. Il rassemble des lieux de culte de plusieurs confessions : catholique, sanito, adventiste et protestant. Prenez un vélo et suivez la piste qui longe le récif, côté océan. Ici et là, le bord de mer est parsemé de gros blocs de corail – un spectacle de toute beauté au soleil couchant.

Côté lagon, de superbes **plages** de sable blanc ou rose s'étendent au voisinage immédiat de Tuherahera. La plus belle se situe dans le secteur de l'aérodrome (à l'est), là où se sont installées la plupart des pensions. Celle qui se situe à l'autre extrémité du village (à l'ouest), au bord du chenal, est plus petite mais tout aussi idyllique, avec un sable de couleur légèrement rosée.

Île aux Oiseaux SITE LAGONAIRE

Le motu Puarua, au nord-est, est colonisé par plusieurs espèces nicheuses qui construisent leur nid à même le sol, dans les buissons de *miki miki* et dans les arbres. Le noddi brun et le fou à pieds rouges sont les plus fréquemment rencontrés.

Île d'Eden SITE AGRICOLE

Derrière cette dénomination se cache une organisation religieuse qui prône le retour aux valeurs de la nature. Une poignée de familles, d'origine chinoise, vivent de ces préceptes sur un îlot très isolé, au nord-est de l'atoll. Elles font tout pousser, y compris des aubergines, et n'utilisent que des engrais bio. Le motu comprend aussi un rucher, une basse-cour et une porcherie. Le site accueille les visiteurs lors des excursions à la journée. Vente de miel et de quelques bijoux.

Activités

Plongée sous-marine

Si elle n'a pas la renommée de Rangiroa ou de Fakarava, la plongée sous-marine constitue également une jolie carte de visite à Tikehau. Les plongées se déroulent dans la magnifique passe de Tuheiava et sur les tombants extérieurs, ainsi que sur une étonnante station de nettoyage de raies mantas, dans le lagon. Ambiance sauvage garantie, loin des foules. Reportez-vous au chapitre *Plongée* p. 30 pour plus de renseignements sur les sites de plongée.

Deux centres sont installés sur l'atoll :

Blue Nui (☎96 22 40 ; www.bluenui.com ; baptême 9 000 CFP, explo 7 800 CFP, matinée "two tanks" (2 plongées) 15 000 CFP, forfait 6/10 plongées 37 500/70 000 CFP). À l'hôtel Tikehau Pearl Beach Resort (p. 200 ; mais les transferts sont assurés depuis les pensions du village). Le forfait de 6 plongées est utilisable dans les autres centres de plongée Blue Nui à Bora Bora et à Tikehau ; celui de 10 plongées (le pass "Gold") peut aussi être utilisé dans les centres Topdive. Également sorties de snorkeling, au même endroit que les sites de plongée.

Raie Manta Club (☎96 22 53 ; www.raiemantaclub.com ; baptême 6 900 CFP, explo 6 500 CFP, matinée "two tanks" (2 plongées) 12 200 CFP). Au Tikehau Village. Également sorties de snorkeling.

Excursions sur le lagon

Des excursions sur le lagon, organisées par l'intermédiaire des pensions ou l'hôtel, vous donneront l'occasion de découvrir les sites les plus idylliques de l'atoll. Organisez vos sorties dès votre arrivée, car un nombre minimum de participants est requis.

La sortie à l'île aux Oiseaux (motu Puarua) est la plus couramment proposée (environ 7 500 CFP/pers). Abstenez-vous de toucher les poussins, et n'approchez

Tikehau

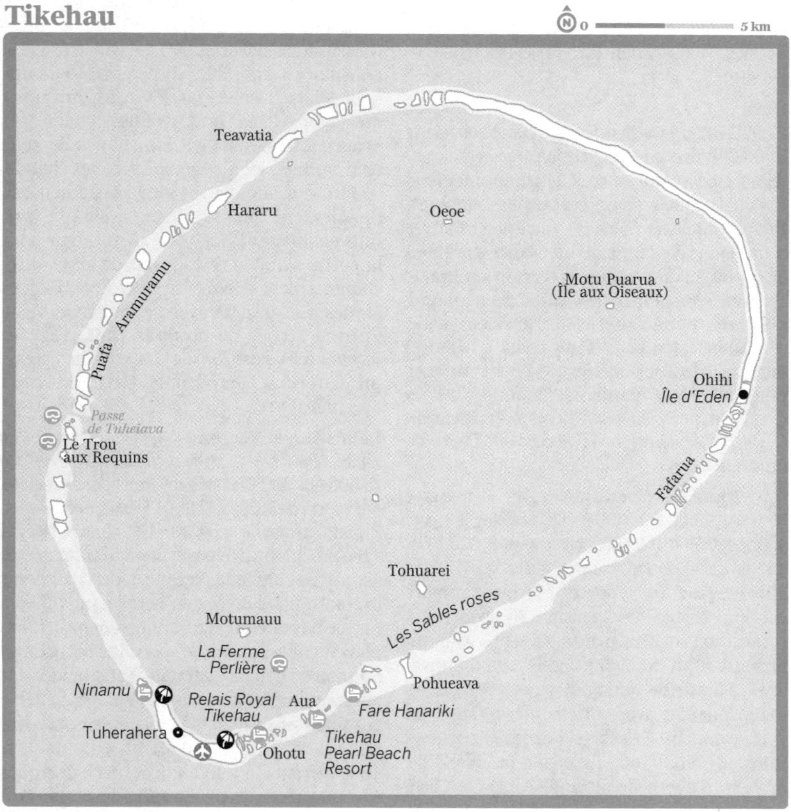

pas des oiseaux qui couvent pour éviter de les perturber (voir l'encadré p. 357). L'excursion inclut un arrêt snorkeling sur le site des raies mantas, la visite de l'île d'Eden et un pique-nique sur un très beau motu isolé, au sud-est de l'atoll, appelé "Sables roses".

Où se loger

Les prix s'entendent transferts à l'aérodrome inclus.

Ninamu Resort PETITE HÔTELLERIE €€€
(☎73 78 10 ; www.motuninamu.com ; bungalows 30 000 CFP/pers tout inclus ; wifi). Pour une robinsonnade de luxe, la pension Ninamu, tenue par Chris, un Australien, organisateur de la célèbre compétition de surf Billabong Pro à Tahiti, est inoubliable. Sur ce petit coin de paradis à 10 minutes de bateau du village, vous aurez la sensation d'être hors du temps. Les 6 bungalows, tous différents, réalisés avec des matériaux de l'île, sont magnifiquement décorés et meublés et se fondent à merveille dans leur environnement. La formule inclut des sorties quotidiennes (pêche, snorkeling, pique-nique sur un motu, visite d'une ferme perlière, etc.). Le motu, entouré d'une bande de sable corallien, est adapté au farniente. Un effort est fait en matière de respect de l'environnement (électricité solaire, cuisine bio). Tous les publics se croisent et se sentent à l'aise, du couple en lune de miel aux surfeurs et aux kitesurfeurs.

Fare Hanariki PENSION €
(☎21 69 33 ; farehanariki@mail.pf ; bungalows 11 000 CFP/pers en pension complète ; wifi). Quel endroit merveilleux ! Pour décompresser, le Fara Hanariki est idéal. Sur un immense motu cerné de plages de sable corallien, un peu après l'hôtel Tikehau Pearl Beach Resort, 4 bungalows bien espacés les uns des autres attendent les visiteurs. Rien de

luxueux (il n'y a pas d'eau chaude dans les bungalows), mais ils sont aménagés avec goût et on se met vite gagné par la quiétude du site. Bon accueil de Marie-Françoise et d'Asam.

Hotu PENSION €€
(☎96 22 89 ; www.pensionhotu.com ; bungalows 9 500 CFP/pers en demi-pension, transfert inclus ; @📶). Une valeur sûre à Tikehau, même si les tarifs affichent un certain embonpoint. Les bungalows sont à quelques mètres seulement de la plage de sable corallien et du lagon, sur un beau terrain ombragé. Ils sont sobres et petits mais accueillants, avec une bonne literie, un brasseur d'air, une moustiquaire et l'eau chaude (solaire) dans la sdb. Des sorties de pêche au gros peuvent être organisées (35 000 CFP la demi-journée). Kayaks et vélos en location (500 CFP le séjour). Wi-Fi payant. Carte de crédit acceptée.

♥ **Chez Justine** PENSION €
(☎96 22 87, 72 02 44 ; camping 1-2 pers avec petit-déj 4 000 CFP, bungalows 8 000 CFP/pers en demi-pension, transfert inclus ; @📶). Une aubaine pour les campeurs ! Le bloc sanitaire est impeccable, une cuisine équipée est à disposition, et l'on plante sa tente sous un arbre, à 10 m du lagon. Quant aux 5 bungalows (2 unités de 2 bungalows, et 3 bungalows indépendants), avec sdb, ils mériteraient un petit rafraîchissement (évitez les bungalows mitoyens, étouffants), mais le cadre splendide, au bord d'une belle plage de sable corallien, dans une propriété fleurie, fait tout oublier. Ambiance familiale. Repas sur demande pour les campeurs (2 000 CFP environ). Vélos et kayaks à disposition. Pour un séjour d'au moins 3 nuits, une excursion est offerte. Carte de crédit acceptée. Wi-Fi payant.

À NE PAS MANQUER

LA FERME AUX MANTAS

Magique ! Elles sont là, dans 8 mètres d'eau environ, réalisant de majestueux ballets sous les yeux ébahis des touristes qui nagent en surface... Chaque matin, sur le site appelé "la Ferme", à côté d'une ancienne ferme perlière dans le lagon, des raies mantas viennent se faire déparasiter et s'offrent en spectacle aux plongeurs et aux snorkelers. Les prestataires d'excursions lagonaires et les centres de plongée y emmènent leurs clients.

Tikehau Village PETITE HÔTELLERIE €€
(☎96 22 86, 76 67 85 ; www.tikehauvillage.com ; bungalows s/d 13 000/20 000 CFP en demi-pension, transfert inclus ; 📶). Le cadre de cette pension est adorable, directement sur une belle plage léchée par les eaux turquoise du lagon. Paea et Caroline Tefaiao, les propriétaires, louent 8 bungalows de style traditionnel, bien conçus, avec eau chaude, (petit) ventilateur et lit king size, aménagés directement sur la plage, avec une vue imprenable sur le lagon. Coup de cœur pour la petite salle de restaurant, de style local, coquettement décorée avec des coquillages et des tissus à fleurs, au bord de l'eau. Cuisine à base de produits frais. Vélos et kayaks à disposition. À la sortie du village, un peu avant l'aérodrome. Carte de crédit acceptée.

Relais Royal Tikehau PENSION €€
(☎96 23 37 ; www.royaltikehau.pf ; s/d 15 800/26 000 CFP en demi-pension, bungalows s/d à partir de 21 000/32 000 CFP en demi-pension, 2 nuits minimum ; @📶). Le Relais Royal Tikehau offre un dépaysement maximal à ses clients, à seulement 5 minutes du village, sur un motu privé (accès en bateau, ou à pied à marée basse, en traversant un chenal). L'emplacement est magique : certains bungalows donnent sur un chenal translucide, les autres ouvrent sur une belle plage de sable corallien et le lagon. Les couples opteront pour le n°7, équipé d'un lit à baldaquin. Tous offrent un bon confort, avec quelques touches décoratives. La salle du restaurant est directement en surplomb du chenal. Pour les budgets plus limités, quelques chambres très simplement aménagées (pas d'eau chaude) sont également disponibles, dans une grande maison au milieu de l'îlot. Malgré ces atouts, l'impression d'ensemble est que les tarifs sont surévalués. L'électricité est fournie par des panneaux solaires et des éoliennes. Kayaks à disposition. Transferts à l'aérodrome 1 500 CFP par personne l'aller-retour. Internet et Wi-Fi payants. Carte de crédit acceptée.

Tikehau Pearl Beach Resort HÔTEL €€€
(☎96 23 00 ; www.spmhotels.com ; bungalows 1-2 pers à partir de 59 000 CFP ; ❄@🏊📶). L'un des meilleurs hôtels des Tuamotu, sur un petit motu, à environ 5 km du village. L'endroit est parfait pour jouer les Robinson de luxe : plage de sable corallien, cocotiers, hamacs, spa, eaux cristallines... Le Tikehau Pearl Beach a gardé une taille humaine. Bien intégré à son environnement, il se compose de 24 bungalows sur pilotis et de

14 bungalows plage, entièrement conçus avec des matériaux nobles. Une petite piscine, un restaurant et un bar complètent les installations. Pirogues et kayaks sont à disposition, et toutes les excursions sont proposées. En revanche, il n'y a guère d'animation, ce qui ne semble pas déranger la clientèle, essentiellement composée de couples en lune de miel. Des navettes relient l'hôtel au village plusieurs fois par jour (environ 15 min). Centre de plongée sur place. Wi-Fi payant.

Où se restaurer

En dehors des hébergements, les possibilités de restauration sont très limitées. Au village, vous trouverez deux modestes épiceries multiservices, une **boulangerie** et un snack.

Tikehau Village RESTAURANT €€
(voir p. 200 ; ☎96 22 86 ; menu midi 2 500 CFP, le soir 3 500 CFP ; ⊙tlj sur réservation). Cette pension accepte les clients extérieurs sur réservation, et la cuisine a bonne réputation. Situation très enviable, sur la plage, au bord du lagon.

Tikehau Pearl Beach Resort RESTAURANT D'HÔTEL €€
(☎96 23 00 ; plats 1 300-3 200 CFP ; ⊙tlj). Pour le prix d'un plat de pâtes, d'une salade ou d'un sandwich, profitez du cadre et de l'atmosphère de ce bel hôtel, également ouvert à la clientèle extérieure. Pour vous y rendre depuis le village, prenez l'une des navettes qui emmènent le personnel, depuis le quai (appelez la réception pour les horaires).

Snack Cindy SNACK €
(plats 1 200-1400 CFP ; ⊙fermé sam). Dans le village, au bord de la route, dissimulé par une haie végétale. Plats simples, petits prix.

♥ **Snack Gilbert** SNACK €
(☎74 86 25 ; plats 1 200 CFP ; ⊙lun-sam midi, sur réservation). L'emplacement est mirifique, au bout du village, devant une plage de sable corallien. On s'installe sur une table ombragée, les pieds dans le sable. Sur réservation, Gilbert mitonne des petits plats polynésiens d'une grande fraîcheur (les légumes, bio, proviennent de l'île d'Eden). Également vente d'artisanat à base de coquillages.

Poeiti SNACK €
(plats 200-1 000 CFP ; ⊙lun-ven 7h-16h). Ce petit snack, tout proche du Tikehau Village, permet de caler un petit creux à des tarifs très sages : casse- croûte, steak-frites, poulet-frites...

Renseignements

Vous ne trouverez pas de banque ni de distributeur de billets à Tikehau. Zone Wi-Fi par le réseau Hotspot à proximité des pensions Justine et Hotu.

Depuis/vers Tikehau

Tikehau est à 300 km de Tahiti et à 14 km de Rangiroa.

AVION **Air Tahiti** (☎96 22 66, 86 42 42 réservation centrale ; www.airtahiti.pf) assure un vol quotidien entre Papeete et Tikehau (18 500 CFP). Il existe également plusieurs vols hebdomadaires entre Bora Bora et Tikehau, via Rangiroa. L'aller simple plein tarif Papeete-Tikehau s'élève à 18 000 CFP, Tikehau-Rangiroa à 7 500 CFP, Bora Bora-Tikehau 26 000 CFP.

CARGOS INTER-ÎLES Le **Mareva Nui**, le **Saint Xavier Maris Stella** et le **Dory** font escale à Tikehau et accostent au quai du village, situé côté lagon (voir p. 379 pour plus de détails).

Comment circuler

Une piste d'une dizaine de kilomètres fait le tour du motu où est situé Tuherahera et passe par l'aérodrome, situé à un peu plus de 1 km de l'entrée du village, à l'est.

Vos hôtes peuvent vous prêter ou vous louer un vélo (environ 1 200 CFP/jour).

MATAIVA

227 HABITANTS

Mataiva est un atoll encore relativement peu connu, mais il bénéficie d'une cote grandissante grâce à un bouche-à-oreille favorable. Tous les visiteurs tombent sous le charme de ce petit paradis, doté de sites naturels enchanteurs et de trois pensions accueillantes. Il n'y a pas de centre de plongée sur l'île, mais d'extraordinaires spots de snorkeling. On se laisse rapidement séduire par le rythme de vie, très décontracté. Par ailleurs, l'atoll abrite l'un des rares sites archéologiques dignes de ce nom aux Tuamotu. Les liaisons aériennes d'Air Tahiti avec Rangiroa et Papeete permettent de s'offrir une agréable parenthèse de quelques jours.

Situé à l'extrémité nord-ouest de l'archipel des Tuamotu, Mataiva a été abordé pour la première fois par l'explorateur russe Fabian von Bellingshausen en 1820. Sa physionomie a failli être bouleversée : voici quelques années, il était question d'exploiter le sous-sol lagonaire, riche d'environ 70 gisements de phosphates, pour prendre le relais de Makatea dont l'exploitation a cessé en 1966. À la suite de la mobilisation de la population, ce projet n'a pas vu le jour.

À voir et à faire

Le paisible village de **Pahua** est blotti de part et d'autre d'une passe étroite. À hauteur du récif, sa largeur de quelques mètres autorise seulement le passage d'embarcations légères. Un pont relie les deux côtés du village.

La majorité des habitants vivent de la pêche et de la coprahculture. Le projet d'exploitation à grande échelle des phosphates représente pour eux une épée de Damoclès. Leur hostilité est toujours palpable.

À environ 4,5 km du village (par la piste qui débute côté nord de la passe), le **rocher de la Tortue**, appelé Ofai Tau Noa par les habitants de l'atoll, est le vestige d'un ancien récif corallien soulevé (*feo*), en forme de champignon évasé.

Du côté sud de la passe, à 3 km environ, une **épave de navire** est cachée au milieu de la végétation. Il ne subsiste plus qu'une partie de la proue, complètement rouillée. Selon les anciens, ce navire aurait fait naufrage lors du cyclone de 1906, puis aurait été déposé jusque dans la cocoteraie lors des cyclones ultérieurs, notamment celui de 1983.

Mataiva compte un *marae* (site cérémoniel) bien entretenu, le **marae Papiro** à environ 14 km du village, au sud-est de l'atoll, au bout de la piste. Au centre de ce *marae*, on distingue nettement le trône en dalles de corail depuis lequel, selon la légende, le géant Tu guettait toute invasion. En cas d'attaque de tribus ennemies, il lui suffisait de trois foulées pour bouter les assaillants hors de l'île et les écraser. Tu est l'une des divinités du panthéon tahitien. C'est également le nom porté par un farouche roi guerrier, originaire de l'atoll d'Anaa, ancêtre des Pomaré, qui conquit les atolls environnants jusqu'à Fakarava. Le *marae* Papiro est entouré d'autres *marae*, plus petits, de forme rectangulaire, délimités par de petits blocs de calcaire corallien fichés dans le sol.

Les **plages** de sable blanc comptent parmi les principaux atouts de l'atoll. Vos hôtes vous indiqueront les sites les plus idylliques. Les possibilités de **snorkeling** abondent, surtout dans les chenaux situés au sud-est de l'atoll, près du *marae* Papiro. N'oubliez pas votre masque et vos palmes !

Dans le lagon, plusieurs sites naturels méritent l'attention, dont l'**île aux Oiseaux**, une langue corallienne en forme de croissant, recouverte d'arbustes. Ce site est le domaine de prédilection des noddis, des sternes huppées et des fous à pieds rouges, qui y nidifient. Abstenez-vous de toucher les oisillons dans les nids (voir l'encadré p. 357).

Si l'on en croit la légende, un rocher affleurant dans le lagon à proximité de l'île aux Oiseaux, appelé Mataiva Papa, ou nombril de Mataiva, correspondrait à l'endroit où le géant Tu aurait effectué sa première foulée. La tradition veut que l'étranger débarquant à Mataiva aille poser le pied sur ce rocher.

Autre magnifique but d'excursion : accompagner les pêcheurs qui partent récupérer les poissons pris au piège dans l'un des nombreux **parcs à poissons** disséminés dans tout le lagon et dans la passe même.

La visite de ces sites est organisée par les pensions de l'atoll, en voiture et en bateau.

Où se loger et se restaurer

Les trois pensions sont au village. Les prix s'entendent transferts aller-retour à l'aérodrome inclus. Prévoyez suffisamment d'espèces, car la carte de crédit ne vous sera d'aucune utilité. Eau froide seulement dans les trois pensions. Le village compte quelques modestes épiceries, mais aucun snack.

Pension Ariiheevai – chez Alphonsine PENSION €

(76 73 23, 96 32 50 ; bungalows 8 500 CFP/pers en pension complète, excursions incluses ;). Le meilleur rapport qualité/prix de l'archipel. Alphonsine gère impeccablement sa pension, magnifiquement située au bord d'une lagune émeraude bordée d'une étroite plage de sable blanc. Agréable atmosphère familiale. Les 6 bungalows (dont

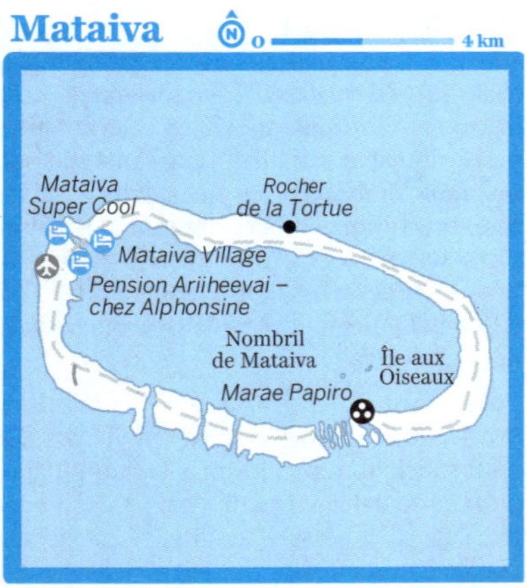

UN LAGON PAS COMME LES AUTRES

La structure du lagon de Mataiva est étonnante : les massifs coralliens affleurant à la surface constituent de véritables cloisons larges de 50 à 300 m, qui délimitent environ 70 vasques d'une profondeur maximale d'une dizaine de mètres. De véritables piscines naturelles, en somme !

2 familiaux, spacieux), propres, climatisés (un vrai bonheur en saison chaude), avec terrasse, ressemblent à des maisonnettes, disséminées dans un jardin planté de tiarés, à quelques mètres du lagon. La cuisine, copieuse et savoureuse, à base de produits locaux, laisse un excellent souvenir. Les journées sont bien remplies : réalisation de couronnes de fleurs, pique-nique, snorkeling, visite des parcs à poissons, de l'île aux Oiseaux et du *marae* Papiro, pêche sur le récif… Kayaks et vélos à disposition.

Mataiva Village PENSION, CAMPING €
(☎96 32 95 ; camping 1 700 CFP/pers, bungalows 8 500 CFP/pers en pension complète, excursions incluses ; ❄). La propriété, en bord de passe, comprend 8 bungalows de bon confort, avec sdb et clim., mais tous n'ont pas une vue directe sur le lagon (pas de plage). Dommage que la pension soit séparée des voisins par un mur en béton qui dénature le site. Les repas sont pris dans une vaste salle à manger que prolonge une terrasse surplombant la passe. Il est également possible de camper (repas sur commande 2 500 CFP). Même formule que la pension précédente : une excursion par jour est prévue. Vélos/kayaks à disposition.

Mataiva Super Cool PENSION €
(☎96 32 53, 76 06 25 ; bungalows s/d 7 000/13 000 CFP en demi-pension, excursions incluses). De l'autre côté du pont par rapport au Mataiva Village, Super Mataiva Cool comprend 3 bungalows de bon confort, avec sdb et terrasse, situés face à la passe. Kayaks et vélos à disposition. Les tarifs incluent une excursion par jour. Déjeuner à 1 500 CFP.

ℹ Renseignements

Aucune banque n'est implantée sur l'atoll, aussi munissez-vous de suffisamment d'espèces. Les pensions n'acceptent pas la carte de crédit. Le village, Pahua, compte deux magasins et une poste, situés côté sud du pont. Il n'y a pas encore d'accès Internet sur l'atoll.

ℹ Depuis/vers Mataiva

Mataiva est à 350 km au nord-est de Tahiti et à 100 km à l'ouest de Rangiroa.

AVION **Air Tahiti** (☎96 32 48, 86 42 42 réservation centrale ; www.airtahiti.pf) assure la liaison Papeete-Mataiva deux jours par semaine, en principe les jeudi (via Rangiroa) et dimanche (direct). Le retour Mataiva-Papeete a lieu les mêmes jours (direct le jeudi, via Rangiroa le dimanche). L'aller simple plein tarif Papeete-Mataiva/Mataiva-Rangiroa coûte 18 500/7 500 CFP.

CARGOS INTER-ÎLES Mataiva est desservie par le **Mareva Nui** et le **Saint Xavier Maris Stella** (voir p. 379 pour plus de détails).

ℹ Comment circuler

Une piste fait presque le tour complet de l'île, au milieu de la cocoteraie. Par le nord, elle se termine au *marae* Papiro (14 km). Par le sud, comptez environ 10 km jusqu'au terminus.

Les pensions prêtent des vélos. C'est un excellent moyen pour partir à la découverte de l'atoll.

FAKARAVA

800 HABITANTS

Encore un atoll qui fait se tourner la tête des plongeurs, avec ses deux passes, la Nord et la Sud, phénoménalement poissonneuses… "Faka" est aujourd'hui aussi célèbre que "Rangi", grâce à la richesse de ses fonds marins, de classe mondiale, et à la beauté de ses îlots, en partie bordés de petites plages aux délicates nuances variant du blanc au rose clair. Classé réserve de biosphère par l'Unesco, c'est aujourd'hui un atoll de villégiature à la mode, et les pensions de famille ont poussé comme des champignons en l'espace de quelques années. Par rapport à celles de Rangiroa, elles présentent l'avantage d'être mieux situées, au bord de zones lagonaires propices à la baignade et de "plages" de sable corallien. Si vous plongez, consacrez au moins 5 jours à Fakarava.

L'essentiel de la population vit dans le village de Rotoava, au nord-est. Une poignée d'habitants vit également à Tetamanu, au bord de la passe sud. L'exploitation du coprah, la perliculture et la pêche constituent les principales ressources de l'île.

Orientation

Fakarava est le second atoll des Tuamotu par sa superficie. L'anneau corallien s'étend sur 60 km de longueur pour 25 km de largeur. Ce géant possède deux passes, celles de Garuae au nord et de Tumakohua au sud, qui font le régal des plongeurs.

À voir

Rotoava VILLAGE

Le village de Rotoava regroupe tous les services et quelques commerces. L'atmosphère est paisible. Seule l'arrivée des cargos inter-îles apporte un peu d'animation. Outre le farniente et la plongée, on peut se balader à vélo dans le village, admirer les vagues qui se fracassent sur le récif côté océan ou les voiliers au mouillage côté lagon, acheter une perle ou un bijou dans une boutique, regarder les lanceurs de javelot (un sport traditionnel polynésien, avec pour cible une noix de coco plantée sur un poteau) s'entraîner sur le terrain de foot en face du Relais Marama, savourer un plat bien mitonné au Snack-Restaurant Te Anuanua, piquer une tête dans le lagon…

À hauteur du Relais Marama, côté récif, vous remarquerez un monument de forme pyramidale, en cailloux : il s'agit de l'ancien **phare de Taputavaka**, vieux de 80 ans.

Ancien phare de Topaka MONUMENT

Ne ratez pas cette impressionnante construction en gradin édifiée en 1957, haute d'une quinzaine de mètres, située côté récif, vers le PK 2,5. Il servait de repère visuel aux navigateurs et aux pêcheurs.

♥ **Plage du PK 9** BAIGNADE

Depuis Rotoava, la route, puis la piste, se dirige vers la passe nord. À hauteur du PK 9, côté lagon, une étroite plage de sable corallien, ombragée de cocotiers, très photogénique, n'attend que vous. À quelques dizaines de mètres du bord, de belles patates de corail raviront les amateurs de snorkeling. Le bain, abrité des vents et des courants, peu profond, est très sécurisant, y compris pour des enfants. En semaine, vous serez certainement seuls à profiter du site. Le week-end, les habitants de Rotoava ont l'habitude d'y pique-niquer.

Marae Tahiri Vairau SITE ARCHÉOLOGIQUE

À environ 300 m après la plage du PK 9, sur la gauche, les vestiges en partie restaurés de ce *marae*, composé de blocs coralliens, méritent le coup d'œil. À côté se trouve une plage de sable corallien, propice à la baignade, au snorkeling et à un pique-nique.

PK 10,5 SITE NATUREL

Terminus ! La piste s'arrête là, au bord de la passe de Garuae. La sensation de bout du monde est intense. Impossible de se baigner, les eaux de la passe défilent à toute vitesse, en fonction des courants de marée.

♥ **Lagon Bleu (motu Tehatea)** SITE LAGONAIRE

De magnifiques motu sont situés de l'autre côté de la passe nord, dont le motu Tehatea, entouré d'une superbe lagune intérieure appelée lagon Bleu, idéale pour le snorkeling et la baignade, et de jolies bandes de sable corallien. C'est aussi un site riche sur le plan de l'observation de la faune ornithologique ; vous apercevrez des frégates, des noddis et même des espèces endémiques, comme le ptilope des Tuamotu et la rousserolle des Tuamotu. Le motu n'a qu'un seul défaut : il est régulièrement envahi par les nonos.

Tetamanu HAMEAU

Le hameau de Tetamanu est à la pointe sud de l'atoll, au bord de la **passe de Tumakohua**, également appelée passe Sud, célèbre auprès des plongeurs. Le hameau compte une modeste église et un ancien cimetière avec des tombes en corail. Une poignée d'habitants continuent à vivre dans cet endroit reculé, que les touristes visitent lorsqu'ils séjournent à la pension Tetamanu Village, implantée à cet endroit.

♥ **Les Sables roses** SITE LAGONAIRE

Véritable carte postale tout au sud de l'atoll, le site des Sables roses porte bien son nom. Les résidus des concrétions coralliennes prennent des colorations rosées selon la lumière. On se glisse avec délice dans ces eaux d'un bleu surnaturel, avec les cocotiers en arrière-plan. Sauvage et isolé, ce site n'est accessible qu'à l'occasion d'excursions en bateau.

Activités

Plongée sous-marine

Le must ! Fakarava constitue l'un des hauts lieux de la plongée dans le Pacifique, sur un pied d'égalité avec Rangiroa. Les sites sont pratiquement vierges, la visibilité souvent exceptionnelle et la concentration d'espèces, pélagiques et récifales, hors pair. Comme à Rangiroa, les rencontres avec le "gros", notamment les requins (plusieurs espèces), les raies mantas, les barracudas et les thons, sont monnaie courante. Autre privilège de Fakarava : les massifs coralliens sont sains et bien préservés.

On compte deux zones de plongée : la passe de Garuae, dite "passe Nord", un monstre de 1,6 km de largeur au nord de l'atoll, et la passe de Tumakohua, dite "passe Sud", à l'extrémité sud de l'atoll. Ces deux passes n'ont qu'un seul défaut, celui d'être distantes de 60 km l'une de l'autre, ce qui complique la logistique d'accès pour les plongeurs qui veulent plonger sur les sites des deux passes. Les centres installés au nord proposent régulièrement des plongées dans la passe Sud, mais les sorties sont tributaires des conditions météo (compter 1 heure 30 de trajet en moyenne).

Comme dans la majorité des atolls, la plupart des plongées sont dérivantes. On s'immerge côté océan et on se laisse porter par le courant dans le lagon, en empruntant la passe. Par courant sortant, les plongées se déroulent sur la pente externe du récif, à l'écart du courant. La plupart des sites sont accessibles aux Niveau 1 ayant de l'expérience. Sachez également que des plongées sur l'atoll voisin de Toau sont parfois organisées au départ de Fakarava. Reportez-vous au chapitre *Plongée* p. 30 pour plus de détails sur les sites.

Trois centres de plongée sont installés sur l'atoll :

Fakarava Diving Center (☎93 40 75, 73 38 22 ; www.fakarava-diving-center.com ; baptême 7 000 CFP, explo 6 500 CFP, forfait 10 plongées 60 000 CFP). Au village, près du quai. Toute petite structure (un seul moniteur) appréciée pour ses prestations personnalisées, mais vite complète (5 plongeurs au maximum) – réservez bien à l'avance. Également plongées à la passe Sud, en fonction des conditions météo et de l'état de la mer (18 000 CFP les 2 plongées avec pique-nique). Adhérent au pass inter-îles Te Moana, valable dans 11 centres de plongée.

Topdive (☎98 42 50, 29 22 32 ; www.topdive.com ; baptême plage 8 500 CFP, baptême passe nord 10 000 CFP, explo 8 500 CFP, sortie "two tanks" 15 500 CFP, forfait 6/10 plongées 43 000/70 000 CFP). Deux bases : la principale, au village ; et une annexe sur un motu à côté de la pension Motu Aito Paradise, près de la passe Sud. Forfait 10 plongées valable dans les centres Topdive de Polynésie et les centres Blue Nui. Sorties à la journée à la passe Sud (23 000 CFP les 2 plongées avec pique-nique), selon les conditions météo et l'état de la mer. Plongées au Nitrox.

Tetamanu Diving by Eleuthera (☎77 65 68, 77 10 06 ; www.dive-tahiti.com ; baptême 6 100 CFP, explo 6 100 CFP). Filiale du centre de plongée Eleuthera de Tahiti, basé à la pension Tetamanu Village. Forfaits plongée/hébergement avec le Tetamanu Village. Transferts assurés pour le Motu Aito Paradise et la pension Raimiti.

Excursions sur le lagon

L'immense lagon de Fakarava ne manque pas de sites idylliques, accessibles en bateau lors d'excursions organisées (adressez-vous à votre pension). Les sorties les plus couramment proposées sont le lagon Bleu, à la demi-journée (6 000-7 500 CFP sans pique-nique) ou à la journée (8 500 CFP avec pique-nique), et la passe Sud-les Sables roses (journée, 12 000 CFP avec snorkeling dans la passe Sud, visite du hameau de Tetamanu et pique-nique sur un motu). Un nombre minimum de participants est nécessaire (généralement 4). Attention aux distances et à la durée des trajets : de Rotoava, au nord, au site des Sables roses, il faut compter 1 heure 30 de navigation sur le lagon, parfois éprouvante si la mer est forte.

Où se loger

À la différence de Rangiroa, la plupart des hébergements disposent d'une petite plage en soupe de corail.

ROTOAVA

Relais Marama GÎTE, CAMPING €
(☎98 42 51, 76 12 29 ; www.relais-marama.com ; camping avec petit-déj 2 600 CFP/pers, bungalows avec petit-déj 6 000 CFP/pers ; @ wifi). Au village, un point de chute sympathique pour les plongeurs et les petits budgets, à quelques minutes à vélo de toutes les commodités. L'option camping est idéale, dans une grande parcelle fleurie et bien entretenue, avec de l'ombre, à deux pas de l'océan (mais pas de plage ni de vue particulière). Quant aux 8 bungalows (on devrait dire des "cabanes"), ils sont minuscules et de conception très simple, mais propres, espacés et naturellement ventilés. Malgré la présence d'un petit coffre en bois, il vaut mieux ne pas laisser d'affaires de valeur dans son bungalow. Mention très bien pour les 2 blocs sanitaires (communs aux bungalows et au camping ; eau froide), impeccables, ainsi que pour la cuisine équipée, fonctionnelle et d'une propreté exemplaire. Les petits plus : prêt de vélos, accès Internet et Wi-Fi (forfait 1 000 CFP pour la durée du séjour), transfert gratuit pour l'aérodrome, possibilité de livraison de plats cuisinés le soir, et paiement par carte de crédit accepté.

Havaiki Pearl Guest House PENSION €€
(☎93 40 15, 74 16 16 ; www.havaiki.com ; bungalows jardin s/d 13 000/20 000 CFP en demi-pension,

Fakarava

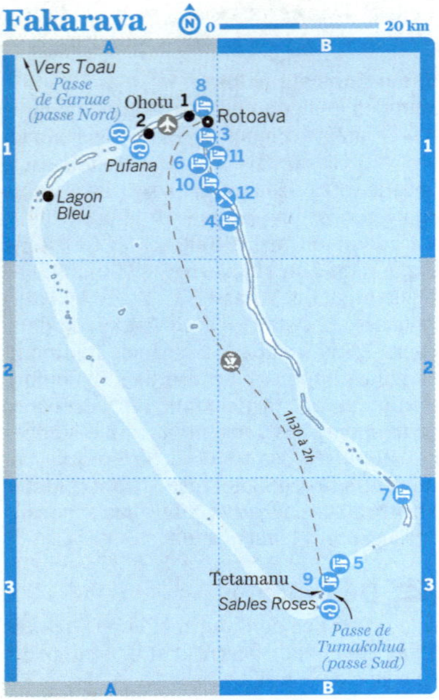

Fakarava

À voir

- 1 Ancien phare de Topaka A1
- Marae Tahiri Vairau ..... (voir 2)
- Phare de Taputavaka ..... (voir 8)
- 2 Plage du PK9 ..... A1

Activités

- Fakarava Diving Center ..... (voir 8)
- Tetamanu Diving by Eleuthera ..... (voir 9)
- Topdive ..... (voir 8)
- Topdive ..... (voir 5)

Où se loger

- 3 Havaiki Pearl Guesthouse A1
- 4 Kiria B1
- 5 Motu Aito Paradise B3
- 6 Paparara A1
- 7 Raimiti B3
- 8 Relais Marama A1
- 9 Tetamanu Village B3
- Tokerau Village ..... (voir 10)
- 10 Vaiama Village A1
- 11 Veke Veke Village A1
- White Sand Beach Resort ..... (voir 6)

Où se restaurer

- Faka Faapu ..... (voir 8)
- 12 Otikao – chez Anita B1
- Roulotte ..... (voir 8)
- Te Anuanua ..... (voir 8)
- White Sand Beach Resort ..... (voir 6)

Achats

- Heipoe ..... (voir 8)
- Hinano Pearls ..... (voir 8)
- Poeata Créations ..... (voir 11)

bungalows plage s/d 17 000/24 000 CFP en demi-pension, min 3 nuits ; wifi). Une valeur sûre, bien située, au bord du lagon, à 1 km au sud du village. Les 5 bungalows, tout en bois, avec terrasse, sont alignés presque côte à côte (ce qui limite l'intimité) sur une étroite bande de sable blanc. Ils n'ont rien de luxueux et sont exigus, mais sont coquets et avenants. La sdb est équipée d'une douche (eau tiède, solaire). Côté jardin, trois maisonnettes sur pilotis comprennent chacune deux chambres, avec sdb et brasseur d'air, et bénéficient d'une vue sur le lagon. Restaurant et bar sur place. Kayaks et vélos à disposition, et boutique de perles sur place. Transfert pour l'aérodrome 2 000 CFP/pers l'aller-retour. Paiement en espèces.

AU SUD DE ROTOAVA

Veke Veke Village PENSION €

(☎70 45 19; www.pension-fakarava.com ; bungalows s/d 12 600/18 900 CFP en demi-pension ; wifi). Très joli site, au bord d'une petite anse ourlée d'une plage de sable corallien, avec 2 bungalows les pieds dans l'eau, et 4 autres légèrement en retrait, au même prix. Confort rustique et intérieur dépouillé, que la beauté du lagon réussit à faire en partie oublier. Agréable *fare*-restaurant donnant directement sur le lagon. Le propriétaire organise des sorties de pêche. Vélos et kayaks à disposition. Transfert pour l'aérodrome 1 000 CFP/pers l'aller-retour. À 4 km au sud de Rotoava. Carte de crédit acceptée.

Tokerau Village PENSION €€

(☎98 41 09, 70 82 19 ; www.tokerau-village.com ; bungalows s/d 12 600/23 400 CFP en demi-pension ; wifi). Le plus beau jardin de l'atoll ! Cette belle propriété attenante au lagon rassemble des plantes et des arbustes impeccablement taillés. La petite plage de sable blanc, devant la pension, conforte cette impression flatteuse, même si les bungalows ne sont pas directement exposés face au lagon. Rien à redire sur la propreté et le confort, mais à ce prix on aimerait toutefois disposer d'un brasseur d'air ou d'un ventilateur, ainsi que de l'eau chaude dans la sdb. La cuisine a bonne réputation. Dommage que le *fare*-restaurant soit à l'arrière de la propriété, sans vue sur la mer, et non au bord du lagon. Le village est à 7 km au nord. Vélos en location et kayaks à disposition. Transfert pour l'aérodrome 2 000 CFP/pers l'aller-retour. Carte de crédit acceptée.

Vaiama Village PENSION €
(☎98 41 13, 70 81 99 ; www.fakaravavaiama.com ; bungalows d 19 500 CFP en demi-pension ; 📶). Le grand *fare* convient aux familles, tandis que les 3 bungalows de style traditionnel, égayés de touches colorées, bénéficient d'une belle exposition, pratiquement les pieds dans l'eau. On aurait aimé qu'ils soient un peu plus espacés les uns des autres, pour préserver l'intimité. Pas de plage, mais un grand ponton. Accueil un peu distant qui va en s'améliorant au fil du séjour. Carte de crédit acceptée.

Paparara PENSION €
(☎98 42 66 ; www.fakarava-divelodge.com ; bungalows s/d avec sdb commune 9 500/16 500 CFP en demi-pension, s/d 12 600/21 000 CFP en demi-pension ; 📶). Une pension appréciée pour son cadre – une plage de sable corallien – et ses bungalows de conception originale. Les 2 bungalows avec sdb commune, les moins chers, sont simplissimes, mais le "Robinson", les pieds dans l'eau, avec sol en corail et décoration à base de coquillages, séduit par son style très local. Un cran au-dessus, les 4 autres unités, avec sdb (eau froide), également en bord de plage, peuvent faire l'affaire à condition de ne pas être trop regardant sur les finitions. Le plus récent, le Kahai, possède un charme typiquement polynésien. Cuisine copieuse et de qualité, aux dires des clients ; dommage que le restaurant ne donne pas sur la plage. Vélos en location, et kayaks gratuits. Transfert pour l'aérodrome 2 000 CFP/pers l'aller-retour. Juste avant l'hôtel White Sand Beach Resort, à environ 7 km au sud du village. Carte de crédit acceptée.

White Sand Beach Resort HÔTEL €€
(☎93 41 50 ; www.whitesandfakarava.com ; bungalows d 16 000-23 000 CFP/pers en demi-pension, base 2 pers ; ❄@📶). Ah, le White Sand Beach… Cet établissement est une énigme. Il occupe l'un des plus beaux spots des Tuamotu, face à une plage frangée de cocotiers que prolonge une splendide zone lagonaire parsemée de patates de corail, que l'on peut admirer depuis un ponton très photogénique. Pourtant, ce trois-étoiles n'a jamais vraiment réussi à décoller. Lors de notre passage, il était géré par un nouveau directeur, suisse, plein de bonnes résolutions. Les 30 bungalows (divisés en 3 niveaux de confort, selon l'emplacement et les équipements) sont spacieux et confortables (notez que seuls les "premium" sont climatisés), mais certains clients ont déploré le manque d'entretien des parties communes et du jardin et le personnel en nombre insuffisant. Si les tarifs restent dans cette gamme de prix, le White Sand présente néanmoins un bon rapport qualité/prix à l'échelle de Fakarava. Restaurant sur place. Animations musicales certains soirs. Kayaks à disposition et vélos en location. Wi-Fi payant.

Kiria PENSION €
(☎98 41 83, 73 41 12 ; www.pensionkiriafakarava.com ; bungalows s/d 11 000/19 000 CFP en demi-pension). La pension la plus éloignée du village, à 8,2 km au sud. Cadre sauvage, en bord de lagon. Les 3 bungalows, de style local, construits en feuilles de cocotier tressées, avec une sdb (eau froide) égayée de corail et de nacre et, pour 2 d'entre eux, du sol en gravier corallien, se caractérisent par leur charme rustique, et ont presque les pieds dans l'eau. Le quatrième, légèrement en retrait, est plus ordinaire. Vélos en location et kayaks à disposition. Transferts à l'aérodrome 2 000 CFP/pers l'aller-retour. Bon accueil de Karen, la maîtresse de maison, sur place pendant les vacances scolaires ; le reste du temps, c'est Kahui, son mari, qui s'occupe de la pension. Paiement en espèces uniquement.

TETAMANU

Pour les amateurs d'isolement et de tranquillité, le hameau de Tetamanu, à l'autre extrémité de Fakarava, près de la passe de Tumakohua, et les motu avoisinants incarnent le rêve absolu. Trois hébergements sont implantés dans ce secteur. Le trajet en bateau depuis l'aérodrome, à l'autre bout de l'atoll, est long et éprouvant (comptez 1 heure 30), mais le cadre, franchement exotique, correspond réellement à l'image que l'on se fait de la Polynésie. Sachez cependant que vous êtes "captifs" sur ces motu ; en cas de mauvais temps, vous trouverez le temps long.

Compte tenu de l'absence de possibilités de restauration indépendante, les hébergements proposent la demi-pension ou la pension complète.

Motu Aito Paradise PENSION €€
(☎74 26 13 ; www.fakarava.org ; 14 800 CFP/pers en pension complète, excursions incluses, minimum 3 nuits). L'incarnation du rêve polynésien : un petit motu encadré de *hoa* (chenaux) scintillants à 5 minutes de la passe sud, quelques

aito (arbres de fer), l'horizon bleuté à perte de vue, pas de voisin et 8 bungalows de style typiquement polynésien (pas de portes, mais des rideaux colorés), ingénieusement construits avec des matériaux locaux (bois de *kahaia* et pandanus tressé), avec sdb (eau froide) à l'arrière de chaque bungalow. Les excursions (pêche, Sables roses, snorkeling dans la passe) sont incluses dans le tarif. Le paradis ? Pas tout à fait. L'endroit se mérite : de l'aérodrome, comptez un trajet de 1 heure 15, à bord d'un bateau non couvert (cirés fournis en cas de météo défavorable). Certains clients se plaignent de la nourriture, peu variée, avec des portions calculées au plus juste. D'autres se sentent trop captifs sur ce petit motu, dépourvu de plage (si l'on n'est pas plongeur, on peut vite tourner en rond), et trop à la merci du bon vouloir du propriétaire pour les emmener en excursion. Paiement en euros accepté.

Tetamanu Village PENSION €€
(☎77 10 06 ; www.tetamanuvillage.pf ; bungalows 50 000/62 000/70 000 CFP/pers les 3/4/5 jours en pension complète, transfert aéroport inclus, minimum 2 nuits). Cette pension occupe l'un des plus beaux "spots" des Tuamotu, dans un cadre absolument paradisiaque au bord de la passe sud, face à un exceptionnel jardin de corail, mais le plaisir peut être gâché par les prestations des propriétaires, jugées en dents de scie. Certains clients ont passé un excellent séjour, d'autres ont détesté... À ce tarif, et vu l'éloignement et l'isolement, l'inconstance est difficilement acceptable. Les 5 bungalows, de style local, rustiques mais corrects (sdb avec eau froide), donnent directement sur le lagon, tout comme le restaurant sur pilotis, au-dessus de patates de corail. Une annexe de la pension, le **Tetamanu Sauvage**, comprend 5 bungalows supplémentaires sur un motu voisin, dans un endroit encore plus retiré, accessible en quelques minutes à pied par une passerelle en bois. Kayaks à disposition. Le site des Sables roses n'est qu'à 5 minutes en bateau (on peut s'y faire déposer). Le plus : un centre de plongée sur place, Tetamanu Diving by Eleuthera (voir p. 205). Paiement en espèces.

Raimiti PENSION €€
(☎71 07 63 ; www.raimiti.com ; bungalows "Robinson" s/d 54 000/99 000 CFP pour 2 nuits en pension complète, bungalows "Crusoe" s/d 61 000/112 000 CFP pour 2 nuits en pension complète, excursions et transfert aéroport inclus). Cette pension sort du lot grâce à un concept original, la "robinsonnade" simple et chic, qui fait mouche auprès d'une clientèle de citadins désireux de vivre au contact de la nature, dans un confort subtilement dosé (éclairage à la lampe à pétrole, sdb privée, rideaux colorés en lieu de portes, cuisine soignée). Face au lagon, les 5 *fare* "Robinson", construits à partir de matériaux traditionnels, ressemblent à des petites cabanes, sobres mais bien équipées (moustiquaire, eau chaude). Côté océan, les 4 *fare* "Crusoe", spacieux, plus confortables, donnent sur le récif (et sont exposés aux vents dominants). Le site réunit tous les ingrédients du rêve – silence, cocotiers, corail, lagon turquoise. Tous sauf... une plage pour poser sa serviette (le bord de mer est formé de rochers, idéal pour le snorkeling uniquement). Kayaks et équipement de snorkeling à disposition. Les activités (snorkeling à la passe, pêche, pique-nique sur un motu...) sont incluses dans le tarif (mais leur organisation est laissée à l'appréciation du propriétaire). À savoir : les transferts à l'aérodrome durent environ 1 heure 30, sur un bateau non couvert, très inconfortable en cas d'intempéries. Tarifs dégressifs à partir de la troisième nuit.

Où se restaurer et boire un verre

La plupart des visiteurs optent pour la formule demi-pension, et se contentent d'un pique-nique ou d'une collation au déjeuner. Au village, vous trouverez deux épiceries (fermées le dimanche après-midi) et une **boulangerie**.

Te Anuanua RESTAURANT €€
(☎93 40 65 ; Rotoava ; plats 1 500-3 500 CFP ; ⏲fermé lun soir et mar soir). Cet adorable snack au bord du lagon, tenu par Cécile et son *tane*, est un vrai bonheur. Certes, les tarifs sont équivalents à ceux de Papeete, mais le lieu est exceptionnel, la qualité des plats excellente, la présentation soignée, la carte étoffée (salades, viandes, poissons, desserts), et l'accueil courtois. Sans parler du décor, égayé de petites touches décoratives et colorées, du service, attentif, et de l'atmosphère, sur fond de musique variée. Deux tables protégées du soleil par un parasol ont même été installées dans l'eau ! Transfert possible dans les pensions sur appel téléphonique. Paiement en espèces.

Havaiki Pearl Guest House SNACK-RESTAURANT €€
(voir p. 205 ; ☎93 40 15 ; snack midi 500-1 500 CFP, menu soir 3 500 CFP ; ⏲midi tlj, le soir sur réservation). Cette pension de qualité s'est agrandie d'un grand *fare*-restaurant, côté jardin (pas

de vue sur la mer), qui accueille de temps à autre des soirées à thème. Carte snack à midi, à l'ombre de paillottes au bord du lagon, et menu fixe le soir. Le restaurant se double d'un bar bien fourni.

Otikao – Chez Anita SNACK €
(☎70 82 09 ; PK 7,2 ; plats 1 100-1 300 CFP ; ⊙mar-sam midi, sur réservation). Loin de tout (ce qui contribue à son charme), à 1 km au sud du White Sand Beach Resort, cette paillotte sans prétention est un havre de paix. Sur réservation, Anita concocte des plats polynésiens à base de poisson, copieux et goûteux, que l'on déguste face aux camaïeux de bleus du lagon, avant d'aller faire trempette ou du snorkeling autour des patates de corail. Pas de vente d'alcool sur place, mais on peut venir avec sa bière.

Faka Faapu FRUITS ET LÉGUMES €
(☎32 56 78 ; Rotoava ; ⊙lun-mar et jeu-sam 7h-15h, dim 8h-12h). En face du centre de plongée Topdive, cette petite échoppe tenue par une *popa'a* est spécialisée dans la vente de fruits et légumes – un vrai luxe sur un atoll, très apprécié des plaisanciers. Également jus de fruits frais et artisanat local.

White Sand Beach Resort – Kura Ora RESTAURANT D'HÔTEL €€
(voir p. 207 ; ☎93 41 50 ; plats 1 600-3 500 CFP ; ⊙tlj). Plus que la cuisine, c'est le cadre, avec la terrasse ouvrant sur le lagon, qui fait l'attrait de ce restaurant, qui cherche à se positionner dans le haut de gamme. Sur la carte figure l'indication du pourcentage d'ingrédients bio de chaque plat. Des animations musicales sont régulièrement organisées en fin de semaine.

Roulotte SNACK €
(Rotoava ; plats 1 000-1 300 CFP ; ⊙lun midi, mar-sam). En face du centre de plongée Topdive, cette roulotte sert des plats simples (*chao men*, thon grillé).

Achats

À Rotoava, quelques boutiques vendent des perles nues et des bijoux montés, dont **Hinano Pearls** (☎98 41 51) et **Heipoe** (☎98 42 15), qui proposent également la visite de leur ferme perlière. La pension Havaiki Pearl Guest House (p. 205) possède également une boutique de perles. À quelques kilomètres au sud, **Poeata Créations** (☎79 88 14 ; http://poerewel.jimdo.com) commercialise des créations de bijoux avec des perles, de la nacre et des pierres semi-précieuses. Le snack-restaurant Te Anuanua tient une petite boutique de souvenirs.

Renseignements

ACCÈS INTERNET Au village, l'**OPT** (⊙7h-11h30 et 13h-14h30 lun, jeu et ven, 7h-11h30 mar, 7h30-11h30 et 13h-14h mer) est équipé d'un accès Internet fonctionnant avec la carte Manaspot, en vente sur place, et d'une zone Wi-Fi. Zone Wi-Fi Iaoranet près du commerce Faka Faapu (et vente de cartes prépayées Iaoranet). Attention, pas de Wi-Fi à la passe Sud.

ARGENT Il n'existe ni banque ni distributeur à Fakarava, mais plusieurs pensions acceptent la carte de crédit. Munissez-vous de suffisamment d'espèces. Possibilité de changer des euros et des dollars à la poste.

Depuis/vers Fakarava

Fakarava est au sud-est de Rangiroa et à 488 km au nord-est de Tahiti.

AVION Air Tahiti (☎93 40 25, 86 42 42 ; www.airtahiti.pf) assure la liaison Papeete-Fakarava tous les jours (aller simple plein tarif 20 000 CFP), Rangiroa-Fakarava quatre fois par semaine (aller simple plein tarif 7 500 CFP), Fakarava-Rangiroa deux fois par semaine, Manihi-Fakarava deux fois par semaine (aller simple plein tarif 12 200 CFP) et Fakarava-Manihi une fois par semaine.

CARGOS INTER-ÎLES Le **Saint Xavier Maris Stella** et le **Mareva Nui** desservent Fakarava (voir p. 379 pour plus de renseignements).

Comment circuler

L'aérodrome se situe à 4 km environ du village, à l'ouest en direction de la passe. Depuis l'aérodrome, une route goudronnée descend vers le sud-est de l'atoll sur environ 15 km, puis se transforme en piste, sur 25 km supplémentaires. Vers l'ouest, la route se prolonge par une piste sur environ 5,5 km jusqu'au PK 10,5, à hauteur de la passe de Garuae. Tetamanu n'est accessible qu'en bateau.

Pour louer un vélo (2 000 CFP/jour) ou un scooter (8 000 CFP/jour), contactez **Faka Location** (☎78 03 37). Livraison des cycles dans les pensions.

MANIHI

793 HABITANTS

En Polynésie, Manihi est synonyme de perliculture. La première ferme perlière s'est installée à Manihi en 1968. Depuis, l'atoll s'est progressivement imposé comme le fief de la perle noire dans le Pacifique Sud. Malheureusement, l'effondrement des cours depuis 2003 a cassé cette dynamique. De 80 sociétés voici quelques années, il en reste à peine une dizaine.

Sur le plan touristique, l'atoll subit la concurrence de Tikehau et de Fakarava, plus proches de Tahiti et plus "à la mode", mais il conviendra à ceux qui recherchent une expérience différente et une tranquillité totale. Le lagon de Manihi n'a rien à envier à ses voisins, avec des motu d'une lumineuse beauté, bordés de sable corallien clair et léchés par des eaux turquoise. La magie se prolonge sous la surface, avec une palette de plongées aux abords de la passe, ainsi qu'un site dans le lagon fréquenté par les raies mantas.

À voir et à faire

Bétonné et compact, le village de **Turipaoa**, au bord de la passe, n'a pas beaucoup de charme. Quelques massifs de bougainvillées apportent cependant des petites touches colorées. La vie s'écoule au rythme des travaux dans les fermes perlières, où sont employés la majorité des habitants. Avec quatre lieux de culte différents (sanito, mormon, protestant et catholique), ils ne courent guère le risque d'une crise de foi !

Malgré la crise qui touche le secteur, Manihi compte encore quelques exploitations perlicoles en activité. La **visite d'une ferme perlière** est possible en passant par l'intermédiaire de l'hôtel ou des pensions. Les structures d'hébergement organisent également des **excursions sur le lagon**, avec pique-nique sur un motu et arrêts **snorkeling** et pêche.

Même si elle n'a pas le prestige de Rangiroa ou de Fakarava, la **plongée sous-marine** vaut le détour à Manihi. La plupart des sites se trouvent aux abords de la passe de Tairapa. On retrouve la faune habituelle des Tuamotu (requins, raies, barracudas, faune récifale). Les plongées, faciles, conviennent à tous les niveaux. Consultez le chapitre *Plongée* p. 30 pour plus de détails sur les sites.

L'unique centre de plongée de l'atoll, **Manihi Blue Nui** (☎96 42 17 ; www.bluenui.com ; baptême 9 000 CFP, explo 7 800 CFP, "two tanks" 15 000 CFP, forfait 6/10 plongées 37 500/70 000 CFP), est installé au Manihi Pearl Beach Resort. Le forfait de 6 plongées est utilisable dans les autres centres de plongée Blue Nui à Bora Bora et à Tikehau ; celui de 10 plongées (le pass "Gold") peut aussi être utilisé dans les centres Topdive.

Où se loger et se restaurer

Les possibilités d'hébergement sont très éclatées géographiquement sur l'atoll. Si vous comptez faire beaucoup de plongée, optez pour le Manihi Pearl Beach Resort, où se trouve le centre de plongée Blue Nui, ou pour la pension établie au village. Avec les autres pensions, les transferts sont trop longs et reviennent cher.

Manihi

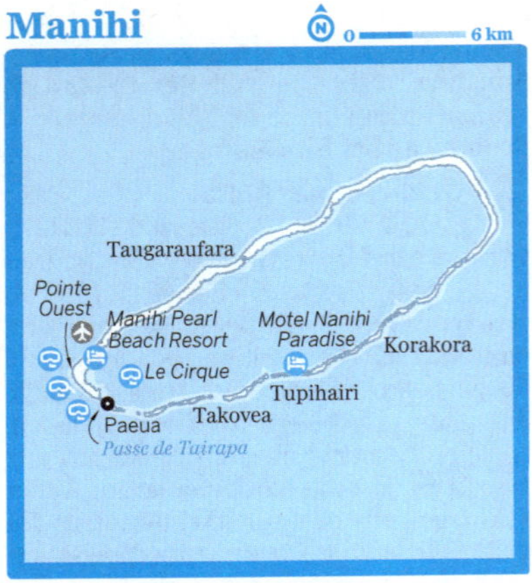

Nanihi Paradise PENSION €€
(☎93 30 40 ; www.nanihiparadise.com ; bungalows 13 500 CFP/pers en pension complète ; wifi). Sur un minuscule motu bordé d'une petite plage, à environ une demi-heure de bateau de l'aérodrome, les 3 bungalows de cette pension ont une configuration surprenante : ils se composent de deux petites chambres, sans fioritures mais propres, séparées par une cuisine équipée ; la sdb (eau froide), extérieure, est accolée à l'arrière, avec des murs qui ne montent pas jusqu'au plafond. Deux bungalows ont vue directe sur le lagon, mais le troisième a la vue gâchée par des citernes. Le cadre est splendide, avec des cocotiers et des plantes exotiques, et le site est idéal pour le farniente, la baignade, le snorkeling (prévoir son équipement) ou le kayak (gratuit). Diverses excursions peuvent être organisées (pêche sous-marine, pique-nique sur un motu, visite d'une ferme perlière), et la propriétaire peut vous conseiller sur l'achat de bijoux et de perles. Cuisine fraîche et de qualité, mais pas spécialement copieuse. Transfert à l'aérodrome 2 500 CFP/pers l'aller-retour, sur un bateau non couvert (en cas de pluie, on vous prêtera des cirés). Carte de crédit acceptée.

Seventh Heaven PENSION €€
(☎27 89 00 ; www.seventh-heaven-manihi.com ; bungalows 20 000 CFP/pers en pension complète, transfert et excursions inclus ; wifi). Ouverte début 2012, cette pension tenue par un

couple italo-tahitien ayant exercé dans la restauration a des atouts sérieux dans sa manche : l'emplacement, sur un grand motu de 7 ha ; les activités, toutes incluses dans le prix, dont la visite de la ferme perlière, du snorkeling et un pique-nique ; le prêt de kayaks et de vélos ; 3 confortables bungalows orientés face au lagon. Par rapport aux autres pensions, Seventh Heaven a l'avantage d'être relié à l'aérodrome (et à l'hôtel Manihi Pearl Beach Resort) par une piste (environ 30 min en 4x4), donc on n'a moins l'impression d'être "captif", et les transferts au club de plongée de l'hôtel peuvent être plus facilement organisés.

Manihi Pearl Village PENSION €€

(☎96 43 38, 70 45 00 ; village ; pension.mpv@mail.pf ; bungalows 10 500 CFP/pers, transfert inclus ; 📶). Cette pension située au bout du village propose 4 bungalows spacieux et de bon confort (mais sans eau chaude), construits devant une petite marina privée. Le cadre n'est pas aussi dépaysant que celui des autres établissements installés sur les motu, et la clientèle est plutôt constituée de personnes en déplacement professionnel. Vélos et kayaks à disposition. Activités gratuites : snorkeling dans la passe et sortie "sunset" si la mer est calme.

Renseignements

Prévoyez suffisamment d'espèces, car aucune banque n'est implantée sur l'atoll. Wi-Fi à l'hôtel et dans les pensions. Accès Internet et Wi-Fi à l'OPT, au village, par le réseau Manaspot.

Depuis/vers Manihi

Manihi est à 175 km au nord-est de Rangiroa.

AVION **Air Tahiti** (☎93 30 70, 96 42 71, 86 42 42 réservation centrale ; www.airtahiti.pf) assure des liaisons quotidiennes entre Papeete et Manihi, généralement via Rangiroa, Tikehau ou Fakarava (aller simple plein tarif 22 100 CFP). Les vols Rangiroa-Manihi, Tikehau-Manihi et Fakarava-Manihi reviennent à 12 200 CFP l'aller simple plein tarif. Manihi est également reliée à Bora Bora, via Rangiroa, trois fois par semaine dans le sens Bora Bora-Manihi (aller simple plein tarif 29 000 CFP), mais il n'y a pas de vol dans le sens Manihi-Bora Bora.

CARGOS INTER-ÎLES Le **Dory**, le **Saint Xavier Maris Stella** et le **Mareva Nui** desservent Manihi (voir p. 379 pour plus de renseignements).

Comment circuler

L'unique piste relie le motu Taugaraufara à l'aérodrome, soit environ 9 km. L'aérodrome est situé à l'extrémité sud-ouest de l'atoll, à deux pas de l'hôtel Manihi Pearl Beach Resort.

Tous vos déplacements sont organisés par votre hébergement.

DU COCO AU COPRAH

Omniprésent aux Tuamotu et aux Marquises, le coprah se reconnaît à l'odeur sûre et rance qui s'en dégage dans les cocoteraies, sur les séchoirs à claies ou dans les entrepôts à proximité des quais.

Le coprah (du tamoul *kopparah*) est le résidu sec de la matière blanche qui tapisse l'intérieur de la noix de coco. Riche en matières grasses végétales (la palmitine), il est régulièrement collecté dans la plupart des atolls par les goélettes qui l'acheminent jusqu'à Papeete. Broyé, chauffé, pressé et raffiné dans une huilerie, il est ensuite vendu à des industries alimentaires et cosmétiques.

L'exploitation du coprah est relativement récente : introduite par les missionnaires vers la fin des années 1860, elle n'a cessé de se développer et constitue, encore aujourd'hui, une activité économique essentielle dans de nombreux atolls et îles de Polynésie.

Les coprahculteurs se rendent dans les cocoteraies et rassemblent les noix de coco tombées à terre et les pourfendent d'un coup de machette. Les demi-noix sont ensuite retournées et laissées au soleil pendant quelques jours.

La deuxième opération consiste à évider la noix de coco, avec un *pana*, un outil spécial qui permet de séparer l'amande séchée de la coque. Les copeaux récoltés sont alors déposés sur des séchoirs à coprah, sortes de claies surélevées et surmontées d'un toit mobile destiné à les protéger de la pluie, jusqu'à dessiccation complète.

Enfin, ils sont empaquetés dans des sacs de toile de jute, pesés et remisés dans un hangar en attendant le passage des goélettes. Le coprahculteur est payé directement par le contrôleur au moment de la pesée.

AHE

377 HABITANTS

Jusqu'à récemment, Ahe, à 15 km à l'ouest de Manihi, n'était connu que des perliculteurs, dont il a assuré la fortune, et des plaisanciers qui avaient coutume d'y faire relâche de mai à août. Il tente depuis peu d'attirer des touristes en quête d'authenticité et désireux de s'écarter des sentiers balisés. On ne peut qu'apprécier la quiétude, les paysages idylliques et la douceur de vivre de cet atoll, ainsi que la qualité des deux pensions, qui comptent parmi les meilleures de l'archipel.

Mesurant près de 20 km de longueur sur 10 de largeur, l'atoll dispose d'une seule passe, à l'ouest. Tenukupara, le village, se trouve au sud-ouest. Plusieurs fermes perlières sont disséminées sur le pourtour du lagon.

À voir et à faire

Les deux pensions se chargent d'organiser les activités. Au programme : excursions sur le lagon, pique-nique sur des motu déserts, visite de fermes perlières, snorkeling, pêche... Sur le **motu Manu** (île aux Oiseaux) se trouve la seule forêt primaire restante des Tuamotu.

Archimède Expéditions (☎70 13 04 ; www.archimede-expeditions.com) organise des séjours plongées de plusieurs jours à Ahe, au départ de Tahiti, avec hébergement à la pension Chez Raita, en moyenne une fois par mois. Les sites ont l'avantage d'être très peu plongés, et donc vierges.

MAKATEA, UN DEMI-SIÈCLE D'ÉPOPÉE INDUSTRIELLE

Dans l'avion vous transportant de Papeete à Rangiroa, à 210 km au nord-est de Tahiti, le pilote attirera peut-être votre attention sur l'atoll soulevé de Makatea, le seul des Tuamotu ayant cette configuration géomorphologique. Il se présente comme un plateau en forme de haricot, limité par des falaises abruptes hautes de 80 m environ. Ces falaises sont en fait l'ancien récif-barrière, tandis que le plateau correspond à la cuvette comblée de l'ancien lagon où se sont accumulées d'importantes quantités de phosphates.

Le destin de cette île a basculé lorsque les Européens mirent en évidence ses gisements de phosphates, à la fin du XIXe siècle. La CFPO (Compagnie française des phosphates d'Océanie) est créée en 1908 afin d'exploiter à grande échelle le gisement. Makatea se couvre alors d'installations minières et d'infrastructures, édifiées ex nihilo : équipements industriels (dont un réseau de chemin de fer), habitations, écoles, cinéma, lieux de culte et commerces. Jusqu'au début des années 1950, la main-d'œuvre est essentiellement d'origine asiatique.

Le phosphate de Makatea devient rapidement le fleuron de l'économie polynésienne. De 12 000 tonnes en 1911, l'extraction passe à 400 000 tonnes en 1960, année record. Jusqu'à la Seconde Guerre mondiale, l'essentiel de la production est absorbé par le Japon, relayé ensuite par la Nouvelle-Zélande et l'Australie. À partir de 1956, le phosphate devient le premier poste des exportations en valeur, devant le coprah et la vanille.

Avec plus de 3 071 habitants en 1962, Makatea est l'île la plus peuplée des Tuamotu. Vaitepaua a des allures de ville-champignon de la ruée vers l'or. Seul point noir : la présence de hauts-fonds et l'absence de lagon contraignent les navires minéraliers à s'ancrer à distance du port. Les transbordements se font par chalands jusqu'en 1954, date à laquelle sera construite une jetée métallique de 100 m.

L'épuisement des réserves en 1966 referme la parenthèse sur cette épopée industrielle. Près de 11 millions de tonnes de phosphates auront été arrachées aux entrailles de l'atoll. En quelques semaines, le personnel plie bagages et la cité minière n'est plus qu'une ville fantôme.

Aujourd'hui, quelques habitants vivent sur l'île et tirent leurs revenus du coprah et de la vente de *kaveu* (crabe de cocotier) à des bonitiers de passage.

La fin de l'activité extractive à Makatea ne s'est guère fait sentir. Et pour cause : trois ans auparavant, le CEP (Centre d'expérimentation du Pacifique) s'était installé à Moruroa et à Fangataufa. La Polynésie venait d'entrer de plain-pied dans l'ère du nucléaire.

Où se loger et se restaurer

Cocoperle Lodge PENSION €€
(☎96 44 08 ; www.cocoperlelodge.com ; bungalows 11 000-13 000 CFP/pers en demi-pension, 13 000-15 000 CFP/pers en pension complète, transfert inclus). Un motu isolé, une petite plage de sable blanc, un lagon émeraude, des cocotiers et 6 bungalows pleins de charme… Cette agréable pension, tenue par un couple franco-polynésien, bénéficie d'un bouche-à-oreille très favorable. Les bungalows, à défaut d'être luxueux, sont judicieusement conçus, personnalisés, avec des matériaux locaux. Côté confort, les plus chers sont équipés d'une sdb (eau chaude) ; les autres possèdent également une sdb privative (eau chaude), mais extérieure. La cuisine, à base de produits frais et de la pêche du jour, est succulente. Autre spécialité de la pension : les sorties pêche (chasse sous-marine, pêche sportive) encadrées par le propriétaire, à bord d'un bateau équipé. On peut également faire du snorkeling (beaux pinacles coralliens devant la pension), du kayak (gratuit), pique-niquer sur un motu désert, visiter une ferme perlière… Les sorties ont lieu même pour une seule personne. À signaler, un effort méritoire en matière de respect de l'environnement : l'eau de pluie est récupérée, les bouteilles en verre et les canettes expédiées à Papeete et l'eau chaude est assurée par des panneaux solaires. Carte de crédit acceptée.

Chez Raita PENSION €€
(☎96 44 53, 22 14 80 ; www.pension-raita.com ; bungalows 9 500 CFP/pers en demi-pension, 12 500 CFP/pers en pension complète, transfert inclus). À l'est, cette pension est gérée par le pompier de l'atoll et sa famille. Le cadre est très plaisant (cocotiers et petite plage), et les 3 bungalows, avec sdb (eau chaude), invitent à la détente. Diverses excursions sont proposées (de 4 000 à 7 000 CFP, minimum 4 personnes) : pêche lagonaire ou au large, visite d'une ferme perlière et du village, pique-nique sur un motu, descente de la passe en snorkeling. Vous découvrirez également les talents de chanteuse de Raita, la maîtresse de maison, accompagnée à la guitare par son époux, Willie. Kayaks gratuits. Carte de crédit acceptée.

Depuis/vers Ahe

Ahe est à 450 km de Tahiti.

AVION Air Tahiti (☎96 44 64, 86 42 42 réservation centrale ; www.airtahiti.pf) dessert Ahe trois à quatre fois par semaine au départ de Papeete (aller simple plein tarif 22 200 CFP, une heure).

CARGOS INTER-ÎLES Le **Saint-Xavier Maris-Stella** et le **Mareva Nui** desservent Ahe (voir p. 379 pour plus de renseignements).

ATOLLS DES TUAMOTU CENTRE

Katiu, Tahanea, Hikueru, Marutea et bien d'autres… Leurs noms si exotiques font rêver, mais les atolls des Tuamotu centre restent pour l'instant complètement à l'écart des circuits touristiques. Seul Makemo, l'atoll le plus important des Tuamotu centre, manifeste quelques velléités d'ouverture.

Makemo

730 HABITANTS

Jusqu'à récemment, Makemo, un grand atoll situé au cœur de l'archipel, ne voyait passer aucun touriste. Certes, il reste encore très confidentiel, mais les quelques pionniers qui commencent à s'y aventurer, notamment les plongeurs, rapportent qu'il possède un joli potentiel. Les fonds marins sont superbes, les motu totalement préservés, et l'ambiance est typique des Tuamotu centre, étonnant mélange d'austérité et d'ouverture. Makemo n'est sans doute pas un paradis sur papier glacé, mais il vaut le détour si vous souhaitez sortir des sentiers battus, sans pour autant complètement renoncer au confort de la civilisation.

À voir

Le village de **Pouheva**, au bord de la passe principale, possède une église blanche immaculée qui s'élève au-dessus des habitations et un phare en bord de passe. C'est un petit centre administratif et scolaire, avec deux établissements d'enseignement secondaire.

Activités

Makemo a son centre de **plongée** sous-marine, **Scuba Makemo** (☎98 03 19, 78 49 13 ; makemodive@mail.pf ; baptême 6 000 CFP, explo 5 400 CFP, forfait de 5/10 plongées 25 200/48 000 CFP ; ⌚sur réservation), tenu par un moniteur qui connaît très bien l'archipel. Les plongées, superbes, se déroulent à proximité de la passe Arikitamiro, la passe principale, juste à côté du village, ainsi que près de la deuxième, nettement plus éloignée. Les tarifs comptent parmi les plus compétitifs de Polynésie (paiement en espèces). Les sorties sur la deuxième coûtent 13 000 CFP (2 plongées). Le moniteur ayant une autre activité professionnelle en plus de la plongée, il est nécessaire de réserver les sorties.

Pour plus de renseignements sur les sites, reportez-vous au chapitre *Plongée* p. 30.

Adressez-vous à vos hôtes pour l'organisation d'**excursions sur le lagon**, à la découverte des plus beaux sites, ainsi qu'à la deuxième passe et à l'ancien village. Prévoyez masque et tuba. Les tarifs sont variables selon la distance parcourue (à partir de 7 000 CFP/pers).

Où se loger et se restaurer

Les infrastructures d'hébergement à Makemo sont limitées, vu la faible fréquentation touristique. Les transferts à l'aérodrome sont inclus.

Relais Scuba Makemo PENSION €
(☎98 03 19, 78 49 13 ; makemodive@mail.pf ; bungalows 7 000 CFP/pers en demi-pension). Une adresse idéale pour les plongeurs, puisque ce "relais" est tenu par Ludovic, le responsable du centre de plongée Scuba Makemo (voir ci-contre). Il propose 3 bungalows, avec sdb (eau froide), sur sa propriété, à la sortie du village, à quelques dizaines de mètres du lagon. Le confort est ordinaire mais acceptable, et la propreté irréprochable. Les repas, simples et corrects, se prennent avec la famille. À signaler : Ludovic privilégie une clientèle de plongeurs. Pensez à le prévenir suffisamment à l'avance pour l'organisation des plongées, car il travaille également au collège de Makemo.

Teanuanua Beach Pearls PENSION €
(☎77 12 09, 98 02 18 ; bungalow s/d 8 400/11 600 CFP en demi-pension). L'isolement le plus complet, à 24 km du village. Cette pension est tenue par un couple de perliculteurs, qui ont fait construire 9 bungalows, en dur, montés sur pilotis. Le cadre – une jolie plage, face au lagon – est sauvage et reposant, mais les bungalows (sdb communes) ne sont guère spacieux et ne dégagent pas de cachet particulier. Les échos recueillis sur l'accueil sont mitigés. Les repas se prennent dans une salle à manger, vaste et carrelée, assez impersonnelle. Vélos et kayaks à disposition, et possibilité de location de voiture.

Renseignements

Les infrastructures sont très limitées. Il n'y a pas de banque sur l'atoll, ni distributeur, et la carte de crédit n'est acceptée nulle part. Wi-Fi autour de la mairie, par le réseau Manaspot.

Depuis/vers Makemo

L'aérodrome est à 9 km du village, auquel il est relié par une route goudronnée. Les pensions assurent gratuitement le transfert.

Makemo est desservi trois fois par semaine au départ de Tahiti (aller-retour 46 000 CFP). Malheureusement, Makemo n'est pas relié directement aux atolls plus touristiques des Tuamotu du Nord.

Plusieurs cargos inter-îles font escale à Makemo lors de leur tournée, notamment le **Kura Ora** (voir p. 379 pour plus de renseignements).

KON TIKI : TERMINUS RAROIA

"Découvert" le 12 juillet 1820 par l'explorateur russe Fabian von Bellingshausen, Raroia est situé à l'est des Tuamotu centrales, à 8 km au sud-ouest de son plus proche voisin Takume.

C'est sur la partie orientale du récif que le *Kon Tiki* vint s'échouer en 1947, mettant un point final à l'une des plus grandes épopées maritimes. L'anthropologue et explorateur norvégien Thor Heyerdahl et ses compagnons d'infortune s'étaient lancés 101 jours plus tôt dans une folle entreprise : rallier depuis les côtes péruviennes à bord d'un radeau de balsa et de bambou, réplique des embarcations utilisées par les Incas, l'île de Mangareva aux Gambier en se laissant dériver et pousser par les alizés. Objectif de cette expédition : apporter la preuve du peuplement de la Polynésie par les Incas. Le radeau dériva bien plus au nord par rapport à la route initialement prévue, pour finalement s'échouer sur l'atoll de Raroia. De plus, la botanique, la linguistique et l'archéologie ont infirmé la thèse de l'origine amérindienne des Polynésiens. Les membres de l'expédition ont survécu, et Thor Heyerdahl a fait le récit de cette épopée dans *L'Expédition du Kon Tiki* (Phébus, coll. Libretto, 2002), qui connut un véritable succès.

TUAMOTU SUD ET EST

Le bout du monde, vous y voilà. Les Tuamotu sud et est, *terra incognita* du tourisme, n'ont rien de vraiment attirant, à moins d'avoir un goût prononcé pour la solitude et les espaces confinés. Ce n'est plus un voyage, mais une expérience, à mille lieues des paysages de carte postale et des brochures sur papier glacé.

Perliculture, pêche et coprahculture sont le dénominateur commun des îles de ce groupe, totalement à l'écart des sentiers battus, où les structures d'accueil sont quasi inexistantes, tout comme les visiteurs. Notez cependant que la présence du Centre d'expérimentation du Pacifique (CEP) a rendu certains atolls tristement célèbres, notamment **Moruroa**, à 1 250 km au sud-est de Tahiti (voir l'encadré p. 212), et **Fangataufa**. Ces atolls furent retenus pour leur éloignement de toute zone habitée. Ils ont été cédés gracieusement à l'État français en 1964. Suite à l'arrêt définitif des essais, ils ont été rétrocédés au Territoire, et toutes les installations ont été démontées, mais ils restent encore sous surveillance militaire.

Hao (1 130 habitants) fait figure de centre régional. Découvert par l'explorateur portugais Pedro Fernández Quiros en 1606, cet atoll situé au centre des Tuamotu, ouvert par une seule passe et mesurant près de 60 km de longueur, a connu une forte croissance démographique depuis les années 1960, dans le cadre du CEP. Des infrastructures de premier plan ont été mises en place, notamment une piste d'aviation de 3 300 m permettant l'atterrissage de gros porteurs militaires qui transportaient du matériel sensible destiné à Moruroa, à 500 km au sud-est. Plaque tournante pour les avions à destination des Tuamotu sud et des Gambier, Hao abrite également un collège et un centre médical.

Où se loger et se restaurer

Il n'y a qu'une seule structure d'hébergement à Hao : la **pension Amélie** (☎97 04 93, 27 26 88 ; dantzer@mail.pf ; d 16 500 CFP/pers en demi-pension ; ❄), avec 4 chambres de bon confort (clim, TV). Dans les autres atolls, il n'existe pas d'établissement répondant spécifiquement aux besoins d'éventuels touristes de passage. Le plus simple est de s'adresser directement aux habitants, et de négocier une chambre, ou de contacter la mairie à l'avance (leurs coordonnées figurent dans les pages jaunes).

Depuis/vers les Tuamotu sud et est

AVION **Air Tahiti** (☎86 42 42 réservation centrale ; www.airtahiti.pf) dessert Hao quatre fois par semaine en ATR depuis Papeete. Le vol direct Papeete-Hao (aller simple plein tarif 29 500 CFP) dure 2 heures 30 environ. Hao est également relié à Makemo (une liaison par semaine) et Mangareva aux Gambier (un vol par semaine). Hao fait également office de plaque tournante pour se rendre dans les atolls très reculés des Tuamotu est, notamment Fangatau, Tatakoto, Tureia, Vahitahi, Nukutavake, Pukarua et Reao. Renseignez-vous auprès d'Air Tahiti pour prendre connaissance des dates des vols.

CARGOS INTER-ÎLES Le **Kura Ora** et le **Nuku Hau** desservent en partie les atolls des Tuamotu sud et est (voir p. 379 pour plus de détails).

Marquises

8 600 HABITANTS

Dans ce chapitre »

Le top des hébergements

» Keikahanui Nuku Hiva Pearl Lodge (p. 228)

» Temetiu Village – Chez Gaby (p. 248)

» Hanakéé Hiva Oa Pearl Lodge (p. 249)

Le top des sites archéologiques

» Iipona (Puamau, Hiva Oa ; p. 252)

» Kamuihei, Tahakia, Teiipoka (Hatiheu, Nuku Hiva ; p. 232)

» Tohua Upeke (Taaoa, Hiva Oa ; p. 251)

» Tohua Koueva (Taiohae, Nuku Hiva ; p. 225)

» Tiki souriant (Hiva Oa) (p. 247)

Pourquoi y aller

Oubliez les lagons turquoise de l'archipel de la Société ou des Tuamotu. Isolées à 1 400 km de Tahiti, les Marquises, géologiquement plus jeunes que les autres îles de la Polynésie, présentent un paysage radicalement différent. Les massifs basaltiques sont directement exposés à la houle océanique. Le relief se compose de pics, de plateaux couverts de forêts, de falaises abruptes, de vallées impénétrables zébrées de cascades et de cratères volcaniques en forme d'amphithéâtre où se nichent les rares localités (à peine 9 000 habitants pour 6 îles habitées). De loin, on croirait un ensemble dechâteaux forts posés sur le cobalt du Pacifique.

Les Marquises cultivent leur singularité à travers leurs traditions, leurs danses, leurs créations artisanales, leurs légendes et leur langue (le marquisien, distinct du tahitien). Elles possèdent les plus importants vestiges archéologiques de Polynésie, avec un ensemble varié de sites cérémoniels pré-européens. L'artisanat, notamment la sculpture, passe pour l'un des plus aboutis du Pacifique, tout comme l'art du tatouage.

Malgré l'isolement, les Marquises ne sont pas coupées du monde, grâce à une bonne desserte aérienne des deux îles principales, Nuku Hiva et Hiva Oa. Les infrastructures touristiques restent à petite échelle, avec à peine deux hôtels et une poignée de pensions de familles. On n'y vient pas pour l'animation, mais pour explorer en 4x4 des vallées reculées, découvrir des sites archéologiques, faire des excursions en mer, rencontrer des sculpteurs, randonner à pied ou à cheval, et plonger. *Mave mai* (bienvenue) dans cet archipel aux antipodes du tourisme de masse, dans lequel, comme le disait Brel, “il n'est pas de mise... de gémir”.

Quand partir

Il n'y a pas vraiment de haute ou de basse saison aux Marquises, dont le climat est relativement constant tout au long de l'année. La mer est plus calme pendant la période novembre-mars, ce qui facilite les excursions en mer. Juillet-août passent pour des mois plus pluvieux.

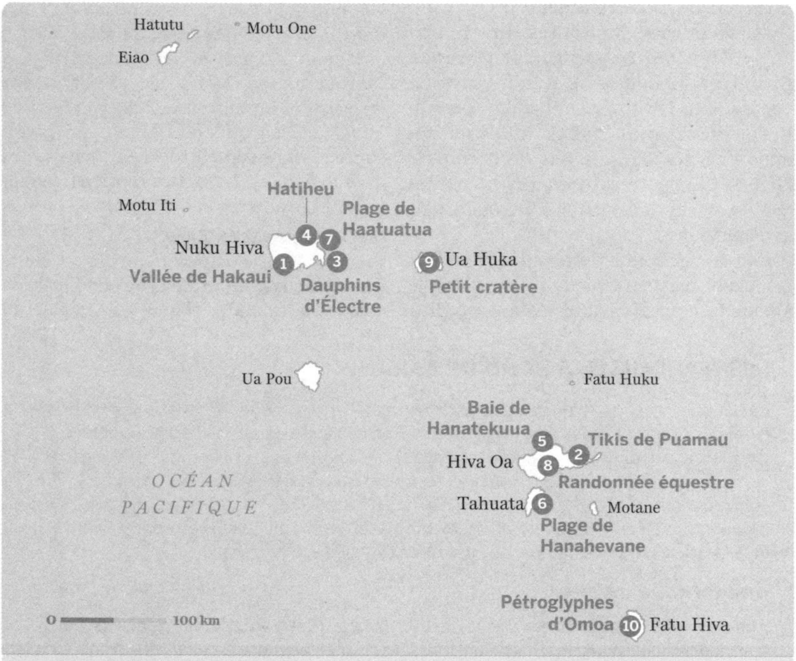

À ne pas manquer

1 Remonter la **vallée de Hakaui** jusqu'à une immense cascade, à Nuku Hiva (p. 230)

2 Découvrir les plus grands tikis de Polynésie à **Puamau** (p. 251)

3 Observer les **dauphins d'Électre** près des falaises de la côte est de Nuku Hiva (p. 227)

4 S'imprégner de la culture ancestrale marquisienne sur le site archéologique de **Hatiheu** (p. 232)

5 Rejoindre à pied ou à cheval la **baie de Hanatekuua**, à Hiva Oa (p. 253)

6 Pique-niquer sur la **plage de Hanahevane**, à Tahuata (p. 255)

7 Se sentir au bout du monde sur la **plage de Haatuatua**, à Nuku Hiva (p. 233)

8 Découvrir à **cheval** l'intérieur sauvage de Hiva Oa (p. 247)

9 **Randonner** autour du petit cratère à Ua Huka (p. 237)

10 Détailler les magnifiques **pétroglyphes géants d'Omoa**, à Fatu Hiva (p. 257)

Histoire

LA PÉRIODE PRÉ-EUROPÉENNE

Les Marquises sont le premier lieu d'installation des Polynésiens lors des grandes migrations océaniques dans le Pacifique Sud. Mélanésie, Tonga, Samoa, puis Marquises, ce scénario de peuplement fait désormais l'unanimité. Les Marquises auraient ensuite servi de centre de dispersion vers l'ensemble du triangle polynésien, de Hawaï à l'île de Pâques et à la Nouvelle-Zélande.

En revanche, la date de leur colonisation initiale n'est pas déterminée avec certitude. Les spécialistes pensent qu'elle aurait eu lieu entre 900 et 1 100 après J.-C.

Cette période se caractérise par l'affirmation d'une identité originale. En témoignent les multiples vestiges archéologiques (plates-formes cérémonielles, maisons en pierre, tikis, sculptures sur bois, sur pierre et sur os) qui ont subsisté jusqu'à nos jours.

LA DÉCOUVERTE PAR LES ESPAGNOLS

L'isolement des Marquises fut rompu en juillet 1595. Le navigateur espagnol Álvaro de Mendaña de Neira arrive en vue de Fatu Hiva par le plus pur hasard. L'expédition avait quitté le Pérou un mois plus tôt dans le but de découvrir l'hypothétique Terra Australis Incognita qui regorgeait, croyait-on à l'époque, d'or et d'épices.

Ce premier contact inopiné se solda par la mort de plusieurs insulaires. La flotte de Mendaña longea ensuite Motane et Hiva Oa, puis jeta l'ancre une dizaine de jours dans la baie de Vaitahu à Tahuata.

Mendaña baptisa ces quatre îles Las Marquesas de Mendoza, en l'honneur du vice-roi du Pérou, Garcia Hurtado de Mendoza, marquis de Cañete, qui l'avait soutenu dans son entreprise. Ne trouvant ni or ni épices, les navires reprirent la mer et les Marquises tombèrent dans l'oubli.

LES EXPÉDITIONS SCIENTIFIQUES

En avril 1774, le capitaine Cook, au cours de son deuxième grand voyage, s'attarda 4 jours à Tahuata. Il réussit à nouer un

LES MARQUISES À BORD DE L'ARANUI

La découverte des Marquises à bord de l'*Aranui* ("grand chemin") constitue sans doute l'une des prestations les plus originales de Polynésie. Ce cargo mixte de 117 mètres transporte à la fois des marchandises et des passagers, essentiellement des touristes, au cours de l'une de ses 16 traversées annuelles au départ de Papeete. Il touche successivement deux atolls dans les Tuamotu et les six îles habitées des Marquises, en 14 jours, dont 8 aux Marquises. Cordon ombilical depuis plus de 25 ans entre Tahiti et les Marquises, l'*Aranui* fait partie intégrante de la vie de l'archipel.

Une formule inédite

Il ne s'agit pas d'une croisière classique. L'*Aranui* a gardé sa vocation initiale, à savoir le ravitaillement régulier de l'archipel, mission dont il s'acquitte depuis 1984. Afin d'augmenter la rentabilité de la tournée, les armateurs ont décidé, en 1990, d'aménager des cabines à l'usage d'une clientèle touristique et de prévoir des excursions à terre pendant que les matelots effectuent l'embarquement et le débarquement du fret.

Plus prosaïquement, l'*Aranui* représente l'une des rares possibilités réalistes de visiter l'ensemble de l'archipel et deux atolls des Tuamotu en un laps de temps assez court, à un tarif somme toute intéressant en rapport à ce que coûterait l'organisation d'un tel voyage par ses propres moyens.

Organisation et services à bord

L'*Aranui* est un cargo mixte, à tous points de vue. L'avant du navire ressemble à n'importe quel cargo, avec des grues à tourelles et des cales remplies de marchandises. L'arrière évoque en revanche celui d'un paquebot, avec des cabines, plusieurs ponts, une piscine, une salle de gym, un *sun-deck*, une salle de restaurant, un bar servant de l'alcool, un petit salon-bibliothèque et une salle vidéo. Le change des devises et des chèques de voyage est possible, ainsi que les règlements par carte de crédit (avec prélèvement d'une petite commission).

Un médecin est présent en permanence et dispose d'une infirmerie. Les soins sont gratuits. Il n'y a pas de service téléphonique à bord.

Hébergement

On distingue quatre catégories d'hébergement : les suites (de grandes cabines avec balcon, climatisées, avec lit double et sdb) ; les cabines de luxe, climatisées, avec lit double et sdb (baignoire) ; les cabines standard, climatisées, avec deux lits et sdb (cabine de douche) ; et la classe C, qui comprend 18 lits individuels disposés façon dortoir par groupe de deux lits superposés, avec casiers individuels fermant à clé, petit rideau privatif, sanitaires communs et climatisation. Quelle que soit la catégorie d'hébergement, les serviettes sont fournies, la literie est changée et un service de laverie (lavage/séchage) est assuré deux fois par semaine. Le restaurant sert de copieuses spécialités françaises et polynésiennes.

contact plus amical avec la population que ses prédécesseurs européens.

C'est à l'Américain Ingraham, commandant du *Hope*, que revint la primeur de la découverte en avril 1791 du groupe nord des Marquises. Il devança de peu le Français Étienne Marchand, capitaine du navire de commerce *Le Solide*, qui se ravitailla à Tahuata, puis débarqua à Ua Pou en juin 1791.

En 1797, un jeune pasteur protestant de la London Missionary Society, William Crook, mit pied à Tahuata. Ses tentatives d'évangélisation restèrent infructueuses. Il laissa malgré tout d'irremplaçables témoignages sur la société marquisienne.

Une mission géographique et commerciale russe amena l'amiral Krusenstern à Nuku Hiva en 1804. À bord du navire se trouvaient des hommes de science et des artistes.

L'ÈRE DES AVENTURIERS

À partir du début du XIXe siècle, le trafic maritime s'intensifia dans cette zone du Pacifique. Un circuit commercial triangulaire s'instaura entre les Marquises, la Chine

Visites à terre

Les visites à terre se déroulent pendant que les matelots transbordent le fret. Pratiquement tous les villages des Marquises sont desservis, ainsi que deux atolls des Tuamotu, Fakarava et Rangiroa. Lorsqu'il n'y a pas de quai, les débarquements des passagers se font comme le fret : par baleinière, autrement dit sur de grosses chaloupes pouvant contenir une trentaine de personnes.

Des conférenciers européens ou nord-américains sont invités à bord de la croisière et apportent des éclairages culturels.

Aucune nuit n'est passée à terre. Les excursions durent une demi-journée ou une journée. Toutes les visites sont guidées et commentées par des guides qui connaissent bien l'archipel.

À noter : les passagers font une halte culinaire dans les quatre meilleures adresses des Marquises : Tata Rosalie à Ua Pou, Chez Yvonne à Nuku Hiva, Hoa Nui à Hiva Oa, Auberge Hitikau à Ua Huka.

Quel public ?

La clientèle de l'*Aranui* vient d'horizons très différents, ce qui contribue également à l'originalité de la croisière. Les nationalités française et américaine sont les plus représentées.

La croisière convient à tout type de public, mais, compte tenu des débarquements parfois acrobatiques en baleinière (il n'y a que trois mises à quai), elle est à déconseiller aux personnes handicapées ou aux personnes âgées ou fragiles. L'aménagement des cabines et le programme d'excursions sont par ailleurs assez peu adaptés aux enfants en bas âge.

Les clients déçus sont ceux qui, mal informés, s'attendent aux prestations prestigieuses qu'offrirait un véritable navire de croisière, avec soirées de gala, salle de bal, atmosphère feutrée, etc.

Tarifs et réservations

Les prix mentionnés s'entendent par adulte en pension complète, TTC, pour une durée de 14 jours, hors prestations facultatives.

Il vous en coûtera entre 4 515 et 4 834 € en suite, entre 3 500 et 4 100 € en cabines, et 2 000 € en classe C. Les enfants bénéficient d'un tarif réduit. Il est possible de ne faire que la croisière inter-Marquises (11 jours), depuis Nuku Hiva. Dans ce cas, les tarifs sont un peu moins élevés mais ne comprennent évidemment pas le transfert en avion depuis Papeete.

Pour réserver, contactez un agent de voyages spécialiste de la Polynésie ou directement l'armateur, la **Compagnie polynésienne de transport maritime** (CPTM ; ☎42 62 42, 43 48 89 ; www.aranui.com).

et l'Australie. C'était le temps des santaliers, qui pillèrent les ressources de ce précieux bois en quelques décennies.

Vint ensuite l'époque des baleiniers pour qui les Marquises constituaient une base de ravitaillement. À bord de l'un deux voyageait le futur écrivain Herman Melville.

Dans le contexte du conflit opposant la jeune République américaine à l'Angleterre, le capitaine américain Porter fit de Nuku Hiva une base navale en 1813. La présence américaine fut toutefois brève, car les visées territoriales de Porter ne furent pas soutenues par son gouvernement.

L'ANNEXION PAR LA FRANCE

Du côté français, il s'agissait de contrer l'expansion anglaise dans le Pacifique. Après un premier voyage de reconnaissance en 1838, le contre-amiral Abel Dupetit-Thouars prit possession de Tahuata le 1er mai 1842, puis des autres îles de l'archipel au nom du roi Louis-Philippe.

Les chefs marquisiens, peu conscients de la portée de l'événement, ne s'opposèrent pas à ce transfert de souveraineté. Seul Iotete, un chef de Tahuata, se rebiffa quelques mois plus tard, mais en vain.

Paradoxalement, la colonisation resta embryonnaire. Les Marquises furent marginalisées au profit de Papeete pour des raisons d'ordre géographique, économique et stratégique. Seuls les missionnaires catholiques, actifs depuis leur arrivée à Tahuata en 1838, s'accrochèrent à ces arpents de terre. Leurs entreprises d'évangélisation furent plus fructueuses que celles de leurs rivaux protestants de la LMS (London Missionary Society) ou de la Hawaiian Missionary Society, arrivés dès 1825 et 1831. Le catholicisme s'enracina durablement aux Marquises.

UNE COLONIE QUI S'ÉTEINT

Au contact de la "civilisation" occidentale, les fondements de la société marquisienne volèrent en éclats. Les équipages des baleiniers, en majorité des desperados et des aventuriers de tous poils, apportèrent dans leurs bagages alcool, armes à feu, syphilis et autres épidémies. L'administration coloniale et les missionnaires firent peu de cas des valeurs ancestrales du peuple marquisien. Le déclin démographique foudroyant reflète le lent mais sûr processus de désagrégation de la société insulaire : de 18 000 (estimés) en 1842, la population chuta à 5 264 en 1887 et à 2 096 en 1926.

DE NOUVELLES PERSPECTIVES

Grâce à Louis Rollin, médecin en poste aux Marquises de 1923 à 1930, l'hémorragie démographique put être endiguée. Vaccinations, mesures sanitaires et accueil de nouvelles populations contribuèrent à la reprise.

Parallèlement, l'installation du peintre impressionniste Paul Gauguin à Hiva Oa, en 1901, puis celle, plus tardive, du chanteur Jacques Brel attirèrent l'attention sur les Marquises.

Notoirement sous-équipées jusqu'au début des années 1980, les Marquises ont en partie comblé leur retard dans les domaines de l'électricité, des télécommunications et des biens d'équipements. Par ailleurs, la construction d'infrastructures dans les domaines du transport et une amélioration de la desserte aérienne ont contribué au désenclavement de l'archipel. L'essentiel des ressources provient du secteur agricole, notamment

HAAKAKAI O TE HENUA ENANA, LA LÉGENDE DE LA TERRE DES HOMMES

Clé de voûte de la mythologie marquisienne et reflet de l'âme d'un peuple, cette légende raconte sur un mode allégorique la genèse des îles Marquises. Ce mythe fondateur assimile la création de l'archipel à l'érection d'un *hae* (maison) par le dieu Oatea, qui réalisa son œuvre en une nuit. Chaque élément de la maison est une île des Marquises : les deux poteaux (Ua Pou), la poutre faîtière (Hiva Oa), les chevrons (Nuku Hiva), le toit en palmes de cocotier (Fatu Hiva) et le trou pour les déchets (Ua Huka). Oatea termina son œuvre juste avant le scintillement de l'aube (Tahuata). Dans un dernier souffle, sentant ses pouvoirs divins le quitter avec le lever du soleil, il eut encore le temps de murmurer : "Voici Eiao !"

FUSEAU HORAIRE

N'oubliez pas que les Marquises sont en avance d'une demi-heure par rapport à Papeete. Quand il est 12h à Papeete, il est 12h30 aux Marquises.

de l'exploitation du coprah. La fonction publique (santé, éducation, services administratifs) est également dispensatrice d'emplois, et le tourisme apporte un complément.

Les découvertes des archéologues redonnent ses lettres de noblesse à cette civilisation qui faillit disparaître. Les Marquisiens accomplissent désormais une renaissance culturelle, qu'il reste à mieux faire connaître au monde extérieur. Consultez les chapitres *Civilisation polynésienne*, p. 323, et *Sites archéologiques*, p. 327, pour plus de renseignements sur la culture marquisienne traditionnelle.

Depuis/vers les Marquises

AVION Les Marquises sont reliées à Papeete par vol direct. Au départ des îles Sous-le-Vent et des Tuamotu, on ne peut rallier directement les Marquises ; il faut obligatoirement transiter par Papeete.

Seules les îles de Nuku Hiva, Hiva Oa, Ua Huka et Ua Pou sont équipées d'un aérodrome. Celui de Nuku Hiva, le plus important, draine la majorité du trafic et accueille les ATR 72 d'Air Tahiti. Hiva Oa, dans le groupe sud, est également bien desservie. Ua Pou et Ua Huka possèdent chacun un aérodrome secondaire desservi plusieurs fois par semaine par un Twin Otter (19 places) au départ de Nuku Hiva ou de Hiva Oa.

Soyez sans illusion sur les tarifs pratiqués entre Papeete et les Marquises : ils sont exorbitants par rapport à la distance parcourue, et constituent le principal obstacle au développement touristique de l'archipel.

La durée d'un vol direct au départ de Tahiti est en moyenne de 3 heures.

Un représentant d'Air Tahiti est présent dans chaque île.

CARGOS INTER-ÎLES Le cargo mixte **Aranui** (www.aranui.com) dessert l'archipel, au départ de Papeete, via les Tuamotu (Rangiroa), à raison de 17 rotations annuelles (voir l'encadré p. 218). Le **Taporo IX** dessert également les Marquises mais ne prend pas de passagers.

Seuls Taiohae (Nuku Hiva), Hakahau (Ua Pou) et Atuona (Hiva Oa) sont équipés de quais permettant l'accostage. Dans les autres baies, les transbordements s'effectuent par baleinières.

Comment circuler

DESSERTE DES AÉRODROMES Si vous avez réservé votre hébergement, vos hôtes viendront vous chercher ou dépêcheront un taxi 4x4 à

DERNIÈRE MINUTE

Attention ! Au moment de mettre ce guide sous presse, Air Tahiti venait de décider la suspension de sa desserte de Ua Huka et de Ua Pou, faute de rentabilité, malgré l'opposition de la population locale. Renseignez-vous sur place.

LIAISONS AÉRIENNES AUX MARQUISES

LIGNES

	Papeete	Nuku Hiva	Hiva Oa	Ua Pou	Ua Huka
Papeete	x	tlj	tlj, via Nuku Hiva		
Nuku Hiva	tlj	tlj	tlj	tlj	4/sem
Hiva Oa	tlj	tlj	x	x	
Ua Pou	tlj, via Nuku Hiva	tlj	5/sem	5/sem	
Ua Huka	tlj, via Nuku Hiva	5/sem	5/sem	5/sem	

TARIFS ALLER SIMPLE

	Papeete	Nuku Hiva	Hiva Oa	Ua Pou	Ua Huka
Papeete	x	33 000	33 200	36 000	36 000
Nuku Hiva	33 000	x	12 500	8 200	8 200
Hiva Oa	36 000	12 500	x	9 800	9 800
Ua Pou	36 000	8 200	9 800	x	8 200
Ua Huka	36 000	8 200	8 200	9 800	x

LE FESTIVAL DES ÎLES MARQUISES, SYMBOLE DU RENOUVEAU CULTUREL

Événement de première importance, le festival des îles Marquises témoigne de la vitalité retrouvée de la culture marquisienne, longtemps mise sous le boisseau. Il a lieu tous les quatre ans sur une des trois îles les plus peuplées de l'archipel (Nuku Hiva, Hiva Oa et Ua Pou), pendant 5 jours au mois de décembre. L'objectif de ce festival consiste à réactiver la mémoire collective, ainsi qu'à sauvegarder et à promouvoir la culture locale par des démonstrations variées : danses, chants, sports traditionnels, préparations culinaires, artisanat. Chaque festival donne également lieu à des restaurations de sites archéologiques.

La première édition eut lieu en 1987 à Ua Pou. Une deuxième s'est déroulée en 1989 à Nuku Hiva, suivie d'une troisième en 1991 à Hiva Oa et d'une quatrième en 1995 à Ua Pou. Les éditions ultérieures ont eu lieu à Nuku Hiva (1999), Hiva Oa (2003), Ua Pou (2007) et Nuku Hiva (2011). Des minifestivals, de moindre ampleur, sont également organisés entre deux grands festivals dans les plus petites îles des Marquises (Tahuata en 2006, Fatu Hiva en 2009, Ua Huka en 2013).

l'aérodrome. Selon les îles, le transfert n'est pas toujours facturé.

LIAISONS INTER-MARQUISES La circulation inter-îles aux Marquises est plus problématique que dans les autres archipels. Le voyageur devra accepter une certaine part d'aléatoire s'il compte visiter plusieurs îles de l'archipel dans un laps de temps restreint.

Plusieurs modes de transport sont utilisés : l'avion (un petit Twin Otter ou un ATR d'Air Tahiti), les bonitiers (bateaux équipés pour la pêche mais servant également au transport de passagers) et le cargo mixte *Aranui* (voir l'encadré p. 218).

Les liaisons inter-îles sont très variables selon les îles considérées. Nuku Hiva, l'île la mieux équipée en matière d'infrastructures de transports, fait office de plaque tournante. Elle est reliée à Hiva Oa, à Ua Pou et à Ua Huka et son aérodrome peut accueillir les ATR 72. En revanche, Fatu Hiva, dans le groupe sud, dépourvue d'aérodrome, est la plus isolée et la plus mal desservie.

À L'INTÉRIEUR DES ÎLES Compte tenu du relief et du cloisonnement si particulier des vallées marquisiennes, les déplacements à l'intérieur d'une même île sont plus difficiles que dans les autres archipels, mais le réseau routier s'est nettement amélioré au cours des dernières années. La majorité des routes desservant les principales vallées sont désormais cimentées. Les déplacements se font en 4x4, sur des routes et des pistes qui forment d'interminables lacets, car il n'y a ni pont ni tunnel. Il est quasi impossible de faire un "tour de l'île" par la route. Quant aux transports en commun, ils sont inexistants.

Par voie maritime, les speed-boats sont couramment utilisés pour relier certaines vallées entre elles. Il n'y a pas de navettes régulières ; tout fonctionne par affrètement.

Bien que peu pratiqué en raison de la très faible circulation, le stop est possible. Postez-vous sur le bord de la piste ou adressez-vous directement aux propriétaires des 4x4 ou d'utilitaires devant les magasins, la poste ou la mairie. En effet, les habitants des vallées viennent régulièrement dans la ville principale de l'île.

NUKU HIVA

2 660 HABITANTS

Facilement accessible depuis Papeete grâce à une bonne desserte aérienne, Nuku Hiva, la plus visitée et la plus étendue des îles Marquises, est aussi l'une des plus envoûtantes, avec des paysages exceptionnels qui alternent falaises, plateaux, canyons, crêtes acérées, forêts, vallées mystérieuses, cascades, baies isolées et pics volcaniques déchirant l'azur. De grands noms de la littérature, dont Herman Melville et Robert Louis Stevenson, ont succombé à cette nature souveraine. Pour s'imprégner de ces paysages et de ces ambiances, on peut choisir entre de superbes balades pédestres ou équestres dans le cœur vert de l'île et des excursions en bateau ou en 4x4. Les passionnés de culture marquisienne trouveront également leur bonheur à Nuku Hiva, réputée pour son artisanat de qualité et la diversité de ses vestiges archéologiques, plutôt bien mis en valeur.

La majeure partie des habitants de Nuku Hiva vit à Taiohae, le chef-lieu administratif de l'archipel, sur la côte sud. Les autres se répartissent entre Hatiheu sur la côte nord, Taipivai sur la côte ouest, et quelques autres hameaux.

Nuku Hiva

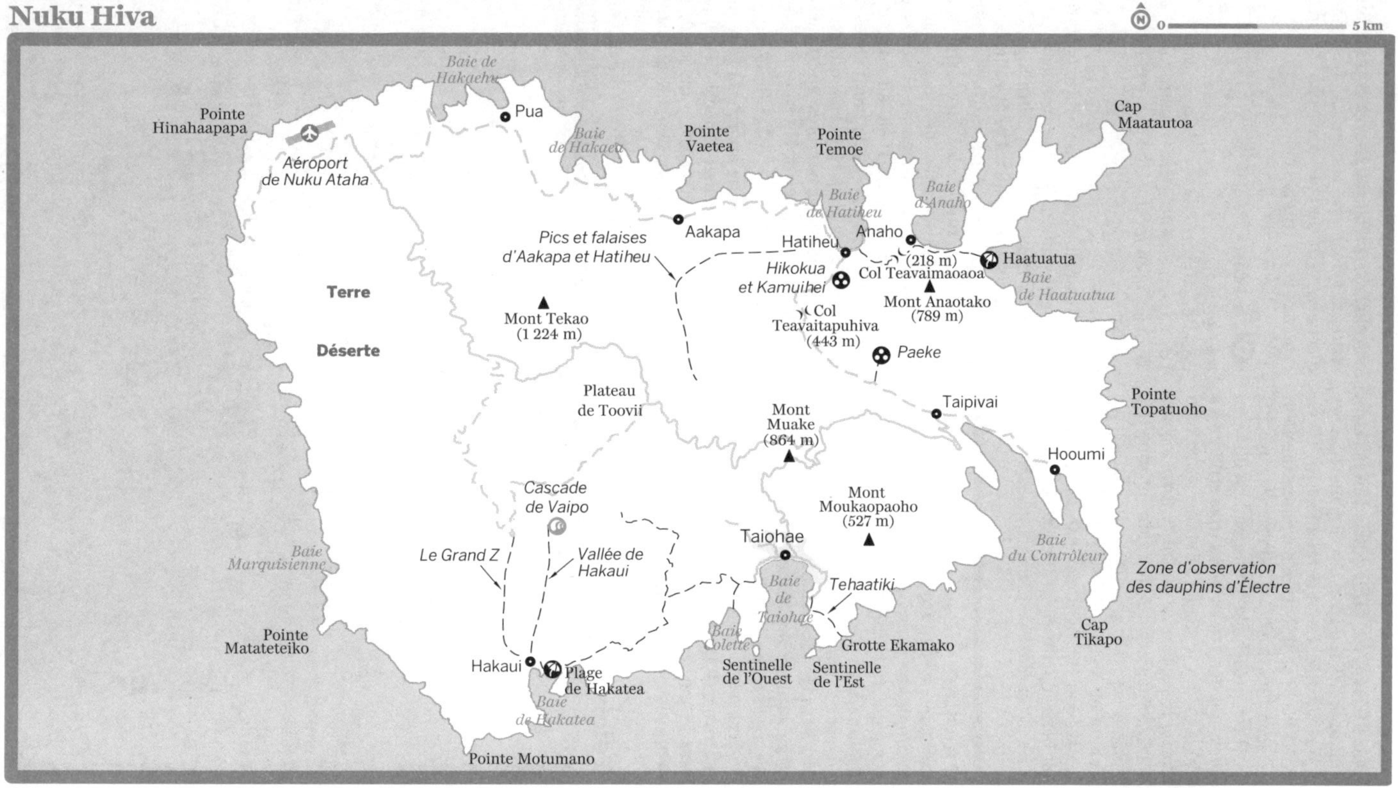

MARQUISES

Histoire

Découverte en 1791 par l'Américain Ingraham, Nuku Hiva a connu une histoire mouvementée. Dans la première moitié du XIXe siècle, santaliers et baleiniers faisaient relâche dans la baie de Taiohae. Parmi ceux-ci, Herman Melville, le futur auteur de *Moby Dick*, qui déserta et passa trois semaines à Taipivai. En 1813, le capitaine américain Porter fit construire une place forte à Nuku Hiva. Sa tentative d'annexion fut toutefois éphémère. L'évangélisation catholique débuta en 1839, confortée par la prise de possession de l'archipel par les Français en 1842. À la fin du XIXe siècle, Nuku Hiva, ravagée par les maladies, était exsangue.

Taiohae

La "capitale" de l'archipel (1 700 habitants) s'enroule langoureusement autour d'une immense rade en demi-cercle de près de 3,5 km (l'ancienne caldeira effondrée), avec, en arrière-plan, la masse grise du mont Muake (864 m), taillé en lame de couteau. En flânant sur le front de mer, on ne se lasse pas du spectacle de cette baie, dans laquelle les voiliers parcourant le monde ont coutume de faire relâche. L'entrée de la baie, ouverte vers le sud, est flanquée de deux îlots, la Sentinelle de l'Est et la Sentinelle de l'Ouest.

Dans cette bourgade de bout du monde, on trouve les principaux services utiles aux visiteurs (y compris les seules possibilités d'hébergement de l'île) mais pas d'animation. La vie est très paisible.

À voir

Notre-Dame des-Îles-Marquises CATHÉDRALE

Le monument le plus remarquable de Taiohae, beau mélange de pierre et de bois, se déploie sur le Tohua Mauia, lieu sacré et vénéré des anciens Marquisiens. On aperçoit, sculptée dans un arbre, la statue de Mgr Dordillon, évêque des Marquises de 1848 à 1888. Il reçut le terrain du chef traditionnel Moana afin d'y bâtir une école. La cathédrale a été érigée à côté en 1977. Les pierres ayant servi à la construction proviennent des six îles habitées : sur la façade est, le *keetu* rouge de Hiva Oa et le grès blanc de Nuku Hiva, au nord, des pierres de Ua Pou, à l'ouest, des pierres de Ua Huka et Fatu Hiva et au sud, une pierre ponce de Tahuata. Le parvis est constitué de plaques de phonolithe de Ua Pou.

Piki Vehine SITE ARCHÉOLOGIQUE

Sur le front de mer, ne manquez pas le site Piki Vehine, également appelé Temehea, belle esplanade aménagée en musée de la sculpture moderne en plein air. Reconstitué

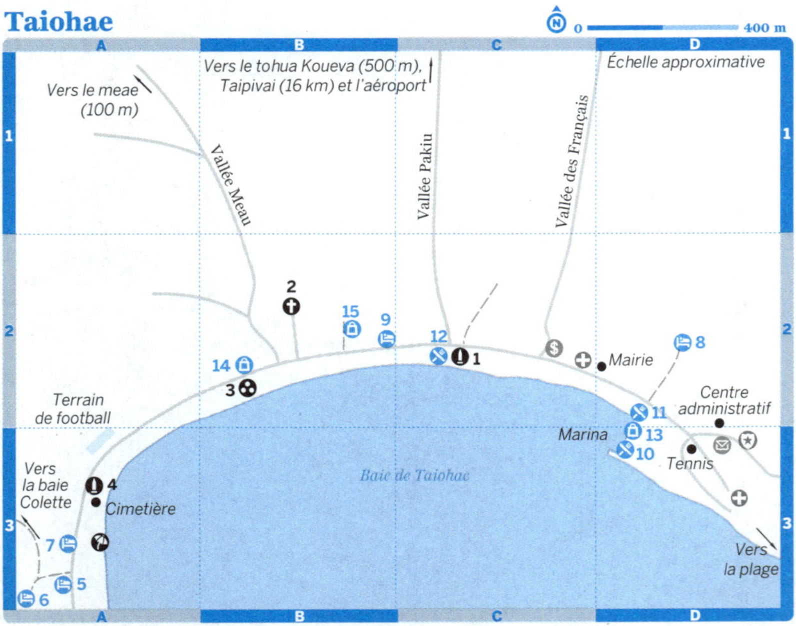

à l'occasion de l'édition 1989 du festival des îles Marquises (voir l'encadré p. 222), il se compose, à l'ouest, de la reconstitution d'un *hae* (maison traditionnelle) grandeur nature et d'une dizaine de magnifiques tikis et autres sculptures imposantes, réalisés par les sculpteurs de l'île et par des artisans de l'île de Pâques. Devant le *hae*, une sculpture représente une maison traditionnelle marquisienne. Sur les flancs, on distingue un personnage en train de préparer un repas, assisté d'un autre personnage tenant un pilon. Sur l'autre flanc, une personne de haut rang, probablement la reine Vaekehu, est figurée avec deux de ses sujets. Sur la face avant, on retrouve une scène de repas, avec cinq personnages mangeant dans un même *umete*, symbole d'unité. On retrouve cette même thématique communautaire dans une sculpture située plus à l'est, représentant une assemblée – des Marquisiens – autour d'un grand bol. D'autres statues attireront votre attention : une pirogue de guerre double coque avec, au milieu, une anguille, animal légendaire, un homme-oiseau, un œuf avec une tête de tiki et une tête de *moai*.

Taiohae

À voir et à faire

1 Monument aux morts C2
Musée Enana .... (voir 5)
2 Notre-Dame-des-Îles-Marquises B2
3 Piki Vehine B2
4 Stèle d'Herman Melville A3

Activités

Centre Plongée Marquises ..... (voir 13)

Où se loger

5 Hee Tai Inn A3
6 Keikahanui Nuku Hiva Pearl Lodge A3
7 Paahatea Nui – Chez Justin et Julienne A3
8 Pension Mave Mai D2
9 Pension Moana Nui B2

Où se restaurer

10 Café Vaeaki D3
Keikahanui Nuku Hiva Pearl Lodge .... (voir 6)
11 Marché D2
Pension Moana Nui .... (voir 9)
12 Roulotte C2
Roulotte .... (voir 10)
Snack Tuhiva .... (voir 11)

Achats

13 Boutique du Centre Plongée Marquises D3
14 Damas Taupotini B2
15 Edgar Tamarii B2
Fare artisanal .... (voir 11)

Renseignements

Comité du tourisme .... (voir 11)
Keikahanui Nuku Hiva Pearl Lodge .... (voir 6)
Moetai Marine – Yacht Services .... (voir 13)

Monument aux morts — OBÉLISQUE

Également sur le front de mer, à hauteur du magasin Kamake, s'élève un monument aux morts, sorte d'obélisque sur lequel est apposée une plaque commémorative en l'honneur du capitaine Étienne Marchand qui aborda en 1791 le groupe nord des Marquises. À côté, les hommes jouent le dimanche à la pétanque.

Meae de la vallée Meau — SITE ARCHÉOLOGIQUE

En remontant la vallée Meau sur un peu moins d'un kilomètre, on aperçoit sur la droite de la chaussée un *meae* (plate-forme cérémonielle) restauré, sur lequel veille un petit tiki contemporain. Un énorme banian domine l'ensemble.

Tohua Koueva — SITE ARCHÉOLOGIQUE

Plus monumental, le tohua Koueva, à 1,5 km en amont de la vallée Pakiu, désigne une esplanade pavée d'environ 90 m de longueur sur 30 m de largeur. Sa restauration a commencé en 1998. Selon les spécialistes, ce site communautaire appartenait au chef guerrier Pakoko. Lors d'un affrontement avec les Français en 1845, il tua cinq soldats sur ce *tohua* avant d'être arrêté et exécuté. Le site est accessible par la route de Taipivai (à hauteur du concasseur, traverser le ruisseau et marcher le long de la petite piste vers l'amont pendant un quart d'heure environ).

Stèle d'Herman Melville — MONUMENT

Dans l'ouest de la ville, entre le cimetière et le club nautique, se dresse la stèle de l'écrivain Herman Melville. Cette magistrale sculpture en bois, réalisée par un sculpteur locale, a été inaugurée en juillet 1992.

Musée Enana — ART ET HISTOIRE

(☎92 03 82 ; entrée libre ; ⏲8h-11h30 et 14h-16h30 lun-ven, 8h-11h30 sam). La propriétaire de l'hôtel Hee Tai Inn (voir p. 228) a créé ce petit musée, à côté de l'hôtel, qui rassemble quelques objets et documents liés à la culture marquisienne traditionnelle, ainsi qu'une boutique artisanale (sculptures, os sculptés de Tahuata, tapas de Fatu Hiva).

Plages

Les plages ne sont pas le point fort de Taioahe. Si vous tenez absolument à faire trempette, vous devrez vous contenter de la plage située à l'ouest de la localité, près de l'hôtel Keikahanui Inn, pas très attrayante, ou de celle à l'est (en contrebas du centre médical, près des courts de tennis), un peu plus avenante, mais avec des galets.

Activités

Randonnées pédestres

Outre la balade jusqu'à la cascade de Vaipo (voir p. 230), il existe de magnifiques possibilités de randonnée, pour tous les niveaux. Une balade facile consiste à rejoindre la baie Colette depuis Taiohae (voir ci-dessous) ou Anaho depuis Hatiheu (voir p. 233).

Pour toutes les autres randonnées, la présence d'un guide est indispensable car aucun chemin n'est balisé. Le guide professionnel de **Marquises Rando** (☎92 07 13, 29 53 31 ; www.marquisesrando.com), que l'on peut contacter directement ou par l'intermédiaire des pensions ou des hôtels, propose trois parcours magnifiques :

Tehaatiki. Randonnée sur les crêtes de la baie de Taiohae. Environ 5 heures 30, 300 m de dénivelé. Niveau moyen. 6 600 CFP/pers.

Pics et falaises d'Aakapa et de Hatiheu. Départ du plateau de Toovii (environ 30 minutes de 4x4 depuis Taiohae). Ce superbe sentier au milieu de la forêt indigène, avec des paysages et une ambiance à la "Jurassic Park", mène à des points de vue exceptionnels sur les falaises d'Aakapa, de Hatiheu et de toutes les baies du nord-est de l'île. Possibilité d'observation d'oiseaux endémiques (ptilope, salangane, carpophage, fauvette). Environ 6 heures. Parcours plat et ombragé, sans difficulté particulière. 8 500 CFP/pers.

Le Grand Z. Dans le nord-ouest de l'île. Départ à 1 000 m d'altitude, dans le secteur de Toovii (1 heure d'accès en 4x4 depuis Taiohae). Le sentier serpente sur une crête et conduit à des points de vue grandioses sur la "vallée cachée" (un enchevêtrement de lames volcaniques) et la côte ouest, dans un paysage d'aspect lunaire, dépourvu de végétation. Faune : chèvres, pailles-en-queue, ptilopes. Environ 6 heures, 400 m de dénivelé, difficulté moyenne. Pas d'ombre, mais bien ventilé. 10 000 CFP/pers.

Les tarifs incluent les transferts, un sandwich, de l'eau, des fruits et des biscuits, ainsi que des jumelles, des bâtons de marche et un sac à dos. Prévoyez des chaussures de marche. Les enfants de moins de 12 ans ne sont pas acceptés. Toutes les sorties sont tributaires des conditions météo. Il est conseillé de réserver suffisamment à l'avance. Minimum 2 personnes.

Si ce guide n'est pas disponible, vous pouvez faire appel aux services de **Richard Deane – Temarama Tours** (☎74 86 78, 28

VAUT LE DÉTOUR

LA BAIE COLETTE

Envie d'une petite balade ? Cap sur la baie Colette, une petite anse inhabitée, située par-delà le contrefort ouest de la baie de Taiohae, à 3,5 km du centre. Cette baie est ainsi nommée car un bateau français, le *Colette*, fit naufrage à cet endroit et les Français baptisèrent ce lieu ainsi car le terme marquisien, "Haaotupa", leur paraissait trop difficile à prononcer.

À hauteur de l'hôtel Hee Tai Inn, prenez la piste qui monte en direction de l'hôtel Keikahanui Nuku Hiva Pearl Lodge. Au bout d'une centaine de mètres, à une patte d'oie, empruntez le côté droit de la fourche (celle de gauche mène au Keikahanui Nuku Hiva Pearl Lodge), faites 20 m et, au carrefour en T, prenez à droite et restez sur la piste principale, qui décrit un grand S le long du flanc ouest de la colline. Au sommet, vous verrez une clôture qui empêche les animaux de divaguer ; ouvrez-la (sans oublier de la refermer derrière vous) et descendez la piste, sous une agréable frondaison végétale, jusqu'à la baie Colette. Par mer calme, on peut se baigner dans la baie, mais la plage de gros galets noirs est souvent envahie par les nonos, ces moucherons piqueurs quasi invisibles (voir l'encadré p. 231).

Comptez 45 minutes environ depuis le départ.

08 36), qui propose d'autres parcours : les crêtes de Taiohae (à la journée, 8 500 CFP), Taipivai-Hakapaa-Taiohae (à la journée, 8 500 CFP) et Muake-Koueva dans la vallée Pakiu (3 heures, 3 500 CFP).

Randonnées équestres

Découvrez le cadre étonnant du plateau de Toovii au pas du cheval. **Sabine Teikitee-tini** (☎92 01 56, 25 35 13), guide équestre diplômée, organise des balades équestres à la demi-journée dans ce secteur (8 000 CFP/pers). Elle vient chercher ses clients dans les pensions et les hôtels et assure les transferts jusqu'à Toovii, où se trouvent les chevaux et où commence la balade. Les montures sont dociles, et le dépaysement garanti.

Observation des dauphins d'Électre

C'est une vraie bizarrerie de la nature, et une spécificité de Nuku Hiva : plusieurs dizaines de dauphins d'Électre (également appelés péponocéphales) se rassemblent régulièrement au large de la côte est de l'île, en surface, et se laissent assez facilement observer. Les chances de les voir varient entre 50 et 70% selon les périodes.

Ce spectacle hors du commun se mérite : le trajet en bateau depuis Taiohae (environ 1 heure), en pleine mer, est exposé à la houle et peut se révéler éprouvant (gare au mal de mer) si l'on n'est pas à l'aise en mer. Les Marquisiens ont d'ailleurs surnommé la côte est de l'île la "machine à laver" – vous voilà prévenu. La mer est moins agitée entre novembre et mars.

Si vous êtes bon nageur, vous pouvez vous mettre à l'eau et faire du snorkeling en compagnie des dauphins, mais sachez que le site est intimidant : vous êtes en pleine mer, au-dessus de fonds de plusieurs centaines de mètres...

Marquises Plaisance (☎92 08 75, 73 23 48 ; e.bastard@mail.pf) organise des sorties à la demi-journée sur le site, en matinée. Comptez 15 000 CFP pour 2 personnes (dégressif). L'équipement de snorkeling est fourni. Le prestataire prévoit aussi de fournir des combinaisons flottantes. Réservations par téléphone.

Plongée sous-marine

Nuku Hiva possède de splendides sites de plongée, le long de la côte sud. Les conditions de plongée, les paysages sous-marins et la faune sont très différents de ceux des autres archipels. Reportez-vous au chapitre *Plongée* p. 30 pour les détails sur les sites.

Il existe un centre de plongée à Taiohae, le **Centre Plongée Marquises** (☎92 00 88 ; marquisesdives@mail.pf), dont le fonctionnement diffère des autres structures en Polynésie. Il propose des sorties sans encadrement pour plongeurs confirmés et autonomes uniquement, sur affrètement, avec un tarif forfaitaire de 35 000 CFP de 1 à 3 plongeurs, comprenant le matériel, la sortie en bateau, 2 plongées successives, et un brief complet sur les sites. Pour 4 plongeurs embarqués, le tarif s'élève à 45 000 CFP. Contactez le prestataire suffisamment à l'avance pour vous assurer de sa disponibilité.

Pêche au jig

La pêche au jig (ou "jigging") est une pêche sportive en eau profonde (jusqu'à 200 m), dans laquelle on utilise des leurres métalliques plombés. Le **Centre Plongée Marquises** (☎92 00 88 ; marquisesdives@mail.pf) organise des sorties de pêche à la journée moyennant 50 000 CFP (il faut apporter son matériel) autour de Nuku Hiva et de Hatu Iti. On peut espérer ramener différentes espèces de thons (albacore, à dents de chiens), des vivaneaux et des mérous.

Excursions en quad

Marquises Quad Aventure – ATV Tours (☎32 18 37 ; loloetdofre@yahoo.fr ; quad 1-2 pers 12 000/15 000 CFP la demi-journée/journée) assure des sorties en quad, avec des circuits à la carte qui peuvent inclure la baie Colette, Taipivai, Hatiheu et Aakapa.

Excursions en 4x4

À Taiohae, plusieurs prestataires organisent des excursions à bord de confortables 4x4 vers les différents sites touristiques et villages de l'île.

Jocelyne Henua Enana Tours (☎92 08 32, 74 42 23 ; www.marquisesvoyages.com.pf). Assure tout type d'excursions dans l'île, notamment les 3 vallées (Taiohae, Taipivai et Hatiheu) moyennant 16 000 CFP la journée pour 2 personnes.

Richard Deane – Temarama Tours (☎74 86 78, 28 08 36). Visite des trois vallées, 16 000 CFP pour 2 personnes.

Où se loger

Paahatea Nui – Chez Justin et Julienne PENSION €

(☎92 00 97, 70 75 80 ; paahateanui@mail.pf ; bungalows s/d 6 000/10 000 CFP avec petit-déj). Une pension sans histoire, un peu excentrée, à l'extrémité ouest de la baie de Taiohae, dans une propriété calme. Elle comporte 6 bungalows avec sdb (eau chaude), devant la maison, à deux pas de la mer. Ils sont un peu les uns sur les autres, mais des bosquets de fleurs évitent que l'on ne voit trop directement son voisin. À l'exception du petit-déjeuner, il n'y a pas de service de repas, mais vous pourrez utiliser la cuisine équipée dans la maison, impeccable, et cueillir les fruits du jardin. Accueil un peu timide au début, qui se réchauffe au fil du séjour. Petite zone de baignade juste en face. Carte de crédit acceptée.

Pension Moana Nui HÔTEL €€
(☎92 03 30 ; pensionmoananui@mail.pf ; s/d 6 500/9 000 CFP avec petit-déj, 9 900/16 000 CFP en demi-pension ; ❄📶). Ce petit motel familial bien tenu a l'avantage d'être très central, sur le front de mer. Les 8 chambres, au-dessus du restaurant (voir ci-contre), sont impersonnelles et petites mais propres et bien équipées (brasseur d'air, eau chaude, clim), et le ménage est fait tous les jours. Les chambres n°1 et 2 donnent directement sur le front de mer. Une rénovation devrait avoir lieu pendant la durée de vie de cette édition, ce qui devrait se traduire par une augmentation des tarifs. Le propriétaire, Charles Mombaerts, est arrangeant avec ses hôtes et les aide à organiser leur séjour. Un service de blanchisserie est possible. Carte de crédit acceptée. Wi-Fi payant.

Pension Mave Mai PENSION €€
(☎92 08 10 ; pension-mavemai@mail.pf ; s/d 9 000/11 000 CFP avec petit-déj, s/d 11 000/15 000 CFP en demi-pension ; ❄📶). Cette pension n'offre aucun charme particulier mais a l'avantage d'être bien située, légèrement sur les hauteurs de Taiohae, près de la marina. La maison en dur, moderne, sur 2 niveaux, contient 8 chambres (5 en rez-de-jardin, avec terrasse, et 3 à l'étage, avec balcon), fonctionnelles, avec sdb (eau chaude), brasseur d'air et clim. Presque toutes ont une vue sur la baie. En pleine journée, on se sent un peu seul, car la propriétaire ne vit pas sur place et le personnel n'est pas présent en permanence. Le dîner (boissons en sus) est servi sur une agréable terrasse. Selon certains clients, la cuisine est moyenne et la qualité de l'accueil variable en fonction du personnel en place. Carte de crédit acceptée. Wi-Fi payant.

Hee Tai Inn HÔTEL €€
(☎92 03 82, 73 53 12 ; www.marquesas-inn.com ; s/d 9 000/10 500 CFP ; ❄📶). Cet établissement récent, juste en dessous du Keikahanui Nuku Hiva Pearl Lodge, étonne par son architecture évoquant un motel, sans la moindre touche locale. L'intérieur est impersonnel, mais la propreté est exemplaire et les 7 chambres sont fonctionnelles et sans mauvaise surprise. Préférez celles à l'étage, pour la vue plus dégagée sur la baie.

Keikahanui Nuku Hiva Pearl Lodge HÔTEL €€
(☎92 07 10 ; www.pearlodge.com ; VHF 68 ; bungalows d 26 000-31 000 CFP ; ❄@🏊📶). Le seul hôtel de standing des Marquises nord. Niché à flanc de colline tout à l'ouest de la baie, ce complexe tout confort se compose de 20 bungalows impeccables (dont 4 Premium, très spacieux), réalisés en matériaux locaux, harmonieusement fondus dans la végétation et très bien orientés, en surplomb de la baie. De la terrasse, la vue est superbe. L'intérieur, chaleureux, possède une touche marquisienne, avec des tableaux sculptés et des *tapa* (étoffe en écorce battue) aux murs. Côté ambiance, c'est plutôt décontracté et très calme (pas beaucoup d'animations), mais de multiples activités sont proposées. Dommage que la piscine à débordement soit minuscule. Ajoutez 8 500 CFP/pers pour la demi-pension. Wi-Fi payant. Carte de crédit acceptée.

Où se restaurer et prendre un verre

Café Vaeaki SNACK €
(☎76 82 01 ; plats 800-1 100 CFP ; ⏲fermé dim soir). Au bout du quai de la marina, ce modeste établissement doté de quelques chaises et tables en plastique, installé dans un ancien local de pêcheurs, sert des plats simples, des sandwichs, des jus de fruits frais et des fruits à des tarifs imbattables. Ouvert également pour le petit-déjeuner (goûtez au *kii pihe*, une viennoiserie marquisienne).

Snack Tuhiva SNACK €
(plats 1 000-1 200 CFP ; ⏲lun-sam petit-déj et déj). À l'intérieur du marché, ce snack a bonne presse auprès des locaux. On cale un petit creux avec des plats sans prétention, à des tarifs avantageux (sandwichs, poisson cru, poisson grillé, steak frites...). Également petit-déjeuner (1 000 CFP).

Pension Moana Nui RESTAURANT-PIZZERIA €
(☎92 03 30 ; plats 1 000-2 500 CFP ; ⏲lun-sam midi et soir). Où déguster des rognons de veau sauce moutarde ou un filet de poisson sauce meunière à Nuku Hiva ? Au Moana Nui. Marquisiens, touristes et plaisanciers, tout le monde passe par cet établissement idéalement situé sur le front de mer. Attablé sur la terrasse bien aérée, on profite de la vue sur la baie, tout en piochant dans la carte, très variée (salades, viandes, poissons, burgers). Le soir, on se régale aussi de bonnes pizzas,

cuites au feu de bois dans un four en briques. Carte de crédit acceptée.

Keikahanui Nuku Hiva Pearl Lodge RESTAURANT D'HÔTEL €€
(☎92 07 10 ; plats 1 200-3 500 CFP ; ⏰tlj). Le restaurant du Keikahanui vaut par son cadre, surtout si vous réservez une table en terrasse, à côté de la piscine, avec une superbe vue sur la baie. Pour la cuisine, tout dépend des talents du chef en place. Lors de notre passage, la cuisine était très correcte, avec des spécialités à base de produits locaux travaillés et présentés de manière contemporaine, comme la chèvre des Marquises au lait de coco ou le croquant de patates douces en sandwich de thon rouge. Carte snack plus légère à midi, aux tarifs très abordables. À signaler : c'est le seul restaurant ouvert le dimanche. Le bar s'anime le vendredi soir, à l'occasion du happy hour, de 18h à 20h. Carte de crédit acceptée.

Roulottes COMMERCES AMBULANTS €
(plats 900-1 500 CFP ; ⏰midi). Une roulotte spécialisée dans les crêpes s'installe en journée sur le quai de la marina. Une autre prend position en face du magasin Kamake, sur le front de mer, et propose des burgers et du poulet rôti (ouverte du jeudi au dimanche, ainsi que le lundi).

Vous trouverez de quoi vous ravitailler dans les magasins de Taiohae, notamment **Kamake** et le **magasin Larson**, sur le front de mer. On y trouve de tout, de l'alimentation à la quincaillerie. Ils sont en principe ouverts du lundi au samedi de 7h30 à 11h30 et de 14h30 à 17h30 et le dimanche matin après la messe. Kamake fait également office de boulangerie dès 5h30 (entrée sur le côté). Une seconde **boulangerie** se trouve sur le front de mer, près de la pension Moana Nui. Pour des fruits frais, passez au **Café Vaeaki** (voir p. 228) ou au **marché**, près du quai de la marina.

ACHETER DE L'ARTISANAT MARQUISIEN

L'artisanat marquisien jouit d'une excellente réputation en Polynésie. La sculpture est particulièrement à l'honneur. Les artisans réalisent des tikis, des pilons, des *umete* (plats), des lances, des herminettes, des casse-tête, des hameçons, et travaillent aussi bien le bois de *miro* ou de *tou*, la pierre volcanique que l'os. Vous trouverez également des parures (colliers), du monoï marquisien (*umu hei*) et les célèbres *tapa* (écorces battues et décorées de motifs traditionnels) de Fatu Hiva, très recherchés.

Dans la plupart des villages, de petits centres artisanaux rassemblent une partie de la production et assurent un stock pour la vente directe. Ils sont ouverts à la demande, et systématiquement lors du passage du cargo mixte *Aranui*, qui constitue leur principal débouché. Cependant, rien ne vaut la "tournée des sculpteurs" et des *mamas*, directement à leur domicile. Avec un peu de chance, vous les verrez œuvrer dans leur atelier. Attention ! L'état de leur stock est très variable. Pour peu que les touristes de l'*Aranui* aient fait une razzia ou que la production ait été écoulée à Papeete, vous ne trouverez pas la pièce de vos rêves. Sachez également que les artisans participent à des expositions-ventes deux fois par an à Papeete, généralement en juin et en novembre, et qu'il leur faut un certain temps pour reconstituer leur stock après cette manifestation. Par ailleurs, certains ne travaillent qu'à la commande. Si vous séjournez plusieurs jours sur une île, rendez-leur donc visite dès votre arrivée pour qu'ils puissent réaliser la pièce souhaitée. Au pire, ils pourront vous expédier la pièce une fois terminée.

Tarifs

Prévoyez suffisamment d'espèces, car il n'est pas possible de régler par carte de crédit. Les tarifs pratiqués sont relativement élevés, mais restent inférieurs à ceux qui ont cours à Papeete. À titre indicatif, comptez au moins 1 500 à 2 000 CFP pour un petit *tapa* (jusqu'à 10 000 CFP pour un modèle atteignant le mètre), 3 000 CFP pour un petit tiki d'une quinzaine de centimètres (jusqu'à 100 000 CFP pour un grand modèle), 5 000 CFP pour un *umete* ou une herminette d'une cinquantaine de centimètres. La marge de négociation est faible.

Achats

Fare artisanal ARTISANAT LOCAL

(quai). Au *fare* artisanal, situé à l'entrée de la marina, vous trouverez des colliers, des bracelets, du monoï et de nombreuses sculptures. Attention, comme partout aux Marquises, l'état des stocks est très variable.

Damas Taupotini SCULPTURES

(front de mer). L'atelier du sculpteur Damas Taupotini, réputé sur l'île, est en face du Piki Vehine. Damas travaille la pierre, l'os et le bois, et réalise tout type d'objets, du tiki à l'herminette.

Edgar Tamarii SCULPTURES

(92 01 67 ; front de mer). Atelier situé près de la pension Moana Nui, légèrement en retrait du front de mer. Edgar travaille le bois. Il peut également donner des cours d'initiation à la sculpture (à négocier).

Boutique du Centre Plongée Marquises ARTISANAT LOCAL

(mer-ven 8h-11h et 14h30-17h). Vente de paréos faits localement, de bijoux en os, en bois et en nacre. Au même endroit que le centre de plongée.

Renseignements

Taioahe compte également une pharmacie.

Comité du tourisme (92 08 25 ; 7h30-12h30 lun-ven). Près du quai. Quelques brochures.

Hôpital (91 20 00). À l'est de la baie. Service de médecine générale et de chirurgie, dentiste.

Keikahanui Nuku Hiva Pearl Lodge (92 07 10 ; 7h-21h). Un poste Internet (par carte prépayée), et zone Wi-Fi (payant).

Moetai Marine – Yacht Services (92 07 50 ; 8h-12h30 lun-ven). Sur le quai de la marina. Vente de cartes Wi-Fi prépayées, accès Internet (900 CFP/heure), scanner, imprimante et fax, service de laverie (1 000 CFP les 5 kg lavé-séché), services aux voiliers (déclaration en douane, réparations mécaniques, voilerie), boutique artisanale.

OPT (7h-11h30 et 12h-15h30 lun-jeu, 7h-11h30 et 12h-14h30 ven). À l'est de la baie de Taiohae. Vente de cartes Manaspot (Wi-Fi), de cartes téléphoniques prépayées et de recharges pour téléphones portables. Distributeur de billets accessible 24h/24. Zone Wi-Fi.

Socredo (92 03 63 ; 7h30-11h30 et 13h30-16h lun-ven). Au centre de la localité, sur le front de mer. Change de devises. Deux distributeurs de billets, accessibles 24h/24.

Plateau de Toovii

Des plantations de conifères et de résineux, des vastes prairies où paissent des bovins, des nappes de brouillard à certaines époques... on pourrait se croire en Suisse ! Le plateau de Toovii, que l'on traverse en empruntant la piste Taiohae-Terre Déserte (aéroport), s'élève à une altitude moyenne de 800 m. Partiellement cerné par une chaîne montagneuse, il connaît une fraîcheur inhabituelle contrastant avec la touffeur des baies. On peut visiter le secteur à cheval ou à pied.

Vallée de Hakaui et cascade de Vaipo

La **vallée de Hakaui** est l'un des sites les plus grandioses de Nuku Hiva. Elle dessine une profonde saignée dans le socle basaltique. De part et d'autre de la rivière se dressent des murailles verticales atteignant près de 800 m, flanquées par endroits d'excroissances en forme de pains de sucre. Au fond de la vallée, la **cascade de Vaipo**, haute de 350 m, se déverse à pic dans une vasque à travers une étroite gouttière naturelle. Ne vous attendez pas à une chute d'eau spectaculaire, notamment en cas de sécheresse prolongée, lorsqu'elle est réduite à un mince filet d'eau.

Aujourd'hui presque inhabitée, la vallée était autrefois le fief du roi Te Moana et de la reine Vaekehu. De nombreux **vestiges archéologiques** témoignent d'une occupation humaine ancienne. Une route empierrée, ancienne **voie royale**, remonte la vallée le long de la rivière. Dans les parois des falaises sont dissimulées des grottes funéraires abritant les dépouilles de chefs placées dans des pirogues mortuaires.

La vallée de Hakaui est à environ 8 km à vol d'oiseau à l'ouest de Taiohae. L'accès le plus facile se fait en speed-boat, jusqu'à la **baie de Hakatea**, très bien protégée, où le bateau mouille. De là, comptez de 2 heures à 2 heures 30 de marche pour rejoindre la cascade. Le sentier, plat et sans difficultés particulières hormis quelques passages à gué (vous aurez de l'eau jusqu'à mi-cuisse), suit le cours de la rivière et emprunte des tronçons de l'ancienne voie royale pavée.

Au fur et à mesure de la progression, la vallée, de plus en plus encaissée, ne forme bientôt plus qu'un défilé. En réalité, on n'aperçoit la cascade que sur un court tronçon, aux deux tiers du parcours environ ; elle est dissimulée par des contreforts rocheux. En raison des risques importants d'éboulement, il est formellement déconseillé de marcher jusqu'au bassin d'écoulement de la cascade ; on s'arrête à 300 m en aval.

De retour à la baie de Hakatea, vous pourrez profiter de la jolie **plage de Hakatea**, au sable clair, où il est possible de se baigner.

Plusieurs prestataires assurent le transfert en bateau de Taiohae jusqu'à la baie de Hakaui, puis vous guident jusqu'à la cascade. Renseignez-vous auprès des pensions et hôtels de l'île ou contactez **Marquises Plaisance** (☎92 08 75, 73 23 48 ; Taiohae ; e.bastard@mail.pf). Comptez 13 500 CFP pour 2 personnes l'excursion à la journée (tarif dégressif ensuite en fonction du nombre de participants) ; pour la sortie à la demi-journée jusqu'à la plage de Hakatea seulement, il vous en coûtera 10 500 CFP pour 2 personnes (dégressif). Prévoyez un pique-nique (non inclus dans la prestation), des sandales en plastique, des vêtements de rechange, un maillot de bain, un produit antimoustique et des sacs étanches pour les appareils photo.

Attention ! La vallée de Hakaui est infestée de nonos (voir l'encadré ci-contre), tout comme la plage de Hakatea à certaines époques. Couvrez-vous au maximum et enduisez-vous de monoï. Sachez également que le trajet en bateau (30-40 min) est parfois inconfortable, surtout en cas de houle (risque de mal de mer).

Taipivai

Ancien fief des Taipi, Taipivai s'étire au fond d'une vallée qui débouche dans la majestueuse **baie du Contrôleur**, estuaire qui remonte profondément à l'intérieur des terres, à 16 km au nord-est de Taiohae.

Les habitants de Taipivai s'illustrèrent par la farouche opposition livrée au capitaine américain Porter qui voulait annexer l'île en 1813. Ses soldats eurent recours au canon pour massacrer la population.

Cette vallée a été rendue célèbre par l'écrivain Herman Melville. Engagé comme matelot, il déserte lorsque son bateau fait relâche dans la baie en 1842 et gagne la vallée de Taipivai, où il réussit à se faire accepter par les farouches Taipi, dont il partage l'existence trois semaines durant. Cette expérience hors du commun est relatée dans *Taïpi* (Folio Gallimard, 1984).

La route Taiohae-Taipivai est entièrement goudronnée.

Il n'y a pas d'hébergement à Taipivai.

NONO : L'INSECTE PIQUEUR

Aux Marquises, préparez-vous à affronter un ennemi (presque) invisible et redoutable : le nono. Il s'agit d'une minuscule mouche des sables, endémique, qui mord la peau de l'infortuné touriste. La morsure provoque des démangeaisons et peut s'infecter. Le nono blanc vit sur les plages, le nono noir dans les vallées. Les démangeaisons ne sont pas immédiates ; elles se déclenchent parfois deux jours plus tard... Tous les endroits ne sont cependant pas infestés en permanence. Sachez que le nono, comme le moustique, n'aime pas les endroits exposés aux vents.

Seule prévention : s'enduire de monoï ou d'huile de tamanu (le nono s'y englue) ou de produit répulsif, et bien se couvrir.

À voir

Paeke SITE ARCHÉOLOGIQUE

En remontant la vallée, ne manquez pas ce site archéologique, aménagé au milieu d'une clairière, à flanc de colline. Il comprend deux plates-formes, flanquées d'une batterie de tikis de taille respectable, adossés aux parements. Trapus, ces tikis se signalent par leurs membres inférieurs particulièrement développés, leurs bras sur l'abdomen et leur tête dépassant (pour certains) la plate-forme. Le matériau utilisé, du tuf rouge, leur donne une coloration brique. Malheureusement, le site n'est pas entretenu et la végétation gagne du terrain.

Paeke n'est pas signalé. Pour vous y rendre depuis le petit pont à l'entrée de Taipivai, prenez la route en direction de Hatiheu (en amont) sur environ 1 km. Demandez ensuite que l'on vous indique le sentier qui monte à droite et serpente à flanc de colline. Comptez 20 minutes de marche. Prévoyez du produit antimoustique et de quoi vous protéger du soleil.

Hooumi

Jadis peuplé par les Teavaaki, ce charmant hameau où s'épanouit une végétation luxuriante est situé à 4 km environ à l'est de Taipivai. La route cimentée qui y conduit, d'abord en corniche, offre de belles échappées sur la baie du Contrôleur.

En traversant le village, on distingue une enfilade de *pae pae* (plates-formes) sur lesquels sont érigées des maisons. À proximité, on aperçoit les incontournables séchoirs à coprah. Sur la droite, une petite église en bois, au chambranle et aux arêtes soulignés de bleu, ressemble à une maison de poupée. La route se termine sur une plage de sable blanc, face à l'une des deux échancrures de la baie du Contrôleur. L'endroit est malheureusement infesté de nonos et de moustiques.

Hatiheu

Coup de cœur pour ce village plein de charme, dans le nord-est de l'île, adossé à une paroi montagneuse qui paraît infranchissable. On reste sans voix devant le spectacle des pics basaltiques aux allures de château fort, burinés par l'érosion, qui s'élèvent à l'ouest. Sur l'un d'eux, à 300 m d'altitude, une Vierge blanche a été hissée en 1872. Au centre du village, adossée à la montagne, se profile l'église en bois et en pierre, dotée de deux clochetons symétriques rouges. À l'arrière, le cimetière empiète sur la colline. Le front de mer engazonné et planté de cocotiers est ornementé de tikis, œuvres de sculpteurs locaux, et bordé par une plage de sable noir.

La principale route d'accès, depuis Taipivai (12 km), est superbe. La montée très raide jusqu'au **col de Teavaitapuhiva** (443 m), à 7,5 km de Taipivai, est impressionnante (fort heureusement, cette section est cimentée). Peu avant le col, vous jouirez de perspectives magnifiques sur plusieurs **cascades**. Au col, un belvédère a été aménagé, d'où l'on découvre toute la baie de Hatiheu.

Hatiheu mérite le détour pour ses sites archéologiques, admirablement restaurés, situés un peu avant l'entrée du village.

À voir

Kamuihei, Tahakia et Teiipoka SITES ARCHÉOLOGIQUES

Ces trois sites adjacents, restaurés en 1998, puis réaménagés pour le festival des Marquises de 2011, se déploient de part et d'autre de la piste, à quelques centaines de mètres avant d'arriver au village. Ils rassemblent tous les éléments architecturaux d'un clan : vestiges des plates-formes d'habitation (*pae pae*), de lieux de festivités et de réunion (*tohua*), de sites religieux (*meae*), pétroglyphes, fosses alimentaires de stockage et banians (arbre sacré). L'importance et le nombre de ces structures témoignent de la forte densité de population qui occupait jadis cette vallée : on estime qu'elle était dix fois supérieure à ce qu'elle est aujourd'hui. Le site de **Kamuihei** est spectaculaire, ne serait-ce que pour l'ambiance étrange qui se dégage de cet amas de gros blocs basaltiques couverts de mousse. La présence d'énormes banians renforce cette impression. Aucune datation n'a encore été faite. De l'autre côté de la piste s'étend un autre *tohua* restauré, celui de **Tahakia**, et quelques *pae pae*. Ce site était celui du clan du guerrier Keikahanui. Un panneau explicatif a été installé, mais, en l'absence de fléchage, il n'est pas très facile de trouver par soi-même certains vestiges, notamment les superbes **pétroglyphes** qui ornent deux grosses pierres, sur le site de **Teiipoka** ; ils représentent des figures humaines, des oiseaux, des chiens, des tortues, des cercles concentriques et des poissons (dont un regalec, qui ressemble au *mahi mahi*). Faites-vous accompagner par un guide (adressez-vous à la pension Chez Yvonne, au village).

PETIT LEXIQUE D'ARCHÉOLOGIE MARQUISIENNE

Reportez-vous aux chapitres *Civilisation polynésienne* p. 323 et *Sites archéologiques* p. 327 pour de plus amples renseignements sur les vestiges archéologiques.

Tohua : esplanade ou plate-forme communautaire, pavée, entourée de terrasses, où se déroulaient des festivités, des danses, des jeux...

Tiki : statue en pierre représentant un dieu ou un ancêtre divinisé.

Pae pae : plate-forme composée de blocs rocheux, à 2 niveaux, sur laquelle étaient construites les anciennes habitations marquisiennes.

Meae : espace sacré et *tapu* (interdit), où se déroulaient les rituels. Seuls les prêtres y avaient accès. Également lieu d'exposition des dépouilles mortuaires.

VAUT LE DÉTOUR

ESCAPADE À ANAHO ET HAATUATUA

Un air de bout du monde, la quiétude d'une cocoteraie, la mer à quelques mètres... Venez vous ressourcer dans la magnifique **baie d'Anaho**, presque inhabitée. La mince plage de sable blanc qui se déploie sur près d'un kilomètre donne envie de se baigner, mais il faudra composer avec les nonos, sauf quand soufflent les alizés. La baie est parsemée de jardins de corail, propices au snorkeling.

En 1888 déjà, l'écrivain écossais R. L. Stevenson, croisant dans le Pacifique à bord de son voilier *Casco*, mouilla en baie d'Anaho et tomba sous son charme. Cernée par un cirque montagneux, la baie est protégée de la houle et constitue un lieu de mouillage privilégié pour les plaisanciers. Un platier corallien, le seul des Marquises, a pu s'y développer et évoque un lagon. Quelques séchoirs à coprah, une cocoteraie magnifique et une minuscule chapelle bordent le rivage.

Anaho se mérite ; l'endroit n'est accessible qu'à pied (comptez 1 heure 15 depuis Hatiheu) ou en speed-boat (15 min, 7 000 CFP), également depuis Hatiheu. À Hatiheu, au carrefour situé à 100 m à l'est du restaurant Hinakonui, empruntez la route goudronnée qui monte à droite. Quelque 500 m plus loin, on débouche sur une petite clairière, où se situe le départ du sentier. Comptez une bonne heure de marche jusqu'à la plage d'Anaho, au milieu d'une cocoteraie. Au **col Teavaimaoaoa** (218 m), vous jouirez d'une vue imprenable sur la baie d'Anaho. La descente, au beau milieu d'une immense cocoteraie, est assez raide. Prévoyez des chaussures de marche, de l'eau et du produit antimoustique.

D'Anaho, on peut rejoindre à pied la **plage de Haatuatua** (comptez une demi-heure, sans difficulté), en longeant le bord de mer, plein est. Après avoir franchi un petit col, on débouche rapidement dans la baie de Haatuatua (impossible de se perdre, le chemin est bien visible). Une pure merveille : une longue plage de sable jaune, mangée par quelques herbes folles, est encadrée par des massifs montagneux, et pas âme qui vive. Seuls les nonos vous ramèneront à la réalité...

Hikokua SITE ARCHÉOLOGIQUE

Ce site est à 400 m plus en aval du précédent, sur la piste principale en direction de Hatiheu, légèrement en retrait sur la droite. Cet ancien lieu de festivités et de sacrifices humains fait coexister sculptures anciennes et œuvres récentes. Découvert par l'archéologue R. Suggs en 1957, le site a été restauré par les habitants de Hatiheu à partir de 1987. Il daterait de 1250 et aurait été utilisé jusqu'au siècle dernier. Le cadre est magnifique : à travers les cocotiers, on distingue, en toile de fond, vers le nord-ouest, les pics qui bordent la baie de Hatiheu.

À l'entrée du site, sur une plate-forme immédiatement à gauche, vous ne manquerez pas d'apercevoir un **tiki** phallus d'un bon mètre. Il s'agit là d'une pierre naturelle, qui n'est pas d'origine. Tout près, une fosse alimentaire (*ua ma*), d'origine cette fois, est également visible.

La partie centrale du site se compose d'une vaste **esplanade**, rectangulaire, qui était réservée aux danses lors des festivités communautaires. Elle est flanquée de petites plates-formes en blocs de basalte à un ou deux niveaux, qui faisaient office de gradins pour les spectateurs. La partie basse des gradins était occupée par les spectateurs des castes inférieures, le second niveau, par les castes supérieures. Cette esplanade prête régulièrement son cadre à des danses traditionnelles – dont l'impressionnante danse du Cochon – exécutées par le groupe de Hatiheu, notamment lors du passage des touristes de l'*Aranui*.

Sur la terrasse est, on distingue un groupe de deux **statues** et un rocher plat. Les deux sculptures, modernes, ont été réalisées par un sculpteur de l'île. L'une représente un guerrier victorieux venant de terrasser ses deux ennemis. La roche plate qui se trouve posée à côté est une pierre d'origine, utilisée à diverses fins : elle servait de "podium" pour les danses en solo ; afin d'accomplir des rites liés à la puberté, comme par exemple exposer les corps et les parties génitales des jeunes garçons ou filles ; ou pour exhiber les premiers tatouages des personnages importants. La seconde sculpture moderne figure une cheffesse avec un enfant.

Au sud-est de l'esplanade s'égrènent neuf **tombes chrétiennes** faites avec des petites dalles de *keetu*. On suppose qu'elles datent de l'époque de l'arrivée des premiers missionnaires, après l'abandon du site.

La **plate-forme** du fond (au nord de l'esplanade, côté océan) était le centre des activités cérémonielles. Elle est flanquée de dalles de *keetu* et, sur le devant, de trois tikis, dont un est relativement bien conservé. Vers l'arrière, vous verrez un tiki moderne figurant d'un côté une tortue, animal symbolique. C'est à cet endroit qu'avaient lieu les sacrifices et l'exposition des victimes.

En l'absence de toute signalétique, ces sites ne sont malheureusement pas directement compréhensibles pour un œil non spécialiste. Faites-vous accompagner par un habitant du village (renseignez-vous auprès de la pension Chez Yvonne, au village), qui vous montrera les principales curiosités, mais ne vous attendez pas à des commentaires très scientifiques.

Pour plus de renseignements sur les vestiges archéologiques, consultez le chapitre *Civilisation polynésienne*, p. 323.

Salle patrimoniale MUSÉE

(entrée libre ; ⌚sur demande). Les archéologues qui ont travaillé sur la restauration des sites de Hatiheu ont créé un petit musée bien conçu consacré à l'histoire du peuplement aux Marquises et à l'archéologie dans l'archipel. La muséographie s'appuie sur des panneaux explicatifs, des moulages, et des objets mis en dépôt par des particuliers. Demandez la clé à la pension Chez Yvonne, juste à côté.

Où se loger et se restaurer

Chez Yvonne – restaurant Hinakonui RESTAURANT-PENSION €

(☎92 02 97 ; bungalows s/d 8 000/12 000 CFP en demi-pension ; plats 1 700-3 000 CFP ; ⌚midi et soir tlj sauf dim). C'est une cuisine simple mais pleine de tempérament qui vous attend dans ce restaurant ouvrant directement sur le front de mer. Goûtez aux spécialités locales, notamment la langouste flambée au whisky (de février à octobre) ou la chèvre au lait de coco, accompagnées de fruit à pain, de manioc et de riz. Il est préférable de réserver (la cuisine n'est pas systématiquement ouverte).

La prestation d'hébergement est plus décevante. Les tarifs sont largement surévalués, car les 5 bungalows sont exigus et présentent un confort sommaire, avec des matelas fatigués.

La côte nord, d'Aakapa à l'aéroport

À l'opposé de Taiohae sur la côte nord, le village reculé d'Aakapa est situé dans un cadre naturel superbe, caractérisé par des pics qui forment une muraille acérée. Aakapa est accessible par la piste depuis Hatiheu (praticable en 4x4, avec quelques sections cimentées).

D'Aakapa, la piste devient plus cahoteuse (mais reste praticable en 4x4, sauf par temps de pluie) et continue vers l'ouest en traversant des paysages époustouflants, alternant des baies échancrées, des montagnes et des plateaux désertiques, avant de rejoindre la piste qui mène à l'aéroport. Le secteur est pratiquement inhabité ; on ne compte qu'un hameau, à **Pua**, où vit une famille.

Depuis/vers Nuku Hiva

Avion

Avec sa piste d'atterrissage qui peut accueillir des ATR 72, Nuku Hiva est la plaque tournante du trafic aérien aux Marquises. La durée du vol direct Papeete-Nuku Hiva est de 3 heures environ. Reportez-vous aux tableaux des liaisons aériennes (p. 221).

Air Tahiti (☎91 02 25, 92 01 45 à l'aéroport, 86 42 42 réservation centrale ; www.airtahiti.pf ; ⌚8h-12h et 13h30-16h30 lun-jeu, 8h-12h et 13h30-15h30 ven Sur le front de mer, à Taiohae.

Cargos inter-îles

Le cargo mixte **Aranui** (www.aranui.com) dessert Nuku Hiva et Taipivai (voir p. 379 et l'encadré p. 218). Le **Taporo IX** ne prend pas de passagers.

Comment circuler

Un réseau de routes et de pistes dessert l'aéroport, Taiohae, Taipivai, Hooumi, Hatiheu, Aakapa et Pua. La route est goudronnée entre Taiohae et Taipivai (puis cimentée jusqu'à Hooumi). Entre Taiohae et l'aéroport, seuls les derniers 7 km n'ont pas encore été cimentés.

Desserte de l'aéroport

Des taxis 4x4 agréés attendent généralement à chaque vol. Il est toutefois plus prudent de réserver, par l'intermédiaire de votre hôtel ou pension. La course aéroport-Taiohae est facturée 4 000 CFP/pers.

La route qui relie Taiohae à l'aéroport de Nuku Ataha, situé à Terre Déserte, de l'autre côté de l'île, traverse de superbes paysages, dont le plateau de Toovii. Il faut compter 1 heure 15 de trajet (davantage s'il a plu), très sinueux. Le parcours est entièrement goudronné (ou cimenté), sauf un tronçon de quelques kilomètres près de l'aéroport.

4x4

L'état des routes s'étant nettement amélioré au cours des dernières années, il n'est pas indispensable de louer une voiture avec chauffeur. La **pension Moana Nui** (☎92 03 30 ; pensionmoananui@mail.pf) loue des 4x4 en bon état. Comptez entre 11 000 et 13 500 CFP les 24 heures, selon le modèle, assurance et kilométrage illimité inclus. En cas de pluie, certains tronçons sont impraticables, voire dangereux.

Une station-service est située sur le quai des goélettes, à l'est de la baie de Taiohae.

UA HUKA

571 HABITANTS

Changement de décor à Ua Huka. Par rapport aux autres îles de l'archipel, Ua Huka, la moins arrosée des îles de Polynésie, se distingue par de vastes étendues presque désertiques au sud, qui lui donnent un aspect lunaire. Certains paysages côtiers entre Vaipaee, Hane et Hokatu, les trois villages de l'île, distillent une atmosphère incomparable de Far West, dont on peut s'imprégner à l'occasion d'une randonnée pédestre. Pendant longtemps, Ua Huka a été appelée l'"île aux chevaux", mais en raison de la sécheresse qui a décimé une partie des troupeaux qui évoluaient en semi-liberté, ce surnom n'a plus vraiment de raison d'être.

Ua Huka possède quelques beaux vestiges archéologiques, dissimulés dans un cadre naturel de toute beauté, ainsi que de jolies plages sauvages. L'artisanat n'est pas en reste. Chacun des trois villages abrite un centre d'exposition-vente. Enfin, totalement inattendu en pareil endroit, un arboretum fait la fierté de l'île.

Ua Huka est située à 50 km à l'est de Nuku Hiva et à 56 km au nord-est de Ua Pou. Malgré plusieurs liaisons aériennes hebdomadaires avec les îles voisines, les touristes se font rares. Vous aurez l'impression d'avoir l'île pour vous tout seul. Profitez de cette quiétude en lui consacrant deux ou trois jours.

À voir

Vaipaee VILLAGE

Le chef-lieu de l'île est situé au fond d'une échancrure très profonde et étroite, mesurant près de 1 km. Elle est à juste titre surnommée "Baie invisible". Lorsque l'*Aranui* y pénètre, il manœuvre dans un mouchoir de poche et s'amarre aux parois avec des aussières. Le village s'étire tout en longueur, dans une vallée encaissée.

Ua Huka 0 — 10 km

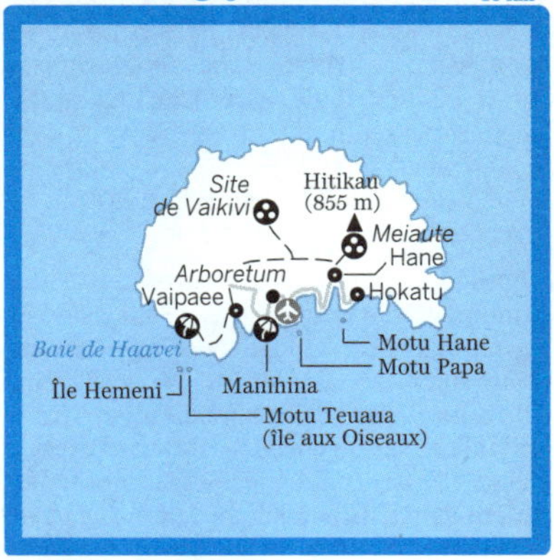

Dans la rue principale, à côté de la mairie, un petit **musée communal** (gratuit, mais donation souhaitée ; ⏱à la demande) abrite des témoignages de la vie ancienne, des tikis, des sculptures, des objets de la vie quotidienne (notamment des pilons), des tambours, des parures diverses et des reproductions de photos d'époque. On y trouve également des reconstitutions, à l'échelle, d'objets (pagaies, casse-tête) et d'une grotte funéraire. Sur la petite esplanade devant le musée est érigée une **plaque commémorative**, dédiée au capitaine Étienne Marchand qui, peut-on lire, aborda en juin 1791 le groupe Nord des Marquises.

Arboretum BOTANIQUE

(entrée libre). À mi-chemin de Vaipaee et de Hane, l'arboretum mérite une petite visite. Ce sanctuaire végétal rassemble des dizaines d'espèces du monde entier qui sont acclimatées et cultivées. Autre record, 200 sortes d'agrumes ont été plantées. Un rucher favorise la pollinisation. Le contraste est frappant entre cette arche de Noé végétale et la relative aridité de l'île. Les essences les mieux acclimatées sont utilisées pour la reforestation de l'île, dont la végétation est sans cesse menacée par les chèvres et les chevaux.

Hane VILLAGE

Des rouleaux déferlent sur la plage de galets noirs de ce village blotti au bord d'une splendide baie. À l'est de la baie, le regard ne peut se détourner du **motu Hane**, un imposant îlot en forme de pain de sucre. Sur le front de mer, une petite maison abrite le **centre artisanal** et un modeste **musée de la Mer** (entrée libre), où sont rassemblés quelques pirogues traditionnelles, ainsi que des hameçons pour la pêche au requin.

Si l'on en croit les spécialistes, la première installation des Polynésiens aux Marquises aurait eu lieu dans ce village. La figure locale est le sculpteur Joseph Vaatete, dont on devine l'atelier près de gros blocs de roche grossièrement ébauchés, à 200 m de la plage.

Meiaute SITE ARCHÉOLOGIQUE

À moins d'une demi-heure de marche sur les hauteurs du village de Hane, ce site comprend trois tikis en tuf rouge de plus d'un mètre, placés sur un même alignement, qui veillent sur un ensemble de structures en pierre, *pae pae* (plates-formes sur lesquelles étaient construites les habitations) et *meae* (plates-formes cérémonielles), qui n'ont pas encore été restaurées et que la végétation cache en partie des regards. Deux de ces tikis, trapus et massifs, aux contours finement dessinés, ont des oreilles bien saillantes, à la différence de la plupart de leurs homologues. Le tiki situé sur la gauche possède des jambes et un sexe, alors que les deux autres ne comportent que la tête et le tronc. La clairière forme un belvédère naturel d'où l'on jouit d'une magnifique vue sur la baie de Hane.

Du front de mer, remontez la rue principale vers l'intérieur de l'île. La route cimentée se termine à un carrefour. Continuez tout droit sur la piste (ne pas prendre la piste qui part à gauche et passe au-dessus de la rivière). Faites environ 900 m, dans la cocoteraie, jusqu'à ce que vous arriviez à hauteur de marches d'escalier en ciment, sur votre droite, 30 m après un virage. Quittez la piste à cet endroit et grimpez le flanc de la colline, en forte pente, en principe débroussaillée, jusqu'à la clairière (comptez 5-10 minutes de montée). Depuis les marches d'escalier, des flèches gravées sur les troncs des arbres indiquent le chemin, mais il faut avoir l'œil pour les repérer.

Hokatu VILLAGE

En arrivant à Hokatu, à 3 km à l'est de Hane, on a la délicieuse impression d'être arrivé au bout du monde. Rien ne semble pouvoir troubler la quiétude de cette communauté où la vie s'écoule paisiblement. Une seule rue, quelques maisons entourées de fleurs, un **centre artisanal**, un petit **musée** consacré aux pétroglyphes, une plage de galets noirs, une baie protégée que garde l'imposante sentinelle du motu Hane, les parois de l'ancien volcan en toile de fond… Adorable !

Le dimanche après-midi, les femmes se rassemblent dans un local près de la plage pour jouer au bingo. Ambiance authentique garantie.

Dans la baie située derrière les bungalows de la pension Chez Maurice et Delphine, on peut se baigner dans des petites vasques naturelles près du bord.

Grotte aux Pas GROTTE

Cette grotte située entre Vaipaee et Haavei serait hantée par des *tupapau* (esprits)…

La légende dit qu'un pêcheur de l'île y aurait trouvé refuge lors d'une tempête. À son réveil, le lendemain matin, il aurait remarqué avec effroi de grandes empreintes de pied sur le sable autour de lui. Quelques jours plus tard, et alors que la marée montante aurait dû les effacer, les empreintes étaient toujours là.

Cette grotte plutôt lugubre est accessible à marée basse lorsque la mer n'est pas houleuse. Le bateau stoppe à une trentaine de mètres de l'anfractuosité et il faut nager jusqu'au bord en prenant garde à ne pas se faire drosser contre les récifs par le ressac. Prévoyez des sandales en plastique et demandez à votre guide d'emporter une lampe torche.

Île aux Oiseaux (motu Teuaua) ÎLOTS

Ce site aurait pu inspirer Hitchcock. Imaginez des milliers de sternes fuligineuses (*kaveka*) qui nichent sur deux îlots inhabités, **Hemeni** et **Teuaua**, dans une assourdissante cacophonie. Les habitants de Ua Huka se rendent régulièrement à Teuaua pour y prélever des œufs. Dégustés en omelette, ils constituent un mets apprécié.

L'accès à Hemeni est interdit afin de protéger l'espèce. L'accès à Teuaua est une petite aventure. Du speed-boat, il faut donc sauter sur un replat rocheux, à 2 m au-dessus de la surface de l'eau, puis escalader la paroi en s'aidant d'une corde sur 6 m. L'embarcation ne peut s'en approcher trop près, sous peine d'être drossée par la houle contre la paroi rocheuse.

Autre épreuve : l'odeur nauséabonde des milliers de volatiles qui couvent à même le sol. D'une couleur blanchâtre, mouchetés de taches brunes ou noires, les œufs ne sont pas tous propres à la consommation. Seul un œil expert peut faire la différence. Sur votre passage, les *kaveka* s'envolent, furieux. Les plus téméraires s'enhardissent à fondre sur votre tête. Si malgré tout l'expérience vous tente, munissez-vous d'un couvre-chef, d'un pantalon et d'une paire de baskets.

Motu Papa ÎLOT

Ce motu situé au large du plateau où est édifié le terrain d'aviation, entre Vaipaee et Hane, est un lieu de pique-nique et de snorkeling. Il s'agit d'un gros bloc volcanique qui, à marée basse, dévoile un replat rocheux assez large sur lequel on peut s'installer. Le speed-boat ne pouvant accoster, il faut nager une cinquantaine de mètres jusqu'au rebord rocheux.

Prévoyez un maillot de bain, une protection solaire (les abris ombragés sont rares), ainsi que des sandales en plastique, car le sol est très glissant.

Manihina PLAGE

Près de l'aérodrome, la plage de Manihina est accessible par une piste. Elle est festonnée de gros galets, avec quelques parties sableuses de couleur gris clair envahies par des herbes rases qui lui donnent un aspect sauvage. Bien protégée par des falaises, à gauche, et un contrefort basaltique, à droite, elle offre d'excellentes possibilités de plongée libre. Malheureusement, la présence des nonos risque de gâcher le plaisir. Prévoyez des produits répulsifs en conséquence.

Pétroglyphes de Vaikivi SITE ARCHÉOLOGIQUE

Ce site archéologique perdu au milieu d'une végétation dense, sur le plateau de Vaikivi, vaut le détour, ne serait-ce que pour la randonnée pédestre ou équestre qu'il nécessite (voir *Activités* ci-dessous).

Les pétroglyphes sont gravés dans une pierre grise, au milieu d'imposants banians. Ils figurent une pieuvre et un visage humain. À proximité, d'autres pétroglyphes représentent une pirogue, un visage et divers motifs géométriques. S'ils sont recouverts de terre ou de mousse, versez un peu d'eau et grattez délicatement avec la main pour les faire apparaître.

Hatuana PLAGE

La plage de Hatuana, dans l'ouest de l'île, abrite quelques pétroglyphes. On s'y rend en speed-boat.

Haavei PLAGE

La plage de Haavei est une superbe crique, bordée de sable blanc. On peut s'y rendre par une piste depuis Vaipaee.

Activités

Contactez directement les pensions pour l'organisation des activités (sorties en bateau, excursions en 4x4 ou cheval, randonnée pédestre).

Randonnées pédestres

La route côtière, entre Haavei à l'ouest et Hokatu à l'est, ménage des vues spectaculaires et se prête à la promenade. D'autres randonnées nécessitent la présence d'un guide (adressez-vous à votre pension), en l'absence de tout balisage :

Pétroglyphes de Vaikivi. Une très belle balade consiste à se rendre aux pétroglyphes de Vaikivi, à l'intérieur de l'île (voir ci-contre). Deux itinéraires d'accès sont possibles, au départ de Hane (environ 3 heures jusqu'aux pétroglyphes) ou de Vaipaee. De Hane, il faut grimper le long de la caldeira de l'ancien volcan jusqu'au sommet, soit 1 heure à 1 heure 30 d'ascension en lacets sur un sentier escarpé. De Vaipaee, cette clairière est accessible par une piste 4x4. Arrivé à la clairière, au col, on jouit d'une vue imprenable sur la baie de Hane. De la clairière, il faut compter environ 1 heure 30 de marche à travers des futaies de *mape*, de *purau* et de pandanus jusqu'aux pétroglyphes. Le dénivelé n'est pas trop prononcé. Le retour s'effectue sur le même chemin.

Petit cratère. Magnifique balade de 1 heure 30, sans dénivelé, autour du cratère d'un ancien petit volcan. On chemine sur le rebord de la caldeira. Très belles vues sur la vallée de Vaipaee, le grand cratère, l'aérodrome, la plage de Manihina, et un plateau aride où évoluent des chevaux. Pas de dénivelé, mais quelques passages escarpés.

Grand cratère. Randonnée plus engagée que la précédente, autour du grand cratère, à l'ouest de Vaipaee.

Traversière Hokatu-Hane. Piste facile, qui relie les deux villages, en passant par un col. Prévoir environ 2 heures. Un guide n'est pas nécessaire.

Pokopoko. Courte balade d'une vingtaine de minutes (l'approche se fait en 4x4) sur les hauteurs de Hokatu, proposée par la pension Chez Maurice et Delphine. On marche à travers une forêt de pandanus, jusqu'à une étroite crête rocheuse, que l'on longe. Panoramas splendides sur la baie de Hokatu. Ne pas être sujet au vertige.

Randonnées équestres

Il est possible de faire de belles balades à cheval à proximité de chaque village. Il n'y a pas d'itinéraires-types ; voyez avec les propriétaires de la pension où vous séjournez, qui se chargeront d'organiser la prestation. À la demi-journée, vous pouvez monter jusqu'aux tikis de Hane (p. 235). À la journée, il est possible de se rendre jusqu'au plateau de Vaikivi (p. 237). Comptez 5 000/10 000 CFP la demi-journée/journée. Les selles en bois sont encore assez répandues. Un bon rembourrage (prévu) pallie le relatif inconfort.

Excursions en mer

Les pensions peuvent organiser une excursion en mer à la journée, au cours de laquelle vous visiterez la grotte au Pas, le motu Papa (p. 237), l'île aux Oiseaux et les plages de Manihina et de Hatuana (p. 237). Comptez 5 000 CFP/pers (minimum 4 pers).

Où se loger

Attention, aucune pension n'accepte la carte de crédit.

Chez Maurice et Delphine PENSION €
(☎92 60 55 ; Hokatu ; bungalows 6 500 CFP/pers en demi-pension). Le stress du monde moderne n'est plus qu'un lointain souvenir chez les Rootuehine. Maurice, l'un des meilleurs sculpteurs de l'île, vous fera visiter son atelier, derrière sa maison, et vous proposera une initiation aux techniques du travail du bois. Le salon, où il stocke sa production, ressemble à un minimusée. Delphine, elle, connaît bien l'histoire de son île. Les 5 bungalows sont à 5 minutes à pied de la maison des propriétaires, perchés sur une petite butte, face au motu Hane. Le bungalow Mata Otemanu, le mieux orienté, offre une vue directe sur le motu Hane et le bleu profond de l'océan. Le Namana bénéficie également d'une vue superbe. Leur aménagement est très simple, mais il y a l'essentiel (ventilateur, sdb, terrasse, moustiquaire) et leur magnifique emplacement fait oublier leur aspect vieillissant. Les repas se prennent avec la famille, sur la terrasse de la maison. Cuisine familiale, sans prétention. Les Rootuehine possèdent une petite épicerie dans le garage de leur maison. Transferts à l'aérodrome 2 000 CFP/pers l'aller-retour. Toutes les activités peuvent être organisées, dont les balades à cheval, la visite des 3 villages, les randonnées pédestres et une excursion en mer.

Pension Rêve Marquisien PENSION €€
(☎79 10 52 ; revemarquisien@mail.pf ; Vaipaee ; bungalows s/d 16 400/21 000 CFP en demi-pension). Retour aux sources garanti dans cette pension perdue au milieu d'une magnifique cocoteraie, au fond de la vallée de Vaipaee, accessible par une piste carrossable (boueuse en cas de pluie). Dans ce paradis naturel évoluent 4 espèces endémiques d'oiseaux. Les 4 bungalows

LES OISEAUX DES MARQUISES

Les ornithologues se passionnent pour les Marquises, qui comptent plusieurs espèces endémiques à l'archipel, malheureusement menacées de disparition pour certaines d'entre elles.

Salangane des Marquises (*Collocalia ocista*) – dans tout l'archipel (*kopekapeka* en marquisien).

Ptilope de Dupetit-Thouars (*Ptilinopus dupetithouarsii*) – dans tout l'archipel (*kuku* en marquisien).

Rousserolle des Marquises (*Acrocephalus mendanae*) – dans tout l'archipel (*komako* en marquisien).

Martin chasseur des Marquises (*Todiramphus godeffroyi*) – Tahuata. En danger critique d'extinction.

Monarque pie (*Pomarea iphis*) – Ua Huka (*patiotio* en marquisien).

Monarque de Fatu Hiva (*Pomarea whitneyi*) – Fatu Hiva. En danger critique d'extinction.

Lori ultramarin (*Vini ultramarina*) – Ua Huka et Fatu Hiva.

Carpophage des Marquises (*Ducula galeata*) – Nuku Hiva et Ua Huka (*upe* en marquisien).

Gallicolombe des Marquises (*Gallicolumba rubescens*) – Hatutu et Fatu Huku.

Monarque de Motane (*Pomarea mendanae motanensis*) – Motane.

sont confortables et bien équipés, avec eau chaude, parquet, terrasse, bonne literie et TV (et ventilateur, sur demande), mais les tarifs sont tout de même surévalués. À savoir : on se sent un peu isolé (le village est à 2 km). Transferts inclus. Organisation d'activités et découverte de l'île, et location de voiture (6 000 CFP/jour).

Autres options :

Chez Alexis Scallamera PENSION €
(☎92 60 19, 79 09 48 ; scallamera.florentine@mail.pf ; Vaipaee ; ch 2 000-4 000 CFP/pers ; ❄📶). Essentiellement fréquentée par du personnel en mission (gendarmes, représentants). Deux chambres, dans la maison des propriétaires, dont une avec clim, deux fois plus chère. Sdb commune (eau chaude). Bonne literie. Bien tenu, mais pas beaucoup d'intimité. Demi-pension possible (4 000 CFP/pers), ou assiette-repas (1 200 CFP). Au bord de la route principale, à Vaipaee, près du musée.

Auberge Hitikau PENSION €
(☎92 61 74 ; Hane ; s/d 2 000/3 000 CFP, repas 2 500 CFP). À Hane, au centre du village. Un *fare* de 2 chambres, avec sdb commune (eau froide) et cuisine équipée, entouré d'un jardin. Les repas traditionnels marquisiens ont bonne réputation. Transferts à l'aérodrome 2 000 CFP l'aller-retour.

Où se restaurer

Hormis quelques petits snacks ou magasins d'alimentation, le choix est restreint à Ua Huka. Fort heureusement, les pensions proposent une nourriture qui fait honneur à la cuisine marquisienne. Goûtez impérativement la succulente omelette aux œufs de *kaveka*, spécialité de l'île.

Achats

Chaque village possède son centre artisanal, où sont regroupées les productions des artisans locaux. Ils sont ouverts à la demande ; adressez-vous à vos hôtes.

Renseignements

Prévoyez suffisamment d'espèces, car il n'y a pas de banque à Ua Huka, et la carte de crédit n'est acceptée nulle part.

OPT (Hane ; ⏲7h-11h lun-ven). Bureau de poste. Sur le front de mer, à Hane. Accès Internet (un ordinateur, fonctionnant avec la carte Manaspot, en vente sur place), zone Wi-Fi autour du bâtiment, vente de recharges pour téléphones portables et de cartes téléphoniques prépayées.

Depuis/vers Ua Huka

Avion

Reportez-vous aux tableaux sur les liaisons aériennes (p. 221) pour tous les renseignements.

Air Tahiti (☎91 60 16, 92 60 44 à l'aérodrome, 86 42 42 réservation centrale ; www.airtahiti.pf). À Vaipaee.

Speed-boats

Plusieurs habitants de l'île possèdent des speed-boats et peuvent, sur demande, effectuer le trajet Ua Huka-Ua Pou ou Ua Huka-Nuku Hiva. Comptez 55 000 CFP pour Nuku Hiva et 60 000 CFP pour Ua Pou.

Cargos inter-îles

L'**Aranui** (www.aranui.com) dessert Ua Huka (voir l'encadré p. 218). Le **Taporo IX** ne prend pas de passagers.

Comment circuler

Une route goudronnée en bon état relie Vaipaee à Hokatu, via Hane, soit 13 km. La baie de Haavei, à l'ouest, est accessible par la piste depuis Vaipaee.

L'aérodrome est situé sur un plateau aride, presque à mi-chemin de Vaipaee et de Hane. Certaines pensions facturent le transfert à l'aérodrome.

Les propriétaires des pensions disposent de 4x4 et vous feront visiter les villages moyennant de 3 000 à 5 000 CFP la journée (forfait).

UA POU

2 200 HABITANTS

De loin, on dirait un palais de conte de fées. Plantés sur un socle volcanique, les 12 pitons de basalte qui s'élancent vers le ciel, à plus de 1 000 m d'altitude, ont des allures de donjons. L'auréole de nuages qui les entoure presque en permanence renforce cette impression de mystère. Tout autour de l'île, la côte est creusée de baies dans lesquelles se blottissent une poignée de villages et de hameaux.

Le centre de Ua Pou est parcouru de plusieurs sentiers qui permettent de contempler ce fantastique relief. La visite des villages et une pause farniente sur une plage offrent un agréable complément. L'île mérite également que l'on s'intéresse à son patrimoine archéologique, notamment les sites de Hakahetau et de Hohoi, restaurés à l'occasion du Festival des arts des îles Marquises qui s'est tenu sur l'île en 2007.

Ua Pou

En matière d'artisanat, les sculpteurs sur bois et sur pierre de Ua Pou jouissent d'une bonne renommée.

Ua Pou passe pour l'île la plus engagée dans la défense de la culture marquisienne traditionnelle. C'est également une pépinière de talents : la plupart des groupes de danse et des chanteurs marquisiens connus (notamment Rataro) sont originaires de Ua Pou.

L'île a été signalée pour la première fois en avril 1791 par l'Américain Ingraham, commandant du *Hope*. Le Français Étienne Marchand l'aborda en juin 1791 et, persuadé d'en être le découvreur, la revendiqua au nom de la France.

Hakahau

Il fait bon flâner dans ce bourg sans histoire, chef-lieu de l'île, niché dans une baie grandiose et encadré de montagnes. L'animation est rare, sauf aux abords du collège en période scolaire. Les rues convergent toutes vers le front de mer, avec sa grande plage de sable noir, fréquentée par de jeunes surfeurs. Tout proche, le *fare* du marché se remplit chaque dimanche après la messe, lorsque les femmes viennent jouer au bingo.

À voir

Église catholique MONUMENT

Seule construction digne d'intérêt, l'église en pierre et en bois abrite des sculptures remarquables signées par des artisans locaux. La monumentale chaire, figurant une proue de bateau en équilibre sur un filet et sa pêche miraculeuse, est un modèle du genre. Derrière l'autel se dresse un grand Christ en *tou* (un bois prisé par les sculpteurs) aux lignes épurées.

Pae pae SITE ARCHÉOLOGIQUE

Au centre du bourg, un *pae pae* restauré est représentatif de la structure caractéristique des traditionnelles maisons d'habitation, à savoir une plate-forme composée de blocs de pierre massifs, qui supportait un abri en matières végétales.

Anahoa PLAGE

À 25 minutes de marche à l'est de Hakahau, la plage d'Anahoa, de sable blanc, contraste avec la rudesse des paysages volcaniques environnants. La piste débute à proximité du quai à Hakahau. Après une dizaine de minutes d'ascension, on parvient à un col d'où l'on découvre une vue splendide sur la baie de Hakahau et les pics.

Si vous souhaitez jouir d'une belle **vue** sur la baie de Hakahau, montez à la croix blanche à l'est de la localité : de la pension-restaurant Pukuéé, prenez la piste jusqu'à un petit col. Au col, là où la piste commence à descendre, prenez la bifurcation à droite. Comptez de 5 à 10 minutes de montée assez raide, jusqu'à un petit escalier qui vous permettra d'accéder à la croix que l'on aperçoit depuis le quai.

Activités

Randonnée pédestre

Sans guide, il est possible de rejoindre les différents villages en suivant la piste principale. En revanche, si vous voulez quitter la piste et découvrir le cœur de l'île, la présence d'un guide est indispensable, car les sentiers ne sont pas balisés. Les propriétaires des pensions vous mettront en contact avec des guides disponibles. Vous pouvez également contacter directement Jérôme, de la pension-restaurant Pukuéé, qui a une solide expérience ; il demande 12 000 CFP la journée pour 1 ou 2 personnes (puis 5 000 CFP par personne supplémentaire). Les deux itinéraires les plus couramment proposés sont les suivants :

Traversière Hakahau-Hakahetau. Environ 3 heures 30, avec les pauses. Elle franchit deux cols. Baignade à la cascade à Hakahetau.

Boucle de Poumaka. Un peu plus difficile (environ 4 heures avec les pauses, 600 m de dénivelé). Panoramas garantis.

Où se loger et se restaurer

Attention ! Aucune pension n'est équipée pour le paiement par carte de crédit.

Pukuéé PENSION-RESTAURANT €

(☎92 50 83, 72 90 08 ; pukuee@mail.pf ; 9 000 CFP/pers en demi-pension ; repas 2 700 CFP ;). Une valeur sûre, gérée par un dynamique couple franco-marquisien. Ce restaurant-pension bénéficie d'une localisation exceptionnelle, à flanc de colline, avec une vue inoubliable sur la baie en contrebas. La maison, en bois, ressemble à un chalet et comprend 4 petites chambres, au confort rustique et à l'intimité limitée (les cloisons ne montent pas jusqu'au plafond), et partagent 2 sdb communes, spacieuses (eau chaude). Outre la vue, ce qui fait la différence, c'est la qualité de la cuisine et la petite piscine, dans le jardin, où il fait bon se glisser après une longue journée d'excursion. Elisa concocte des spécialités marquisiennes adaptées aux papilles occidentales, que l'on savoure sur une terrasse couverte, en forme de deck, en profitant de la vue sur le front de mer et le quai. Le repas se prend à la table commune, avec les hôtes. Pensez à réserver. Jérôme peut organiser diverses activités (excursions en 4x4, randonnées pédestres). Service de blanchisserie (1 000 CFP).

Pension Vehine PENSION €

(☎92 53 21, 70 84 32 ; ch ou bungalow 6 000 CFP/pers avec petit-déj, 8 800 CFP/pers en demi-pension). Derrière le snack Vehine, à environ 500 m du front de mer. Au choix : 2 chambres, avec sdb commune (eau chaude), quelconques mais fonctionnelles, dans la maison de la propriétaire, ou, si vous souhaitez plus d'indépendance, 2 bungalows bien conçus, avec sdb, sur un terrain dégagé, juste à côté. Pour les repas, vous n'avez que 20 m à faire jusqu'au snack Vehine. Grande terrasse avec vue dégagée.

Chez Dora PENSION €

(☎/fax 92 53 69 ; ch 5 000 CFP/pers avec petit-déj, 7 000 CFP/pers en demi-pension, bungalow 6 000 CFP/pers avec petit-déj, 7 000 CFP/pers en demi-pension). Tout au bout du village, à environ 2 km du front de mer, Dora loue 3 chambres dans sa maison, propres mais sans charme. L'une d'elles possède une sdb privative (eau chaude). Également 2 bungalows à côté de la maison principale, spacieux, avec brasseur d'air et sdb (eau froide), très corrects. La maisonnée est parfois bruyante. Grande terrasse.

Snack Vehine SNACK €

(☎92 50 63, Hakahau ; plats 1 100-1 600 CFP ; ⏲tlj sauf dim). Snack tout simple, servant les plats habituels (poisson cru, sashimi de thon, steak-frites, etc.), très corrects. À côté de la Pension Vehine.

Achats

Un *fare* artisanal regroupant les productions des artisans se trouve près du quai. Les sculpteurs les plus connus sont Alfred Hatuuku, qui a participé à la sculpture de la chaire de l'église catholique, et Marcel Bruneau, qui travaille la pierre volcanique, le basalte et le tuf, ainsi que le bois. Les pilons (qui servaient autrefois à broyer la nourriture ou les médicaments) sont l'une de ses spécialités. D'autres sculpteurs accueillent les visiteurs dans leur atelier, notamment Pierre Kaiha, Dominique Kaiha, Luc Hatuuku et Wilfried Tata. À Hakahetau, ne manquez pas de rendre visite à Tony Tereino, à la pension Leydj (p. 243). Avec un peu de chance, vous trouverez des galets fleuris de Hohoi (voir ci-contre).

Renseignements

Hakahau dispose d'un petit centre médical, où exercent un médecin et un dentiste.

OPT (⌚7h-11h30 et 12h15-15h lun-jeu, 7h-11h30 et 12h15-14h ven). Bureau de poste. Sur le front de mer. Accès Internet (un ordinateur, fonctionnant avec la carte Manaspot, en vente sur place), zone Wi-Fi autour du bâtiment, vente de recharges pour téléphones portables et de cartes téléphoniques prépayées, et distributeur de billets (accessible 24h/24).

Socredo (☎92 53 63 ; ⌚7h30-12h et 13h-15h lun-ven). Au centre du village, à côté de la poste. Attention, ne pratique plus le change de devises. Distributeur de billets, accessible 24h/24.

Vallée de Hakamoui

Cette vallée, également appelée "vallée des Rois", est aujourd'hui déserte. Jadis habitée par la tribu dominante des Atipapa d'où était issu le chef de l'île, elle était l'un des principaux foyers de peuplement de l'île. Elle regorge de sites archéologiques témoignant de cette présence humaine ; malheureusement, rien n'est entretenu et la végétation a tout recouvert ou presque, et des barbelés en interdisent l'accès. Vous devrez vous contenter de faire fonctionner votre imagination. Petite consolation : cette vallée se termine par une jolie cocoteraie que borde une plage de galets noirs.

Cette vallée est facilement accessible depuis Hakahau. Suivez la route qui conduit à Hohoi sur 3 km environ et empruntez la bifurcation sur la gauche qui descend vers l'est, en direction de l'océan.

Hohoi

À Hohoi, le temps semble s'être figé. La luxuriance de la végétation forme un contraste saisissant avec l'aridité des plateaux du nord-ouest de l'île. Ce village bucolique est accessible depuis Hakahau. La piste déroule ses 12 km sous un couvert végétal aux essences multiples, et ménage quelques points de vue remarquables sur le littoral.

À voir

Tohua Mauia SITE ARCHÉOLOGIQUE

Ce site archéologique majeur a été restauré à l'occasion du Festival des arts des îles Marquises en 2007, sur les hauteurs du village. Il s'agit d'une grande esplanade qui accueillait diverses cérémonies aux temps anciens.

Galets fleuris PHONOLITHES

Descendez jusqu'à la plage. Avec beaucoup de chance, vous trouverez les fameux "galets fleuris" qui font la réputation de Hohoi. Il s'agit de phonolithes dont la cristallisation prend la forme de fleurs de couleur ambrée.

Vallée de Hakaohoka SITES ARCHÉOLOGIQUES

Dans le sud-est de l'île, cette vallée s'ouvre sur la baie de Hohoi. De la grève de galets jusqu'à l'intérieur des terres, elle remonte sur plus de 2 km et abonde en **sites archéologiques**, enfouis dans la végétation. Pétrie de légendes et de mystères, cette zone était jadis très peuplée. On sait que cette vallée est devenue totalement déserte dans les années 1860 à la suite d'une épidémie de variole. Les structures d'habitation ont alors été fossilisées. Le long de la rivière principale, sur un espace de 70 m de part et d'autre du lit, s'étendent divers vestiges de l'ancienne occupation humaine de la vallée. Malheureusement, vous ne verrez pas grand-chose. Insuffisamment mis en valeur, le site est recouvert par une végétation dense, et des barbelés signalent qu'il s'agit de propriétés privées.

Plage de Hakanai

En contrebas de la piste menant à Hakahetau, à 11 km du bourg, la superbe baie de Hakanai, préservée, est un lieu de pique-nique des habitants de Ua Pou et une belle plage propice à la baignade. Elle a été surnommée "plage aux Requins", eu égard aux nombreux squales aperçus dans l'anse. Munissez-vous impérativement de répulsif, car les nonos y sévissent.

Hakahetau

Entre Hakahau et Hakahetau, les 15 km de piste, très pittoresque, serpentent parmi les plateaux dénudés du nord-ouest de l'île. Entre Hakahau et le terrain d'aviation d'Aneou, vous apercevrez des chevaux et des chèvres. En toile de fond, le profil en lame de couteau de l'Oave s'offre à votre vue, tandis qu'au nord se dessinent les contours de Nuku Hiva.

On se sent vite enveloppé par l'atmosphère paisible de ce coquet village, égayé de maisons multicolores, d'où se détache le clocher rouge de l'église. Hakahetau fut la résidence de Mgr Le Cleac'h, connu pour sa traduction de la Bible en marquisien. Les habitants vivent de la culture du coprah, de la pêche et de l'artisanat.

Tetahuna SITE ARCHÉOLOGIQUE

En remontant le village, ne manquez pas cet ancien site cérémoniel restauré en 2007, qui a prêté son cadre aux manifestations du Festival des arts des îles Marquises en décembre 2007. Le site se compose de plusieurs plates-formes de pierre, près d'une rivière, dans une clairière, sur lesquelles avaient lieu divers rituels et cérémonies aux temps anciens. Il n'y a malheureusement aucun panneau explicatif, mais le cadre, grandiose, mérite le coup d'œil.

Cascade Vaiea BAIGNADE

Au fond de la vallée, une courte balade d'un quart d'heure environ vous conduira à cette cascade rafraîchissante. Elle coule dans plusieurs bassins où l'on peut se baigner.

Où se loger et se restaurer

Pension Leydj PENSION €

(☎92 53 19 ; ch 5 500 CFP/pers en demi-pension). Le sculpteur Tony Tereino vous accueille dans une grande maison moderne à la sortie du village. Il loue 3 chambres, fonctionnelles et sans aucun cachet mais propres, qui se partagent une sdb. Le salon mérite une visite à lui seul : il regroupe les œuvres de Tony, en bois et en pierre, et ressemble à un petit musée. Les repas se prennent en terrasse, avec une jolie vue sur la vallée et une partie de la baie. Bonne cuisine de Célestine, la maîtresse de maison. Diverses excursions peuvent être organisées au départ de la pension.

Ti'Piero SNACK €

(☎92 55 82, 20 17 59 ; plats 900-1 900 CFP ; ⌚mer-dim). Tenu par un couple franco-marquisien, ce snack fait de réels efforts pour proposer une cuisine améliorée, à base de produits locaux. Spécialités de la maison : la chèvre de sept heures et les boulettes de fruits à pain.

De Haakuti à Hakamaii

Depuis Hakahetau, une piste sinueuse continue plein sud jusqu'à **Haakuti**, à environ 7 km. Dans ce village minuscule, vous ressentirez la délicieuse sensation d'être parvenu au bout du monde. L'unique rue, de forte déclivité, sert de trait d'union entre l'église en pierre bâtie sur un *pae pae*, en haut du village, et le minuscule quai battu par la houle.

À la tombée de la nuit, ne manquez pas le retour des pêcheurs.

L'atmosphère est similaire à **Hakamaii**, un village qui s'étire le long d'une rivière. La population vit au rythme paisible de la pêche et de la culture du coprah.

La façade de l'église de pierre, fièrement dressée face à l'océan, est curieusement habillée : des panneaux de bois peints en jaune, bleu et rouge imitent des vitraux.

Depuis/vers Ua Pou

Avion

Reportez-vous aux tableaux sur les liaisons aériennes p. 221 pour tous les renseignements.

Air Tahiti (☎91 52 25, 92 51 08 à l'aérodrome, 86 42 42 réservation centrale ; www.airtahiti.pf ; ⌚7h30-11h30 et 13h30-15h30 lun-ven). À Hakahau.

Cargos inter-îles

Le cargo mixte **Aranui** (www.aranui.com ; voir l'encadré p. 218) dessert Ua Pou (Hakahau et Hakahetau). Le **Taporo IX** ne prend pas de passagers.

Comment circuler

Sur la côte est, une piste relie Hakahau à Hohoi (13 km) et se prolonge jusqu'à Hakatao sur la côte ouest. Hakahau est reliée, sur la côte ouest, à Hakahetau (15 km), à Haakuti (22 km) et à Hakamaii. La piste ne fait donc pas complètement le tour de l'île.

Desserte de l'aérodrome

L'aérodrome est situé à Aneou, à une dizaine de kilomètres à l'ouest de Hakahau, sur la piste de Hakahetau. Vos hôtes viendront vous chercher si vous avez réservé. Comptez 4 000 CFP/pers le transfert aller-retour.

4x4

Il n'y a pas de loueurs de 4x4 sur l'île. Tous les déplacements se font en 4x4 avec chauffeur. Adressez-vous aux propriétaires des pensions.

Comptez entre 15 000 et 20 000 CFP par jour et par véhicule, selon la distance.

ÎLOTS INHABITÉS DU GROUPE NORD

Hatu Iti, **Eiao**, **Hatutu**, **Motu One** et le **banc Clark** sont situés au nord de Nuku Hiva. Leurs eaux sont occasionnellement fréquentées par des navires de pêche. Eiao faillit être retenu dans le cadre des essais nucléaires du CEP (Centre d'expérimentation du Pacifique).

HIVA OA

2 010 HABITANTS

Hiva Oa est une île envoûtante, qui a lié sa destinée à celle de deux illustres artistes, le peintre Gauguin et le chanteur-compositeur Jacques Brel, qui tombèrent sous son charme et n'en repartirent jamais.

Fertile, luxuriante et boisée, Hiva Oa présente un profil majestueux sur toute sa superficie (40 km d'ouest en est et 10 km du nord au sud), avec des vallées cloisonnées par des lignes de crête escarpées, des sommets découpés qui culminent à plus de 1 000 m, dont le Temetiu (1 276 m), et des baies magnifiques adossées à des cirques montagneux. L'île n'est sillonnée que de quelques pistes seulement, ce qui renforce son aspect sauvage et préservé.

Comme dans le reste des Marquises, on vient à Hiva Oa non pas pour les plages (très peu nombreuses), mais pour profiter du cadre naturel, à l'occasion d'une randonnée pédestre, d'une balade à cheval ou d'une excursion en 4x4 dans les parties reculées de l'île.

L'aspect culturel est également très fort ; partout les témoignages de l'ancienne civilisation marquisienne s'offrent à la vue, au milieu d'une végétation exubérante. Puamau, sur la côte nord-est, abrite d'impressionnants tikis, les plus représentatifs découverts à ce jour aux Marquises. Le grand site cérémoniel de Taaoa, au sud-est, et les pétroglyphes de Tehueto valent également le détour. Pour les amateurs de dépaysement absolu, les hameaux de Hanaiapa et de Hanapaaoa au nord sont à découvrir.

Atuona et environs

Mention très bien pour le cadre : cette jolie bourgade est entourée de vertigineuses parois qui culminent à plus de 1 000 m d'altitude, au nord d'une baie magnifique. Où que l'on scrute, le regard est happé par un décor grandiose : à l'ouest, l'imposant mont Temetiu barre l'horizon ; à l'est, des maisons colorées entourées de jardins soigneusement entretenus s'accrochent aux flancs de la péninsule qui sépare le centre d'Atuona de la **baie de Tahauku**. Cette anse forme un U presque parfait où les voiliers qui font le tour du monde ont coutume de mouiller. En contrebas d'Atuona, une plage de sable noir, dont les rouleaux font la joie des surfeurs, frange la baie. En face d'Atuona, dans la baie, se dresse l'îlot Anakéé.

La physionomie de la ville (1 300 habitants seulement) a peu changé depuis la mort de Jacques Brel, qui y vécut de 1975 à 1978, même si le monde moderne a largement fait irruption dans la vie quotidienne des habitants, qui vivent à l'heure du téléphone portable et d'Internet, sans parler des incontournables 4x4. L'ombre du chanteur, ainsi que celle de Paul Gauguin planent toujours sur cette petite cité qui regroupe la plupart des services et des commerces de l'île.

À voir

Espace culturel Paul-Gauguin et centre Jacques-Brel MUSÉES

(☎92 78 97 ; 600 CFP chaque musée ; ⏱8h-11h et 14h-17h lun-jeu, 7h30-14h30 ven, 8h-11h sam). Pour les nostalgiques de Paul Gauguin et de Jacques Brel, la visite de ces deux musées, situés au même endroit, au centre du bourg, s'impose. Le premier bâtiment rassemble des reproductions numériques de tableaux de Gauguin et évoque son œuvre avec des panneaux explicatifs. Il comprend aussi quelques objets trouvés sur des sites archéologiques. Le second bâtiment abrite *Jojo*, l'avion personnel de Brel, et vous fera plonger dans l'univers sonore du chanteur. Ces deux musées valent plus par leur côté symbolique que par leur contenu, somme toute bien modeste.

Cimetière du Calvaire SITE HISTORIQUE

Jacques Brel et Paul Gauguin reposent à quelques dizaines de mètres l'un de l'autre dans ce cimetière accessible par une route qui monte à hauteur de la gendarmerie (comptez 500 m de montée). Bien entretenu, fleuri, disposé en terrasse sur la colline, il domine la baie d'Atuona. La **tombe de Jacques Brel** est située

Hiva Oa, Tahuata et Motane

dans la partie basse du cimetière, près de la grande croix blanche. La pierre tombale, partiellement dissimulée par la végétation, est agrémentée d'un médaillon représentant l'artiste avec sa compagne Madly.

La **tombe de Paul Gauguin** est à une vingtaine de mètres, à droite de la grande croix blanche. Elle est formée de blocs de tuf rouge, au pied d'un frangipanier. Sur l'avant est enchâssé un galet sobrement gravé de l'inscription "Paul Gauguin 1903". En arrière plan veille la réplique de la statue d'Oviri ("sauvage"), qui représente une femme au visage inquiétant et énigmatique, tenant à la main un louveteau. Gauguin s'identifiait à la symbolique violente de cette statue et souhaitait qu'elle figurât sur sa dernière demeure.

Vieux cimetière de Tevitete — SITE HISTORIQUE

Il règne une atmosphère mystérieuse dans cet ancien cimetière aujourd'hui abandonné, situé dans une vallée à 2 km en amont du centre d'Atuona. Les pierres tombales sont en tuf rouge ; des petits tikis sont sculptés en bas relief près de certaines d'entre elles. Au fond, notez le gros tronc d'arbre sculpté comme un tiki. La vue sur la vallée et le bourg vaut également son pesant d'or.

Le cimetière se trouve dans la même vallée que le restaurant Hoa Nui, à environ 1,5 km en amont. Dépassez le restaurant et demandez aux habitants de vous indiquer la bifurcation menant au cimetière, sur la gauche.

Église catholique — ARCHITECTURE

Au centre de l'agglomération, l'église catholique jouxte le collège des Sœurs de Saint-Joseph de Cluny, fondé en 1843.

Plage — SABLE NOIR

La grande plage de sable noir d'Atuona, celle-là même qui inspira Paul Gauguin, est malheureusement peu propice à la baignade en raison de la présence régulière

Atuona

À voir

1 Église catholique	B1
2 Centre Jacques-Brel	B2
3 Collège des Sœurs de Saint-Joseph de Cluny	B2
4 Espace culturel Paul-Gauguin	B2
5 Tohua Pepeu	B2

Où se loger

6 Bungalows communaux d'Atuona	C2
7 Relais Moehau	D3

Où se restaurer

8 Make Make	C2
9 Hoa Nui	A1
Relais Moehau	(voir 7)

Achats

10 Marquises Création	B2

Renseignements

11 Comité du tourisme	B2

de courants. En revanche, elle est exempte de nonos.

Tohua Pepeu SITE ARCHÉOLOGIQUE

Ce *tohua* (esplanade communautaire), en face de la banque Socredo, restauré pour l'édition 1991 du festival des îles Marquises, comporte une reconstitution d'un *hae* (maison traditionnelle). Les artisans de l'île s'y installent et proposent leurs créations lors du passage des touristes de l'*Aranui*.

Pétroglyphes de Tehueto SITE ARCHÉOLOGIQUE

À proximité d'Atuona, dans la vallée de la Faakua (en direction de l'aéroport), ne manquez pas les pétroglyphes de Tehueto. Sur un énorme bloc basaltique, on distingue nettement des représentations anthropomorphes stylisées, horizontales, bras en l'air. À quelques dizaines de mètres en amont, un *tohua* est orné d'une tête de tiki en bon état de conservation (elle est enchâssée dans la base de la plate-forme) et comporte des aiguisoirs à hache. Dommage que le site ne soit pas entretenu ; la végétation a presque tout envahi. La piste d'accès au site est signalée par un panneau “Site historique de Tehueto”, à gauche sur la route menant à l'aéroport, au fond de la baie de Tahauku ; malheureusement, faute de panneaux indicateurs ultérieurs, il est difficile de trouver les pétroglyphes par ses propres moyens. Demandez à vos hôtes de vous faire un croquis ou de vous accompagner.

Activités

Randonnée pédestre

Les pistes pour 4x4 de l'île se prêtent facilement à la randonnée, mais il existe également des sentiers qui mènent à des endroits reculés, avec de superbes points de vue. Dans les environs immédiats d'Atuona, vous pourrez effectuer une balade facile jusqu'aux pétroglyphes de Tehueto (le chemin n'étant pas balisé, faites-vous expliquer l'itinéraire par les propriétaires de votre pension).

Pour les randonneurs chevronnés, il est possible de faire la traversée entre Atuona et le hameau de Hanamenu, dans le nord-ouest de l'île, en suivant une ancienne piste cavalière (comptez 11 heures de marche). Le parcours est difficile, surtout au début, avec une montée d'un dénivelé de plus de 1 000 m. Arrivé à Hanameno, on peut bivouaquer et, le lendemain, se faire déposer en bateau à Hanaiapa. En l'absence de guides officiels, contactez Paco, du Hamau Ranch (voir ci-dessous) suffisamment à l'avance.

Randonnée équestre

Il existe de très belles possibilités de randonnées équestres sur les hauteurs d'Atuona. Contactez **Hamau Ranch – chez Paco** (☎92 70 57, 28 68 21 ; hamauranch@mail.pf), près de l'aéroport. Pour les débutants, Paco organise des balades guidées d'environ 3 heures sur le plateau situé à proximité de l'aéroport. Elles ne présentent aucune difficulté, et suivent une piste forestière clairement délimitée. Pour les confirmés, il organise un superbe circuit de 6 heures jusqu'à la baie de Hanatekuua, au nord de l'île. Au programme : baignade avec les chevaux, pique-nique, puis remontée jusqu'au village de Hanaiapa (p. 253). Le parcours suit des crêtes et longe les baies. Paco apporte des éclairages sur la flore indigène. Comptez 7 000/14 000 CFP la demi-journée/journée (6 cavaliers au maximum), transferts inclus. Enfants à partir de 6 ans.

Plongée sous-marine

SubAtuona (☎ 92 70 88, 27 05 24 ; eric.lelyonnais@wanadoo.fr) est une petite structure tenue par un seul moniteur, qui propose plusieurs sites à Tahuata et à la sortie de la baie d'Atuona, le long des falaises, qui conviennent à tous les niveaux. La plongée à l'unité revient à 7 000 CFP (minimum 4 personnes) et la sortie "two tanks" (2 plongées, minimum 2 personnes) à 13 000 CFP. SubAtuona organise également une excursion à Tahuata combinant une plongée et la visite de l'île moyennant 15 000 CFP (repas inclus). Paiement en espèces uniquement. À signaler : au moment de la rédaction de cet ouvrage, le moniteur cherchait un repreneur pour son centre.

Excursions en 4x4

Plusieurs prestataires organisent des excursions à bord de confortables 4x4 vers les différents sites touristiques et villages de l'île. Comptez entre 10 000 et 12 000 CFP la journée pour 2 personnes. Le circuit inclut généralement Hanaiapa (ou Taaoa), Puamau et le tiki souriant. Vos hôtes contacteront directement les prestataires.

Excursions en mer

L'excursion la plus couramment proposée consiste à visiter l'île de Tahuata (p. 254) à la journée. La sortie comprend la visite des deux principaux villages de Tahuata (Vaitahu et Hapatoni), ainsi qu'un pique-nique et une pause baignade dans l'une des baies de l'île, généralement Hanamenino ou Hanahevane.

À NE PAS MANQUER

LE TIKI SOURIANT

Admirez l'un des tikis les plus étranges des Marquises, dans une clairière, au milieu d'une cocoteraie. Sur cette curieuse statue de pierre, bien préservée, on distingue très nettement les deux orbites rondes des yeux et une bouche dont la forme semble effectivement adresser un sourire aux visiteurs... Le haut de la tête semble coiffé d'un bonnet. Les mains, finement sculptées, sont disposées de part et d'autre du nombril. Derrière le tiki, à quelques mètres sur la droite, une dalle porte un bas-relief qui se compose de trois parties rectangulaires (celle de gauche est tronquée) disposées autour d'un motif gravé évoquant une vulve.

Le tiki souriant se trouve à à 4 km après l'hôtel Hanakéé Hiva Oa Pearl Lodge en direction de l'aéroport, à 5 minutes de marche en contrebas de la route goudronnée, par une piste qui part à droite, à hauteur d'un manguier. En l'absence de signalétique, demandez à vos hôtes de vous accompagner ou de vous faire un croquis.

Les pensions se chargent d'organiser la sortie (environ 11 500 CFP par personne avec pique-nique).

Où se loger

Les structures d'accueil sont concentrées à Atuona et dans la baie de Tahauku, la baie située immédiatement à l'est du bourg.

AU BOURG

Bungalows communaux d'Atuona STUDIOS €

(☎92 73 32 à la mairie, ⏰7h30-11h30 et 13h30-16h lun-jeu, 7h30-11h30 et 13h30-15h ven ; commune@commune-hivaoa.pf ; Atuona ; bungalows 1 pers 3 000 CFP, 1 000 CFP/pers supp). Pas franchement un lieu de villégiature, mais un point de chute qui peut dépanner les petits budgets... à condition que ces bungalows ne soient pas réservés par le personnel administratif de passage, à qui ils sont prioritairement destinés, et que la mairie accepte de les louer aux touristes. En plein centre du bourg, les 7 studios en dur ressemblent à des chambres d'étudiant, fonctionnelles et sans personnalité, mais correctement entretenues, avec une cuisine équipée (les commerces ne sont qu'à 2 minutes à pied). Aux heures chaudes et la nuit, l'absence de ventilateur ou de brasseur d'air se fait sentir. Ne pas laisser d'affaires de valeur à l'intérieur, car la propriété n'est pas surveillée. Réservation recommandée.

Relais Moehau PENSION €

(☎92 72 69 ; www.relaismoehau.pf ; Atuona ; s/d 8 100/12 200 CFP avec petit-déj ; 📶). Bel emplacement, à flanc de colline, à la sortie d'Atuona. Faites le bon choix lors de la réservation : sur les 8 chambres, seules la 2 et la 3 ont une vue directe sur la baie d'Atuona et la plage, en contrebas. Les autres sont sur le côté de la bâtisse, ou à l'arrière, avec, comme seule perspective, le talus de la colline, à quelques mètres seulement (elles sont pourtant toutes louées au même tarif). L'ensemble est moderne et sans charme mais très propre, avec sdb (eau chaude), TV et brasseur d'air et literie correcte. La présence du restaurant au rez-de-chaussée (voir p. 250) constitue un plus appréciable. Carte de crédit acceptée.

BAIE DE TAHAUKU

Temetiu Village – chez Gaby PENSION €

(☎91 70 60 ; www.temetiuvillage.com ; baie de Tahauku ; bungalows standard s/d 7 100/9 000 CFP, bungalows "large" 1-2 pers 10 000 CFP ; @ 🏊 📶). Une valeur sûre à Hiva Oa. Les 4 bungalows "large", impeccables et confortablement équipés (eau chaude), ménagent une vue sensationnelle sur la baie de Tahauku, en contrebas ; et les repas (en option), servis sur une terrasse aérée, avec vue plongeante sur la baie, sont savoureux (1 100 CFP le buffet petit-déjeuner, 3 000 CFP le déjeuner ou le dîner, hors boissons). S'y ajoutent l'ambiance, conviviale, et la possibilité de se rafraîchir dans la toute petite piscine, posée entre 2 bungalows. Quant aux 2 bungalows "standard", plus anciens et sommaires, ils peuvent dépanner pour une nuit ou deux. Le centre d'Atuona est à environ une demi-heure de marche. Accueil courtois des propriétaires, Gaby et Félicie, qui proposent diverses excursions en 4x4 à leurs clients, sur les principaux sites de l'île. Carte de crédit acceptée. Wi-Fi payant.

Pension Kanahau – chez Tania PENSION €

(☎91 71 31, 70 16 26 ; http://pensionkanahau.com ; baie de Tahauku ; bungalows avec kitchenette s/d 9 500/11 500 CFP, bungalows s/d 10 000/12 500 CFP avec petit-déj ; 📶). Cette pension est recommandée pour la propreté exemplaire et le bon état des 4 bungalows, aménagés dans un jardin luxuriant, avec, en prime, une vue imprenable sur la baie de Tahauku (pour 2 d'entre eux) ou sur le fond de la vallée (les 2 autres, également équipés d'une kitchenette, sur la terrasse). L'intérieur fait bonne impression, avec une bonne literie, une sdb (eau chaude), un brasseur d'air, une TV et une moustiquaire. Pour les repas, la propriétaire, l'énergique Tania, n'assure pas systématiquement la demi-pension, mais emmène ses clients faire leurs courses au bourg ou les dépose gratuitement dans les restaurants aux heures des repas. On peut aussi se faire livrer son repas au bungalow. Réduction de 15% à partir de 4 nuits. Paiement en espèces uniquement (euros acceptés, chèques ou espèces).

Areke – chez Kayser PENSION €

(☎92 76 19, 23 48 17 ; www.pension-hivaoa.com ; baie de Tahauku ; ch 10 500 CFP/pers en demi-pension, 8 500 CFP/pers en demi-pension si séjour d'au moins 3 nuits ; fermé 3 sem en juil-août ; 🏊 📶). Tout en haut d'une route cimentée extrêmement pentue, cette maison moderne, dépourvue de tout cachet local, comprend 3 chambres fonctionnelles et spacieuses. L'une d'elles donne sur la cuisine (gare au bruit) ; la deuxième, plus au calme, est sur le côté de la terrasse, et bénéficie d'une jolie vue sur la baie ; la troisième, à l'étage, est destinée aux familles. Le confort est correct, mais on regrettera l'absence d'intimité et l'aspect impersonnel de la

GAUGUIN ET BREL, LES AMBASSADEURS DES MARQUISES

Qui, mieux que le peintre Paul Gauguin et le chanteur-compositeur belge Jacques Brel, ont su faire parler des Marquises ?

Gauguin a magnifiquement restitué la luxuriance tropicale de la Polynésie. Pourtant, ce n'est qu'à l'âge de quarante ans que le peintre aborde les rivages de Tahiti et des Marquises. Désireux de fuir une existence plombée, Gauguin espère trouver le salut dans les mers du Sud. À Tahiti, il s'attache à saisir les images de la vie quotidienne et réalise, en 1892 et 1893, une intense production picturale qu'il signe en tahitien : *Te nave nave fenua* ("Terre délicieuse"), *Manao tupapau* ("L'Esprit des morts veille") et *Arearea* ("Amusements"). L'exubérance du décor et la flamboyance des coloris, où dominent le jaune, le rouge et le bleu, envahissent la peinture de l'artiste. Mais Gauguin vend peu de toiles et la misère le rattrape. L'heure du départ a sonné. Il embarque pour la France en 1893 et se lance dans l'écriture d'un récit, *Noa Noa*, inspiré de son époque tahitienne et destiné à faire comprendre son travail au public. Néanmoins, la reconnaissance n'est pas au rendez-vous et le peintre repart pour l'Océanie en 1895.

De ce deuxième et ultime séjour, marqué par la maladie et la détresse, datent ses compositions les plus puissantes : *Te arii vahine* ("La Femme royale", 1896), *Nevermore* ("Jamais plus", 1897) ou encore *D'où venons-nous, Que sommes-nous ? Où allons-nous ?* (1897). Après une tentative de suicide, il se réfugie aux Marquises, à Hiva Hoa.

Personnage sulfureux, il défend malgré tout les habitants contre l'administration coloniale et la toute-puissance de la mission catholique. Affaibli, il ne cesse d'écrire, de dessiner, de sculpter et de peindre. Ainsi naît l'un de ses plus beaux nus, *Contes barbares* (1902). Seule la mort en mai 1903 viend interrompre son élan créateur et l'arracher à sa terre d'adoption.

Quant à Jacques Brel, il découvrit Hiva Oa au cours d'un tour du monde entrepris avec sa compagne Madly à bord de son ketch, l'*Askoy*. Séduits par la sérénité d'Atuona, ils s'établirent dans une petite maison à flanc de colline sur les hauteurs du village. Jacques Brel et Madly s'impliquèrent dans la vie du village et furent vite appréciés par la population. De temps à autre, l'artiste assurait des évacuations sanitaires vers Papeete grâce à son avion, un Beechcraft baptisé *Jojo*.

Malheureusement, miné par un cancer, Jacques Brel a tiré sa révérence un jour d'octobre 1978, à 48 ans. Sa dernière chanson, "Les Marquises", dans laquelle il chante "Veux-tu que je te dise, gémir n'est pas de mise... aux Marquises", résonne comme un vibrant hommage à cette terre généreuse qui avait calmé ses bleus à l'âme. Au cimetière du Calvaire d'Atuona (voir p. 244), il repose près de Paulo, comme il appelait Gauguin.

décoration. Piscine dans le jardin. Vos hôtes, un couple franco-marquisien, apprécient les ambiances festives, notamment lors des repas. Compte tenu de la difficulté d'accès, le propriétaire assure tous les transferts gratuitement au bourg, sur demande. Paiement en espèces.

Hôtel Hanakéé Hiva Oa Pearl Lodge HÔTEL €€
(☎92 75 87 ; www.pearlodge.com ; bungalows 1-2 pers 26 000-31 000 CFP ; ❄@🏊📶). Quel cadre ! Et quelle vue ! Seul hôtel de l'île, le Hanakéé est noyé dans la végétation tropicale, à flanc de colline, avec une perspective inoubliable sur la baie de Tahauku et le mont Temetiu. Les 14 bungalows offrent un confort douillet et sont joliment décorés avec des matériaux locaux, dans l'esprit marquisien. Les revêtements extérieurs sont un peu usés, mais il est prévu de les rafraîchir. Leurs tarifs varient en fonction de leur orientation (6 ont une vue sur la montagne et la vallée, les 8 autres donnent sur la baie ou l'océan). En fin d'après-midi, il fait bon lézarder sur le deck panoramique autour de la piscine, un cocktail à la main. Bar et restaurant sur place, et boutique d'artisanat local. Seul hic : on est excentré, trop loin du bourg pour s'y rendre à pied. Carte de crédit acceptée. Wi-Fi payant.

Où se restaurer

Il n'y a qu'une poignée de snacks et de restaurants à Atuona. Vous trouverez plusieurs magasins d'alimentation bien approvisionnés.

Make Make SNACK €
(☎92 74 26 ; plats 1 300-2 200 CFP ; ⏲déj lun-ven). Une adresse inoxydable, en plein centre du bourg, où l'on cale une petite faim avec des

plats sans prétention, à prix avantageux. Cadre tout simple, avec une salle ouverte sur la route. Il est possible que le snack ouvre également le soir en fonction de la fréquentation (appelez au préalable).

Hoa Nui RESTAURANT €
(☎92 73 63, 92 70 36 ; menu 2 500 CFP ; ⏲tlj, sur réservation uniquement). Dissimulé dans la végétation, en retrait de la route, ce restaurant a fait de la cuisine marquisienne sa spécialité. Il n'ouvre que sur réservation. Dans la grande salle aérée, vous dégusterez des plats à base de cochon, de poissons ou de crustacés. Au nord du village.

Relais Moehau RESTAURANT €
(voir Où se loger ; ☎92 72 69 ; plats 1 400-2 500 CFP ; ⏲tlj). Hmm, les copieuses pizzas au feu de bois (le soir uniquement) ! Notre préférée : la pizza au poisson, succulente, avec une bonne pâte épaisse. On peut s'en tenir à des plats plus classiques, comme le bœuf braisé, le chaud-froid de thon, la darne de thazard… Le décor – une grande terrasse carrelée – est agréable, avec en fond sonore le bruit des vagues qui s'écrasent sur la plage en contrebas. Carte de crédit acceptée à partir de 5 000 CFP. Possibilité de transfert pour les clients extérieurs de la pension, sur simple appel téléphonique. Au déjeuner, dernière commande à 13h.

Areke – chez Kayser PENSION €
(☎92 76 19, 23 48 17 ; menu 2 000 CFP ; ⏲tlj sur réservation). La cuisine de la maîtresse de maison s'appuie sur les grands classiques du répertoire marquisien (chèvre au lait de coco, civet de cochon, poulet local à la papaye…). Le propriétaire propose également quelques bons vins pour arroser le repas. Possibilité de transfert pour les clients extérieurs sur appel téléphonique.

Hotel Hanakéé Hiva Oa Pearl Lodge RESTAURANT D'HÔTEL €€
(voir Où se loger ; ☎92 75 87 ; plats 1 500-3 900 CFP ; ⏲tlj). En surplomb de la baie de Tahauku, le restaurant de cet hôtel de charme a bonne presse. Savourez des spécialités locales à des tarifs raisonnables, tout en profitant du cadre tropical et de la vue. Le dimanche de 7h à 14h, ne manquez pas la formule brunch (3 300 CFP). Le vendredi soir, place au happy hour au bar, de 18h à 20h. Carte de crédit acceptée. Possibilité de transfert pour les clients extérieurs sur appel téléphonique.

Temetiu Village – chez Gaby PENSION €€
(voir Où se loger ; ☎91 70 60 ; repas 3 000 CFP ; ⏲tlj, sur réservation). Cette pension accueille les clients extérieurs, sur réservation, et assure les transferts sur simple appel. Assis à une table en terrasse, on embrasse un panorama dégagé sur les baies de Tahauku et de Taaoa, tout en se délectant de spécialités locales (poisson cru, chèvre au lait de coco), très correctes, proposées sous forme de menu fixe, qui change chaque jour (boissons en sus). Ambiance familiale. Carte de crédit acceptée.

Achats

Il n'y a pas de *fare* artisanal à Atuona, mais on trouve quelques boutiques vendant des souvenirs, de l'artisanat local et des curios. Le Relais Moehau et l'hôtel Hanakéé Hiva Oa Pearl Lodge possèdent également un stock d'objets artisanaux.

OÙ SE FAIRE TATOUER AUX MARQUISES ?

Le savoir-faire et le talent des tatoueurs marquisiens sont reconnus dans tout le Pacifique. Pour les touristes, se faire tatouer aux Marquises est une expérience inoubliable. Paradoxalement, les tatoueurs marquisiens n'exercent pas tous sur place ; bon nombre d'entre eux se sont installés dans les îles de la Société (ainsi qu'à l'étranger), où la clientèle est plus importante. D'autres sont itinérants et alternent des séjours entre les Marquises et d'autres îles de Polynésie. Parmi les plus réputés :

Brice Haiti. À Taiohae.

Kina. À Ua Pou.

Félix Fii. À Tahuata.

René Aukara. À Hiva Oa.

Tematai Lecordier. À Hiva Oa.

Louis Bonno. À Hiva Oa.

Axel Kimitete. À Hiva Oa.

Appelez directement chaque prestataire pour convenir d'un rendez-vous.

Makivi Curios ARTISANAT
(☎79 40 57). Possède un joli stock de sculptures marquisiennes (en bois et en pierre), de *tapa* et de bijoux en os, en provenance du groupe sud des Marquises.

Marquises Création ARTISANAT
(☎92 70 77). Spécialisé dans les bijoux et le textile, possède une boutique derrière le *tohua* Pepeu.

Tuarae Peterano SCULPTURES
(☎92 70 64). Réputé pour ses sculptures en bois et la pyrogravure sur bambou. Son fils travaille l'os.

Jean-François Otomimi SCULPTURES
(☎92 76 55). Autre sculpteur sur bois renommé.

Upu TABLEAUX DE SABLE
(☎92 75 42, 22 09 41). Réalise d'intéressants tableaux de sable.

Renseignements

Plusieurs médecins exercent dans le petit hôpital situé derrière les bâtiments de la mairie. Pharmacie également. Les voiliers arrivant à Hiva Oa doivent effectuer leurs formalités à la gendarmerie.

Comité du tourisme (☎92 78 93 ; 7h30-11h30 et 14h-16h lun-ven). Au centre d'Atuona. Dispose de brochures et de plans sur les différents sites culturels de l'île. Horaires d'ouverture irréguliers.

Cyberservices (☎92 79 85, 23 22 47 ; VHF 11). Service de blanchisserie (350 CFP/kg lavé-séché) avec Wi-Fi gratuit (pour les clients utilisant le service de blanchisserie), et aide aux démarches administratives pour les voiliers. Également vente de légumes. Sur appel téléphonique.

Hanakéé Hiva Oa Pearl Lodge (☎92 75 87 ; 7h-21h). Un poste Internet (par carte prépayée) et zone Wi-Fi (payant).

OPT (7h-12h et 12h30-15h lun-jeu, 7h-12h et 12h30-14h ven). Bureau de poste. Vente de cartes téléphoniques et accès Internet (un ordinateur, fonctionnant avec la carte Manaspot, en vente sur place). Wi-Fi dans un rayon de 50 m par Manaspot. Distributeur de billets accessible 24h/24.

Socredo (☎92 73 54 ; 7h30-11h30 et 13h30-16h). Au centre d'Atuona. Change de devises et distributeur de billets accessible 24h/24.'

Taaoa

Le secteur de Taaoa, à 7 km au sud-ouest d'Atuona, est réputé pour sa richesse en sites archéologiques : il compte plus de mille plates-formes cérémonielles. Cependant, il n'est que très partiellement restauré et vous n'en verrez qu'une section. Le reste est enfoui sous un entrelacs de *mape*, de *tou*, de badamiers, de banians et de cocotiers. En arrivant au hameau, vous serez surpris par la belle **église** en pierre, construite sur un petit terrain gazonné.

Depuis Atuona, la route goudronnée, en corniche, ménage quelques points de vue sur Atuona et sa plage de sable noir, le motu Anakee et la baie de Taaoa.

À voir

Tohua Upeke SITE ARCHÉOLOGIQUE
En amont de la vallée, ce site s'étage sur plusieurs niveaux. En s'enfonçant une centaine de mètres sous le couvert de banians, on aperçoit un tiki de plus d'un mètre en bon état de conservation trônant sur une plate-forme. De loin, rien ne le distingue d'un banal bloc de basalte. En s'approchant, on distingue nettement les contours des yeux et de la bouche. L'accent est mis sur la face, large et plane, au détriment des épaules et des bras, tronqués.

Lorsque vous arriverez en vue du village de Taaoa, pour rejoindre le *tohua* Upeke, tournez à droite à hauteur de la cabine téléphonique, située à l'entrée du village, 200 m avant l'église en pierre, et remontez cette route cimentée sur 1,4 km. Vous déboucherez alors dans une clairière. Le *tohua* se trouve en retrait sur la gauche.

Le site étant dépourvu de panneaux explicatifs, n'hésitez pas à vous faire accompagner d'un guide, qui vous expliquera les différentes composantes du lieu. Adressez-vous à votre pension.

Puamau

Cerné par un vaste cirque montagneux, Puamau possède un joli front de mer bordé d'arbres de fer et d'une plage de sable gris, mais là n'est pas son principal attrait. On vient dans ce village, à environ 2 heures d'Atuona, dans le nord-est de l'île, pour admirer l'un des plus beaux ensembles archéologiques de l'archipel.

En venant d'Atuona, après l'aéroport la piste descend progressivement jusqu'au littoral de la côte nord, puis bifurque vers la droite, en corniche. Les points de vue sur le large et les baies échancrées sont époustouflants. Vous passerez successivement par les hameaux de **Motuua** et de **Nahoe**, puis la superbe **baie d'Eiaone**. Si vous êtes à bord d'un 4x4 de location, faites preuve de prudence, surtout s'il a plu, car la piste est étroite, en lacets et de forte déclivité.

À voir

Iipona SITE ARCHÉOLOGIQUE
(300 CFP). Déjà connu des ethnologues et archéologues au siècle dernier, ce site niché en amont de Puamau constitue l'un des plus importants témoignages laissés par la civilisation marquisienne pré-européenne, même s'il reste bien modeste par la taille. Il a fait l'objet d'opérations de restauration en 1991, sous la houlette d'archéologues français.

Il représente un sanctuaire religieux (*meae*) qui s'organise en deux grandes terrasses principales, sur 2 ha. Banians, arbres à pain, cocotiers, manguiers et papayers forment une frange ombragée. Selon les spécialistes, l'aménagement de ce site remonterait au XVIIIe siècle.

Principale attraction du lieu, les cinq tikis monumentaux se dressent dans la partie centrale et arrière du site. En avançant sur la première plate-forme, vous verrez le "tiki couché" ou **Maki Taua Pepe**. Cette sculpture inhabituelle en tuf gris clair représente une femme allongée sur le ventre, la tête en extension, yeux braqués vers le ciel. Elle présente une bouche démesurée, lippue, et une langue apparente. Les narines sont saillantes et les yeux ronds et écarquillés. L'arrondi du postérieur est bien visible. Les spécialistes supposent qu'elle évoque une femme en couches. Notez, sur le piédestal, des motifs de pétroglyphes représentant des chiens, dont la signification est inconnue.

Quelques mètres plus loin s'élève le **tiki Manuiotaa**, en tuf gris. Moins massif, plus effilé, il présente des proportions harmonieuses et équilibrées. Les mains sont nettement reconnaissables, ainsi que son sexe féminin. La tête, qui avait été sectionnée, a été replacée sur le tronc par les archéologues.

En gravissant la plate-forme située à l'arrière et en se dirigeant vers la droite, on distingue **Takaii**, le tiki emblématique du lieu, du nom d'un chef guerrier réputé pour sa force. Taillé dans du *keetu* (tuf volcanique rouge) et mesurant 2,67 m hors sol, c'est le plus grand tiki de Polynésie française. Bien campé sur de larges et solides appuis, la tête massive et carrée, il dégage une indéniable puissance. Le bras gauche est malheureusement partiellement mutilé.

Le **tiki Te Tovae E Noho** est implanté à gauche du précédent, sur une plate-forme plus basse. Moins finement travaillée que les autres, sa partie supérieure est difficilement reconnaissable – il n'a plus de tête – et le tronc semble escamoté. Notez les six doigts de chaque main.

Plus loin en arrière se dresse le **tiki Fau Poe**, taillé dans du *keetu*. Mesurant environ 1,80 m, il est représenté assis avec les jambes droites et écartées, position typique des femmes lorsqu'elles travaillent sur le sol. Les spécialistes supposent qu'il s'agit de l'épouse de Takaii.

Lors de la restauration du site en 1991, ces statues gisaient sur le sol. Elles ont été remises en place avec des portiques et des palans. En bon état de conservation, elles sont toutefois partiellement défigurées par des lichens blanchâtres.

En divers endroits du *meae*, de petites têtes de tiki sont posées sur des pierres ou des billots de bois. Il s'agit de vestiges retrouvés éparpillés sur le site. La symbolique exacte de ces tikis n'est pas encore clairement établie.

Pour accéder au site depuis Puamau, empruntez la piste perpendiculaire au front de mer, à côté du terrain de football, sur 1,5 km environ. Les 300 CFP sont à régler à titre de droit d'entrée, au snack à l'entrée du village, avant ou après votre visite.

Consultez les chapitres *Civilisation polynésienne*, p. 323, et *Sites archéologiques*, p. 327, pour de plus amples renseignements sur les sites archéologiques.

Tohua Pehe Kua SITE ARCHÉOLOGIQUE
Peu avant le site de Iipona, sur la propriété de la pension Chez Marie-Antoinette (p. 253), vous pourrez visiter ce *tohua*, dont l'élément le plus intéressant est la tombe du dernier chef et de la dernière cheffesse de la vallée, décédés au début du XXe siècle. Ils furent enterrés selon les rites chrétiens, mais des éléments païens sont également présents sur leur sépulture, réalisant ainsi un intéressant syncrétisme. L'une des quatre tombes du site est en effet flanquée de deux tikis sur la partie antérieure. À côté se trouve un imposant *pae pae*.

Où se loger et se restaurer

Pehekua – Chez Marie-Antoinette PENSION-RESTAURANT € (☎92 72 27 ; menu 2 300 CFP, sur réservation). Une adresse bien pratique pour déjeuner avant ou après la visite du site de Iipona, non loin de là. Le menu fait honneur aux spécialités marquisiennes (*uru, poe*, poisson cru, chèvre ou bœuf au lait de coco, cochon sauvage), à déguster dans une salle à manger à la décoration simplissime. Pensez à réserver. L'hébergement ne peut être recommandé – les chambres sont très sommaires. Également vente de gousses de vanille en provenance de la propriété. Le *tohua* Pehe Kua est dans le jardin.

Hanapaaoa

Le temps semble s'être arrêté dans ce minuscule village de 40 habitants, situé sur la côte nord de l'île. Hanapaaoa vit au rythme de la pêche, de la chasse à la chèvre et de la culture du coprah. Près de la rivière se dresse une petite église à la façade jaunie.

Pour rejoindre Hanapaaoa depuis Atuona, comptez 1 heure 15 de trajet en 4x4. Il faut prendre la piste pour Puamau, puis, 14 km après l'embranchement pour l'aérodrome, prendre une piste qui bifurque sur la gauche.

À voir

Tiki Moe One SITE ARCHÉOLOGIQUE

À la sortie du village de Hanapaaoa, sur une crête, se dresse l'un des tikis les plus étranges des Marquises, d'une stature avoisinant le mètre. Le sommet de la tête présente la particularité d'être orné d'une couronne de fleurs sculptée. Selon la légende, les habitants le descendaient chaque année sur la plage où ils le baignaient et l'enduisaient de monoï avant de le remettre à sa place. Il est, dit-on, doté d'un fort *mana (*puissance surnaturelle). Plusieurs *pae pae* se trouvent à proximité immédiate du tiki, ainsi que des ossements humains (fragments de crânes, tibias, mâchoires) et des dents de cochon.

Allez à la sortie du village et, aux dernières maisons, demandez aux habitants de vous indiquer l'emplacement (il n'y a aucun balisage). Comptez 5-10 minutes de montée.

Hanaiapa

On tombe vite sous le charme de ce village hors du temps, dans le nord de l'île, facilement accessible depuis Atuona, à 20 km. L'unique rue, qui suit le cours d'une rivière, est bordée de jolies maisons colorées, noyées dans la végétation, et débouche sur une baie majestueuse, soulignée d'une plage de galets noirs sur laquelle patientent quelques pirogues à balancier. Le rocher que l'on aperçoit au milieu de la baie est appelé "tête de nègre". L'exploitation du coprah est bien vivace, comme en témoignent les séchoirs à coprah dans le village.

La baie de Hanaiapa est un cul-de-sac. Il faut rebrousser chemin, sauf si l'on marche jusqu'au hameau de Hanatekuua en suivant une piste cavalière.

VAUT LE DÉTOUR

ESCAPADE À HANATEKUUA

À l'est de Hanaiapa, la baie de Hanatekuua, frangée d'une plage de sable blanc et d'une cocoteraie, est une petite merveille naturelle. Inhabitée, elle est accessible à pied uniquement par une piste cavalière. Comptez 1 heure 30 environ, sans difficulté. À Hanaiapa, faites-vous indiquer le début du sentier, à environ 150 m du front de mer. La piste s'élève le long du flanc est de la baie de Hanaiapa. Ignorez deux bifurcations sur la gauche et restez sur la piste principale. Au bout de 20 minutes, vous arriverez au **col de Hanahaoe**, à 159 m d'altitude, d'où l'on découvre une belle vue sur la baie et les falaises de la côte nord.

À cet endroit, soyez vigilant. En effet, il ne faut pas continuer sur la piste qui descend dans la vallée suivante, mais prendre un petit sentier qui part sur la droite et contourne le vallon en restant sur la courbe de niveau. On passe un deuxième vallon, avant d'arriver à un portail, que l'on atteint au bout de 45 minutes. Franchissez-le, puis, 20 m plus loin, à une intersection, continuez sur la piste principale, tout droit. On est en terrain découvert, avec de belles perspectives sur l'océan. Au bout d'une heure de marche, on arrive en vue de la baie de Hanatekuua. Comptez une demi-heure de descente jusqu'à la plage, en passant par la cocoteraie.

Pétroglyphes SITE ARCHÉOLOGIQUE

Avant d'arriver au village, une piste sur la droite conduit à des pétroglyphes, sur un gros bloc rocheux (faites 200 m environ, la pierre gravée est sur la droite). Ils représentent une série de motifs géométriques. Il n'y a pas de fléchage ; par rapport au panneau "Artisanat" de Jean et Nadine Oberlin, la piste est à 1,2 km en amont, du même côté de la route, à hauteur d'un réservoir de captage.

Jean et Nadine Oberlin ARTISANAT LOCAL

(☎92 76 34). La maison des Oberlin, un couple d'Alsaciens, installés de longue date à Hanaiapa, est signalée par le panneau "Artisanat", à l'entrée du village. Leurs spécialités : des *tapa* de différentes tailles figurant des personnages de guerriers et des femmes tatouées, revisités dans un style moderne, ainsi que de jolies calebasses gravées et colorées. Ils exposent également leurs créations dans la boutique de l'aérodrome, les lundi, mardi, jeudi et vendredi, à chaque départ d'avion.

À l'entrée du village, devant une habitation, vous verrez deux **dalles de pierre sculptées** posées sur chant sur lesquelles a été gravé un visage humain. Elles sont en partie dissimulées par des bosquets de fleurs ; en venant d'Atuona, faites environ 100 m après le panneau "Artisanat" de Jean et Nadine Oberlin, sur la droite.

Depuis/vers Hiva Oa

Avion

La durée d'un vol Papeete-Hiva Oa est de 3 heures environ. Reportez-vous aux tableaux des liaisons aériennes p. 221 pour tous les renseignements.

Air Tahiti (☎91 70 90, 92 72 31 à l'aérodrome, 86 42 42 réservation centrale ; www.airtahiti.pf ; ⏲7h30-11h30 et 13h30-16h30 lun-ven). Au centre du village d'Atuona.

Bateau

Il n'existe aucun service de navettes régulières entre Hiva Oa et Tahuata, ni entre Hiva Oa et Fatu Hiva, mais des particuliers circulent de temps à autre entre ces îles, à bord de bateaux affrétés. Contactez la **mairie de Tahuata** (☎92 92 19, 92 92 20) et la **mairie de Fatu Hiva** (☎92 80 23) qui vous donneront les contacts de propriétaires de bateaux effectuant régulièrement la traversée, pour le compte de particuliers ou de missions administratives ou sanitaires. La durée de la traversée est d'environ 1 heure pour Tahuata, et de 3 heures 30 à 4 heures pour Fatu Hiva.

Pour Hiva Oa, vous pouvez aussi tenter votre chance avec l'**Aranui** (www.aranui.com ; voir p. 379), s'il est de passage à Hiva Oa pendant votre séjour, mais l'embarquement est à la discrétion du capitaine. Voyez directement avec lui.

Cargos inter-îles

Le cargo mixte **Aranui** (www.aranui.com) dessert Atuona, Puamau, Hanaiapa et, occasionnellement, Hanapaaoa (voir p. 379 et l'encadré p. 218). Le **Taporo IX** fait escale à Hiva Oa mais ne prend pas de passagers.

Comment circuler

Desserte de l'aérodrome

L'aérodrome est à 13 km au nord d'Atuona, accessible par une route goudronnée depuis Atuona. Si vous avez réservé votre hébergement, vos hôtes viendront vous accueillir moyennant 3 600 CFP/pers le trajet aller-retour (environ 20 min). Vous pouvez également essayer le stop.

4x4

Deux prestataires louent des petits Suzuki 4x4 sans chauffeur (suffisants pour se rendre à Puamau, Taaoa, Hanaiapa et Hanapaaoa). Ils facturent 13 000 CFP/jour, kilométrage illimité et assurance inclus. Ils livrent le véhicule sur votre lieu d'hébergement. Lisez bien le contrat et les clauses relatives aux franchises en cas d'accident, et faites preuve de la plus grande prudence sur les pistes étroites du nord de l'île, surtout s'il a plu. Une station-service se trouve sur le quai des goélettes dans la baie de Tahauku.

Atuona Rent-a-Car (☎92 76 07, 72 17 17)

Hiva Oa Location (☎92 70 43, 24 65 05)

TAHUATA

670 HABITANTS

La plus discrète (et la plus secrète) de l'archipel, Tahuata vit dans l'ombre de sa grande voisine Hiva Oa, dont elle n'est distante que de 4 km, de l'autre côté du canal du Bordelais. C'est une île pleine de trésors, avec d'étonnants vestiges archéologiques, un riche passé, des artisans au savoir-faire reconnu, et même de superbes plages que l'on imaginerait plutôt à Bora Bora ou à Moorea (les nonos en plus). Et comme dans les autres îles de l'archipel, un relief d'origine volcanique grandiose, où alternent pics fuselés, falaises vertigineuses et vallées cachées.

Compte tenu de l'absence de transports maritimes réguliers entre Hiva Oa et Tahuata, la plupart des touristes visitent Tahuata à l'occasion d'une excursion à la journée organisée au départ de Hiva Oa, en s'arrêtant dans les deux villages principaux, Vaitahu et Hapatoni.

Histoire

La baie de Vaitahu fut le théâtre d'épisodes qui scellèrent le destin des Marquises. En juillet 1595, le navigateur espagnol Mendaña y fit relâche et lui donna le nom de Madre de Dios. Il baptisa l'île Santa Cristina. En 1774, le capitaine Cook jeta l'ancre au même endroit, nommé cette fois Resolution Bay. En 1791, le Français Étienne Marchand mouilla au large de Hapatoni.

Après les navigateurs, les pasteurs de la London Missionary Society, puis les pères picpuciens prirent pied à Vaitahu entre 1797 et 1838. Tahuata devint une tête de pont de l'évangélisation aux Marquises.

L'année 1842 est une date charnière : l'amiral français Dupetit-Thouars fit signer au chef Iotete le traité de rattachement à la France. Conscient qu'il venait d'être victime d'un marché de dupes, Iotete se rebiffa quelques mois plus tard, mais la rébellion fut matée par les Français.

À voir

Vaitahu VILLAGE

Ce village adossé aux versants escarpés de la crête centrale garde quelques vestiges de son passé mouvementé. À côté de la mairie, on peut voir une **stèle** commémorant la première rencontre, marquée du sceau de l'amitié, entre l'amiral Dupetit-Thouars et le chef Iotete le 4 août 1838. Un bâtiment voisin abrite un modeste **musée** (entrée libre ; sur demande, s'adresser à la mairie) qui rassemble quelques objets anciens, notamment des sculptures.

Plus spectaculaire, la monumentale **église catholique** en pierre s'élance face au front de mer. Financée par le Vatican, elle a été inaugurée en grande pompe le 22 août 1988. Elle rappelle l'importance de Tahuata dans l'évangélisation de l'archipel. La première messe en terre marquisienne fut célébrée ici par les Espagnols en 1595. En 1838, Vaitahu vit débarquer les frères de la congrégation des Sacrés-Cœurs de Picpus arrivés sur la *Vénus* de Dupetit-Thouars. À l'extérieur, jetez un coup d'œil sur l'imposante statue en bois qui domine l'entrée. Cette Vierge à l'Enfant de près de 4 m de hauteur, réalisée par un sculpteur de Nuku Hiva, est un chef-d'œuvre de l'art marquisien. Elle témoigne d'un syncrétisme original, alliant culture locale et archétypes catholiques. L'Enfant Jésus n'est pas blotti dans le giron de sa mère, mais tenu des deux mains vers l'avant. Ce type d'attitude n'est pas sans rappeler la posture des tikis. Enfin, il tient un *uru* en guise d'offrande, symbole même des Marquises.

Hapatoni VILLAGE

À quelques kilomètres au sud de Vaitahu, accessible depuis Vaitahu par bateau en moins de 15 minutes ou en 4x4 par la piste, Hapatoni s'enroule autour d'une large baie.

La **voie royale** est la principale attraction du village. Construite sur une digue sur les ordres de la reine Vaekehu II au XIXe siècle, cette chaussée pavée, bordée de *tamanu* centenaires, longe le rivage. Au bout, un chemin monte jusqu'à un éperon rocheux où se trouve un **oratoire en pierre**, d'où l'on jouit d'une vue magnifique sur la baie (comptez une dizaine de minutes de marche).

Au milieu du village, un superbe **meae** (plate-forme cérémonielle) sur plusieurs niveaux a été restauré. Un petit autel était réservé pour les danses ou pour exhiber les tatouages ou les victimes sacrifiées. Au pied du *meae* s'étend un cimetière, dominé par une haute croix blanche, et, un peu plus loin, se dresse une **église en pierre**.

Baie de Hanamoenoa PLAGE

L'enchanteresse baie de Hanamoenoa est un mouillage de prédilection pour les bateaux de plaisance entre mars et août. Elle est frangée d'une belle plage de sable clair.

Baie de Hanahevane PLAGE

La baie de Hanahevane forme une crique idyllique, ourlée d'une plage de sable doré. C'est un site de pique-nique utilisé par les organisateurs d'excursion au départ de Hiva Oa. En dépit de la présence de nonos, elle est idéale pour la baignade (les fonds descendent en pente douce) et le snorkeling, avec une eau de couleur jade et de belles zones de corail.

Baie de Hanamenino PLAGE

Autre baie magnifique, Hanamenino est également prisée pour les pique-niques et la baignade.

Activités

La piste qui relie Vaitahu à Motopu, au nord-est, soit environ 17 km, est un terrain d'évolution idéal pour les amateurs de **randonnée équestre** et de **randonnée pédestre**. Renseignez-vous sur place pour louer un cheval.

Où se loger et se restaurer

Amatea PENSION €
(☎/fax 92 92 84, 76 24 90 ; Vaitahu ; d 6 000 CFP, 7 500 CFP/pers en demi-pension). La seule pension de l'île, au village de Vaitahu. Il s'agit d'une maison en dur, avec 4 chambres et 2 sdb communes (eau froide), près de l'église. La décoration est limitée à sa plus simple expression, mais l'ensemble est propre et sans mauvaise surprise. Tarifs un peu à la tête du client.

Achats

À Vaitahu officient deux vedettes de la sculpture, **Félix Fii** et **Teiki Barsinas** (dit "Topi"). Ils sculptent indifféremment le bois ou l'os et réalisent d'imposants herminettes, pagaies et bols en *tou*, santal ou miro, des boucles d'oreille ou des hameçons en os de bœuf, voire des poignards en os d'espadon. Félix Fii est également tatoueur.

Chaque village compte également un **fare artisanal**, où vous pourrez faire l'acquisition d'*umete* (plats) en forme d'animaux (lézards, tortues...), d'herminettes, d'articles de vannerie et de tressage, entre autres.

Renseignements

Les services sont très limités à Tahuata. Prévoyez des espèces, car aucune banque n'est présente. Vous trouverez un bureau de poste à Vaitahu, ouvert le matin en semaine uniquement.

Depuis/vers Tahuata

Tahuata, dépourvue de piste d'atterrissage, n'est accessible que par voie maritime. Il n'y a pas de navette régulière entre Tahuta et Hiva Oa ; contactez la **mairie de Tahuata** (☎92 92 19, 92 92 20), qui vous donnera les contacts de propriétaires de bateaux effectuant régulièrement la traversée entre les deux îles, pour le compte de particuliers ou de missions administratives ou sanitaires. La durée de la traversée est d'environ 1 heure.

Autre possibilité : embarquer à Hiva Oa sur le cargo mixte **Aranui** (www.aranui.com) qui dessert l'île au cours de sa tournée bimensuelle. Reportez-vous à l'encadré p. 218 et au chapitre *Transports* p. 379.

La solution la plus pratique consiste à visiter Tahuata lors d'une excursion à la journée au départ de Hiva Oa.

Comment circuler

Le speed-boat place Hapatoni à moins d'un quart d'heure de Vaitahu. Comptez environ 6 000 CFP la location du bateau entre Vaitahu et Hapatoni aller-retour, 7 000 à 10 000 CFP entre Vaitahu et Hanahevane.

En 4x4, une piste carrossable relie Vaitahu à Motopu en traversant l'intérieur de l'île sur 17 km, ainsi que Vaitahu à Hapatoni. Comptez au moins 10 000 CFP la location à la journée, avec un chauffeur.

FATU HIVA

631 HABITANTS

S'y rendre est une petite aventure : dépourvue de piste d'atterrissage, mal desservie par bateau, Fatu Hiva est l'île du bout du monde par excellence. Elle n'est accessible que par bateau depuis Hiva Oa, située à 75 km au nord, après une traversée de plusieurs heures souvent inconfortable. Choc visuel garanti à l'approche de l'île, avec la baie des Vierges baignée d'une lumière chaude et coiffée de nuages irisés. Les hautes falaises plissées qui dégringolent dans les eaux bleu pétrole et les crêtes acérées traduisent l'origine volcanique de l'île, composée de deux cratères emboîtés qui forment d'immenses amphithéâtres. Les deux seuls villages de l'île, Omoa et Hanavave, s'étirent le long de deux vallées, distantes de 5 km à vol d'oiseau. Le reste de l'île est totalement sauvage.

Fatu Hiva est la première île de l'archipel à avoir été découverte par le navigateur espagnol Mendaña, le 21 juillet 1595. Il la baptisa Santa Magdalena, du nom de la sainte du jour.

Fatu Hiva a gardé intacte son atmosphère de paradis sauvage, même si les symboles de la société de consommation (téléphone portable, Internet et 4x4 rutilants) font désormais partie du quotidien. Grâce à

VAUT LE DÉTOUR

LES PÉTROGLYPHES D'OMOA

Omoa possède deux sites abritant de magnifiques pétroglyphes, les plus impressionnants de l'archipel. Le premier est accessible à pied en suivant une piste qui débute au milieu du village (demandez aux habitants). Comptez 10 minutes de marche. Les pierres gravées se trouvent sur la droite, dans une clairière. On distingue, à l'arrière d'un gros bloc, un superbe poisson gravé (probablement un *mahi mahi*) et plusieurs motifs anthropomorphes.

Le second site est également accessible à pied, par un sentier qui débute à proximité de la pension Chez Lionel (p. 258), mais un guide est nécessaire pour trouver ce pétroglyphe, bien caché dans la végétation. Vous admirerez une magnifique baleine gravée dans la roche, dans un excellent état de conservation. En chemin, vous verrez une pierre d'accouchement, utilisée à l'époque pré-européenne. Comptez une vingtaine de minutes de marche, dans un cadre luxuriant qui aurait pu servir de décor pour le tournage d'un nouvel épisode d'Indiana Jones.

d'abondantes précipitations, manguiers, bananiers, orangers, citronniers, pamplemoussiers, arbres à pain s'épanouissent sur les pentes escarpées de l'île.

Aujourd'hui, les seuls touristes qui s'aventurent à Fatu Hiva sont les passagers de l'*Aranui*, les plaisanciers tour-du-mondistes qui mouillent dans la baie des Vierges, considérée comme l'un des plus beaux mouillages du monde, les ornithologues venus observer le monarque de Fatu Hiva (endémique à l'île) et quelques aventuriers en quête d'insolite. Tous repartent avec de jolis souvenirs ; Fatu Hiva est en effet réputée dans toute la Polynésie pour son artisanat de haut niveau.

À voir

Omoa VILLAGE

Dans le sud de l'île, le village d'Omoa se déploie au fond d'une vallée luxuriante. Face à la grève, encombrée d'un chapelet de pirogues, et au petit quai, le terrain de football forme une vaste esplanade. Un peu plus loin, on repère facilement la flèche effilée de l'**église**, d'allure presque gothique, avec un toit rouge et une façade blanche.

Hanavave VILLAGE

Le village se loge au bord de la grève, au débouché d'une vallée encaissée. L'arrivée en bateau procure une émotion ineffable, tant le paysage est spectaculaire. De part et d'autre, d'immenses pitons de basalte aux formes phalliques donnent à cette **baie des Vierges** un aspect surnaturel. Ce relief hors norme avait valu à la baie de Hanavave l'appellation de "baie des Verges". Outrés, les missionnaires s'empressèrent d'ajouter un "i" salvateur. Au couchant, cette baie s'empourpre et les hardis pitons prennent des reflets mordorés, formant un spectacle féerique qui enivre les plaisanciers.

Près de la grève, la petite **église** blanche, d'apparence très sobre, contraste avec celle d'Omoa.

Au fond de la vallée, on peut marcher jusqu'à une **cascade**. Les villageois vous indiqueront le chemin.

Ouia BAIE

Cet ancien village sur la côte est de l'île est aujourd'hui inhabité, et la végétation a tout recouvert. Les habitants d'Omoa s'y rendent occasionnellement pour chasser le cochon sauvage. Des orangers ont également été plantés.

Activités

Randonnée pédestre et équestre

Un grand classique consiste à rallier la baie des Vierges (Hanavave) depuis Omoa par la seule piste existante. À pied, prévoyez 4 heures de marche sans difficultés particulières, hormis l'ascension jusqu'au col séparant les deux vallées. Un guide n'est pas nécessaire, car il est impossible de se perdre (on chemine sur une piste pour 4x4).

La première partie du parcours remonte la vallée d'Omoa, en corniche, et ménage de belles vues sur le village en contrebas. Puis la piste s'enfonce vers l'intérieur de l'île. Les parois de la caldeira, très nettement visibles, sont impressionnantes. La descente sur Hanavave est assez abrupte. Les tronçons ombragés sont peu nombreux. Munissez-vous de bonnes chaussures et d'eau en quantité suffisante.

Ce parcours peut être effectué à cheval ou en 4x4 si le sol n'est pas boueux.

Avec un guide, on peut également rallier l'ancien village d'Ouia, dans l'est de l'île.

Excursions en mer

Le tour de l'île complet revient à 20 000 CFP (tarif forfaitaire). Vous pouvez vous contenter de longer les falaises, magnifiques (dont une belle arche), entre les deux villages, ainsi que la baie des Vierges à Hanavave. Un peu plus au nord de Hanavave, la **grotte de Vaipo**, percée dans la falaise, est accessible en bateau (on peut débarquer si la mer n'est pas trop agitée). Comptez 7 000 CFP/pers.

Où se loger et se restaurer

Les infrastructures touristiques sont très limitées à Fatu Hiva. On trouve quelques modestes épiceries dans les deux villages.

Chez Lionel PENSION €

(☎92 81 84, 70 03 71 ; chezlionel@mail.pf ; ch s/d avec petit-déj 4 500/6 500 CFP, bungalow s/d avec petit-déj 6 500/8 500 CFP). Quelle surprise d'être reçu par Lionel, un Normand pur jus installé aux Marquises depuis plusieurs décennies ! Avec son épouse Bernadette, une Marquisienne d'Omoa, ils accueillent les visiteurs dans leur pension, tout au bout du village d'Omoa, à environ 1,5 km du quai. On déconnecte rapidement : un beau jardin tropical, une rivière derrière la propriété, une forêt luxuriante à quelques dizaines de mètres, et un site archéologique de l'autre côté de la route. On loge dans l'une des 2 chambres dans la maison principale, propres mais sans grande intimité, avec sdb commune (eau froide), ou dans un coquet bungalow situé dans le jardin, avec kitchenette, sdb (eau chaude), brasseur d'air et une bonne literie. Repas sur demande (de 1 000 à 2 000 CFP/pers), à base de produits locaux. Lionel s'occupe de l'organisation de toutes les excursions (et vous aidera à trouver un transfert en bateau jusqu'à Hiva Oa), et vous guidera jusqu'aux pétroglyphes. Transferts au quai 1 000 CFP l'aller-retour. Paiement en espèces (euros acceptés). Possibilité de consulter ses e-mails sur l'ordinateur du propriétaire.

Achats

Fatu Hiva est la seule île de Polynésie française à perpétuer la fabrication du *tapa* (étoffe en écorce battue) selon les méthodes ancestrales. Les villages résonnent des traditionnels coups de battoir sur les écorces d'*uru* ou de mûrier. La production est écoulée auprès des touristes de l'*Aranui*, des plaisanciers de passage ou bien va garnir les devantures des *curios* à Papeete.

Outre le *tapa*, vous trouverez des noix de coco sculptées, véritables petites merveilles au carrefour entre art et artisanat, et des sculptures sur bois.

L'*umu hei* est une spécialité de Fatu Hiva. Il s'agit d'un assortiment de végétaux aux fragrances suaves, comme l'ylang-ylang, la vanille, des morceaux d'ananas recouverts de poudre de bois de santal et divers autres fruits et plantes. Le tout est tenu par une fibre végétale et compose un cocktail olfactif détonnant, que l'on dépose dans une pièce pour la parfumer ou que l'on noue dans les cheveux.

Presque toutes les familles de Fatu Hiva s'adonnent à l'artisanat. Vous n'aurez aucune difficulté à rencontrer les artisans, soit directement à leur domicile, soit au centre artisanal d'Omoa.

Renseignements

Munissez-vous de suffisamment d'espèces, car il n'existe aucune structure bancaire sur l'île, et votre carte de crédit ne vous sera d'aucune utilité. Un bureau de poste (OPT) est installé à Omoa.

Depuis/vers Fatu Hiva

Fatu Hiva est l'île la plus mal desservie de l'archipel. Il n'existe pas de liaisons régulières. Vous n'avez que deux options : affréter un bonitier privé depuis Hiva Oa au tarif exorbitant de 40 000 CFP, ou bien embarquer sur un bonitier ou un speed-boat qui effectue une mission (sanitaire, administrative, etc.) à Fatu Hiva, à condition qu'une telle mission ait lieu pendant votre séjour ; dans ce cas, vous paierez 4 000 CFP. Renseignez-vous aussi sur les transports de particuliers ; les habitants de Fatu Hiva circulent régulièrement entre leur île et Hiva Oa (notamment pour prendre l'avion) ; s'il y a de la place, vous pourrez embarquer moyennant participation aux frais de carburant. Appelez la **mairie de Fatu Hiva**

RETOUR À LA NATURE

L'anthropologue et navigateur norvégien Thor Heyerdahl vécut à Fatu Hiva en 1937. De son séjour d'un an et demi sur l'île, il tira un ouvrage au titre évocateur, *Fatu Hiva, le retour à la nature* (Éditions du Pacifique, 1976).

(☎92 80 23) ou la pension Chez Lionel, bien informés sur les mouvements de bateau entre les deux îles.

Vous pouvez aussi tenter votre chance avec l'**Aranui** (www.aranui.com ; voir p. 379), s'il est à Hiva Oa lors de votre séjour, mais l'embarquement est à la discrétion du capitaine. Voyez directement avec lui.

Comment circuler

L'unique piste en terre battue relie Hanavave à Omoa par l'intérieur des terres, soit 17 km. Elle est impraticable par temps pluvieux, même en 4x4, car très glissante et pentue par endroits.

Les déplacements entre les deux villages se font à bord de petits bateaux en aluminium, à moteur, ou en 4x4, par la piste. Comptez 7 000 CFP le passage en bateau (tarif forfaitaire) et 15 000 CFP en 4x4 (avec chauffeur). Vous pouvez essayer le stop, mais la piste est assez peu fréquentée.

ÎLOTS INHABITÉS DU GROUPE SUD

Au sud-est de Hiva Oa et à l'est de Tahuata, l'île de **Mohotani** (Motane), au relief tabulaire interrompu par d'abruptes falaises, culmine à 520 m d'altitude. On l'aperçoit très distinctement si l'on se rend à Fatu Hiva, car les bateaux passent à proximité. D'une superficie de 15 km², elle n'est peuplée que de moutons que les habitants de Hiva Oa viennent chasser de temps à autre. Cette île est également connue des passionnés d'ornithologie, qui n'hésitent pas à affréter un bateau pour venir observer le monarque de Mohotani, une espèce endémique à l'île, dont il ne subsiste plus que 200 couples environ. L'**îlot Terihi** se trouve au sud de Motane.

Fatu Huku est située au nord de Hiva Oa et le **rocher Thomasset** à l'est de Fatu Hiva. Leurs eaux sont occasionnellement fréquentées par des pêcheurs.

Australes

8 600 HABITANTS

Dans ce chapitre »

Le top des hébergements

» Rurutu Lodge (p. 267)
» Manotel (p. 267)
» Raivavae Tama (p. 274)
» Toena (p. 271)

Le top des activités

» Observation des baleines (p. 265)
» Randonnée équestre (p. 266)
» Randonnée pédestre (p. 266)

Pourquoi y aller

C'est un paradis vert et un dépaysement absolu qui attendent les touristes, à 1 heure 30 d'avion au sud de Tahiti. Cet archipel encore méconnu conviendra à merveille aux voyageurs qui souhaitent s'écarter des circuits habituellement proposés en Polynésie. On n'y compte encore aucun hôtel de luxe, seulement des pensions de famille, implantées sur les quatre îles principales, Rurutu, Tubuai, Raivavae et Rimatara, qui ont gardé toute leur authenticité et leurs traditions.

Première surprise, l'incroyable diversité des paysages : d'immenses falaises calcaires truffées de grottes à Rurutu, des lagons somptueux à Raivavae et à Tubuai, des montagnettes qui ne dépassent pas 400 m d'altitude, des plages de sable blanc ou or... Et partout ce sentiment d'abondance, car tout pousse à profusion aux Australes, considérées comme le grenier à blé de la Polynésie. Autre surprise : à cheval sur le tropique du Capricorne, les Australes se caractérisent par un climat plus frais que celui des îles de la Société.

Toutes les activités sont orientées vers la découverte du milieu naturel : balades à pied, randonnées équestres, excursions sur le lagon, pique-nique sur les motu, snorkeling sur des jardins coralliens, observation des baleines. Quelques sites archéologiques apportent une touche culturelle. Rares sont les touristes qui repartent les mains vides, car l'artisanat des Australes, notamment les objets tressés, est réputé.

Quand partir

Archipel le plus méridional de Polynésie, les Australes enregistrent des températures plus fraîches qu'ailleurs, surtout pendant l'hiver austral (avril-novembre). De juin à septembre, une petite laine est conseillée. La saison idéale s'étend de décembre à mai. Pour observer les baleines, la période allant de mi-juillet à septembre est la plus indiquée. Juillet correspond aussi aux fêtes traditionnelles du Heiva. En mai, ne manquez pas la fête du *me* à Rurutu. Comptez au moins dix jours pour la visite de l'archipel.

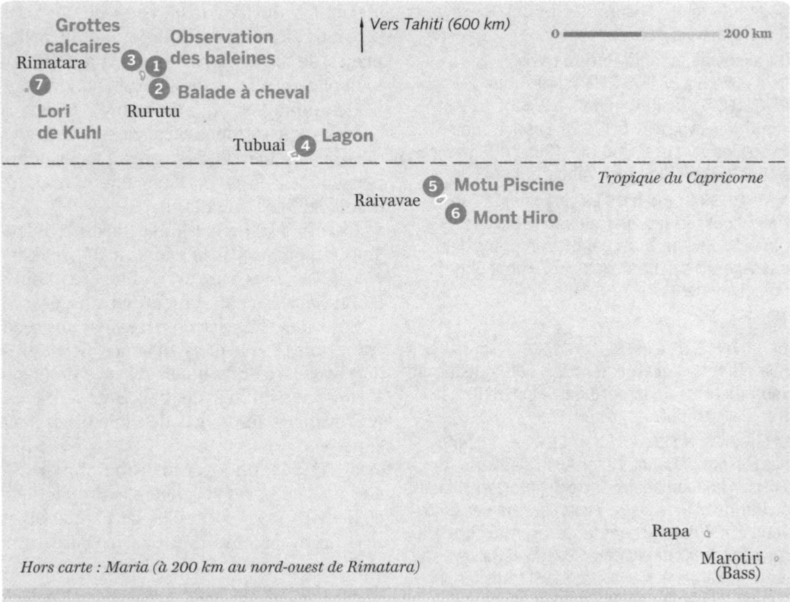

À ne pas manquer

1. Nager avec les **baleines à bosse** à Rurutu, de juillet à octobre (p. 265)
2. Faire une **balade à cheval** sur les crêtes de Rurutu (p. 266)
3. Visiter les impressionnantes **grottes calcaires**, le long du littoral de Rurutu (p. 265)
4. Découvrir les superbes **massifs coralliens** du lagon de Tubuai (p. 270)
5. Pique-niquer, se baigner et faire bronzette sur l'idyllique "**motu Piscine**" à Raivavae (p. 274)
6. Marcher jusqu'au **mont Hiro**, le point culminant de Raivavae (p. 273)
7. Observer et photographier le **lori de Kuhl**, à Rimatara (p. 275)

Histoire

Les Australes furent les dernières îles polynésiennes à être colonisées ; on estime que les premiers habitants arrivèrent de Tahiti entre le XIe et le XIVe siècle.

La découverte de ces îles par les Européens fut tardive. Cook découvrit Rurutu en 1769 et le capitaine Gayangos, second du commandant espagnol Boenechea, l'île de Raivavae en 1775. Cook, lors de sa troisième expédition en Polynésie, débarquait le premier à Tubuai en 1777 et le capitaine Vancouver aperçut la lointaine Rapa en 1791. Quant à Rimatara, elle ne fut révélée au monde qu'en 1811.

Hormis un palpitant chapitre de la saga du *Bounty*, au cours duquel les révoltés tentèrent de s'implanter à Tubuai, les contacts avec les Européens et le monde occidental restèrent très épisodiques jusqu'au début du XXe siècle. Ce n'est qu'en 1889 que les Français établirent leur protectorat sur les Australes ; la dernière des îles fut officiellement annexée en 1901. La longue période durant laquelle les missionnaires anglais ou, plus fréquemment, leurs représentants polynésiens maintinrent ces îles sous leur emprise explique la vitalité actuelle du protestantisme dans l'archipel.

Depuis/vers les Australes

Rurutu, Tubuai, Raivavae et Rimatara sont situées à environ 600 km au sud de Tahiti. Rapa est à 1 000 km de Tahiti.

AVION Rurutu, Tubuai, Raivavae et Rimatara possèdent un aérodrome. Air Tahiti dessert Rurutu et Tubuai quatre jours par semaine au départ de Tahiti (1 heure 30 environ) ; Raivavae et Rimatara, trois jours par semaine.

L'aller simple Tahiti-Rurutu en plein tarif revient à 22 200 CFP, Tahiti-Tubuai à 25 000 CFP, Tahiti-Rimatara à 25 000 CFP et Tahiti-Raivavae à 27 000 CFP. Les vols inter-Australes vont de 9 800 CFP (Rurutu-Rimatara) à 18 000 CFP (Rimatara-Tubuai).

NAVIRES INTER-ÎLES Le cargo mixte **Tuhaa Pae IV** dessert les Australes au départ de Papeete environ 3 fois par mois et prend des passagers à son bord. Voir p. 379 pour plus de renseignements.

Comment circuler

DESSERTE DES AÉRODROMES Si vous avez réservé votre hébergement, vos hôtes viendront vous chercher à l'aérodrome. Selon les îles, le transfert est parfois gratuit.

LIAISONS INTER-AUSTRALES La fréquence des liaisons aériennes inter-Australes varie : de 1 liaison hebdomadaire entre Rimatara et Tubuai ou Rurutu et Raivavae à 3 vols par semaine entre Tubuai et Rurutu (2 dans le sens Rurutu-Tubai). Il n'y a pas de vol direct entre Rurutu et Raivavae ni entre Rimatara et Raivavae ; il faut transiter par Tubuai, l'île la plus centrale de l'archipel.

Si vous comptez visiter les quatre îles principales, il vous faudra bien étudier les possibilités de correspondance entre les vols.

Au cours de sa tournée, le cargo **Tuhaa Pae IV** dessert Rurutu, Tubuai, Rimatara et Raivavae, et plus occasionnellement Rapa.

RURUTU

2 015 HABITANTS

Rurutu est une île très verdoyante, au relief modeste mais vigoureux, qui plaira aux adeptes d'écotourisme et aux amateurs de balades pédestres et équestres. Sa physionomie particulière (c'est un *makatea* ; voir l'encadré ci-dessous) lui a valu le surnom d'"île troglodytique" ; le pourtour de l'île est hérissé de vertigineuses falaises calcaires, percées d'imposantes grottes (*ana*) agrémentées de stalactites qui ont inspiré de nombreuses légendes. Ici et là s'interposent de belles plages de sable blanc. Au nord s'étend un haut plateau offrant de superbes panoramas.

De mi-juillet à mi-octobre, quelques baleines à bosse font des cabrioles à quelques dizaines de mètres des côtes. Les visiteurs peuvent les observer dans une eau claire d'un beau bleu métallique.

Rurutu est un véritable jardin d'éden. Tout y pousse à profusion : café, mandarines, bananes, goyaves, fougères, pins, landes, *mape* (châtaigniers), citrons, etc.

Côté mer, l'île est enserrée par un récif frangeant, à quelques dizaines de mètres du rivage – d'où la quasi-absence de lagon et des possibilités de baignade limitées. En revanche, les plages de sable blanc sont superbes... et désertes.

Rurutu est un foyer artisanal important aux Australes, réputé pour ses productions d'objets tressés en feuilles de pandanus et ses *tifaifai* (patchworks). L'agriculture (taro, café, pommes de terre) constitue un autre débouché pour la population.

Histoire

James Cook fut le premier Européen à découvrir Rurutu, en 1769, lors de son grand périple. Confronté à l'attitude hostile des insulaires, il n'accosta pas. Les contacts avec les Européens restèrent rares jusqu'au XIXe siècle, époque à laquelle les missionnaires de la LMS (London Missionary Society) envoyèrent des instituteurs insulaires y fonder une mission. Le christianisme se répandit rapidement, mais, comme dans d'autres îles de Polynésie, les maladies apportées par les Européens connurent également une expansion rapide. Pour contrer l'expansion anglaise, les Français établirent leur protectorat en 1889, avant d'annexer l'île en 1900.

Rurutu possède le plus grand *marae* des îles Australes, le *marae* Vitaria.

UNE ÎLE PAS COMME LES AUTRES

Sur le plan géologique, Rurutu est un cas à part. C'est un exemple typique de *makatea*. Voici des millions d'années, à la suite d'un soulèvement de la croûte terrestre, l'ensemble de l'île s'est élevé au-dessus de la mer, transformant l'ancien récif frangeant en falaises côtières. Les parois abruptes qui cernent aujourd'hui la majeure partie de l'île constituaient jadis les versants extérieurs de la barrière de corail. La vallée en forme de cuvette que longe la route de Hauti à la pointe Toataratara correspond à l'ancien lagon qui s'étendait entre l'île et le récif.

Rurutu est truffée de grottes calcaires, autre souvenir du soulèvement cataclysmique qui projeta ces anciennes grottes sous-marines jusqu'à leur emplacement actuel.

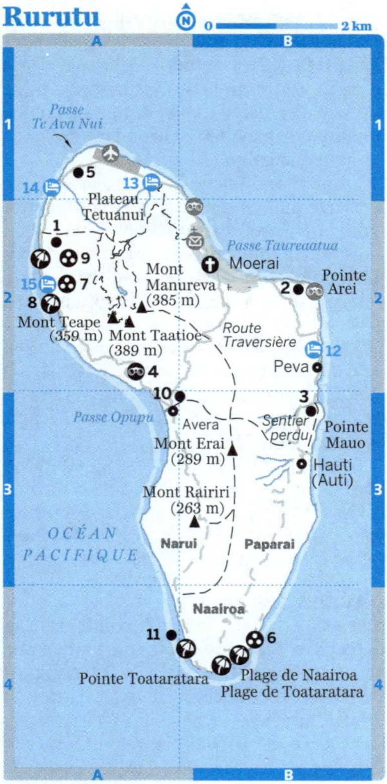

Rurutu

À voir et à faire

1 Ana Aeo (grotte Mitterrand) A2
2 Ana Tane Uapoto B2
3 Ana Taupee B3
4 Belvédère Matotea A2
5 Grotte Tupumai A1
6 Marae Poreopi B4
7 Marae Tararoa A2
8 Popaa Beach A2
9 Tapuara Pito A2
10 Tarodière A3
11 Trou du Souffleur A4

Où se loger

12 Manotel B2
13 Pension Temarama A1
14 Rurutu Lodge A1
15 Teautamatea A2

Orientation

Rurutu mesure environ 10 km de longueur et 5 km de largeur. La population, rassemblée sur la côte, se répartit entre trois villages principaux, dont Moerai, le plus important. L'aérodrome se trouve à environ 4 km au nord de Moerai. Une route bétonnée relie l'aérodrome à Moerai et à Hauti (ou Auti). Le reste de la route côtière est une piste pour 4x4. Une autre route carrossable, à forte dénivellation, traverse le centre de l'île, reliant Moerai à Avera, le troisième village.

À voir

Le tour de Rurutu fait environ 36 km. À moins d'être un cycliste aguerri, n'espérez guère faire le tour de l'île à vélo ; hormis le tronçon Moerai-Vitaria, pratiquement plat, le reste du parcours est très montueux, avec des raidillons qui décourageront les meilleures volontés. Optez pour le tour de l'île guidé, en 4x4, proposé par les structures d'hébergement de l'île (environ 5 000 CFP/pers). Par ailleurs, la plupart des sites dignes d'intérêt, non signalés, ne sont pas faciles à trouver sans l'aide d'un guide.

Le parcours proposé ci-dessous, qui fait le tour de l'île, traverse des plantations et longe de magnifiques portions côtières et des promontoires rocheux, ménageant de très belles vues. La partie sud de l'île est particulièrement sauvage.

MOERAI

À Moerai, principale localité de l'île, à 4 km à l'est de l'aérodrome, on remarque le pittoresque **temple protestant** qui s'élève en retrait du port et date des années 1865-1872. Le plus célèbre résident de l'île, l'administrateur français Éric de Bisschop, qui consacra sa vie à de périlleuses traversées entre l'Amérique du Sud et la Polynésie à bord d'embarcations de fortune, est honoré par une épitaphe. Sa tombe se trouve dans le cimetière situé côté montagne, au-delà de la route principale, au sud du village. Légèrement en retrait du front de mer, vous verrez également un **four à chaux de corail**, encore utilisé de nos jours pour repeindre les façades des maisons.

À Moerai se trouve également le **tombeau** des rois de Rurutu, sur une propriété privée, visible depuis la route (demandez que l'on vous indique son emplacement).

Le cargo *Tuhaa Pae IV* qui assure le ravitaillement de l'archipel accoste au petit port artificiel de Moerai.

DE MOERAI À HAUTI (AUTI)

La route, cimentée, longe la côte de Moerai jusqu'à la pointe Arei, où se trouve l'une des plus impressionnantes falaises de Rurutu. Elle est percée par la **grotte Ana Tane Uapoto**, que l'on distingue en partie depuis la route. Un court sentier monte jusqu'à la grotte, truffée de stalactites et de stalagmites. La salle n'est pas immense, mais la vue sur la baie de Moerai et le bleu de l'océan à travers les colonnes de calcaire est magnifique.

Juste après, une **plate-forme d'observation** des baleines a été aménagée au bord de la route, en corniche. À partir de la pointe, la route longe la côte vers le sud jusqu'à la mer, à proximité de la pointe Mauo, où se trouve une autre grotte à flanc de falaise, **Ana Taupee**. L'accès est assez escarpé, mais on est récompensé par une ambiance extraordinaire : on se croirait dans une immense cathédrale, avec de multiples stalagmites et stalactites qui ressemblent à des orgues.

La route monte ensuite vers l'intérieur des terres pour contourner la pointe, avant de redescendre jusqu'à Hauti.

DE HAUTI À AVERA

Petit bourg assoupi, Hauti tend à se dépeupler au profit de Moerai. À la sortie de Hauti, la route cimentée se transforme en une piste pour 4x4 aux allures de montagnes russes. Montée, descente, montée, descente, et ainsi de suite jusqu'à l'extrémité sud de l'île, la **pointe Toataratara**. Ce tronçon, très sauvage, surplombe l'ancienne cuvette du lagon, que le soulèvement du récif (voir l'encadré p. 262) a découvert.

À l'extrémité sud de l'île, dans le secteur de la pointe Toataratara, s'élève le modeste **marae Poreopi** (ancienne plate-forme cérémonielle), dont les pierres verticales semblables à des pointes sont caractéristiques des *marae* des Australes. Il n'est malheureusement pas mis en valeur.

La **plage de Naairoa** et la **plage de Toataratara**, aux abords de la pointe, sont formées de petites criques sauvages encadrées de formations coralliennes émergées. Ce cadre du bout du monde se prête à une pause pique-nique ou une balade en amoureux. Quelques bassins peu profonds invitent à la baignade.

La piste contourne la pointe en suivant le rivage puis se dirige vers le nord. Faites halte au **Trou du souffleur**, un siphon dans le récif duquel s'échappent des gerbes d'écume, à l'écart de la route. La route s'éloigne ensuite de la côte et entame une forte montée à travers une pinède, puis, à 190 m d'altitude, aboutit sur une plantation de café. Elle redescend ensuite, offrant de magnifiques vues sur le littoral, Avera et les trois principaux sommets de l'île, le Teape, le Taatioe et le Manureva.

Avera est un petit bourg sans histoire, au bord d'une longue plage de sable clair. À la lisière du village, vers l'intérieur des terres, vous découvrirez une grande **tarodière** (plantation de taro) irriguée.

D'AVERA À MOERAI

À la sortie d'Avera, la route monte jusqu'au **belvédère Matotea**, d'où l'on jouit d'une vue exceptionnelle sur la baie d'Avera, puis redescend vers la côte. Dans le district de Vitaria, derrière la pension Teautamatea, au milieu d'une cocoteraie, s'étend le **marae Tararoa**, de la dernière famille royale de Rurutu (demandez l'autorisation d'accès au propriétaire, à la pension). On dit que jadis il s'étendait sur 1 km. C'est aujourd'hui encore un vaste site ponctué de nombreuses pierres verticales, bien restauré. En continuant vers le nord, à 500 m, sur la droite de la piste, se trouve le **Tapuara Pito**, un ancien site sacré, où les femmes qui venaient d'accoucher

LES FÊTES TRADITIONNELLES DE RURUTU

Certaines fêtes traditionnelles revêtent une importance et une signification particulières à Rurutu (et dans une moindre mesure, dans les autres îles de l'archipel). La première semaine de janvier, à Rurutu, le **tere** est un tour de l'île au cours duquel un conteur passe de village en village et, sur les sites ancestraux, récite des légendes, tandis que les jeunes se mesurent au lever de pierre (*amoraa ofai*), une spécialité des Australes : les participants mesurent leur force en soulevant des pierres lisses de plus de 100 kg.

En mai, place aux festivités du **me**, une fête religieuse protestante, au cours de laquelle des fonds sont collectés dans chaque famille pour assurer le fonctionnement des temples. La quête se termine par un grand repas et des chants polyphoniques religieux, les *himene tarava*.

En juillet, on célèbre le **Heiva**, comme dans toute la Polynésie. De nombreuses manifestations culturelles, artisanales, agricoles et sportives sont organisées, dont une remarquable course de chevaux sur la grande plage d'Avera, à Rurutu.

BALEINES À RURUTU : QUELQUES VÉRITÉS

» Il est déconseillé de programmer un séjour à Rurutu uniquement pour voir les baleines. L'île offre bien d'autres options de découverte.

» La présence des baleines n'est pas garantie, même en pleine saison (mi-juillet à mi-octobre). D'une année à l'autre, les chances de les observer sont très variables. Certaines années sont très bonnes, d'autres décevantes, avec des apparitions en pointillé.

» Ne vous attendez pas à de grandes concentrations d'animaux. En moyenne, on compte entre deux et quatre individus au même moment, tout au plus.

» Les prestataires ne remboursent pas les sorties si les baleines n'ont pas été au rendez-vous.

» Tenez compte du relatif inconfort de ces sorties : comme il n'y a pas de lagon, la mer est souvent agitée (gare au mal de mer), et l'eau est fraîche en cette saison (un shorty est fourni, mais ce n'est pas suffisant ; prenez un Lycra si vous en avez un).

» Les baleines sont généralement présentes autour d'autres îles polynésiennes, notamment Tubuai, Tahiti, Moorea, Raiatea et Maupiti. Elles sont souvent plus nombreuses à Moorea qu'à Rurutu (mais l'eau est moins claire).

faisaient couper le cordon ombilical du nouveau-né, sur une pierre.

Dans le secteur de Vitaria, le littoral est parsemé de longues **plages** de sable blanc, bordées d'arbres de fer, idéales pour le farniente, mais peu adaptées à la baignade car le récif est frangeant. Seule **Popaa Beach**, au sud de la pension Teautamatea, dispose de quelques bassins plus profonds propices à la baignade.

La **grotte Ana Aeo**, également appelée grotte Mitterrand, en souvenir du passage de l'ancien chef de l'État en 1990, est plus en amont (signalée). Une petite piste bifurquant vers l'intérieur conduit à cette spectaculaire cavité cachée au milieu d'une abondante végétation tropicale. Abondamment garnie de stalactites et de stalagmites, elle évoque l'intérieur d'un palais mystérieux.

La route côtière passe ensuite devant l'hôtel Rurutu Lodge, sur la gauche, puis passe à hauteur de la piste de l'aérodrome. En face, côté montagne, une autre grotte, cachée dans la végétation et accessible par un sentier, mérite une visite : la **grotte Tupumai**.

Peu avant Moerai, une **plate-forme d'observation des baleines** a été aménagée sur le bord de la route.

Activités

Observation des baleines

Rurutu s'est fait connaître grâce aux possibilités d'observation des baleines à bosse. De mi-juillet à mi-octobre, les mégaptères sont régulièrement présents sur les rivages de l'île, où ils viennent se reproduire ou mettre bas avant de repartir vers les eaux glacées de l'Antarctique. À Rurutu, il est d'autant plus facile de les observer qu'il n'y a pas de lagon (elles s'approchent donc du rivage) et que plusieurs plates-formes d'observation ont été aménagées au bord de la route. Par ailleurs, la limpidité des eaux (meilleure qu'à Tahiti ou à Moorea) facilite l'observation et la prise de vue.

Plusieurs prestataires locaux organisent des sorties d'observation, accessibles à tous. À bord d'un petit bateau de pêcheur (maximum 7 personnes), le guide scrute l'océan et guette l'émersion de ces gentils géants. Une fois la baleine repérée, le guide se met à l'eau et surveille le comportement de l'animal. Généralement, entre deux respirations, les baleines se posent sur le fond et observent des moments de repos – l'idéal pour les regarder en toute tranquillité. Au signal du guide, les participants se glissent dans l'eau, équipés de palmes, d'un masque et d'un tuba, et observent la baleine au repos, depuis la surface. Le moment le plus impressionnant est lorsqu'elle remonte pour respirer. Lorsque la baleine est à la surface, tout le monde revient à bord et le bateau accompagne l'animal à distance, jusqu'à la prochaine réimmersion.

Dans tous les cas, le moniteur-guide reste le seul à décider de la mise à l'eau des participants. Tout dépend de l'état de la mer et du comportement des baleines (animaux en mouvement, présence de mâles en conflit). Si les conditions sont défavorables, les

VAUT LE DÉTOUR

LE SENTIER PERDU

Une randonnée courte (1 heure 30 environ) mais spectaculaire consiste à emprunter un sentier taillé dans le flanc de la falaise qui s'étire entre Hauti et Peva. Certains passages sont escarpés et en corniche, à une dizaine de mètres au-dessus des flots. On chemine par endroits au milieu des stalagmites et des stalactites, dans un décor digne de Jurassic Park (un passage est surnommé la "gueule du monstre"), avec de superbes vues sur l'océan. Cette randonnée, aérienne et sportive, est déconseillée aux personnes sujettes au vertige. La présence d'un guide est indispensable. Contactez **Reti Mii** (25 97 08).

clients restent sur le bateau et suivent les animaux depuis la surface.

Contactez le **Raie Manta Club** (74 07 03 ; sortie demi-journée 11 000 CFP/pers), tenu par un moniteur français spécialiste des baleines, très expérimenté, et **Rurutu Baleines Excursion** (94 05 61, 70 37 29 ; sortie demi-journée 8 000 CFP/pers), tenu par un Polynésien de l'île.

Randonnée pédestre

L'intérieur de l'île se prête à la randonnée pédestre. Point n'est besoin d'être un sportif accompli, car le relief est relativement doux. Au nord de l'île se trouvent les trois plus hauts sommets, le **Taatioe** (389 m), le **Manureva** (385 m) et le **Teape** (359 m), que prolonge un plateau fertile, le **Tetuanui**, à 200 m d'altitude environ. Un réseau de sentiers sillonne le plateau et mène à ces sommets. Vers le sud, on peut rejoindre le **mont Erai** (289 m), près des éoliennes.

Il est difficile de se perdre, car on a toujours vue sur la mer. Sur la route traversière, entre Moerai et Avera, faites-vous déposer au début de l'un des deux sentiers en bord de route (l'un en direction du mont Manureva, l'autre pour le Pito et le mont Erai). Vous apprécierez la vue sur les baies et la diversité de la végétation.

Vous pouvez également faire appel aux services d'un guide compétent, **Reti Mii** (25 97 08), basé à Moerai, qui propose des balades à la carte, dont le Sentier perdu (voir l'encadré ci-dessus). Comptez 3 000 CFP/pers la demi-journée.

Randonnée équestre

Le propriétaire de la pension Teautamatea (voir ci-dessous) propose de superbes randonnées équestres, en suivant les sentiers de l'intérieur de l'île, notamment dans le secteur du plateau Tetuanui et du mont Taatioe, ainsi que sur la plage. Comptez 5 000 CFP la sortie de 2 heures (7 500 CFP pour 3 heures). Les promenades sont accessibles à tous les niveaux.

Où se loger

BON PLAN **Teautamatea** PENSION €
(93 02 93, 70 34 65 ; pension.teautamatea@mail.pf ; s/d 8 500/13 000 CFP en demi-pension, transferts inclus ;). Une pension reposante et bien tenue, à quelques mètres d'une plage de sable blanc bordée d'*aito* (arbres de fer). Vous logerez dans une maison en dur, composée de 5 chambres avec sdb (eau chaude) et brasseur d'air, sans charme particulier mais d'une propreté exemplaire. Les 2 chambres à l'étage, mansardées, sont égayées de pierres de corail apparentes et de poutres, mais la sdb n'a pas de porte. Les repas, à base de produits locaux (thazard, gratin de papaye verte, bananes flambées au lait de coco), se prennent dans une grande salle à manger ou en terrasse. Une grande cocoteraie s'étend derrière la demeure, et il suffit de traverser la route pour se prélasser sur la plage et profiter du coucher de soleil. À noter : le *marae* royal de Toarara se trouve dans la cocoteraie, derrière la propriété. Viriamu, le propriétaire, organise également des balades à cheval. Transferts gratuits à l'aéroport et prêt de vélos.

Pension Temarama PENSION €
(93 02 80 ; pensiontemarama@mail.pf ; s/d 7 500/12 300 CFP en demi-pension ;). Cette pension est le point de chute habituellement retenu par les professionnels en déplacement. Le cadre est banal : une grande maison moderne à la façade rose-saumon, entourée de murs, en retrait de la route de ceinture, près de l'aéroport ; et pas la moindre plage ou vue à l'horizon. Fort heureusement, la propreté des 8 chambres, confortables et bien équipées, est irréprochable, et l'accueil d'Aten est cordial. Préférez les chambres à l'étage, plus lumineuses. Afin d'égayer le site, une petite piscine a été aménagée à côté de la maison. Aux dires des clients, la cuisine est copieuse et excellente.

Heiata Nui PENSION €
(94 07 83, 94 05 82, 72 30 06 ; chambresd-hotesheiatanui@mail.pf ; s/d avec petit-déj 6 300/8 200 CFP ;). Une adresse qui peut dépanner les petits budgets, à condition

de ne pas s'attendre à la moindre touche polynésienne. Les chambres occupent une maison blanche, moderne, à l'architecture fonctionnelle, au centre de Moerai. Elles sont lumineuses et équipées d'un brasseur d'air et de solides matelas. Celles qui se situent à l'étage possèdent un balcon donnant directement sur le temple. Demi-pension possible au snack Paulette, tout proche. Salon commun. Pas de plages à proximité.

Rurutu Lodge PETITE HÔTELLERIE €€
(☎930330;www.hotelrurutulodge.com;bungalows basse saison s/d 6 000-10 400/8 000-17 000 CFP, haute saison s/d 7 000-14 200/9 000-19 500 CFP ; wifi). Le seul hôtel de l'archipel, repris par des Français venus de métropole en 2011. Ses atouts : l'emplacement et le cadre, très relaxants, dans un jardin verdoyant de 1,5 ha situé au bord d'une belle plage ombragée par des arbres de fer, face au couchant. Pour la baignade, impossible en raison des fonds récifaux, il faut rejoindre une plage plus au sud, à 10 minutes à vélo. Les 9 bungalows, spacieux, intègrent des matières végétales et des moellons de corail ce qui leur donne une touche originale malgré quelques erreurs dans les finitions. Côté confort, ils sont équipés d'un brasseur d'air, d'une vaste sdb moderne et d'un grand lit. La différence tarifaire (du simple au double !) entre les "front de mer", dont la vue est en partie bouchée par la végétation, et les "jardin" paraît exagérée. La salle de restaurant (250 m²), avec bar et TV, permet de se détendre autour d'un verre après les sorties de la journée. Pour les repas, comptez environ 3 800 CFP/pers en demi-pension. La tarification haute saison va de juillet à septembre. Tranferts à l'aéroport (tout proche) 500 CFP. Location de vélos. Carte de crédit acceptée. Au nord-est de l'île.

Manotel PENSION €€
(☎93 02 25 ; www.lemanotel.com ; bungalows basse saison s/d 6 000/6 500 CFP, haute saison 7 900/8 900 CFP, en demi-pension basse saison 9 200/12 900 CFP, haute saison 11 100/15 300 CFP ; wifi). Une adresse sans mauvaise surprise et remarquablement bien tenue par un couple franco-polynésien. Les 7 bungalows, propres et bien conçus, avec sdb (eau chaude), sont nichés dans un jardin tropical coloré et très soigné, avec une falaise en arrière-plan, à 3 km du bourg de Moerai. Pour le farniente, il suffit de traverser la route pour accéder à une plage de sable blanc (mais la baignade, comme partout ailleurs sur l'île, n'est pas idéale, car le récif est frangeant). Les repas se prennent dans le *fare*-restaurant, doté d'un coin bibliothèque, et la cuisine de la maîtresse de maison bénéficie d'un bouche-à-oreille favorable (menu fixe). Yves, le propriétaire, passionné par son île d'adoption, est d'excellent conseil. Prêt de vélos pour aller faire des courses à Moerai et location de VTT (1 500 CFP). Transferts à l'aéroport 1 000 CFP l'aller-retour. Tarification haute saison de mi-juillet à fin octobre. Wi-Fi payant. Carte de crédit acceptée.

Où se restaurer

Toutes les structures d'hébergement assurent la formule demi-pension pour leurs hôtes. Les snacks et restaurants sont rares sur l'île. En dehors de Moerai, il faut se contenter d'épiceries dans les villages.

Rurutu Lodge RESTAURANT D'HÔTEL €€
(☎93 03 30 ; plats 1 100-2 600 ; ⌚tlj). Le restaurant du Rurutu Lodge sert une cuisine correcte et bien présentée, qui panache les influences françaises et polynésiennes (le cuisinier est métropolitain), à base de produits locaux. Les légumes viennent du potager. La grande salle manque un peu de convivialité.

Paulette SNACK €
(Moerai ; plats 1 100-1 300 CFP ; ⌚midi tlj). En retrait du quai. Ne paie franchement pas de mine vu de l'extérieur (ressemble à une baraque en tôle), mais l'intérieur est plus avenant, avec des murs couverts de tissus

LE GARDE-MANGER DE LA POLYNÉSIE

Les Australes sont considérées comme le grenier à blé de la Polynésie. Le taro est le produit alimentaire de base des îles Australes. Cette plante à rhizome est cultivée comme le riz, dans des marécages irrigués. Les grandes tarodières sont d'ailleurs un élément familier du paysage des Australes.

Après avoir été bouilli, son tubercule est pilé, ce qui produit le *poipoi*, mets absolument dépourvu de saveur, que l'on consomme généralement additionné de miel ou de purée de fruits. La fermentation du *poipoi* durant quelques jours lui confère plus de goût.

Le tapioca et la patate douce se cultivent aisément dans les Australes, de même que les légumes communs des régions tempérées – carottes, pommes de terre et choux.

colorés. Plats simples (sashimi, poisson cru, *chao men*) mais copieux et petits prix.

Tiare Hinano RESTAURANT €
(Moerai ; plats 1 000-1 800 CFP ; tlj sauf dim). Spécialités chinoises (crevettes cristal, *chao men*, porc sauce huître) correctes à des tarifs attrayants. Intérieur impersonnel, malgré quelques lampions rouges. Pas de terrasse.

BON PLAN **Piareare** SNACK €
(94 04 95 ; Moerai ; plats 1 000-1 300 CFP ; fermé lun soir, mer soir, sam et dim midi). À deux pas du snack Paulette, face au quai, ce snack tenu par des jeunes de Rurutu a bonne réputation et concocte des plats polynésiens (sashimi, poisson cru, gratin de *fei*) à des tarifs imbattables.

Paatu PÂTISSERIE €
(Moerai ; 7h30-12h30 et 14h30-17h lun-sam, 6h-9h dim). Cette minuscule pâtisserie contentera les gourmands. Viennoiseries et croissants.

Achats

Rurutu jouit d'une excellente réputation en matière artisanale, notamment pour la vannerie (chapeaux en pandanus) et les *tifaifai* (couvertures en patchwork aux coloris éclatants). La matière première de la vannerie de Rurutu est le *paeore*, un pandanus poussant sur les versants ombragés, qui subit d'abord une décoloration avant d'être travaillé.

À l'aéroport, une boutique ouvre à chaque mouvement d'avion. Au choix : chapeaux, nattes (*peue*), paniers, sacs... Les chapeaux d'hommes ont un fond plus haut et un bord plus étroit que les chapeaux de femmes. Les moins onéreux coûtent de 1 000 à 2 000 CFP, les chapeaux de qualité moyenne de 2 500 à 4 000 CFP, mais le prix des plus belles pièces peut atteindre 10 000 CFP.

Doriane (93 03 50) propose une prestation originale, des cours de tressage à la demi-journée. On repart avec l'objet que l'on a confectionné.

Autre spécialité, le café de Rurutu, en vente dans les pensions ou directement chez le producteur, **M. Delbos**, un Français installé à Moerai, près de la gendarmerie. Comptez 800 CFP le sachet de 500 g.

Renseignements

Les services utiles aux visiteurs sont à Moerai :

Centre médical (94 03 12). Médecin. Également une pharmacie à Moerai.

OPT (7h-12h et 13h-15h30 lun-jeu, 7h-12h et 13h-14h30 ven). Bureau de poste, au centre de Moerai. Wi-Fi dans un rayon de 50 m. Distributeur de billets fonctionnant 24h/24.

Socredo (94 04 75 ; 7h30-11h30 et 13h30-16h lun-ven). Opérations de change et distributeur fonctionnant 24h/24.

Depuis/vers Rurutu

Située à environ 600 km au sud de Tahiti, Rurutu est l'île la plus accessible des Australes. Elle est bien desservie par les avions d'Air Tahiti et par le cargo inter-îles. Le bureau d'**Air Tahiti** (93 02 50, 86 42 42 réservation centrale ; www.airtahiti.pf ; 8h-12h lun, mer et ven, 8h-12h et 13h-16h mar et jeu) est à l'aérodrome. Le cargo **Tuhaa Pae IV** accoste à Moerai. Voir aussi la rubrique *Depuis/vers les Australes* p. 261.

Comment circuler

L'aérodrome est à environ 4 km de Moerai, le village principal où se trouve également le quai. Si vous avez réservé votre hébergement, vos hôtes viendront vous chercher à l'aéroport. La plupart facturent cette prestation (de 500 à 1 000 CFP l'aller-retour).

Les pensions proposent des tours de l'île guidés moyennant 4 000 à 5 000 CFP/pers (pique-nique non inclus), avec visite des principaux sites touristiques.

La plupart des pensions louent ou prêtent des vélos – l'idéal pour se rendre à Moerai, mais pas pour faire le tour de l'île, vu les forts dénivelés.

Pour louer une voiture, adressez-vous à la **station-service Tauamao** (94 07 04) à Moerai.

TUBUAI

2 049 HABITANTS

On tombe vite sous le charme de Tubuai, une île ovale entourée d'un lagon aux couleurs resplendissantes et d'une poignée de motu idylliques. Étonnamment, Tubuai reste peu fréquentée par les touristes, qui passent plus de temps à Rurutu ou à Raivavae, mieux connues. Tant mieux : on profite de l'île en toute tranquillité, en circulant à vélo sur la route de ceinture, bordée de maisons fleuries et d'un ruban de petites plages de sable aux multiples nuances de couleur. L'intérieur de l'île, facilement accessible, est consacré aux cultures maraîchères. On peut marcher jusqu'au sommet de l'île et jouir d'un panorama splendide, découvrir de superbes jardins coralliens en snorkeling, faire une excursion sur le lagon – qui n'a rien à envier à celui de Raivavae – et pique-niquer sur un motu. D'intéressants vestiges archéologiques apportent un complément culturel à la visite de l'île.

Tubuai

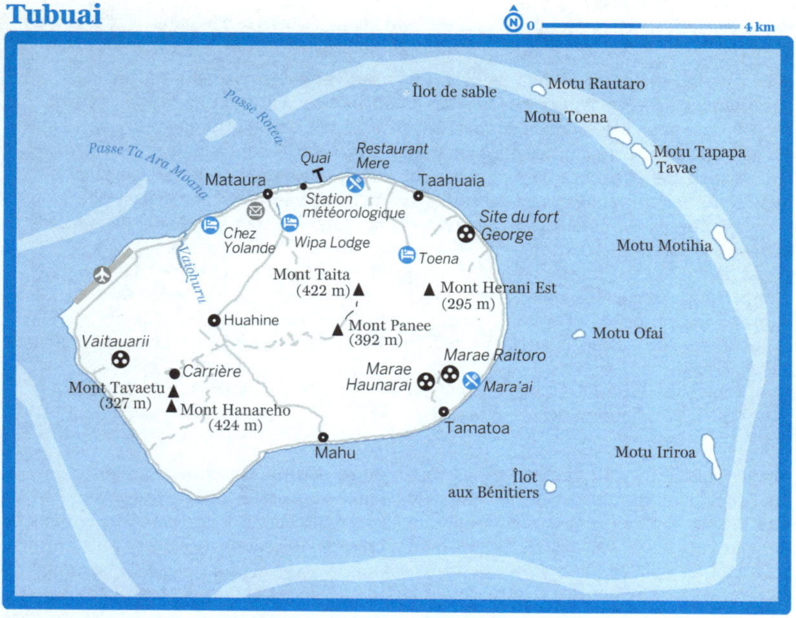

Histoire

Selon certaines théories, l'île n'aurait été peuplée que quelques dizaines d'années avant l'arrivée des Européens. En 1777, lors de son troisième périple, Cook accosta à Tubuai. Les insulaires la défendirent avec acharnement, comme le constatèrent les mutinés du *Bounty* lorsqu'ils tentèrent de s'y établir en 1789 (p. 272). Des navires se dirigeant vers l'Australie commencèrent à faire escale à Tubuai au début du XIXe siècle, tandis que les missionnaires de la London Missionary Society dépêchèrent sur l'île des instituteurs polynésiens en 1822.

À la même époque, les maladies apportées par les Européens firent des ravages à Tubuai : en 1832, la population de l'île avait chuté de 3 000 habitants à moins de 300 ! Quand le roi tahitien Pomaré II se rendit dans les îles Australes en 1819, les chefs coutumiers de l'île lui cédèrent le pouvoir. Lorsque Tahiti tomba sous la coupe de la France en 1842, Tubuai suivit. L'annexion officielle par la France date de 1880.

Orientation

La côte de Tubuai présente un profil régulier, très peu échancré. Les 25 km de route côtière, cimentée et relativement plate, longent le rivage en passant devant l'aérodrome. Une route traversière coupe l'île en deux, entre Mataura au nord et Mahu au sud, et franchit un petit col à 35 m d'altitude.

Deux petites chaînes montagneuses se dressent aux extrémités de l'île, séparées par une basse vallée en dos d'âne. Elles descendent jusqu'à la mer en une succession de plaines de faible altitude. Le mont Taita (422 m), à l'est, est le point culminant de l'île.

Principale localité de l'île, Mataura est situé à 4 km à l'est de l'aéroport.

À voir

À partir du centre de **Mataura**, dans le sens des aiguilles d'une montre, la route côtière (25 km) passe devant la station météorologique de Météo France, le quai du port, puis le village de **Taahuaia**, où s'égrènent de belles **plages** de sable jaune, cachées derrière des frondaisons d'*aito*. La parcelle verdoyante et vide qui s'étend après celui-ci, du côté de la montagne, est le site du **fort George** des mutinés du *Bounty* (voir l'encadré p. 272). Nul autre signe ou monument n'évoque l'histoire de ce lieu.

Dans le sud-est de l'île, à l'écart de la route de ceinture, plusieurs sites archéologiques sont mis en valeur, dont le **marae Raitoro**, qui rassemble une série de pierres dressées, une pierre d'accouchement et une pierre gravée d'inscriptions, au milieu de banians et de purau. Selon les anciens, ce

À NE PAS MANQUER

LE LAGON DE TUBUAI

Le magnifique lagon de Tubuai est une vraie surprise pour les visiteurs, qui ne s'attendent pas à ce type de paysages dans cet archipel. Par endroits, le lagon atteint 5 km de largeur. Son étendue, la quasi-absence de pollution et la température de l'eau, un peu plus fraîche que dans les archipels du nord (évitant ainsi le phénomène de blanchiment des coraux), créent des conditions idéales pour le développement du corail. Avec un équipement de snorkeling (palmes, masque et tuba), vous nagerez autour de pinacles coralliens remarquablement préservés qui constellent le lagon. Les bénitiers pullulent et constituent un mets prisé par les habitants de l'île.

Les plus beaux sites du lagon sont au nord et à l'est. Vous découvrirez l'îlot de sable **motu One**, au nord, une langue de sable blanc au milieu du lagon, le **motu Rautaro**, le **motu Toena**, le **motu Tapapa Tavae**, le **motu Ofai** (un petit caillou sur lequel trône un cocotier, à l'est), et, au sud-est, le **motu Iriroa** et l'**îlot aux Bénitiers**, composé d'amas calcaires.

Adressez-vous à votre pension pour l'organisation de la sortie. Comptez entre 5 000 et 7 000 CFP la journée, avec pique-nique.

marae était le lieu de naissance des rois. Tout proche, le **marae Haunarai** comporte une grande pierre dressée, d'environ 2 m de hauteur, avec des arêtes acérées qui servaient à couper le cordon ombilical des nouveaux-nés appelés à être rois. Le troisième site du secteur, le **marae Harii**, se compose également de pierres dressées et d'une pierre aiguisée avec laquelle on coupait les cordons ombilicaux. Juste derrière, on remarque une ancienne tombe, celle du dernier gardien du *marae*.

Mahu, le troisième village de l'île, marque l'extrémité sud de la route traversière. Après Mahu, la route vire à droite sur la côte sud-ouest de l'île. Une route secondaire mène au **site de Vaitauarii**, utilisé aux temps anciens pour les tatouages royaux. Une belle allée bordée d'auti débouche sur une clairière. Ici et là, on distingue des petites cupules dans lesquelles on plaçait l'encre et le kava, une boisson anesthésiante pour mieux supporter la séance de tatouage.

La route côtière passe ensuite à hauteur de l'aéroport avant de revenir rapidement à Mataura. Les **plages** offrant des possibilités de baignade s'étendent entre l'aéroport et Mataura ; celle qui se situe face à la passe Te Ara Moana, à l'ouest de Mataura, est excellente et l'eau y est profonde.

Les mormons ont fait de Tubuai l'un de leurs fiefs en Polynésie : leurs églises modernes, chacune complétée par un terrain de basket, ponctuent la route côtière.

Activités

Randonnée pédestre

L'ascension (facile) du **mont Taita** (422 m) ne nécessite pas de guide, car il est impossible de se perdre. Le sentier, une piste de 4x4, débute à hauteur de la route traversière, au centre de l'île. Il longe vers l'est la ligne de crête en direction des pics, puis traverse une pinède et contourne le sommet du mont Panee (392 m). À partir de là, la piste de 4x4 longe la ligne de crête. Celle-ci cède alors la place à un sentier qui, en traversant des bosquets de goyaviers (attention aux nids de guêpes) et des étendues de fougères, mène jusqu'aux rochers du sommet du mont Taita, d'où vous bénéficierez d'un panorama à 360°. Comptez 3 heures aller-retour.

On peut monter en 4x4 jusqu'au pied de la crête finale, mais il est dommage de ne pas profiter du site à pied.

Plongée

Au moment de la rédaction de cet ouvrage, le centre de plongée **La Bonne Bouteille** (☎95 08 41 ; www.labonnebouteilleplongee.com) était en activité mais à la recherche d'un repreneur.

Kitesurf

Les amateurs de kitesurf en provenance de Tahiti ne jurent que par le lagon de Tubuai, qui offre des conditions de glisse optimales, avec des vents réguliers et un plan d'eau dépourvu d'obstacles. Il n'y a aucune structure sur place ; vous devrez donc apporter votre matériel. Contactez Wilson Doom, de la pension Wipa Lodge, qui accueille régulièrement des "kiters" et connaît bien les spots.

Observation des baleines

La plupart des visiteurs pensent qu'il n'y a qu'à Rurutu que l'on peut observer les baleines à bosse. En réalité, elles fréquentent également les abords de toutes les îles des Australes, dont Tubuai, de juillet à octobre.

Contactez votre pension pour l'organisation de sorties en mer.

Où se loger et se restaurer

Les hébergements se trouvent dans le secteur Mataura-Taahuia. Vous trouverez à Mataura deux supermarchés, de même que des petits magasins disséminés autour de l'île.

Wipa Lodge PENSION, CAMPING €
(93 22 40, 73 10 02 ; maletdoom@mail.pf ; ch s/d 4 500/7 500 CFP, camping 2 500 CFP/tente, repas en demi-pension 4 300 CFP/pers ;). Cette pension n'est pas en bord de mer mais offre un cadre reposant, dans un jardin vaste et bien entretenu, planté de manguiers, de pêchers et de litchis, avec, en toile de fond, le mont Taita. Les 5 chambres attenantes (avec sdb), de plain-pied, sont très petites et sobrement agencées mais accueillantes. Les campeurs plantent la tente sur la pelouse, à l'ombre, et utilisent des sanitaires bien tenus. La cuisine de Gisèle, à base de produits frais de l'île, est excellente et copieuse. Location de voitures (à partir de 6 000 CFP) et de vélos (1 000 CFP/jour). Transferts à l'aérodrome 1 000 CFP/pers l'aller-retour. À environ 1 km au sud de Mataura, au bord de la route traversière.

Toena PENSION €
(95 04 12, 73 81 84 ; www.toena.pf ; bungalows s/d 7 500/13 000 CFP en demi-pension, transferts inclus ;). Mention très bien pour le cadre : un petit plateau situé à l'intérieur des terres, à côté d'une forêt de pins, d'où l'on embrasse une superbe vue sur le nord du lagon et les motu. Les 2 bungalows, confortables et impeccablement tenus, sont égayés de quelques touches décoratives et bénéficient de la vue dégagée. Certes, la pension est un peu isolée, mais le calme est garanti, et les propriétaires louent deux voitures (5 000 CFP) pour les déplacements.

Mere RESTAURANT €
(95 04 17 ; Mataura ; plats 1 000 CFP ; tlj sauf dim). Une bonne adresse, même si le cadre n'a rien d'exotique (une salle carrelée dans une maisonnette moderne, sans terrasse ni vue). Pas de carte, mais un choix de trois ou quatre plats à chaque repas, dont un délicieux poisson cru et du *chao men*. À Mataura, en retrait de la route côtière.

Mara'ai SNACK €
(95 08 32, 73 62 20 ; Tamatoa ; plats 1 200-1 400 CFP ; tlj). Hervé est ch'ti, Hina est originaire de Tubuai, et leur roulotte, un peu isolée dans le sud-est de l'île, mérite le détour. Choisissez entre des pizzas au feu de bois, des plats de poisson (chaud-froid de thon, poisson grillé) et quelques viandes, à des tarifs raisonnables. Tout est réalisé avec des produits frais, y compris les frites. Cadre sans prétention, de style paillotte, avec des tables posées sur du sable. Dommage qu'un grillage synthétique gâche la vue sur le lagon.

> **EXCURSION GUIDÉE**
>
> Les sites archéologiques de l'île n'étant pas signalés, ils sont difficiles à trouver. Par ailleurs, ils sont dépourvus de panneaux explicatifs. L'idéal est de se faire accompagner par un guide. Wilson Doom, de la pension **Wipa Lodge** (73 10 02), très impliqué dans la défense de la culture polynésienne traditionnelle, demande 3 000 CFP/pers pour une excursion de 3 heures, au cours de laquelle il vous fera revivre l'histoire des lieux, d'une manière parfois très théâtrale.

Chez Yolande PENSION €€
(95 05 52 ; s/d 6 000/6 800 CFP, 8 000/15 000 CFP en demi-pension ;). La majeure partie des clients séjournent ici pour des raisons professionnelles, mais Chez Yolande peut dépanner si les autres pensions n'ont pas de place. Cette grande bâtisse blanche, moderne et fonctionnelle, n'a aucun cachet polynésien mais la propreté est irréprochable. Préférez les chambres à l'étage, climatisées et plus calmes ; celles du rez-de-chaussée donnent sur la salle à manger, plus bruyante. La cuisine servie est correcte. Pour la bronzette, la plus belle plage de l'île est à 200 m. Côté accueil, mieux vaut savoir que l'on est livré à soi-même, car la propriétaire n'est pas sur place pendant la journée. À Mataura, à environ 1,5 km de la mairie, en direction de l'aérodrome.

Renseignements

Mataura regroupe l'essentiel des services utiles aux visiteurs :

OPT (7h30-12h et 12h30-15h30 lun-jeu, 7h30-12h et 12h30-14h30 ven). Bureau de poste. Dispose d'un poste connecté à Internet, fonctionnant avec la carte Manaspot, en vente sur place. Accès Wi-Fi dans un rayon de 50 m autour de la poste. Distributeur de billets, 24h/24.

Socredo (8h-12h et 13h30-16h lun-ven). Opérations de change et distributeur de billets accessible 24h/24.

Centre médical (93 22 50). Médecins.

LE BOUNTY DANS LES LIMBES DU PACIFIQUE

Après avoir jeté le capitaine Bligh dans une chaloupe au large des îles Tonga, le 28 avril 1789, les mutinés du *Bounty* cinglèrent toutes voiles dehors vers Tahiti. Fletcher Christian, à l'initiative de la mutinerie, réalisa assez vite que que tôt ou tard la Marine britannique se mettrait à la recherche du *Bounty*. Il devenait impératif de trouver une cache en marge des terres connues.

C'est ainsi que moins d'un mois plus tard, le 24 mai, Christian et son équipage mirent le cap sur Tubuai, avec l'intention de s'y établir. Mais c'était compter sans l'hostilité des insulaires, qui voyaient d'un très mauvais œil le débarquement de ces nouveaux venus. Une semaine plus tard, le *Bounty* repartait pour Tahiti, avant de revenir le mois suivant tenter sa chance. En vain. La résistance des habitants de Tubuai fut acharnée. Les mutinés se barricadèrent dans le fort George, une petite enceinte fortifiée qu'ils avaient construite à la hâte, à l'est du village de Taahuaia, où ils demeurèrent du 9 juillet au 15 septembre, avant que Christian ne donne l'ordre d'appareiller une nouvelle fois pour Tahiti et, de là, vers l'est, hors des limites des terres connues. Finalement, c'est à Pitcairn qu'ils purent s'établir. Plus de 60 insulaires auraient péri lors des affrontements avec les mutinés à Tubuai (voir aussi p. 294).

ℹ Depuis/vers Tubuai

Située à environ 600 km au sud de Tahiti, à mi-chemin environ de Rurutu, au nord-ouest, et de Raivavae, au sud-est, Tubuai est accessible par avion ou par cargo. Le bureau d'**Air Tahiti** (☎93 22 75, 86 42 42 réservation centrale ; www.airtahiti.pf ; ⏲8h30-11h lun-ven) est à l'aérodrome. Le cargo **Tuhaa Pae IV** emprunte la large passe franchissant le récif au nord-ouest et accoste à Mataura. Voir aussi la rubrique *Depuis/vers les Australes*, p. 261.

ℹ Comment circuler

Une route cimentée, plate, fait le tour de l'île. Il existe également une piste traversière, qui relie Mataura à Mahu.

Les pensions vont chercher leurs clients ayant réservé à l'aéroport ou au port. Wipa Lodge et la pension Toena louent des véhicules.

RAIVAVAE

905 HABITANTS

Raivavae est sans doute l'une des plus belles îles du Pacifique Sud… Mais rares sont ceux qui le savent, à l'exception des résidents de Papeete. La "Bora Bora des Australes" présente un profil magnifique, avec une chaîne montagneuse escarpée, d'environ 400 m de hauteur, sertie dans un vaste lagon, délimité par une barrière de corail et une série de motu idylliques, bordés par de belles plages de sable blanc. Par beau temps, le camaïeu de bleu et de turquoise est d'une insolente beauté. Les amateurs de beaux lagons n'hésitent pas à classer celui de Raivavae devant celui de Bora Bora !

Sur cette île de rêve, le temps semble s'être arrêté. Les quelques villages disséminés autour de l'île sont enveloppés d'une douce quiétude, idéale pour se dépayser. Au programme : balades à pied, tour de l'île à vélo, visite des sites archéologiques, pique-nique et baignade sur un motu, dégustation de bénitiers, rencontre des artisans…

Les visiteurs sont encore peu nombreux. C'est le moment d'en profiter !

Histoire

Raivavae abritait jadis de nombreux tikis de pierre qui se dressaient dans les *marae* de l'île. Aujourd'hui, il ne reste plus qu'un seul tiki, près de Rairua, possédant un puissant *mana* (pouvoir spirituel). Les autres ont été transportés dans les jardins du musée Gauguin, à Tahiti.

Le capitaine espagnol Thomas Gayangos fut le premier Européen à accoster à Raivavae, en 1775, alors qu'il naviguait de Tahiti vers le sud, à la recherche des vents d'ouest qui lui permettraient de rallier le Pérou. Comme Tubuai, l'île fut cédée au roi tahitien Pomaré II en 1819, puis devint un protectorat français en 1842 avant d'être annexée par la France en 1880.

À l'époque des premiers contacts avec les Européens, Raivavae comptait environ 3 000 habitants, navigateurs hors pair, dont l'organisation sociale était très sophistiquée. On dit qu'ils se rendaient régulièrement dans les îles de la Société et qu'ils firent même la traversée jusqu'en Nouvelle-Zélande. En 1826, la fièvre européenne qui avait ravagé Tubuai contamina Raivavae et décima presque toute la population. Seule une petite centaine d'insulaires survécut, mais leurs traditions culturelles et leur science de la navigation furent perdues. Aujourd'hui, on y pratique un peu la pêche, mais l'agriculture représente la principale activité économique : le climat tempéré et le sol fertile sont propices à la culture des choux, des carottes, des pommes de terre, du taro, du café et des oranges.

Orientation

Une route, goudronnée entre Vaiuru et Anatonu, fait le tour de l'île, soit une vingtaine de kilomètres environ, essentiellement sur du plat. La principale localité est Rairua, où se trouve le quai d'embarquement de l'île. D'autres villages secondaires, dont Vaiuru, Mahanatoa et Anatonu, sont établis au bord du lagon. Une route traversière, en pente raide, relie la côte est à la côte ouest.

À voir

Le seul **tiki** restant de Raivavae mesure environ 1 m de hauteur. Dissimulé par la végétation, il se trouve à quelques dizaines de mètres de la route de ceinture, près de Mahanatoa (il n'est pas signalé), sur une petite plate-forme de pierre. Bien que rongé par des lichens blancs, il n'a rien perdu de sa belle allure ; remarquez son ornement pectoral et la finesse de ses doigts. Il n'a plus qu'une oreille ; l'autre est mutilée.

Le **marae Pua Pua Tiare (Ranimahea)**, à 100 m à l'écart de la route traversière (il n'est pas signalé ; depuis Vaiuru, suivez la route sur 900 m, le site est sur la droite, à l'abri de manguiers), vaut également le coup d'œil. Bien entretenu, il possède plusieurs alignements de pierres dressées, ainsi qu'une "pierre sonnante", qui résonne quand on la frappe. On suppose que le site était utilisé pour les accouchements.

Sur la côte sud, à 30 m en retrait de la route de ceinture, sur un terrain privé, le **marae Mauna Oto** ("*marae* du héros triste") dégage une impression de solennité. Au premier plan, on distingue une tombe (elle abriterait les restes d'une princesse), entourée de moellons de corail. À l'arrière, d'imposants blocs de pierre verticaux d'environ 2 m de hauteur entourent le site, ombragé par une végétation foisonnante, dont d'imposants *mape* ; leurs troncs noueux confèrent une atmosphère mystérieuse à ce site, qui aurait servi de lieu de rassemblement des guerriers.

Juste devant l'aéroport, une allée empierrée mène au **marae Pou Muavau**. Sur la petite esplanade pavée, on remarque une pierre dressée d'environ 2,20 m ; selon la légende, elle servait à mesurer la taille des guerriers.

Activités

Randonnée pédestre

Il est possible de marcher jusqu'au point culminant de l'île, le **mont Hiro** (437 m), d'où la vue est imprenable. Le sentier le plus couramment utilisé débute derrière

AUSTRALES

Raivavae

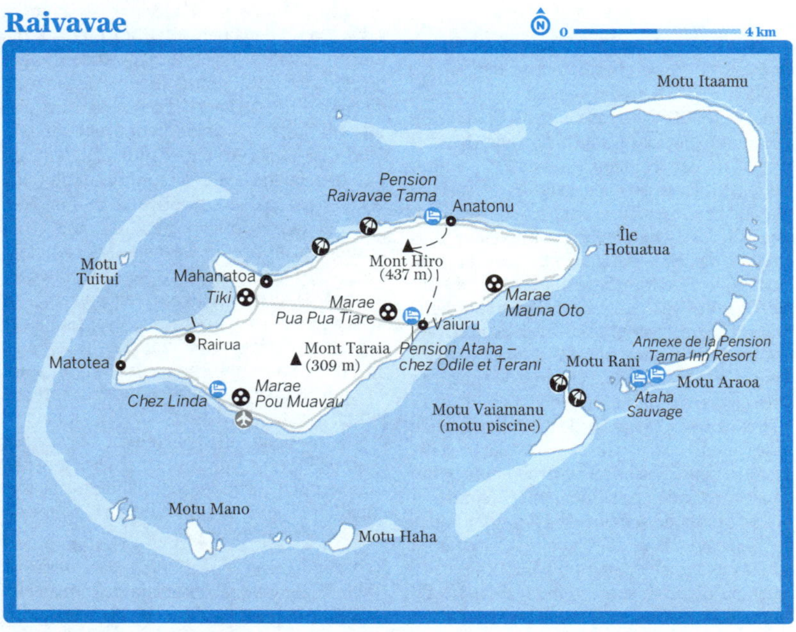

la pension Ataha. La première partie du parcours, dans une forêt de pins, est très escarpée. Ensuite, sur les crêtes, la progression est nettement plus facile. Comptez 3 heures aller-retour. Un autre accès est possible depuis Anatonu. La présence d'un guide est conseillée (environ 3 500 CFP). Adressez-vous à votre pension qui organisera la sortie.

Excursions sur le lagon

À ne pas rater si la météo est clémente ! Toute la partie est et sud de l'île est cernée par une ligne de motu frangés par de petites plages de sable blanc, qui constituent un décor paradisiaque, notamment le "**motu piscine**" (voir l'encadré ci-contre) et le **motu Rani**.

Les propriétaires des pensions se chargent d'organiser les sorties en bateau sur le lagon. Comptez environ 4 500 CFP/pers, pique-nique inclus. Au programme : snorkeling, marche sur le récif, collecte de *pupu* (minuscules coquillages qui servent à faire des colliers), pêche aux bénitiers, baignade...

Où se loger et se restaurer

Il n'y a ni restaurant ni snack sur l'île. La formule demi-pension ou pension complète s'impose donc. Chaque village compte au moins une modeste épicerie. Attention, seule une pension est équipée pour le paiement par carte de crédit et il n'y a qu'un distributeur de billets sur l'île, à la poste.

Chez Linda PENSION €

(78 80 24, 95 44 25 ; www.pensionlindaraivavae.pf ; Rairua ; ch avec sdb commune s/d 7 400/10 600 CFP en demi-pension, bungalows s/d 10 600/13 200 CFP en demi-pension ; wifi). À 700 m de l'aérodrome, au bord de la route de ceinture, la maison principale abrite 2 chambres, carrelées, propres mais exiguës, basses de plafond et sans aucune vue, qui se partagent une sdb (eau chaude). Pour un séjour plus confortable, les 4 bungalows, situés dans un jardin fleuri, font l'affaire, même s'ils ne sont pas orientés face au lagon. Une cinquième unité, un *fare* familial, est à l'arrière du jardin. Linda régale ses hôtes avec une cuisine variée à base de produits locaux (soupe de bénitiers, poisson cru à la chinoise, poulet fafa, bénitier au lait de coco, taro), servie dans une grande salle carrelée, un peu impersonnelle. La veille de votre départ, vous aurez droit à une petite danse exécutée par Linda en personne. À savoir : dans ce secteur de l'île, il n'y a pas de plage et l'eau du lagon est saumâtre, mais vous pourrez louer un vélo (1 000 CFP/jour), ou disposer gratuitement d'un kayak. Faites-vous préciser le montant des extras (vin, sandwichs, déplacements), chèrement facturés.

Ataha – chez Odile et Terani PENSION €

(95 43 69, 28 92 35 ; pension.ataha@live.fr ; Vaiuru ; s/d 8 500/13 000 CFP en demi-pension). Une pension sans mauvaise surprise, au village de Vaiuru. L'emplacement est comparable à celui de la pension Chez Linda, dans une propriété verdoyante au bord de la route de ceinture, côté montagne. Pas de plage ni de possibilité de baignade malgré la proximité du lagon, mais on peut louer un vélo (600 CFP/jour). Au choix : un petit *fare* en dur, bien conçu, avec 2 chambres et un petit séjour (réservé en priorité aux familles), et 3 chambres mitoyennes (et donc sans grande intimité), au format plus ramassé, avec sdb (eau chaude). Réservez plutôt la quatrième chambre, spacieuse, accolée à la maison des propriétaires. Propreté sans défaut et literie en bon état. Envie de jouer au Robinson ? Optez pour une nuit ou deux à l'Ataha Sauvage, une cabane avec matelas, lampe à gaz, toilettes et cuve d'eau, sur un motu paradisiaque appartenant à la famille (1 500 CFP/pers, repas et transferts en sus). Bon accueil d'Odile, par ailleurs bonne cuisinière (bénitier au lait de coco, soupe de poisson, crêpes bananes...).

Raivavae Tama PENSION €

(95 42 74 ; www.raivavaetama.com ; Anatonu ; ch 6 500 CFP/pers en demi-pension, bungalow

> À NE PAS MANQUER
>
> **LE MOTU PISCINE**
>
> L'un des plus beaux motu de Polynésie est le motu Vaiamanu, également appelé "motu piscine", au sud-est de l'île. Ourlé d'une longue plage ombragée d'*aito*, il se termine par une magnifique langue de sable blanc orientée vers le lagon, baignée de part et d'autre par une lagune au camaïeu de bleus, dans laquelle on se baigne avec délice. La carte postale par excellence ! Les abords coralliens de ce motu, côté récif, regorgent de bénitiers, que les habitants viennent régulièrement collecter à l'aide d'un piquet. La chair, crue ou cuite, est délicieuse. La coquille est utilisée pour la décoration des jardins, des maisons ou pour l'artisanat.
>
> Toutes les pensions organisent des arrêts sur ce motu lors des excursions sur le lagon.

s/d 8 500/13 000 CFP en demi-pension). Le meilleur spot de l'île, et un accueil coloré – vous reconnaîtrez tout de suite Eleonore White, la propriétaire, car elle porte une couronne de fleurs. On se sent dépaysé dans les 3 bungalows, construits directement au bord d'une plagette ombragée d'*aito*, avec une vue imprenable sur le lagon. Ils sont petits et de conception très simple, avec sdb (eau chaude) et literie correcte (et de superbes couvre-lits colorés). De l'autre côté de la route, côté montagne, les White louent 2 autres bungalows plus spacieux et modernes (sans vue sur la mer mais avec une belle perspective sur le mont Hiro depuis la terrasse), ainsi que 2 minuscules chambres dans la maison principale, avec sdb commune. Les repas, servis dans un *fare* salle à manger, sont excellents et vous dégusterez toutes les spécialités culinaires de l'île. Pour encore plus d'exotisme, on peut se faire déposer sur le motu Rani et passer la nuit dans un bungalow très simple. Kayaks et vélos en location (1 000 CFP/jour). Carte de crédit acceptée.

Achats

Les pensions organisent un tour de l'île en 4x4 avec arrêt chez des artisans (environ 2 500 CFP/pers). Vous rencontrerez sans doute **Tumarae Tearii**, un sculpteur, qui réalise des plats et des petites pagaies ; **Henriette**, qui confectionne des paréos, des colliers de coquillages et objets tressés en pandanus ; et **Elvina**, qui propose des colliers de coquillages. Vos hôtes vous indiqueront les mamas qui réalisent des *tifaifai*, une autre spécialité de l'île. Ils se monnaient cher, de 30 000 à 60 000 CFP selon la qualité. Paiement en espèces seulement.

Renseignements

Soyez prévoyant, car les infrastructures sont limitées sur l'île.

OPT (Rairua ; 7h30-12h et 12h30-15h30 lun-jeu, 7h30-12h et 12h30-14h30 ven). Bureau de poste. Dispose d'un poste connecté à Internet, fonctionnant avec la carte Manaspot, en vente sur place. Accès Wi-Fi dans un rayon de 50 m autour de la poste. Distributeur de billets, 24h/24.

Depuis/vers Raivavae

Raivavae est située à 650 km au sud-est de Tahiti et à 200 km au sud-est de Tubuai. L'île possède un aérodrome, desservi par des vols directs d'**Air Tahiti** (86 42 42 réservation centrale ; www.airtahiti.pf) depuis Tahiti et Tubuai (voir p. 272). Pour rejoindre les autres îles des Australes (Rurutu et Rimatara), il faut transiter par Tubuai. Le cargo **Tuhaa Pae IV** y accoste environ 2 fois par mois.

Comment circuler

La route qui fait le tour de l'île, plate, peut se négocier à vélo (une vingtaine de kilomètres environ). En revanche, ne vous aventurez pas avec un deux-roues sur la route traversière, extrêmement pentue.

Les transferts à l'aérodrome sont en principe compris dans les prix de l'hébergement.

Les pensions organisent des tours de l'île en voiture pour 2 000 CFP/pers environ. Ils incluent des arrêts sur les principaux sites culturels.

RIMATARA

786 HABITANTS

Ornithologues, cette île est faite pour vous ! Rimatara abrite une espèce endémique rare, le lori de Kuhl (*Vini kuhlii*), appelée localement *ura*. Cet oiseau de la famille des perroquets possède un plumage de toute beauté : rouge, vert, jaune et bleu. Il ne vit qu'à Rimatara, dans les bananiers et les kapokiers, où il est facilement observable.

Le destin de cette île de poche (le tour de l'île fait 9 km), toute ronde, et méconnue, a basculé en 2006, lors de l'inauguration d'une piste d'atterrissage pouvant recevoir les ATR d'Air Tahiti. Grâce à une desserte aérienne régulière, Rimatara s'est ouverte au monde extérieur. Cette ouverture reste timide, car les touristes sont encore très rares.

Rimatara a du charme. Elle ressemble à Rurutu en miniature. Comme sa voisine, elle est cernée par un récif frangeant, avec de superbes plages de sable blanc, des criques protégées et quelques petites falaises. Le centre de l'île est formé par un plateau qui ne dépasse pas 83 m. La tranquillité est absolue ; l'île ne compte que trois villages, et la population vit essentiellement de l'agriculture (tout pousse à Rimatara), de la culture du coprah et de l'artisanat (articles en pandanus et confection de colliers de coquillages). On se laisse vite gagner par le rythme de vie décontracté. Les habitants parlent un dialecte particulier, le rimatara.

Histoire

Rimatara fut la dernière des îles Australes à être “découverte” en 1811 par les Européens. À l'époque, l'île est gouvernée par une reine, Temaeva II. Les premiers missionnaires insulaires de la London Missionary Society y débarquèrent en 1821. En moins de deux ans, les 300 habitants qui composaient la population de l'île furent convertis.

À voir et à faire

Il n'y a pas d'activité organisée sur l'île. Vos hôtes vous proposeront un tour de l'île en 4×4, mais la route (goudronnée) se prête très bien à une **balade à pied** (9 km, pratiquement sans dénivelé) ou à vélo. De la route de ceinture, plusieurs pistes mènent au **plateau Oromana**, où sont cultivées des plantes agricoles et maraîchères, notamment des manguiers, des bananiers, des choux, des taros, des pommes de terre, des tomates, des carottes, du café, des pamplemousses...

La vie s'écoule paisiblement dans les trois villages, **Anapoto**, **Amaru** et **Mutua Ura**. Seuls bâtiments remarquables, les temples protestants, très bien entretenus. Plutôt étonnant dans cette île du bout du monde, on remarque des panneaux de signalisation routière, identiques à ceux que l'on trouve en France, alors qu'il n'y a qu'une poignée de véhicules dans toute l'île ! Sous les avancées des toits, les habitants font sécher des feuilles de pandanus, qui serviront à la confection d'objets artisanaux. Certains habitants sont occupés à la récolte du coprah (amande séchée de la noix de coco) ; les noix de coco évidées s'entassent dans les propriétés.

Au village d'Amaru, ne manquez pas la visite du **cimetière marin**, qui abrite la tombe de la reine Temaeva II, qui régna au XIXe siècle. Les tombes, formées de moellons de corail, sont toutes blanches.

Le village de Mutua Ura possède le cadre le plus séduisant : il débouche sur une jolie baie frangée d'une **plage** de sable. En suivant le littoral, on découvre des criques et des vasques entourées de *feo* (blocs de coraux émergés, qui font penser à de gros champignons).

Où se loger et se restaurer

Il n'y a ni snack ni restaurant, juste quelques modestes épiceries dans chaque village. L'île ne compte que deux pensions. Les transferts à l'aérodrome sont inclus.

Ue Ue PENSION €

(☎94 44 03, 94 42 88, 74 66 13 ; www.pensionueue.pf ; Amaru ; bungalows s/d 8 500/12 600 CFP en demi-pension ; 10 500/16 800 CFP en pension complète). Cette pension tenue par Claudine, une institutrice, et son mari Georges est une adresse idéale pour un séjour confortable à Rimatara. Quatre bungalows sont aménagés dans une propriété calme et bien dégagée, à la sortie d'Amaru ; tout autour se déploie une végétation dense qui abrite des couples de loris de Kuhl. Les bungalows offrent tout le confort souhaité (sdb avec eau

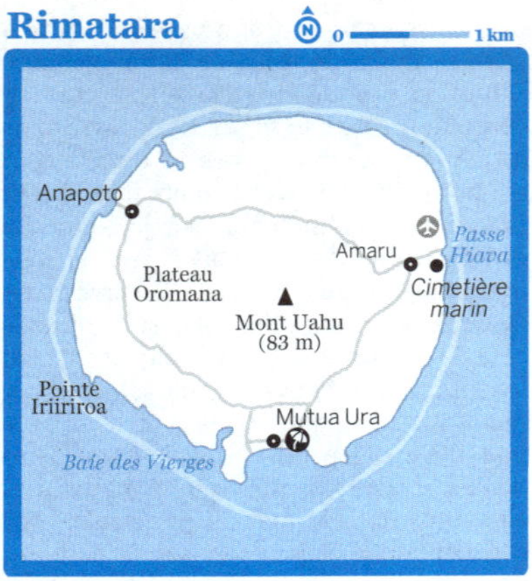

chaude, terrasse, ventilateur) mais n'ont pas de vue (ils donnent sur la clôture). Les repas se prennent dans un *fare* séparé. Au menu : taro, cochon sauce huître, chèvre, poisson... Vélos en location (1 000 CFP).

Chez Utia Mania PENSION €

(☎94 43 10 ; Mutua Ura ; ch 3 500 CFP/pers). Une pension au confort ultraspartiate, au village d'Amaru, mais à l'ambiance typiquement polynésienne. Bel emplacement, à quelques dizaines de mètres de la baie et de la plage. Un *fare* abrite 3 chambres qui se partagent une sdb en bon état (eau chaude), une cuisine équipée et un salon équipé d'une TV satellite. Ventilateur sur demande. Le mobilier est vétuste et les matelas sont fatigués, mais l'ensemble est propre. Les repas (1 500 CFP), sur demande, sont servis dans la cuisine commune. Spécialités simples, à base de produits locaux (poulpe, taro, banane *fei*, poisson frais). Accueil timide mais sympathique de Mania et de son épouse. Mania vous conduira sur les sites où l'on peut voir le lori de Kuhl ; il n'a pas son pareil pour les repérer dans les arbres !

Renseignements

Il n'y a aucune banque sur l'île, et la carte de crédit ne vous sera d'aucune utilité. Munissez-vous de suffisamment d'espèces.

Depuis/vers Rimatara

Rimatara est située à 600 km au sud-ouest de Tahiti et à 150 km à l'ouest de Rurutu. Par avion, l'île est reliée à Tahiti, à Rurutu et à Tubuai (voir p. 272). Pour rejoindre Raivavae, il faut transiter par Tubuai. Le cargo **Tuhaa Pae IV** y accoste environ 2 fois par mois.

Comment circuler

Il est facile de se déplacer à pied, vu la configuration de l'île. Sinon, vos hôtes vous feront découvrir l'île en 4x4. La pension Ue Ue loue des vélos (1 000 CFP la journée).

RAPA ITI (RAPA)

521 HABITANTS

Si vous êtes à la recherche du bout du monde, Rapa, l'île la plus reculée et la plus isolée de Polynésie française, devrait faire l'affaire. L'île habitée la plus proche, Raivavae, est distante de 500 km... Située très au sud, Rapa est une île austère, dépourvue de récif corallien, pelée, presque aride. En juillet, la température peut chuter jusqu'à 5°C. Qu'ils sont loin les cocotiers des Tuamotu !

L'île est appelée Rapa Iti (petite Rapa), par opposition à Rapa Nui (grande Rapa), le nom polynésien de l'île de Pâques, à quelques milliers de kilomètres à l'est.

Histoire

Jadis densément peuplée – l'île comptait une douzaine de villages –, Rapa était divisée en royaumes opposés les uns aux autres. Le surpeuplement des terres serait à l'origine de ces guerres perpétuelles.

Le navigateur britannique George Vancouver fut le premier Européen à poser le pied sur l'île en 1791. Il avait déjà accompagné Cook à deux reprises lors de ses deuxième et troisième voyages dans le Pacifique. Il fallut attendre 1816 avant qu'un autre Européen ne débarquât à Rapa, marquant le début d'une effroyable série d'épidémies. Sa population, qui comptait 2 000 habitants au moment de la première rencontre européenne, chuta à 500 habitants en 1838, puis à 150 habitants à peine en 1864. L'estocade fut administrée par les navires esclavagistes péruviens, qui déportèrent un grand nombre d'insulaires pour les faire travailler à la dure récolte du guano sur les îles au large des côtes du Pérou. Les hommes de Rapa s'emparèrent de l'un des navires et se rendirent à Tahiti pour chercher secours auprès des Français. Les Péruviens renvoyèrent chez eux plus de 300 Polynésiens, mais la plupart périrent durant la traversée et les quelques survivants qui accostèrent à Rapa rapportèrent une épidémie de variole qui décima une grande partie de la population.

Quand les navires à vapeur commencèrent à sillonner les eaux du Pacifique, on aménagea à Rapa un port de ravitaillement en charbon destiné aux vapeurs en route vers l'Australie et la Nouvelle-Zélande. Ce fut pour combattre cette influence anglo-saxonne que les Français annexèrent l'île.

Les eaux de l'île sont très poissonneuses et Rapa possède aussi une population de chèvres prolifique ; le taro est la culture principale, mais l'on y cultive aussi d'excellentes oranges et du bon café.

Orientation

L'île est le vestige d'un cône volcanique, d'où son relief déchiqueté, avec une série de pics dépassant 400 m d'altitude, le point culminant étant le mont Perau (650 m). La population se concentre dans les villages de **Haurei** et d'**Area**. Les liaisons s'effectuent généralement par bateau, car la route qui fait le tour de la baie est en mauvais état.

À voir

Rapa compte quelques vestiges archéologiques, notamment les *pa*. Ces fortifications datant de l'ère pré-européenne, bâties au sommet des montagnes, sont apparentées à celles des guerriers maoris de Nouvelle-Zélande. Celle de **Morongo Uta**, entre les baies de Haurei et de Hiri, est la mieux conservée. Elle fut restaurée dans les années 1950 par une équipe d'archéologues dirigés par l'anthropologue norvégien Thor Heyerdahl et l'anthropologue américain William Mulloy en 1956 (qui ont également œuvré à l'île de Pâques). Ce grand *pa* s'étage en terrasses séparées par de profonds fossés autour de la forteresse centrale. Cette dernière, dont le périmètre dépasse 300 m, est dominée par une double tour de guet pyramidale. Quant au **pa de Tevaitau**, restauré en 1960, il surplombe la baie de Haurei. D'autres *pa* se trouvent le long de la crête ou sur les cols. Ils comportent des terrasses plates et une tour de guet.

Où se loger et se restaurer

Les rares visiteurs font généralement étape à la pension **Chez Titaua** (☎95 73 86 ; fax à la mairie 95 72 60 ; Haurei ; ch avec petit-déj 4 500 CFP), dans une maison tout équipée, à proximité du quai.

Depuis/vers Rapa Iti

Rapa est située à plus de 1 000 km au sud-est de Tahiti et à près de 500 km de Raivavae, l'île habitée la plus proche. Il n'y a pas de piste d'atterrissage. Le seul moyen de transport est le cargo **Tuhaa Pae IV**, qui dessert Rapa au départ de Papeete.

Gambier

1 400 HABITANTS

Dans ce chapitre »

Le top des hébergements

» Pension Maro'i (p. 282)

» Chez Bianca et Benoît (p. 282)

Le top des activités

» Randonnée pédestre (p. 281)

» Excursion sur le lagon (p. 282)

Pourquoi y aller

À peine une tête d'épingle sur la carte de la Polynésie (tout en bas, à droite), loin, très loin de Tahiti... Ce minuscule archipel d'un peu plus d'un millier d'habitants, à 1 700 km de Papeete, est celui de toutes les surprises. Les voiliers tour-du-mondistes qui y font escale et les rares touristes en quête d'insolite qui s'y aventurent n'en reviennent jamais déçus, séduits par l'étonnant patchwork de paysages qui s'étale sous leurs yeux : petites montagnes, forêts de pins, lagon, barrière corallienne, plages de sable blanc ou ocre, îles et îlots – un condensé de la Polynésie, en quelque sorte.

Sur le plan historique et culturel, les Gambier sont tout aussi fascinantes. L'archipel a connu une théocratie catholique au XIXe siècle (dont il subsiste un important patrimoine) et la période des essais nucléaires au XXe siècle, avant que la perliculture ne prenne le relais. C'est dans le lagon de Mangareva que l'on récolte les plus belles perles de Polynésie. L'attachement très fort de la population à sa culture, à ses traditions, à ses danses et à sa langue (le mangarévien, plus proche du maori de Nouvelle-Zélande que du tahitien) renforce encore la singularité de cet archipel.

Seul regret : le coût exorbitant de l'acheminement aérien.

Quand partir

Entre juin et septembre, compte tenu de la latitude, le climat est plus frais que dans le reste de la Polynésie. À cette époque, les températures descendent en dessous de 20°C. Une petite laine s'impose, surtout le soir. La température de l'eau est également plus fraîche à cette saison.

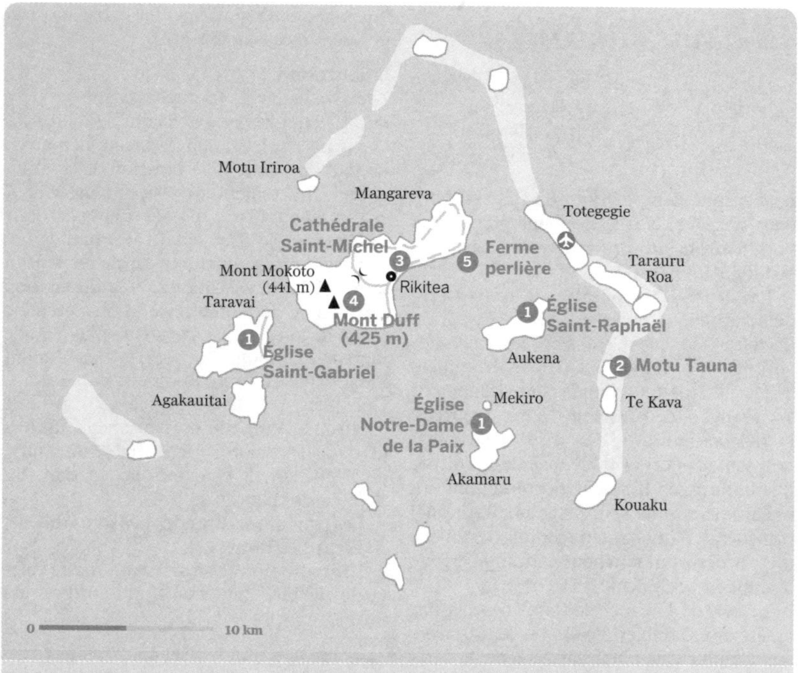

À ne pas manquer

❶ Visiter des **vestiges religieux** sur les îles de Taravai, d'Aukena et d'Akamaru à l'occasion d'un tour du lagon en pirogue (p. 282)

❷ Observer les oiseaux sur le **motu Tauna** (p. 281)

❸ Admirer l'imposante **cathédrale Saint-Michel**, à Rikitea (p. 280)

❹ Grimper au sommet du **mont Duff**, pour profiter d'une vue exceptionnelle sur l'île (p. 281)

❺ Visiter une **ferme perlière** (p. 282)

Histoire

Ces îles furent peuplées en trois vagues successives, approximativement entre le Xe et le XIIIe siècle. Certains spécialistes pensent qu'elles ont été une étape importante sur les routes de migration vers la Nouvelle-Zélande ou l'île de Pâques.

L'archipel fut baptisé en 1797 par James Wilson, le capitaine du *Duff* à bord duquel se trouvaient les premiers missionnaires de la London Missionary Society se rendant à Tahiti, du nom de l'amiral anglais Gambier qui soutenait les activités de la mission. Il nomma également le point culminant des îles du nom du navire. Au début du XIXe siècle, l'archipel devint une importante escale de réapprovisionnement des navires et un centre de commerce de la nacre, que l'on trouve en abondance dans le lagon.

En 1834 fut fondée la première mission catholique de Polynésie, la congrégation du Sacré-Cœur, qui convertit rapidement l'ensemble de la population. Honoré Laval, le supérieur de la mission, et le père François Caret devinrent presque les nouveaux maîtres de l'archipel, et imposèrent de facto une quasi-théocratie aux Gambier.

En quelques décennies, Laval mit en place un système théocratique qui changea complètement la physionomie des Gambier. Il fit construire de larges routes, une imposante cathédrale, neuf églises ou chapelles, des tours de guet, des quais et divers bâtiments dont une prison. À la même époque, la population des Gambier connut un dépeuplement rapide : de 5 000 à 6 000 habitants répartis sur les quatre îles principales à l'arrivée de Laval, elle déclina très rapidement,

FUSEAU HORAIRE

Par rapport à Tahiti, le décalage horaire est de + 1 heure. Quand il est 12h à Papeete, il est 13h aux Gambier.

pour ne plus compter que 463 âmes en 1887, date du premier recensement officiel. En proie à une hostilité grandissante, Laval dut s'exiler à Tahiti en 1871.

Laval est-il responsable de ce désastre démographique ? Selon les uns, à la décharge de Laval, ce sont les maladies européennes, importées par les baleiniers et les navires marchands, qui décimèrent les Mangaréviens. Selon d'autres sources, la responsabilité de Laval est flagrante ; non seulement il fit table rase de la culture insulaire, mais il se comporta comme un esclavagiste, imposant à ses ouailles, qu'il considérait plus ou moins comme des sujets, un travail surhumain pour bâtir une série de monuments religieux.

Le zèle de Laval et de Caret ne s'est pas arrêté aux Gambier. Peu après leur arrivée aux Gambier, ils tentèrent également d'implanter le catholicisme à Tahiti, pourtant déjà sous l'emprise des protestants.

Bien que la France ait établi son protectorat sur une majorité d'îles en 1844, les Gambier demeurèrent une entité semi-indépendante jusqu'à leur annexion, prononcée officiellement en 1881.

Dans les années 1960, les Gambier ont tiré avantage de l'installation du CEP (Centre d'expérimentation du Pacifique) dans les Tuamotu voisines. L'île fut équipée de bonnes infrastructures (aéroport, routes), et la population de Mangareva, pour bon nombre employée dans le cadre des activités du CEP, a vu son niveau de vie s'élever considérablement. Cette période n'a cependant pas laissé que des bons souvenirs ; la population pourrait avoir été contaminée par des retombées radioactives lors des tirs aériens à la fin des années 1960, malgré la dérisoire protection d'un abri nucléaire en tôle, démantelé en 2008. Des enquêtes sont en cours.

Aujourd'hui, malgré la crise qui touche le secteur, l'économie des îles Gambier continue de s'appuyer sur la perliculture. D'importantes fermes perlières, appartenant à Robert Wan, le magnat de la perle, sont implantées dans le lagon. Grâce à cette activité, et malgré l'éloignement, l'archipel a vu sa population augmenter entre les deux derniers recensements.

Orientation

Le vaste lagon est protégé par une barrière de corail que ponctuent 25 motu (îlots) dans sa partie nord. Au sud, le lagon, dépourvu de tout îlot, donne l'impression de communiquer directement avec l'océan car le récif est immergé. Trois passes donnent dans le lagon où se dressent 10 îles hautes qui sont les parties émergées du même volcan originel. La quasi-totalité de la population vit sur l'île de Mangareva, la plus étendue (8 km de long et 1,5 km dans sa plus grande largeur). Le mont Duff (441 m) et le mont Mokoto (423 m) sont les points culminants. Une piste cahoteuse fait le tour de l'île (environ 23 km). Elle est bétonnée à Rikitea et dans les abords immédiats du bourg, ainsi que sur de courts tronçons, dans les montées les plus abruptes.

Les trois autres grandes îles sont Aukena, Akamaru et Taravai.

L'aérodrome est situé sur le motu Totegegie, le plus important, au nord-est du lagon.

À voir

MANGAREVA

Seule localité de l'île, **Rikitea** est une petite agglomération verdoyante et paisible, lovée autour d'une jolie baie dans laquelle les voiliers tour-du-mondistes jettent l'ancre. En toile de fond, le regard bute sur les hautes falaises du mont Duff et la petite chaîne montagneuse du centre de l'île. La route principale, flanquée de grands acacias, conduit à la magnifique **cathédrale Saint-Michel**, dont les impressionnantes proportions témoignent des ambitions du père Laval. Rénovée en 2011, cette cathédrale, qui peut accueillir 1 200 fidèles, fut bâtie sur le site d'un ancien centre cérémoniel traditionnel, entre 1839 et 1848. Surmontée de deux tours jumelles, elle mesure 54 m de long. L'autel et les boiseries sont incrustés de nacre. En face de la mairie, la petite **chapelle Sainte-Anne**, peinte en blanc et bleu, ne manque pas de charme. Au bout de la route principale, près du petit terrain de sports, l'entrée de la **chapelle Saint-Pierre** est surmontée de colonnettes blanches. À côté, un **autel marial** en pierres noires, garni de couronnes de fleurs, a été érigé.

À proximité immédiate de la cathédrale, prenez la route bétonnée qui monte en pente raide. Peu après la pension Bianca et Benoît (p. 282), vous distinguerez, sur votre gauche,

Îles Gambier

juste devant le cimetière Saint-Pierre, l'imposant **tombeau de Maputeoa**, le dernier roi de l'île, qui se fit appeler Gregorio Stanislas après s'être converti au catholicisme, sous la pression du père Laval.

Un peu plus loin, après le centre météorologique, le chemin des Sœurs mène aux vestiges du **couvent Rouru**, où vivaient naguère 60 religieuses, au pied d'une falaise. On raconte que Laval cachait toutes les femmes de l'île dans le couvent chaque fois qu'un baleinier faisait escale, pour les soustraire à la convoitise des marins. Ne subsistent que le porche, le dortoir et quelques autres bâtiments en ruine, envahis par la végétation.

Une autre route bétonnée monte jusqu'au **col de Gatavake** (un belvédère a été aménagé, à quelques dizaines de mètres de la route), puis redescend sur le versant nord de l'île. La piste longe alors le lagon, piqueté de plusieurs fermes perlières qui prennent des airs de petite cité lacustre. À l'extrémité nord-est de l'île, on arrive au hameau de **Taku**, remarquable par sa belle église blanche et bleue, surmontée d'un clocher ajouré, au bord d'un énorme manguier. La piste continue au rythme d'abruptes montées suivies de descentes tout aussi raides, jusqu'à la côte sud-est. À hauteur de la **pointe Mataihutea**, signalée par un panneau, un belvédère permet d'embrasser du regard la baie de Rikitea.

AUTRES ÎLES

À l'arrivée des missionnaires, les grandes îles de l'archipel étaient habitées. Aujourd'hui, seuls quelques monuments religieux rappellent cette époque si particulière, où la religion catholique réglait la vie de tous les individus.

À **Taravai**, qui comptait à l'époque 2 000 habitants, ne résident plus qu'une poignée de personnes ; l'**église Saint-Gabriel** (1868), précédée d'une pelouse bien entretenue, fait belle impression, avec son porche orné de cœurs et sa façade blanche et bleue. D'autres bâtiments ont été édifiés à Agokono, le village fantôme de l'île. Taravai est également réputée pour ses très jolies petites **plages** de sable de couleur curry.

C'est sur l'île d'**Akamaru** que le père Laval a initialement débarqué. Témoin de cette période, l'**église Notre-Dame-de-la-Paix** (1841), construite à l'image de la cathédrale de Chartres, avec un clocher double, est précédée d'une allée fleurie. Quelques plages de sable blanc bordent l'île. L'îlot surmonté d'une croix blanche qui se trouve immédiatement au nord d'Akamaru est **Mekiro** ; on peut y débarquer et monter jusqu'à la croix pour profiter de la vue sur le lagon. Quelques chèvres sauvages vous tiendront compagnie.

D'autres vestiges datant de l'époque des missionnaires se trouvent sur l'île d'**Aukena**, notamment la petite **église Saint-Raphaël** (1839), une **tour de guet** hexagonale, qui sert toujours de point de repère, ainsi que les ruines d'un four à pain, d'un four à chaux et d'un ancien séminaire.

Certains îlots de la barrière de corail possèdent de belles étendues de sable clair, notamment le **motu Te Kava** et le **motu Taraururoa**, parfaits pour un pique-nique. Le **motu Tauna**, appelé l'"île aux Oiseaux", est colonisé par des sternes et des noddis.

Activités

Randonnée pédestre

Si la météo est favorable, faites l'ascension du **mont Duff** (441 m), le point culminant de l'île, ou celle du **Mokoto** (423 m) : les panoramas sont à couper le souffle. Le début du sentier, signalé par un panneau, est à 300 m après le col de Gatavake, en descendant vers la côte nord, sur la gauche (le panneau indique "Mont Duff 1h30, Auorotini, Mokoto"). Auorotini est le nom mangarévien du mont Duff. Le sentier serpente dans un sous-bois de *purao*, puis débouche sur une forêt de pins ; au bout de 20 minutes environ, on arrive à une bifurcation, signalée ; d'un côté, on continue en direction du mont Duff ; de l'autre, le sentier conduit au Mokoto. Mieux vaut opter pour le mont Duff, car les panoramas sont plus spectaculaires (du Mokoto, la côte sud n'est pas visible). Le chemin grimpe en lacets au milieu de la pinède jusqu'à une crête, que l'on suit jusqu'au sommet, soit environ une heure trente d'efforts au total. Quelle vue ! Le lagon et ses pâtés coralliens, Rikitea, les fermes perlières et les îles… N'entreprenez cette randonnée que par temps sec, car certains passages sont escarpés, et glissants s'il a plu.

La présence d'un guide n'est en principe pas nécessaire si le sentier a été régulièrement entretenu (dans le cas contraire, il est envahi par la végétation). Renseignez-vous sur place sur l'état du sentier avant d'entreprendre la montée.

Deux autres sentiers, plus faciles, et en bon état, relient la côte sud et la côte nord, via la petite chaîne montagneuse centrale. Le premier, le **chemin traversier Kirimiro**, signalé par une pancarte, débute en face du snack Jojo (voir p. 283). Cette ancienne allée délimitée par des blocs rocheux monte en pente douce jusqu'à un col (comptez 20 minutes), délimité par un petit tunnel en pierre, d'où l'on découvre une jolie perspective sur la baie de Rikitea, avant de descendre sur l'autre versant. L'autre sentier, le **chemin traversier de Taku**, également signalé, débute à environ 1,5 km à l'est du snack Jojo. Comptez environ une heure pour la traversée, sans difficulté. Dans les deux cas, le parcours est ombragé, en sous-bois.

Excursions sur le lagon

Les propriétaires des pensions se chargent d'organiser les sorties sur le lagon. En général, vos hôtes proposent le tour de l'île en bateau, avec des arrêts à Aukena, Taravai, Akamaru et Mekiro, et éventuellement sur quelques îlots de la barrière de corail, dont Tauna, l'île aux Oiseaux. Prenez impérativement votre masque et votre tuba ; vous serez étonné de la richesse et de la qualité des massifs coralliens. La présence d'eaux plus fraîches entre juin et octobre favorise leur épanouissement. Comptez environ 8 500 CFP/pers pour la journée, pique-nique inclus (minimum 2 personnes).

Pensez à réserver suffisamment à l'avance pour que vos hôtes puissent organiser la sortie – à la différence des prestataires des îles Sous-le-Vent ou des Tuamotu, ils ne vivent pas que du tourisme et exercent d'autres activités.

Notez que ces sorties sont tributaires des conditions météo.

Visite d'une ferme perlière

La visite d'une ferme perlière peut facilement être organisée. Chaque famille ou presque possède sa ferme. Vous pourrez assister aux différentes étapes de la production : greffe, récolte, nettoyage des nacres… L'achat de perles est également possible. Les visites sont en principe gratuites. Adressez-vous à vos hôtes.

Où se loger et se restaurer

Attention ! Il n'y a pas de services bancaires sur l'île. Prévoyez suffisamment d'espèces.

Chez Bianca et Benoît PENSION €€

(☎97 83 76 ; www.chezbiancaetbenoit.pf ; ch s/d 11 100/16 900 CFP en demi-pension, bungalows s/d 13 200/16 900 CFP en demi-pension ; fermé juillet). Une valeur sûre. Bel emplacement, sur les hauteurs de Rikitea, au pied des falaises du mont Duff, avec vue panoramique sur la baie. Au choix : 4 chambres avec sdb (eau chaude), modernes et carrelées, et 4 bungalows, construits dans le jardin. Confortables et bien aménagés, avec plancher en bois, ils sont décorés de tableaux de sable et les murs sont recouverts de pandanus tressé. Chaque terrasse ménage une vue partielle sur la baie de Rikitea (préférez les 2 bungalows du fond, les mieux orientés). Le bon plan : louer un bungalow à 3 ou à 4 car, au-delà de 2 personnes, chaque personne supplémentaire ne paie que 1 000 CFP. La cuisine, servie dans un *fare* (habitation traditionnelle polynésienne) lumineux, avec vue sur la baie, a bonne presse : salade de *korori* (le muscle de la nacre, spécialité de l'île), gratin de manioc, thazard, crêpe à la citrouille, miel local… Bon accueil de Bianca et Benoît, qui peuvent organiser toutes les excursions et vous proposeront de visiter leur ferme perlière. À savoir : la pension est à environ 1 km du centre du village, en haut d'une montée assez raide, et il n'y a pas de vélo. Paiement en espèces uniquement (euros et dollars acceptés).

Maro'i PENSION €

(☎97 84 62 ; www.pensionmaroi.com ; bungalows 1-3 pers 9 600 CFP ;). Des prix raisonnables (surtout si l'on vient en famille ou avec des amis qui partagent le bungalow) et un emplacement admirable, au bord du lagon, dans un cadre sauvage, avec de beaux couchers de soleil. Les 4 bungalows sont répartis dans un jardin bien entretenu et très calme. Pas de véritable plage, mais un ponton permet de se baigner dans le lagon, dans une zone suffisamment profonde. Vous pourrez également découvrir la baie en

CIRCULEZ, IL N'Y A PLUS RIEN À VOIR

L'un des principaux "vestiges" de l'île, l'ancien abri nucléaire en tôle de Rikitea, a été démantelé par l'armée française en 2008. Il ne reste donc plus aucune trace de l'époque des essais nucléaires atmosphériques qui se tenaient à Moruroa, à 400 km au nord-ouest des Gambier, entre 1966 et 1974. La population était rassemblée dans l'abri lorsque les vents soufflaient dans la direction des Gambier. Les anciens de l'île racontent qu'ils devaient parfois rester trois jours dans cet abri sinistre dépourvu de vitres. La page n'est pas pour autant entièrement tournée. Si l'archipel a connu une modernisation rapide de ses infrastructures grâce au Centre d'expérimentation du Pacifique (CEP), les répercussions de ces tirs sur la santé de la population locale font aujourd'hui l'objet de controverses. Des taux anormalement élevés de cancers de la thyroïde ont été enregistrés. Des procédures et des enquêtes sont en cours, mais elles se heurtent au secret défense opposé par les autorités françaises. Sur la question des essais nucléaires, reportez-vous p. 300 et p. 357.

kayak (gratuit). Les repas, en sus (1 600 CFP le petit-déjeuner, 2 700 CFP le dîner), se prennent dans une maisonnette face au lagon, équipée d'un deck, très agréable en saison chaude. Bon accueil des propriétaires, tous deux employés d'Air Tahiti. Vélos à disposition. Rikitea est accessible par la route traversière, très abrupte. Carte de crédit acceptée.

Chez Jojo PENSION €€
(☎97 84 69 ; pensionchezjojo@mail.pf ; ch s/d 9 000/16 000 CFP en demi-pension, bungalows s/d 12 400/18 100 CFP en demi-pension). Les 2 bungalows, avec parquet et lambris, ont des airs de chalets et occupent un site enchanteur au bord du lagon. Ils possèdent une sdb spacieuse et une bonne literie, et la terrasse a les pieds dans l'eau. De l'autre côté de la route, une chambre toute simple avec accès indépendant et sdb commune est disponible, à l'étage de la maison des propriétaires, mais elle est souvent louée pour de longues durées. Possibilité de location de vélos (1 000 CFP/jour), bien utile car on est à 5 km de Rikitea (la piste est plate).

Snack Jojo SNACK €
(☎97 84 69 ; Rikitea ; plats 1 000-1 400 CFP ; ⏲tlj sauf dim soir). Pas de carte ; il faut demander les plats du jour. Cuisine correcte mais sans imagination (*chao men*, steak-frites, poisson cru). Cadre tout simple, avec quelques tables recouvertes d'une toile cirée. Possibilité de plats à emporter. À la sortie du bourg.

Pizza Atomic ROULOTTE €
(☎97 83 09 ; Rikitea ; pizzas 800-1 300 CFP ; ⏲week-end). Cette roulotte en bois, située à côté du terrain sur lequel était construit l'abri atomique (d'où le nom), est réputée pour ses pizzas copieuses et bien préparées (une dizaine de spécialités). Goûtez impérativement à la pizza Rumarei, à la garniture originale, avec du fromage et du *korori* (muscle de la nacre) !

Vous trouverez plusieurs magasins d'alimentation à Rikitea. Certains acceptent la carte de crédit. Le week-end, des particuliers installent de petits stands en différents endroits du bourg et proposent des plats à emporter.

Achats

Mangareva Art (☎97 82 47, 71 95 78) propose des bijoux réalisés en nacre et en perle (montée sur de l'or et de l'argent), en vente à Rikitea les jours d'avion, à côté de la gendarmerie. Les autres jours, téléphonez pour prendre rendez-vous.

À Rikitea, derrière la chapelle Saint-Pierre, la boutique **Poeiti Shop** (☎97 82 48 ; ⏲7h-12h et 14h-17h lun-sam) commercialise des perles et quelques bijoux.

Renseignements

Il n'y a ni banque ni distributeur de billets sur l'île. Soyez donc prévoyant. Vous trouverez un bureau de poste à Rikitea, avec accès Wi-Fi dans un rayon de 50 m par le réseau Manaspot. Le Wi-Fi est également disponible par le réseau Iaoranet (www.iaoranet.pf), à Rikitea.

Tous les commerces et les services de l'île, dont la mairie, une poste, une infirmerie, une gendarmerie, l'agence d'Air Tahiti et plusieurs petites épiceries sont regroupés dans le bourg de Rikitea.

Depuis/vers les Gambier

Avion

En période de vacances scolaires, **Air Tahiti** (☎97 82 65, 86 42 42 réservation centrale ;

www.airtahiti.pf) assure un ou deux vols par semaine pour les Gambier (72 000 CFP l'aller-retour en plein tarif, 3 heures 30 de trajet). L'avion fait généralement une escale, à l'aller ou au retour, sur l'atoll de Tureia ou de Hao.

Cargos inter-îles

Se rendre en cargo aux Gambier depuis Tahiti est une petite aventure. Les cargos **Nuku Hau** et **Taporo** font une tournée toutes les 4 semaines en moyenne pour les Gambier via les Tuamotu est (voir p. 379). Seul le *Nuku Hau* prend des passagers, à bord de cabines ou sur le pont. Il faut compter une dizaine de jours avant d'arriver à Mangareva.

Comment circuler

L'aérodrome est situé sur un îlot, le motu Totegegie. Le bateau communal assure les transferts à chaque arrivée/départ d'avion (500 CFP par trajet, 40 min environ).

Le tour de l'île fait environ 23 km. Seuls quelques tronçons sont cimentés. Le reste est une piste carrossable, en mauvais état. Si vous circulez à bicyclette, sachez que certains tronçons sont très escarpés.

Comprendre la Polynésie

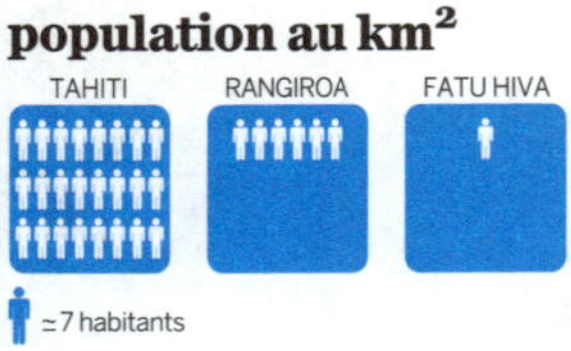

La Polynésie aujourd'hui

» **Population**
270 000 habitants

» **Superficie**
2,5 millions de km² (égale à la taille de l'Europe)

» **Nombre de médecins par habitants**
240 (36 aux Fidji, 342 en France)

» **Nombre de touristes en 2011**
150 000

» **Point culminant**
mont Orohena (2 241 m), à Tahiti

» **Distance depuis Paris**
15 700 km

» **Nombre d'îles**
118

Le tourisme en chute libre

Si incroyable qu'il y paraisse, la destination "Tahiti", malgré un potentiel exceptionnel et un nom qui fait rêver, connaît une inquiétante baisse de fréquentation. En 2011, le pays a atteint son chiffre le plus bas depuis 1996, avec moins de 150 000 visiteurs (contre 227 000 en 2001 et 197 000 en 2008), alors que le tourisme mondial est reparti à la hausse. La baisse, continue, ne semble pas pouvoir être enrayée, malgré de coûteuses (mais ratées) campagnes de communication. Tous les marchés émetteurs sont touchés, à commencer par les deux principaux : les Américains (73 000 visiteurs en 2007, 46 000 en 2010) et les Français (43 000 en 2007, 36 000 en 2010). Pourquoi un tel marasme ? Plusieurs explications ont été avancées. Tout d'abord, le coût de l'acheminement aérien, en très nette hausse depuis plusieurs années (alors que dans le même temps, les tarifs pour les destinations insulaires concurrentes connaissaient une baisse marquée), avec des tarifs qui dépassent les 2 000 € l'aller-retour en haute saison. Ensuite, un problème de positionnement et d'image : la Polynésie reste perçue comme une destination haut de gamme, ciblant des marchés de niche, comme les couples en lunes de miel hébergés dans des bungalows sur pilotis, alors qu'il faudrait présenter la destination autrement et élargir l'offre, en insistant sur le potentiel écotouristique, la richesse culturelle, la qualité de la plongée sous-marine, la vitalité des traditions et de l'artisanat. Enfin, un rapport qualité/prix défavorable, qui rend la destination peu compétitive.

La perle en pleine dégringolade

Elle avait tout pour réussir, et pourtant... La filière perle, qui devait être l'autre pilier de l'économie polynésienne, ne se porte guère mieux que le tourisme. Le marché périclite, à la suite d'une offre surabondante,

À lire

Polynésie, les archipels du rêve (Omnibus, 2004) – anthologie rassemblant des écrits inspirés par la Polynésie dont ceux de Herman Melville et Pierre Loti.

Le Voyage en Polynésie de Jean-Jo Scemla (Robert Laffont, coll. Bouquins, 1999) – une anthologie des voyageurs occidentaux en Polynésie, de Cook à Segalen.

Journal des îles (Fata Morgana, 1989) et **Les Immémoriaux** (Le Livre de Poche, 2001), de Victor Segalen – deux ouvrages sur le choc de deux cultures au début du siècle.

Les Marquises, d'Ève Sivadjian (Éd. Autrement, Hors série Monde n°116, 1999) – une monographie de qualité sur cet archipel mystérieux.

Sur 100 personnes en Polynésie

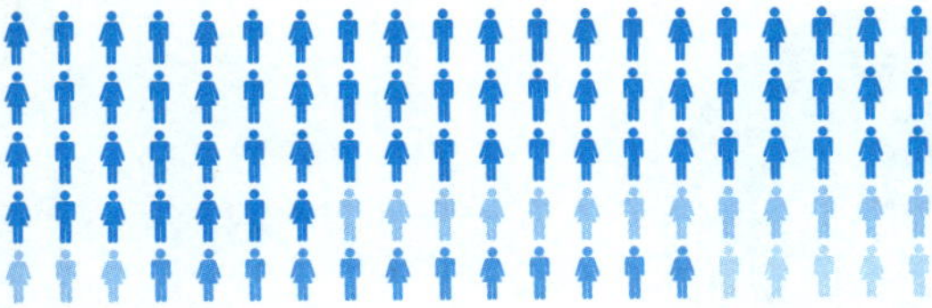

67 sont Polynésiens maohi
16 sont demis
12 sont popa'a (Européens)
5 sont Asiatiques

qui a fait chuter les cours, et de nombreuses fermes perlières ont cessé leur activité au cours des dernières années. La dégradation du prix de la perle est historique : 487 CFP le gramme en 2009, soit le tiers du prix de 2007. Aujourd'hui bradée sur les marchés internationaux, la perle de Tahiti n'a plus la même aura.

Une classe politique discréditée

Le Taui, ce grand tournant qui avait vu la chute du président Gaston Flosse – que l'on croyait indéboulonnable – lors du scrutin de 2004 (voir p. 394), n'est plus qu'un lointain souvenir. Peu après leur arrivée au pouvoir, Oscar Temaru et ses amis indépendantistes ont déçu. Trop d'à peu près, trop de confusion, trop d'initiatives jugées démagogiques. Et une pratique du pouvoir comparable à celle de Gaston Flosse, avec son lot de malversations. La suspicion a fait suite à l'espoir.

Au règne de Gaston Flosse, sous lequel tout était figé, a succédé une période d'instabilité politique chronique, faute de majorité claire à l'Assemblée. Les gouvernements se succèdent, à la merci de la moindre motion de défiance déposée à l'Assemblée. Résultat : aujourd'hui, les Polynésiens sont désabusés. À qui faire confiance pour gérer le pays si, quelle que soit leur étiquette politique, les dirigeants ne voient le pouvoir que comme un système de prébendes ?

La population polynésienne, lassée par ce climat d'instabilité et par les dérives politico-affairistes qui continuent à défrayer la chronique, aspire à un renouvellement de sa classe politique qui permettrait de clarifier la situation et de mieux orienter l'économie. Or, la nouvelle génération de dirigeants politiques dont la Polynésie aurait besoin n'a pas encore émergé.

Quelques prix

- » Un litre d'essence 1,50 €
- » Une excursion en bateau à la journée 90 €
- » Une journée de location de voiture 80 €
- » Un aller-retour en avion pour les Marquises 550 €
- » Une plongée sous-marine 50 €
- » Une bière Hinano 2,50 €
- » Une nuitée dans une pension de famille en demi-pension 50-120 €

Code de conduite

- » Le tutoiement est très largement répandu, même entre personnes qui ne se connaissent pas ; ne pas s'en offusquer
- » Toujours se déchausser avant d'entrer dans une habitation
- » Éviter le monokini en dehors des grands hôtels
- » Ne pas manifester son stress ou son impatience
- » Respecter les sites sacrés (*marae*) et évitez tout jugement sur la religion

Médias

Les Nouvelles de Tahiti (www.lesnouvelles.pf) Quotidien

La Dépêche de Tahiti (www.ladepeche.pf) Quotidien

Polynésie 1re (www.polynesie.la1ere.fr) Télévision locale

TNTV (www.tntv.pf) Télévision locale

Superficie en km²

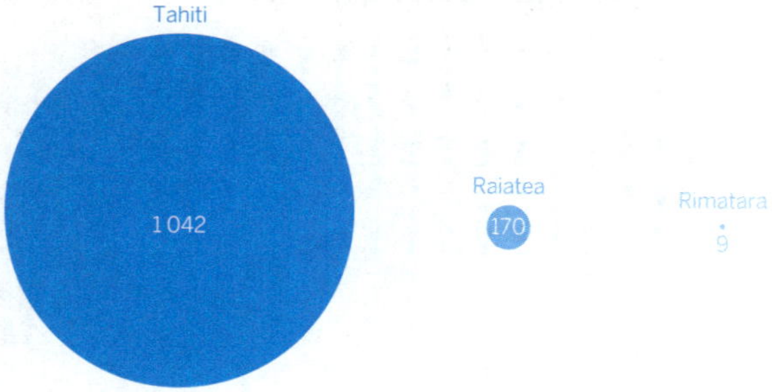

De l'instabilité à l'incertitude

L'instabilité qui caractérise le paysage politique polynésien depuis plusieurs années masque les problèmes de fond, à commencer par la dépendance économique de la Polynésie à l'égard de la France. Malgré les envolées lyriques d'Oscar Temaru sur les vertus de l'indépendance, un affranchissement total de la métropole semble irréaliste tant que la Polynésie ne développe pas des ressources propres. À la différence de la Nouvelle-Calédonie, dont l'économie est dynamisée par l'exploitation du nickel, la Polynésie n'a guère de moteurs économiques pour avancer sans l'aide de la métropole. Les Polynésiens ont pris conscience que les années fastes sont derrière eux. Le temps de la bombe (et l'abondance qui lui était associée) est bel et bien révolu. Aujourd'hui, avec l'arrivée d'une nouvelle génération d'hommes et de femmes politiques au pouvoir en France, la donne a changé. Paris n'est plus encline aux mêmes largesses. Certes, le PIB par habitant, comparable à celui de l'Australie, est l'un des plus élevés du Pacifique Sud (le nombre impressionnant de 4x4 rutilants dans les rues de Papeete l'atteste), mais ce niveau de vie reste artificiel, car étroitement lié aux transferts financiers de l'État.

Beaucoup de Polynésiens, y compris ceux qui sont favorables à l'indépendance, s'offusquent d'un éventuel "désengagement" de la France. Pour l'heure, la métropole et la Polynésie s'observent, se jaugent, se testent. L'attentisme semble prévaloir.

Pour l'instant, le concours financier de l'État dans les domaines clés de l'économie n'est pas menacé. "Qu'en sera-t-il dans dix ans ?", se demandent les jeunes générations. La crise financière mondiale, qui a commencé en 2008, tout comme la crise de la dette et son impact sur les budgets des États, ne font qu'obscurcir l'horizon.

N'oubliez pas...

- Un passeport en cours de validité
- Votre permis de conduire
- L'ESTA, pour le transit aux États-Unis
- Un sweat-shirt pendant la saison sèche
- De la crème solaire à fort indice de protection
- Votre brevet et votre carnet de plongée
- Un parapluie assez large, pour se protéger des grosses averses
- Des produits répulsifs contre les insectes

À écouter

Tikahiri Groupe de rock originaire des Tuamotu

Angelo Chanteur engagé, en faveur de l'indépendance

Andy Tupaia Jazz tahitien

Toa Ura Ethnique contemporain

Maruao Groupe alliant modernisme et tradition

Histoire

Les îles de la Polynésie sont parmi les dernières régions du monde à avoir été peuplées par l'homme et à avoir été "découvertes" par les Européens. Le peu de vestiges matériels et l'absence d'écriture ont longtemps constitué un obstacle à la connaissance de la riche histoire de la Polynésie.

Revivez la folle épopée des six marins qui entreprirent de traverser le Pacifique d'est en ouest en 1947 en lisant *L'Expédition du Kon Tiki* (Phébus, coll. Libretto, 2002), de Thor Heyerdahl.

Les migrations polynésiennes

L'origine géographique des Polynésiens reste encore, en partie, une énigme sur laquelle se penchent archéologues, linguistes et anthropologues depuis de longues années.

Thor Heyerdahl, anthropologue et explorateur norvégien, défendit la théorie d'une origine sud-américaine, qu'il illustra en 1947 lors de la mémorable expédition du *Kon Tiki* entre le Chili et la Polynésie. Désormais, les spécialistes estiment que les peuples polynésiens sont originaires du Sud-Est asiatique, qu'ils quittèrent à bord de grandes pirogues voici 3 000 à 4 000 ans. Les premières vagues de migration gagnèrent les îles disséminées au large de la côte septentrionale de la Nouvelle-Guinée, avant de s'étendre jusqu'aux îles Fidji et Tonga vers 1500 av. J.-C., puis s'arrêtèrent aux Samoa vers 1000 avant notre ère. Ces groupes composent le peuple aujourd'hui appelé mélanésien.

Un millénaire environ s'écoula avant la seconde grande vague de migration vers l'Est, qui s'étendit à peu près du début de l'ère chrétienne à l'an 600, dépassant les îles de la Société et les Tuamotu pour atteindre les îles reculées des Marquises. Une nouvelle pause fut observée avant le mouvement migratoire suivant, qui se déroula vers l'an 850 dans toutes les directions : les îles Hawaï au nord, l'île de Pâques au sud-est et les îles de la Société au sud-ouest. Un dernier flux amena le peuple polynésien jusqu'aux îles Cook en passant par Rarotonga et la Nouvelle-Zélande, vers l'an 1000. De fait, les populations de Polynésie française partagent avec les Hawaïens et les Maoris de Nouvelle-Zélande des ancêtres communs originaires des Marquises.

Le triangle polynésien, délimité par Hawaï au nord, l'île de Pâques à l'est et la Nouvelle-Zélande à l'ouest, rassemble des groupes humains ayant la même origine, et parlant une langue apparentée, le maohi.

CHRONOLOGIE

2000-1000 av. J.-C.

Début des flux migratoires issus du Sud-Est asiatique. À bord de pirogues, les populations gagnent l'actuelle Mélanésie (Nouvelle-Guinée, îles Salomon).

An 0-an 1000

Colonisation des principales îles de Polynésie : îles de la Société, Tuamotu, Marquises, Hawaï, île de Pâques, îles Cook, Nouvelle-Zélande.

AU CŒUR DES MIGRATIONS : LA PIROGUE POLYNÉSIENNE

Deux facteurs essentiels ont permis la réussite des grandes migrations polynésiennes : l'art de la navigation et les embarcations. On suppose que les anciens Polynésiens avaient une connaissance empirique très fine de la course des astres et des positions des constellations, de la direction des vents, de la houle et des courants.

On ne dispose d'aucun vestige des embarcations ayant servi à accomplir ces fascinants voyages. Il faut se contenter des descriptions faites par les Européens des pirogues (*vaa*) en usage lors de leur arrivée. À l'époque de Cook, deux types d'embarcations étaient utilisés : les pirogues doubles et les pirogues monocoques à balancier. Dans les deux cas, le mode de propulsion était la voile ou la pagaie, ce qui fait au total quatre types de pirogue possibles. Tous les matériaux employés étaient d'origine végétale.

Chaque type de pirogue avait une fonction précise. Ancêtre des catamarans, la pirogue double à voile, la plus imposante, pouvait embarquer plusieurs dizaines de personnes. C'est vraisemblablement ce modèle qui a permis les grandes migrations. À son bord, les Polynésiens embarquaient des plantes, des graines et des animaux (cochons, chiens) destinés à la colonisation de leur nouvelle terre.

De nos jours, la pirogue conserve une valeur hautement symbolique. Ainsi, elle figure au centre du drapeau polynésien, avec cinq personnages à son bord, un pour chaque archipel. Grand événement sportif de l'année en Polynésie, la course de pirogue Hawaiki Nui, entre Huahine et Bora Bora, début novembre, rassemble plusieurs centaines de participants (voir l'encadré p. 63).

Pourquoi ces populations ont-elles émigré ? Les thèses les plus couramment avancées font état de guerres qui auraient forcé les vaincus à partir, ou d'une pression démographique trop forte sur des terres aux ressources alimentaires limitées.

Les explorations européennes

Pendant longtemps, l'océan Pacifique est resté un monde en marge, hors du champ de connaissance des Européens. Les premières approches du Pacifique Sud eurent lieu au début du XVIe siècle, mais n'eurent aucune suite. Ce fut véritablement au XVIIIe siècle, fécond en grands voyages, que l'histoire de la Polynésie bascula. La découverte de la Polynésie fut l'œuvre de plusieurs circumnavigateurs espagnols, hollandais, anglais, français et russes.

Les pionniers du Pacifique

En 1520, l'explorateur portugais Ferdinand Magellan se lança dans la traversée de ce vaste océan. La seule île de Polynésie qu'il aperçut fut Puka Puka, située à l'extrémité nord-est des Tuamotu.

1520

L'explorateur portugais Magellan est le premier Européen à s'aventurer dans le Pacifique, jusque-là resté complètement inconnu.

1595

Les Marquises sont découvertes par Alvaro de Mendana de Neira lors de son expédition à la recherche d'une Grande Terre australe.

1606

Quirós, premier pilote de Mendaña, engage sa propre expédition et découvre les Tuamotu et les îles Cook.

En 1567, l'Espagnol Álvaro de Mendaña de Neira appareilla d'Acapulco à la recherche d'une Grande Terre australe qui constituera le Graal des explorations européennes durant les deux siècles suivants. Après avoir découvert les îles Salomon, il aperçut en 1595 les îles Marquises, l'archipel situé à l'extrémité nord-est de la Polynésie, qu'il baptisa Las Marquesas de Mendoza, d'après le nom de l'épouse de son mécène, le vice-roi du Pérou. Quirós, son premier pilote, organisa en 1606 sa propre expédition, à l'occasion de laquelle il découvrit plusieurs îles des Tuamotu, avant de rallier les îles Cook et d'autres archipels du Pacifique. Ce voyage marqua la fin des grandes explorations espagnoles dans le Pacifique.

Les Hollandais, déjà fortement implantés dans les Indes hollandaises (l'actuelle Indonésie), reprirent le flambeau en 1615-1616 avec Jacques Le Maire, qui traversa les Tuamotu en se dirigeant vers l'ouest.

Le premier Européen à voir les îles de la Société est le Hollandais Jacob Roggeveen, en 1722. Cette année-là, ce navigateur découvrit l'île de Pâques le jour de Pâques, puis prolongea sa route vers l'ouest, traversant les Tuamotu (via Makatea) pour gagner les îles de la Société où il salua Maupiti, l'île haute située le plus à l'ouest de l'archipel.

Après les Hollandais, les Anglais. En 1765, l'amiral John Byron découvrit les dernières îles des Tuamotu encore inconnues. En 1767 lui succéda l'expédition de Philip Carteret, qui commandait le *Swallow*, et de Samuel Wallis, à la tête du *Dolphin*. En contournant le cap Horn, les deux navires se perdirent de vue, chacun poursuivant de son côté l'expédition à la recherche du mythique continent austral. Carteret découvrit l'île Pitcairn, puis les îles Salomon, que personne n'avait visitées depuis Mendaña. C'est à Samuel Wallis que revint l'honneur d'être le premier Européen à visiter Tahiti.

Histoire du Pacifique : des origines à nos jours (Perrin, coll. Pour l'histoire, 2008), de Dominique Barde, est un ouvrage exhaustif, idéal pour approfondir le sujet.

Wallis

Le *Dolphin* mouilla dans le lagon de Tahiti vers la fin du mois de juin 1767, mais un quart de l'équipage souffrait du scorbut et Wallis, en mauvaise santé, ne put quitter le navire durant la plus grande partie de son séjour. L'arrivée de ces Européens suscita d'abord la fascination des insulaires, puis la curiosité cédant place à la peur, ceux-ci attaquèrent bientôt le *Dolphin*. De violentes représailles s'ensuivirent.

Paradoxalement, la démonstration de force des Anglais ne retourna pas les Tahitiens contre les explorateurs. Au contraire, les deux parties, trouvant un terrain d'entente sur la base de leur intérêt mutuel, mirent en place un commerce amical. L'équipage manquait de produits frais et les Tahitiens, qui ne connaissaient pas le métal, furent ravis de recevoir en échange des couteaux, des hachettes et des clous. L'équipage du *Dolphin* contribua alors à l'émergence du cliché qui allait désormais être durablement associé à Tahiti, celui d'un paradis sexuel, quand les marins

1615-1616

Les Hollandais, implantés en Indonésie, entreprennent de grandes expéditions dans le Pacifique. Jacques Le Maire traverse les Tuamotu mais ne s'y attarde pas.

1722

L'explorateur hollandais Jacob Roggeveen découvre Maupiti, dans les îles de la Société, après être passé par l'île de Pâques le dimanche de Pâques de la même année, et les Tuamotu.

1765

Les Anglais, à l'initiative de l'amiral John Byron, se lancent également dans l'aventure de l'exploration du Pacifique, et recensent les derniers atolls des Tuamotu encore inconnus.

VAHINÉS ET CANNIBALES, DU PARADIS À L'ENFER

Au XVIIIe siècle, les Européens découvrirent avec émerveillement les îles du Pacifique à travers les récits de Louis Antoine de Bougainville. Il témoignait d'îles magnifiques, d'un climat d'une grande douceur, d'une nature exubérante, et de superbes vahinés dont la beauté, la nudité et la sexualité, libre au regard des mœurs occidentales de l'époque, contribuèrent largement à la création du mythe d'un paradis terrestre. L'explorateur anglais James Cook renforça ce mythe en décrivant la Nouvelle-Cythère comme "une île où les jeunes femmes se livraient à des danses très impudiques... accompagnées de chants indécents". Les préjugés alimentés par la morale judéo-chrétienne avaient frappé...

Cette image de bon sauvage s'inversa ensuite. L'acceptation d'un commerce sexuel en échange de clous (convoités pour la confection des hameçons), offerts par les marins en visite, se transforma vite en une forme de prostitution qui contribua au déclin rapide de la culture polynésienne. L'assassinat de Cook à Hawaï, en 1779, par les insulaires révéla un visage plus sombre des îles du Pacifique. La mort du navigateur français Marion Dufresne, en 1772, mangé par des Maoris de Nouvelle-Zélande, et la disparition mystérieuse en mer de La Pérouse, en 1788, renforcèrent cette image.

Des gravures d'indigènes sauvages et anthropophages, couverts de tatouages, ébranlèrent le mythe du "bon sauvage" rapporté par Bougainville et Cook. Tout au long du XIXe siècle, les missionnaires et les colons entretiendront ces images de créatures sataniques pour justifier leurs interventions et les massacres qui en résultèrent. Les hommes étaient représentés comme de dangereux cannibales et les vahinés comme des tentatrices aux mœurs dissolues. Le mythe de l'enfer supplanta celui du paradis. En 1851 et 1931, les expositions universelles et coloniales de Londres et de Paris allèrent dans ce sens, en exhibant des "indigènes". Plus tard, le cinéma, la photographie, la publicité et la télévision reproduisirent à l'infini ce double mythe du paradis et de l'enfer.

Aujourd'hui, la vision du paradis l'a emporté, du moins sur le plan du marketing touristique : îles magnifiques, douceur de vivre, hôtels luxueux sur des lagons turquoise, soleil et ciel bleu sont largement vantés dans les brochures et dans la presse.

découvrirent qu'un simple clou pouvait servir de monnaie d'échange pour obtenir les faveurs des Polynésiennes (voir l'encadré ci-dessus).

Wallis ne séjourna que quelques semaines dans la baie de Matavai et sa brève visite allait être vite oubliée après l'arrivée sur la scène tahitienne de deux personnalités plus célèbres.

Bougainville

Louis Antoine de Bougainville, le premier grand explorateur français dans le Pacifique, arriva à Tahiti en avril 1768, moins d'un an après

1767

L'Anglais Samuel Wallis mouille dans la baie de Matavai, à Tahiti. Premiers contacts avec la population locale. Wallis, en mauvaise santé, limita son séjour à un mois.

1768

L'explorateur Louis Antoine de Bougainville arrive à Tahiti. Ses deux navires, *La Boudeuse* et *L'Étoile*, mouillent dans la baie de Matavai. Ses récits façonnent le mythe du paradis.

JEAN-BERNARD CARILLET

» Buste de Bougainville (p. 54)

Wallis. Ses deux navires, *La Boudeuse* et *L'Étoile*, furent ancrés à l'est de la baie de Matavai. À cette époque, comme Wallis effectuait encore son voyage de retour vers l'Angleterre, Bougainville ignorait toujours qu'il n'était pas le premier Européen à découvrir cette île. Son séjour fut bref (9 jours), mais c'est lui qui inspira la vision que devait développer Rousseau d'un nouveau paradis terrestre, en forgeant l'expression du "bon sauvage", chère aux philosophes français du XVIIIe siècle.

Ignorant que le drapeau anglais avait déjà été déployé sur l'île, Bougainville revendiqua Tahiti au nom de la France et baptisa l'île la Nouvelle-Cythère. Comme Wallis, il fut à son tour éclipsé par l'arrivée d'un autre explorateur, James Cook.

Tahiti au nom du roi : 1768, Bougainville débarque à Papeete (Éd. N. Chaudun, 2007), de Charles-Félix-Pierre Fesche, nous livre le récit du voyage à bord de *La Boudeuse* et le premier contact avec la Nouvelle-Cythère.

Cook

James Cook effectua trois grandes expéditions scientifiques dans le Pacifique Sud entre 1769 et 1779. L'une de ses missions, patronnée par la Royal Society de Londres, consistait à observer le passage de Vénus devant le soleil, à partir de Tahiti. La deuxième mission avait pour but la découverte de la fameuse Terre australe.

Cook, navigateur et cartographe hors pair, était entouré de spécialistes de haut niveau, dont le botaniste Joseph Banks et plusieurs naturalistes. Grâce à ses expéditions, les merveilles exotiques du Pacifique Sud purent être portées à la connaissance du public européen.

À bord de l'*Endeavour*, Cook arriva en avril 1769 à Tahiti, où il séjourna trois mois avant de faire voile vers la Nouvelle-Zélande et l'Australie. Cook retourna à Tahiti à l'occasion d'une deuxième expédition en 1772-1775, puis lors d'une troisième en 1776-1780. Il périt au cours d'un affrontement avec des Hawaïens au début de l'année 1779. Contrairement à Bougainville, lyrique, qui s'était contenté de rapporter de Tahiti l'image d'un paradis, Cook et son entourage de scientifiques et d'artistes, plus pragmatiques, ont légué un immense travail ethnographique et scientifique sur Tahiti : outre l'étude de la flore et de la faune, ils rapportèrent des descriptions de la société traditionnelle et des coutumes polynésiennes, ainsi que de précieuses illustrations.

Boenechea

Les Espagnols, implantés en Amérique du Sud, considéraient le Pacifique comme leur arrière-cour et n'étaient guère ravis d'apprendre que d'autres navigateurs européens s'étaient rendus à Tahiti. Aussi, en 1772, le navire commandé par don Domingo de Boenechea, dépêché du Pérou, mouilla dans le lagon au large de Tautira, à Tahiti Iti (presqu'île), et, pour la troisième fois, revendiqua l'île au nom d'une nation européenne. Au cours d'un second voyage, en 1774, Boenechea fonda le premier établissement européen permanent sur l'île, composé de deux missionnaires et de deux soldats, mais il se conclut par un échec et les Espagnols renoncèrent à

Chronologie des événements politiques, sociaux et culturels de Tahiti et des archipels de la Polynésie française, de Louise Peltzer (Au Vent des îles, 2002), fournit plus de 1 500 repères pour mieux suivre l'histoire des Polynésiens.

1769

Première expédition de l'Anglais James Cook, qui arrive à Tahiti en avril. Comme ses prédécesseurs, il mouille en baie de Matavai.

1772

Les Espagnols, implantés au Pérou, lancent une expédition commandée par don Domingo de Boenechea, qui mouille dans le lagon de Tautira, à la presqu'île de Tahiti.

1774

Second voyage de Boenechea à Tahiti. Il fonde la première colonie européenne sur l'île, composée de 4 personnes seulement. Sans succès.

Tahiti. Après la dernière visite de Cook en 1779, une pause d'une dizaine d'années fut observée, laquelle marqua la transition entre la période précoloniale et les débuts de la colonisation.

Les mutinés du Bounty

Les menées européennes dans l'histoire de Tahiti comportent quelques épisodes pittoresques. Aucun n'a fait autant de bruit que la légendaire mutinerie du *Bounty*, la plus célèbre de toute l'histoire maritime.

Il est presque impossible de distinguer le mythe de la réalité. Le point de départ est simple : pour nourrir les esclaves africains travaillant dans les plantations des Caraïbes, on s'avisa de l'utilité du fruit de l'arbre à pain de Polynésie, un excellent substitut au pain, au riz, aux bananes ou à tout autre féculent. Sir Joseph Banks, le botaniste de la première expédition de Cook, devenu l'homme de sciences le plus écouté d'Angleterre, estima que l'arbre à pain représentait la plante idéale. On confia alors au capitaine William Bligh, qui s'était déjà rendu à Tahiti sous les ordres de Cook, la mission de rapporter des arbres à pain tahitiens pour les introduire dans les Caraïbes.

Dans *Rescapés du Bounty : journal de bord* (Découvrance, 2007), William Bligh, commandant du *Bounty*, raconte son incroyable périple en chaloupe, sans carte ni boussole, jusqu'aux terres du Timor.

Son expédition débuta en 1787. Il lui fut impossible de doubler le cap Horn en raison du mauvais temps et il rebroussa chemin pour rallier Tahiti par la route orientale. Le *Bounty* arriva à Tahiti après dix mois d'un pénible voyage, à une époque où les pousses d'arbres à pain ne pouvaient pas être immédiatement transplantées, et dut séjourner dans l'île pendant six mois. Les arbres à pain étant finalement chargés à bord, le *Bounty* appareilla pour les Caraïbes, vers l'ouest. Trois semaines plus tard, le 28 avril 1789, au large des îles Tonga, l'équipage se mutina et s'empara du navire sous la direction du second, Fletcher Christian.

Bligh fut jeté dans la chaloupe du *Bounty* avec dix-huit membres de l'équipage restés fidèles. Il réussit à la conduire à travers le Pacifique jusqu'à Timor, possession hollandaise, après une traversée de 48 jours et un itinéraire de 5 823 km.

Charles Nordhoff retrace dans *Pitcairn* (Phébus, coll. Libretto, 2002), l'histoire d'une poignée de révoltés, emmenés par Fletcher Christian, qui se réfugièrent sur l'îlot de Pitcairn pour échapper à la justice britannique. Troisième volet d'une trilogie romanesque sur la révolte du *Bounty*.

Au début de l'année 1790, Bligh, de retour en Angleterre, fut rapidement lavé de tout soupçon de négligence et un navire fut dépêché à Tahiti pour y exercer les représailles de la Marine britannique. Christian et les autres mutinés n'avaient pas attendu que le bras de la justice les rejoigne. Le *Bounty* était revenu à Tahiti avant de partir à la recherche d'une cache plus sûre. Il tenta à deux reprises de s'installer à Tubuai, dans les îles Australes. Après l'échec de la seconde tentative à Tubuai, Christian revint brièvement à Tahiti, où les mutinés se scindèrent en deux groupes. Les plus nombreux décidèrent de rester dans l'île, tandis que les autres appareillèrent avec Christian fin septembre pour une destination inconnue.

Ceux qui étaient restés à Tahiti jouèrent un rôle dans les conflits opposant différentes chefferies grâce à la puissance que leur conféraient

1773

Deuxième voyage de Cook à Tahiti. Il reste sur place un mois et demi et repart avec Omai, un jeune Tahitien, qu'il veut présenter à la haute société londonienne.

1776-1779

Troisième expédition scientifique de Cook en Polynésie. Il accoste à Tautira. Il périt lors de son escale suivante, aux îles Hawaï, au cours d'affrontements avec les insulaires.

1789

Mutinerie du *Bounty*, au large des îles Tonga, à l'initiative de Fletcher Christian, le second de Bligh. Bligh et ses alliés sont débarqués sur une chaloupe, tandis que les mutinés gagnent Tubuai.

leurs armes à feu. Ils finirent par être capturés par la Marine britannique en 1791, avant d'être jugés et condamnés. Quant au groupe de Christian, c'est-à-dire 8 ou 9 marins britanniques accompagnés de 6 Tahitiens et de 12 Tahitiennes, il navigua jusqu'à l'île inhabitée de Pitcairn (entre la Polynésie et l'île de Pâques) où il trouva refuge. De nombreuses années plus tard, on rapporta qu'une petite colonie anglo-tahitienne y résidait, dont la moitié des habitants portaient le nom de Christian. Pitcairn est d'ailleurs l'une des dernières parcelles du vaste Empire britannique.

Bligh revint à Tahiti en 1792 à bord d'un autre navire, chargea dans ses cales des pousses d'arbres à pain et les transporta en un temps record jusqu'aux Caraïbes.

L'émergence d'une dynastie : les Pomaré

Les contacts avec les explorateurs européens, pourtant relativement brefs, vont se traduire par une réorganisation complète des structures du pouvoir en place.

Avant l'arrivée des Européens, le pouvoir était exercé en Polynésie sur une base essentiellement locale : les chefferies, très hiérarchisées, organisées autour d'un *marae* (voir *Sites archéologiques,* p. 327). À la différence des sociétés européennes, aucun pouvoir central ne détenait une autorité ou une légitimité. Ainsi, Tahiti était divisée en de nombreuses chefferies qui, lorsqu'elles se lassaient de se battre les unes contre les autres, s'attaquaient à Moorea. De même, les chefs belliqueux de Bora Bora effectuaient de fréquentes et sanglantes incursions sur l'île voisine de Raiatea, en raison du manque de terres arables dont souffrait leur île. Mais aucun souverain n'était assez puissant pour étendre très loin sa suprématie. L'introduction des armes européennes bouleversa cet état de fait.

Les Tahitiens comprirent vite l'importance de l'armement européen. Ils pressèrent les Occidentaux de prendre parti dans les conflits insulaires. Cook et les autres explorateurs s'opposèrent énergiquement à de telles propositions, mais pas les mutinés du *Bounty*. Ceux-ci proposèrent leurs services de mercenaires au plus offrant, c'est-à-dire aux Pomaré.

Le roi Pomaré Ier, premier représentant de la dynastie, s'appelait auparavant Tu. Il était le neveu d'Obarea, une ambitieuse cheffesse, ayant noué des liens d'amitié avec Wallis, puis Cook et surtout Banks. Tous l'avaient prise pour la "reine" de Tahiti. Avant l'arrivée du *Bounty*, les Pomaré n'étaient qu'un clan parmi d'autres luttant pour le pouvoir à Tahiti. Grâce aux armes fournies par les mutinés, ils réussirent à étendre progressivement leur souveraineté à l'ensemble de Tahiti. Pomaré Ier dominait déjà la majeure partie de Tahiti l'année de sa mort en 1803, avant que son fils Pomaré II ne le remplace sur le trône.

Règnes de la dynastie Pomaré

» Roi Pomaré Ier : régna jusqu'en 1803

» Roi Pomaré II : 1803-1821

» Roi Pomaré III : 1821-1827

» Reine Pomaré IV : 1827-1877

» Roi Pomaré V : 1877-1891

1791

L'Américain Ingraham découvre le groupe nord des Marquises. Il est suivi du Français Étienne Marchand, deux mois plus tard.

1797

Des pasteurs de la London Missionary Society (LMS) débarquent à Tahiti et se lancent dans une grande entreprise d'évangélisation.

1803

Mort du roi Pomaré Ier. Son fils Pomaré II lui succède et s'appuie sur les protestants anglais pour étendre son influence géographique.

Le temps des missionnaires, des baleiniers et des négociants

L'isolement de la Polynésie va progressivement se rompre sous l'effet conjugué de l'arrivée de missionnaires et de commerçants, qui convoitaient Tahiti pour des raisons différentes. Dans les deux cas, les répercussions furent désastreuses : la société polynésienne faillit se désintégrer à la suite de ce choc de deux civilisations.

Alors que les descriptions de Tahiti et de ses habitants alimentaient maintes spéculations intellectuelles en Europe quant à la notion de "bon sauvage", le clergé décida rapidement de faire quelque chose pour ces sauvages, qu'ils fussent bons ou non. C'est la London Missionary Society (LMS), dont la vocation était de sauver du paganisme les populations nouvellement découvertes, qui prit l'initiative. Pour remplir cet objectif, trente pasteurs montèrent à bord du *Duff* pour aller évangéliser le Pacifique. Au mois de mars 1797, vingt-cinq d'entre eux débarquèrent à la pointe Vénus et se mirent prestement au travail, la réussite de leur entreprise se mesurant au nombre de temples protestants qui ponctuent aujourd'hui l'ensemble des îles de la Société, des Tuamotu et des Australes.

Le choc de civilisation entre les Occidentaux et les Polynésiens fut très brutal, au détriment des seconds. Ainsi, la population des Marquises chuta de 80 000 à 2 000 habitants en moins d'un siècle.

Les missionnaires étaient certainement animés des meilleures intentions, mais les conséquences de leur présence furent souvent désastreuses sur la culture locale. Ils firent interdire les danses et les chants, jugés impudiques, ainsi que les relations sexuelles hors mariage, décrétèrent le port de vêtements couvrant tout le corps (d'où l'existence des "robes missionnaires", toujours en usage). Ils firent également proscrire les tatouages et les parures de fleurs portées dans les cheveux et imposèrent le respect du silence le dimanche.

Des visiteurs d'un autre genre, les baleiniers, bouleversèrent également, à leur façon, la société polynésienne. Ils commencèrent à fréquenter les eaux polynésiennes dans les années 1790, avant même l'arrivée des premiers missionnaires. Provenant d'Angleterre, puis plus tard, de la côte Est des États-Unis depuis peu indépendants, ces marins peu scrupuleux chassaient la baleine dans l'hémisphère Sud durant les mois d'été, puis faisaient relâche l'hiver dans des îles comme Tahiti.

À terre, après les rudes conditions de vie à bord, les équipages se livraient à toutes les turpitudes. Ils introduisirent l'alcool et des maladies. Des négociants originaires des colonies pénitentiaires d'Australie se manifestèrent également, échangeant des armes contre des denrées alimentaires, encourageant la prostitution et créant des distilleries. Indifférents, sans réaction et souffrant de maladies contre lesquelles ils n'étaient pas naturellement immunisés, les Tahitiens virent leur population décroître très rapidement, et faillirent purement et simplement disparaître.

La Reine Pomaré : Tahiti et l'Occident 1812-1877 (L'Harmattan, 2003), de Bertrand de La Roncière, retrace, à travers le portrait de cette éminente souveraine, une période essentielle de l'histoire de Tahiti.

1815

Lors de la bataille de Fei Pi, les chefs traditionnels, hostiles à Pomaré II et à toute concession aux missionnaires chrétiens, sont défaits.

1819

Mise en place d'un code de lois très puritain, le code Pomaré, influencé par les missionnaires. La culture polynésienne traditionnelle est définitivement reléguée au second plan.

1827

La jeune reine Pomaré IV monte sur le trône, prenant la suite de Pomaré III, qui n'aura régné que pendant six ans. La reine Pomaré IV restera au pouvoir durant 50 ans.

Le règne des Pomaré

L'ascension des Pomaré date de 1815. Pour étendre son influence, le roi Pomaré II, fin stratège, s'était converti au christianisme, davantage par pragmatisme que par conviction. Il s'appuya sur les missionnaires protestants anglais, dont l'emprise sur la société était grandissante – ils interféraient aussi bien dans les affaires publiques qu'économiques du royaume. Il consolida définitivement son pouvoir sur les îles Sous-le-Vent en 1815, lors de la bataille de Fei Pi, au cours de laquelle il soumit les chefs traditionnels, hostiles à toute alliance avec les chrétiens. Poussé par les missionnaires, Pomaré II alla plus loin encore en faisant accepter en 1819, par les grands chefs et le peuple, un code de lois qui restera dans l'histoire comme le "code Pomaré", qui mit officiellement hors la loi des pans entiers de la culture polynésienne. Inspiré de règles propres au christianisme, il marqua une véritable rupture avec la civilisation polynésienne et ses valeurs traditionnelles. Les principales dispositions du code, calquées sur la morale puritaine des missionnaires protestants, portaient notamment sur le vol, l'adultère, le mariage, le tatouage, la désertion et les pratiques sexuelles, et interdisaient les chants, les tatouages et les danses jugés inconvenants. Il fut progressivement remplacé par l'application des lois françaises à partir des années 1860.

Pomaré II mourut en 1821, probablement d'un excès de boisson. Son fils Pomaré III lui succéda. Il décéda à peine six ans plus tard, en 1827, et fut remplacé sur le trône par la jeune reine Pomaré IV.

Son règne dura cinquante ans, au cours desquels elle étendit sa souveraineté à d'autres îles des Australes et conclut des alliances stratégiques avec plusieurs îles de la Société. Elle vécut suffisamment longtemps pour voir son territoire tomber aux mains des Français.

La reine Pomaré IV, qui régna 50 ans, était connue pour ses frasques. Elle défendit les musiques et les danses traditionnelles, contre l'avis des missionnaires.

Protestants contre catholiques et enjeux coloniaux

À cette époque, les grandes puissances coloniales européennes étaient toujours à la recherche de nouvelles colonies pour étendre leur influence, et se livraient à une véritable course poursuite. Le Pacifique Sud faisait l'objet de la convoitise des Français et des Anglais. Tahiti représentait encore un territoire vierge, susceptible d'intéresser les deux nations. À leur manière, les missionnaires incarnaient la puissance coloniale : les protestants anglais régissaient les îles de la Société, les Australes et les Tuamotu, tandis que les missionnaires catholiques français, qui s'étaient implantés aux Gambier en 1834 et aux Marquises en 1838, exerçaient leur pouvoir dans ces deux archipels. La rivalité entre ces deux courants religieux pour le contrôle, non seulement spirituel, mais aussi politique de la Polynésie était manifeste.

1836

Les pères Honoré Laval et François Caret débarquent près de Tautira, sur la presqu'île, pour contrer le développement du protestantisme à Tahiti. Ils sont rapidement expulsés.

1842

L'amiral Dupetit-Thouars impose le protectorat français sur Tahiti. Les Tahitiens se révoltent.

1877

Décès de la reine Pomaré IV. Son fils Pomaré V lui succède. Au cours de son bref règne (quatre ans), il fait beaucoup de concessions aux Français.

En 1836, les pères français Honoré Laval et François Caret quittèrent les Gambier pour débarquer discrètement non loin de Tautira, à l'extrémité orientale de Tahiti Iti. Cet accostage clandestin dans un lieu reculé s'expliquait par l'animosité que nourrissaient les missionnaires protestants anglais à l'égard de toute présence catholique à Tahiti. Lorsqu'ils arrivèrent à Papeete, ils furent aussitôt arrêtés et expulsés par la reine Pomaré IV, encouragée par un pasteur protestant, Pritchard. Cet acte mit le feu aux poudres.

Du protectorat à l'annexion par les Français

La France, qui détenait déjà en fait une entière souveraineté sur les Marquises, considéra le départ forcé de ses deux missionnaires de Tahiti comme un camouflet. Demandes de réparation, réclamations, contre-réclamations, indemnités et excuses se succédèrent par la voie diplomatique jusqu'en 1842, année au cours de laquelle l'amiral Dupetit-Thouars imposa le protectorat français sur Tahiti. Il s'ensuivit une période de troubles. L'ordre nouveau institué par les Français fut durement ressenti et la reine Pomaré espérait que la Grande-Bretagne réagisse, mais cette dernière prit acte de la situation. En fait, la rébellion vint des Tahitiens eux-mêmes.

Pendant trois ans, de 1844 à 1846, Français et Tahitiens se livrèrent une guerre sanglante. Les fortins français bâtis autour de Tahiti témoignent de l'âpreté de la résistance insulaire, mais les rebelles furent soumis ; en 1846, la France régnait sans partage sur Tahiti et Moorea. Si la reine Pomaré IV, qui s'était exilée à Raiatea, fut convaincue en 1847 de revenir à Tahiti, elle n'était plus qu'un prête-nom, les Français étant désormais maîtres de la situation.

La reine Pomaré mourut en 1877 ; lui succéda son fils, Pomaré V, qui abdiqua en 1881 et mourut en 1891. Sous son règne, un pas supplémentaire fut franchi dans la voie de la colonisation : jugeant le statut de protectorat trop fragile, les Français firent pression sur Pomaré V pour qu'il cède ses États à la France. Ils parvinrent à leurs fins en juin 1880 : Tahiti devint alors officiellement une colonie française. Reste que la souveraineté française ne s'exerçait pas à l'origine sur l'ensemble des îles de la Société, car certaines d'entre elles avaient conservé leurs chefs locaux et leurs conseillers missionnaires. En 1888 cependant, les îles Sous-le-Vent furent à leur tour annexées par la France, non sans quelques tentatives de rébellion, notamment à Huahine. L'annexion des Gambier date de 1881, tandis que les Australes connurent le même sort en 1900 et 1901.

Ainsi, en cette fin de XIXe siècle, marqué par la rivalité entre les grandes puissances dans le Pacifique, les cinq archipels tombèrent officiellement dans l'escarcelle des Français et prirent le nom, en 1903, d'"Établissements français d'Océanie" (ÉFO).

1880-1881

Après avoir fait pression sur le roi Pomaré V, les Français obtiennent qu'il leur cède ses États. Tahiti devient officiellement une colonie française. Les Gambier sont annexées.

1888

La France annexe les îles Sous-le-Vent, non sans difficulté. Elle doit faire face à l'hostilité des insulaires, notamment à Huahine.

1903

Les îles de Polynésie annexées par la France acquièrent le statut d'"Établissements français d'Océanie" (ÉFO).

La Polynésie au XXe siècle : les grandes mutations

Autant le XIXe siècle fut marqué par des bouleversements politiques, autant le XXe fut synonyme de transformations économiques majeures.

La période des ÉFO

Les bases du système colonial, jetées dans le courant du XIXe siècle, furent consolidées au début du XXe siècle. À la veille de la Première Guerre mondiale, l'économie était florissante. Les ÉFO exportaient des produits locaux (vanille, coton, coprah, nacre et fruits) en échange de biens manufacturés. À partir de 1911, l'exploitation des richesses phosphatières de Makatea (Tuamotu) prit peu à peu le pas sur les autres productions et assura des revenus substantiels à la colonie jusqu'en 1966, date à laquelle le gisement fut épuisé (voir l'encadré p. 212). Cette ouverture vers l'extérieur a son revers : les crises internationales, en particulier la crise de 1929, n'épargnèrent pas la Polynésie.

Cet essor économique et commercial exigeait une main-d'œuvre de plus en plus nombreuse, que la reprise démographique amorcée au début du siècle ne permettait pas de fournir. Des colons, en majorité français, s'implantèrent en Polynésie. En 1911, on comptait environ

POUVANAA A OOPA, UN ESPOIR POUR LA CAUSE TAHITIENNE

L'homme politique le plus célèbre de Polynésie est originaire de Huahine. Né en 1895, volontaire du Bataillon du Pacifique en 1917, Pouvanaa a Oopa fonde en 1949 le Rassemblement démocratique des populations tahitiennes (RDPT) qui occupe le devant de la scène politique locale jusqu'en 1958. Il s'en prend à la puissance coloniale française, dénonce le capitalisme, prône des lois sociales et milite en faveur de l'océanisation des cadres. Issu du peuple, protestant convaincu, ce leader charismatique est très apprécié des Polynésiens, qui le considèrent comme un *metua* (père) susceptible de restaurer leur dignité face au cynisme de la métropole.

Tout bascule en 1958. Le "oui" des Polynésiens au référendum de septembre portant sur le maintien de la Polynésie dans la communauté française le déstabilise. Commence alors une longue descente aux enfers : les autorités l'accusent d'avoir donné l'ordre d'incendier Papeete dans la nuit du 10 au 11 octobre 1958. Arrêté et jugé, il est exilé en France en 1960 pour y être incarcéré. Son parti, le RDPT, rongé par des dissensions internes, ne parvient pas à se mobiliser contre l'installation du CEP en 1963. Il est dissous la même année. La voie est libre pour de Gaulle.

Gracié, il rentre au pays en 1968. Jusqu'à sa mort, en 1977, il n'a cessé de militer pour sa réhabilitation. Sans succès.

Aujourd'hui, il reste auréolé de son prestige de *metua* auprès des Polynésiens, qui lui sont reconnaissants d'avoir fait trembler la puissance coloniale.

1911

Début d'une grande aventure industrielle et technique sur l'île de Makatea (Tuamotu), avec l'exploitation des gisements de phosphate. L'extraction durera jusqu'en 1966.

1914

Un millier de poilus tahitiens combattent aux côtés de la France contre l'Allemagne. La Polynésie n'est pas épargnée : deux croiseurs allemands bombardent Papeete et coulent un croiseur français.

1941-1942

À la suite de l'attaque de Pearl Harbour, les Américains installent une base à Bora Bora et construisent une piste d'atterrissage. De jeunes Polynésiens rejoignent les rangs du Bataillon du Pacifique.

3 500 Européens dans les ÉFO. L'immigration chinoise, entamée en 1864 avec l'exploitation cotonnière à Atimaono, se poursuivit. En 1911, cette communauté s'élevait à plus de 1 000 personnes. En dépit de relations parfois conflictuelles, ces trois communautés se mélangèrent progressivement après de multiples unions mixtes. Les bases d'une société pluriethnique étaient en place.

Cinq mille soldats américains débarquèrent à Bora Bora en février 1942. Une piste d'atterrissage de 2 000 m, la première de Polynésie, devint opérationnelle en avril 1943.

Bien qu'éloignée des principaux théâtres d'opération, la Polynésie participa directement aux deux conflits mondiaux. Lors de la Première Guerre mondiale, près de 1 000 poilus tahitiens combattirent en Europe contre l'Allemagne. Le 22 septembre 1914, deux croiseurs allemands, en patrouille dans le Pacifique, cherchèrent à se ravitailler dans le port de Papeete. Ils coulèrent le navire français la *Zélée* et bombardèrent le quartier du marché de Papeete.

Les ÉFO s'illustrèrent une nouvelle fois lors de la Seconde Guerre mondiale. Avec l'entrée en guerre des États-Unis en décembre 1941 consécutive à l'attaque de Pearl Harbour, la Polynésie acquit un intérêt stratégique. Afin de contrer l'avancée japonaise dans le Pacifique, les Américains se servirent de Bora Bora comme base de ravitaillement, en accord avec les autorités de la France libre. Parallèlement, des jeunes volontaires tahitiens et "demis" (métis), incorporés dans le bataillon du Pacifique, luttèrent dès avril 1941 aux côtés des forces de la France libre en Afrique du Nord, en Italie et en France.

ESSAIS NUCLÉAIRES : 40 ANS DE CONTROVERSE

Les essais nucléaires français débutèrent dans le désert du Sahara, avant que l'indépendance de l'Algérie ne contraigne la France à rechercher un autre site. En 1963, Moruroa et Fangataufa, dans les Tuamotu, furent retenus. Le Centre d'expérimentation du Pacifique, qui désigne par euphémisme le programme des essais nucléaires français, devint rapidement la composante majeure de l'économie polynésienne.

Le premier tir, aérien, a eu lieu le 2 juillet 1966 sur l'atoll de Moruroa. Jusqu'au début des années 1980, les essais furent atmosphériques, malgré la réprobation internationale unanime. La France opta alors pour des essais souterrains, effectués dans le socle basaltique de l'atoll. Plus de 150 essais furent réalisés. En 1995, rompant le moratoire sur les essais respecté depuis 1992 par toutes les puissances nucléaires (sauf la Chine), le président Jacques Chirac, nouvellement élu, annonça la reprise d'une nouvelle série d'essais souterrains, ce qui déclencha une tempête de protestations dans le monde entier. Des émeutes éclatèrent à Papeete. Les pays riverains, Australie et Nouvelle-Zélande en particulier, s'opposèrent très fermement à cette nouvelle série. Celle-ci s'acheva, comme prévu, en janvier 1996, et la France signa en mars de la même année le traité de Rarotonga sur la dénucléarisation du Pacifique Sud. Toutes les installations ont depuis été démantelées. Moruroa et Fangataufa ont été rendus à la nature.

1946

Les "Établissements français d'Océanie" acquièrent le statut de territoire d'outre-mer au sein de la République française.

1949

Une volonté d'émancipation à l'égard de la métropole se fait jour. Un parti politique est créé par le nationaliste Pouvanaa a Oopa.

JEAN-BERNARD CARILLET

» Canon de la Seconde Guerre mondiale à Bora Bora (p. 158)

En 1946, les ÉFO acquirent le statut de territoire d'outre-mer au sein de la République française. Une volonté d'émancipation à l'égard de la métropole se fit peu à peu jour. Un parti politique, le RDPT (Rassemblement démocratique des populations tahitiennes), créé en 1949 par le nationaliste Pouvanaa a Oopa (voir l'encadré p. 299), occupa le devant de la scène politique pendant une dizaine d'années.

La Polynésie à l'heure de la bombe

Les années 1960 marquèrent un tournant décisif. Le 22 juillet 1957, les ÉFO devinrent officiellement la Polynésie française. Lors du référendum de septembre 1958, 65% des Polynésiens manifestèrent leur volonté de rester liés à la France. Trois événements rapprochés eurent un impact considérable sur la société polynésienne. En 1961, la construction de l'aéroport international de Faa'a contribua au désenclavement de la Polynésie. Dans la foulée, le tournage de la superproduction *Les Révoltés du Bounty* avec Marlon Brando mobilisa des milliers de figurants et déversa des millions de dollars qui enflammèrent l'économie de l'île. En 1963, avec l'implantation du Centre d'expérimentation du Pacifique (CEP) à Moruroa et à Fangataufa, la Polynésie entra de plain-pied dans l'ère nucléaire (voir l'encadré p. 300). Le CEP représentait la pièce maîtresse de la stratégie de dissuasion nucléaire lancée par le général de Gaulle et poursuivie par ses successeurs.

La France a réalisé 41 expérimentations atmosphériques en Polynésie entre 1966 et 1974, puis 140 tirs souterrains entre 1975 et 1996.

La controverse portant sur l'innocuité de ces essais est loin d'être close. Les langues se délient. De nombreux cancers (de la thyroïde, en particulier) seraient liés aux essais atmosphériques menés avant 1974. Des enquêtes sont en cours, mais se heurtent au secret défense. Les essais souterrains auraient fissuré l'atoll, et des matières radioactives s'échapperaient du socle basaltique. S'y ajoute le coût diplomatique. L'État français, pour se défaire de la présence gênante de Greenpeace, n'hésita pas en 1985 à dépêcher deux agents secrets à Auckland en Nouvelle-Zélande pour couler le *Rainbow Warrior*, le navire de l'organisation de défense de l'environnement. Cette opération, que l'on peut qualifier de terroriste, échoua et contribua à dégrader les relations entre la France et la Nouvelle-Zélande.

La période d'activité du CEP (Centre d'expérimentation du Pacifique) entraîna également d'autres conséquences que l'on ne soupçonnait pas. L'afflux massif d'argent, en provoquant une rupture brutale avec les structures socio-économiques traditionnelles, a provoqué une crise d'identité et une fracture sociale dont on n'a pas fini de mesurer les effets. Projetée trop brutalement dans le monde "moderne", la Polynésie cherche encore à se situer.

1957-1958

Les ÉFO deviennent officiellement la Polynésie française. Lors du référendum de 1958, 65% de la population manifeste sa volonté de rester dans la République française.

1960

Accusé d'avoir commandité l'incendie de Papeete en 1958, le leader nationaliste Pouvanaa a Oopa est jugé et purge sa peine en France.

1961

Construction de l'aéroport international de Tahiti-Faa'a. La Polynésie s'ouvre au tourisme.

FLOSSE-TEMARU, LES DEUX GRANDS FAUVES DE LA VIE POLITIQUE POLYNÉSIENNE

Gaston Flosse et Oscar Temaru : ces deux personnalités occupent le devant de la scène politique polynésienne depuis plusieurs décennies. Tout a été dit sur "Gaston", adulé par les uns, honnis par les autres. Au pouvoir de 1982 à 1987, de 1991 à 2005, puis pendant quelques mois en 2008, cet homme à l'insatiable appétit de pouvoir a connu une incroyable ascension. Né en 1931 à Rikitea (Mangareva, Gambier) d'un père vosgien et d'une mère mangarévienne, il a d'abord exercé comme instituteur, avant de se lancer en politique. Travailleur infatigable, il gravit tous les échelons : mairie de Pirae (île de Tahiti), conseiller territorial, président de l'Assemblée territoriale, dans les années 1970. Il fonde également son propre parti, le Tahoeraa Huiraatira, et se rapproche du RPR de Jacques Chirac, avec qui il se lie d'amitié. Farouchement opposé à l'indépendance et à toute évolution statutaire, il change d'avis dans les années 1980 et milite en faveur d'une autonomie accrue, qu'il réussira à obtenir de l'État français grâce à son entregent. En 1984, il devient le premier président du gouvernement de Polynésie française. Ses années au pouvoir ont été marquées par une gouvernance autoritaire, une grande centralisation, l'affairisme et le clientélisme, mais les Polynésiens lui savent gré d'avoir accompagné la Polynésie dans la modernité, avec des progrès économiques et sociaux indiscutables. La roue a cependant tourné, et les Polynésiens ont fini par se lasser du système Flosse. En 2004, lors du Taui, le vieux lion tombe de son piédestal ; son "règne" prend fin. Flosse n'a pourtant pas renoncé. Même âgé de plus de 80 ans, il est encore très présent dans la vie politique locale, et sa capacité de nuisance reste redoutable.

Pour se faire une idée du "système Flosse" et de ses pratiques douteuses, on lira avec intérêt *Polynésie : les copains d'abord* (Éd. Le Bord de l'Eau, 2005), de Séverine Tessier, en gardant à l'esprit que l'auteur est une collaboratrice du député PS Christian Paul.

Outre l'intense controverse suscitée par ces "expérimentations" – des émeutes directement ou indirectement liées aux essais nucléaires ébranlèrent Papeete en 1987 et en 1995 –, le CEP eut pour effet de bouleverser de fond en comble les structures socio-économiques de la Polynésie, projetée sans transition dans la société de consommation. La signature d'un Pacte de progrès entre l'État et le territoire en 1993, par lequel la France s'engagea à poursuivre son aide jusqu'en 2005 (et renégociée au-delà, sans doute jusqu'en 2017), et l'arrêt définitif des essais nucléaires en février 1996 sonnèrent le glas de ces "Trente Glorieuses" artificielles.

Le "règne" de Gaston Flosse

L'histoire récente de la Polynésie est indissociable de la personnalité de Gaston Flosse. Cette figure de la vie politique locale a dirigé le territoire de 1982 à 2005, avec une légère interruption entre 1987 et 1991. Ami de la première heure de Jacques Chirac, à qui il est toujours resté fidèle, et affilié au RPR, il a progressivement réussi à contrôler de nombreux rouages de la société polynésienne, aussi bien politiques que sociaux,

1963

Lancement du programme nucléaire français à Moruroa et à Fangataufa, dans le cadre du Centre d'expérimentation du Pacifique (CEP).

1968

Gracié, Pouvanaa a Oopa est autorisé à revenir en Polynésie, mais il ne réussit pas à recréer une dynamique en sa faveur.

1977

Nouveau statut pour la Polynésie, qui acquiert une autonomie de gestion.

Son éternel rival, Oscar Manutahi Temaru, est tout l'inverse. Né en 1944, ce douanier à la retraite a toujours fait figure d'homme réservé, simple et honnête. Très proche de la cause maorie en Nouvelle-Zélande, il a toujours défendu la frange de la population polynésienne la plus défavorisée, notamment dans sa commune, Faa'a (l'une des plus peuplées de Tahiti), dont il est maire depuis 1983. Farouchement hostile aux essais nucléaires (pour lui, la terre est sacrée, et les essais sont comme des viols), à l'État français et à l'occidentalisation de la société polynésienne, il soutient les valeurs traditionnelles maohi et prône un retour aux sources. Ancien séminariste, il sait parler au cœur des Polynésiens. Son parti, le Tavini, a été fondé en 1983. Son courant étant minoritaire, personne ne le voyait arriver au pouvoir... jusqu'à ce fameux jour de 2004, à l'occasion du Taui ; il devient le président de la Polynésie française ! Rapidement pourtant, celui qui se présentait comme un "Monsieur Propre" tombe dans les travers du clientélisme. Ses prises de position deviennent démagogiques, ses propos limites sur la population popa'a de Tahiti dérangent et son hostilité systématique à la "politique coloniale française" l'éloigne d'une partie de l'électorat modéré et des déçus du flossisme. En août 2011, il fait voter par l'Assemblée territoriale une résolution pour la réinscription de la Polynésie sur la liste des territoires à décoloniser de l'ONU, mais sa démarche ne sera pas couronnée de succès.

Le duel qui a longtemps prévalu entre les deux hommes est perturbé par l'entrée en scène en 2006 de Gaston Tong Sang, un sécessionniste du parti de Flosse. Désormais, le match se joue à trois. À plusieurs reprises, Gaston Flosse, plutôt que de voir Gaston Tong Sang au pouvoir, préfère s'allier à Oscar Temaru, qu'il avait pourtant combattu pendant trente ans...

financiers et économiques, en s'appuyant sur son parti, le Tahoeraa Huiraatira ("Rassemblement du peuple"). Fin politique, négociateur habile et manœuvrier, Gaston Flosse, dans sa fonction de président du territoire, a exercé un pouvoir sans partage pendant plus de vingt ans, s'imposant comme l'incontournable "père" de la nation, aux commandes de presque toutes les manettes de la société polynésienne, directement ou indirectement. À tel point que l'on a pu parler d'un "système Flosse", quasi impérial, avec toutes ses ramifications et ses dérives : affairisme, corruption, scandales, clientélisme... La France, qui ne pouvait ignorer ses agissements, a fait preuve de passivité. Il faut dire que Gaston Flosse a su tisser et entretenir de solides réseaux en métropole et que la classe politique française lui sait gré d'avoir contenu les revendications indépendantistes face auxquelles il incarnait une forme de stabilité.

Sa position à l'égard de la France a varié en fonction de ses intérêts. Au départ fervent partisan du rattachement à la France, il est rapidement devenu l'un des porte-voix de l'autonomie, moins par conviction politique que pour les retombées attendues quant à l'extension de ses prérogatives.

La création du GIP (groupement d'intervention de la Polynésie) reste l'un des aspects les plus décriés du système Flosse. Composé de gros bras peu recommandables, le GIP faisait office de milice privée, au service du président. Il fut impliqué dans l'"affaire JPK", du nom du journaliste Jean-Pascal Couraud, disparu dans des conditions douteuses en 1997.

1982

Gaston Flosse arrive au pouvoir. C'est le début d'un règne qui durera presque sans discontinuer jusqu'en 2004.

1984

Sous la pression de tous les partis politiques polynésiens, la Polynésie se voit accorder un nouveau statut qui accroît son autonomie.

1995

Émeutes à Papeete et à Faa'a. Des manifestants, hostiles à la reprise des essais nucléaires, décidée par Jacques Chirac, saccagent des boutiques au centre-ville et incendient l'aéroport.

Pour mieux comprendre la complexité de la vie politique en Polynésie de 1996 à nos jours, procurez-vous l'ouvrage *Tahiti Nui ou les dérives de l'autonomie* (L'Harmattan, 2008), de Sémir Al Wardi.

L'État est représenté en Polynésie par un haut commissaire de la République

En octobre 2004, après le renversement du gouvernement Temaru par une motion de censure à l'Assemblée, près de 30 000 personnes avaient manifesté leur mécontentement dans les rues de Papeete – la plus grande manifestation qu'ait connue la Polynésie.

Il a par ailleurs toujours habilement agité l'épouvantail indépendantiste pour se faire réélire.

Sous le pouvoir de Gaston Flosse, la Polynésie a connu un incontestable essor économique, favorisé par de larges subventions décrochées en métropole.

Ce système et ces méthodes n'étaient cependant pas éternels.

Le Taui : le tournant de 2004 et 2005

Incroyable coup de théâtre le 23 mai 2004 : lassés par la posture monarchique de Gaston Flosse et sa folie des grandeurs, les Polynésiens disent "non" par la voie des urnes lors d'une élection à l'Assemblée de la Polynésie française. Contre toute attente, Gaston Flosse perd le pouvoir (à quelques centaines de voix près), au profit de l'UPLD ("Union pour la démocratie"), une coalition rassemblant des autonomistes et des indépendantistes, conduite par le leader du Tavini (indépendantiste), Oscar Temaru.

Un vrai séisme politique, sans doute le plus important depuis le référendum de 1958. Les Polynésiens, hébétés, n'y croient pas eux-mêmes ! C'est le début du *taui*, le "changement". Quelque chose s'est dénoué, la parole se libère, la presse s'enhardit, l'espoir renaît... Pour autant, cette victoire n'est pas un triomphe de l'UPLD, qui ne dispose que d'un siège de majorité à l'Assemblée. Les Polynésiens n'ont pas voté pour des indépendantistes, mais contre le système Flosse. C'est un vote de rejet et de protestation.

Flosse, en vieux lion de la politique, est ébranlé mais ne s'avoue pas vaincu. En octobre 2004, l'un des députés de l'UPLD rejoint le camp du Tahoeraa Huiraatira, que préside Gaston Flosse. On soupçonne ce transfuge d'avoir été acheté. Une motion de censure est déposée contre la majorité au pouvoir, et Temaru est renversé, quatre mois seulement après son élection. Gaston Flosse revient aux affaires !

Mais la partie de poker n'est pas finie. Pour un vice de procédure, le Conseil d'État annule, le 15 novembre 2004, les élections des îles du Vent (les plus peuplées, soit 37 sièges sur les 57 de l'Assemblée). Il faut faire revoter Tahiti et Moorea. Le scrutin a lieu le 13 février 2005. Cette fois, le score est sans appel : l'écart en faveur de l'UPLD d'Oscar Temaru est de plus de 6 000 voix. Les Polynésiens confirment leur volonté de changement. C'est le Taui Roa, le "grand changement". Oscar Temaru retrouve son poste de président de la Polynésie française le 3 mars 2005.

Le changement tant espéré par les Polynésiens a-t-il eu lieu ? Pas vraiment. Oscar Temaru accumule rapidement les maladresses et perd une partie de sa crédibilité dès son arrivée au pouvoir. Les dossiers économiques et sociaux s'amoncellent, et les travers politiques locaux, notamment le clientélisme, perdurent. La population déchante. Avec la France, le leader de l'UPLD entretient des relations tendues. Il

1996

Annonce de l'arrêt définitif des essais nucléaires par la France. C'est la fin du CEP.

2004

La Polynésie obtient le statut de pays d'outre-mer. La même année, c'est le Taui : le leader indépendantiste Oscar Temaru arrive au pouvoir... pour quelques mois seulement.

2005

À la suite de nouvelles élections en février, Oscar Temaru revient aux affaires. C'est le Taui Roa, le grand changement.

L'ÉVOLUTION INSTITUTIONNELLE : VERS L'INDÉPENDANCE ?

Depuis 1946, date de la création des territoires d'outre-mer, la Polynésie n'a eu de cesse de s'émanciper de la tutelle politique de la France, au prix de batailles statutaires âprement disputées – tout en prenant bien soin de rester dans la République. La politique locale suivie paraît être la suivante : grignoter le maximum de prérogatives et de marges de manœuvre tout en conservant la manne financière de la France. Ainsi, en moins de trente ans, les compétences de l'État français se sont considérablement amenuisées au profit du territoire, mais pas sa participation financière.

En juillet 1977, en vertu d'un nouveau statut, la Polynésie a acquis une autonomie de gestion et, depuis septembre 1984, une autonomie interne, renforcée en 1990, puis élargie en 1996. Un autre cap a été franchi en février 2004, avec un nouveau statut qui renforce encore l'autonomie de la Polynésie. Cette collectivité d'outre-mer est désormais qualifiée de "pays d'outre-mer au sein de la République, qui se gouverne librement et démocratiquement". La Polynésie a un hymne et un drapeau, et peut désormais disposer de représentations auprès de tout État reconnu par la République française. Toutefois, il ne s'agit pas de représentations diplomatiques. L'État est toujours représenté par un haut commissaire de la République en Polynésie.

La Polynésie a donc ses propres institutions : le président de la Polynésie, élu par l'Assemblée de la Polynésie ; le gouvernement de la Polynésie, composé de ministres nommés par le président ; et l'Assemblée de la Polynésie, composée de 57 membres élus pour 5 ans au suffrage universel direct, qui votent des "lois de pays".

Que reste-t-il à l'État ? En résumé : la justice, la monnaie, la défense et la diplomatie. Jusqu'où iront les Polynésiens ? Nul ne le sait. Le statut de 2004 est sans doute l'état limite de l'autonomie. Au-delà, il n'y a plus que l'indépendance. Mais les Polynésiens hésitent à franchir le pas, malgré l'activisme du leader indépendantiste Oscar Temaru. Dans l'opinion publique polynésienne, c'est plutôt le réalisme qui prévaut. Une grande partie des Polynésiens sont conscients du fait que la Polynésie ne dispose pas d'importantes ressources comme en Nouvelle-Calédonie, et ne semblent guère décidés à s'affranchir définitivement de la République française, dont les transferts financiers permettent de soutenir, même artificiellement, un niveau de vie comptant parmi les plus élevés du Pacifique Sud.

multiplie les provocations à l'égard de l'"État colonial". Le 13 décembre 2006, Temaru est renversé par une motion de censure déposée par l'opposition autonomiste regroupée autour de son rival Gaston Flosse. Gaston Tong Sang, le maire de Bora Bora, soutenu par tous les partis autonomistes et Gaston Flosse (qui fait mine de se tenir à l'écart du pouvoir présidentiel), est élu président le 26 décembre 2006. Sa majorité est cependant aussi fragile (3 voix seulement) qu'hétéroclite.

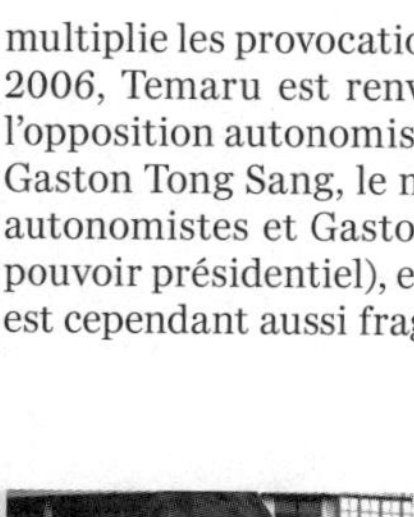

JEAN-BENARD CARILLET

» Stèle de l'autonomie à Papeete

2006

En décembre, Oscar Temaru est renversé après le vote d'une motion de censure. Il est remplacé par l'autonomiste Gaston Tong Sang.

2007

Une alliance surprise entre Gaston Flosse et le chef indépendantiste Oscar Temaru met fin à la présidence de Gaston Tong Sang. Il est remplacé par Oscar Temaru.

L'ère de l'incertitude

Les cartes sont rebattues une nouvelle fois au moment de l'élection présidentielle française de mai 2007. Cette fois, le clivage s'instaure entre Gaston Flosse, ami depuis plus de trente ans de Jacques Chirac, qui ne soutient que du bout des lèvres la candidature de Nicolas Sarkozy, et Gaston Tong Sang, qui affiche résolument son choix en faveur du candidat de l'UMP. En juillet 2007, Gaston Tong Sang s'affiche en compagnie du président Sarkozy à l'Élysée. C'est la fin des réseaux chiraquiens en Polynésie française.

En sept ans (2004-2011), treize gouvernements se sont succédé (sans parler des remaniements ministériels) et le pays a connu trois présidents : Gaston Flosse (deux fois), Oscar Temaru (cinq fois) et Gaston Tong Sang (trois fois).

Gaston Flosse n'a pas dit son dernier mot et refait parler de lui en juillet 2007. Il s'allie avec son rival de toujours, Oscar Temaru. Gaston Tong Sang fait les frais de cette alliance surréaliste : il est renversé en août 2007. La rupture entre Gaston Flosse et Gaston Tong Sang est consommée.

Gaston Tong Sang crée alors son parti, To Tatou Ai'a ("Notre patrie"), en octobre 2007, et affiche la couleur : l'autonomie de la Polynésie au sein de la République. La scène politique polynésienne est désormais partagée entre trois partis, le To Tatou Ai'a, l'UPLD et le Tahoeraa Huiraatira. À partir de 2008, la Polynésie s'enfonce dans une période d'instabilité politique chronique, rythmée par des changements d'alliance entre ces trois partis, des motions de censure, des renversements de majorité et des démissions.

2008

Gaston Tong Sang remporte les élections territoriales de février, mais c'est Gaston Flosse qui décroche la présidence.

2008

En avril, Gaston Tong Sang retrouve son fauteuil de président à la suite d'une motion de défiance.

2011

Oscar Temaru, en août, fait voter une loi pour demander la réinscription de la Polynésie sur la liste des territoires à décoloniser de l'Onu

Culture et société

Identité régionale

Les Polynésiens sont très chatouilleux sur la question de l'identité, même si la définition de l'"identité polynésienne" reste assez nébuleuse pour un œil non averti. Le socle identitaire le plus facilement perceptible, c'est le *fenua*, terme qui désigne la terre. Les Polynésiens, quelles que soient leur origine et leur condition, entretiennent un rapport viscéral, quasi charnel avec leur terre natale, ce *fenua*. Pour un Polynésien, il est inconcevable d'être *hutu painu* (à la dérive, sans attache).

Un ouvrage à lire pour mieux comprendre les ressorts de la société polynésienne : *Lieux-Dits d'un malentendu culturel* (éd. Au Vent des îles, 2003), de Bernard Rigo.

Autre aspect de la culture polynésienne qui déroute les Occidentaux : le système familial polynésien. "Système", le mot n'est pas trop fort pour qualifier des relations très complexes, étroites, parfois étouffantes, à la limite du carcan, qui lient tous les membres de la famille, au sens de "famille élargie", que l'on appelle les *fetii*. La famille n'est pas conçue comme les seuls parents et enfants, mais comme un clan englobant les oncles, tantes, grands-parents, cousins, petits-cousins, etc. La famille joue un rôle majeur dans la société polynésienne, elle est au cœur de tout le système avec, de temps à autre, de grands rassemblements autour d'un *tamaaraa* (repas traditionnel). Vous aurez vite l'impression que tout le monde se connaît en Polynésie, ou que tous les Polynésiens sont *fetii* (parents) à des degrés divers… C'est un réseau d'entraide et de solidarité encore bien vivace, même si, avec le développement de l'individualisme, les tensions et les convoitises au sein d'un même groupe familial se développent.

En parallèle, il y a le *faaamu*, autre grande spécificité polynésienne qui n'a pas fini d'interloquer l'Occidental fraîchement débarqué. La cellule familiale polynésienne ne doit pas être comprise comme une structure figée, administrative et possessive, à l'occidentale. Elle est plus perméable. Ainsi, à côté des enfants naturels, il y a les enfants *faaamu* (adoptifs). Il est en effet très fréquent que des enfants soient confiés à leur naissance, le plus naturellement du monde, à d'autres parents (oncle, tante, grands-parents), à une voisine ou à un couple de *popa'a* stérile cherchant un enfant à adopter (la filière polynésienne d'adoption est très connue). Il y a donc les frères et les sœurs de sang, et les frères et les sœurs de lait… Un tissu familial très dense, parfois opaque, avec des dérives, comme l'inceste, particulièrement répandu en Polynésie.

Autrefois, la terre était indivise, mais avec l'avènement de la société moderne, et par conséquent de la notion de propriété privée, les batailles juridiques font rage entre les héritiers, qui se disputent des parcelles de terre après d'interminables querelles familiales…

La religion joue un rôle social important. L'influence des églises, notamment protestantes, est très importante dans la vie des Polynésiens. Sur certaines îles peu peuplées, les messes et les célébrations constituent la seule "distraction".

Conséquence de l'isolement et de l'insularité, les Polynésiens vous sembleront nombrilistes. Leur vision du monde est très "polynésiano-polynésienne". La France n'est qu'une entité abstraite, distante, que l'on découvre lors des journaux télévisés. Comment pourrait-il en être autrement, au milieu du Grand Océan ? Au mieux, les références vont à la Nouvelle-Zélande, qui exerce une réelle fascination chez les Polynésiens, dont les plus aisés possèdent une résidence sur place ou vont y skier, ou à Hawaï ou Los Angeles, facilement accessibles en avion.

Les Polynésiens sont restés des gens de mer, et la pêche est une caractéristique essentielle de la culture maohi. On pêche au harpon, à la ligne ou au filet. La pêche à bord d'un petit bateau à moteur puissant, appelé *poti marara*, est aussi répandue. Le pilote guide son embarcation d'une main et harponne la proie de l'autre.

Vous remarquerez également que la société polynésienne est tiraillée entre des valeurs "traditionnelles" et les tentations de la société de consommation, surtout dans sa version américaine. Le matérialisme le plus forcené, incarné par les rutilants 4x4 – parfaitement inutiles sur les routes polynésiennes ou les avenues encombrées de Papeete – et un régime alimentaire largement emprunté à celui des États-Unis (chips, corned-beef, "escrim" pour les glaces), côtoie la dévotion religieuse la plus fervente, le tout sur fond de revitalisation de la culture polynésienne ancestrale (renouveau du tatouage, de la danse, des sports traditionnels comme la pirogue ou le surf, pêche, croyances aux esprits...). Ce cocktail disparate ne manquera pas de vous étonner. La Polynésie est un carrefour culturel. Pris entre ces différentes influences, les Polynésiens ne semblent pas réellement savoir ou vouloir se situer ; ou, plutôt, ils se réfèrent à l'une ou l'autre comme bon leur semble, en fonction de ce qui les arrange...

À l'intérieur même de la Polynésie, il existe de grandes disparités de modes de vie. Le fossé est grand entre les îliens et les gens de Papeete, surtout les classes moyennes et aisées, qui se prennent pour des citadins, et jouent le jeu de la société de consommation de manière ostentatoire. Les femmes, surtout les demies métisses et chinoises, sont habillées à la dernière mode et possèdent une villa aux équipements dernier cri. En parallèle, il existe des laissés-pour-compte, notamment dans les banlieues populaires de Papeete (Faa'a, Titioro, Tipaerui). Dans les îles, les disparités sont moins flagrantes et les modes de vie plus homogènes. Dans les Tuamotu, on vit encore de la pêche, de la coprahculture et de la perliculture. Aux Marquises et aux Australes, le rapport à la nature est encore très prégnant.

Us et coutumes

En Polynésie française, les relations sociales sont en général très décontractées. Il n'y a guère de place pour les chichis, et il est assez mal vu de "faire des manières". L'expression qui revient souvent dans les conversations est "*aita pe'a pe'a*", qui signifie "il n'y a pas de problème". Faites preuve de patience en toutes circonstances, il ne sert à rien de se stresser. Malgré tout, vous aurez peut-être affaire à des personnes *fiu*. Il s'agit d'un état passager de lassitude, de "blues", pendant lequel votre interlocuteur semblera absent et peu réceptif. Ne manifestez pas votre impatience face à cette attitude, cela n'arrangera rien.

À la naissance, le placenta est récupéré et enterré dans la propriété familiale.

La norme du comportement social associe étiquette française et polynésienne. Deux amis se saluent généralement en s'embrassant sur les deux joues, comme en métropole. Dans les échanges verbaux,

LA BRINGUE

Faire la bringue, c'est faire la fête, tout simplement. La bringue occupe une place centrale dans la vie des Polynésiens. Toujours bien arrosée (généralement à la bière Hinano), elle se caractérise par sa spontanéité et son improvisation. Quelqu'un s'empare d'un ukulélé, un autre d'une guitare, un troisième assure les percussions avec un tambour ou en frappant deux cuillers l'une contre l'autre, et c'est parti pour la nuit entière ! Une poubelle en plastique sur laquelle est fixée un fil relié à un bâton fait office de contrebasse. On boit, on chante, on danse et, dans certains cas, on se bagarre...

MAHU ET RAE RAE

Il arrive que les femmes les plus séduisantes de Papeete soient… des hommes ! En fait, il s'agit d'un *mahu* ou d'un *rae rae*, autrement dit un travesti. Les travestis ont toujours occupé une place importante dans la société polynésienne, comme en témoignent les écrits des explorateurs européens, et sont parfaitement acceptés. La présence des travestis est liée à une coutume familiale encore répandue : dans de nombreuses familles, le fils aîné est élevé comme une fille et en prend les attitudes. Dans le langage courant, les *mahu* désignent plutôt les personnages efféminés, alors que les *rae rae* sont les travestis qui se livrent expressément à la prostitution dans le quartier chaud de Papeete. Les *mahu* sont très appréciés dans la restauration et l'hôtellerie pour la finesse et la qualité de leur service.

le tutoiement est monnaie courante. Soyez simple et naturel, prenez le temps de discuter. Attention ! Le tutoiement peut dans certaines situations se révéler déplacé, par exemple avec le personnel des grands hôtels, des administrations ou avec les commerçants, ce que certains touristes indélicats oublient. Le langage gestuel le plus fréquent consiste à hausser les sourcils en signe d'acquiescement. Les codes vestimentaires sont le plus souvent aussi très souples, vestes et cravates n'étant pas requises, même dans les restaurants les plus huppés de Papeete.

Toutefois, décontraction ne signifie pas laisser-aller. La religion imprègne le quotidien et, contrairement à une idée reçue, les Polynésien(ne)s sont très pudiques. Les vahinés à demi nues exhibant leur plastique sur une plage de sable blanc n'existent que dans votre imagination et sur le papier glacé de calendriers produits localement. Les femmes, sauf celles des milieux très occidentalisés de Papeete, se baignent en short. Sur la plage, le nudisme n'est généralement toléré que sur les motu (îlots) isolés. À la différence des Fidji et d'autres îles du Pacifique, le monokini est autorisé, mais, à l'exception des sites balnéaires des grands hôtels, il se révélera souvent inapproprié. La dignité est sacrée ; il ne faut pas qu'un comportement "fasse honte" (*mea ma*).

Itinéraire polynésien (Au Vent des îles, 1995) est le témoignage d'une institutrice qui a passé six ans dans des atolls reculés des Tuamotu. Chantal Kerdilès, ex-journaliste à RMC brosse le portrait de ces micro-sociétés insulaires où s'entremêlent violence, inceste, alcoolisme et fanatisme religieux.

Évitez également les manifestations d'affectivité ou d'intimité en public, qui sont hors norme en Polynésie. Vous ne verrez ainsi jamais un couple s'embrasser ou s'enlacer en public, voire tout simplement se tenir par la main. Par ailleurs, les Polynésiens sont très religieux. Abstenez-vous donc de toute critique relative à ce sujet. Si vous assistez à un office dominical, observez une tenue vestimentaire correcte et faites preuve de discrétion.

Avant d'entrer chez quelqu'un, déchaussez-vous et laissez vos chaussures devant la porte, même si votre hôte insiste pour que vous n'en fassiez rien. Notez que le pourboire n'est pas d'usage en Polynésie et que les prix ne se marchandent pas (sauf pour les perles).

Respectez les propriétés privées et les panneaux d'interdiction (*tapu* ou *tabu*). La plupart des terrains et des bords de mer appartiennent à des particuliers. Avant d'y pénétrer ou de les traverser, demandez l'autorisation. De même avant de cueillir des fruits sur des arbres qui semblent n'appartenir à personne, cherchez le propriétaire.

Population

La population totale de la Polynésie française est aujourd'hui estimée à environ 270 000 habitants. Principales caractéristiques : la jeunesse de la population (les moins de 25 ans comptent pour la moitié, contre 30% environ en France métropolitaine) et son inégale répartition.

DE LA DIFFICULTÉ D'ÊTRE "DEMI"

Ils ressemblent à des Européens bronzés. Ils s'expriment dans un français souvent imagé, avec un phrasé facilement repérable, émaillé de "r" très roulés et d'intonations particulières. Ils occupent les principaux postes politiques et administratifs du pays. Descendants des mariages mixtes entre colons français et grandes familles polynésiennes au siècle dernier, les demis jonglent, avec plus ou moins de bonheur, avec leur double culture. Par rapport aux Polynésiens "de souche", ils ont l'énorme avantage d'avoir intégré les deux cultures, et naviguent de l'une à l'autre avec une facilité déconcertante, même si cette dualité culturelle est parfois vécue péniblement. Très urbains dans leur mode de vie, maîtrisant aussi bien les concepts occidentaux que les référents culturels traditionnels (langue maohi, danse), jouissant d'un niveau d'instruction élevé, ils occupent des postes qualifiés dans la fonction publique, les banques, le transport maritime, et dominent la vie politique. Leur attitude, tant à l'égard des Français que des Maohi, est parfois ambiguë, reflétant leur position particulière au sein de la société : pas complètement maohi, pas complètement occidentaux... mais totalement polynésiens !

L'inceste, l'alcoolisme, la violence conjugale et la consommation de cannabis chez les jeunes sont des fléaux sociaux qui frappent durement la Polynésie.

La majeure partie de la population occupe aujourd'hui les zones littorales, alors qu'aux temps anciens, elle vivait dans les vallées, à l'intérieur des îles, comme l'attestent les vestiges archéologiques. À elle seule, l'île de Tahiti rassemble 70% des Polynésiens, contre 7% pour les Tuamotu-Gambier, 3,6% pour les Marquises et 3% pour les Australes. Sur l'île même de Tahiti, le déséquilibre se poursuit : le "grand Papeete", zone urbaine littorale hypertrophiée qui s'étend sur plus de 30 km entre Punaauia à l'est et Arue à l'ouest, rassemble plus de 120 000 habitants, alors que le reste de l'île est complètement sauvage ou presque. Le contraste est saisissant entre Papeete la moderne, la bruyante, et les îles, au rythme de vie encore villageois, et certains atolls reculés, réduits parfois à une micro-communauté d'une cinquantaine d'habitants vivant presque en autarcie.

Ce déséquilibre s'accentue. Le fossé se creuse entre Papeete, qui attire beaucoup d'îliens, et le reste de la Polynésie. Le dépeuplement de certaines îles est un réel problème. Trop isolées, enclavées, certaines voient ainsi une partie de leur population rejoindre Papeete.

Être une femme en Polynésie

Tergiversations et rêveries de l'écriture orale, de Flora Devatine (Au Vent des îles, 1998), *Mutismes*, de Titaua Peu (Haere Po), et *Hutu Painu*, de Marie-Claude Teissier-Landgraf (Au Vent des îles, 2004), sont trois cris de femmes polynésiennes, confrontées au choc de deux mondes, l'occidental et le maohi.

Les nombreux concours de Miss qui rythment le calendrier polynésien pourraient faire croire que la femme polynésienne, la célèbre vahiné qui fait fantasmer les Occidentaux, n'est qu'un objet de convoitises... Il n'en est rien. Si un certain culte de la beauté est perceptible chez les femmes polynésiennes, celles-ci possèdent une place qui n'est pas que symbolique en Polynésie.

Actrices majeures de l'évolution de la société polynésienne, les vahinés jouent un rôle éminent et visible. C'est une longue histoire : les Polynésiens pratiquaient l'égalité des sexes bien avant le XXe siècle. Aux temps anciens, le pouvoir était dévolu indifféremment à des femmes ou à des hommes. La reine Pomaré IV (voir p. 297) à Tahiti ou les cheffesses marquisiennes (telle Vaekehu, à Nuku Hiva) en sont la plus parfaite illustration. Seule la pêche était réservée aux hommes.

Les femmes sont aujourd'hui très présentes dans le secteur tertiaire, prépondérant en Polynésie, où elles occupent jusqu'à 80% des postes, en particulier dans le commerce, l'hôtellerie, la santé, les assurances et l'action sociale. Bon nombre d'entre elles sont chefs d'entreprise. Plusieurs d'entre elles occupent des postes de ministres, et elles se voient largement représentées à l'université – elles sont d'ailleurs plus diplômées que les hommes à presque tous les âges. L'artisanat est également leur bastion (sauf aux Marquises où les sculptures sont plus souvent réalisées par des hommes).

Dans la sphère privée, ce sont généralement les femmes qui prennent en charge la scolarisation des enfants, les travaux domestiques, les tâches administratives et autres responsabilités associatives et culturelles. Elles sont de surcroît souvent détentrices du patrimoine foncier.

Paradoxalement, la violence conjugale est également très présente. Les vahinés n'ont pas toujours la vie facile avec leur *tane* (mari) !

Les différentes cultures polynésiennes

La Polynésie est un extraordinaire hymne au métissage. Au cours de son histoire, elle a fait preuve d'une extraordinaire faculté d'assimilation, et Tahiti fait penser à un petit Brésil dans lequel se fondent toutes les communautés. Les origines ou la couleur de peau ne posent pas problème, et le brassage ethnique est une donnée immanente à la société polynésienne.

La souche maorie, issue des premiers navigateurs, a intégré les apports étrangers depuis plusieurs siècles déjà, et la multiculturalité est inscrite dans les faits. Malgré tout, on fait communément référence à quatre groupes au sein de la population de Polynésie française : les Polynésiens (maohi), les métis (appelés demis) polynésiens-européens ou polynésiens-chinois, les Européens et les Chinois – ou Français d'origine chinoise. Encore une fois, il faut souligner que cette distinction est théorique, puisque, dans les faits, l'ensemble de la population s'est, à des degrés divers et à des époques différentes, métissé lors des contacts avec l'extérieur. Les patronymes reflètent cette diversité ethnique et ce métissage. Vous entendrez des noms de famille aux consonances aussi bien maohi (Teariki, Tetuanui) qu'anglaises (Brotherson, Smith), françaises (Buillard, Vanizette), chinoises francisées (Chungue, Langy, Laufatte), voire allemandes ou russes.

Les Polynésiens maohi (Polynésiens de souche) comptent pour 66,5% de la population, les demis 16,3%, les Européens (*popa'a*) sont estimés à 11,9% et les Asiatiques à 4,7%. Les demis sont principalement issus de mariages mixtes qui eurent lieu à la fin du siècle dernier et au début du XXe siècle entre les colons, les administrateurs ou les commerçants européens et les femmes appartenant à des grandes familles polynésiennes (voir l'encadré p. 310). Les Polynésiens maohi, moins favorisés, sont surtout représentés dans les secteurs d'activité traditionnels, pêche et agriculture, et dans le secteur secondaire (bâtiment et construction). Ils vivent plutôt dans les villages et dans les îles, alors que les demis sont plutôt représentés à Papeete.

Les premiers Chinois débarquèrent au milieu du XIXe siècle pour travailler dans les plantations de coton. Une seconde vague d'immigration eut lieu au début du XXe siècle. Pourtant, la citoyenneté française ne leur fut accordée qu'en 1964. Partis de peu, ils illustrent des modèles d'ascension sociale et sont surtout représentés dans le secteur du commerce et des affaires. À la différence d'autres diasporas chinoises dans le monde, ils ne vivent pas dans un Chinatown géographiquement circonscrit. Parfaitement intégrés à la vie polynésienne, ils n'en continuent pas moins de préserver certaines de leurs traditions. La célébration du Nouvel An chinois, le temple bouddhique de Mamao, l'élection de Miss Dragon et la participation à diverses associations culturelles illustrent cette volonté de conserver une partie de leur patrimoine.

Quant aux *popa'a*, il s'agit essentiellement de Français installés pour quelques années en Polynésie, venus profiter d'un certain nombre d'avantages liés à leur statut (indexation des salaires très avantageuse pour les fonctionnaires, absence d'impôts sur le revenu et primes diverses) : professeurs, militaires, personnel médical, fonctionnaires, restaurateurs ou prestataires de tourisme. Ils sont surtout présents à Tahiti et à Moorea. Peu d'entre eux sont nés en Polynésie, et il n'y a pas, comme dans d'autres collectivités d'outre-mer, des Caldoches, des z'oreilles ou des békés.

Reste que, même si l'on ne peut pas parler vraiment de racisme, des tensions interethniques se font jour, dues à la montée des inégalités sociales et économiques, ainsi qu'à la disparition des solidarités traditionnelles. Le fossé se creuse entre, d'une part, les Français, les Chinois et les demis, grands gagnants de l'occidentalisation du pays et, d'autre part, les Polynésiens qui n'ont pas intégré le modèle culturel occidental et qui passent pour les laissés-pour-compte de la société – qu'un discours démagogue et populiste pourrait facilement manipuler.

Sports

Les jeunes Polynésiens sont assez sportifs et vous aurez l'occasion d'assister à des matchs de volley et de football.

Le "sport national" est sans conteste la course de pirogue (*vaa*), surtout à Tahiti. Vous aurez certainement l'occasion d'admirer des rameurs (et des rameuses) s'entraîner sur le lagon. Il existe plusieurs types de pirogues, des V1 (un rameur) aux V16 (16 rameurs, dans 2 pirogues de 8 places attachées côte à côte). Ne manquez pas le Hawaiki Nui Va'a, événement sportif et culturel de première importance au cours duquel s'affrontent chaque année en novembre des dizaines d'équipages au cours de 3 étapes (voir l'encadré ci-dessous).

Pour en savoir plus sur la pirogue, consultez le site www.hawaikinuivaa.pf.

Le surf (*horue*) a également le vent en poupe. Il existe une réelle culture surf chez les jeunes Polynésiens, surtout aux îles du Vent. À Papeete, les *surf shops* ont poussé comme des champignons. L'année est rythmée par des compétitions régulières sur les différents spots, surtout à Tahiti. À noter : les femmes pratiquent également assidûment ce sport.

HAWAIKI NUI VA'A, LA COURSE DE PIROGUES

En Polynésie française, le grand événement sportif, à l'occasion duquel toute la Polynésie s'installe devant ses postes de télévision en débattant passionnément des favoris et des challengers, est la course de pirogues Hawaiki Nui Va'a, organisée durant 3 jours, sur 4 îles et couvrant 116 km, où participent une soixantaine de pirogues de 6 places provenant de toutes les îles et de plus loin encore : on a déjà compté des équipes venues de Hawaï et même d'Allemagne.

Cette course, organisée fin octobre ou début novembre, débute sur l'île de Huahine et traverse le lagon puis l'océan sur 44,5 km jusqu'à Raiatea. Les pirogues offrent un spectacle magnifique, filmé en direct par la télévision durant les 4 heures de traversée. Les pagayeurs, arborant souvent de splendides tatouages polynésiens, pagayent par groupes de 3 de chaque côté de la pirogue pendant 10 coups de pagaie environ, puis changent de côté dans un mouvement aussi synchronisé que rapide.

Durant la deuxièue journée, les pirogues effectuent une course de vitesse de 20 km dans le lagon qui sépare les îles jumelles de Raiatea et de Tahaa. Le troisième jour, un samedi, constitue l'épreuve la plus spectaculaire de la course, la traversée de l'océan sur 52 km jusqu'à Bora Bora. Les concurrents partent vers 6h30 pour terminer sur la ligne d'arrivée de la plage Matira, environ 4 heures plus tard, accueillis par une foule en liesse.

Médias

Presse écrite

La Polynésie compte deux quotidiens d'information, en français uniquement : *Les Nouvelles de Tahiti* et *La Dépêche de Tahiti*. Ils ont longtemps soutenu le Tahoera Huiraatira, le parti de l'ex-président Flosse, favorable au maintien de la Polynésie française au sein de la République française, mais depuis le Taui (le "changement"), en 2004, ils font preuve de nettement plus d'indépendance et semblent avoir (re)trouvé une liberté de ton plutôt bienvenue, n'hésitant plus à sortir des "affaires". *La Dépêche de Tahiti* (www.ladepeche.pf) comporte surtout des informations locales, tandis que *Les Nouvelles de Tahiti* (www.lesnouvelles.pf) accordent une plus large place à l'actualité internationale. Les points de vente sont nombreux à Papeete et dans les îles les plus touristiques (majoration de 10 à 20% par rapport à Tahiti, en raison du transport). Comptez environ 150 CFP le numéro.

Tahiti Pacifique (www.tahiti-pacifique.com), créé en 1991, est un mensuel où l'on trouve des articles de fond assez fouillés dans les domaines économique, politique, social et culturel. Ce journal aborde volontiers des sujets polémiques et qui dérangent, et peut être considéré comme un journal d'opposition.

On trouve également plusieurs magazines féminins, dont le mensuel *Fenua Orama*, et quelques magazines consacrés à l'habitat et à la décoration, notamment *Maisons du Fenua* (trimestriel).

À Papeete, vous trouverez également les principaux titres de la presse française et internationale, avec un léger décalage. Compte tenu de l'acheminement aérien, vous paierez au moins le double du tarif métropolitain. Dans les îles, en revanche, c'est la télévision qui constituera le plus souvent la meilleure source d'information.

Le Paradis en folie (Les éditions de Tahiti, 2002) et *Le Bleu qui fait mal aux yeux* (Au Vent des îles, 1999) sont deux recueils de nouvelles d'Alex du Prel, journaliste local qui dévoile, au-delà des reflets turquoise des lagons, les teintes plus sombres de la Polynésie d'aujourd'hui.

Radio

On dénombre une dizaine de radios libres qui émettent essentiellement des programmes musicaux, quelques interviews, des flashs d'information en français et en tahitien et de la publicité. La diffusion se fait principalement sur Tahiti et sur Moorea, jusqu'aux îles Sous-le-Vent pour certaines. Parmi les plus connues, on peut mentionner Tiare FM, la pionnière, Radio Bleue, Radio Maohi (qui diffuse les journaux d'information de RTL), Te Reo O Tefana (indépendantiste), Radio 1 (qui diffuse les journaux d'Europe 1), NRJ, Star FM (radio musicale) et Radio Polynésie. Cette dernière est captée partout et diffuse de multiples programmes locaux en tahitien, ainsi que les informations de France Inter en direct toutes les heures.

Télévision

La principale chaîne est Polynésie 1re, qui appartient au groupe audiovisuel public France Télévisions. S'y ajoute la chaîne TNTV (Tahiti Nui Télévision), au contenu plus local, qui diffuse dans les deux langues. En 2011, la Polynésie est passée à la TNT, avec 10 chaînes gratuites, dont France 2, France 3, France 5, Arte et France 24.

S'y ajoutent les chaînes câblées : Canal + et TNS, un autre bouquet câblé d'une vingtaine de chaînes, que l'on peut capter en principe partout à condition d'être équipé d'une antenne parabolique.

Pour connaître les programmes TV, procurez-vous *Tiki Mag*, le supplément des *Nouvelles de Tahiti*.

Religions

L'arrivée des missionnaires protestants à la fin du XVIIIe siècle, suivis des pères catholiques, a marqué la fin des pratiques et des croyances religieuses traditionnelles. Les rites, les dieux, le culte, les édifices, les symboles religieux furent oblitérés. Même la tenue vestimentaire fut normalisée. Les femmes durent se vêtir de longues robes couvrantes, appelées "robes mission", encore en usage chez les Polynésiennes d'un certain âge. Consultez les chapitres *Civilisation polynésienne* p. 323 et *Sites archéologiques* p. 327 pour de plus amples renseignements sur les lieux de culte pré-chrétiens.

Ne manquez pas d'assister à un office dominical, ne serait-ce que pour entendre les *himene* (cantiques chantés) ou admirer les magnifiques tenues d'une blancheur immaculée qu'arborent les femmes.

Vous serez certainement surpris par le nombre et la variété des lieux de culte par rapport au nombre d'habitants. Cette diversité des obédiences religieuses découle des luttes d'influence qui ont opposé les mouvements missionnaires au siècle dernier. La moitié de la population se réclame de l'Église évangélique de Polynésie (protestants), très largement majoritaire aux Australes et dans l'archipel de la Société. Les catholiques, essentiellement représentés aux Marquises, dans l'est des Tuamotu et aux Gambier, ainsi qu'à Tahiti chez les demis et les Chinois, représentent de 30 à 35% de la population. Le reste s'éparpille entre les confessions mormone, adventiste, sanito (nom local de l'Église réorganisée de Jésus-Christ des Saints des Derniers Jours, branche dissidente des mormons), juive (Papeete abrite une synagogue) et les témoins de Jéhovah. Les Chinois se sont en majorité convertis au catholicisme dans les années 1950 et 1960.

Dans certaines îles, où la messe n'est souvent que la seule distraction possible, vous serez surpris par la multiplicité des lieux de culte et la ferveur religieuse des habitants. Les cimetières sont rares, car la coutume veut que l'on inhume ses morts chez soi, devant la maison.

Les églises, très influentes, disposent de gros moyens financiers et jouent un rôle de premier plan dans la vie sociale, politique et culturelle du pays. Les références bibliques truffent les discours politiques et la prière rituelle est souvent de mise avant les repas familiaux. Pasteurs et prêtres n'hésitent pas à prendre parti dans les affaires publiques. Ainsi, l'Église évangélique de Polynésie française avait pris position contre les essais nucléaires français. Curieusement, les églises participent aujourd'hui activement à la promotion de la culture polynésienne ancestrale, notamment par le biais de la défense de la langue tahitienne – la langue du culte – et du marquisien.

Dans *Les Bûchers de Faaite* (Cobalt/ Octavo Éditions, 1994, disponible en librairie à Papeete), Bruno Saura tente de comprendre l'hystérie religieuse et meurtrière qui s'est emparée de l'atoll de Faaite en 1987.

Paradoxalement, quelques survivances païennes et des superstitions sont encore bien vivaces. Dans certaines habitations, on n'éteint pas la lumière la nuit, de crainte que les *tupapau* (esprits des morts) ou les *varua ino* (esprits malfaisants) ne viennent rôder. De même, les Polynésiens respectent et craignent toujours les anciens lieux *tapu* (interdit, sacré), et pour rien au monde ils ne manipuleraient un tiki ou une pierre d'un *marae* (site cérémoniel) s'ils sont considérés comme porteurs de *mana* (pouvoir), car ils risqueraient de provoquer une malédiction. À l'occasion, ils consultent un *tahua* (guérisseur).

Arts

Les premiers missionnaires s'efforcèrent d'effacer l'art et la culture polynésiens, détruisant temples et sculptures, bannissant tatouages et danses, cherchant à éradiquer tous les temps forts de l'existence polynésienne. Fort heureusement, certaines traditions ont perduré et l'on assiste depuis quelques années à une véritable renaissance de la culture polynésienne, plus particulièrement dans les domaines de la musique, de la danse (voir p. 333) et du tatouage (voir p. 330).

Architecture

Le *fare* (maison) est l'habitation traditionnelle. Il est entièrement construit à partir de matériaux végétaux et édifié à même le sol, sans fondations. L'armature de la charpente est en bois de cocotier, la couverture du toit en palmes de cocotier tressées ou en feuilles de pandanus, étanches. Malheureusement, les *fare* traditionnels n'ont pas résisté à la vague moderniste et aux nouvelles normes de construction.

Aujourd'hui, les *fare* en contreplaqué ou en ciment au toit en tôle ondulée – pour mieux résister aux cyclones – ont largement supplanté le *fare* traditionnel. De conception très simple, ils sont malheureusement dépourvus de cachet et les belles demeures polynésiennes sont l'apanage des classes aisées. Paradoxalement, c'est dans les endroits touristiques et les hôtels de luxe que vous pourrez admirer une architecture de style traditionnel : charpentes et chevrons en bois de fer, toit en *niau* (palmes de cocotier), revêtement des murs en bambou tressé et *tapa* (étoffe en écorce ; voir p. 318) au mur. Quant aux habitations coloniales, rares sont celles qui ont été préservées. L'architecture religieuse (temples et églises) est très prolifique mais, à quelques exceptions près, ne présente pas un intérêt majeur.

Dans certaines îles, comme à Maupiti, on a remplacé les *fare* détruits par les cyclones par des "*fare* MTR" (maison territoriale de reconstruction) aux normes anticycloniques, sortes de *fare* en dur conçus sur le même modèle.

Musique et chant

La musique traditionnelle n'a pas été détrônée par les musiques modernes occidentales. Étroitement liée à la danse qu'elle accompagne, c'est à l'occasion des spectacles de danse que vous aurez l'occasion de l'apprécier. Percussions, guitares et ukulélés sont les principales composantes. Les amateurs de ce type de musique se procureront les DVD des groupes Les Grands Ballets de Tahiti et O Tahiti E, qui comportent d'excellents morceaux d'*otea*. Reportez-vous au chapitre *Ori tahiti* (p. 333) pour de plus amples informations.

Le chant, profane ou religieux, est également un point fort culturel. Au cours des offices religieux, on peut écouter de magnifiques *himene* (cantiques), qui peuvent aller jusqu'à cinq voix.

Quant à la musique polynésienne moderne, elle fait partie du paysage sonore quotidien. Dans les hôtels ou à la radio, vous entendrez les productions des artistes locaux. Il s'agit de musique de variété, avec des thèmes tantôt légers décrivant des romances sur fond de lagon, tantôt plus graves, comme la célébration de certaines revendications culturelles. Certains groupes se produisent dans les hôtels ou les discothèques. Les noms les plus connus sont Andy Tupaia, aux rythmes assez jazzy, Gabilou, Esther Tefana, Michel Poroi, Maruia, Barthélémy, Bobby, Te Ava Piti, le Royal Band, Teva LC, le Trio Kikiriri (qui se produit au Royal Kikiriri) et quelques groupes originaires de Rarotonga (îles Cook).

Les couleurs marquisiennes sont défendues par Rataro et le Kanahau Trio. Le groupe Fenua, qui a pour sa part effectué une fusion assez réussie de la musique traditionnelle et de la techno, concourt également à la défense de la culture polynésienne.

Dans un registre tout à fait différent, les frères Salmon (Aroma et Mano), originaires de Fakarava, se distinguent par leur musique proche du heavy metal. Ils chantent en paumotu (la langue des Tuamotu), en anglais et en français. Ils ont représenté la Polynésie lors des Francofolies de La Rochelle 2008 et lors du festival Indétendances à Paris, en 2008.

Vous trouverez les CD et DVD des principaux groupes et chanteurs polynésiens dans les magasins spécialisés ou au rayon musique des hypermarchés à Papeete.

Mention spéciale pour Angelo Ariitai Neuffer, qui se distingue par le côté très engagé de ses paroles et dont la voix haut perchée vous sera vite familière. Le titre de l'un de ses CD est sans équivoque : *Les Prophètes de l'argent*. L'une de ses chansons dénonce également les essais nucléaires.

Danse

Les danses polynésiennes furent interdites par les missionnaires. Elles continuèrent à être pratiquées dans l'ombre. Depuis les années 1950, elles reviennent en force et, loin d'être un folklore destiné à égayer les touristes, elles sont désormais l'un des meilleurs ambassadeurs de la culture polynésienne. Consultez le chapitre *Ori tahiti* (p. 333) pour de plus amples renseignements.

Littérature

Consultez le site de la maison d'édition Au Vent des îles (www.auventdesiles.pf) pour connaître les nouveautés.

La Polynésie n'a cessé de stimuler la verve et l'imagination des écrivains occidentaux depuis l'époque des découvreurs. De Robert Louis Stevenson à Victor Segalen, en passant par Herman Melville et Jack London, de grands noms de la littérature ont ainsi laissé des œuvres fortes inspirées de l'univers polynésien.

Jack London (1876-1916) raconta son périple dans le Pacifique, de 1907 à 1909, dans *La Croisière du Snark* (Phébus, coll. Libretto, 2006), publié en 1911, et ce même voyage servit de toile de fond à *Contes des mers du Sud* (Phébus, coll. Libretto, 2001), publié la même année.

Pierre Loti (1850-1923) est le nom de plume de Louis-Marie-Julien Viaud, officier de marine français. Il est le personnage principal du roman *Le Mariage de Loti* (Flammarion, 1991), basé sur ses aventures à Tahiti durant un séjour effectué en 1872.

William Somerset Maugham (1874-1965) résida en 1916 à Papeete et à Mataiea, la tanière où vécut Paul Gauguin entre 1891 et 1893. Il en tira un roman inspiré de la vie du peintre, *L'Envoûté* (10/18, 1997).

Herman Melville (1819-1891) arriva en Polynésie française en 1842, quand Tahiti était sur le point de céder son indépendance à la France. Il abandonna le baleinier *Acushnet*, véritable enfer, et s'enfuit dans une vallée presque oubliée de l'île de Nuku Hiva. Ses aventures constituèrent le matériau de *Taïpi* (Folio Gallimard, 1984), son premier succès littéraire (1846). Suivront ensuite *Omou* en 1847 (Gallimard, 1990) et *Mardi* en 1849 (Gallimard, 1990). Embarquant sur un autre baleinier australien, Melville navigua jusqu'à Tahiti, où il fut arrêté et emprisonné. Après la prise du pouvoir par les Français, Melville continua son périple jusqu'à Moorea, avant de quitter définitivement la Polynésie.

James Michener (1907-1997), romancier américain, débuta son histoire d'amour avec le Pacifique alors qu'il travaillait comme historien de la Marine, de 1944 à 1946. Son premier ouvrage, *Pacifique Sud* (épuisé, 1951) connut un succès immédiat et remporta le prix Pulitzer.

C'est à Victor Segalen (1878-1919), médecin de la Marine française, que l'on doit parmi les plus belles pages de la littérature consacrée à la Polynésie. De son séjour d'une année dans les îles, il livra un magnifique récit, *Les Immémoriaux* (Le Livre de poche, 2001), paru en 1907, une œuvre poétique et métaphorique confinant au sublime, qui dresse le naufrage de l'ancienne civilisation polynésienne, ainsi que le *Journal des îles*, né de ses impressions au jour le jour.

Robert Louis Stevenson (1850-1894) vint dans le Pacifique pour des raisons de santé. Il affréta en 1888, à San Francisco, un navire de 74 tonneaux, le *Casco*, pour un voyage prolongé. Il fit escale à Nuku Hiva, aux Marquises, puis à Hiva Oa et à Fakarava, avant de se rendre à Papeete, qu'il n'apprécia pas, et à Tautira, à Tahiti Iti, où il effectua un agréable séjour.

Les contemporains ne sont pas en reste, et la production littéraire actuelle est prolifique, sous l'impulsion d'Européens vivant en Polynésie et jetant un regard à mi-chemin du roman et de la relation ethnographique. Chantal Kerdilès, Alex du Prel, Philippe Draperi, Marc

LES POLYNÉSIENS ET LA LITTÉRATURE POLYNÉSIENNE

On peut s'étonner de la sous-représentation des Polynésiens "de souche" dans la production littéraire en Polynésie. Les *popa'a* (Occidentaux) semblent accaparer le secteur, mais ce monopole est en passe de vaciller. Patience ! Une génération d'écrivains polynésiens est en train de naître. Ils s'approprient peu à peu la sphère de l'écrit, en utilisant la langue de l'ancienne puissance coloniale. Il ne faut pas oublier que la Polynésie est une société de tradition orale, qui ne connaissait pas l'écrit avant l'arrivée des missionnaires. L'oralité a toujours été privilégiée, notamment sous la forme de l'art de la déclamation (l'*orero*) et de la poésie chantée. Pare Walker, Flora Devatine, Henri Hiro, Celestine Hitiura Vaite (une romancière tahitienne installée en Australie), Moetai Brotherson, Titaua Peu, Chantal Spitz et Marie-Claude Tessier-Landgraff sont des talents prometteurs. Certes, aucun n'a l'envergure d'un Chamoiseau ou d'un Constant, mais le processus est à l'œuvre et il est à parier que les années à venir ouvriront une nouvelle ère dans l'expression de l'âme polynésienne, encouragée par de dynamiques maisons d'édition locales.

Frémy, entre autres, sont de ceux-là. Certains se tournent vers le polar, la Polynésie offrant un cadre atypique à leurs intrigues.

Peinture

Dans le sillage de Gauguin, le grand nom de la peinture tahitienne, plusieurs peintres, aquarellistes et dessinateurs, en majorité européens, sont venus trouver l'inspiration en Polynésie et contribuent à façonner un style pictural bien caractéristique qui commence à franchir le cadre du territoire. Cette production, essentiellement figurative, se décline en portraits, scènes de vie quotidienne et natures mortes, plus ou moins stylisés. Leurs œuvres peuvent être admirées directement dans leur atelier ou dans les galeries de Papeete. Outre Matisse, qui fit un court séjour à Tahiti, le plus connu est certainement Jacques Boullaire, qui a laissé de magnifiques aquarelles. Mentionnons également Charles Alfred Le Moine, considéré comme le peintre des Marquises, Christian Deloffre, François Ravello, Michèle Dallet, Bobby (également chanteur et musicien, décédé en 1991), André Marere, Jean Masson, Yrondi, Frank Fay, Jean Shelsher, A. H. Gouwe, Noguier et Erhart Lux.

Sculpture

Ce type d'artisanat fait la renommée des Marquises. La plupart des bourgs de cet archipel possèdent des centres artisanaux. Vous pouvez également rendre visite aux artisans dans leur atelier. Tikis, *umete* (plats creux), coffres, piques à cheveux, lances, parures sont le type d'objets que l'on trouve le plus facilement. Les artisans travaillent des bois nobles, la pierre ou l'os. Les boutiques spécialisées de Papeete commercialisent les productions des sculpteurs, à des tarifs plus élevés. Les sculpteurs marquisiens effectuent également une exposition-vente, au mois de mai, à Papeete, et sont représentés à l'occasion du Heiva des artisans (Heiva Rimai) à Pirae, de mi-juin à mi-juillet.

La sculpture contemporaine est également à l'honneur. Les poteries de Peter Owen, qui vit à Huahine, et les productions de Woody à Moorea sont recherchées.

Grand rendez-vous annuel en images des cultures océaniennes, le Festival international du film documentaire océanien (FIFO ; http://fifo-tahiti.com) se tient à Papeete tous les ans à la fin du mois de janvier.

Artisanat

Vêtements et parures

Universellement connu, le paréo est une pièce de tissu d'un seul tenant décorée de motifs chatoyants. Les hommes portent le paréo comme une jupe portefeuille en guise de vêtement décontracté ou à la maison. Avec

Les coquillages sont très employés dans la réalisation de colliers. La tradition veut que l'on en passe un au cou de celui qui part de Polynésie.

les pans remontés sous forme de short, le paréo devient un vêtement de travail. Les femmes le portent de diverses manières, par exemple en jupe portefeuille avec un chemisier ou en robe dos nu ; il peut se nouer autour de la poitrine comme sur la nuque. Très pratique, il se noue de multiples façons. Ne vous faites guère d'illusion sur l'origine du produit : la plupart des paréos sont importés d'Asie, bien que l'on assiste aujourd'hui à une renaissance des paréos polynésiens peints à la main.

Le chapeau tressé, en feuille de pandanus ou en écorce de bambou, contribue à l'élégance des femmes, qui le portent systématiquement lors des offices religieux. Ils sont souvent ornés d'une couronne de fleurs ou de coquillages. Quant aux “robes mission”, il s'agit d'un modèle de robe longue qu'avaient imposé les missionnaires. Elles sont encore fréquemment portées par les femmes d'âge mûr. Les motifs sont plutôt floraux, et elles sont dotées de dentelles, d'un plastron et de volants.

Le *tifaifai* désigne un grand tissu composé de patchworks aux motifs floraux stylisés (généralement des fleurs ou des fruits), qui sert surtout de nappes, de couvre-lits et de rideau. Ceux qui sont réalisés à la main coûtent très cher, entre 30 000 et 60 000 CFP. Cet objet artisanal, qui fut introduit par les missionnaires, offre de multiples usages. Envelopper un visiteur dans un *tifaifai* est un signe de bienvenue. Traditionnellement, le *titaifai* est un cadeau de mariage. Ses motifs se composent souvent de fleurs ou de fruits.

Les nacres gravées ou sculptées sont également un élément décoratif recherché. Elles ornent les costumes de danse.

Monoï

Le monoï (“huile parfumée”) fait partie intégrante de la culture polynésienne. Réalisé à partir d'huile de noix de coco dans laquelle on fait macérer des fleurs ou des matières odorantes (tiaré, jasmin, santal, etc.), il remplit diverses fonctions : huile de beauté pour les cheveux, onguent, produit solaire ou répulsif antimoustique. Il est obtenu par macération de pétales de tiaré (*Gardenia tahitensis*) dans de l'huile de coco raffinée, avant d'être purifié. Ses vertus sont multiples : il assouplit, protège et hydrate. Diverses sociétés le fabriquent et le commercialisent localement, dont la parfumerie Tiki. Il est disponible sous forme de crème hydratante, de savon, de shampooing, d'ambre solaire, de parfum, etc.

Tapa

Aujourd'hui, l'artisanat du *tapa* est presque en voie de disparition, remplacé par les tissus. Seules les mamas de Fatu Hiva (Marquises) perpétuent cette technique ancestrale.

Autrefois, la technique du *tapa*, pratiquée dans toute l'Océanie, permettait de confectionner des étoffes non tissées à partir de l'écorce d'arbre à pain, de banian ou de mûrier à papier (*aute*). La teinte du *tapa* varie selon le bois employé, du blanc écru au marron clair.

Les écorces de jeunes troncs ou de branches sont fendues et décollées du bois avec une baguette taillée en pointe. Elles sont ensuite trempées dans l'eau pour les assouplir. Ensuite, on râpe la couche externe avec un coquillage pour ne garder que l'aubier. Les lamelles d'écorce, d'une largeur de 15 centimètres environ, sont étalées sur une enclume de pierre taillée, plate et allongée, placée face à l'opératrice assise en tailleur. Avec un battoir en *aito* (bois de fer), elle martèle à coups répétés plusieurs heures durant l'écorce, qui s'amincit et s'élargit progressivement.

Lorsque la pièce est terminée, elle est mise à sécher puis teinte avec le suc de diverses plantes ou ornée de motifs traditionnels. La collecte des écorces était du ressort des hommes, la préparation du *tapa* proprement dit incombait aux femmes.

Tressage et vannerie

Le tressage et la vannerie sont omniprésents, surtout dans les îles reculées. Ce domaine artisanal est l'apanage des femmes, qui confectionnent des paniers, des nattes (*peue*), des chapeaux ou des pans entiers qui serviront de couverture pour un toit ou de façade d'une maison. Elles utilisent des palmes de cocotier (*niau*) ou des feuilles de pandanus (*paeore*). C'est traditionnellement aux Australes, notamment à Rurutu, que ce type d'artisanat est le plus développé. Pour les travaux les plus recherchés, on travaille le pandanus des collines et non le pandanus commun.

Fleurs

Dès votre arrivée sur le tarmac de l'aéroport, où vous serez accueilli avec une fleur de tiaré, vous vous rendrez compte que les plantes et les fleurs tiennent une grande place dans la vie quotidienne en Polynésie, que ce soit à des fins utilitaires ou décoratives. Pour les visiteurs, c'est un vrai bonheur ! À l'intérieur des habitations, dans les chambres d'hôtel, sur les tables des restaurants, dans les bureaux, portées à l'oreille, dans les jardins, en collier ou en couronne, les Polynésiens vivent avec les fleurs. Les floralies annuelles à Papeete (en septembre) témoignent de ce culte.

Le tiaré, le jasmin, l'hibiscus et le frangipanier sont les plus couramment employés pour les colliers et les couronnes.

Tatouage

Reportez-vous au chapitre *Tatouage* (p. 330) consacré à cette parure ancestrale remise au goût du jour.

Poe rava – la perle de Tahiti

La perle de Tahiti s'est fait une place dans toutes les bijouteries du monde. Elle fait également partie de la parure des Polynésien(ne)s. Elle est improprement appelée perle noire (*poe rava*), mais son appellation officielle est "perle de culture de Tahiti", car le noir n'est que l'une des multiples nuances qu'elle peut prendre.

Histoire

Les coquilles d'huître, appelées nacres, étaient déjà utilisées aux temps anciens pour la confection de parures de cérémonie, d'hameçons ou de leurres de pêche. Au siècle dernier, elles étaient recherchées pour les besoins de l'industrie boutonnière européenne. Dans les années 1960, l'élevage d'huîtres pour la production de perles a pris le relais, à l'origine à Manihi (Tuamotu). Les premières greffes ont eu lieu au début des années 1970, et des fermes perlières ont fait leur apparition.

La filière perle

La perle représente la deuxième source de revenus du territoire, mais cette filière subit une grave crise depuis 2003, en raison d'une surproduction de perles et de l'effondrement des cours qui s'est ensuivi. Bon nombre de fermes perlières ont cessé leur activité dans les principaux centres producteurs aux Tuamotu et aux Gambier, notamment à Manihi, Takapoto, Takaroa, Arutua, Fakarava, Ahe, Makemo et Mangareva.

De nombreuses bijouteries-joailleries ont pignon sur rue à Papeete et dans les îles les plus touristiques.

La taille des exploitations varie de 1 ou 2 personnes à plus de 50 pour les stations industrielles. La plupart des grosses fermes perlières possèdent leurs propres circuits de distribution. On estime que la perle fait vivre directement 2 000 personnes.

La perliculture

Les lagons polynésiens, aux eaux régulièrement renouvelées, sont propices au développement des huîtres perlières. L'espèce d'huître que l'on trouve en Polynésie s'appelle *Pinctada margaritifera*. À la différence d'autres espèces, elle donne des perles de couleur plutôt foncée.

À l'état naturel, une huître ne produit une perle que lorsqu'un corps étranger s'est accidentellement introduit dans sa coquille – fait rarissime. Pour l'éleveur, il s'agit de reproduire ce mécanisme naturel, en procédant à un élevage méthodique. La première étape est le collectage. Le perliculteur, en immergeant des supports artificiels dans le lagon, capte le naissain (les jeunes huîtres) puis l'attache sur des lignes d'élevage sous-marin, jusqu'à ce que les huîtres soient parvenues à maturité.

La greffe est l'étape décisive du processus. La première phase consiste à sacrifier une huître parfaitement saine, dite huître donneuse. Un morceau de son manteau est prélevé et débité en une cinquantaine de minuscules lambeaux, les greffons. La deuxième phase est la greffe stricto sensu. L'huître receveuse est fixée sur un support et maintenue ouverte par une pince. Dans un premier temps, le greffeur, au moyen d'un scalpel, incise par l'arrière la gonade (organe reproducteur) et y dépose le greffon. Puis il introduit une bille parfaitement sphérique de 6 mm de diamètre environ (nucleus) dans la gonade pour qu'elle soit en contact avec le greffon. L'opération ne dure que quelques secondes. Dès lors, les cellules du greffon se développent autour du nucleus pour former le sac perlier qui, une fois fermé, sécrétera la matière nacrière.

Les huîtres greffées sont ensuite réimmergées dans le lagon. Couche après couche, la nacre s'épaissit autour du nucleus, au rythme annuel de 1 mm. Dix-huit mois plus tard, on procède à une première récolte. Une seconde implantation (surgreffe) peut être effectuée avec un deuxième nucleus pour obtenir, quinze mois plus tard, une deuxième perle, plus grosse (15 à 20 mm). La greffe comporte des risques inhérents à toute opération chirurgicale : sur 100 huîtres greffées, 25 à 30 ne résistent pas au choc opératoire et 25 à 30 autres rejettent le nucleus. À peine 2% des perles sont parfaites.

Choisir une perle

Bagues, pendentifs et boucles d'oreille sont les trois utilisations les plus courantes. Plusieurs critères conditionnent leur valeur : le calibre (de 8,5 à 18 mm), la forme (ronde, soit parfaitement sphérique, cerclée, c'est-à-dire comportant des anneaux apparents, baroque, autrement dit asymétrique, et en forme de poire), la qualité (absence de piqûre, de rayure et de tache) et la couleur. "Perle noire" est très réducteur. La perle issue de la *Pinctada margaritifera* couvre un large spectre allant du blanc nacré au noir, en passant par l'aubergine, le champagne et l'aile de mouche. L'orient (reflet irisé) et le lustre (effet de miroir, brillance) entrent également en ligne de compte.

Les bijoutiers classent les perles en quatre catégories : A, B, C, D selon des critères précis. Une A possède un très beau lustre et ses imperfections sont localisées sur moins de 10% de sa surface. La forme n'intervient pas dans ce classement. Une perle cerclée ou baroque peut être classée A.

Hormis ces critères et cette classification, il n'existe pas de règle. Le choix d'une perle est d'abord un coup de cœur. Certains préfèrent les baroques, d'autres ne jurent que par la couleur aubergine…

Pour que la perle conserve son lustre originel, essuyez-la de temps à autre avec une peau de chamois ou un tissu de coton légèrement imbibé d'huile d'amande douce. Évitez de la mettre en contact avec des parfums et des laques, qui pourraient nuire à son éclat. Ne la portez pas dans l'eau.

Keshi et mabe

Moins connus, le keshi et le mabe (termes japonais) désignent deux autres produits issus de la culture des perles. Le keshi est de la nacre pure, une perle sans nucleus. Il arrive en effet que celui-ci soit rejeté mais que le greffon sécréteur continue à produire de la nacre. Les keshi sont utilisés pour la confection de boucles d'oreille ou de bracelets.

En revanche, le mabe résulte d'une manipulation volontaire. Le technicien colle un moule en plastique sur la face interne de la coquille. L'huître réagit en recouvrant peu à peu le moule par des couches de nacre. Après quelques mois, il est découpé avec un disque diamanté et démoulé. On obtient alors un mabe pur et creux. On le remplit avec de la résine époxy et on soude une plaquette de nacre qui servira de socle. Le mabe est apprécié en bijouterie pour la fabrication de pendentifs, de broches, de clips d'oreille ou de boutons de manchettes.

Où acheter une perle ?

Vu le boom de la perle, le nombre d'enseignes spécialisées et de bijouteries a explosé en Polynésie depuis le début des années 1990. Faites-vous d'abord une idée du produit, comparez, apprenez à reconnaître un beau lustre et un bel orient. Papeete, où les bijouteries abondent, est un bon point de départ. Visitez également le musée de la Perle, fort instructif.

On peut faire confiance aux enseignes prestigieuses établies depuis longtemps. Certaines enseignes mettent en avant des labels, mais aucun de ces organismes ne bénéficie d'une reconnaissance officielle. Certaines vont même jusqu'à proposer une radiographie de la perle. En réalité, ces arguments sont purement commerciaux, car personne n'a intérêt à vendre une perle "truquée". Exigez malgré tout un certificat d'origine et d'authenticité.

Plusieurs ventes aux enchères annuelles se tiennent à Papeete.

Il est possible d'acheter directement une perle chez le producteur. Les tarifs sont nettement plus avantageux, mais le choix est bien plus restreint. Les perliculteurs gardent peu de stock et préfèrent écouler rapidement leur production. On peut cependant parfois trouver la perle de ses rêves chez un petit producteur.

En matière de tarifs, il n'y a pas de règle. Il varie bien sûr selon que la perle est montée ou non. On trouve des perles D à 15 €, mais elles sont franchement laides. Ne choisissez que des perles A et éventuellement B. Une perle A, nue, de 8 mm, peut se négocier à 120 €. Les perles sont le seul domaine où l'on peut marchander en Polynésie.

Perle nue ou montée ?

La plupart des bijouteries polynésiennes préfèrent vendre une perle montée (autrement dit, sur un bijou), plus rentable, et invoquent le fait que les bijoutiers occidentaux ne savent pas mettre en valeur la perle. S'il est vrai que les joailliers polynésiens ont une réelle expérience dans ce domaine (les grandes maisons de Papeete emploient des designers), les bons bijoutiers occidentaux connaissent désormais suffisamment le produit pour le marier harmonieusement à l'or ou au diamant.

Civilisation polynésienne

Avec l'arrivée des premiers Européens et du christianisme, la culture ancestrale polynésienne avait failli disparaître. Aujourd'hui revalorisée, elle revient au premier plan. Hormis les témoignages des premiers Occidentaux, on ne dispose d'aucune trace écrite la concernant, puisqu'il s'agissait d'une civilisation orale. C'est principalement à travers le patrimoine archéologique que le visiteur pourra en appréhender les différentes facettes.

Organisation sociale

La société polynésienne ancestrale n'avait rien à voir avec les descriptions suaves et naïves qu'en avait faites l'explorateur français Bougainville. D'une part, elle était foncièrement aristocratique : un système de castes, très hiérarchisé et structuré, réglait les relations, de nature féodale, entre les membres de la communauté ; d'autre part, elle était très clanique, organisée autour de chefferies. Dans ces sociétés fortement ritualisées, la pratique des sacrifices humains, à titre d'offrandes aux dieux, était d'usage courant.

Le site www.tahitiheritage.pf est une mine d'informations sur le patrimoine polynésien

Le pouvoir (l'autorité politique) : l'arii

Les *arii* sont les chefs, détenteurs de l'autorité sur une parcelle de l'île. Le statut d'*arii*, héréditaire, se transmettait au fils aîné, formant ainsi une lignée royale. Leur suprématie et leur légitimité sont consacrées par la récitation de leurs généalogies lors des jours de fête par les *orero* (orateurs), qui remontaient jusqu'à l'ancêtre illustre divinisé, fondateur du clan. Les attributs de son rang et de sa dignité étaient représentés par une parure comprenant une ceinture de plumes rouges, une coiffe, une canne et un éventail. La cérémonie d'intronisation avait lieu sur le *marae*, le lieu de culte sacré (voir p. 327 pour plus de détails). Considérés comme des personnages sacrés, ils possèdent le *mana* (puissance surnaturelle). Parfois, une île était sous l'égide d'un *arii rahi*, autrement dit un chef suprême, généralement issu du clan dominant, qui avait réussi à imposer son autorité aux autres *arii*.

La religion (l'autorité spirituelle) : les tahua

Également membre de l'aristocratie, la caste du clergé comprenait les *tahua*, ou prêtres, alliés à l'*arii*. Dépositaires du pouvoir spirituel et responsables de la liturgie et du *marae*, ces dignitaires sacerdotaux étaient secondés par une cohorte d'officiants, dont les *haere po* (récitants, diseurs de traditions orales) et les *orero* (orateurs). Également détenteurs du *mana*, ils consultent et invoquent les dieux, pratiquent la divination, veillent au respect des rites, prononcent les *rahui* (interdits temporaires frappant la consommation de produits agricoles) et président les cérémonies.

Les plaisirs et les fêtes : les arioi

Les *arioi* n'avaient pas le droit d'avoir d'enfant. Si leur femme accouchait, on pratiquait l'infanticide, sauf si l'enfant réussissait à crier avant qu'on le tue.

Regroupés en confréries, les *arioi* avaient un statut très particulier. Également personnages sacrés, issus de la lignée du dieu Oro, ces hommes s'apparentaient à des troubadours-artistes itinérants chargés de divertir la société polynésienne par des danses et des représentations théâtrales, à connotation parfois érotique. Choisis en fonction de leur plastique corporelle et de leur aptitude à la danse, dans l'une ou l'autre des castes, ils suivaient une longue période d'initiation.

Les propriétaires fonciers : les raatira

Ils appartiennent à une caste intermédiaire, que l'on peut rapprocher de la "bourgeoisie" européenne de la fin du Moyen Âge. Leur statut leur était conféré par la propriété de terres.

Les guerriers : aito (ou toa)

On sait peu de choses sur les guerriers. On suppose que les techniques de la guerre leur étaient enseignées par des maîtres et qu'ils s'entraînaient à tous les sports (lancer de javelot, lutte, lever de pierre). Lors des sacrifices humains, ils étaient chargés de l'exécution des victimes.

La plèbe : les manahune

Cette caste, la plus basse dans la pyramide sociale, réunissait le petit peuple. Elle se composait de plusieurs sous-classes, dont les pêcheurs, les domestiques, les agriculteurs, les esclaves, les prisonniers de guerre. La seule promotion sociale possible était de devenir *arioi*, domestique d'un *arii* ou prêtre. Pour l'*arii*, ils devaient assurer des corvées et proposer des offrandes. C'est dans cette caste que l'on puisait pour les sacrifices humains.

Vie quotidienne

La religion

On peut admirer le sexe du dieu Hiro en arrière-plan de la baie de Maroe, à Huahine.

Pour des renseignements sur les cérémonies et les lieux de culte, consultez l'encadré *La mythologie polynésienne* ci-dessous et le chapitre *Sites archéologiques* p. 327.

La guerre

Les guerres interclaniques étaient fréquentes. Quand ils ne réussissaient pas à étendre leur royaume par des alliances matrimoniales, les

LA MYTHOLOGIE POLYNÉSIENNE

Les Polynésiens étaient polythéistes : ils adoraient plusieurs dieux (*atua*) entourés d'un panthéon de divinités secondaires. Les principaux dieux étaient Taaroa, Tane, Tu (les dieux créateurs), Oro et Hiro. Le culte voué à un dieu n'était pas immuable ; ils se faisaient concurrence et pouvaient être détrônés. Par ailleurs, leur puissance était géographiquement limitée, car ils n'étaient pas reconnus dans tous les archipels. Ainsi, Tane fut supplanté par Taaroa, lui-même remplacé par Oro, son fils, dieu de la Guerre, dont le culte ne dépassa pas les limites de l'archipel de la Société. Hiro, dieu des Voleurs et des Marins, fut adoré à Raiatea et à Huahine. Cette mythologie était véhiculée par les légendes, qui racontent les exploits et les aventures des dieux.

LE CAS DES MARQUISES

Bien que faisant partie du même creuset que les autres Polynésiens, les Marquisiens ont élaboré au fil des siècles une culture originale, qui inclut la pratique du cannibalisme. Les guerriers capturés ou morts au combat faisaient office de victimes.

L'organisation sociale différait également du modèle polynésien. Chaque clan occupait une vallée qu'il considérait comme son *henua*, son territoire, jalousement défendu. Un chef ou une cheffesse (*hakaiki*) exerçait l'autorité et faisait respecter les interdits. Les grands prêtres (*taua*) servaient d'intermédiaires entre la tribu et les dieux. Le *toa* (chef guerrier) avait pour mission de diriger les soldats. Restait le *meie*, le peuple, au sein duquel se distinguaient les *tuhuna*, spécialistes d'une activité (tatouage, sculpture, architecture, etc.).

L'art et l'artisanat avaient atteint un très haut degré de perfection, en particulier les tatouages. Les guerriers, au fur et à mesure de leurs actes de bravoure, étaient progressivement tatoués sur l'ensemble du corps.

C'est aux Marquises que la sculpture a pris les formes les plus achevées, avec les tikis (voir p. 329) les plus monumentaux de Polynésie.

Les instruments de musique étaient analogues à ceux utilisés dans les autres archipels. En revanche, la danse et les chants traditionnels se distinguaient des pratiques tahitiennes.

différents *arii* d'une île recouraient à la conquête militaire. Après des cérémonies sur le *marae*, le chef et les guerriers partaient au combat, sur terre ou sur mer. L'issue était cruelle : les vaincus étaient souvent massacrés, et leur *marae* détruit. Le clan vainqueur prenait alors possession des terres des vaincus, et de nouvelles cérémonies d'investiture avaient lieu. Les armes employées comprenaient des casse-tête, des lances, des fouets et des frondes. Sur mer, les guerriers se déplaçaient à bord de pirogues.

L'art et l'artisanat

Il reste peu de choses de l'héritage artistique polynésien. Avant l'arrivée des Européens, le métal était inconnu. Les artisans façonnaient la pierre, le corail, l'os, le bois, les nacres et les coquillages, ainsi que des matières végétales. Ils réalisaient des armes, des ustensiles et des outils (plats, pilons, herminettes, pagaies, hameçons), des *tapa* (tissus faits d'écorce battue), des costumes de cérémonies (en poils et en plumes), des statues (*tikis*, voir p. 329). Les motifs gravés sur pierre (pétroglyphes) peuvent être considérés comme une forme d'expression artistique.

Les sports

Les Polynésiens se livraient à maints jeux d'adresse et de force. Le tir à l'arc était un divertissement aristocratique, pratiqué sur des terrasses spécialement prévues à cet effet – on peut en admirer à Moorea, dans la vallée d'Opunohu. Le surf, également très pratiqué, est un sport d'origine polynésienne. Le lancer du javelot (aux Tuamotu), les courses de pirogue et le lever de pierre étaient également monnaie courante, ainsi que la lutte.

La musique et la danse

La musique, la danse et les chants formaient un ensemble indissociable. De multiples fêtes (*heiva* ; voir l'encadré p. 63) rythmaient la vie de la communauté, et duraient parfois plusieurs jours. Les instruments étaient les tambours (*pahu*), la flûte nasale (*vivo*) et la conque (*pu*).

Les ressources

Les anciens Polynésiens assuraient leur subsistance par la pêche, l'élevage, l'agriculture et la cueillette. Le fruit de l'arbre à pain, consommé sous forme de pâte fermentée, constituait l'aliment de base, avec le taro et la patate douce. La tortue était réservée aux castes supérieures.

Mana et tapu

Le *mana* et le *tapu* sont les éléments essentiels du sens du sacré. Terme difficilement traduisible, le *mana* peut se définir comme une puissance surnaturelle, une force, une aura dont sont imprégnés une personne ou un objet.

Par exemple, les prêtres et l'*arii* possédaient le *mana*, ainsi que certains tikis. Le *tapu*, terme passé dans les langues occidentales (tabou), désigne un interdit absolu. Quiconque le transgresse attire sur lui la malédiction et doit être châtié. Des lieux ou des choses pouvaient être *tapu*. Les lieux de culte, par exemple ; seules les personnes autorisées, prêtres, chefs et officiants, pouvaient assister à la cérémonie religieuse.

Sites archéologiques

Les sites archéologiques de Polynésie constituent rarement la motivation première d'un voyage dans cette région. Les joies du lagon éclipsent largement les autres centres d'intérêt, et c'est souvent par hasard que le touriste prend conscience de ce patrimoine. Ils ne possèdent pas non plus la monumentalité des statues de l'île de Pâques, et leur mise en valeur est, pour l'instant, limitée à de petits travaux de restauration. Ils permettent néanmoins de découvrir un autre visage de la Polynésie.

État de conservation

L'évangélisation de la Polynésie s'est traduite par l'abandon total de l'ancienne religion et des lieux de culte. Fort heureusement, les fouilles réalisées au cours du XXe siècle ont permis de mettre au jour de multiples sites qui avaient sombré dans l'oubli, envahis par la végétation. Il s'agit essentiellement de lieux de culte en pierre, de motifs gravés dans la pierre et de statues. Tout ce qui était en matière végétale – pirogues, habitation, vêtements, sculptures – a disparu.

L'état de conservation des sites est très variable. Dans certains cas, il ne s'agit que d'un amoncellement de pierres perdu dans la végétation, sans grand sens pour le visiteur. Dans d'autres, ils sont correctement entretenus et régulièrement visités, mais il reste encore beaucoup à faire pour les valoriser aux yeux des touristes. Ils sont pratiquement tous dépourvus de panneaux explicatifs.

Sur les sites archéologiques, ne déplacez ni pierre ni tiki ; pour de nombreux Polynésiens, ces lieux sont encore "vivants" et ces actes pourraient passer pour une profanation. Respectez la propreté des lieux.

Les différents types de sites

Chaque archipel possède des vestiges. Aux îles Sous-le-Vent, les sites sont bien entretenus et facilement accessibles. Aux Tuamotu, le patrimoine est plus restreint. Les Marquises sont les mieux pourvues : chaque île est un musée archéologique en plein air et comporte plusieurs sites. Certains sont laissés à l'abandon, d'autres sont correctement mis en valeur.

Marae

C'est le lieu de culte, le sanctuaire, entouré de *tapu* (interdit, sacré). Édifié en plein air, sacré, il est destiné à la célébration des rites du clan. On y honore et invoque les dieux, intronise les chefs, prépare la guerre, accomplit les cérémonies rituelles, présente les offrandes et pratique les sacrifices humains. Les *marae* étaient établis soit sur le littoral (*marae* côtiers), soit à flanc de montagne (*marae* intérieurs). Généralement, les arbres qui les entouraient, notamment le banian, étaient sacrés.

Les plus jolis pétroglyphes se situent sur la presqu'île de Tahiti, à Raiatea, à Maupiti et aux Marquises.

Il existait une hiérarchie des *marae*. Les plus simples sont les *marae* familiaux, où l'on célèbre les événements qui concernent la vie du clan, tels que les naissances ou les décès. Les plus complexes étaient les *marae* royaux – comme le *marae* Taputapuatea à Raiatea, de rayonnement international – qui drainaient les chefs maoris de plusieurs îles de Polynésie venus prêter allégeance à l'*arii*.

Pour certains auréolés d'un *mana* (puissance spirituelle), les anciens tikis suscitent toujours une certaine crainte chez les Polynésiens, qui redoutent leur potentiel maléfique susceptible de se manifester si on les déplace.

Aménagement et conception

Les *marae* ressemblent à de grandes plates-formes ou à des terrasses pavées, rectangulaires, pouvant dépasser 50 m de longueur. Ils sont construits avec des blocs de basalte et des dalles de corail. Les galets étaient ensuite grossièrement façonnés et assemblés. Leur conception variait d'une île à l'autre, mais ils partageaient des principes architecturaux communs, à savoir une esplanade pavée, sorte de plate-forme rectangulaire non couverte, entourée par un muret. À une extrémité se trouve l'*ahu*, sorte d'autel, partie la plus sacrée, réservée au prêtre et à l'*arii*. Selon le type de *marae*, l'*ahu* peut comporter plusieurs niveaux : certains sont formés d'une superposition de trois ou quatre gradins s'élevant en pyramide, d'autres n'en ont qu'un.

Sur la façade de l'ahu donnant sur l'esplanade sont appliquées trois dalles de corail posées sur chant, appelées “pierres dressées”. Le centre de l'esplanade est garni de plusieurs “pierres dossiers”, destinées aux chefs et aux prêtres, qui symbolisent leur rang social. La conception des *marae* familiaux est plus simple.

LES SPÉCIFICITÉS DES MARQUISES

C'est aux Marquises que l'on trouve les structures archéologiques les mieux conservées. Elles diffèrent quelque peu de celles des autres archipels.

Tohua

Le *tohua* désigne une esplanade pavée, rectangulaire, flanquée de petits gradins en pierre, où se déroulaient des fêtes et des cérémonies publiques, comme les danses. Ils peuvent mesurer jusqu'à 100 m de longueur. À une extrémité, une plate-forme est réservée aux sacrifices et aux offrandes. Des roches plates servaient de podium pour les danses individuelles et l'exhibition des tatouages des jeunes chefs.

Pae pae

Vestiges caractéristiques de l'ancienne société marquisienne, les *pae pae* désignent des plates-formes en blocs de pierre sur lesquelles sont construites les habitations en matériaux végétaux, les *hae* (ou *fae*). Le *pae pae* est divisé en deux parties : l'avant forme un premier niveau, dévolu aux activités quotidiennes. L'arrière, légèrement surélevé, couvert, sert de lieu de couchage. Seules ont subsisté les assises en pierre. Les parties couvertes, végétales, ont été détruites. Le toit était réalisé à partir de feuilles d'arbre à pain et de palmes de cocotiers, les façades en feuilles, et l'ensemble était soutenu par plusieurs poteaux en bois.

Meae

Aux Marquises, on ne parle pas de *marae*, mais de *meae*. Il s'agit d'un site religieux édifié à partir de matériaux en basalte, juxtaposés et empilés, similaires aux *marae*. Généralement situé dans la vallée, à l'écart des lieux profanes, le *meae* est l'enceinte sacrée par excellence. Ce lieu de culte, d'inhumation et d'offrandes, strictement *tapu*, était réservé à quelques initiés dotés du *mana* (force surnaturelle), tels le *tahua* (prêtre) ou les *hakaiki* (chefs). C'est également là que se déroulaient les rites anthropophages, réservés aux seuls chefs, prêtres et guerriers, lors des sacrifices humains. Il est généralement situé à proximité d'un banian, l'arbre sacré.

Diverses constructions annexes, en bois, tel le *fare tupapau* où étaient exposés les morts, étaient aménagées autour du *marae*. Aucune n'a perduré jusqu'à nos jours.

Pétroglyphes

Les pétroglyphes désignent des motifs gravés sur des pierres, dont la signification n'est pas clairement établie. Les dessins figurent des pieuvres, des tortues, des pirogues, des soleils, des motifs géométriques, des silhouettes anthropomorphes ou des visages très schématiques.

Tikis

Au carrefour entre l'art et la religion, les tikis (*ti'i* dans l'archipel de la Société) sont des statues évoquant des visages humains, d'aspect énigmatique, taillées dans des blocs de basalte ou de tuf volcanique (*keetu*), ou dans du bois - mais ceux en bois n'ont pas résisté aux outrages du temps. Ils obéissent presque toujours aux mêmes canons : les jambes sont courtes et fléchies et les coudes sont serrés contre les flancs. Certains, incomplètement dégrossis, présentent un aspect difficilement identifiable. D'autres ont une tête bien visible mais des membres supérieurs et inférieurs à peine ébauchés. La tête prolonge directement le tronc. La bouche, démesurée, est représentée par un rectangle de grande longueur et de petite largeur, les yeux par de grands cercles concentriques. Leur taille est très variable. Le plus grand, situé aux Marquises, mesure 2,70 m. Comme ils sont généralement implantés sur ou à proximité d'un lieu sacré, les spécialistes supposent qu'ils revêtaient une fonction religieuse et symbolique, figurant le souvenir d'ancêtres divinisés ou une puissance protectrice. Ils servaient également à marquer les limites d'une propriété ou d'un endroit *tapu*. C'est aux Marquises que l'on trouve les vestiges les plus significatifs.

Pour apprécier pleinement un site archéologique en Polynésie, faites appel à un guide local compétent qui fera "vivre" le site et le resituera dans son contexte.

Le tatouage

Depuis le début des années 1980, le tatouage polynésien est en plein renouveau, en partie inspiré par l'élan donné par les grands maîtres samoans. Tout comme la danse, le chant ou l'artisanat, il fait désormais partie des vecteurs les plus vivants de la culture polynésienne traditionnelle.

De jeunes Tahitiens et Marquisiens ont puisé dans les motifs du passé et ont remis cette parure ancestrale au goût du jour. Aujourd'hui, de nombreux Polynésiens, hommes et femmes, arborent de superbes tatouages, symboles de leur identité. Pour les visiteurs sincèrement épris de culture locale, c'est l'occasion de revenir chez eux avec un souvenir indélébile ! Reportez-vous aux chapitres régionaux pour les contacts des tatoueurs en exercice.

Historique

La pratique du tatouage concerne diverses civilisations, mais c'est dans le triangle polynésien (Hawaï-Marquises-Nouvelle-Zélande) qu'elle a pris les formes les plus achevées.

Le mot de tatouage vient du tahitien *tatau*, terme qui fait référence à la pratique consistant à graver sur la peau des marques indélébiles.

Ce sont les navigateurs européens qui, les premiers, au XVIIIe siècle, relatèrent cette coutume, alors inconnue en Europe. Les scientifiques qui les accompagnaient dessinèrent des schémas et des marins se firent eux-mêmes tatouer. Lorsque les missionnaires s'installèrent en Polynésie, le tatouage subit le même sort que le reste de la culture traditionnelle polynésienne : considéré comme païen, il fut interdit (voir p. 296).

Dans la civilisation traditionnelle, le tatouage revêtait de multiples significations : il était à la fois un symbole d'appartenance à une communauté, la manifestation d'un statut social, une parure esthétique et une marque d'intimidation. Le tatouage concernait aussi bien les hommes que les femmes, mais ces dernières à moindre échelle.

La technique et les motifs obéissaient à des codes stricts. L'art du tatouage était l'apanage d'une corporation respectée, celle des maîtres-tatoueurs, qui suivaient un long apprentissage avant d'exercer leur savoir. Ils utilisaient des morceaux d'os affûtés et assemblés pour former une sorte de peigne. La gamme des motifs se compose principalement de représentations géométriques abstraites et de motifs animaliers ou végétaux stylisés, comme la tortue ou le lézard.

Aujourd'hui, les Polynésiens effectuent un retour aux sources et redécouvrent cette parure. Beaucoup de tatoueurs s'inspirent des motifs rapportés par l'ethnologue allemand Karl von den Steinen à la fin du siècle dernier. Les femmes portent de discrets motifs autour de l'oreille ou du nombril, autour du poignet ou de la cheville, ou dans le bas du dos ; les hommes se distinguent par de magnifiques parures couvrant l'épaule, le torse, les cuisses ou les mollets.

Choisir un tatouage et un tatoueur

En Polynésie, on estime qu'il existe une vingtaine de tatoueurs professionnels et semi-professionnels. Certains participent régulièrement à des conventions à l'étranger et sont mondialement connus, tout comme les Samoans ou les Japonais. Tous sont dotés d'un matériel professionnel (machine à tatouer) et d'aiguilles stériles répondant aux normes d'hygiène. Dans tous les cas, adressez-vous à un tatoueur réputé utilisant un matériel professionnel et respectant les procédures d'hygiène et de prévention des infections.

Choisir un tatoueur n'est pas un acte banal. Prenez d'abord rendez-vous avec l'artiste. Demandez à voir son book pour vous faire une idée de son style et de ses réalisations. Vérifiez les conditions d'hygiène de son salon. N'hésitez pas à rencontrer plusieurs artistes avant de faire votre choix.

Acte délicat, un tatouage vous engage pour le restant de votre vie. En Polynésie, optez plutôt pour des motifs traditionnels qui sont souvent mieux travaillés et les plus authentiques. Étudiez le book du tatoueur et exprimez vos souhaits. Un tatoueur digne de ce nom ne se contentera pas de reproduire au calque un motif préexistant mais fera preuve de créativité en personnalisant le motif que vous avez retenu. Le book n'est qu'un point de départ. Un tatouage est une œuvre unique, pas une décalcomanie. Outre l'esthétique, prenez également en compte la dimension symbolique du motif, que le tatoueur aura pris soin de vous expliquer. Réfléchissez à l'endroit où vous souhaitez vous faire tatouer et à la taille du motif. Les bracelets autour du bras ou des chevilles ont l'avantage d'être discrets.

Convenez également du tarif. Il n'existe pas de "barème". Différents paramètres entrent en ligne de compte, notamment la taille, la complexité et l'originalité du motif, ainsi que la notoriété de l'artiste et ses installations. Certains travaillent au forfait, d'autres à l'heure. Comptez de 10 000 à 20 000 CFP pour un bracelet autour du bras, 5 000 CFP pour un petit motif.

Aux Marquises, les guerriers se faisaient marquer le visage de larges bandes horizontales pour se donner un air effrayant face à l'ennemi.

Déroulement d'une séance

Lorsque vous êtes tombé d'accord sur le motif avec le tatoueur, le travail peut commencer. Vous vous installez confortablement sur un matelas ou un fauteuil. La peau est préalablement nettoyée et désinfectée. Certains travaillent en *freehand*, c'est-à-dire dessinent directement le motif sur la peau. D'autres le réalisent sur un papier et le reproduisent sur la peau avec un calque. Armé de sa machine à tatouer, l'artiste commence par encrer les contours. Pour les remplissages, il utilise un groupe de plusieurs aiguilles.

Question douleur, tout dépend de la zone considérée. Les parties les plus sensibles sont celles où la peau est la plus fine (intérieur des cuisses) et celles situées au voisinage immédiat d'un os (tibia, colonne vertébrale). De l'avis de tous les tatoués, la douleur est très supportable. Il est déconseillé de prendre de l'aspirine, car celle-ci a pour effet de fluidifier le sang et donc d'empêcher la cicatrisation.

La durée de la séance est très variable. Un petit motif peut être réalisé en une demi-heure, mais certains demandent trois heures, voire une journée... Des pauses sont évidemment prévues.

Une fois le tatouage terminé, il faut s'enduire d'une crème grasse pendant plusieurs jours. Une croûte va se former et la cicatrisation ne sera complète qu'au bout d'une à deux semaines. Pendant ce temps, il ne faut pas se baigner dans l'eau de mer ni exposer la partie tatouée au soleil. Attendez donc la fin de votre séjour pour le tatouage.

Le magnifique ouvrage *Les Marquisiens et leur art : l'ornementation primitive des mers du Sud* (Musée de Tahiti et des Îles, tome 1, 2005), de Karl von den Steinen, est consacré aux tatouages marquisiens, tout comme *L'Art du tatouage aux îles Marquises* (Haere Po, 2005), du même auteur, tous deux disponibles dans les librairies de Papeete.

Ori tahiti – la danse tahitienne

L'*ori tahiti* est à la Polynésie ce que la biguine est aux Antilles : un mode d'expression privilégié, reconnu et partagé par toute la population.

Contrairement à une idée répandue, la danse tahitienne n'a rien d'un folklore pour touristes. Au contraire, elle constitue l'un des piliers les plus vivants et les plus représentatifs de la culture maohi. Derrière chaque spectacle auquel vous assisterez se cachent des mois de répétitions, une chorégraphie codifiée, une hiérarchie et un sens. Dans ce pays de tradition orale, la danse tahitienne n'est en effet pas qu'esthétique, c'est un outil de préservation de la mémoire et un enjeu identitaire.

C'est aussi une discipline en constante évolution, qui reflète les tiraillements de la société tahitienne actuelle, partagée entre modernisme et tradition.

Historique

Grâce aux récits des premiers explorateurs et des missionnaires, on sait que les divertissements, dont la danse, occupaient une place capitale dans la société. Elle accompagnait les cérémonies sur le *marae* (site cérémoniel) et les rituels collectifs. Les *heiva* (spectacles) rythmaient la vie de la communauté et comportaient des danses, des chants et des mimes.

Avec l'arrivée des missionnaires, la danse subit le même sort que le tatouage ou les lieux de culte. Jugée païenne et d'une gestuelle licencieuse, elle fut interdite par le Code Pomaré en 1819 (voir p. 297). La pratique perdura dans la clandestinité.

À partir de 1956, Madeleine Moua, une ancienne institutrice, modernisa la danse et lui donna une nouvelle image en la débarrassant de ses connotations “sulfureuses”. Elle mit au point des costumes et clarifia la chorégraphie tout en puisant dans le fonds culturel maohi (légendes...). Depuis, diverses troupes ont vu le jour et la danse tahitienne a retrouvé toute sa vitalité, même si les danses actuelles n'ont probablement plus grand-chose à voir avec les représentations d'autrefois.

Types de danses

On distingue cinq types de danses. Elles sont rarement présentées séparément, mais intégrées à un programme où elles sont exécutées alternativement.

Très éprouvante, une séquence d'*otea* ne dure que quelques minutes.

L'otea : puissance et rythme

Impressionnant car très physique, l'*otea* est une danse collective très facilement identifiable : la musique d'accompagnement est uniquement composée de percussions, qui produisent des séquences rythmiques sur lesquelles s'exécutent les danseurs. À l'origine, cette danse guerrière était uniquement masculine. Aujourd'hui, elle est le plus souvent mixte, mais la gestuelle et le rythme conservent un caractère "viril" renforcé par les cris des danseurs.

Les pas des hommes et des femmes sont radicalement différents ; les hommes utilisent surtout leurs jambes dans un mouvement très caractéristique et spectaculaire, appelé *paoti* : jambes fléchies, talons joints et légèrement décollés du sol, ils ouvrent et ferment alternativement les genoux dans un mouvement de ciseau, lent ou rapide selon le tempo donné par les percussions. Chez les femmes, le mouvement de base est le déhanchement, provoqué par la flexion amplifiée et alternative des genoux, pieds à plat. Les hommes ne doivent pas bouger les hanches ; chez les femmes, le torse et les épaules doivent rester immobiles. Le répertoire des pas, surtout masculins, est très varié dans l'*otea*.

Les mouvements des bras et des mains, placés vers le haut du corps, assez brusques et angulaires, sont communs aux deux sexes. Sur scène, les danseurs sont placés en colonnes du même sexe.

Un thème sous-jacent, qui peut être évoqué par des accessoires, régit la chorégraphie ; ce peut être, par exemple, le volcan, le requin, un événement historique ou une légende.

Attention ! Ce qu'on appelle *tamure* n'est qu'une appellation récente, vulgarisée, de la danse tahitienne.

L'aparima : entre chanson de gestes et pantomime

L'*aparima* se distingue complètement de l'*otea*. Plus fluide, plus harmonieux, il enjôle et repose le spectateur. Grossièrement résumé, l'*aparima* est une danse mixte qui raconte une légende ou une romance avec des gestes de mains et des paroles chantées. À la différence de l'*otea*, ce sont les mouvements des bras et des mains qui prédominent. Bien qu'il n'y ait pas de langage spécifique (un geste pour une signification), ils sont très expressifs et réalistes : les danseurs miment véritablement la scène en question (pagayer, ouvrir la noix de coco, etc.), en se servant éventuellement d'accessoires. L'accompagnement musical se compose de mélodies jouées par les guitares et les ukulélés. Les percussions, secondaires, ne font que donner la mesure. Les yeux et le visage des danseurs suivent les mouvements des mains.

Comme dans l'*otea*, une séquence d'*aparima* ne dure que quelques minutes.

Le hivinau

La pratique du *hivinau* a tendance à se raréfier, car elle nécessite un grand nombre de participants. Hommes et femmes forment une double ronde autour de l'orchestre (tambours uniquement) et d'un soliste vocal masculin. Le soliste déclame des paroles, et les danseurs, qui font office de chœur, lui répondent par un refrain type. Les pas sont ceux de l'*otea*, en moins complexes. Les percussions se contentent de battre le rythme.

Le paoa : dialogue et danse

Comme dans le *hivinau*, c'est le dialogue entre le meneur et le chœur qui forme l'élément clé du *paoa*. Un chœur mixte, assis, forme un demi-cercle. Au centre, un soliste vocal masculin déclame des paroles, dont le thème est souvent légendaire. Les membres du chœur lui répondent et soutiennent la mesure en frappant leurs cuisses des deux mains. L'orchestre – tambours – se tient à côté du soliste. Un couple de danseurs rejoint alors le centre et improvise une danse, avec les pas simplifiés de l'*otea*, ponctuée de "hi" et de "ha".

LES DANSES MARQUISIENNES

Très chatouilleux sur leur particularisme culturel, les Marquisiens ont développé d'autres types de danses, très éloignés de l'*ori tahiti*. C'est aux Marquises, lors de festivals spécifiquement marquisiens, qu'ils se produisent.

La plus connue est le *haka manu*, calquée sur les mouvements d'un oiseau. La danse du cochon, très impressionnante car très physique, imite les étapes symboliques de la vie de l'animal. La scénographie, très suggestive, est ponctuée de cris rauques ("hi" et "ha"). Seules les percussions sont employées. En principe, les costumes marquisiens, plus sobres que les tahitiens, se limitent à des pagnes végétaux (purau, cordyline).

Danse du feu

Cette danse, fréquemment proposée dans les spectacles d'hôtel car impressionnante et très esthétique, serait originaire des Samoa. L'interprète, un ou plusieurs hommes uniquement, jongle avec une torche enflammée aux deux bouts, sur fond de tambours.

Instruments

Les musiciens se placent généralement sur le devant de la scène, sur le côté, pour garder un contact visuel avec le groupe.

L'orchestre est considéré comme un domaine spécifiquement masculin, surtout les percussions. Très complets, les musiciens jouent des deux types d'instruments, percussions et cordes, et chantent.

À l'origine, l'ukulélé est une mandoline portugaise. Introduite à Hawaï en 1879, elle s'est ensuite répandue dans toute la Polynésie, avec quelques adaptations. La guitare, d'origine espagnole, aurait été apportée par des marins européens au cours de la seconde moitié du XIXe siècle.

Percussions

Trois modèles sont employés. Le *toere* est un tambour sans membrane taillé dans un morceau de bois. De forme cylindrique, il est évidé et comporte une fente étroite sur toute sa longueur, ce qui produit la résonance. Les batteurs sont assis sur un petit tabouret ou à genoux. Généralement, un orchestre comprend de trois à cinq *toere*.

Le *faatete* est un tambour à une membrane. Il se joue assis avec deux baguettes et repose sur un support destiné à surélever la caisse de résonance.

Le *pahu* est un tambour à deux membranes, qui ressemble à une grosse caisse. Le batteur joue assis et frappe son tambour posé sur le flanc avec une mailloche pour rendre un son plus sourd.

Instruments à cordes

Ils représentent les apports occidentaux. L'ukulélé vient de Hawaï. Il s'agit d'une mini-guitare à quatre cordes en nylon. Les guitares stricto sensu font désormais également partie de l'orchestre. Les cordes accompagnent généralement les séquences d'aparima.

Costumes

Éléments essentiels des danses tahitiennes, les costumes réalisés à partir de matières végétales contribuent à leur éclat.

Pour l'*otea*, la parure se compose d'une couronne de fleurs fraîches sur la tête ou d'une volumineuse coiffe, très élaborée ; de colliers de fleurs ou de coquillages ; pour les femmes, d'un soutien-gorge composé de deux moitiés de noix de coco polies teintes en noir ; d'une jupe végétale (*more*), découpée en fines lanières qui sont ensuite cousues et teintes en rouge ou en jaune ; d'une ceinture décorative, portée sur le more, composée de fleurs, de nacres, de morceaux de noix de coco polie ou de coquillages ; de fibres végétales au mollet, pour les hommes ; et

OÙ ASSISTER À UN SPECTACLE DE DANSE ?

Le Heiva i Tahiti

À l'occasion du Heiva i Tahiti (voir l'encadré p. 63), qui se déroule en juillet à Papeete, les meilleurs groupes de Polynésie, au grand complet, s'affrontent lors de concours où tous les types de danse et de chant sont présentés à un jury. Si vous ne souhaitez pas rester à Papeete, sachez qu'il existe des mini-Heiva en juillet dans la plupart des autres îles de l'archipel de la Société.

La tradition veut que le Heiva se prolonge au mois d'août dans plusieurs grands hôtels de Tahiti (notamment au Méridien). Certes, les troupes sont moins étoffées et les spectacles sont moins longs, mais les touristes n'ayant pu assister au Heiva ont ainsi la chance de voir des représentations de très bon niveau. Celles-ci ont lieu une fois par semaine (le vendredi ou le samedi), jusqu'au premier week-end de septembre.

Spectacles d'hôtel

Les hôtels de luxe proposent, deux fois par semaine en moyenne, des spectacles de danse d'excellente qualité. À Tahiti ou à Moorea, ils sont interprétés par les meilleurs groupes semi-professionnels, représentés par leur "noyau dur", soit environ une quinzaine d'interprètes. Dans les autres îles, ce sont des troupes plus amateurs. Dans tous les cas, il ne s'agit pas d'un spectacle touristico-folklorique, mais de répétitions ou d'"entraînement" grandeur nature. Ils s'accompagnent d'un buffet payant (comptez de 5 000 à 10 000 CFP), ouvert à tous. Si vous souhaitez n'assister qu'au spectacle, renseignez-vous sur place pour connaître la politique des hôtels en la matière : certains demandent un droit d'entrée, d'autres imposent la prestation buffet et d'autres encore exigent une consommation au bar. Les représentations durent environ 45 minutes.

Cérémonies

L'arrivée des paquebots de croisière donne également lieu à des spectacles, de même que les fêtes officielles et diverses manifestations locales organisées par les paroisses, les écoles, etc.

de plumets que les danseurs des deux sexes agitent dans chaque main, pour souligner les mouvements des bras.

Dans l'aparima, la parure, plus sobre, se compose généralement d'un paréo, porté à la manière d'un pagne pour les hommes, noué comme une jupe ou une robe pour les femmes. Des colliers de fleurs ou de coquillages ainsi que des chapeaux sont également utilisés.

Toutes les variations sont cependant possibles en fonction de la créativité de chaque groupe.

L'emploi d'accessoires (pagaies, par exemple) est fréquent pour renforcer l'évocation du thème. En principe, ce sont les danseurs eux-mêmes qui doivent réaliser leurs parures, mais les grands groupes font appel à des costumiers.

Groupes de danse

Une troupe de danse peut déployer jusqu'à 150 participants dans les grandes occasions, mais, en général, le noyau dur se compose d'une vingtaine de danseurs et de danseuses à l'année.

Il n'existe pas de groupe vraiment professionnel. Les plus connus sont semi-professionnels. Leurs membres se produisent dans les hôtels deux ou trois fois par semaine. Généralement âgés entre 15 et 35 ans, ils proviennent d'horizons sociaux et ethniques divers. Les critères de recrutement sont la motivation et l'expressivité corporelle, plus que la plastique elle-même, mais, vu l'énergie physique requise et l'exposition

> La troupe des Grands Ballets de Tahiti effectue régulièrement des tournées en Europe, et fait salle comble à chaque fois.

des corps, la musculature chez les hommes et une silhouette gracieuse chez les femmes sont indispensables. Il faut entre trois et six mois de répétitions avant d'espérer se produire en public.

Chaque troupe se distingue par son style et sa personnalité, très dépendants du chorégraphe. Certaines effectuent des tournées à l'étranger.

La troupe est très hiérarchisée. Le chef de danse, ou *ra'atira*, fait office de chorégraphe et de chef d'orchestre. Il dirige les répétitions, choisit les costumes, sélectionne un thème et règle l'emplacement des participants sur scène. Les danseurs et danseuses les plus expérimentés, appelés *pupahu*, sont placés devant. Les musiciens – exclusivement des hommes – font partie intégrante du groupe de danse.

Cuisine polynésienne

Saveur, fraîcheur et qualité des ingrédients : la cuisine polynésienne a tout pour enchanter les papilles. Les produits de la mer et les fruits tropicaux occupent le devant de la scène, mais on trouve également des viandes et des légumes.

L'autre grande caractéristique de la cuisine locale est sa diversité. Ainsi, les spécialités polynésiennes traditionnelles se sont enrichies d'influences extérieures, notamment françaises, chinoises et même italiennes. Du poisson cru au lait de coco à la classique pizza, en passant par l'entrecôte sauce roquefort et le *chao men*, le répertoire est varié.

Recettes, aventures et histoire se mêlent dans *La Cuisine des révoltés du Bounty* (L'Harmattan, 2008), d'Éric Deschamps.

Bien entendu, il existe de nettes différences selon les archipels. C'est à Tahiti, à Moorea et à Bora Bora que l'offre est la plus variée. Dans les autres îles, la cuisine est plus tributaire des ressources locales et de la régularité des approvisionnements. C'est aux Marquises que le sentiment d'abondance est le plus perceptible (poisson, fruits de mer, viande, fruits, légumes). En revanche, dans certains atolls des Tuamotu, aux ressources plus limitées, le duo poisson-riz est dominant. Aux Australes, où l'agriculture est développée, on se régale de légumes, notamment de taro, de choux et de pommes de terre. Aux Gambier, les fruits de mer tiennent le haut du pavé. Quel que soit l'archipel, les amateurs de poisson seront comblés, car les produits de la mer sont omniprésents. *Tamaa maitai* ! (bon appétit !)

Spécialités culinaires

Plats à base de poisson et fruits de mer

La mer est un vrai trésor en Polynésie. Les poissons du large (thon rouge, thon blanc, bonite, thazard, carangue ou *paihere*, saumon des dieux, espadon ou *meka*, daurade coryphène ou *mahi mahi*) et les poissons du lagon (perroquet ou *paati*, nason, perche, chinchards ou *ature*, rouget ou *apa'i*) figurent en bonne place dans la cuisine traditionnelle. Ils sont dégustés crus, cuits au jus de citron, au lait de coco, préparés en brochettes, en grillades, en papillotes, au gingembre, au curry ou à la vanille, en sashimi, en tartare, en carpaccio, en chaud-froid… Impossible de se lasser tant le répertoire de préparations est vaste ! Le poisson cru au lait de coco (voir l'encadré p. 338) est le plat national.

Sur la cuisine polynésienne, procurez-vous l'ouvrage *Cuisine de Tahiti d'hier et d'aujourd'hui* de Lisa Mairai Bellais (Au Vent des Îles, 2007), et *Lagon Gourmet* de Max Coste (Au Vent des Îles, 2004), disponibles dans les librairies de Papeete.

La préparation la plus fréquente est le lait de coco (à ne pas confondre avec l'eau de coco). Pour obtenir le lait de coco, on râpe d'abord la chair blanche qui tapisse l'intérieur de la noix de coco, puis l'on place les copeaux de chair dans un torchon, que l'on essore à la main, pour en

Si vous êtes courageux, goûtez au *fafaru*, poisson cru macéré dans de l'eau de mer, réputé pour son odeur particulièrement forte...

extraire le lait. On peut également déguster le poisson avec du *miti hue*, sauce fermentée à base de chair de coco mélangée à du jus de têtes de chevrettes (sortes de petites écrevisses d'eau douce) et de l'eau salée, ou du *taioro*, autre variante de sauce fermentée. *Miti hue* et *taioro* ne sont que rarement proposés dans les restaurants, qui préfèrent s'en tenir à des préparations plus conventionnelles ; il est d'usage de proposer ces poissons en filet ou en darne, en les mariant à des sauces parfumées, notamment à la vanille, ou à des sauces plus classiques (meunière, par exemple).

Les amateurs de fruits de mer se régaleront de langoustes (surtout disponibles aux Marquises, aux Gambier et aux Australes), de bénitiers (*pahua*), de bulots (*maoa*), d'oursins (*vana*) et de chevrettes, généralement relevés au curry. Les *inaa* (alevins), frits dans de la pâte à beignet, sont diversement appréciés. Plus rarement, on trouve des squilles (*varo*) et, aux Tuamotu, des crabes de cocotier (*kaveu*).

Viandes

Bien que sa consommation soit interdite et qu'elle soit protégée, la tortue est braconnée pour sa chair, dont les Polynésiens raffolent.

Amateurs de produits carnés, soyez sans crainte ; malgré l'omniprésence des plats de poisson, il est tout à fait possible de déguster de bonnes viandes en Polynésie, surtout dans les îles de la Société et aux Marquises. Le cochon de lait (*pua*) est la viande de prédilection pour l'*ahimaa* (voir *Plats de fête* p. 341). L'excellent bœuf importé de Nouvelle-Zélande garnit également souvent les plats. Préparé en entrecôte, filet, tournedos ou steak, il est accommodé à diverses sauces, souvent à la française (sauce roquefort, sauce au poivre...). Le poulet (importé) est également très répandu. Aux Marquises, on consomme de la viande de chèvre. Dans les Tuamotu, en revanche, les produits carnés sont plus rares. Dans certains atolls reculés, on mange encore du chien.

Curieusement, les Polynésiens raffolent du *punu pua toro*, du corned-beef que l'on trouve en supermarché et qu'ils font frire avec des oignons.

Fruits et légumes

On y trouve la plupart des fruits tropicaux, notamment les mangues, les pamplemousses (de couleur verte), les papayes, les citrons verts (spécialité des Marquises), les pastèques, les ananas (cultivés à Moorea), les melons, les bananes (dont la succulente variété rio, ferme, petite et

POISSON CRU AU LAIT DE COCO

Ce plat figure sur tous les menus ou presque. Pour 4 personnes, utiliser 1 kg de thon rouge, de l'ail, quelques citrons verts, du coco râpé (à défaut, du lait de coco en boîte), 2 carottes, 2 tomates, 1 poivron et des oignons verts.

Découper le poisson en petits dés. Le rincer à l'eau de mer (ou, à défaut, à l'eau salée), puis le laisser tremper une demi-heure dans l'eau salée avec de l'ail écrasé, au réfrigérateur.

Râper les carottes, découper les tomates et le poivron, hacher les oignons. Égoutter les morceaux de poisson et les mettre dans un saladier. Presser les citrons au-dessus du saladier et laisser "cuire" le poisson avec l'acidité naturelle du citron (au moins 4 à 5 minutes). Retirer ensuite les dés de poisson.

Mettre le coco râpé dans un torchon et essorer pour extraire le lait de coco (ou utiliser le lait de coco préparé). Ajouter une pointe de vinaigre rouge, du sel, du poivre, du tabasco. Verser cet assaisonnement sur le poisson, mélanger, incorporer les légumes et parsemer d'oignons. On peut ajouter des œufs durs broyés et du persil.

savoureuse) et bien sûr la noix de coco. La papaye au four est un mets succulent.

Les légumes et le riz accompagnent les viandes ou poissons. Les légumes verts, les carottes et les tomates sont peu représentés en Polynésie, sauf aux Australes, où il existe des zones de maraîchage ; les Polynésiens préfèrent les tubercules et les féculents. L'*uru*, ou *maiore*, fruit de l'arbre à pain, repérable à son écorce vert jaune, assez fade, se déguste cuit. Aux Marquises, le plat de base est le *popoi*, mets aigre-doux ayant l'apparence d'une pâte jaune. Il s'agit d'*uru* cuit, broyé au pilon, mélangé à de la pulpe d'*uru* fraîche et laissé fermenter, auquel on ajoute du lait de coco. Le tout est recouvert d'une feuille de *purau*. Le *fei*, sorte de banane plantain, de couleur rouge orangé, se consomme exclusivement cuit et possède une saveur douce-amère. Il a sa place dans le four tahitien, avec les légumes. La racine du taro, un gros tubercule aux racines de couleur violacée, principalement cultivé aux Australes, se consomme cuite, tout comme la patate douce (*umara*), l'igname (*ufi*) et le manioc. Les feuilles de taro (*fafa*) accompagnent souvent le poulet ("poulet *fafa*") et le porc.

Le chou blanc est également très prisé ; émincé, cru, il accompagne généralement les tranches de thon cru du sashimi. On trouve également le chou chinois, à longues feuilles.

Pâtisseries et desserts

Le pain coco (*faraoa coco*) est un gâteau savoureux, parfumé au coco. Les *firifiri*, beignets sucrés, ont généralement la forme d'un 8 ou d'une tresse. De consistance épaisse, l'*ipo* est le pain des Tuamotu. La farine est mélangée à de l'eau de coco, du sucre et du coco râpé. Les *pai* sont des chaussons fourrés au coco ou à la banane.

Vous succomberez au *poe* : il s'agit de morceaux de fruits broyés (papaye, bananes, potiron ou manioc), mélangés à de l'amidon, enveloppés dans une feuille de bananier et cuits au four avec une gousse de vanille fendue par le milieu. Le tout est ensuite arrosé avec le lait de coco. L'ensemble a un aspect gélatineux. Les amateurs de confiserie goûteront les "bonbons chinois", en vente dans les épiceries chinoises.

On trouve également quelques glaces réalisées localement. Essayez la glace au taro, parfumée, de couleur légèrement violacée.

Le miel local est rare (on en trouve à Rangiroa et aux Marquises), mais les amateurs de confitures seront à la fête, avec d'excellentes confitures aux fruits exotiques, faites maison ou en vente dans les grandes surfaces.

Malgré la qualité des produits locaux, l'"occidentalisation" des habitudes alimentaires des Polynésiens (boîtes de conserve, steak-frites et sodas) est grandissante. L'obésité et le diabète font des ravages en Polynésie française.

Spécialités chinoises et françaises

La cuisine chinoise est largement représentée en Polynésie. On retrouve les grands classiques, comme le *chao men* (un mélange de riz, de vermicelles, de chou, de haricots rouges, de verdure et de porc sauté), le *fou youn ha* (omelette), le *kai fan* (sorte de riz cantonais), le porc sauté et bien d'autres spécialités encore. Le poisson cru à la chinoise diffère de la recette tahitienne par l'ajout d'huile d'arachide, de gingembre et d'ail, en plus du jus de citron. Le *maa tinito* consiste en un mélange de morceaux de porc et de haricots rouges. Le riz est omniprésent.

La cuisine française est surtout représentée à Tahiti et dans les îles touristiques, où exercent des chefs et des cuisiniers venus de métropole. Les grands classiques sont au menu, réalisés avec des produits locaux ou importés : tournedos Rossini, fondant au chocolat, filet de *mahi mahi* sauce meunière, steak au poivre vert... Les pizzas et les pâtes italiennes sont également bien présentes.

Héritage de la présence française, le pain, sous forme de baguette, est depuis longtemps entré dans les habitudes alimentaires des Polynésiens, y compris dans les atolls, où l'on trouve au moins un boulanger. Le pain est servi à tous les repas. Les viennoiseries, surtout les croissants, font aussi partie du quotidien.

Boissons

Boissons sans alcool

Quelques délicieux jus de fruits sont produits localement, notamment les jus d'ananas, de corossol ou de pamplemousse de marque Rotui fabriqués à Moorea. Très désaltérant, le jus de citron vert se boit avec de l'eau minérale (citronnade).

L'eau de coco (*pape haari*) est la boisson la plus saine, la plus naturelle, la moins onéreuse et la plus désaltérante. Elle est totalement exempte de microbes et de bactéries. Après avoir enlevé la bourre entourant la noix de coco, celle-ci est décalottée d'un coup de machette. On boit à même la noix ou avec une paille. Le goût dégage une très légère amertume.

Plusieurs marques d'eau minérale sont représentées, dont les principales marques françaises. L'eau de source locale, Eau Royale ou Vaimato, est moins chère. À l'exception de Papeete et des établissements de luxe dans les autres îles, ne buvez pas l'eau du robinet.

Les grandes marques internationales de boissons gazeuses sont distribuées en Polynésie, et les habitants en font malheureusement un usage immodéré.

Le café est largement consommé. Malheureusement, malgré l'existence d'un excellent café à la vanille local, vendu dans les supermarchés, vous devrez vous contenter du café soluble de marque Nescafé, sauf à Tahiti. Comptez de 200 à 300 CFP pour un café dans un bar à Papeete.

Quelques marques de thé sont représentées. Quant au lait, il n'entre guère dans les habitudes de consommation des Polynésiens. Il s'agit souvent de lait soluble, sauf dans les îles principales, où l'on trouve des briques de lait.

> Dans certains atolls reculés des Tuamotu, on fabrique le *komopuaka* ("eau de cochon"), un alcool réalisé à partir de l'inflorescence du cocotier, en dehors de tout circuit officiel.

Alcools

Elle est pour ainsi dire l'emblème de la Polynésie : la bière (*pia*) locale de marque Hinano, en vente partout, est conditionnée en bouteille de verre (0,5 l, surnommée "obus"), en canette de 33 cl ou 50 cl ou tirée à la pression. C'est une blonde légère, titrant 5°, que les Polynésien(ne)s boivent en quantité, surtout le week-end. L'autre marque de bière locale, la Tabu, similaire à la Corona, possède un goût sucré assez agréable, mais sa distribution est plus limitée. Les bières étrangères, principalement la marque Heineken, sont également disponibles. Comptez 500 CFP pour une bière dans un restaurant.

Les linéaires des grandes surfaces à Papeete comptent de multiples vins français, blancs et rouges, ainsi que des vins d'autres pays, notamment du Chili et de Nouvelle-Zélande, et, bien sûr, l'étonnant vin de Tahiti (voir l'encadré p. 341). Les moins chers coûtent environ 1 200 CFP. Les restaurants bénéficient d'une détaxe sur les alcools, vendus à "prix conventionnés", ce qui les rend accessibles (comptez entre 1 500 et 3 000 CFP la bouteille). Goûtez impérativement au *maitai*, une délicieuse spécialité locale. Il s'agit d'un cocktail proche du punch, composé de rhum brun et de rhum blanc auxquels on ajoute du jus d'ananas, de la grenadine, du citron

LE VIN DE TAHITI

À la grande surprise des visiteurs, la Polynésie a son vin, le vin de Tahiti, issu de vignes plantées sur l'atoll de Rangiroa (voir l'encadré p. 196). Il est produit en blanc et rosé. Le blanc moelleux, proche du sauternes, et le blanc de corail, léger et fruité, ont déjà leurs inconditionnels. Le vin de Tahiti est commercialisé dans les grandes surfaces en Polynésie et distribué dans plusieurs restaurants de Tahiti. Les bouteilles se vendent au moins à 20 €.

vert, de la liqueur de coco et, éventuellement, du Grand Marnier et du Cointreau. Il est en vente dans les grandes surfaces dans des packs en carton sous la marque Tahiti Drink. On trouve également du rhum produit localement, notamment la marque Matavai, qui comprend une bonne sélection de rhums arrangés, faits à Tahiti avec des fruits locaux (la canne à sucre est cultivée à Atimaono) ou importés. Dans les bars des grands hôtels, un très large choix de cocktails est disponible.

Le repas traditionnel à base de produits locaux est appelé *maa tahiti* dans les îles de la Société et dans les Tuamotu, *kaikai enana* aux Marquises.

Plats de fête

Lors des fêtes familiales ou religieuses, les Polynésiens ont coutume de préparer un *tamaaraa* (repas, banquet), avec un *ahimaa*. L'*ahimaa* est le four polynésien dans lequel on cuit les aliments à l'étouffée. Des branches et des pierres sont disposées au fond d'un trou creusé dans le sol. On embrase les branches, qui chauffent les pierres. On pose alors une couche de feuilles de bananier, sur laquelle on place les aliments à cuire (souvent un cochon de lait, des poissons ou des légumes). On couvre l'ensemble de feuilles et de sacs en toile, puis de sable, pour une parfaite étanchéité. La cuisson dure plusieurs heures. À l'ouverture du four commence le *tamaaraa*. Pour les touristes, les grands hôtels et certains restaurants proposent un *tamaaraa* une fois par semaine, généralement le dimanche, ouvert aux clients extérieurs (sur réservation). Dans les îles les plus touristiques, il tend à être supplanté par le barbecue.

Le dimanche, les familles polynésiennes sacrifient généralement au rituel du *maa tahiti*, le repas traditionnel, qui rassemble les principaux plats de la cuisine locale, dont le *fafaru*, le poulet *fafa*, le poisson cru, le *pua* (porc) rôti, les bananes *fei*, le *poe*...

Établissements

Snacks

On trouve des "casse-croûte" (sandwichs) partout, à des tarifs très abordables (environ 4 €).

Véritables institutions, présents dans toutes les îles ou presque, les snacks sont de petits restaurants très modestes qui proposent des plats simples à des prix mesurés (assiette de poisson cru au lait de coco, poisson cru à la chinoise, poisson grillé, *chao men*, sashimi, de 10 à 13 € environ), ainsi que des sandwichs, appelés localement "casse-croûte". À Tahiti, les snacks possèdent une carte relativement étoffée. Dans les îles moins fréquentées, la carte se limite à quelques plats seulement. En général, qualité et fraîcheur sont au rendez-vous, et les Polynésiens n'hésitent pas à faire plusieurs kilomètres pour se régaler d'un poisson cru dans leur snack préféré. Le décor est limité à sa plus simple expression : une terrasse et des chaises en plastique.

Roulottes

Autre formule appréciée et bon marché : les "roulottes". Il s'agit de camionnettes aménagées en restaurants mobiles. Elles prennent position aux endroits stratégiques (quais, centre-ville, etc.) dans la plupart des îles, principalement le soir. Celles de Papeete sont une véritable institution (voir l'encadré p. 59). Les plats sont simples (poisson, steak-frites, *chao men*, généralement) et les tarifs abordables (10-13 € en moyenne). Les normes d'hygiène sont très variables selon les roulottes.

Les Polynésiens consomment des quantités phénoménales de bière, d'où d'importants problèmes liés à la surconsommation d'alcool.

Restaurants

La plupart des restaurants dignes de ce nom sont concentrés dans l'agglomération de Papeete et dans les îles les plus touristiques. Ils servent des mets français, polynésiens et chinois, plutôt élaborés. Les tarifs sont très variables selon les spécialités et la catégorie du restaurant. Comptez en moyenne de 14 à 25 € pour un plat de poisson ou de viande.

La carte des vins comprend des crus français et des vins californiens, chiliens, australiens et néo-zélandais. Les tarifs sont supérieurs à ceux de la métropole, même s'ils bénéficient d'une détaxe.

Ailleurs qu'à Tahiti, la scène culinaire est nettement plus uniforme et les bons restaurants sont rares. Les restaurants à vocation gastronomique, pour la plupart inspirés de la cuisine française (accommodée avec des produits locaux), se trouvent principalement à Tahiti, à Moorea et à Bora Bora.

Pour l'instant, les fast-foods de type occidental sont encore peu représentés, sauf à Tahiti, qui compte déjà trois MacDonald's.

Restaurants des grands hôtels

Ne manquez pas de dîner au moins une fois dans le cadre souvent idyllique des restaurants des grands hôtels, ouverts aux clients extérieurs. Contrairement à ce que l'on pourrait croire, les tarifs pratiqués sont raisonnables (surtout au déjeuner) et ne sont en tout cas pas plus chers que les restaurants habituels, voire que les snacks ! Dans ces complexes hôteliers, autant l'hébergement est exorbitant, autant la restauration est très abordable. Comptez environ 17 € pour un plat de poisson ou un copieux hamburger. Sachez cependant que la qualité varie beaucoup selon les talents du chef du moment : de gastronomique dans certains établissements à très ordinaire dans d'autres.

Par ailleurs, ils proposent plusieurs fois par semaine des buffets à thème ("fruits de mer", "polynésien", "cuisines du monde"), accompagnés d'un spectacle de danse traditionnelle (de 45 à 90 € par personne, selon l'établissement).

Marchés, supermarchés et épiceries

Évitez si possible les produits importés d'Europe, lourdement taxés (près de 8 € le camembert estampillé " par avion" !).

Le seul vrai marché de Polynésie est celui de Papeete. Il croule sous les victuailles, les fruits et légumes, les viandes et les poissons. Ouvert dès 5h (4h le dimanche), il est régulièrement approvisionné en produits frais originaires de tous les archipels. Celui de Pirae à Tahiti mérite également le détour. Ailleurs, il faudra se contenter de modestes étals en bord de route, proposant fruits et légumes. Les magasins d'alimentation, traditionnellement des épiceries tenues par des Chinois, sont assez chers. Ils sont de plus en plus concurrencés par des hypermarchés portant des enseignes de métropole (Champion, Carrefour), surtout à Tahiti, à Moorea et à Raiatea. Les autres îles sont tributaires de la régularité des approvisionnements par bateau.

La plupart des épiceries et des supermarchés vendent des plats à emporter, sous forme de barquettes sous cellophane, à des tarifs très avantageux (environ 7 à 9 €).

La plupart des îles comptent au moins une boulangerie. La baguette coûte environ 0,50 €, les pains au chocolat environ 1 €.

Végétariens

Si vous êtes végétarien pur et dur, vous éprouverez des difficultés en Polynésie. La cuisine locale repose sur les plats de poisson et de viande, et les légumes verts sont peu consommés en dehors de Tahiti. Heureusement, dans les îles les plus touristiques, la carte des restaurants est assez étoffée pour que vous y trouviez votre bonheur. Dans les pensions de famille, le message sera difficile à faire passer, puisque le menu est fixe. Malgré tout, tentez votre chance et n'hésitez pas à demander à la maîtresse de maison qu'elle vous prépare un plat sans viande ou sans poisson.

Avec des enfants

Vous ne rencontrerez aucun problème pour venir au restaurant en famille, sauf dans certains établissements huppés de Papeete. La formule "menu enfants" est malheureusement assez peu répandue.

À table

Les usages ne diffèrent guère de ceux qui sont en vigueur en métropole. Dans certaines familles, ne soyez pas étonné que le repas soit précédé d'une bénédiction. Sachez aussi que le *maa tahiti* se mange en principe avec les doigts.

GLOSSAIRE

ahimaa four naturel creusé à même le sol, destiné à la cuisson des aliments
apa'i rouget
ature chinchards
chao men plat chinois, associant riz, vermicelles, chou, haricots rouges, verdure et porc sauté
fafa feuilles du taro
fafaru poisson macéré dans de l'eau de mer
faraoa coco pain coco
fei banane plantain
firifiri beignets sucrés, ayant généralement la forme d'une tresse
fou youn ha omelette chinoise
inaa alevins, souvent préparés en beignets
ipo pain bouilli
kai fan omelette chinoise
kaikai enana repas traditionnel marquisien
kaveu crabe de cocotier, ressemblant à un bernard-l'ermite géant, que l'on trouve dans les Tuamotu
koriri bistre de l'huître, qui peut se consommer préparé de diverses façons
maa tahiti repas traditionnel, à base de spécialités polynésiennes
maa tinito repas à base de spécialités chinoises (surtout porc-haricots rouges)
mahi mahi daurade coryphène
maiore autre nom de l'uru
maitai cocktail à base de rhum
meka espadon
miti hue sauce fermentée à base de chair de coco mélangée à du jus de têtes de chevrettes (écrevisses d'eau douce) et de l'eau salée
paati poisson perroquet
pahua bénitier
pai chausson fourré au coco ou à la banane
paihere carangue
pape haari eau de coco
pia bière

popoi	bouillie de fruit à pain fermenté, mélangée à du lait de coco (spécialité marquisienne)
pua	cochon
punu pua toro	corned-beef
taioro	sauce fermentée
tamaaraa	repas collectif, familial
taro	tubercule comestible, encore fréquemment consommé
ufi	sorte de banane plantain
umara	igname
uru	fruit à pain
vana	oursin
varo	crustacé apparenté aux squilles, dont la chair est très estimée

Environnement

Géographie

Peu facile à appréhender pour un Européen, la géographie de la Polynésie française donne le vertige. En plein cœur du Pacifique Sud, étalée entre l'Équateur et le tropique du Capricorne, à l'ouest de la ligne de changement de date, la Polynésie française est située presque à mi-distance du Chili (à 6 500 km, à l'est) et de l'Australie (à 5 200 km, à l'ouest). Les côtes californiennes sont à 6 500 km au nord-est et Paris à 15 700 km, aux antipodes. En allant vers l'ouest, les groupes d'îles les plus proches sont les îles Cook, à environ 900 km de Tahiti. Vers l'est, en direction des côtes sud-américaines, les prochaines – et les seules – terres émergées sont l'île de Pâques.

La Polynésie française couvre une superficie aussi vaste que l'Europe.

Principale caractéristique géographique de la Polynésie française : son extraordinaire éclatement. Sur l'ensemble des 118 îles, 6 seulement excèdent 100 km^2 et 76 sont habitées. Hatutu, l'île la plus septentrionale (non habitée), aux Marquises, est distante de plus de 2 000 km de Rapa, la plus méridionale.

Ces îles sont regroupées en cinq archipels. À l'ouest, l'archipel de la Société comprend les îles du Vent (Tahiti et Moorea) et les îles Sous-le-Vent (Huahine, Raiatea, Tahaa, Bora Bora et Maupiti). Cet archipel, le plus développé, rassemble plus des trois quarts de la population et concentre la plupart des infrastructures touristiques. La capitale administrative de Polynésie, Papeete, est située sur l'île la plus importante, Tahiti (1 043 km^2), qui abrite également le point culminant, le mont Orohena (2 241 m).

Au sud, l'archipel des Australes chevauche le tropique du Capricorne. Il comprend cinq îles hautes et un atoll, très éloignés les uns des autres et situés entre 575 et 1 275 km au sud de Papeete.

L'ensemble de la surface terrestre émergée représente à peine 3 500 km^2 (à peine la moitié de la Corse).

À l'est, entre Tahiti et les Marquises, l'archipel des Tuamotu, avec ses 77 atolls, s'étire sur plus de 1 500 km du nord-ouest au sud-est, et sur plus de 500 km d'est en ouest. Le minuscule archipel des Gambier, à 1 700 km de Tahiti, est un appendice situé dans le prolongement sud-est des Tuamotu.

À 1 400 km au nord-est de Tahiti, le plus proche de l'Équateur, l'archipel des Marquises est constitué d'une quinzaine d'îles et d'îlots, dont 6 sont habités.

Géologie

Bien qu'ayant toutes la même origine volcanique, les îles polynésiennes se répartissent en îles hautes et en atolls, au profil nettement différencié. Sur la formation des îles proprement dite, consultez l'encadré p. 346.

Îles hautes

Elles sont essentiellement représentées dans les archipels de la Société, des Australes et des Marquises. Elles ont la forme de montagnes posées à la surface de l'océan, ceinturées par une couronne corallienne appelée récif-barrière. Entre le récif-barrière et l'île proprement dite s'étend le lagon, sorte de zone intermédiaire peu profonde abritant un milieu aquatique privilégié dont les calmes eaux turquoise contrastent avec le bleu profond de l'océan. Les Marquises constituent une exception : elles sont dépourvues de récif-barrière et de lagon protecteurs. Aux Australes, Rurutu et Rimatara sont entourées d'un récif frangeant, adjacent au rivage (il n'y a pas de lagon).

Le récif-barrière est souvent percé d'ouvertures appelées passes, qui permettent la navigation et les échanges entre le lagon et l'océan.

Le relief des îles hautes, souvent impressionnant, dépend des effets de l'érosion. Il comprend en général des caldeiras (ancien

DE L'ÎLE HAUTE À L'ATOLL

Les îles de Polynésie sont toutes nées d'éruptions volcaniques. À partir d'un point fixe de l'asthénosphère, appelé "point chaud", une colonne ascendante de magma produit un volcan océanique ou, si les forces éruptives sont suffisamment puissantes pour percer la surface de l'océan, un volcan aérien. Conformément à la tectonique des plaques, l'île nouvellement formée dérive vers le nord-ouest à la vitesse moyenne de 10 cm par an. Le point chaud fixe, pour sa part, poursuit épisodiquement son activité éruptive et une autre île se forme qui, à son tour, se déplace vers l'ouest et ainsi de suite. On obtient donc un chapelet d'îles situées sur un même axe.

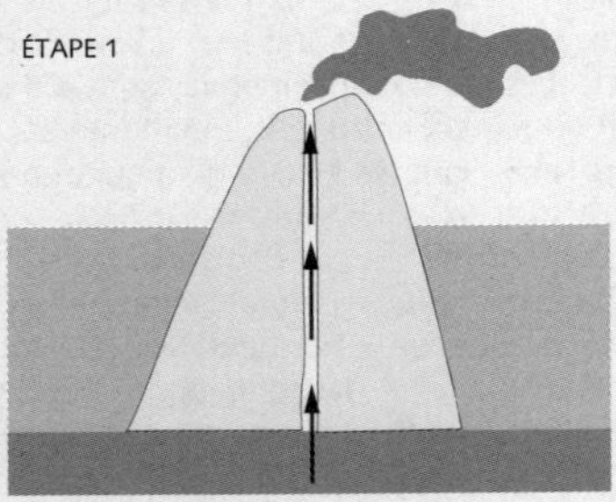

Le volcan est actif

Au cours de sa dérive vers le nord-ouest, l'île s'affaisse d'environ 1 cm par an (subsidence). D'autres processus géologiques sont à l'œuvre. Dès que le volcan est éteint, la chambre magnétique n'étant plus alimentée, elle s'effondre sous le poids de la lave accumulée au-dessus d'elle, donnant naissance à une vaste cuvette (caldeira) qui peut atteindre plusieurs kilomètres de diamètre. L'érosion contribue à modeler le relief. Des cours d'eau cisaillent la caldeira et forment des vallées.

Enfin, les eaux claires et chaudes vont provoquer le développement de constructions coralliennes. Les coraux poussent comme une frange sur le substrat rocheux des flancs sous-marins de l'île et vont peu à peu bâtir un récif frangeant, immédiatement adjacent au relief. Au fur et à mesure de l'enfoncement de l'île, les coraux poursuivent leur croissance, cherchant à se maintenir à la surface des eaux pour capter la lumière nécessaire à leur survie. Ils construisent alors une formation circulaire autour du volcan, appelée récif-barrière, de plus en plus éloignée de la côte au fur et à mesure de l'enfoncement. Entre le récif frangeant et le récif-barrière se crée un lagon de largeur variable. Finalement, le volcan originel disparaît complètement sous les eaux. Il ne reste plus que la couronne corallienne, encerclant le lagon, sorte de mer intérieure. L'atoll est né.

En somme, l'île passe progressivement du stade d'île haute volcanique à celui d'atoll, en plusieurs millions d'années. L'archipel de la Société illustre parfaitement ces différents stades évolutifs : Mehetia, proche du point chaud, est une île haute jeune sans récif corallien, Moorea une île haute avec récif corallien, Bora Bora un presque atoll avec récif-barrière, et Scilly un atoll. À terme, l'atoll continue à s'enfoncer. Si la vitesse de croissance des coraux ne peut compenser cet affaissement, l'atoll est peu à peu ennoyé et meurt.

cratère volcanique), avec des pics, des amphithéâtres aux crêtes acérées et parfois des plateaux. L'intérieur des îles n'est pas habité. Les centres urbains sont en effet localisés le long des côtes. Le pourtour des îles est tantôt régulier, tantôt fortement échancré par de profondes et magnifiques baies, telles celles d'Opunohu et de Cook à Moorea.

Atolls

L'atoll (mot des Maldives) est le prolongement chronologique de l'île haute (voir l'encadré p. 346), surtout représenté dans l'archipel des Tuamotu. De profil très varié, allant du cercle au rectangle presque parfait, mesurant de 70 km de longueur pour le plus grand à 4 km pour le plus réduit, il désigne la couronne récifale corallienne émergée qui

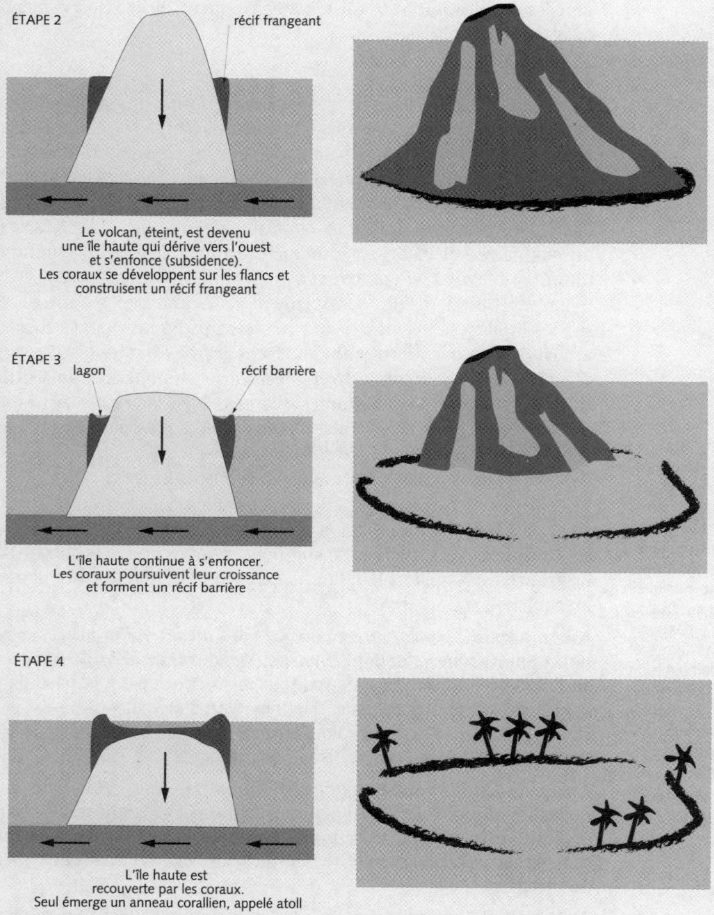

Le volcan, éteint, est devenu une île haute qui dérive vers l'ouest et s'enfonce (subsidence). Les coraux se développent sur les flancs et construisent un récif frangeant

L'île haute continue à s'enfoncer. Les coraux poursuivent leur croissance et forment un récif barrière

L'île haute est recouverte par les coraux. Seul émerge un anneau corallien, appelé atoll

Les atolls affichent des configurations atypiques. Certains lagons sont en voie d'assèchement et de comblement. Quelques-uns, complètement fermés, ne possèdent pas de passe et l'un d'entre eux, Makatea, s'est soulevé et ressemble à une île haute bordée par des falaises.

renferme le lagon. Cette bande de terre, constituée de débris coralliens calcaires, affiche une altitude de 3 à 6 mètres. Sa largeur peut varier de quelques dizaines à quelques centaines de mètres.

Cette couronne est, dans la plupart des cas, interrompue par des ouvertures appelées passes ou des chenaux plus modestes appelés *hoa*, qui mettent en communication le lagon et l'océan, et permettent le renouvellement des eaux du lagon à chaque marée. Côté océan, le tombant, là où s'activent les coraux, plonge directement dans les abysses. Les parties émergées (*motu*) forment des îlots couverts d'arbustes et de cocotiers. Le lagon désigne la cuvette intérieure de l'atoll, dont la profondeur dépasse rarement 40 mètres. Des constructions coralliennes isolées, appelées pinacles ou pâtés coralliens, parsèment le lagon.

Faune et flore

On pense que la faune et la flore du Pacifique seraient originaires d'Austronésie et auraient essaimé vers la Polynésie. Au cours de ce processus, elles ont subi un appauvrissement dû à l'éloignement des masses continentales.

Flore

La Polynésie est un paradis en matière de flore – du moins sur les îles hautes. Contrairement à ce que l'on pourrait croire, cette luxuriance est récente et "artificielle", puisqu'on la doit en grande partie à l'intervention, volontaire ou non, de l'homme. Les navigateurs polynésiens, au cours de leurs migrations vers l'est, ont apporté des plantes et des fruits qui ont facilement prospéré grâce aux conditions climatiques. Au XIXe siècle, missionnaires et colons ont importé d'autres plantes présentant un intérêt ornemental et commercial.

La végétation diffère sensiblement d'un archipel à l'autre. Ainsi, sur les atolls, plus ventés et aux sols plus pauvres, chargés de sel, les arbustes et le cocotier dominent. Dans les îles hautes, la couverture végétale, nettement plus diversifiée, varie en fonction de l'altitude. Il faut souligner que certaines plantes, bien que très belles, sont considérées comme de véritables fléaux écologiques, car elles menacent la biodiversité, comme le *Miconia calvescens*.

Voici les principales plantes que vous rencontrerez :

Le *Tiare apetahi*, endémique à Raiatea, est gravement menacé d'extinction. Il n'en reste plus que quelques dizaines de pieds sur le mont Temehani. L'homme est responsable de cette dégradation. Les rameaux cueillis ne repoussent pas.

Ahi (*santal*). Espèce essentiellement indigène aux Marquises, elle a fait l'objet d'un pillage systématique au siècle dernier par les Occidentaux. La sciure de son bois, réputée pour ses subtiles fragrances, est mélangée à l'huile de coco et donne le pani, le monoï marquisien.

Arbre à pain (*Artocarpus altilis*, *uru* ou *maiore*). Cet arbre imposant à tronc gris, dont il existe plusieurs dizaines de variétés en Polynésie, donne un gros fruit grenu vert qui est à la base de la culture alimentaire locale. Sa chair blanchâtre et fibreuse est riche en fécule et peut être consommée cuite ou sous forme de pâte fermentée. L'écorce était utilisée pour le tapa.

Arbre de fer (*Casuarina equisetifolia*, *aito* ou *toa*). Cet arbre poussant en bord de mer ou en montagne peut atteindre 20 mètres de hauteur et ressemble à un pin. Son bois, très solide, était utilisé dans la fabrication d'armes (casse-tête, lances), d'outils ou de pièces de pirogue.

Auti ou ti (*Cordyline fructicosa*). Cette liliacée revêtait autrefois une fonction sacrée et était plantée près des édifices religieux traditionnels. Très décoratif, aménagé en petites haies pour délimiter des propriétés, son feuillage se déploie en V et présente une couleur virant du jaune au vert, en passant par le lie-de-vin.

Badamier (*Terminalia cattapa, auteraa*). Assez répandu près des plages ou au débouché des vallées, cet arbre possède des branches à l'aspect évasé caractéristique. Les feuilles prennent une teinte rouge ou jaune avant de tomber. L'amande du fruit est comestible.

Balisier (*Heliconia rostrata*). Plante ornementale de jardin, donnant de superbes grappes de fleurs pendantes, rouge à bout jaune.

Bananier (*Musa sapientum*, meia). Ses feuilles sont utilisées dans le four tahitien où elles enveloppent les aliments à cuire. L'une des variétés est le *fei*, apparenté au plantain, dont les fruits poussent de manière ascendante et ne se consomment que cuits.

Banian (*Ficus prolixa, ora*). Ce figuier des Indes possède de nombreuses racines aériennes qui forment un entrelacs dense. La silhouette fantomatique de cet arbre sacré est fréquemment présente à proximité des édifices religieux traditionnels. Les anciens Marquisiens avaient coutume de déposer au milieu des racines les os longs et le crâne des défunts avec une conque marine (*pu*).

Bois de rose (*Thespesia populnea, miro*). Il est couramment employé dans l'artisanat et la sculpture.

Bougainvillée (*Bougainvillea glabra*). Très belle plante ornementale, se déclinant dans de nombreuses nuances, notamment rouge ou rose.

Canna (*Canna lutea, Canna indica*). Une magnifique plante de jardin aux tons rouge dans sa version indica et jaune moucheté de rouge dans sa version lutea.

Cocotier (*Cocos nucifera, tumu haari*). Présent partout, il est l'arbre providentiel de la Polynésie. On suppose qu'il a été introduit par les premiers Polynésiens, puis développé par les missionnaires au siècle dernier. Il se prête à de multiples usages : l'eau de coco, stérile, sert de boisson, la pulpe râpée pressée dans un linge donne le lait de coco ou, à maturité complète et mise à sécher, le coprah. Le monoï est à base d'huile de coco. Le bois est utilisé pour fabriquer des récipients ; la bourre de coco tressée fournit des cordes résistantes ; les palmes tressées (*niau*) donnent des nattes (*peue*), des paniers ou des couvertures de toit.

Flamboyant (*Delonix regia*). Cet arbre majestueux qui se déploie en parasol, originaire de Madagascar, donne des fleurs carmin éclatant au début de la saison des pluies, en décembre.

Frangipanier (*Plumeria acuminata, tipanie*). Cet arbrisseau s'orne de fleurs blanches à la base jaune ou rose, très odorantes, et qui entrent dans la confection des couronnes et des colliers.

Hibiscus (*Hibiscus rosinensis, aute*). Très répandue, cette plante, reconnaissable à ses superbes corolles, donne des fleurs fort odorantes aux couleurs variées, généralement jaune orangé, saumon ou rouge vif. Comme le tiaré, l'hibiscus fait partie de la décoration et de la parure. Les vahinés la portent couramment à l'oreille.

Hotu (*Barringtonia asiatica*). Cet arbre est reconnaissable à ses fruits en forme de poire, aux arêtes saillantes. La pulpe râpée du fruit mélangée à la racine de *hora*, agitée sous l'eau près des formations coralliennes, a la propriété de paralyser les poissons qu'on capture alors à la main.

Manguier (Vi). Largement cultivé en Polynésie où l'on compte plusieurs variétés, cet arbre regorge de fruits délicieux très

Pour en savoir plus sur la flore de Tahiti, procurez-vous le *Guide des fruits de Tahiti et ses îles* (Au Vent des Îles, 2006), qui recense 180 espèces, photos à l'appui, et le *Guide des arbres de Polynésie française, bois et utilisations* (Au Vent des Îles, 2008).

parfumés, à la chair orangée plus ou moins fibreuse. Le tronc sert à réaliser des pirogues.

Mape (*Inocarpus fagiferus*). Cet arbre à bois blanc, souvent groupé en futaies, était autrefois présent près des édifices religieux traditionnels. Ses racines forment des contreforts qui garnissent la base du tronc. Le fruit ressemble à une châtaigne et est comestible.

Miconia calvescens. Introduite dans les années 1930, cette plante prolifère de manière spectaculaire et menace la flore de Tahiti qu'elle risque d'étouffer. Des programmes d'éradication sont à l'étude.

Miki miki (*Pemphis acidula*). Caractéristique de la flore des atolls, cet arbuste de 3 à 5 m se localise principalement du côté de la façade océanique où il forme une brousse.

Monette (*Allamanda cathartica*). On ne peut manquer cette magnifique fleur jaune vif, d'usage plutôt décoratif, près des habitations où elle pousse en buissons.

Nono ou noni (*Morinda citrifolia*). Le fruit de cet arbre, de couleur jaunâtre, a l'aspect d'une pomme de terre boursouflée et molle. Il est comestible, mais son odeur nauséabonde de fromage de chèvre et sa saveur acide sont peu engageantes. Il possède des vertus médicinales (voir l'encadré p. 351).

Oiseau de paradis (*Strelitzia reginae*). Cette fleur est un feu d'artifice de couleurs, associant jaune clair, orange, vert et rouge. Son aspect évoquerait un oiseau.

Opuhi (*Alpinia*). Également appelée gingembre, c'est l'une des fleurs emblématiques de Polynésie, présentes dans de multiples jardins, dont elle rehausse la beauté par ses fleurs d'un rouge éclatant, verticales, et ses longues feuilles. Il en existe de nombreuses variétés.

Pandanus (*fara*). Cet arbre de 5 à 7 mètres d'envergure se reconnaît aisément à ses racines aériennes qui poussent en oblique sur le tronc et ressemblent à des arceaux. Les feuilles, résistantes, sont utilisées après séchage pour la confection de toitures traditionnelles ou d'articles de vannerie. La fleur est appelée *hinano*. On le rencontre sur les atolls et sur les îles hautes jusqu'à 800 m d'altitude.

Purau (*Hibiscus tiliaceus*). Très répandu, il forme parfois des futaies inextricables en raison des contorsions de ses branches. Les larges feuilles en forme de cœur sont utilisées dans le four tahitien. L'écorce, découpée en lanières, fait office de lien solide servant à attacher les poissons par les ouïes. Elle sert aussi à confectionner les *more* (jupes en fibres de *purau*) utilisées lors des danses traditionnelles. Les fleurs, éphémères, forment de belles corolles jaune orangé.

Tamanu ou ati (*Calophyllum inophyllum*). Le bois de cet arbre, de teinte brun rouge, très résistant et imputrescible, était employé dans la construction des pirogues ou pour la sculpture.

Taro (*Colocasia esculenta*). La racine de cette plante, couleur lie-de-vin, est fréquemment consommée en Polynésie.

Tiaré (*Gardenia tahitiensis*). Sa fleur est l'emblème de la Polynésie. D'un blanc neigeux, elle dégage une subtile fragrance. On en fait des colliers ou on l'arbore derrière l'oreille. Enveloppées dans une feuille d'aluminium et une feuille de bananier, les fleurs en bouton se conservent plusieurs jours. Dans la pharmacopée traditionnelle, le tiaré est également réputé pour ses propriétés apaisantes. En cosmétologie, il entre dans la préparation du monoï de Tahiti.

LE NONO, C'EST FINI

L'un des fruits les plus célèbres de Polynésie est le nono (à ne pas confondre avec l'insecte qui sévit aux Marquises). Depuis toujours, il fait partie de la pharmacopée traditionnelle polynésienne. Un chercheur américain aurait mis en évidence ses vertus antivieillissement. De 1995 à 2005, le nono a connu un succès fulgurant sur le marché américain. Pour répondre à la demande, une filière de nono s'était rapidement mise en place pour fournir le marché américain en jus de nono. De nombreux Polynésiens, notamment aux Marquises, avaient même délaissé certaines activités agricoles traditionnelles pour se consacrer à la culture, très rentable, de ce fruit qui pousse facilement à l'état sauvage. Malheureusement, la société-mère, basée aux États-Unis, a délocalisé sa production en Asie, moins chère, et les cours se sont effondrés. En Polynésie, le secteur du nono est désormais quasi sinistré.

Tiaré apetahi. Unique au monde, protégée, cette fleur blanche, en forme de demi-corolle (les cinq pétales ne se déploient que d'un seul côté), pousse uniquement sur le mont Temehani à Raiatea.

Tou (*Cordia subcordata*). Très répandu aux Marquises, cet arbre de moyenne envergure aux feuilles en forme de cœur fournit un bois dur sombre et veiné, très prisé par les sculpteurs.

Vanille (*Vanilla tahitiensis*, *vanira*). Cette orchidée épiphyte produit une gousse de 20 cm de longueur, qui résulte de la fécondation de la fleur provoquée artificiellement par l'homme. Elle est surtout cultivée à Tahaa, à Huahine et à Raiatea.

Vous rencontrerez certainement au détour d'un chemin de somptueuses roses de porcelaine, des héliconias, des gingembres, des *opuhi* et des oiseaux de paradis, plantes ornementales par excellence. Vous trouverez de très beaux bouquets au marché de Papeete (de 8 à 15 €). Entre autres arbres fruitiers courants, mentionnons les corossoliers (la surface du fruit est couverte d'épines molles), les plantations d'ananas (*painapo*) dont Moorea s'est fait une spécialité, les goyaviers, les avocatiers, les tamariniers (la gousse brun clair contient une chair sucrée et acidulée), les citronniers, les limes (aux Marquises ; fruit essentiel dont le jus sert à préparer le poisson cru), les pamplemoussiers du Sarawak, à la chair délicieusement sucrée, les pacayers, les anacardiers, les papayers, les ramboutans et des pommiers cannelle. Le melon et la pastèque sont également cultivés. Le *mati* (dont les baies fournissent un colorant rouge), les acacias et les kapokiers sont assez répandus.

Les chevrettes sont très prisées dans la gastronomie locale.

En altitude, outre le *puarata* (aux fleurs rouges), vous remarquerez plusieurs variétés de fougères (*maire*), utilisées pour réaliser des couronnes. L'*Albizia falcata* a été récemment introduit pour juguler les effets de l'érosion, notamment aux Marquises. L'ylang-ylang (*motoi*), aux fleurs très parfumées, pousse également en Polynésie, tout comme le jasmin (*pitate*).

Faune

En raison de l'éloignement des grands continents, la faune est plutôt pauvre. Voici un aperçu des espèces les plus courantes.

Autrefois, les plumes de certains oiseaux étaient très recherchées pour les parures vestimentaires (coiffes, ceintures des chefs).

Faune terrestre

À l'époque des grandes migrations, les premiers Polynésiens ont emporté sur leurs pirogues cochons et chiens. Le rat a débarqué des navires des Occidentaux. Parmi les reptiles, on verra le margouillat (gecko), inoffensif et insectivore, sorte de petit lézard de couleur diaphane. Il n'existe aucun serpent en Polynésie.

Certaines espèces introduites ont causé des ravages. Le merle des Moluques, introduit au XIXe siècle pour lutter contre les guêpes et les insectes, s'en prit finalement aux fruits. De même, le bulbul à ventre rouge, présent à Tahiti, à Moorea et à Raiatea, s'attaque aux plantes agricoles et aux fleurs.

Les chevaux, originaires du Chili, ont été introduits par Dupetit-Thouars à Tahuata en 1842 et ont fait souche aux Marquises. Leur taille est intermédiaire entre celle du poney et celle du pur-sang. Les chèvres sont également un élément familier du paysage de cet archipel où elles évoluent en semi-liberté. Les bovins ont été introduits à des fins d'élevage, notamment à Tahiti, aux Australes et aux Marquises.

Les cours d'eau abritent des anguilles et des chevrettes (crevettes d'eau douce).

Les crabes pullulent. Aux Tuamotu, le crabe de cocotier (*kaveu*), aux dimensions parfois impressionnantes, se nourrit la nuit de noix de coco qu'il brise avec ses pinces. Sa chair se consomme. Le crabe de terre (*tupa*) infeste les cocoteraies où il creuse un réseau de galeries.

Oiseaux

On dénombre une trentaine d'espèces d'oiseaux (*manu*) terrestres en Polynésie. À l'exception de quelques espèces communes à tout le Pacifique, la plupart sont endémiques ; autrement dit, on ne les rencontre qu'en Polynésie. Les Marquises occupent une place toute particulière, car elles comptent six espèces endémiques, dont le carpophage des Marquises, le ptilope de Dupetit-Thouars et le monarque de Fatu Hiva.

LES CORAUX, BÂTISSEURS DE L'OCÉAN

Contrairement à leur apparence, les coraux, omniprésents en Polynésie, ne sont ni des rochers ni des plantes, mais des animaux. Le récif lui-même n'est qu'un immense agrégat de ces êtres vivants, appelés madréporaires dans la classification zoologique.

Les coraux possèdent tous la même structure. Ils sont composés d'une multitude de petits organismes, les polypes, qui forment l'unité de base de tout l'édifice. Cylindriques, de consistance molle, les polypes sont unis par une ossature calcaire et sont eux-mêmes enchâssés dans un calice calcaire. Ils sont pourvus d'une couronne de 6 ou 8 tentacules rétractiles, qu'ils déploient surtout la nuit pour se nourrir.

La croissance des coraux permet de comprendre la formation d'un récif. Au stade larvaire, le polype est mobile. Lorsqu'il se fixe sur un substrat rocheux, il commence à produire du calcaire (carbonate de calcium) par un processus chimique complexe. À partir de ce polype-souche, une colonie de plusieurs milliers d'individus identiques va se former. De nouveaux polypes se développent sur les squelettes morts d'anciens polypes, et ainsi de suite, à raison d'une production annuelle verticale de 1 cm. Les polypes de la colonie sont tous reliés par la même armature calcaire. À terme, avec d'autres larves qui donnent naissance à d'autres colonies, on aboutit à une "barrière de corail", à un récif en somme.

Pour que les réactions chimiques engendrant la production de calcaire puissent avoir lieu, plusieurs conditions doivent être réunies : des eaux chaudes (entre 25 et 28°C) et claires, donc pauvres en plancton qui fait écran à la lumière, et une forte salinité (donc loin de l'embouchure des rivières). Par ailleurs, des micro-algues qui vivent en symbiose dans les tissus des polypes, appelées zooxanthelles, leur apportent de l'énergie sous forme de produits issus de la photosynthèse et accélèrent le processus.

En Polynésie, les espèces les plus courantes sont les coraux *Montipora*, *Pocillopora*, les *Acropora*, porites, *Fungia* et *Millepora* ("corail de feu", urticant). Sous l'eau, leurs circonvolutions, très variables, sont un vrai régal pour les yeux. Leur rôle dans l'écosystème est capital : les récifs coralliens concentrent une faune marine diversifiée, qui trouve là un biotope idéal.

Très fragiles, ils ont subi par endroits de considérables agressions dues aux cyclones qui labourent tout sur leur passage et aux interventions humaines, tel l'urbanisation du littoral ou le rejet de sédiments dans le lagon, qui les étouffent. Mais ils continuent inlassablement leur œuvre bâtisseuse.

Le cas de l'île de Ua Huka, dans les Marquises Nord, est à signaler, avec, outre la présence de ces six espèces, une colonie importante de sternes fuligineuses. Rimatara, aux Australes, mérite également le détour pour son magnifique lori de Kuhl, au plumage exceptionnellement coloré. L'oiseau le plus commun en Polynésie est le vini à lunettes, un petit passereau introduit dans les années 1930.

Pour en savoir plus sur les oiseaux de Polynésie, consultez le site www.manu.pf.

Avec 28 espèces d'oiseaux de mer nicheurs, la Polynésie passe pour l'une des régions les plus riches du Pacifique Sud. Parmi les oiseaux de mer, citons les sternes, les pétrels, les puffins, les noddis, les frégates, les fous et les superbes pailles-en-queue (phaétons) aux longues plumes rouges ou blanches à la queue. Tous se nourrissent de poissons. Sur les îles basses, beaucoup nichent à même le sol ou dans les arbrisseaux.

Le pigeon et le busard ont été introduits par l'homme, à l'instar du coq et de la poule, apportés lors des premières migrations et partiellement retournés à l'état sauvage.

Insectes

Les espèces d'insectes sont peu variées. Vous aurez certainement maille à partir avec les guêpes, les blattes (cafards) et leurs prédateurs, les scolopendres cent-pieds. Ces derniers peuvent atteindre 20 cm de longueur et les crochets situés à l'avant de la tête inoculent un venin provoquant une inflammation. Les moustiques abondent et peuvent être vecteurs de la dengue et de la filariose. Le nono (noir ou blanc) désigne un minuscule moucheron qui sévit surtout sur le littoral marquisien (voir l'encadré p. 231).

Le nono n'est pas vecteur de maladie, mais sa morsure provoque des démangeaisons et des réactions inflammatoires.

Faune sous-marine

Les constructions coralliennes des îles hautes et des atolls constituent des biotopes privilégiés où évolue une faune diversifiée (voir l'encadré p. 352). Les requins et les raies sont la grande spécialité des eaux polynésiennes, mais il existe bien d'autres espèces intéressantes. En revanche, les coraux et les invertébrés (nudibranches, gorgones, alcyonaires) ne sont pas le point fort de la région et ne peuvent rivaliser avec les eaux de l'océan Indien.

Crustacés et échinodermes

Très recherchées pour leur chair, la cigale de mer et la langouste vivent sur la pente externe du récif (aux Tuamotu) ou tapissent le fond des cavernes des falaises (aux Marquises).

Les oursins se dissimulent dans les interstices du récif. Les deux espèces les plus courantes sont l'oursin noir à longs piquants (*vana*) et l'oursin crayon (*fetue*) aux longs piquants de forme cylindrique. Leurs gonades, consommées crues, sont très prisées. Cylindrique, allongée, l'holothurie (*rori*), ou concombre de mer, ressemble à un gros boudin noir ou gris. Elle vit posée sur le sable qu'elle filtre pour se nourrir des micro-organismes.

Mollusques

Les coquillages, autrefois utilisés comme objets de parure, esthétiques ou religieux, servent aujourd'hui à confectionner des objets décoratifs, que l'on peut se procurer dans les centres artisanaux ou les boutiques de souvenirs. La plupart sont comestibles.

Leur biotope est diversifié : anfractuosités du récif, pinacles coralliens ou fonds sableux du lagon. Les plus représentés sont les gastéropodes et les bivalves, parmi lesquels figure le symbole des Tuamotu, la nacre (huître perlière) et le bénitier (*pahua*). Les bénitiers se reconnaissent à leur manteau chamarré d'aspect velouté qui se rétracte en cas de danger. Les bords externes des coquilles forment des ondulations. La coquille du troca, en forme de tortillon pyramidal, sert à la confection d'objets en nacre.

Le cône, ainsi nommé par allusion à sa forme, est une espèce dangereuse, car il sécrète un venin très puissant. La porcelaine est recherchée par les collectionneurs en raison de sa coquille marbrée ou tigrée. Quant aux gros murex, ils remplaçaient autrefois le *pu*, conque marine employée comme instrument à vent pour convier la population à une cérémonie.

Poissons

Certains poissons du large, dits pélagiques, viennent chasser près du récif. C'est le cas des requins (*mao*). Très fréquent dans les Tuamotu, le requin gris (*Carcharhinus amblyrhinchos*, *raira*), puissant et fuselé, mesurant près de 2 m, abonde à proximité des passes ou des tombants. Le requin citron (*Negaprion acutidens*, arava) a une robe légèrement jaunâtre et peut atteindre 3 m. Il évolue près du fond, y compris dans les lagons et peut se montrer agressif. Le requin à aileron blanc du récif (*Carcharhinus albimarginatus*, *tapete*) se reconnaît à sa tache blanche située à l'extrémité de la nageoire dorsale. Il fréquente les tombants des Tuamotu, à des profondeurs supérieures à celles du raira, mais peut monter en cas de stimulation alimentaire. Sa taille peut dépasser 3 m. Le requin de récif à aileron noir (*Carcharhinus melanopterus*, *mauri*) et le requin du lagon à aileron blanc (*Trianodon obesus*, *mamaru*), de petite taille, fréquentent surtout les lagons et les passes, et sont inoffensifs. Le requin-tigre, le requin-marteau, le requin soyeux et le requin dormeur peuvent être aperçus occasionnellement. Les barracudas (*ono*), solitaires ou en bancs, identifiables à leur profil effilé et à leurs reflets métalliques, sont également des prédateurs évoluant à proximité des passes.

Requins de Tahiti et ses îles (Au Vent des Îles, 2010), de Bernard Begliomini, rassemble des fiches descriptives sur chaque espèce de requin. Procurez-vous également le *Guide des poissons de Tahiti et ses îles* (Au Vent des Îles, 2007), très complet, et *Moana, le guide de la biodiversité sous-marine polynésienne* (Au Vent des Îles, 2010), de Yann Hubert, ancien moniteur de plongée à Rangiroa et vidéaste sous-marin

Trois types de raies (*fafa piti*) fréquentent les eaux polynésiennes : les raies mantas, facilement reconnaissables à leurs cornes situées des deux côtés de la bouche, peuvent atteindre 4 mètres d'envergure, les raies-léopards, plus petites et mouchetées de taches sombres, et les raies pastenagues qui élisent domicile sur les fonds sableux où elles s'enfouissent partiellement.

Parmi les centaines d'espèces de poissons aux dimensions plus réduites, la murène est la plus impressionnante. Tapie dans les anfractuosités coralliennes du tombant, elle ne fait apparaître que sa gueule entrouverte, garnie de crocs acérés. Le débonnaire napoléon (*mara*), à la livrée vert-bleu, à la bouche lippue et pourvu d'une bosse frontale, dépasse fréquemment le mètre. La famille des loches et des mérous (*roi*) est largement représentée, tout comme celle des chirurgiens (*maito*), notamment le chirurgien noir et le chirurgien bagnard.

Les poissons-clowns et les demoiselles vivent en symbiose avec les anémones. Le bec-de-cane et le poisson-trompette sont très effilés. Les carangues (*uruati*) se déplacent souvent en bancs. Les poissons-perroquets ont un bec avec lequel ils broutent le corail. Les nasons (*ume*) se distinguent à leur rostre faisant nettement saillie au-dessus de la bouche. Les rougets, à la robe rouge orangée, forment des bancs compacts dans les failles du récif.

La famille des perches regroupe plusieurs espèces, dont les perches à raie bleue, que l'on aperçoit souvent en banc. Celle des balistes est variée et comprend, entre autres, le poisson Picasso, qui n'hésite pas à mordre les palmes des plongeurs pour défendre son territoire. Le poisson-cocher, ainsi nommé en raison de la forme de ses longues nageoires dorsales, le poisson-empereur et le poisson-papillon en sont

REQUINS, TORTUES, MÊME COMBAT

L'appât du gain à court terme aura-t-il raison des requins et des tortues de Polynésie ? On peut le craindre. Malgré l'interdiction du *shark finning* (capture des requins, pour leurs ailerons, destinés au marché asiatique) en Polynésie, en 2006, à la suite d'une mobilisation de l'opinion, la pratique, désormais illégale, se poursuit clandestinement et plusieurs espèces de requins sont encore menacées. Quant aux conditions de leur capture, elles sont révoltantes : ils sont rejetés à l'eau vivants, mutilés, et meurent noyés, incapables de se déplacer. Il est malheureusement difficile de faire respecter la loi partout en Polynésie, faute de moyens de surveillance efficaces sur un territoire maritime grand comme l'Europe.

Le sort des tortues n'est pas plus enviable. Elles bénéficient de mesures de protection strictes, mais le braconnage persiste du côté de Maupiti, là encore faute d'une "police verte". Les touristes peuvent jouer un rôle en faisant part de leur mécontentement auprès des autorités locales, notamment les mairies ou l'office du tourisme à Papeete.

les plus beaux spécimens. Le poisson-pierre, difficile à repérer à cause de son mimétisme, provoque une piqûre dangereuse, tout comme le ptéroïs, qui ressemble à une rascasse. Le poisson-coffre et le tétrodon se gonflent comme un ballon en cas de danger.

Les daurades coryphènes (*mahi mahi*), les bonites, les thazards et les thons, très estimés pour leur chair, évoluent au large, mais s'approchent parfois du récif.

Cétacés

Les péponocéphales, ou dauphins d'Électre, constituent la grande attraction de Nuku Hiva aux Marquises. Ils forment des rassemblements de plusieurs centaines d'individus, uniques au monde. Aux Australes et à Moorea, ce sont les baleines à bosse qui ont la vedette, chaque année entre juillet et octobre, et l'on peut nager en leur compagnie (voir l'encadré p.). Dans tous les archipels, les dauphins (stenelles et tursiops) sont monnaie courante, surtout près des passes.

Espèces menacées

La tortue fait l'objet de mesures de protection strictes, mais le braconnage est monnaie courante dans le secteur de Maupiti. Les requins sont également sous la menace des pêcheurs, qui convoitent leurs ailerons, malgré l'interdiction. Leur nombre se raréfie dans les archipels.

Écologie et environnement

Les atolls et les îles hautes sont des milieux écologiquement fragiles, très sensibles à la moindre dégradation de l'environnement et régulièrement soumis à des "crises". Malheureusement, malgré quelques efforts perceptibles depuis plusieurs années, la Polynésie accuse un retard considérable en matière de protection. L'enjeu est pourtant capital : le tourisme, principale ressource de la Polynésie, repose sur l'intégrité de son patrimoine naturel, et la pollution écorne sérieusement l'image d'un paradis.

Traitement des déchets et des eaux usées

Les décharges, sauvages ou officielles, constituent l'aspect le moins reluisant de la Polynésie. En visitant l'une ou l'autre île, vous serez immanquablement confronté au triste spectacle d'ordures souillant le

DES LAGONS SOUS PRESSION

S'il existe des normes en matière de construction hôtelière, la réglementation s'appliquant aux prestations touristiques est particulièrement relâchée, du moins quant à l'impact sur l'environnement. Citons le cas des séances de nourrissage des requins et des raies, quasi apprivoisés, lors des tours du lagon en pirogue dans les îles de la Société ou dans les Tuamotu. Répétées plusieurs fois par jour – comme c'est le cas à Bora Bora ou à Moorea –, ces interactions perturbent l'écosystème et transforment le lagon en un vaste cirque qui n'a plus rien de naturel. Le même constat peut être dressé pour l'approche à la nage des baleines ; la réglementation visant à encadrer cette activité a été renforcée en 2008. Il est en effet essentiel de ne pas les perturber et leur approche doit se faire selon des règles très précises (approche à vitesse réduite, pas de sauts depuis le bateau, pas de cris, pas de mise à l'eau bruyante).

Des plans de gestion des espaces maritimes et des aires marines protégées, destinés à contrôler les activités lagonaires de manière rationnelle, ont été mis en place à Moorea et à Bora Bora. Chaque activité a désormais un site identifié et réservé (*feeding* des raies, *feeding* des requins, pêche, etc.). Le respect de ces zones reste cependant soumis au bon vouloir des prestataires, faute de contrôles réguliers.

cadre naturel, parfois à deux pas du lagon. Ces décharges polluent les cours d'eau qui, à leur tour, déversent les déchets dans le lagon. Dans les îles hautes, le fort ruissellement dû aux eaux de pluie n'arrange rien.

Les structures d'accueil et de tri des déchets dans les îles sont encore trop peu nombreuses, mais quelques démarches ont cependant abouti et commencent à porter leurs fruits. Pour les déchets non recyclables, des centres d'enfouissement technique, répondant à des normes strictes, ont été installés à Tahiti ; il est prévu d'étendre ce système à d'autres îles. La collecte et le traitement des déchets toxiques (batteries, huiles, bouteilles en verre) a commencé en 2003 sur plusieurs îles, dont Tahiti et Moorea.

Quant aux eaux usées, il n'existe pas de système public de traitement, sauf à Bora Bora (à Papeete, les travaux sont en cours). Les fosses septiques des habitations ou les ministations des collectivités sont mal entretenues et peu fiables, et les eaux, imparfaitement traitées, filent vers le lagon.

Le récif corallien est particulièrement vulnérable face à ces agressions. À Tahiti et à Moorea, on estime que 30% du littoral est pollué. Seule Bora Bora s'est dotée d'une station d'épuration et d'un système de tout-à-l'égout performant. Dans les autres archipels, les problèmes existent mais sont d'une ampleur bien plus limitée en raison de la faible présence humaine.

Impact du tourisme

Le tourisme, apparemment bien contrôlé, ne défigure pas le paysage. Les grands hôtels sont soumis à des normes strictes, tant sur le plan sanitaire qu'architectural, et se marient plutôt harmonieusement au paysage. Pourtant, on compte très peu d'"hôtels verts", et la mode des écolodges n'a pas encore touché la Polynésie. Certaines limites commencent à être dépassées, notamment à Bora Bora, où le nombre d'hôtels de luxe a explosé en quelques années, modifiant sensiblement l'aspect du littoral. Les déblais et les remblais dus aux constructions contribuent à affaiblir les organismes coralliens du lagon et à détruire les biotopes des poissons habituellement inféodés à ce type d'habitat. Reste le problème de la réglementation des activités touristiques (voir l'encadré ci-dessus).

Impact des phénomènes naturels

Des phénomènes naturels, ou partiellement naturels, sont également facteurs de troubles. Il n'est qu'à signaler le blanchiment du corail, dû à l'élévation anormale de la température de l'eau (au-dessus de 30°C) entre 0 et -15 m et à une irradiation trop importante en rayons ultraviolets, liées au phénomène climatique El Niño. Pour les spécialistes, ce phénomène est cyclique. Il n'est en tout cas pas irréversible, et les coraux peuvent retrouver leurs vraies couleurs si la température baisse.

Autre sujet de préoccupation : les plantes envahissantes, qui menacent la biodiversité. Ainsi, treize plantes figurent sur la liste noire en raison de leur impact écologique sur les milieux naturels. Il s'agit notamment du *Miconia calvescens*, implanté en 1937 à titre de plante ornementale – il présente de jolies feuilles vertes aux reflets violets –, qui a envahi une partie du paysage à Tahiti et à Moorea. Très prolifique, il évince progressivement le reste du couvert végétal. Il est étudié de près par les autorités politiques et scientifiques, qui cherchent à combattre la progression de ce redoutable ennemi. Autres plantes dans le collimateur : le tulipier du Gabon, reconnaissable à ses grandes fleurs orange ou rouges, le lantana, un arbuste épineux à fleurs jaunes, oranges ou rouges, le framboisier et la fougère arborescente d'Australie.

Les insectes nuisibles font également des ravages, notamment la mouche du fruit qui dévaste les cultures fruitières, et la fourmi de feu, destructrice, dont le venin provoque des maladies sur les animaux – présente sur la côte est de Tahiti. N'ayant pas de prédateurs, elle s'est développée de manière exponentielle.

Les coraux des îles de la Société ont été victimes voici quelques années d'une étoile de mer vorace, l'*Acanthaster planci*, appelée localement *taramea*.

Impact des essais nucléaires

La question des essais nucléaires (voir p. 300) à Moruroa et à Fangataufa (sud-est des Tuamotu), et de leurs répercussions, est épineuse. Tous les experts ne sont pas d'accord, mais il est difficile d'admettre que des dizaines d'explosions nucléaires dans le socle d'un atoll, fût-il basaltique, ne provoquent aucun dommage écologique. Certains estiment que l'atoll est fissuré et que des éléments radioactifs s'en échappent.

Plus graves encore, les pluies radioactives, issues des tirs dans l'atmosphère qui eurent lieu entre 1966 et 1974, ont causé des dégâts sur la santé de la population, et font actuellement l'objet d'enquêtes. Les atolls proches de Moruroa, ainsi que les Gambier, en première ligne, auraient été gravement contaminés. Selon certains rapports, les autorités auraient minimisé l'impact des retombées des nuages radioactifs pour ne pas affoler la population. Les anciens de Moruroa ont créé une association, Moruroa e Tatou, pour faire pression sur le gouvernement français. Depuis 2005, une commission d'enquête a

PAS TOUCHE AUX OISEAUX !

Il existe plusieurs "îles aux Oiseaux" en Polynésie qui font l'objet d'excursions. Il s'agit d'îlots inhabités où nidifient diverses espèces. C'est notamment le cas de Tetiaroa (p. 56), Tikehau (p. 198), Fakarava (p. 203), Mataiva (p. 202) et Ua Huka (p. 236).
Il faut savoir que la venue régulière de touristes sur ces sites constitue un élément perturbateur important, d'autant qu'aucune précaution n'est prise ni aucun contrôle exercé. Mal informés, certains touristes caressent les oiseaux dans le nid, sans savoir que la mère risque alors d'abandonner l'oisillon (attitude à proscrire !). Pour l'instant, aucune mesure d'encadrement n'a encore été prise. Autrefois, la coquille de nacre servait à réaliser des hameçons, leurres, ustensiles, outils, puis, au siècle dernier, des boutons.

entrepris un travail d'investigation pour mesurer les conséquences sanitaires de ces essais atmosphériques (notamment des taux de cancer de la thyroïde anormalement élevés chez les personnes ayant travaillé à Moruroa), mais elle se heurte au secret défense imposé par le ministère de la Défense.

Protection de la flore et de la faune

Les réserves marines ou terrestres sont peu nombreuses. Elles se limitent aux atolls de Scilly et de Bellinghausen (archipel de la Société), à plusieurs zones maritimes à Moorea et, depuis 2006, à une zone comprenant sept atolls des Tuamotu, dont Fakarava, qui ont obtenu le statut de "réserves de la biosphère" par l'Unesco. C'est encore bien peu pour un territoire grand comme l'Europe !

De plus en plus de spécialistes préconisent la mise en place d'aires marines protégées dans les lagons des îles touristiques (voir l'encadré p. 356). Moorea est la première île à avoir retenu cette démarche, mais son application reste limitée.

Plusieurs espèces sont protégées, notamment les raies et les tortues. Certains poissons et crustacés, dont les langoustes, sont soumis à des interdictions de pêche temporaires. Malgré tout, on continue à braconner les tortues pour leur chair, traditionnellement très prisée par les Polynésiens, et leur carapace décorative. N'encouragez en aucune façon cette pratique. L'île de Scilly est devenue une réserve protégée pour qu'elles puissent pondre en toute sécurité.

Les voyageurs ont également une responsabilité dans la protection de l'environnement. Abstenez-vous de ramasser des coquillages. En plongée, évitez les coups de palme intempestifs qui brisent les coraux, très fragiles. De même, les plaisanciers au mouillage s'assureront que l'ancre ne laboure pas les massifs de coraux.

Il est également regrettable que l'on laisse s'approcher les touristes – sans précaution aucune, ni information préalable – des sites de nidification d'oiseaux dans plusieurs îles, à l'occasion d'excursions lagonaires (voir l'encadré p. 357).

Polynésie pratique

Carnet pratique

Achats

Dans les îles touristiques, nombre de boutiques et de centres artisanaux proposent des curios (souvenirs) et des objets artisanaux variés, des incontournables objets en coquillages aux sculptures, en passant par les perles et les paréos. Les îles plus éloignées possèdent également de petits centres artisanaux. La qualité de la production locale est excellente, mais sachez cependant que certains objets dits "polynésiens", principalement les textiles, sont en réalité importés d'Asie... Papeete compte plusieurs magasins spécialisés, sans oublier le marché (mais les tarifs sont plus élevés que dans les îles). Si vous êtes en Polynésie entre mi-juin et mi-juillet, ne manquez pas le Heiva des artisans (Heiva Rimai) à Pirae (Tahiti) ; cette grande foire artisanale rassemble plusieurs dizaines d'artisans en provenance de tous les archipels, venus exposer et vendre leur production.

Chaque archipel a sa spécialité. Ainsi, la sculpture est une spécialité des Marquises, la nacre gravée typique des Gambier, et la vannerie représentative des Australes.

Consultez également la rubrique *Artisanat* p. 317 pour des éclairages culturels complémentaires. Le marchandage n'est pas de règle dans le Pacifique.

Activités

Canyoning

Le canyoning ne se pratique qu'à Tahiti. Les deux pôles exploités sont les lavatubes de Hitiaa (p. 79) et les cascades de la vallée de la Papenoo (voir p. 80).

Golf

La Polynésie compte deux terrains de golf, l'un à Tahiti (p. 74), l'autre à Moorea (p. 96).

Kitesurf

La Polynésie offre des conditions idéales pour la pratique de cette activité spectaculaire, notamment pendant l'hiver austral (mai à octobre), lorsque souffle le *maraamu*, un vent du sud-est. L'étendue lisse des lagons, protégée par la barrière de corail, constitue également un terrain d'évolution exceptionnel.

Les principaux lieux de pratique sont Tahiti (notamment la plage de Hitimahana ; p. 76), au voisinage du motu Martin, sur la côte est ; près du motu Nono, au PK 45 ; et la baie de Phaëton, dans l'isthme de Taravao), Moorea (près de la plage des Tipaniers ; p. 96), Raiatea, Huahine, Maupiti, Bora Bora et Tikehau.

Pêche au gros

Cette activité possède un énorme potentiel en Polynésie, mais n'a pas encore la réputation d'autres destinations, comme l'île Maurice, par exemple. Vous trouverez des bateaux spécialement équipés à Tahiti, Moorea, Raiatea, Bora Bora et Rangiroa, qui vous emmèneront taquiner le requin, le marlin, le thon, la bonite et la daurade coryphène. Comptez environ 100 000 CFP la journée (pour 4 à 5 personnes). Le plus ancien club de pêche sportive (et le plus renommé) est le **Haura Club** (☎42 37 14), à la marina Taina à Tahiti. La meilleure saison va de décembre à mars.

Vous pouvez également contacter des pêcheurs et des propriétaires de bateaux de pêche, et négocier un tarif.

À signaler : le TIBT (Tahitian International Billfish Tournament) est un concours de pêche en haute mer de réputation internationale qui se tient début mars tous les deux ans en Polynésie.

Plongée sous-marine

La plongée sous-marine, extraordinairement prisée en Polynésie française, fait l'objet d'une présentation détaillée p. 30.

Il existe une trentaine de centres de plongée professionnels, répartis

PRATIQUE

- Le courant électrique est de 220 volts à 60 MHz (contre 50 MHz en métropole). Cette légère différence ne pose pas de problème, sauf pour certains appareils, de type réveils, qui tourneront plus vite s'ils sont branchés sur le secteur. Les prises, analogues à celles de la métropole, sont dotées de deux broches rondes.
- Le système métrique est en vigueur en Polynésie française.
- La Polynésie compte deux quotidiens d'information, en français, *Les Nouvelles de Tahiti* (www.lesnouvelles.pf) et *La Dépêche de Tahiti* (www.ladepeche.pf), qui appartiennent tous les deux au groupe Hersant.
- À Papeete, les principaux titres de la presse française sont disponibles, avec un léger décalage. Dans les îles, en revanche, c'est la télévision ou la presse locale (et Internet, s'il est disponible) qui constituera le plus souvent la meilleure source d'information.
- La couverture par le réseau de téléphonie mobile polynésien (Vini) est excellente. Les téléphones portables des opérateurs français fonctionnent si l'option "Monde" a été préalablement activée.
- Vous pourrez suivre les journaux télévisés français sur Polynésie 1re.
- Munissez-vous de suffisamment d'espèces, car le plafond habituel de retrait hebdomadaire de votre carte de crédit risque de ne pas suffire pour couvrir vos dépenses.

à Tahiti, Moorea, Raiatea, Tahaa, Huahine, Bora Bora, Maupiti, Rangiroa, Tikehau, Manihi, Makemo, Hiva Oa, Tubuai et Rurutu. Leurs coordonnées et les tarifs de leurs prestations figurent à la rubrique *Activités* de chacun de ces chapitres.

Tous les plongeurs sont acceptés, quel que soit l'organisme auquel ils sont affiliés (CMAS, PADI, NAUI, etc.). Apportez votre brevet et votre carnet de plongée.

Promenades équestres

Dans l'archipel de la Société, il existe des centres équestres à Tahiti (p. 82), à Moorea (p. 96) et à Huahine (p. 116), qui proposent des balades guidées de quelques heures et éventuellement des excursions plus longues à la découverte de l'intérieur de l'île.

Aux Marquises, Nuku Hiva (p. 227) et Hiva Oa (p. 247) disposent chacune d'une structure proposant des balades équestres guidées. Cette possibilité existe également à Ua Huka (p. 237) et à Fatu Hiva (p. 257), mais l'activité est plus informelle.

À Rurutu aux Australes, un prestataire propose des balades à cheval sur les principaux sommets et crêtes de l'île (voir p. 266).

Toutes les sorties sont encadrées par des guides diplômés.

Randonnée pédestre

N'oubliez pas vos chaussures de marche ! À côté du tourisme "bleu", il existe un tourisme vert, privilégiant la découverte de l'intérieur des îles.

En matière de randonnée, le potentiel des îles hautes de Polynésie française est important. Malheureusement, il n'est que peu valorisé (il n'y a ni GR ni topo-guides) et rares sont les sentiers balisés et entretenus ; dans la quasi-totalité des cas, il convient de recourir aux services d'un guide. La saison idéale va de mai à octobre. Pendant la saison des pluies (novembre-avril), les sentiers peuvent être dangereux ou même impraticables.

Tahiti et Moorea rassemblent l'essentiel des possibilités, mais il existe de belles randonnées aussi à Raiatea, à Huahine, à Bora Bora et à Maupiti. Aux Marquises, le potentiel est superbe, dans toutes les îles. Aux Australes, il s'agit plutôt de balades assez courtes (demi-journée maximum).

Munissez-vous de lunettes de soleil, de crème solaire, d'un couvre-chef, de crème antimoustique, d'une cape de pluie, d'un pull pour les sommets, de bonnes chaussures de marche et de sandales en plastique pour traverser les rivières. Un pantalon sera utile pour éviter les égratignures des broussailles, ainsi qu'un sac étanche pour protéger votre appareil photo.

Snorkeling

Le snorkeling (plongée avec palmes, masque et tuba) est l'une des activités phares en Polynésie. La barrière de corail et les nombreux massifs coralliens qui émaillent le lagon constituent des sites tout désignés pour la pratique de cette activité. Le hic, c'est qu'il vous faudra passer par l'intermédiaire d'un prestataire pour vous rendre sur les plus beaux sites, car rares sont les hébergements situés immédiatement à proximité de beaux massifs coralliens. Toutefois, certains hôtels et pensions ont eu la bonne idée d'aménager des pontons qui permettent de s'immerger à proximité de la zone corallienne.

L'option la plus facile consiste à faire une sortie tour de l'île en pirogue à moteur, au cours de laquelle des arrêts baignade-snorkeling dans le lagon sont prévus. Certes, vous serez en compagnie d'autres personnes, mais au moins vous serez sûr de profiter des plus beaux spots. Pour plus d'indépendance, louez un bateau à moteur sans permis dans les îles où cette option existe.

Dans certaines îles, des options plus spectaculaires que la simple baignade autour de massifs coralliens sont proposées. À Nuku Hiva (Marquises), on peut se mettre à l'eau au milieu d'un banc de dauphins d'Électre (p. 227). À Rangiroa (Tuamotu), la descente de la mythique passe de Tiputa est possible en snorkeling (p. 189). À Rurutu (Australes) et à Moorea, on peut nager à proximité des baleines, entre juillet et octobre (p. 265 et p. 93).

Le matériel est généralement fourni, mais il est préférable de prendre son propre équipement. Les prestataires n'ont pas toutes les tailles de masque ou toutes les pointures de palme, et le matériel n'est pas toujours en excellent état.

Surf

La Polynésie est le lieu de naissance du surf, appelé *horue*. Ce sport a connu une expansion fulgurante au cours des dernières années chez les jeunes Polynésien(ne)s, qui le pratiquent assidûment. Certains "spots" sont même désormais mondialement réputés, notamment la célèbre vague de Teahupoo (p. 83), à Tahiti, qui accueille la compétition Billabong Pro chaque année en août. Vu leur localisation au milieu du Pacifique, exposées à toutes les houles, toutes les îles de Polynésie regorgent de belles vagues, mais c'est à Tahiti, à Moorea et à Huahine que la pratique est la plus développée. À Tahiti, d'avril à octobre, on ne compte pas un week-end sans compétition (lisez la presse locale pour prendre connaissance des dates et lieux de chaque compétition).

En règle générale, les côtes nord et est "marchent" une moitié de l'année (novembre-avril), alors que les côtes ouest et sud sont opérationnelles de mai à octobre. Ces distinctions sont cependant assez théoriques. En réalité, ce sont les trains de houle ponctuels qui font les spots du moment, et l'on peut surfer en toute saison.

La majorité des spots s'adressent aux confirmés. Seul le spot de Papenoo, à Tahiti, convient à l'initiation.

Les accès aux spots de *shorebreak* sont généralement aisés car proches de la route de ceinture. En revanche, pour les spots de *reefbreak*, essayez de trouver une embarcation qui vous conduise sur les sites ; sinon, résignez-vous à la nage.

Plusieurs *surfshops* sont implantés à Papeete. Vu la température de l'eau, vous n'aurez certainement pas besoin de combinaison, mais de maillots en Lycra pour vous protéger des coups de soleil. Les magasins spécialisés et les shapers locaux proposent tous types de matériel allant du bodyboard à la traditionnelle planche de surf, en passant par le shortboard.

Pour plus d'informations sur le surf en Polynésie, consultez le site de la **Fédération tahitienne de surf** (www.surf.pf). Pour des informations météo spécialisées (vitesse du vent, direction des vagues, etc.), les sites www.windguru.com, www.surfline.com, www.magicseaweed.com et www.wavewatch.com sont recommandés.

Reportez-vous aux chapitres régionaux pour une présentation des principaux spots.

Voile et plaisance

Plusieurs sociétés de location de voiliers disposant d'une flottille moderne de monocoques et de catamarans sont installées à Raiatea, la principale base nautique de Polynésie, et proposent diverses formules de location (croisière, à la cabine, en *bare boat* – sans skipper –, etc.). Au départ de Raiatea, comptez de 8 à 10 jours pour découvrir les îles Sous-le-Vent (Raiatea, Tahaa, Huahine et Bora Bora).

Les vents dominants sont les alizés (vents d'est). En saison sèche souffle parfois le *maraamu*, un vent du sud-est. Il est préférable d'éviter la période de novembre à mars, sujette aux cyclones.

Ambassades et consulats

Quelques pays étrangers sont représentés à Papeete par des consuls honoraires. Le Canada et la Suisse ne possèdent pas de représentation diplomatique en Polynésie française. Voici quelques adresses de ces représentations consulaires :

Belgique (☎50 65 65 ; consulbelge@mail.pf ; BP 20169, 98713 Papeete)

Chili (☎43 04 81 ; c.chilepapeete@mail.pf ; BP 952, 98713 Papeete)

Nouvelle-Zélande (nzcgnou@offratel.nc)

Argent

Banques

Les trois enseignes bancaires sont la Banque de Tahiti, la Banque de Polynésie et la Socredo. La banque Socredo est la banque locale par excellence et bénéficie de l'implantation géographique la plus large. Dans certains archipels, comme aux Marquises, c'est d'ailleurs la seule enseigne représentée.

À l'exception de la Socredo, qui dispose d'un nombre égal d'agences dans les îles et à Tahiti, la plupart des succursales sont concentrées dans l'agglomération de Papeete et dans les îles les plus peuplées, principalement Moorea, Raiatea et Bora Bora. Toutes les îles de l'archipel de la Société, à l'exception de Maupiti, possèdent au moins une agence bancaire. Dans les Tuamotu, seule Rangiroa abrite des services bancaires permanents. Aux Marquises, Ua Pou, Nuku Hiva et Hiva Oa possèdent une agence Socredo. Aux Australes, Rurutu et Tubuai offrent des services bancaires. Toutes pratiquent les opérations de change, sur présentation d'une pièce d'identité.

Dans les îles dépourvues de services bancaires, il faudra être très prévoyant et vous munir de suffisamment d'espèces pour régler toutes vos dépenses (hébergement, nourriture, transferts, activités, souvenirs).

Les horaires d'ouverture varient d'une succursale à l'autre, mais, en général, les agences ouvrent de 8h à 12h et de 13h à 16h en semaine (voire 15h ou 15h30 le vendredi). Certaines à Papeete ne ferment pas durant la traditionnelle pause du déjeuner et quelques-unes sont ouvertes le samedi matin.

Cartes de crédit

Les grands hôtels et les établissements de la gamme moyenne, les pensions haut de gamme, les restaurants fréquentés des îles touristiques, les boutiques de souvenirs et les joailleries, les centres de plongée, les principaux supermarchés et la plupart des agences Air Tahiti acceptent les règlements par carte de crédit (Visa et MasterCard, principalement).

Pour les autres prestations touristiques (tour de l'île en pirogue, la plupart des pensions de famille, etc.), il faudra vous munir d'espèces.

Pour chaque description d'hôtel ou de restaurant, nous avons précisé si le paiement doit s'effectuer en espèces uniquement.

Change

Les banques de Polynésie française prélèvent une commission forfaitaire importante sur les opérations de change de devises, y compris l'euro, effectuées en espèces ou en chèques de voyage. Comptez environ 500 à 700 CFP par transaction, selon les banques.

Il est ainsi préférable de changer une somme importante en une seule fois plutôt que de changer fréquemment des petites sommes.

La parité du franc CFP étant fixe par rapport à l'euro (1 € pour 119,33 CFP), les fluctuations des autres devises par rapport au franc CFP suivent les fluctuations par rapport à l'euro.

Sachez que de plus en plus d'opérateurs touristiques (restaurants, hébergements, prestataires d'activités) acceptent d'être directement payés en euros.

Distributeurs automatiques de billets (DAB)

Les distributeurs automatiques de billets vous permettront de retirer des espèces avec votre carte Visa ou MasterCard. Sur ces transactions, il n'y a habituellement pas de commission prélevée par votre banque si vous disposez d'un compte en euros, mais mieux vaut s'en assurer avant votre départ auprès de votre agence bancaire.

Vous n'aurez aucun problème pour trouver

PLAFONDS DE RETRAIT

Attention ! Les retraits dans un distributeur avec une carte bleue internationale classique de type Visa ou MasterCard sont plafonnés (généralement 35 000 CFP, soit 295 €, sur une période de 7 jours glissants). Ce plafond hebdomadaire est rapidement atteint et, pour peu qu'ils n'aient plus d'espèces, certains touristes se retrouvent piégés, sans moyens de paiement... Il existe une solution : demandez à votre banque une carte de crédit internationale autorisant des retraits hebdomadaires d'un montant supérieur, comme la carte Visa Premier par exemple (jusqu'à 100 000 CFP par période de 7 jours glissants). Dans tous les cas, ne comptez pas uniquement sur les retraits effectués avec votre carte de crédit pour subvenir à vos besoins courants. Emportez *toujours* en plus des espèces et éventuellement des chèques de voyage.

des distributeurs à Tahiti. En revanche, dans les autres îles, leur nombre est nettement plus réduit. Vous en trouverez trois ou quatre seulement à Moorea, Huahine, Raiatea ou Bora Bora. Dans les Tuamotu, il n'y a que deux distributeurs, à Rangiroa. Aux Marquises, il existe trois distributeurs de billets à Nuku Hiva, deux à Hiva Oa et deux à Ua Pou. Aux Australes, il existe deux distributeurs à Rurutu, deux distributeurs à Tubuai et un distributeur à Raivavae. Prévoyez dans tous les cas une réserve en espèces pour ne pas être pris au dépourvu.

Monnaie

L'unité monétaire de Polynésie française est le franc CFP (Confédération française du Pacifique, dit franc cours Pacifique). Les espèces se subdivisent en pièces de 1, 2, 5, 10, 20, 50 et 100 CFP et en billets de 500, 1 000, 5 000 et 10 000 CFP.

Pourboires

On a longtemps clamé que le pourboire n'était pas de mise en Polynésie, sous prétexte qu'il n'était pas adapté à la mentalité locale. Il semble que les temps commencent à changer, notamment dans les îles touristiques. Pour le personnel des hôtels et des restaurants, souvent peu payés, le pourboire peut constituer une gratification bienvenue. Pour l'instant, cette pratique n'est pas encore courante, mais n'ayez pas de scrupule à laisser un pourboire si vous êtes content du service.

On ne marchande pas en Polynésie. La seule possibilité de marchandage concerne les perles de Tahiti (mais pas dans toutes les enseignes), ainsi que les objets artisanaux vendus directement par les artisans (sculptures marquisiennes, par exemple), à condition d'en acheter plusieurs.

Taxes

Toutes les prestations touristiques sont assujetties à la TVA, notamment l'hébergement. Elle reste néanmoins faible dans ce domaine (de l'ordre de 5%). Les hôtels de luxe sont soumis à une taxe de 14%. Dans cet ouvrage, les tarifs s'entendent toutes taxes comprises, sauf mention contraire. La note d'hébergement est majorée d'une taxe touristique de 50 ou 150 CFP (selon le type d'hébergement), par jour et par personne, dans les îles les plus touristiques.

Virements

Vous avez utilisé toutes vos espèces et votre carte de crédit refuse de fonctionner dans les distributeurs car vous avez atteint votre plafond de retrait hebdomadaire ? Il existe une solution de dépannage : le virement télégraphique. Le système **Western Union** (www.westernunion.com) fonctionne en Polynésie. Un correspondant dans votre pays d'origine dépose une somme dans une banque agréée Western Union, disponible presque instantanément au guichet d'une agence de la Banque de Polynésie. C'est très pratique, mais ce système ne fonctionne que dans les agences de la Banque de Polynésie à Tahiti, à Moorea, à Raiatea et à Bora Bora. Ailleurs, il existe une possibilité de dépannage similaire, efficace et très peu connue : le **mandat IFS**, effectué depuis un bureau de poste en France vers un bureau de poste en Polynésie, à condition que celui-ci soit informatisé (c'est le cas de la plupart des îles touristiques, sauf certains atolls des Tuamotu, comme Mataiva ou Ahe). Cette procédure prend 48 heures et repose sur le même principe que le virement Western Union. Des frais sont appliqués dans les deux cas (au moins 50 € par opération), mais le service rendu est énorme.

Assurance

Il est conseillé de souscrire une police d'assurance qui vous couvrira en cas de vol, de perte de vos affaires ou de problèmes médicaux. Il existe une large gamme d'assurances et certaines offrent des options plus ou moins intéressantes. Prenez toujours le temps de lire attentivement toutes les clauses.

Vérifiez notamment que les "sports à risques", comme la plongée, la moto ou même la randonnée ne sont pas exclus de votre contrat, ou encore que le rapatriement médical d'urgence, en ambulance ou en avion, est couvert. De même, le fait d'acquérir un véhicule dans un autre pays ne signifie pas nécessairement que vous serez protégé par votre propre assurance.

Vous pouvez contracter une assurance qui réglera directement les hôpitaux et les médecins, vous évitant ainsi d'avancer des sommes qui ne vous seront remboursées qu'à votre retour.

Avant de souscrire une police d'assurance, vérifiez bien que vous ne bénéficiez pas déjà d'une assistance par votre carte de crédit, votre mutuelle ou votre assurance automobile.

N'oubliez pas de prendre avec vous les documents relatifs à l'assurance, ainsi que les numéros à appeler en cas d'urgence.

Cartes et plans

La carte *Tahiti Archipel de la Société* (IGN n°3615) au 1/100 000, disponible partout à Papeete ou à l'étranger dans les magasins spécialisés, couvre l'ensemble de l'archipel et demeure la seule carte réellement utile pour les touristes, même si elle n'est pas totalement à jour. L'IGN édite également, pour chaque île de l'archipel, des cartes au 1/50 000. Sur les Tuamotu, les seules cartes existantes sont les cartes marines du SHOM. Pour les Marquises, vous pourrez utiliser les cartes SHOM ou, mieux, les cartes IGN au 1/50 000 (Hiva Oa, Nuku Hiva, Ua Pou), mais elles sont difficiles à trouver. Sur place, vous trouverez des cartes nautiques à la **librairie Klima** (☎42 00 63 ; 13 place Notre-Dame, Papeete).

Climat

Gare à la déception : le climat n'est pas toujours paradisiaque en Polynésie, contrairement à une idée largement répandue. Les températures sont certes toujours clémentes, mais l'ensoleillement et le ciel bleu qui caractérisent les brochures publicitaires ne sont pas toujours au rendez-vous, loin de là. Ciel voilé, pluies fines ou torrentielles, journées de grand vent à décorner les bœufs, mer agitée... Sur la durée de votre séjour, vous n'échapperez pas à ces désagréments météorologiques. Gardez à l'esprit que la Polynésie, entre l'Équateur et le tropique du Capricorne, connaît un climat de type tropical *humide*. Il y pleut donc régulièrement, et en toutes saisons !

Saisons et températures

On a coutume de distinguer deux saisons dans l'année. La saison des pluies (été austral) s'étend de novembre à avril. Les températures sont maximales en février-mars (entre 24 et 31°C en mars à Tahiti-Faa'a), entraînant une intense évaporation au-dessus de l'océan. L'air est saturé d'humidité, la nébulosité, élevée et l'atmosphère, étouffante. Les trois quarts des précipitations annuelles s'abattent au cours de cette période, généralement sous forme de violents orages de courte durée, mais des pluies torrentielles pendant plusieurs jours sont également monnaie courante.

La saison sèche (hiver austral) couvre les mois de mai à octobre. Les pluies sont en principe moins fréquentes, l'air est plus sec et les températures légèrement plus fraîches (entre 21 et 28°C en août à Tahiti-Faaa), surtout la nuit. Pour autant, les épisodes pluvieux sont courants, même à cette période.

La température de l'eau reste, elle, relativement constante sur l'année (entre 26 et 29°C, un peu moins aux Australes et aux Gambier en juillet-août).

Nuances régionales

Le climat polynésien est loin d'être uniforme. Le relief et la latitude jouent un rôle essentiel. Aux Tuamotu, les alizés se font nettement plus sentir en raison de l'absence de relief. L'insolation est maximale et avoisine 3 000 heures par an. Les Marquises, bien que proches de l'Équateur, sont l'archipel le plus sec de Polynésie (à peine 600 à 900 mm d'eau par an à Ua Huka). À la différence des autres archipels, les pluies sont surtout concentrées entre juin et août. Aux Australes et aux Gambier, les archipels les plus méridionaux, la pluviométrie est élevée et les températures nettement plus fraîches entre juin et septembre ; le mercure descend alors régulièrement sous la barre des 20°C (voire 12°C à Rapa), surtout la nuit.

Sur une même île, les précipitations sont très variables en fonction de l'altitude, de l'exposition aux vents et du profil des vallées. Les côtes au vent sont nettement plus arrosées que les côtes sous le vent, abritées. La nébulosité, plus marquée près des sommets, donne lieu à des précipitations plus abondantes.

Régime des vents

La Polynésie française est soumise au régime des alizés, qui soufflent du secteur nord-est à sud-est avec une force de 40 à 60 km/h en toute saison. Le *maraamu* (alizé du sud-est), fréquent au cours de la saison sèche, est assez frais et apporte des précipitations et une forte nébulosité. Le *toerau* (vent du nord-nord-est) souffle occasionnellement durant l'été austral et il est annonciateur de pluie. Dans les îles hautes, une brise matinale bienfaisante, le *hupe*, vient atténuer la touffeur de la plaine.

Cyclones

En principe, la Polynésie devrait être épargnée par les cyclones, qui se forment plus à l'ouest. Pourtant, en raison de trajectoires anormales, la Polynésie a connu de nombreux cyclones dévastateurs au XXe siècle ; le dernier en date, Oli, a causé des dégâts à Tubuai (Australes), à Tahiti, à Bora Bora et à Maupiti en février 2010. Pendant la saison humide, il est courant que la Polynésie soit touchée par des dépressions tropicales, d'intensité moindre que les cyclones.

Désagréments et dangers

Baignade

La baignade dans les eaux du lagon est généralement sûre, mais il faut se méfier des courants violents qui règnent à proximité des passes, qui peuvent vous entraîner très loin. Renseignez-vous préalablement auprès des centres de plongée, les mieux informés.

À moins de pratiquer la chasse sous-marine à l'extérieur du récif, les requins, bien que très nombreux en Polynésie, ne posent pas de danger. Aucune attaque sur des nageurs n'a été enregistrée. Méfiez-vous plutôt des poissons pierre, plus traîtres, car ils se confondent avec leur environnement, et leur piqûre peut être mortelle. N'oubliez pas de toujours porter des sandalettes aux pieds.

Dans les environs de Papeete, certaines zones balnéaires peuvent être contaminées par des eaux d'égout non traitées.

Moustiques et nonos

Si le paludisme est inexistant en Polynésie française, les moustiques n'en demeurent pas moins parfois intolérables, surtout pendant la saison des pluies. Ils ne posent guère de problème en bord de mer, car la brise marine les chasse au loin, mais, à l'intérieur des terres, ils peuvent constituer un véritable cauchemar. Munissez-vous impérativement de produits antimoustiques puissants et pensez à vous couvrir, malgré la chaleur.

Quant aux nonos, il s'agit d'une espèce de minuscule mouche des sables qui sévit principalement aux Marquises. Encore plus redoutable que celle des moustiques, leur morsure provoque des démangeaisons parfois insupportables, qui risquent de s'infecter. Certains voyageurs ont vu leur séjour gâché par ces nuisibles. À titre de prévention, il faut s'enduire de monoï ou d'huile de *tamanu* (le nono s'y englue), mais il n'existe pas de remède miracle. Couvrez-vous au maximum et évitez les endroits mal ventilés – comme les moustiques, les nonos n'aiment pas les endroits ventés.

Chiens et coqs

Quel que soit le degré d'adoration que l'on porte aux animaux, il faut se rendre à l'évidence : en Polynésie, les chiens sont un véritable calvaire. La loi sur la divagation des chiens n'est pas appliquée en Polynésie, faute de volonté des maires. La nuisance n'est pas que sonore... Les Polynésiens adorent les canidés (y compris les pitbulls, qui ont été à la mode pendant quelques années), qu'ils considèrent comme des jouets quand ils sont chiots. Ils les délaissent à l'âge adulte. Plus ou moins livrés à eux-mêmes, ceux-ci forment des meutes inquiétantes dès la nuit tombée, et les attaques ne sont pas rares. Si vous vous promenez dans un endroit isolé ou à la tombée de la nuit, munissez-vous d'un bâton. Si un chien vous importune, faites mine de prendre une pierre – généralement cette menace suffit à les éloigner.

Quant aux coqs, également omniprésents en Polynésie, vous n'oublierez pas de sitôt leur chant *très* matinal. Certaines pensions qui paraissent très calmes en journée sont malheureusement environnées de coqs qui ont la fâcheuse manie de chanter à tue-tête sous la fenêtre de votre bungalow dès 3h. Si vous ne pouvez vous y habituer, changez d'endroit.

Vols et agressions

Les vols et la petite délinquance sont en augmentation, principalement dans l'agglomération de Papeete. Dans les îles, les vols sont relativement rares, sauf dans les îles les plus touristiques, notamment à Moorea et à Bora Bora, où sévissent des bandes de jeunes malfrats. Les larcins sont principalement dus à l'absence de vigilance des touristes qui attisent les tentations en laissant des objets de valeur sans surveillance sur le bord de mer ou dans leur voiture de location. Dans les bungalows – même ceux qui ferment à clé –, ne laissez pas d'argent ou d'objets de valeur. Il est en effet facile d'y pénétrer par effraction. Dans les hôtels de luxe, utilisez le coffre-fort mis à disposition.

Les agressions à l'encontre des touristes sont rares. Elles sont le plus souvent le fait de jeunes en état d'ébriété ou sous l'emprise du cannabis. Peut-être serez-vous gratifié de quelques insultes telles "*taioro*" ou "*titoi*", dont nous vous laissons le soin de découvrir la signification exacte sur place. Ne répondez pas aux provocations et passez votre chemin.

Dans les endroits isolés, les femmes seules doivent faire preuve de vigilance. Les risques d'agression sexuelle ne sont pas à exclure. Choisissez systématiquement un hébergement fermant à clé et tirez les rideaux pour décourager les voyeurs.

Reportez tout incident à la gendarmerie locale ou à la police. Sur les îles peu peuplées, le représentant de l'ordre est le *mutoi*, en l'absence de police ou de gendarmerie.

Alcoolisme

Vous remarquerez vite que les Polynésiens sont de grands consommateurs de bière, notamment lors des "bringues" et autres fêtes locales. Passé une certaine dose, ils ont l'alcool mauvais et aiment en découdre physiquement. On ne compte plus les altercations liées à l'abus d'alcool à la sortie de certains bars à Papeete. Vu la force légendaire des Polynésiens, éclipsez-vous rapidement. Attention également lors des fêtes de juillet, dans toutes les îles ; c'est une période pendant laquelle la population a tendance à se "lâcher" plus que d'habitude, et les beuveries près des "baraques" (les stands, près des animations) dégénèrent régulièrement en fin de soirée.

Drogue

La culture clandestine de la marijuana locale, le *pakalolo*, très fort, a pris des proportions alarmantes, et les jeunes Polynésiens en consomment très régulièrement (imités par de nombreux Occidentaux installés en Polynésie). La police intensifie ses actions à la mesure de cette recrudescence. Refusez catégoriquement toute proposition. Depuis 2005, une autre drogue, encore plus dévastatrice, l'*ice* (une sorte de crack de mauvaise qualité), sévit également à Papeete.

Insécurité routière

Liée aux deux désagréments précédemment évoqués, l'insécurité routière est un fléau dans toute la Polynésie. Il n'y a qu'à se promener à Papeete ou dans sa banlieue un soir de week-end pour prendre la mesure du phénomène. Boire ou conduire, les Polynésiens n'ont pas choisi, malgré le renforcement des contrôles de gendarmerie. À la conduite en état d'ébriété vient s'ajouter la vitesse excessive, à l'origine de nombreux accidents mortels. Le pays détient de tristes records dans ce domaine – le taux d'accidents mortels serait cinq fois supérieur à celui de la métropole. Sur la RDO (la deux fois deux voies, entre Papeete et Punaauia), les jeunes se livrent à des "runs" (courses) dévastateurs, à moto, en scooter ou en voiture, les soirs de week-end.

Faites très attention aux véhicules non signalisés ou mal éclairés, ainsi qu'aux enfants qui marchent sur le bord de la route. Dans les îles, ne relâchez pas votre vigilance. Sur les routes qui font le tour de l'île, il est tentant de se laisser absorber par le paysage et d'oublier les règles de conduite, et les accidents qui s'ensuivent peuvent être graves, d'autant plus qu'il n'y a pas de bas-côtés ou de trottoirs.

Sécurité des bateaux de plaisance

Les équipages des bateaux de plaisance devront faire tout particulièrement attention à leur matériel et à leurs objets de valeur. Les vols sont monnaie courante, surtout à Tahiti, à Bora Bora et aux Marquises.

Douane

Les restrictions habituelles concernant l'alcool et le tabac s'appliquent à l'arrivée en Polynésie française. Vous disposez d'une franchise de 200 cigarettes, de 2 litres de vin et de 2 litres de boissons à plus de 22°, de 500 g de café, de 100 g de thé et de 250 ml pour les eaux de toilettes. Notez que les bagages des visiteurs en provenance des Fidji et de Pago Pago, dans les Samoa américaines, sont obligatoirement désinfectés par fumigation à l'arrivée pour éviter toute contamination par la mouche du cocotier. L'introduction d'animaux et de végétaux est soumise à des autorisations particulières. Les animaux arrivant à bord de voilier ne peuvent débarquer à terre.

Pour l'exportation de perles, vous bénéficiez d'une exemption de taxes jusqu'à 10 perles nues, et autant de perles montées que vous le souhaitez.

Enfants

Les Polynésiens adorent les enfants et réservent un excellent accueil aux familles. Le climat, le cadre naturel et les joies de l'eau, tout concourt à faire de la Polynésie un paradis pour les enfants. L'absence de réel danger dû à des piqûres ou morsures est un argument rassurant. De plus, la circulation réduite (à l'exception de Papeete) limite les risques d'accident. Ils auront l'occasion d'approcher la faune marine de très près et de découvrir les richesses du milieu naturel (à l'occasion d'une balade à pied ou à cheval, par exemple), dans de bonnes conditions de sécurité. Les enfants peuvent s'initier à la plongée dès l'âge de 8 ans.

Veillez toutefois à ce que les vaccins soient à jour et emportez le carnet de santé. Prévoyez un sac porte-bébé, des vêtements légers mais couvrant l'ensemble du corps, ainsi que de l'écran total. Ne laissez pas votre enfant sans surveillance près des plages ou des récifs. Achetez de l'eau minérale pour les biberons et faites boire fréquemment vos enfants. Les couches sont très chères, même dans les grandes surfaces à Papeete. L'allaitement en public ne pose pas de problème.

En cas d'urgence, sachez qu'il existe des structures médicales partout en Polynésie. Le centre hospitalier du Taaone à Pirae abrite un service pédiatrique ultramoderne. Assurez-vous que votre assistance rapatriement couvre également votre enfant.

Les familles embarquent prioritairement sur les avions d'Air Tahiti. La carte Famille (2 500 CFP, une photo d'identité du père et de la mère, un extrait d'acte de naissance par enfant ou le livret de famille), délivrée immédiatement à l'agence d'Air Tahiti à Papeete, vous donne droit à d'importantes réductions sur les vols en période bleue. Dans les hôtels ou pensions, les enfants de moins de 12 ans ne paient en général que 50%, comme pour les excursions à terre ou sur le lagon. Les restaurants ne proposent que rarement des menus enfants et n'ont pas de chaises bébé, mais les familles sont les bienvenues.

Hormis à Papeete, les loueurs de voiture disposent rarement de sièges enfants.

Formalités et visas

Passeport et visas

Tous les visiteurs se rendant en Polynésie française, y compris les citoyens français, doivent se munir d'un passeport valable encore 6 mois après leur date de retour.

Les citoyens français n'ont pas besoin de visa. Les ressortissants des pays de l'Union européenne, ainsi que les Suisses et les Canadiens, peuvent séjourner en Polynésie française jusqu'à 3 mois sans visa. Les ressortissants des autres pays devront se munir d'un visa délivré par les missions diplomatiques françaises, avec la mention "valable pour la Polynésie française".

Hormis les résidents permanents, les citoyens français et les citoyens des pays de l'Union européenne, tout visiteur doit être muni d'un billet de retour ou de prolongation de son voyage. La réglementation concernant les visas d'entrée en Polynésie française étant sujette à modification, les visiteurs devront vérifier la validité de la durée des visas peu de temps avant leur départ, auprès d'un consulat français ou de leur agent de voyages.

Transit par les États-Unis

Les vols en provenance d'Europe à destination de Papeete transitent par Los Angeles, et une réglementation spécifique s'applique aux voyageurs en transit sur le sol américain.

Les voyageurs munis d'un passeport biométrique (avec photo numérisée et données biométriques ; délivré le 26 octobre 2006 ou après), d'un passeport à lecture optique sans photo imprimée numériquement (délivré avant le 26 octobre 2005 ; Modèle Delphine avec deux lignes de lettres et de chiffres suivies de <<< en bas) ou d'un passeport avec une photo numérisée et à lecture optique délivré entre le 26 octobre 2005 et le 26 octobre 2006 peuvent transiter sur le sol américain sans visa. Une autorisation de voyage électronique, appelée ESTA, est également nécessaire pour le transit aux États-Unis. Connectez-vous au site https://esta.cbp.dhs.gov et remplissez en ligne le formulaire de demande. La réponse est en général immédiatement fournie par le système électronique, mais il est conseillé de s'acquitter de cette formalité au moins 72 heures avant la date du départ. Une taxe de 14 $US est exigée (payable en ligne). Cette autorisation est valable deux ans.

Dans tous les autres cas, un visa (environ 90 €) est indispensable. Vous pourrez vous le procurer auprès de l'ambassade des États-Unis de votre pays d'origine. Renseignez-vous suffisamment à l'avance auprès de votre agent de voyages sur les modalités de transit aux États-Unis au moment de votre départ.

Prolongation de visa

Le séjour des étrangers ne peut excéder 3 mois. Au-delà, il faut solliciter un permis de séjour auprès des autorités consulaires françaises dans votre pays d'origine.

Permis de conduire

Bien qu'en pratique les agences de location ne soient pas trop regardantes sur l'origine de votre permis, il est préférable de se munir d'un permis de conduire international. Pour les Français, le permis national suffit.

Formalités pour les bateaux de plaisance

Outre la présentation du titre de propriété du navire, les plaisanciers sont soumis aux mêmes obligations de passeport et de visa que les personnes arrivant par avion (voir ci-contre). À moins de disposer d'un billet d'avion retour, les plaisanciers qui n'appartiennent pas à l'Union européenne doivent s'acquitter d'une caution bancaire de rapatriement d'un montant équivalent au prix d'un billet retour à destination de leur pays d'origine.

Les plaisanciers doivent signaler leur départ définitif à la police aux frontières à Papeete ou à la gendarmerie de Raiatea, qui donne alors la mainlevée de ladite caution. Cette mainlevée doit être présentée à la gendarmerie de la dernière île touchée (en règle générale, Bora Bora). Les plaisanciers peuvent alors récupérer leur caution. À noter : chaque membre d'équipage est tenu de verser la caution, déposée dans une banque locale.

La première touchée doit obligatoirement se faire dans les ports dotés d'une gendarmerie, autrement dit Papeete, Afareaitu (Moorea), Uturoa (Raiatea), Fare (Huahine), Vaitape (Bora Bora), Taiohae (Nuku Hiva, Marquises), Hakahau (Ua Pou, Marquises), Atuona (Hiva Oa, Marquises), Mataura (Tubuai, Australes), Moerai (Rurutu, Australes), Rairua (Raivavae, Australes), Avatoru (Rangiroa,

Tuamotu) ou Rikitea (Mangareva, Gambier). Chaque départ et chaque arrivée doivent être signalés à la gendarmerie. Toute modification d'équipage doit être notifiée.

Dans le domaine des douanes, le bateau et le matériel à bord sont considérés comme étant en franchise de taxes pendant 24 mois. À noter : si le capitaine travaille ailleurs que sur le bateau, il ne bénéficie plus de cette franchise et doit s'acquitter des droits d'importation sur le bateau. Avant d'arriver au port à Papeete, prévenez de votre arrivée sur le canal 12. Le seul mouillage autorisé est au quai yachts. Il n'existe pas de place réservée. Présentez-vous au bureau des yachts pour remplir une déclaration d'entrée. Vous devrez vous acquitter de diverses contributions : taxe de quai journalière, taxe pour l'eau, pour l'électricité et pour les frais de poubelle. Outre le port de Papeete, les points d'ancrage à Tahiti sont la marina de Fare Ute, le Yacht Club à Arue, la marina Taina à Punauiaa (souvent saturée), la marina Haura à Hitiaa (PK 39), la marina de Taravao (dans la baie Phaéton) et à Moorea, la marina de Vaiare. Il est interdit de mouiller dans la baie de Taaone. Prévenez la capitainerie de chacun de vos mouvements (sauf si vous allez à Moorea). Signalez sur le canal 12 votre passage près de l'aéroport.

À Papeete, les bureaux de la **police aux frontières** (☎42 40 74 ; bd Pomare ; ⏲8h-11h30 et 14h-16h30 lun-ven) se trouvent sur le front de mer, près de la gare maritime. Le **bureau des yachts** (☎47 48 51 ; bd Pomare ; ⏲7h-15h) est à côté de celui de la police aux frontières. Les bureaux de la **douane** (☎50 55 65 ; Motu Uta) sont au port de Motu Uta.

Attention aux horaires, notamment si vous avez prévu de quitter Papeete le week-end. Dans ce cas, passez le jeudi pour accomplir vos formalités de départ.

Dans les autres îles, c'est la gendarmerie qui est compétente, mais vous devrez de toute façon vous présenter aux bureaux mentionnés ci-dessus, à Papeete.

Handicapés

Les voyageurs à mobilité réduite ne trouveront malheureusement que peu d'infrastructures destinées à faciliter leurs déplacements. Échelles étroites sur les bateaux, hautes marches des bus, embarquement difficile à bord des avions d'Air Tahiti, l'itinéraire du voyageur handicapé en Polynésie française ressemble à un parcours du combattant car les équipements spéciaux font cruellement défaut.

Qui plus est, les hôtels et pensions sont peu habitués à recevoir une clientèle avec des besoins particuliers et les activités nautiques et de plein air ne sont prévues que pour les personnes "valides".

Reste que, depuis quelques années, les nouvelles normes de construction intègrent les besoins des personnes handicapées. Les nouveaux hôtels et les bâtiments publics doivent désormais prévoir des accès spécifiques. Le mouvement est lancé, mais il faudra du temps avant qu'il ne soit généralisé sur tout le territoire.

Pour plus de renseignements, mettez-vous en rapport avec Te Niu O Te Huma, la **Fédération des handicapés de Polynésie** (☎43 30 62 ; www.handicap-polynesie.com). En France, contactez l'**APF** (Association des paralysés de France ; ☎01 40 78 69 00 ; www.apf.asso.fr ; 17 bd Blanqui, 75013 Paris), également une bonne source d'informations.

Heures d'ouverture

Les magasins et bureaux sont normalement ouverts du lundi au vendredi, à partir de 7h30-8h jusqu'à 17h environ. Le vendredi après-midi, il est fréquent que les bureaux, les banques, voire certains commerces, ferment une heure plus tôt.

La journée continue tend à se généraliser dans le secteur des services et du commerce, notamment à Papeete, mais bon nombre d'établissements n'ont toujours pas renoncé à la sacro-sainte pause déjeuner. Certains supermarchés et épiceries restent ouverts tard le soir.

Le week-end, les magasins sont en général ouverts le samedi matin, la plupart sont fermés le samedi après-midi et tous le sont le dimanche. Seule exception : les supermarchés et les magasins d'alimentation, ouverts 7j/7, même dans les îles (avec cependant des horaires plus restreints le week-end).

Heure locale

L'heure de Polynésie française est à GMT moins 10, et à 2 heures à l'est de la ligne internationale de changement de date. Lorsqu'il est 12h à Tahiti, il est 15h à Los Angeles, 18h à Montréal et 23h à Paris, Bruxelles ou Genève en hiver (24h en été). Les Marquises ont une demi-heure d'avance sur le reste de la Polynésie française (quand il est 12h à Tahiti, il est 12h30 aux Marquises), et les Gambier, une heure (quand il est 12h à Tahiti, il est 13h aux Gambier). Il n'y a pas d'heure d'été/hiver.

Homosexualité

En Polynésie française, il n'existe pas de réseaux ou d'associations gays ayant pignon sur rue, ni même de lieux de drague spécialement désignés, pas plus que de lieux estampillés "gay friendly". L'homosexualité et la bisexualité se vivent naturellement, sans besoin de "structuration" à l'occidentale. L'homophobie reste marginale. Les *mahu* (travestis) occupent une place importante et visible, en particulier dans la restauration et l'hôtellerie où leur tenue et leur allure ne laissent planer aucun doute.

Quant aux *rae rae*, ce sont plutôt des travestis qui se livrent occasionnellement à la prostitution. Des tests de dépistage HIV sont pratiqués au Centre hospitalier territorial Mamao et à l'institut Malardé, à Papeete. Les préservatifs sont en vente dans toutes les pharmacies.

Internet (accès)

Les accès Internet se sont répandus au cours des dernières années. Les principales îles touristiques comptent au moins un cybercafé. Les connexions sont assez rapides, car le haut débit s'est généralisé en Polynésie.

Sur certaines îles (y compris des îles reculées comme Ua Huka aux Marquises ou Raivavae aux Australes), c'est à l'OPT (la poste) que vous pourrez vous connecter, grâce au système Manaspot : on achète une carte prépayée, la carte Manaspot (crédit allant de 1 000 à 5 000 CFP), en vente dans les agences de l'OPT, et l'on se connecte sur l'ordinateur mis à disposition dans l'agence. Ce système permet également de se connecter en Wi-Fi dans un rayon de 50 m environ autour de l'agence, 24h/24.

Le Wi-Fi tend à se généraliser. Plusieurs sociétés proposent des accès Internet par carte prépayée (ou par achat de forfaits en ligne) : Manaspot (www.manaspot.pf), Iaoranet (www.iaoranet.pf) et Hotspot-wdg (www.webdatagest.com). Consultez leurs sites pour connaître en détail les zones couvertes. Comptez 500 CFP l'heure (tarifs dégressifs en fonction de la durée).

Tous les hôtels proposent le Wi-Fi (la prestation est généralement payante), ainsi que bon nombre de pensions.

Jours fériés

Le calendrier des jours fériés civils et religieux est le même qu'en métropole mais compte deux autre dates :

Arrivée des premiers missionnaires 5 mars

Fête de l'Autonomie interne 29 juin

Laverie

Le blanchissage peut se révéler très problématique, car les laveries automatiques sont peu répandues en dehors de Papeete, et leurs tarifs sont astronomiques (presque 15 € pour une machine lavé-séché !). Les grands hôtels se chargeront bien sûr du nettoyage de vos vêtements, mais à des prix exorbitants. Dans les pensions, il est généralement possible de faire laver son linge, moyennant un supplément (au moins 10 €). Pour ne pas être pris au dépourvu, munissez-vous de lessive liquide.

Offices du tourisme

En Polynésie

Il n'existe pas de réseau fiable d'offices du tourisme en Polynésie. Il faudra vous contenter des brochures sur les hébergements et les transports inter-îles disponibles au bureau principal de l'office du tourisme, installé sur le quai d'Honneur de Papeete. Prenez le temps d'y passer avant votre départ dans les îles, car vous ne trouverez pas d'offices du tourisme efficaces dans les autres îles touristiques. Dans certaines d'entre elles, il existe bien un mini-office du tourisme (généralement appelé "Comité du tourisme"), mais il s'agit souvent de structures associatives, aux horaires fantaisistes, qui se contentent de vous remettre quelques brochures. En réalité, les personnes les mieux informées dans les îles sont les propriétaires des pensions et des hôtels, en contact étroit avec les prestataires et bien au fait des besoins de leurs clients.

En France

Tahiti Tourisme (☎01 55 42 64 34 ; www.tahiti-tourisme.fr ; 28 bd Saint-Germain, 75005 Paris)

À l'étranger

Canada – Tahiti Tourism North America (☎310-414 8484 ; www.tahiti-tourisme.com ; 300 Continental Blvd, Suite 160, El Segundo, CA 90245)

Poste

L'Office des postes et télécommunications, **OPT** (www.opt.pf), dispose d'un maillage complet en Polynésie. Vous trouverez des bureaux de poste modernes dans toutes les grandes îles.

Les bureaux de poste sont généralement ouverts du lundi au vendredi de 7h à 15h environ. À Tahiti, la poste principale de Papeete pratique des horaires plus étendus.

Pour les lettres jusqu'à 20 g et les cartes postales,

vous paierez 100 CFP à destination de la France et 140 CFP pour les autres pays.

Sachez qu'en Polynésie française, le courrier n'est pas distribué de porte à porte par un facteur, mais généralement adressé à une boîte postale (BP). Si vous souhaitez recevoir du courrier, faites libeller votre adresse à la poste restante de la poste de votre lieu de résidence : par exemple, Antoine Dupont, Poste restante, 98713 Papeete, Polynésie française.

Les délais d'acheminement sont assez longs. Le courrier envoyé en Europe ou en Amérique du Nord met au moins une semaine pour arriver à destination.

Téléphone

Le réseau téléphonique, géré par l'**OPT** (www.opt.pf), est moderne et fiable, mais les tarifs des communications restent assez élevés. L'usage des cartes téléphoniques prépayées, utilisables depuis un poste fixe, se généralise. L'OPT et des revendeurs agréés commercialisent des "OPT Card" prépayées, d'un montant de 1 000 CFP, 2 000 CFP ou 5 000 CFP ; avec cette carte, en appelant depuis un téléphone fixe, la communication intra-île revient à 17 CFP par minute, la communication inter-île à 22 CFP la minute et la liaison avec un portable local à 28 CFP par minute.

Il n'y a pas de préfixe de zone à Tahiti, mais les deux premiers chiffres d'un numéro de téléphone local indiquent la zone appelée. Les numéros de téléphone de Tahiti commencent par 4, 5 ou 8, Moorea par 56, Raiatea par 66, Bora Bora et Maupiti par 67, Huahine par 68, les Marquises par 92, Rurutu par 94, Tubuai par 95, les Tuamotu par 96 ou 97, l'archipel des Gambier par 97.

Appels internationaux

Pour appeler en Polynésie française depuis la métropole, comme depuis l'étranger, composez le code d'accès à l'international ☎00, puis le ☎689, puis le numéro local. Pour téléphoner à l'étranger depuis la Polynésie française, composez le ☎00, puis l'indicatif du pays (33 pour la France, 32 pour la Belgique, 1 pour le Canada et 41 pour la Suisse), suivi du numéro (sans le 0 initial).

Les tarifs sont relativement avantageux. Depuis un poste fixe, avec la carte prépayée OPT Card, comptez 31 CFP (environ 0,26 €) la minute de communication à l'international. D'autres cartes téléphoniques prépayées, en vente sur place chez certains commerçants, sont encore plus avantageuses (environ 0,15 €/min pour la France depuis un fixe).

Évitez dans tous les cas de passer une communication internationale à partir d'un hôtel, car les tarifs sont astronomiques.

Téléphone portable

Le portable est appelé localement **Vini** (www.vini.pf), comme le réseau lui-même. La couverture du réseau, très complète, inclut les îles du Vent et les îles Sous-le-Vent, les îles Marquises, les Australes, Mangareva aux Gambier et une quinzaine d'atolls des Tuamotu. Les numéros de portable commencent par 2 ou 7.

Pour savoir si vous pouvez utiliser votre téléphone portable sur place, demandez à votre opérateur si la Polynésie française fait partie de la couverture du réseau. C'est le cas des trois opérateurs français, qui disposent d'un accord d'itinérance (roaming) avec Vini. Avant votre départ, demandez l'option "monde", qui inclut la Polynésie, et faites-vous expliquer la procédure.

Autre solution : emportez votre portable, sans sa carte SIM et, sur place, achetez une "Vini Card", une carte à puces prépayée qui vous permettra d'utiliser votre portable sur place. On vous attribuera un numéro de téléphone. Le kit de démarrage coûte 5 900 CFP (30 minutes d'appels locaux et une recharge de 500 CFP). Il suffit ensuite de recréditer sa carte avec des recharges dont les montants vont de 500 à 2 000 CFP. Vous pourrez appeler à l'étranger, et vous faire appeler. Cette carte s'achète chez des revendeurs agréés (environ 200 points de vente en Polynésie). Deux inconvénients : le coût des communications, même locales (environ 0,50 € la minute si l'on appelle un fixe en local, 0,30 € pour un portable !), et la nécessité de s'assurer que son modèle de portable accepte ce type de carte prépayée (certains portables n'acceptent que leur carte SIM d'origine, mais peuvent malgré tout être déverrouillés après accord de votre opérateur ; là encore, renseignez-vous auprès de votre opérateur en France).

Travailler en Polynésie

Le marché du travail est protégé en Polynésie et fait l'objet d'une réglementation stricte, sauf pour les Français, qui n'ont aucune formalité à accomplir. Pour les ressortissants des autres pays, il est difficile de travailler en tant que salarié en Polynésie, à moins de disposer de compétences très particulières. Les citoyens de l'Union européenne, en vertu de textes dérogatoires, doivent suivre une procédure spéciale. L'autorisation d'exercer une activité salariée en Polynésie est en effet subordonnée à l'octroi de deux permis : le permis de séjour temporaire, du ressort de l'État français, et le permis de travail, du ressort du territoire. Pour plus de renseignements, contactez le **Service de l'emploi, de la formation et de l'insertion professionnelles** (SEFI, ☎46 12 42 ; www.sefi.pf ; BP 540, 98713 Papeete, Polynésie française).

Voyager en solo

Voyager en solo est tout à fait possible en Polynésie, mais vous vous sentirez parfois bien seul(e) au milieu des couples, qui semblent former la majorité des voyageurs en Polynésie. Sur le plan financier, vous ne serez pas nécessairement désavantagé, puisque la plupart des pensions de famille pratiquent une tarification par personne (et plus rarement à la chambre, ou au bungalow).

Femmes seules

La Polynésie française est une région relativement sûre pour les femmes voyageant seules, à condition de prendre certaines précautions. Évitez de vous promener seule à la nuit tombée, notamment à Papeete. Choisissez des hébergements dont les portes ferment à clé, et enfermez-vous le soir pour éviter les importuns et les voyeurs. Passez-vous de la compagnie des Polynésiens en état d'ébriété qui, complètement désinhibés, peuvent se montrer très insistants, voire violents.

La tenue vestimentaire ne pose pas problème, et vous pourrez profiter des joies du paréo. Évitez cependant le monokini en dehors des plages des hôtels, ou des plages publiques de Tahiti. Les Polynésiennes sont plutôt pudiques.

Transports

DEPUIS/VERS LA POLYNÉSIE

Tahiti se situe à 6 500 km au sud-ouest de la côte californienne, à 5 500 km au nord-est de l'Australie, à 8 000 km à l'ouest de l'Amérique du Sud, à 9 500 km au sud-est du Japon et pratiquement aux antipodes de l'Europe (16 000 km). Vu cet isolement géographique, il n'est pas surprenant que l'immense majorité des visiteurs arrivent à Tahiti par avion. Une minorité aborde la Polynésie à bord d'un voilier après avoir effectué la traversée du Pacifique, tandis que d'autres arrivent à bord de paquebots de croisière.

Entrer en Polynésie

À l'aéroport de Tahiti-Faa'a, les formalités d'immigration sont relativement rapides. Pour les citoyens français, un passeport valable encore 6 mois après leur date de retour suffit (en cas d'escale imprévue aux États-Unis). Les ressortissants de l'Union européenne, les Canadiens et les Suisses peuvent séjourner en Polynésie française jusqu'à 3 mois sans visa.

Voie aérienne

Aéroports et compagnies aériennes

L'**aéroport international de Tahiti-Faaa** (www.tahiti-aeroport.pf ; Faaa), à l'ouest de Papeete, constitue l'unique point d'arrivée en Polynésie française. Il compte une agence bancaire (la Socredo), équipée d'un distributeur, ouverte du lundi au vendredi. Il n'y a pas de bureau de change.

La plupart des agences de location de voitures sont représentées à l'aéroport. Vous trouverez également un bureau de poste (OPT), des boutiques de souvenirs, une cafétéria, un cybercafé et une agence d'Air Tahiti.

La consigne (payante) de l'aéroport est sur le parking. Elle est ouverte tous les jours, en principe de 5h à minuit.

La compagnie polynésienne est **Air Tahiti Nui** (www.airtahitinui.com) ; elle dessert la France, les États-Unis, le Japon et la Nouvelle-Zélande.

Les compagnies aériennes internationales desservant Tahiti et représentées sur place sont les suivantes :

Air Calédonie International (www.aircalin.nc)

Air France (www.airfrance.com)

Air New Zealand (www.airnewzealand.com)

Hawaiian Airlines (www.hawaiianair.com)

Lan (www.lan.com)

Depuis la France

Air Tahiti Nui et Air France assurent des vols directs entre Paris et Papeete (via Los Angeles).

Faute de concurrence, les tarifs sont très élevés comparés à d'autres destinations des antipodes. Comptez entre 1 500 et 2 500 € l'aller-retour selon la saison en classe économique. Schématiquement, la basse saison s'étend de début janvier à fin avril et d'octobre à mi-décembre. La haute saison correspond à la période juillet-août et aux

AVERTISSEMENT

Les informations contenues dans ce chapitre sont particulièrement susceptibles de changements. Vérifiez directement auprès de la compagnie aérienne ou de l'agence de voyages les modalités d'utilisation de votre billet d'avion. N'hésitez pas à comparer les prestations. Les détails fournis ici doivent être considérés à titre indicatif et ne remplacent en rien une recherche personnelle attentive.

VOYAGES ET CHANGEMENTS CLIMATIQUES

Tous les moyens de transport fonctionnant à l'énergie fossile génèrent du CO_2 – la principale cause du changement climatique induit par l'homme. L'industrie du voyage est aujourd'hui dépendante des avions. Si ceux-ci ne consomment pas nécessairement plus de carburant par kilomètre et par personne que la plupart des voitures, ils parcourent en revanche des distances bien plus grandes et relâchent quantité de particules et de gaz à effet de serre dans les couches supérieures de l'atmosphère. De nombreux sites Internet utilisent des "compteurs de carbone" permettant aux voyageurs de compenser le niveau des gaz à effet de serre dont ils sont responsables par une contribution financière à des projets respectueux de l'environnement. Lonely Planet "compense" les émissions de tout son personnel et de ses auteurs.

fêtes de fin d'année (Noël et Nouvel An). Les tarifs proposés par les compagnies étant assez proches, faites jouer la concurrence en comparant les petits "plus" (type d'avion, fréquences, stop-over possible ou non, durée du vol, réduction enfants, durée de validité du billet, frais de modification ou d'annulation, poids des bagages, horaires d'arrivée et de départ, préacheminement depuis la province, etc.). Les deux compagnies font escale à Los Angeles. Comptez en moyenne 22 heures de vol jusqu'à Papeete. Les fréquences sont nombreuses : Air France assure 3 vols hebdomadaires et Air Tahiti Nui jusqu'à 6 vols par semaine.

On peut éventuellement gagner quelques centaines d'euros en passant par Londres. Après un préacheminement depuis la France, on embarque sur Air New Zealand (ou une autre compagnie) jusqu'à Los Angeles, puis l'on prend un vol Air Tahiti Nui jusqu'à Papeete. Cette combinaison est moins coûteuse, mais la durée du voyage s'en trouve nettement rallongée (jusqu'à 35 heures).

Depuis la Belgique et la Suisse

Il n'existe pas de vols directs à destination de la Polynésie au départ de la Belgique et de la Suisse. Les compagnies proposent des connexions sur Paris (pour Air France ou Air Tahiti Nui) à des tarifs préférentiels. Vous pouvez également transiter par Londres, ou prendre un vol pour Los Angeles avec une compagnie européenne ou américaine, puis une correspondance pour Papeete avec Air Tahiti Nui.

Depuis le Canada

Depuis le Canada, il n'existe aucune liaison directe avec Tahiti. Il faudra donc transiter par Los Angeles, plaque tournante entre l'Amérique du Nord et le Pacifique Sud, ou Honolulu (Hawaï).

Depuis les autres îles du Pacifique

Papeete-Nouméa – Un vol par semaine, avec Aircalin (Air Calédonie International). Environ 6 heures 30 de vol.

Papeete-île de Pâques– Un vol par semaine avec la compagnie chilienne Lan Airlines (et prolongement vers Santiago du Chili).

Papeete-Honolulu (Hawaï) – Un vol par semaine, avec Hawaiian Airlines (5 heures environ). Nombreuses correspondances avec les principales villes de la côte Ouest des États-Unis.

Papeete-Rarotonga (îles Cook) – Un vol par semaine, et un vol supplémentaire toutes les 2 semaines, avec Air Tahiti (2 heures 30 environ).

Pour d'autres destinations du Pacifique Sud, telles que les Fidji, Tonga ou les Samoa, il faudra transiter par Hawaï, Rarotonga (îles Cook) ou Auckland, en Nouvelle-Zélande.

Depuis l'Australie et la Nouvelle-Zélande

Entre la Nouvelle-Zélande et Tahiti, il existe plusieurs liaisons hebdomadaires avec Air New Zealand (2 vols) et Air Tahiti Nui (2 vols). La durée du vol direct est de 5 à 6 heures environ.

Pour l'Australie, il faut transiter par Auckland et prendre un vol en correspondance directe pour Sydney, Melbourne et Brisbane.

Depuis l'Amérique du Sud

La compagnie chilienne Lan Airlines effectue 2 vols hebdomadaires entre Santiago et Papeete, via l'île de Pâques. De l'île de Pâques, il y a au moins 4 vols par semaine pour Santiago.

Voie maritime

Il n'existe pas de service régulier de transport de passagers par voie maritime desservant la Polynésie française. Renseignez-vous auprès des grandes compagnies maritimes.

Il est parfaitement envisageable de se rendre en Polynésie française en voilier. Les bateaux de plaisance d'Amérique du Nord ou d'Australie et de Nouvelle-Zélande en partance pour le Pacifique sont souvent à la recherche de membres d'équipage.

VOYAGES ORGANISÉS

Plusieurs voyagistes, généralistes ou thématiques, se sont spécialisés sur la Polynésie française. Ils proposent généralement des formules vol/hébergement et des circuits à la carte (liste non exhaustive) :

Atrium Travels (www.atriumtravels.com)

Australie Tours (www.australietours.com)

E-Tahiti Travel (www.etahititravel.pf)

Étoile Voyages (www.etoilevoyages.com)

Exotismes (www.exotismes.fr)

Faré Voyages (www.farevoyages.com)

Îles du Monde – Terres de Charme (www.terresdecharme.com)

Îles Resa.com (www.ilesresa.com)

Jet Tours (www.jettours.com)

Les Connaisseurs du Voyage (www.connaisseursvoyage.fr)

Nosylis (www.nosylis.com)

Partir en voyages (www.partir-en-voyages.com)

Terre Autentik (www.terreautentik.com)

Tourinter (www.tourinter.com)

Voyageurs dans les îles (www.vdm.com)

Agences spécialisées dans la plongée

Abyss (www.abyssworld.com)

Atlantides Plongée (www.atlantides-plongee.fr)

AMV (www.amv-voyages.fr)

Aquarev (www.aquarev.com)

Dive Spirit & Travel (www.dive-spirit-travel.com)

Dive and Travel (www.diveandtravel.ch)

Fun & Fly (www.funandfly-plongee.com)

H2O Voyage (www.h2ovoyage.com)

Key Largo (www.keylargo.to)

Neos (www.neos.ch)

Océanes (www.oceanes.com)

Sport Away (www.sport-away.com)

Spots d'Évasion (www.spots-evasion.com)

Tropicalement Vôtre (www.tropicalement-votre.com)

Ultramarina (www.ultramarina.com)

AGENCES EN LIGNE

Vous pouvez réserver votre vol via une agence en ligne ou vous renseigner auprès d'un comparateur de vols :

» www.anyway.com
» www.ebookers.fr
» www.illicotravel.com
» www.sprice.fr
» www.opodo.fr
» www.voyages-sncf.com
» http://voyages.kelkoo.fr
» www.govoyage.com

Agences spécialisées dans le trek

Terre d'Aventure (www.terdav.com)

COMMENT CIRCULER

Compte tenu de l'émiettement géographique des îles, l'organisation des déplacements à l'intérieur de la Polynésie n'a rien d'une partie de plaisir. Il vous faudra un sens aigu de la logistique avant de démêler l'écheveau des liaisons intérieures, aériennes ou maritimes, des réductions possibles, des horaires, etc., et de pouvoir jongler efficacement avec l'ensemble. Une préparation sérieuse s'avère indispensable.

Pour se rendre d'une île à l'autre, vous devrez emprunter l'avion ou le bateau. La régularité et l'efficacité des dessertes sont très inégales selon les archipels et les îles. Les îles de la Société sont les mieux desservies.

Pour circuler à l'intérieur d'une même île, les situations s'avèrent également très disparates d'une île à l'autre. D'une manière générale, à l'exception de Papeete et de son agglomération, ne comptez guère sur les transports en commun. La location d'une voiture, d'un scooter, ou éventuellement d'une bicyclette, constituera, dans la plupart des cas, la solution la plus adéquate.

Quel que soit votre programme, prévoyez un budget "déplacement" suffisant.

Avion

L'avion, rapide et efficace, est sans conteste la formule la plus pratique pour visiter la Polynésie.

Air Tahiti (www.airtahiti.pf) est la seule compagnie à

DISTANCES DEPUIS PAPEETE

Destination	Distance
Moorea	17 km
Huahine	170 km
Raiatea	220 km
Bora Bora	270 km
Maupiti	320 km
Rangiroa (Tuamotu)	350 km
Nuku Hiva (Marquises)	1 500 km
Rurutu (Australes)	570 km
Mangareva (Gambier)	1 700 km

desservir régulièrement les îles polynésiennes.

Le maillage du territoire est très complet, puisque Air Tahiti dessert 47 îles dans les cinq archipels. Les forfaits aériens proposés par la compagnie, combinant plusieurs îles, constituent assurément la solution la plus intéressante pour les visiteurs étrangers. Notez que Papeete est la plaque tournante du trafic aérien en Polynésie française : hormis une liaison directe entre les îles Sous-le-Vent et les Tuamotu, vous devrez systématiquement transiter par Papeete pour circuler d'un archipel à un autre.

La flotte se compose de bimoteurs modernes, à savoir des Twin Otter (19 places), des ATR 42 (48 places) et des ATR 72 (66 places). Tous les vols sont non-fumeurs.

Réseau

ÎLES DE LA SOCIÉTÉ

Dans les îles de la Société, des vols partent à peu près toutes les demi-heures entre Tahiti et Moorea, plusieurs fois par jour entre Tahiti et les autres grandes îles, hormis Maupiti pour laquelle les liaisons sont moins fréquentes. Des dessertes quotidiennes sont également proposées entre les différentes îles de la Société. Sur certains itinéraires très fréquentés, comme Papeete-Bora Bora, on compte jusqu'à 10 vols par jour en haute saison. Les îles de la Société étant assez proches les unes des autres, le vol sans escale le plus long dure 45 minutes entre Tahiti et Bora Bora, la durée des autres vols pouvant ne pas dépasser 10 minutes (Tahiti-Moorea).

Les vols se font à bord d'ATR.

TUAMOTU

Air Tahiti établit une distinction entre le groupe nord des Tuamotu, le plus fréquenté et le plus touristique, plutôt bien desservi, et le groupe est, aux liaisons nettement plus limitées. Air Tahiti affrète des ATR sur les itinéraires les plus fréquentés, des Twin Otter ou des Beechcraft pour les atolls peu connus.

Rangiroa, le principal carrefour aérien des Tuamotu, est desservi par 2 à 3 vols quotidiens de 1 heure depuis/vers Tahiti.

Parmi les autres liaisons, soit par vol direct de Tahiti soit via Rangiroa, mentionnons Fakarava, Mataiva, Manihi, Ahe et Tikehau. Hormis Tahiti, Bora Bora est l'unique autre île de la Société directement reliée aux Tuamotu (Rangiroa, Tikehau, Fakarava et Manihi), dans le sens Bora Bora-Tuamotu seulement.

Pour aller aux Marquises depuis les Tuamotu, il faut repasser par Tahiti.

Pour la desserte des atolls peu fréquentés du groupe est, consultez la brochure des horaires d'Air Tahiti pour plus de renseignements.

MARQUISES

La desserte des Marquises est bonne pour les deux îles principales, Nuku Hiva et Hiva Oa, avec des vols quotidiens directs depuis Tahiti (environ 3 heures).

Pour Ua Huka et Ua Pou, il faut changer d'avion à Nuku Hiva ou à Hiva Oa.

AUSTRALES

Air Tahiti assure la desserte de Rurutu et Tubuai 4 ou 5 jours par semaine, avec plusieurs vols certains jours. Raivavae et Rimatara sont desservies 3 jours par semaine (1 ou 2 vols par jour). Les quatre îles sont reliées entre elles, mais pas tous les jours. La durée du vol en ATR est d'environ 1 heure 30 sur le tronçon Papeete-Rurutu.

GAMBIER

Des liaisons directes pour Mangareva sont assurées une fois par semaine depuis Papeete (environ 3 heures 30), avec un vol supplémentaire toutes les 2 semaines.

Réservation et paiement

L'agence principale d'Air Tahiti se trouve à Papeete (voir p. 64), mais il existe un bureau Air Tahiti dans toutes les îles touristiques. Dans les îles ou atolls reculés, il n'y a pas d'agence, mais un représentant de la compagnie s'occupe des formalités.

Pour toutes vos opérations, le plus simple est d'appeler la **réservation centrale** (☎86 42 42 ; ⏲7h-17h lun-ven, 8h-11h sam). Vous pouvez également appeler l'agence d'**Air Tahiti à l'aéroport de Faaa** (☎86 41 84 ; ⏲6h-16h30 lun-ven,

Tarifs aériens (Plein tarif aller simple)

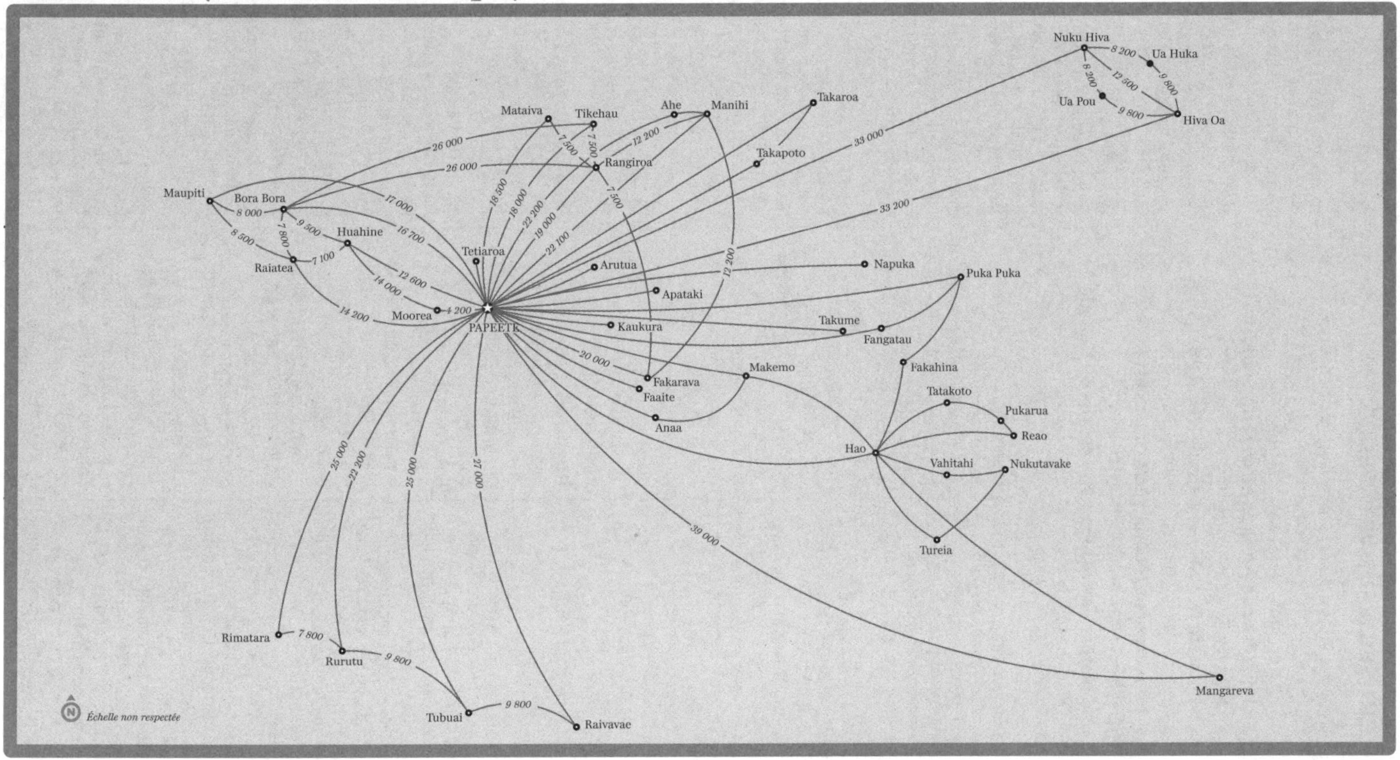

CONSEILS AUX VOYAGEURS

La plupart des gouvernements mettent en ligne les dernières informations sur votre destination. Consultez notamment les sites suivants :

» **Ministère des Affaires étrangères français** (www.france.diplomatie.fr)

» **Ministère des Affaires étrangères de Belgique** (http://diplomatie.belgium.be/fr/)

» **Département fédéral des Affaires étrangères suisse** (www.eda.admin.ch/eda/fr)

» **Ministère des Affaires étrangères du Canada** (www.voyage.gc.ca)

6h-16h sam-dim), ou effectuer vos réservations au comptoir dans une agence Air Tahiti, ainsi que par e-mail (reservation@airtahiti.pf) ou par Internet (www.airtahiti.pf).

Vous n'êtes pas tenu de régler immédiatement l'achat du billet. L'hôtesse vous communique une date d'option. Après cette date, si vous n'avez pas retiré votre billet, votre réservation est annulée.

Vous pouvez payer en espèces ou par carte de crédit dans la plupart des agences Air Tahiti. Autre possibilité : la vente à distance, par téléphone ou e-mail (pour l'e-mail, avant 14 heures la veille du départ et hors week-ends et jours fériés), à condition de disposer d'une carte de crédit. Avec la généralisation du billet électronique, vous vous rendez directement au comptoir d'enregistrement, où l'on vous remet votre carte d'embarquement sur présentation d'une pièce d'identité.

Il n'est pas obligatoire de confirmer sa place sur un vol Air Tahiti. Si vous n'avez pas laissé un numéro de téléphone où Air Tahiti peut vous joindre, reconfirmez la veille de votre vol. Prévenez également la compagnie si vous décidez de ne pas prendre un avion pour lequel vous aviez une place confirmée, sinon toutes vos réservations ultérieures seront annulées.

À signaler : dans votre pays d'origine, si votre agence de voyages vous annonce que les vols d'Air Tahiti sont complets, ne vous découragez pas. Les Polynésiens ont coutume de réserver des places et de se désister au dernier moment. Ainsi, des sièges peuvent se libérer à la dernière minute. Relancez fréquemment votre demande, y compris sur place.

Fréquence et horaires des vols

Procurez-vous dès votre arrivée la brochure des horaires d'Air Tahiti, très complète, qui détaille les horaires et les fréquences, archipel par archipel. Vous pouvez également la télécharger depuis le site Internet de la compagnie (www.airtahiti.pf).

La fréquence des vols varie selon la saison. En juillet et en août, plus particulièrement, des vols supplémentaires sont prévus. Bien qu'Air Tahiti soit assez fiable, il est recommandé de ne pas effectuer son retour à Tahiti au dernier moment : prévoyez un jour de marge avant votre vol long-courrier.

Forfaits aériens (pass)

La situation de quasi-monopole d'Air Tahiti se traduit par des tarifs particulièrement élevés. Fort heureusement, Air Tahiti propose des forfaits (pass) qui ramènent la note à des niveaux plus acceptables.

Six formules différentes, appelées "pass", sont proposées, et visent spécifiquement la clientèle touristique. Il s'agit de forfaits permettant de visiter plusieurs îles à des tarifs préférentiels, mais ils sont assortis de contraintes. Quel que soit le pass, l'itinéraire doit débuter à Papeete et l'on ne peut retourner à Papeete en cours de pass, sauf exception. Une seule escale est autorisée sur chaque île. La durée de validité maximale du pass est de 28 jours seulement. Tous les vols doivent être réservés dès le départ, à l'exception des billets entre Papeete et Moorea, qui peuvent être émis en open. Une fois le voyage commencé, les pass ne sont ni remboursables ni modifiables. Ils ne sont pas cumulables avec les cartes de réduction.

Pass Découverte (îles de la Société). C'est le forfait de base. Moorea, Huahine et Raiatea (32 000/20 000 CFP par adulte/enfant).

Pass Bora Bora (îles de la Société). Permet de visiter les principales îles de la Société : Moorea, Huahine, Raiatea, Bora Bora et Maupiti (37 000/24 000 CFP par adulte/enfant).

Pass Lagons (Moorea et Tuamotu). Pass incluant Moorea, Rangiroa, Manihi, Tikehau, Fakarava et Ahe (44 000/25 000 CFP par adulte/enfant).

Pass Bora-Tuamotu (îles de la Société et Tuamotu). Combine Moorea, Huahine, Raiatea, Bora Bora et Maupiti dans les îles de la Société, ainsi que Rangiroa, Manihi, Ahe, Tikehau et Fakarava dans les Tuamotu (59 000/35 000 CFP par adulte/enfant).

Pass Marquises. Pass combinant Nuku Hiva, Hiva Oa, Ua Pou et Ua Huka au départ de Tahiti (74 000/42 000 CFP) par adulte/enfant.

Extension Marquises. Si vous souhaitez ajouter les Marquises à l'un des pass précédents, achetez l'extension Marquises, qui comprend Nuku Hiva et Atuona (65 000/41 000 CFP par adulte/enfant).

Extension Australes. Si vous souhaitez ajouter les Australes à l'un des pass précédents, achetez l'extension Australes, qui comprend Rurutu, Tubuai, Rimatara et Raivavae (36 000/22 000 CFP par adulte/enfant).

Pass Ninamu. Le pass Ninamu (27 000 CFP) combine Huahine, Raiatea et Moorea. Il n'y a pas de tarif enfant. Contraintes : partir de Papeete sur un vol bleu et effectuer les vols inter-îles sur des vols bleus et blancs. Moorea est obligatoirement visitée en dernier.

Pass Moana. Mêmes conditions que le pass Ninamu, avec en plus Bora Bora. 33 000 CFP.

Tarif Excursion bleue. Réduction de 30% pour un aller-retour entre Tahiti et l'une des îles suivantes : Huahine, Raiatea, Bora Bora, Maupiti, Rangiroa, Manihi, Tikehau et Fakarava. Condition : voyager en tarif bleu.

Découverte des 5 archipels. Carte de 8 000 CFP. À condition de faire 4 voyages aller-retour dans un archipel à chaque fois différent au départ de Papeete, l'aller-retour vers le cinquième archipel est gratuit.

Bagages

La franchise de bagages n'est que de 10 kg (et 3 kg pour les bagages à main), sauf pour les passagers en correspondance avec un vol international, qui bénéficient d'une franchise de 20 kg. Les plongeurs bénéficient de 5 kg supplémentaires, sur présentation de leur brevet de plongée.

Si vous dépassez la franchise, l'excédent vous sera facturé. Certains agents d'Air Tahiti sont plus pointilleux que d'autres dans ce domaine.

Au pire, un service de consigne (très onéreux) est proposé à l'aéroport de Faaa.

Cartes de réduction

Carte Jeunes – 50% de réduction sur les vols bleus, 30% sur les vols blancs et 10% sur les vols rouges pour les 12-25 ans. Présenter une pièce d'identité, fournir une photo d'identité et régler 1 500 CFP.

Carte Marama – Pour les plus de 60 ans. Mêmes réductions que la carte Jeunes, et mêmes conditions d'obtention.

Carte Familles – 50% de réduction sur les vols bleus pour les parents (les enfants 75%), 30% sur les vols blancs (50% pour les enfants) et 10% sur les vols rouges (50% pour les enfants). Produire une photo d'identité par parent, le livret de famille ou un extrait d'acte de naissance de l'enfant ou des enfants (la seule inscription sur le passeport d'un des parents ne suffit pas) et régler 2 500 CFP.

Forfaits vols/hébergement

Air Tahiti a mis en place un service appelé **Séjours dans les îles** (☎86 43 43 ; www.sejoursdanslesiles.pf), qui propose d'intéressants forfaits associant des vols et des hébergements en hôtel ou en pension de famille, à tarifs préférentiels, dans la plupart des îles touristiques. Pour certaines îles, il existe même des forfaits week-end. Consultez le site Internet, très informatif, où toute l'offre est rassemblée et détaillée, photos et commentaires à l'appui.

Bateaux inter-îles

Vu la configuration géographique des archipels, on pourrait s'attendre à ce que les liaisons inter-îles par bateau soient particulièrement développées. Ce n'est malheureusement pas le cas. À l'exception de la liaison Tahiti-Moorea, très fiable et régulière, assurée par de puissants catamarans, il existe peu de lignes réellement rapides, fréquentes et pratiques d'une île à l'autre. Signalons toutefois, dans l'archipel de la Société, l'existence des liaisons Bora Bora-Maupiti et Raiatea-Tahaa. Aux Marquises, il n'y a pas de liaisons régulières. Vous devrez affréter un bateau (hors de prix) ou embarquer sur l'*Aranui 3* lorsqu'il est de passage dans l'archipel (voir l'encadré p. 218).

Dans les autres archipels, la situation est nettement plus aléatoire, car il n'existe pas de bateaux spécifiquement conçus pour le transport des passagers. Les liaisons sont assurées par des cargos appelés "goélettes", héritage du temps où la propulsion se faisait encore à la voile. Leur principale mission est d'acheminer du fret à destination des îles. Ces liaisons maritimes s'effectuent en boucle, systématiquement au départ de Papeete. Elles sont relativement peu fréquentes, et les horaires, très incertains – il arrive que le retard se compte en jours. Ces goélettes prennent toutefois quelques passagers à bord (généralement 12 personnes au maximum) et, pour qui souhaite sortir des sentiers battus, un tel voyage peut constituer, selon les circonstances, une expérience mémorable ou… un cauchemar. Le niveau de confort à bord est rudimentaire et certains navires n'ont pas de cabines passagers. Dans tous les cas, soyez flexible, car les dates de départ (et de retour) ne sont pas garanties ; renseignez-vous en téléphonant directement à l'armateur.

Îles du Vent (Tahiti-Moorea)

Des catamarans modernes et rapides font la navette plusieurs fois par jour entre Tahiti et Moorea, en une demi-heure. Parallèlement, des ferries classiques, plus lents, pouvant embarquer des voitures, empruntent également cet itinéraire.

Îles Sous-le-Vent

Huahine, Raiatea, Tahaa, Bora Bora et Maupiti sont accessibles par bateau depuis Papeete, mais les services sont limités.

Aremiti IV (☎50 57 91 ; www.aremiti.pf). Fin 2011 a été lancée la ligne Papeete-Huahine-Raiatea par catamaran, à raison d'une rotation par semaine.

Hawaiki Nui (☎54 99 54). Ce cargo assure la desserte Papeete-Huahine-Raiatea-Bora Bora-Tahaa deux fois par semaine (départ les mardi et jeudi). Le passage entre Papeete et l'une des îles revient à 2 000 CFP en pont, 5 600 CFP en couchette (6 places en couchette). Bureau dans la zone portuaire de Motu Uta. S'y prendre bien à l'avance.

Taporo VI et VII (☎41 25 35, 42 63 93). Ces cargos desservent Huahine, Raiatea, Bora Bora et Tahaa deux ou trois fois par semaine, mais ne prennent que rarement des touristes à bord. Coût du passage : 970 CFP (pont seulement).

Navettes Raiatea-Tahaa. Un service de navettes est opérationnel entre Raiatea et Tahaa, tous les jours sauf le dimanche. Des taxis-boats effectuent également des transferts d'une île à l'autre. Ils fonctionnent à la demande. Voyez les chapitres consacrés à ces îles pour plus de détails.

Maupiti Express (www.maupitiexpress.com). Vedette spécifiquement prévue pour le transport de passagers, avec un service régulier entre Bora Bora, Raiatea et Tahaa, et entre Bora Bora et Maupiti (deux fois par semaine). Voyez les chapitres consacrés à ces îles pour plus de détails.

Tuamotu

Les petits cargos desservant les Tuamotu sont appelés goélettes ou caboteurs. Véritables lignes de vie entre Tahiti et les atolls de l'archipel, même les plus reculés, ils ont pour principale mission le transport du fret. Ils peuvent éventuellement embarquer quelques passagers mais, à quelques exceptions près, les conditions de confort sont très sommaires, la promiscuité pesante, les repas frugaux et le mal de mer souvent au rendez-vous. Certains sont équipés de couchettes (rien à voir cependant avec des couchettes de paquebot !), d'autres n'ont que des places sur le pont. Dans ce dernier cas, prévoyez votre couchage (natte, coussin, matelas, drap…). Et gare au mal de mer !

Les tournées et tarifs mentionnés sont indicatifs. Renseignez-vous directement auprès des armateurs. Leurs bureaux sont situés dans la zone portuaire de Motu Uta à Papeete, à environ 2 km du centre-ville, et ouvrent généralement de 7h30 à 11h et de 13h30 à 17h du lundi au vendredi, parfois le samedi matin pour certains. Pour les passages inter-îles, adressez-vous directement au capitaine.

Cobia III (☎43 36 43 ; cobia@mail.pf). Dessert Kaukura, Arutua, Apataki et Fakarava une fois par semaine. Cabines (6 300 CFP). Prévoir ses repas. Bureau à Motu Uta.

Dory. Ne prend pas de passagers.

Kura Ora II (☎45 55 45, 45 60 00 ; kuraora@mail.pf). Dessert une fois par mois une vingtaine d'atolls reculés des Tuamotu centre et est, parmi lesquels Anaa, Hao, Makemo et Napuka. La rotation complète dure 2 à 3 semaines environ. Bureau à Motu Uta. Passage en pont uniquement (7 000 CFP, et 2 300 CFP par jour pour les repas).

Kura Ora IV (☎45 55 45, kuraora@mail.pf). Même armateur et même tournée que le Kura Ora II, mais bateau équipé de cabines avec couchettes.

Mareva Nui (☎42 25 53). Effectue deux fois par mois l'itinéraire Papeete-Makatea (1 tournée sur 2)-Mataiva-Tikehau-Rangiroa-Ahe-Manihi-Takaroa-Takapoto-Fakarava-Niau-Raraka-Kauehi-Apataki-Arutua-Kaukura-Papeete (9 jours). De 3 850 à 23 200 CFP le passage en couchette (12), selon l'île de débarquement. Bureau à Motu Uta.

Saint Xavier Maris Stella (☎42 23 58 ; maris-stella@mail.pf). Effectue 2 fois par mois la tournée Papeete-Mataiva-Tikehau-Rangiroa-Ahe-Manihi-Takaroa-Takapoto-Aratika-Kauehi-Raraka-Toau-Fakarava-Niau-Apataki-Arutua-Kaukura-Papeete (10 jours au total). De 7 100 à 16 000 CFP en pont (selon l'île), de 10 000 à 37 000 CFP en cabine climatisée, repas compris. Bureau à Motu Uta.

Aranui 3 (www.aranui.com).

Dessert également quelques atolls sur sa route pour les Marquises. Voir *Marquises* ci-dessous.

Marquises

Aranui 3 (www.aranui.com). Véritable institution en Polynésie, prisé des touristes, ce cargo mixte de 117 mètres transporte à la fois fret et passagers au cours de l'une de ses 17 rotations annuelles au départ de Papeete. Il touche les 6 îles habitées des Marquises et Rangiroa ou Fakarava en 14 jours, dont 8 aux Marquises. Voir p. 218 pour tous les détails.

Taporo IX. Ne prend pas de passagers.

Australes

Tuhaa Pae IV (☎41 36 06, 50 96 05 ; snathp@mail.pf). Lancé début 2012, ce cargo mixte dessert les Australes deux ou trois fois par mois au départ de Papeete. Il est prévu qu'il accueille à son bord, selon les dates, 25 ou 98 passagers en dortoir climatisé (50 couchettes) et en cabines climatisées (2 niveaux de confort différent). À chaque voyage, il dessert Rurutu, Tubuai, Rimatara et Raivavae. Une fois tous les deux mois, l'itinéraire inclut Rapa. Bureau dans la zone portuaire de Motu Uta.

Gambier

L'archipel des Gambier est le plus éloigné de Tahiti.

Nuku Hau (☎54 99 54 ; contact@stim.pf). Une fois par mois, ce cargo effectue une tournée d'une durée de 15 jours à destination des Gambier (Rikitea) via plusieurs atolls reculés des Tuamotu est. À partir de 8 400 CFP le passage sur le pont, plus 2 500 CFP/jour pour la nourriture. Bureau dans le même local que le Hawaiki Nui. Comptez une dizaine de jours avant d'aborder les Gambier.

Taporo VIII. Ne prend pas de passagers.

Croisières

À l'opposé des cargos rudimentaires, plusieurs paquebots et yachts de luxe proposent des croisières dans les îles de la Société. Leur confort est évidemment maximal et les prestations, haut de gamme. Des visites sont prévues à chaque escale.

Pacific Princess (www.princess.com). Paquebot d'une capacité de 680 passagers. Croisières dans les îles de la Société et les Tuamotu.

Paul-Gauguin (www.pgcruises.com). Paquebot accueillant 320 passagers. Croisières d'une semaine au départ de Papeete, incluant Raiatea, Tahaa, Bora Bora et Moorea. Également croisières aux Marquises.

Transports locaux

Un système organisé, fiable et cohérent de transports en commun fait cruellement défaut en Polynésie.

Inutile de compter sur les transports en commun, ils sont inexistants ou peu fiables, à l'exception de l'agglomération de Papeete. Le reste de Tahiti est également desservi, mais les horaires et les fréquences sont peu pratiques pour les touristes. Mieux vaut louer une voiture pour faire le tour de l'île.

À Moorea, des bus assurent les arrivées et départs de ferries au quai de Vaiare. À Bora Bora, des bus desservent les arrivées et départs d'avions et de bateaux, mais c'est tout. Dans les autres îles, les seuls bus sont réservés au transport scolaire.

Bateau

Dans certaines îles, il est possible de louer des petits bateaux à moteur sans permis. Cette formule très intéressante existe à Moorea, à Bora Bora, à Huahine et à Raiatea. Elle permet de découvrir librement le lagon.

En stop

Dans les îles peu fréquentées par les touristes ou mal desservies par les transports en commun, l'auto-stop est un moyen de déplacement relativement courant, mais

COMMENT S'ORIENTER SUR LES ÎLES

En Polynésie, il n'y a pas d'adresse et généralement pas de noms de rues, sauf à Papeete. On se repère grâce aux "PK" (points kilométriques), en fait des bornes kilométriques disposées le long de la côte, à Tahiti, à Moorea et à Raiatea principalement. À Tahiti, le point d'origine est Papeete, à Moorea la numérotation débute à l'aérodrome et à Raiatea elle commence à Uturoa. Les PK ne forment pas une boucle, mais sont aménagés en tenaille, de part et d'autre de l'île à partir de leur point d'origine. Ils se rejoignent donc au point le plus éloigné du point de départ.

Ne soyez donc pas surpris si un habitant de Paea vous dit qu'il habite "à Paea, au PK 22". Il ajoutera certainement "côté montagne" ou "côté lagon". Comprenez : entre la montagne et la route (la distance peut être importante s'il habite loin de la route) ou entre le lagon et la route (là encore, c'est un simple repérage, la maison peut être bien en retrait de la route).

le trafic est réduit. À Tahiti, à Moorea et à Bora Bora, trop touristiques, ne comptez guère sur cette option.

La Polynésie française est une région généralement sûre en termes de stop, mais les règles habituelles, valables dans le monde entier, devront être appliquées. Ne montez pas dans le véhicule d'une personne ne vous inspirant pas confiance.

Les femmes seules éviteront ce mode de transport.

Scooter

Plusieurs agences de location de voitures louent également des scooters dans plusieurs îles. Ce moyen de transport est pratique pour circuler dans les petites îles... quand il ne pleut pas et que les distances sont limitées. Les tarifs ne sont que légèrement inférieurs à ceux des voitures de petite catégorie. Comptez de 45 à 50 € pour 24 heures.

En revanche, à Tahiti, aucune agence ne loue de scooters en raison d'un trop grand nombre d'accidents.

Taxi

Les taxis de Tahiti sont équipés d'un taximètre ; vous trouverez également un service de taxis à Moorea, Huahine, Raiatea, Bora Bora et Nuku Hiva. Dans bien des cas, il sera plus intéressant de louer une voiture pour la journée. Par ailleurs, la plupart des structures d'hébergement, de la pension la moins onéreuse aux plus luxueux établissements balnéaires, viennent généralement chercher à l'aéroport ou au quai des ferries leurs clients qui ont réservé (cette prestation est néanmoins généralement payante).

Dans les îles où il n'y a pas de taxi, il suffit de s'arranger avec les propriétaires des pensions ou des hôtels (qui vous factureront bien entendu chaque déplacement).

Vélo

Certaines îles se prêtent bien aux déplacements à bicyclette, mais il faudra composer avec la chaleur, quelques montées traîtresses et ne pas sous-estimer les risques de grosses averses. Hormis à Tahiti, la circulation automobile se révèle rarement problématique. On circule sur les routes de ceinture, presque toutes goudronnées, souvent plates, le long du lagon, dans un cadre souvent magnifique. Dans la plupart des îles, les distances, relativement courtes, permettent d'effectuer un circuit complet en une demi-journée ou une journée. À Moorea, Huahine, Tahaa, Raiatea, Bora Bora, Rangiroa et Fakarava, des prestataires louent des bicyclettes aux alentours de 13 € environ. Dans les îles peu touristiques, les pensions mettent des vélos à disposition de leurs clients à des tarifs comparables.

Aux Marquises, les dénivelés, bien trop importants, ne permettent pas les déplacements à vélo. Aux Australes, on peut circuler facilement à Tubuai, à Raivavae et dans la partie nord de Rurutu.

Pensez éventuellement à apporter votre propre VTT. Les vélos sont acceptés dans tous les cargos inter-îles.

Voiture

Vu la quasi-absence des transports publics, la location d'une voiture constitue la solution la plus indiquée pour découvrir les îles, à moins que vous n'optiez pour un tour de l'île guidé.

LOCATION

Les tarifs sont très élevés. La location d'une petite voiture (Clio, Twingo) s'élève généralement à 80 € par jour, assurance comprise et kilométrage illimité. Pour un véhicule équipé de la climatisation (un vrai bonheur lors des mois les plus chauds), majorez les tarifs d'environ 20 €.

Les agences pratiquent des tarifs pour 4 heures, 8 heures, 24 heures et 2 ou 3 jours. En principe, le prix est dégressif, mais la différence de coût reste assez peu significative. Louez de préférence pour une durée de 24 heures.

C'est à Tahiti que vous trouverez le plus grand nombre d'agences de location. Les grandes enseignes internationales (Avis, Budget, Europcar et Hertz) sont représentées à Papeete et dans certains grands hôtels. Dans le reste des îles de la Société (Moorea, Huahine, Raiatea, Bora Bora), ainsi qu'à Rangiroa (Tuamotu) et à Nuku Hiva, Europcar et/ou Avis sont seuls sur le marché. Quelle que soit l'époque de l'année, et, à plus forte raison, à certaines périodes chargées (longs week-ends, vacances scolaires, fêtes de fin d'année), il est conseillé de réserver son véhicule plusieurs jours à l'avance. Les loueurs peuvent livrer le véhicule à l'aéroport.

Aux Marquises, on peut louer un 4x4 à Atuona (Hiva Oa) et à Taiohae (Nuku Hiva), moyennant 110 €/jour. Dans les îles où il n'est pas possible de louer un véhicule, les pensions ou les hôtels proposent des tours de l'île guidés.

FORMALITÉS

Munissez-vous de votre permis de conduire (permis international pour les étrangers). En général, il faut avoir 21 ans au minimum. La carte de crédit suffit pour la caution.

CONDITIONS DE CIRCULATION

Les conditions de circulation sont faciles (carrefours et

croisements sont rares, sauf dans l'agglomération de Papeete), mais les routes sont dangereuses, surtout à Tahiti, où le nombre d'accidents mortels bat des records, principalement en raison de conduites en état d'ébriété alliées à des excès de vitesse. Le trafic est faible, sauf dans l'agglomération de Papeete, complètement engorgée aux heures de pointe.

Méfiez-vous des conducteurs ivres à la nuit tombée et faites très attention aux piétons et aux enfants qui marchent sur le bord de la route alors qu'il n'y a ni bas-côtés ni trottoir.

Ne vous aventurez pas sur les pistes non goudronnées menant vers l'intérieur des terres, praticables par les 4x4, car les assurances ne vous couvriraient pas.

La vitesse est limitée à 60 km/h, et à 90 km/h sur le tronçon autoroutier à Tahiti.

ESSENCE

L'essence est presque aussi chère qu'en métropole (environ 1,45 € le litre de super sans plomb). Fort heureusement, vous ne parcourrez que peu de kilomètres, car il n'existe généralement qu'une seule route, qui fait le tour de l'île.

On trouve des stations-service partout à Tahiti, ouvertes tous les jours. Dans les îles, les stations sont moins nombreuses et pratiquent des horaires plus restreints. La plupart acceptent la carte de crédit.

RÉSEAU ROUTIER

Des routes côtières font le tour des principales îles de la Société, le long du littoral. Tahiti (qui offre même un court tronçon d'autoroute), Moorea, Huahine, Raiatea, Tahaa et Bora Bora bénéficient de routes bitumées en bon état. Dans tous les cas, vous pourrez circuler avec un véhicule classique.

En revanche, les routes menant vers l'intérieur des terres et les montagnes sont souvent des pistes accidentées nécessitant l'utilisation d'un 4x4, comme la superbe piste de 4x4 qui traverse Tahiti du nord au sud.

Dans les îles Australes, une route macadamisée fait le tour de Tubuai, et quelques tronçons de route sont pourvus d'un revêtement cimenté à Rurutu et à Raivavae.

À Rangiroa, une route asphaltée longe l'île principale de l'atoll sur 10 km, ainsi qu'à Fakarava. Aux Marquises, le réseau routier s'est nettement amélioré au cours des dernières années, et des tronçons sont désormais cimentés ou goudronnés. Les autres axes sont des pistes praticables en 4x4.

Circuits organisés locaux

La formule "excursions organisées" est assez répandue dans la plupart des îles et remplace parfois avantageusement la location d'une voiture, surtout si l'on voyage seul. Ces prestations, appelées "tours de l'île", sont proposées par de petites entreprises familiales, parfois par les pensions elles-mêmes.

Dans tous les cas, pensez à réserver dès votre arrivée sur l'île, car un nombre minimum de participants est requis, variant de deux à huit environ selon les prestataires. En haute saison, certaines sorties sont complètes plusieurs jours à l'avance.

Pour plus de détails, consultez les chapitres consacrés à chaque île.

TOURS DE L'ÎLE EN 4X4

L'une des options les plus couramment proposées sont des "tours de l'île en 4x4", terme un peu pompeux pour désigner des circuits accompagnés à bord de Jeep ou de 4x4 (ou de minibus). Ils durent une demi-journée et permettent de visiter les principaux centres d'intérêt de l'île. Comptez environ 35-40 €/pers.

TOURS DU LAGON EN PIROGUE

Les "tours du lagon en pirogue" constituent l'activité vedette en Polynésie. Ne la manquez sous aucun prétexte, même si parfois elle pourra vous sembler très "touristique". Les excursions, à la demi-journée ou à la journée, comprennent la visite des plus beaux endroits du lagon à bord d'une pirogue à moteur, avec un pique-nique sur un îlot, snorkeling (baignade avec palmes, masque et tuba) et éventuellement un "show" réalisé par le guide qui nourrit les requins ou les raies. Prévoyez de 45 à 80 € par personne pour la journée, pique-nique inclus.

Santé

La situation sanitaire en Polynésie française est en général très satisfaisante et les infrastructures médicales sont comparables à celles des pays occidentaux. Les aliments et l'eau en bouteille sont d'excellente qualité, frais et propres, et rares sont les maladies endémiques. Le problème le plus préoccupant auquel sont souvent confrontés les étrangers n'est autre que l'érythème (coup de soleil)... et le décalage horaire (de 11 à 12 heures selon la saison).

AVANT LE DÉPART

Assurances et services médicaux

Il est conseillé de souscrire une police d'assurance qui vous couvrira en cas d'annulation de votre voyage, de vol, de perte de vos affaires, de maladie ou encore d'accident. Les assurances internationales pour étudiants sont en général d'un bon rapport qualité/prix. Lisez avec la plus grande attention les clauses en petits caractères : c'est là que se cachent les restrictions.

Vérifiez notamment que les "sports à risques", comme la plongée, la moto, ou même la randonnée, ne soient pas exclus de votre contrat, ou encore que le rapatriement médical d'urgence, en ambulance ou en avion, soit couvert. De même, le fait d'acquérir un véhicule dans un autre pays ne signifie pas nécessairement que vous serez protégé par votre propre assurance.

Attention ! Avant de souscrire une police d'assurance, vérifiez bien que vous ne bénéficiez pas déjà d'une assistance par votre carte de crédit, votre mutuelle ou votre assurance automobile. C'est bien souvent le cas.

Quelques conseils

Assurez-vous que vous êtes en bonne santé avant de partir. Si vous suivez un traitement régulier, n'oubliez pas votre ordonnance (avec le nom des principes actifs).

Vaccins

Aucune vaccination spécifique n'est obligatoire pour la Polynésie, sauf la fièvre jaune si vous venez d'un pays endémique. Les vaccinations habituelles (diphtérie, tétanos) sont cependant recommandées. Bonne nouvelle : il n'y a pas de paludisme en Polynésie.

Santé sur Internet

Il existe de très bons sites Internet consacrés à la santé en voyage. Avant de partir, vous pouvez consulter les conseils en ligne du **ministère des Affaires étrangères** (www.france.diplomatie.fr/voyageurs/etrangers/avis/conseils/default2.asp) ou le site très complet du **ministère de la Santé** (www.sante.gouv.fr). Sur les maladies rares, vous pouvez vous informer sur le site www.orpha.net, constitué d'une encyclopédie en ligne rédigée par des experts européens. Vous trouverez, par ailleurs, plusieurs liens sur le site de **Lonely Planet** (www.lonelyplanet.fr), à la rubrique *Ressources*.

PENDANT LE VOYAGE

Vols longs-courriers

Les trajets en avion, principalement du fait d'une immobilité prolongée, peuvent favoriser la formation de caillots sanguins dans les jambes (phlébite ou thrombose veineuse profonde ou TVP). Le risque est d'autant plus élevé que le vol est plus long. Ces caillots se résorbent le plus souvent sans autre incident, mais il peut arriver qu'ils se rompent et migrent à travers les vaisseaux sanguins jusqu'aux poumons, risquant alors

DÉCALAGE HORAIRE

Les malaises liés aux voyages en avion apparaissent généralement après la traversée de trois fuseaux horaires (chaque zone correspond à un décalage d'une heure). Plusieurs fonctions de notre organisme – dont la régulation thermique, les pulsations cardiaques, le travail de la vessie et des intestins – obéissent en effet à des cycles internes de 24 heures, qu'on appelle rythmes circadiens. Lorsque nous effectuons de longs parcours en avion, le corps met un certain temps à s'adapter à la "nouvelle" heure de notre lieu de destination – ce qui se traduit souvent par des sensations d'épuisement, de confusion, d'anxiété, accompagnées d'insomnie et de perte d'appétit. Ces symptômes disparaissent généralement au bout de quelques jours, mais on peut en atténuer les effets moyennant quelques précautions :

» Efforcez-vous de partir reposé. Autrement dit, organisez-vous : pas d'affolement de dernière minute, pas de courses échevelées pour récupérer passeport ou chèques de voyage. Évitez aussi les soirées prolongées avant d'entreprendre un long voyage aérien, et si vous le pouvez, essayez de vous préparer en vous mettant progressivement au rythme du pays

» À bord, évitez les repas trop copieux (ils gonflent l'estomac !) et l'alcool (qui déshydrate). Mais veillez à boire beaucoup – des boissons non gazeuses, non alcoolisées, comme de l'eau et des jus de fruits

» Abstenez-vous de fumer pour ne pas appauvrir les réserves d'oxygène ; ce serait un facteur de fatigue supplémentaire

» Portez des vêtements amples, dans lesquels vous vous sentez à l'aise ; un masque oculaire et des bouchons d'oreille vous aideront peut-être à dormir.

de provoquer de graves complications.

Généralement, le principal symptôme est un gonflement ou une douleur du pied, de la cheville ou du mollet d'un seul côté, mais pas toujours. La migration d'un caillot vers les poumons peut se traduire par une douleur à la poitrine et des difficultés respiratoires. Tout voyageur qui remarque l'un de ces symptômes doit aussitôt réclamer une assistance médicale.

En prévention, buvez en abondance des boissons non alcoolisées, évitez de fumer, faites jouer les muscles de vos jambes lorsque vous êtes assis et levez-vous de temps à autre pour marcher dans la cabine.

Mal des transports

Pour réduire les risques d'avoir le mal des transports, mangez légèrement avant et pendant le voyage. Si vous êtes sujet à ces malaises, essayez de trouver un siège dans une partie du véhicule où les oscillations sont moindres : près de l'aile dans un avion, au centre sur un bateau et dans un bus. Tout médicament doit être pris avant le départ ; une fois que vous vous sentez mal, il est trop tard.

EN POLYNÉSIE

Infrastructures médicales

Les infrastructures médicales de Polynésie française sont en général de haut niveau, comparables aux normes françaises. Vous trouverez un hôpital public et une clinique privée à Papeete, ainsi que de nombreuses pharmacies. La plupart des médecins sont des métropolitains. Dans toutes les îles touristiques, vous trouverez au moins un cabinet médical avec un ou plusieurs médecins, et parfois un petit centre médical (comme à Moorea, Raiatea, Bora Bora, Nuku Hiva et Hiva Oa) faisant office d'hôpital. Le niveau d'équipement est en général très bon. Même les îles les plus reculées possèdent une infirmerie ou un dispensaire. En cas de problème lourd, on a recours aux évacuations sanitaires (appelées localement les "évasan"), par avion ou par hélicoptère vers Tahiti.

Une consultation chez un généraliste coûte 30 € environ. À noter : les consultations médicales sont remboursées au voyageur français à son retour en métropole (à 80%, hors mutuelle), sur présentation de la feuille de maladie de la CPS (la Sécurité sociale polynésienne) que remplira le praticien. Les frais pharmaceutiques le sont également. Il faut cependant demander au pharmacien de porter le montant total des médicaments sur la feuille de soins de la CPS (les Polynésiens ne paient que 20%).

CIGÜATERA

La cigüatera désigne une pathologie endémique dans toutes les mers coralliennes. La Polynésie est l'un des endroits du monde les plus fortement touchés.

Il s'agit d'une intoxication alimentaire consécutive à la consommation de poissons habituellement comestibles mais qui, en l'occurrence, sont contaminés par un micro-organisme qui vit dans les algues poussant sur les coraux morts. Il est l'agent causal de la cigüatera et les poissons qui l'ont absorbé, le vecteur de transmission. Cette micro-algue prolifère lorsque le biotope corallien subit des agressions d'origine naturelle (cyclones, par exemple) ou humaines (pollution). Par contrecoup, le micro-organisme prolifère également et sécrète la cigüatoxine qui remonte tous les stades de la chaîne alimentaire, du poisson herbivore qui broute les coraux jusqu'au consommateur final, l'homme.

Les premiers symptômes se manifestent entre deux et vingt heures après l'absorption de poisson contaminé. Troubles digestifs, démangeaisons (qui lui ont valu le nom de "gratte" en Polynésie), picotements ou fourmillements, bradycardie, troubles de la sensibilité et troubles neurologiques sont des signes caractéristiques. Aucun cas mortel n'a été recensé.

La consultation d'un médecin s'impose, bien qu'on ne puisse traiter que les symptômes.

Comme il n'existe pas de moyen de détection et de traitement spécifique, misez sur la prévention. Renseignez-vous auprès des habitants qui connaissent les zones réputées cigüatériques. En règle générale, lutjans, mérous, chirurgiens noirs et perches sont à éviter.

Précautions élémentaires

Eau

L'adduction en eau potable est l'une des priorités du gouvernement. L'eau du robinet n'est potable qu'à Papeete, à Bora Bora et à Tubuai. Ailleurs, elle risque d'être souillée. Dans certains lieux, l'eau de pluie est recueillie à part, car l'eau des puits est parfois polluée par l'eau de mer. Buvez de l'eau de source ou de l'eau minérale en bouteille, disponible partout.

Alimentation

Côté alimentation, la Polynésie ne pose absolument aucun problème. Comme les aliments sains et frais sont présents en abondance, vous n'aurez aucune difficulté à suivre un régime équilibré.

Affections liées à l'environnement

Coup de chaleur

De longues périodes d'exposition à des températures élevées peuvent vous rendre vulnérable au coup de chaleur. Cet état grave, parfois mortel, survient quand le mécanisme de régulation thermique du corps ne fonctionne plus : la température s'élève alors de façon dangereuse. Évitez l'alcool et les activités fatigantes lorsque vous arrivez dans un pays soumis à ce type de climat.

Symptômes : malaise général, transpiration faible ou inexistante et forte fièvre (39 à 41°C) et céphalée lancinante, difficultés à coordonner ses mouvements, signes de confusion mentale ou d'agressivité. Il faut absolument hospitaliser le malade. En attendant les secours, installez-le à l'ombre, ôtez-lui ses vêtements, couvrez-le d'un drap ou d'une serviette mouillée et éventez-le continuellement.

Coup de soleil

Ce n'est pas un hasard si les Tahitiens appellent les Européens les *popaa* ("grillés")... Sous ces latitudes, les coups de soleil sont fréquents, même par temps couvert. Utilisez un écran solaire et pensez à couvrir les endroits qui sont habituellement protégés, les pieds par exemple. Si les chapeaux fournissent une bonne protection, n'hésitez pas à appliquer également un écran total sur le nez et les lèvres. Les lunettes de soleil s'avèrent souvent indispensables.

Insolation

Une exposition prolongée au soleil peut provoquer une insolation. Symptômes : nausées, peau chaude, maux de tête. Dans ce cas, il faut rester dans le noir, appliquer une compresse d'eau froide sur les yeux et prendre de l'aspirine.

Otite externe

Cette pathologie affecte fréquemment baigneurs et plongeurs dans les mers tropicales. La température de l'eau, l'action irritante des micro-organismes coralliens et l'humidité résiduelle du conduit auditif externe favorisent la prolifération de germes. Quelques heures après la plongée ou la baignade, le pavillon de l'oreille est très douloureux. Consultez un médecin. À titre préventif, rincez-vous l'oreille à l'eau douce après chaque immersion. Quelques gouttes d'alcool boriqué permettent de désinfecter le conduit.

Maladies infectieuses et parasitaires

Leptospirose

Cette maladie infectieuse, due à une bactérie (le leptospire) qui se développe dans les mares et les ruisseaux, se transmet par des animaux comme le rat et la mangouste.

La prolifération des rats en Polynésie, vecteurs de cette maladie, doit inciter à la vigilance (environ 50 cas par an, dont certains mortels). Lors de randonnées à l'intérieur des îles, il est conseillé de porter un pantalon, afin d'éviter les égratignures des plantes qui seraient souillées par l'urine des rats.

On peut attraper cette maladie en se baignant dans des nappes d'eau douce, contaminées par de l'urine animale. La bactérie pénètre dans le corps humain par le nez, les yeux, la bouche ou les petites coupures cutanées. Les symptômes, similaires à ceux de la grippe, peuvent survenir 2 à 20 jours suivant la date d'exposition : fièvre, frissons, sudation, maux de tête, douleurs musculaires, vomissements et diarrhées en sont les plus courants. Du sang dans les urines ou une jaunisse peuvent apparaître dans les cas les plus sévères. Les symptômes durent habituellement quelques jours, voire quelques semaines. La maladie est rarement mortelle.

Évitez donc de nager et de vous baigner dans tout plan d'eau douce, notamment si vous avez des plaies ouvertes ou des coupures.

Maladies sexuellement transmissibles

La blennorragie, l'herpès et la syphilis sont les plus connues. Plaies, cloques ou éruptions autour des parties génitales, suppurations ou douleurs lors de la miction en sont les symptômes habituels ; ils peuvent être moins aigus ou inexistants chez les femmes. Les symptômes de la syphilis finissent par disparaître complètement, mais la maladie continue à se développer et provoque de graves problèmes par la suite. On traite la blennorragie et la syphilis par les antibiotiques.

Les maladies sexuellement transmissibles (MST) sont nombreuses, mais on dispose d'un traitement efficace pour la plupart d'entre elles.

La seule prévention des MST est l'usage systématique du préservatif lors des rapports sexuels.

VIH/sida

L'infection à VIH (virus de l'immunodéficience humaine), agent causal du sida (syndrome d'immunodéficience acquise), est présente dans pratiquement tous les pays et épidémique dans nombre d'entre eux. La Polynésie n'est pas épargnée par le phénomène, bien que le nombre de nouveaux cas par an n'augmente que faiblement (environ 275 cas de personnes séropositives sont recensés).

Il faut éviter tout échange d'aiguilles. S'ils ne sont pas stérilisés, tous les instruments de chirurgie, les aiguilles d'acupuncture et de tatouage, les instruments utilisés pour percer les oreilles ou le nez peuvent transmettre l'infection. Il est fortement conseillé d'acheter seringues et aiguilles avant de partir. Si vous vous faites tatouer en Polynésie, allez chez un tatoueur professionnel, doté d'un matériel stérile.

Toute demande de certificat attestant la séronégativité pour le VIH (certificat d'absence de sida) est contraire au Règlement sanitaire international (article 81).

Coupures, morsures et piqûres

Coupures et égratignures

Les blessures s'infectent très facilement dans les climats chauds et cicatrisent difficilement. Coupures et égratignures doivent être traitées avec un antiseptique et du désinfectant cutané. Évitez si possible bandages et pansements, qui empêchent la plaie de sécher.

Les coupures de corail sont particulièrement longues à cicatriser, car le corail injecte un venin léger dans la plaie. Portez des chaussures pour marcher sur des récifs, et nettoyez chaque blessure à fond.

Morsures, piqûres et brûlures

Nono

Il existe un insecte plus gênant que les moustiques : le nono. Cette mouche noire ou blanche sévit aux Marquises seulement. Contre ces insectes, utilisez une crème répulsive. Vous trouverez des produits antimoustiques partout

TROUSSE MÉDICALE DE VOYAGE

Veillez à emporter avec vous une petite trousse à pharmacie (nous vous conseillons de la transporter en soute) contenant quelques produits indispensables. Certains ne sont délivrés que sur ordonnance médicale.

» des **antibiotiques**, à utiliser uniquement aux doses et aux périodes prescrites. Il n'est pas absurde de demander à votre médecin traitant de vous en prescrire pour le voyage

» un **antidiarrhéique**, en cas de forte diarrhée, surtout si vous voyagez avec des enfants

» un **antihistaminique** en cas de rhume, allergies, piqûres d'insectes, mal des transports – évitez de boire de l'alcool

» un **antiseptique** ou un désinfectant pour les coupures, les égratignures superficielles et les brûlures, ainsi que des pansements gras pour les brûlures

» de l'**aspirine** ou du **paracétamol** (douleurs, fièvre)

» une **bande Velpeau** et des **pansements** pour les petites blessures

» une **paire de lunettes de secours** (si vous portez des lunettes ou des lentilles de contact) et la copie de votre ordonnance

» une **paire de ciseaux** à bouts ronds, une **pince à épiler** et un **thermomètre à alcool**

» une petite trousse de **matériel stérile** comprenant une seringue, des aiguilles, du fil à suture, une lame de scalpel et des compresses

» des **préservatifs**

sur place. Couvrez-vous le plus possible, en portant des manches longues, ainsi que des pantalons. Faites également brûler des tortillons antimoustiques. Si une moustiquaire est disponible, utilisez-la, car elle est le plus souvent fournie dans les zones infestées d'insectes. Vérifiez que les moustiquaires des fenêtres empêchent bien les insectes de passer. Les moustiques sont en général plus nombreux durant la saison humide, de novembre à mars.

Mille-pattes

D'autres piqûres d'insectes sont plus pénibles que dangereuses. La morsure des grands mille-pattes est douloureuse ou irritante, mais pas plus dangereuse qu'une piqûre d'abeille ou de guêpe, malgré l'étrange crainte qu'éprouvent les Polynésiens à l'égard de ces créatures.

Méduses

Les méduses sont assez rares en Polynésie. Leurs filaments peuvent provoquer des brûlures. Des antihistaminiques et des analgésiques limiteront la réaction et la douleur.

Poisson pierre

Ce poisson, à l'aspect repoussant, vit immobile et camouflé dans son environnement – fonds sableux et débris coralliens, surtout. Les épines de sa nageoire dorsale sont très venimeuses et douloureuses : le nageur ou le plongeur risque la syncope. Une hospitalisation d'urgence s'impose. Placez un garrot légèrement serré entre la piqûre et la base du membre atteint. À titre de prévention, portez une combinaison et regardez où vous posez vos mains. Si vous marchez sur le récif, mettez des sandales en plastique.

Corail de feu

Ce type de corail (*Millepora*), de couleur brun ou jaune, forme des rameaux ou des colonies encroûtantes. Ses polypes, urticants, provoquent des brûlures et des démangeaisons. Désinfectez et appliquez du jus de citron. Portez une combinaison et abstenez-vous de toucher aux massifs coralliens.

Oursins

Si l'on marche sur un oursin, les épines se brisent et se logent sous la peau, provoquant une inflammation douloureuse, voire une infection. Consultez un médecin. Quand vous nagez, regardez où vous mettez les pieds et les mains. Sur le récif, portez des sandalettes.

Cône

Le cône est un coquillage de forme conique. L'animal possède un organe ressemblant à un harpon qui sert à paralyser ses proies. Le venin injecté est extrêmement puissant et peut être mortel. L'évacuation sanitaire est impérative et urgente. Il vaut mieux renoncer à ramasser les coquillages.

Requins et murènes

Le danger est surtout dans votre imagination, que quelques films auront contribué à façonner. Les espèces littorales que vous rencontrerez en plongée – requins gris, pointes blanches, pointes noires – sont inoffensives. Les *Carcharinus albimarginatus*, surtout présents dans les Tuamotu, appelés localement *tapete*, peuvent se montrer plus agressifs, mais aucun accident n'a été recensé. Seuls les chasseurs sous-marins portant du poisson blessé ou mort à la taille se mettent réellement en danger.

Les murènes ne sont menaçantes que si elles se sentent provoquées. Évitez donc de les importuner.

Serpents et scorpions

Il n'existe aucune espèce de serpent ou de scorpion en Polynésie.

Affections moins fréquentes

Dengue

La Polynésie souffre régulièrement d'épidémies de dengue (surtout pendant la saison des pluies), qui peuvent toucher plusieurs milliers de personnes. Il n'existe pas de traitement prophylactique contre cette maladie propagée par les moustiques. Poussée de fièvre, maux de tête, douleurs articulaires et musculaires précèdent une éruption cutanée sur le tronc qui s'étend ensuite aux membres, puis au visage. Au bout de quelques jours, la fièvre régresse, et la convalescence commence. Les complications graves sont rares.

À titre préventif, enduisez-vous de répulsifs anti-moustiques.

Filariose

Ce sont des maladies parasitaires transmises par des piqûres d'insectes (mouches et moustiques). Les personnes touchées sont principalement celles qui vivent depuis longtemps en Polynésie. Les symptômes varient en fonction de la filaire concernée : fièvre, ganglions et inflammation des zones de drainage lymphatique ; œdème (gonflement) au niveau d'un membre ou du visage ; démangeaisons et troubles visuels. Un traitement permet de se débarrasser des parasites, mais certains dommages causés sont parfois irréversibles. Si vous soupçonnez une possible infection, il vous faut rapidement consulter un médecin.

Accidents de décompression

Il existe un caisson de recompression au **centre hospitalier du Taaone** (☎48 62 62 ; Pirae, Papeete), à Tahiti. Pour éviter tout accident, évitez d'aller en altitude après une plongée (pas de randonnée en montagne, donc) et attendez 24 heures avant de prendre l'avion (sauf pour les vols Tahiti-Moorea, à basse altitude).

Langue

Le français et le tahitien sont les deux langues officielles. Le français est compris presque partout. Le tahitien, enseigné à l'école, au lycée et à l'École normale, est la langue vernaculaire, même si les habitants des Tuamotu est parlent un dialecte, le paumotu, et les habitants des Gambier, le mangarevien. Aux Marquises, les habitants sont très attachés à leur langue (le marquisien), symbole de leur identité.

Le tahitien a longtemps été tenu en piètre estime par la puissance coloniale. L'administration française est allée jusqu'à prévoir des sanctions pour qui parlerait le tahitien à l'école, et sa transmission n'est plus automatique. Depuis les années 1980, on assiste fort heureusement à une réhabilitation de la langue tahitienne.

Le langage de tous les jours est parfois teinté de curieux mélanges de français et de tahitien. Les noms de fleurs ou de poissons sont communément désignés en tahitien ("j'ai pêché un gros *paihere* aujourd'hui près du motu", "ma vahiné est une *tinito*"). Sur place, le tahitien diffuse vers le français. Sans parler d'expressions et d'intonations, avec le "r" roulé, que vous aurez vite fait de repérer : "*Ehia* ! Brad, on fait un trip tour de l'île ? OK alors."

Le tahitien se rattache au groupe linguistique des langues polynésiennes, qui comprend notamment le samoan, le maori, le hawaïen, le rarotongien et le tongien. La langue écrite n'existe que depuis le XIXe siècle, à l'initiative des missionnaires qui ont traduit la Bible. Une Académie tahitienne (*fare vana'a*), symbole de la défense du patrimoine linguistique polynésien, a été fondée en 1972. Elle a codifié la transcription du tahitien et normalisé la syntaxe.

Aperçu de la langue tahitienne

Le tahitien fait preuve d'une extraordinaire faculté d'assimilation de concepts étrangers. Des mots et des concepts nouveaux, tel le découpage du temps, furent "tahitianisés" par mimétisme phonétique. Bon nombre de termes sont ainsi empruntés à l'anglais : *fepuare* (février) vient de *february*, *painapo* (ananas) de *pineapple*, *poti* (bateau) de *boat*, *himene* (chant) de *hymn*.

Autre processus caractéristique d'assimilation, la formation de mots par agglutination pour désigner des objets nouveaux. Ainsi, pour hélicoptère, on dira *manu tautau na te reva*, littéralement "oiseau suspendu dans l'espace" ; télévision sera rendu par *'afata teata*, littéralement "caisse à théâtre", ou encore frigidaire par *afata fa'ato'eto'eraa ma'a*, "caisse à refroidir la nourriture". Les préfixes et les suffixes permettent également d'enrichir le vocabulaire. Ainsi, *ha'amaramarama* est formé du radical *rama* (flambeau), étendu à *marama* (clair de lune), puis à *maramarama* (intelligence) et, enfin, avec l'adjonction de *ha'a* (action de provoquer, de causer), on obtient "produire de l'intelligence", donc, par extension, "renseignement" !

Un mot peut être à la fois verbe, adjectif et nom. Ainsi, *inu* signifie selon le contexte "boire", "boisson" ou "potable". Il n'existe ni pluriel, ni déclinaisons, ni conjugaison, ni auxiliaires, ni genres. L'article défini singulier (le, la) est *te*, au pluriel (les) *te mau*. Les notions de passé, présent et futur se rendent par l'emploi de prépositions ou de postpositions.

Prononciation

Le système consonantique comprend huit éléments : f, h (aspiré, parfois prononcé "ch"), m, n, p, r (roulé), t, v. En théorie, le b n'existe pas. Ce sont les Occidentaux qui l'ont introduit par erreur, croyant entendre Bora Bora ou tabu alors que les Polynésiens disaient Pora Pora et tapu. On ne trouve jamais deux consonnes consécutives.

Le système vocalique est composé de a, e (prononcé é), i, o, u (prononcé ou). Toutes les voyelles se prononcent. Certaines combinaisons ne se résument pas à la prononciation distincte des deux voyelles juxtaposées. C'est le cas de ai, ae, oi, ao, au. Ainsi, Aorai ne se prononce pas Aoraille, mais presque "Aoreille" ; *pae pae* se dit "pê pê". Les mots se terminent toujours par une voyelle, parfois allongée. Dans ce cas, elle est surmontée d'un tiret, le *tarava* (-).

L'occlusion glottale, appelée *'eta*, figurée par une apostrophe avant la voyelle qui subit l'occlusion, est en réalité une consonne à part entière. Elle est très fréquente en tahitien. Pour prononcer correctement, il faut bloquer l'air dans la glotte avant de prononcer la voyelle qui suit. En français, quand vous dites "elle hache" ou "regard hagard" (sans aspirer le h), vous réalisez sans le savoir une occlusion glottale. En marquisien, cette occlusion est fréquemment remplacée par un k : *vaka* et *tiki* au lieu de *va'a* (pirogue) et *ti'i*.

Lexique de base

Très peu de mots tahitiens sont passés dans les langues occidentales, mais quelques expressions typiques, empruntées au tahitien, sont employées fréquemment par les résidents français ou étrangers.

Le *fiu* fait allusion à un état de lassitude, d'ennui, d'absence de motivation ou de ras-le-bol. Ainsi, si vous êtes "*fiu* de Papeete", c'est que, littéralement, vous en avez "marre de Papeete".

À l'inverse, *'aita pe'ape'a* signifie que tout va bien, que "tout est OK". Très courant également, le terme *popa'a*, qui désigne tous les non-Polynésiens.

Civilités

oui	*'e, 'oia*
non	*'aita*
bonjour	*'ia ora na, nana*
comment ça va ?	*e aha te huru ?*
très bien, merci	*maita'i, mauruuru*
au revoir	*parahi, nana*
pas de problème !	*'aita pe'ape'a*
à bientôt	*araua'e*
bon courage !	*fa'aitoito !*
merci beaucoup	*mauruuru roa*
bienvenue	*maeva, manava*
à votre santé ! (en trinquant)	*manuia !*
venez ! (invitation)	*haere mai !*
Bon appétit !	*ama'a maita'i !*
Bonne nuit	*'A ta'oto maita'i*
Je m'appelle...	*'O... to'u i'oa*
Je suis français	*E farani au*

Temps

maintenant	*teie nei*
demain	*ananahi*
hier	*inanahi*
aujourd'hui	*i teie nei mahana*
semaine	*hepetoma*
mois	*'ava'e*
année	*matahiti*
quelle heure est-il ?	*e aha te hora ?*
il est deux heures	*e hora piti*
janvier	*tenuare*

QUELQUES MOTS DE MARQUISIEN

Bonjour	*Kaoha*
Au revoir	*A pae*
Merci	*Koutau*
Venez	*Memai*
Bienvenue	*Mave mai*
Comment t'appelles-tu ?	*O ai to oe inoa ?*
Je m'appelle...	*O... tou inoa*
Où habites-tu ?	*Ihea to oe noho ?*
Comment vas-tu ?	*E aha to oe hakatu ?*
Ça va ?	*Mea meitai oe ?*
Oui, ça va bien	*E, mea meitai au*
Bon voyage	*Ia meitai to oe huatira*
1	*e tahi*
2	*e ua*
3	*e tou*
4	*e fa*
5	*e ima*
6	*e ono*
7	*e fitu*
8	*e vau*
9	*e iva*
11	*onohuu e tahi*
20	*tekau*
30	*tou onohuu (trois fois dix)*
40	*fa onohuu (quatre fois dix)*
100	*hanere*
200	*e ua hanere*
1 000	*tautini*

février	*fepuare*
mars	*mati*
avril	*'eperera*
mai	*me*
juin	*tiunu*
juillet	*tiurai*
août	*'atete*
septembre	*tetepa*
octobre	*'atopa*
novembre	*novema*
décembre	*titema*
lundi	*monire*
mardi	*mahana piti*
mercredi	*mahana toru*
jeudi	*mahana maha*
vendredi	*mahana pae*
samedi	*mahana ma'a*
dimanche	*tapati*

Famille

mère	*metua vahine*
père	*metua tane*
fils, garçon	*tamaroa*
fille	*tamahine*
mari, homme	*tane*
femme	*vahine*
parents (famille élargie)	*feti'i*
grand-père	*papa ru'au*
grand-mère	*mama ru'au*
enfants	*tamari'i*
enfants adoptifs	*fa'a'amu*

Adjectifs et adverbes

beau	*nehenehe*
long, beaucoup	*roa*
nouveau, récent	*api*
grand	*rahi, nui*
petit	*iti*
bon, bien	*maita'i*
parfumé	*no'ano'ano*
mauvais	*'ino*
fini, terminé	*oti*
un peu	*ri'i*
peut-être	*paha*
lentement	*t¯aere*
vite	*vitiviti*
protestant	*porotetani*
catholique	*tatorita*
fatigué	*rohirohi*
vieux, âgé	*r¯u'au*
fou, bizarre	*taravana*
rouge	*'ute'ute*
bleu	*moana*
noir	*'ere'ere*
vert	*matie*
blanc	*'uo'uo*

Géographie

Américain	*Marite*
Australien	*'Auteraria*
Chinois	*Tinito*
Français	*Farani*
Japonais	*Tapone*
Néo-Zélandais	*Niuterani*
Polynésien	*Ma'ohi*
Polynésie	*Porinetia*

arbre	*tumu ra'au*
ciel	*ra'i*
fleur	*tiare*
île	*motu*
mer	*miti*
montagne	*mou'a*
océan	*moana*
passe	*ava*
plage	*tahatai*
récif	*a'au*
soleil	*mahana*
terre, pays	*fenua*
vallée	*fa'a*
vent	*mata'i*
journal	*ve'a*
ananas	*painapo*
dieu	*atua*
jour	*ao*
nuit	*po*
matin	*po'ipo'i*
soir	*ahiahi*
repas	*ma'a*
chant	*himene*
lune	*'ava'e*
étoile	*feti'a*
pluie	*ua*
cigarette	*'ava'ava*

Directions et noms de lieu

Où est...?	*tei hea...?*
l'hôtel	*te hotera*
la poste	*te fare rata*
la mairie	*te fare 'oire*
le commissariat	*te fare muto'i*
le marché	*te matete*
l'hôpital	*te fare ma'i*
la banque	*te fare moni*
l'école	*te fare ha'api'ira'a*
la pharmacie	*te fare ra'au*
l'église	*te fare purera'a*
le restaurant	*te fare tama'ara'a*
le magasin	*te fare toa*

Divers

mangue	*vi*
noix de coco	*ha'ari*
cochon, porc	*pua'a*
chien	*uri*
oiseau	*manu*
pirogue	*va'a*
eau	*pape*
plantation	*fa'a'apu*
chef, maire	*tavana*
avion	*manureva*
ville	*'oire*
ami	*hoa*
danse	*'ori*
policier, gendarme	*muto'i*
pêcher	*tai'a*
poisson	*i'a*

médecin	*taote*
dentiste	*taote niho*
médicament	*ra'au*
argent	*moni*
pain	*faraoa*
nuit	*po*
canot, petit bateau	*poti*
requin	*mao*
patate douce	*umara*
combien ça coûte ?	*'ehia moni ?*

Chiffres

1	*ho'e, tahi*
2	*e piti*
3	*e toru*
4	*e maha*
5	*e pae*
6	*e ono*
7	*e hitu*
8	*e va'u*
9	*e iva*
10	*ho'e 'ahuru*
11	*ho'e 'ahuru ma ho'e*
12	*ho'e 'ahuru m¯a piti*
20	*e piti 'ahuru*
21	*e piti 'ahuru ma ho'e*
30	*e toru 'ahuru*
40	*e maha 'ahuru*
100	*ho'e hanere*
101	*ho'e hanere ma ho'e*
1 000	*ho'e tauatini*

Pour approfondir vos connaissances, vous pouvez vous procurer le manuel d'initiation *Tahitien de poche* (Éd. Assimil, 2011).

GLOSSAIRE

Consultez également les chapitres *Cuisine polynésienne* (p. 337), *Environnement* (p. 345) et *Langue* (p. 390).

ahu – partie du *marae* désignant l'autel. À Tahiti, il accuse généralement une forme pyramidale

aito – bois de fer

alizés – vents de secteur est, dans les zones tropicales

arii – dignitaire, chef (littéralement "roi") suprême investi du pouvoir temporel dans la société traditionnelle

arioi – personnages appartenant à la caste des prêtres dans l'archipel de la Société, avant l'arrivée des Européens

atae – arbre de corail (*Erythrina indica*)

atoll – (mot des Maldives) anneau corallien à fleur d'eau, de forme variée, entourant un lagon. Géologiquement, il est la suite chronologique de l'île haute volcanique

atua – terme collectif désignant le panthéon polynésien

bonitier – bateau d'une dizaine de mètres équipé pour la pêche et servant également au transport de passagers

bringue – fête locale, généralement très arrosée de bière

caldeira – partie du volcan constituée par le cratère, après l'éruption

CEP – Centre d'expérimentation du Pacifique. Euphémisme désignant le programme d'essais nucléaires français

CETAD – Centre d'études des techniques adaptées au développement. Écoles à vocation technique et professionnelle

CFP – cours du franc Pacifique, monnaie en circulation en Polynésie française, dont la parité est fixe avec l'euro

cigüatera – empoisonnement résultant de la consommation de poissons récifaux porteurs d'une toxine

CMAS – Confédération mondiale des activités subaquatiques. Organisme regroupant les fédérations de plongée de plus de 70 pays, dont la France

coprah – amande séchée de la noix de coco, dont on extrait une huile

coraux – animaux appartenant aux groupes des cœlentérés. Leur développement sous forme de colonies, moyennant des conditions précises de température et de limpidité de l'eau, se traduit par la formation d'un récif corallien

côté montagne – sur une île dotée d'une route de ceinture, on a coutume de mentionner "côté montagne" ou "côté lagon" pour se repérer, selon le côté de la chaussée où est situé l'emplacement

cyclone – intense dépression se formant dans les régions tropicales, caractérisée par des vents et des masses nuageuses tourbillonnants autour d'une zone centrale calme appelée "œil". Ce phénomène météorologique est appelé typhon en Asie et ouragan dans les Caraïbes

demis – métis polynésiens-européens ou polynésiens-chinois

DOM-TOM – Départements et territoires d'outre-mer.

Collectivités territoriales faisant partie intégrante de la République française mais dotées d'un statut particulier

ÉFO – Établissements français d'Océanie. Dénomination administrative de la colonie polynésienne sous tutelle française de 1903 à 1946

EVAAM – Établissement pour la valorisation des activités aquacoles et maritimes

faaamu – nom que l'on donne aux enfants adoptifs

fare – habitation polynésienne traditionnelle

fare MTR – "maison territoriale de reconstruction", sorte de maison de conception standardisée, subventionnée par le territoire

fare potee – maison traditionnelle de forme ovale, servant de lieu communautaire

fare tupapau – abri où étaient exposées les dépouilles mortelles après embaumement, aux temps anciens

fenua – pays, région d'origine

fetii – désigne la famille élargie

fruit à pain – fruit de l'arbre à pain (*uru*), riche en fécule et ayant plus ou bien la forme d'un ballon de rugby. Il constitue l'aliment de base de l'alimentation traditionnelle

GIP – Groupement d'intervention de la Polynésie ; sorte de milice, très controversée, créée par Gaston Flosse

goélette – fait référence aux cargos qui assurent le ravitaillement des îles des différents archipels

heiva – fête ; désigne les festivités de juillet à Papeete, où se déroulent des concours de danse et de chant

herminette – outil dont la lame est incurvée, principalement employé par les sculpteurs

himene – (de l'anglais "*hymn*") cantiques polynésiens

hinano – nom polynésien de la fleur de pandanus, ainsi que de la bière la plus répandue sur le territoire

Hiro – dieu des Voleurs

hoa – chenal de petite taille et peu profond qui traverse la couronne corallienne de l'atoll. Il ne met en communication le lagon et l'océan que lors de fortes marées ou en cas de houle intense, à la différence de la passe, trait d'union permanent entre les deux milieux

honu – tortue

horue – surf, en tahitien

île haute – île issue d'éruptions volcaniques ou d'un soulèvement géologique. En Polynésie, l'île haute dérive vers le nord-ouest et s'affaisse, formant progressivement un atoll

kaina – terme désignant les Polynésiens ou tout ce qui est inhérent à la culture polynésienne : musique kaina, cuisine kaina, etc. Un "kaina" est un Polynésien "authentique"

kau – nom d'un petit bateau de pêche, aux Tuamotu

kava – boisson traditionnelle aux propriétés enivrantes, fabriquée à partir des racines de *Piper methysticum*

kaveka – sterne

kaveu – crabe de cocotier

keetu – roche volcanique

keshi – (terme japonais) produit dérivé de la perliculture. Perle formée de nacre pure, sans nucleus

koke – Gauguin

lagon – espace maritime délimité par le récif corallien. Selon l'âge géologique de l'île, il peut soit former un plan d'eau intérieur enserré par une couronne récifale constituée de motu (cas des Tuamotu), soit former une bande maritime entre l'île haute émergée et le récif-barrière (cas de la plupart des îles de la Société)

LMS – London Missionary Society, organisation missionnaire protestante qui débuta l'évangélisation de la Polynésie

mabe – produit dérivé issu de la perliculture, généralement utilisé comme pendentif

mahi mahi – daurade coryphène (poisson), dont la chair est très fréquemment consommée en Polynésie

mahu – homme efféminé, travesti

maiore – autre nom de l'arbre à pain

makatea – atoll qui s'est soulevé au-dessus du niveau de la mer à la suite de phénomènes géologiques. Rurutu (Australes) et Makatea (Tuamotu) en sont des exemples caractéristiques

mana – pouvoir, esprit, puissance surnaturelle, apanage des initiés (prêtres, chefs)

Mana – nom du fournisseur d'accès à Internet en Polynésie

mama ruau – grand-mère

manahune – le peuple, dans la société traditionnelle

mao – requin

maohi – terme local pour désigner les Polynésiens. À rapprocher du terme *maori* utilisé en Nouvelle-Zélande

mape – sorte de châtaignier, dont la drupe est comestible

marae – édifice religieux traditionnel constitué d'un assemblage de blocs de pierre généralement disposés en gradin ou en plate-forme

marae arii – *marae* royal, de grande importance

marae tupuna – *marae* consacré aux ancêtres ou à la famille

maraamu – alizés du sud-est, dominants de juin à août

marara – poisson volant

maro ura – ceinture de plumes rouges, symbole du pouvoir de l'*arii*

matahiapo – les anciens

meae – variante marquisienne du *marae*

Mélanésie – (du grec *melas*, noir, en référence à la couleur de peau des habitants) îles situées à l'ouest du Pacifique englobant la Papouasie-Nouvelle-Guinée, les îles Salomon, Vanuatu, la Nouvelle-Calédonie et les îles Fidji

monoï – huile de noix de coco parfumée avec des fleurs de tiaré, utilisée comme cosmétique

more – jupe en fibres naturelles utilisée pour les danses traditionnelles

motu – îlot corallien. Par extension, les îlots qui forment la couronne récifale d'un atoll ou d'une île haute

mutoi – policier

nacre – substance sécrétée par l'huître pour former la coquille et, par extension, la coquille et l'huître elles-mêmes

naissain – larves d'huître

niau – feuille de cocotier tressé

nono – insecte piqueur qui vit dans le sable et qui sévit notamment aux Marquises

nono (noni) – fruit aux vertus thérapeutiques, dont l'appellation scientifique est *Morinda citrifolia*, cultivé surtout aux Marquises et exporté aux États-Unis

nucleus – bille façonnée à partir d'un coquillage du Mississipi que le greffeur introduit dans la gonade de l'huître afin que celle-ci la recouvre de substance nacrière

ombrière – collecteur servant de filet à nacre, dans les fermes perlières

ono ono – barracuda

Oro – dieu de la Guerre, dont le culte prédominait lors de l'arrivée des premiers Européens

oromatua – fantômes

PADI – Professional Association of Diving Instructors, principal organisme de formation à la plongée subaquatique, d'inspiration américaine

pae pae – soubassement en pierres basaltiques ressemblant à une plate-forme, constituant l'assise de la maison marquisienne

pahu – tambour

pakalolo – nom local du cannabis

pandanus – arbre à racines aériennes dont les feuilles servent à tisser des chapeaux, des nattes et des sacs

paréo – vêtement en étoffe décorée, porté par les hommes et les femmes

poe rava – perle noire

passe – chenal interrompant l'anneau corallien d'un atoll ou le récif-barrière autour d'une île haute et mettant en communication le lagon et l'océan

paumotu – habitant des Tuamotu et, par extension, dialecte parlé dans cet archipel

pétroglyphes – pierres gravées

peue – natte tressée à partir de feuilles de pandanus

phonolithe – variété de roche volcanique

PK – "point kilométrique", autrement dit bornes kilométriques qui s'égrènent le long des routes de certaines îles de Polynésie française

Polynésie – (du grec *polus*, nombreux, et *nesos*, îles) aire géographique au centre et au sud-est de l'océan Pacifique englobant la Polynésie française, Tonga et les îles Cook

popa'a – terme tahitien désignant les Occidentaux

poti marara – embarcation à moteur utilisée pour la pêche lagonaire

pupuhi – fusil de chasse sous-marin

raatira – classe intermédiaire entre le peuple (*manahune*) et les chefs (*arii*), dans la société traditionnelle

rae rae – terme plus ou moins synonyme de *mahu*. Désigne surtout les homosexuels

récif-barrière – récif corallien situé entre le rivage et le large qui forme la couronne externe du lagon

récif frangeant – agrégat corallien se développant immédiatement au contact des flancs de l'île haute

sanito – branche de la religion mormone

SDR – Service du développement rural

speed-boat – vedette hors-bord

subsidence – phénomène d'affaissement d'un morceau de l'écorce terrestre

Taaroa – dieu suprême du panthéon polynésien

taote – médecin

taote niho – dentiste

taui – changement ; désigne l'alternance politique survenue en 2004

tahua – prêtre, dans la religion pré-européenne

tamure – terme général désignant la danse polynésienne

tane – homme

tapa – étoffe d'écorce battue ; vêtement traditionnel avant l'arrivée des Européens

tapu – espace sacré ou interdit. Le mot "tabou"

découle directement de *tapu*

taro – tubercule comestible, fréquemment consommé en Océanie

tarua – plante voisine du taro

tavana – maire, en tahitien

taravana – fou

tatau – tatouage, en tahitien. Bien qu'également répandus au Japon, c'est à Tahiti que les navigateurs les découvrirent et adoptèrent le mot tahitien

tiaré – fleur très odoriférante, symbole de Tahiti

tifaifai – dessus-de-lit ou coussins en patchwork coloré

tii – représentations anthropomorphes sculptées dans la pierre ou le bois, qui se trouvaient jadis sur les *marae*

tiki – désigne le *tii* aux Marquises

tinito – "chinois", en tahitien

tiputa – poncho en *tapa*, vêtement traditionnel avant l'arrivée des Européens

tohua – vaste centre communautaire pavé où se déroulaient des festivités de la tribu, surtout aux Marquises

truck – camionnette aménagée servant de moyen de transport public, progressivement remplacée par des bus

Tu – un des principaux dieux polynésiens, remplacé par Oro au XVIIIe siècle

tuf – variété de roche, de nature volcanique en Polynésie

tupa – crabe de terre

tupapau – esprits, fantômes, revenants, faisant encore l'objet de croyances superstitieuses

tupuna – maîtres, experts

tute – capitaine Cook

ukulele – petite guitare à quatre cordes très employée lors de fêtes locales et familiales

ua ma – fosse alimentaire qui servait à stocker les aliments dans la société polynésienne traditionnelle

umete – plat en bois de forme généralement oblongue

umu hei – paquet végétal odoriférant contenant diverses essences végétales

uru – arbre à pain

vaa – pirogue (*vaka* aux Marquises)

vahiné – femme polynésienne

vana – oursin

vent (au) – côté de l'île exposé aux vents dominants

vent (sous le) – côté de l'île protégé des vents dominants

vini – nom d'un oiseau, et nom du téléphone portable

En coulisses

VOS RÉACTIONS ?

Vos commentaires nous sont très précieux et nous permettent d'améliorer constamment nos guides. Notre équipe lit toutes vos lettres avec la plus grande attention. Nous ne pouvons pas répondre individuellement à tous ceux qui nous écrivent, mais vos commentaires sont transmis aux auteurs concernés. Tous les lecteurs qui prennent la peine de nous communiquer des informations sont remerciés dans l'édition suivante, et ceux qui nous fournissent les renseignements les plus utiles se voient offrir un guide.

Pour nous faire part de vos réactions, prendre connaissance de notre catalogue et vous abonner à Comète, notre lettre d'information, consultez notre site web : **www.lonelyplanet.fr**

Nous reprenons parfois des extraits de notre courrier pour les publier dans nos produits, guides ou sites web. Si vous ne souhaitez pas que vos commentaires soient repris ou que votre nom apparaisse, merci de nous le préciser. Pour connaître notre politique en matière de confidentialité, connectez-vous à : **www.lonelyplanet.fr/confidentialite/index.cfm**

À NOS LECTEURS

Nous remercions tous les lecteurs qui ont utilisé la précédente édition de ce guide et ont pris la peine de nous écrire pour nous communiquer informations, commentaires et anecdotes :

B Henri Bard **C** Laurence et Thierry Chasseray, Alain Corre **D** M. Desriac **E** Caroline et Arnaud Eber **G** Bernard Giraud, JP Guérard **H** M. Hazera **O** Michel Ortin **R** Françoise et Philipppe Rochon **T** Jean Yves Thomas **V** Dominique Verron

UN MOT DES AUTEURS

Jean-Bernard Carillet

Un grand merci à toute l'équipe de Lonely Planet qui a porté ce projet, notamment Didier, pour la confiance accordée, Martine, la star de la carto, Gudrun, la maquettiste avisée, Jean-Noël, le pape de la fab, et Joséphine. Et bien sûr, un *mauruuru roa* à l'éditeur-poisson pilote de cette édition, Nicolas, dont la science de la navigation éditoriale et la totale implication ont permis à ce guide d'arriver à bon port en se jouant de tous les écueils.

Sur place, je n'aurai jamais assez de mots pour remercier ma deuxième famille de cœur et mon ancrage essentiel, Yan & Vai, sans qui mon initiation polynésienne commencée voici 16 ans n'aurait jamais été possible. Toute ma gratitude va également aux *fetii*, Majo (la meilleure cordon bleu du *fenua*), Hubert et Sean, pour tous les moments d'*aroha* partagés.

Je remercie également Katou, Pascale, Maire, Pam, Tepupu, Reata, Nathalie, Esther, Heikura, Lionel, Gérard, Céline, Lucile,

LES AUTEURS LONELY PLANET

Lonely Planet réalise ses guides en toute indépendance et n'accepte aucune publicité. Tous les établissements et prestataires mentionnés dans l'ouvrage le sont sur la foi du seul jugement des auteurs, qui ne bénéficient d'aucune rétribution ou de réduction de prix en échange de leurs commentaires.

Sillonnant le pays en profondeur, les auteurs de Lonely Planet savent sortir des sentiers battus sans omettre les lieux incontournables. Ils visitent en personne des milliers d'hôtels, restaurants, bars, café, monuments et musées, dont ils s'appliquent à faire un compte-rendu précis.

À PROPOS DE CET OUVRAGE

La première édition du guide *Tahiti et la Polynésie française* a été réalisée en duo, par Tony Wheeler et Jean-Bernard Carillet, qui a, par la suite, remis à jour les quatre éditions suivantes. Jean-Bernard a repris le chemin de sa destination de prédilection et intégralement actualisé cette sixième édition.

Direction éditoriale
Didier Férat

Coordination éditoriale
Nicolas Guérin

Responsable pré-presse
Jean-Noël Doan

Maquette Gudrun Fricke

Couverture
Joséphine Cormier

Cartographie
Martine Marmouget (AFDEC)

Remerciements à
Marjorie Bensaada pour sa précieuse contribution au texte ainsi qu'à Vanessa Redureau pour son travail de référencement mené avec brio.

Christophe et Verly, ainsi que Philippe Crinelli pour ses bons tuyaux. Un grand coup de chapeau à Pierre Ottino et à Marie-Noëlle Ottino-Garanger pour leurs éclairages. Que soient aussi remerciés tous ceux dont j'ai croisé la route et qui ont partagé leurs expériences, et que j'ai oublié de citer.

Quant à Eva et Chris, mes deux fleurs de tiaré, leur soutien et leur appui m'ont été une fois de plus essentiels.

CRÉDIT PHOTOGRAPHIQUE

Photo de couverture : Plage de Matira, Bora Bora ; Raga Jose Fuste/Agefotostock/Prisma. Certaines photographies de ce guide sont également disponibles auprès de notre agence photographique Lonely Planet Images (LPI) : www.lonelyplanetimages.com

Index

Les références des cartes sont indiquées en **gras**.

M

Les références des cartes sont indiquées en **gras**.

N

O

P

Q

R

S

Les références des cartes sont indiquées en **gras**.

INDEX DES ENCADRÉS

Pratique

Comment utiliser ce guide

Ces symboles vous aideront à identifier les différentes rubriques :

- À voir
- Activités
- Cours
- Circuits organisés
- Fêtes et festivals
- Où se loger
- Où se restaurer
- Où prendre un verre
- Où sortir
- Achats
- Renseignements/transports

Ces symboles vous donneront des informations essentielles au sein de chaque rubrique :

	Numéro de téléphone		Wi-Fi		Bus
	Horaires d'ouverture		Piscine		Ferry
P	Parking		Végétarien	M	Métro
	Non-fumeurs		Familles bienvenues		Tramway
	Climatisation		Animaux acceptés		Train
@	Accès Internet	dort	Dortoir	ch	Chambre
s	Chambre simple	d	Chambre double	tr	Chambre triple
f	Chambre familiale	app	Appartement	ste	Suite

Les pictos pour se repérer

- Les coups de cœur de l'auteur
- BON PLAN Les meilleurs rapports qualité/prix
- Les adresses écoresponsables

Nos auteurs ont sélectionné ces adresses pour leur engagement dans le développement durable – par leur soutien envers des communautés ou des producteurs locaux, leur fonctionnement écologique ou leur investissement dans des projets de protection de l'environnement.

Légende des cartes

À voir
- Plage
- Temple bouddhiste
- Château
- Église/cathédrale
- Temple hindou
- Mosquée
- Synagogue
- Monument
- Musée/galerie
- Ruines
- Vignoble
- Zoo
- Centre d'intérêt

Activités
- Plongée/snorkeling
- Canoë/kayak
- Ski
- Surf
- Piscine/baignade
- Randonnée
- Planche à voile
- Autres activités

Se loger
- Hébergement
- Camping

Se restaurer
- Restauration

Prendre un verre
- Bar
- Café

Sortir
- Spectacle

Achats
- Magasin

Renseignements
- Poste
- Point d'information

Transports
- Aéroport/aérodrome
- Poste frontière
- Bus
- Téléphérique/funiculaire
- Piste cyclable
- Ferry
- Métro
- Monorail
- Parking
- S-Bahn
- Taxi
- Train/rail
- Tramway
- Tube
- U-Bahn
- Autre moyen de transport

Routes
- Autoroute à péage
- Autoroute
- Nationale
- Départementale
- Cantonale
- Chemin
- Route non goudronnée
- Rue piétonne
- Escalier
- Tunnel
- Passerelle
- Promenade à pied
- Promenade à pied (variante)
- Sentier

Limites et frontières
- Pays
- Province/État
- Contestée
- Région/banlieue
- Parc maritime
- Falaise/escarpement
- Rempart

Population
- Capitale (pays)
- Capitale (État/province)
- Grande ville
- Petite ville/village

Géographie
- Refuge/gîte
- Phare
- Point de vue
- Montagne/volcan
- Oasis
- Parc
- Col
- Aire de pique-nique
- Cascade

Hydrographie
- Rivière
- Rivière intermittente
- Marais/mangrove
- Récif
- Canal
- Eau
- Lac asséché/salé/intermittent
- Glacier

Topographie
- Plage/désert
- Cimetière (chrétien)
- Cimetière (autre religion)
- Parc/forêt
- Terrain de sport
- Site (édifice)
- Site incontournable (édifice)

LES GUIDES LONELY PLANET

Une vieille voiture déglinguée, quelques dollars en poche et le goût de l'aventure, c'est tout ce dont Tony et Maureen Wheeler eurent besoin pour réaliser, en 1972, le voyage d'une vie : rallier l'Australie par voie terrestre via l'Europe et l'Asie. De retour après un périple harassant de plusieurs mois, cette expérience formatrice les poussa à rédiger sur un coin de table leur premier guide, *Across Asia on the Cheap*, qui se vendit à 1 500 exemplaires en l'espace d'une semaine. Ainsi naquit Lonely Planet, qui possède aujourd'hui des bureaux à Melbourne, Londres et Oakland, et emploie plus de 600 personnes. Nous partageons l'opinion de Tony, pour qui un bon guide doit à la fois informer, éduquer et distraire.

NOTRE AUTEUR

Jean-Bernard Carillet

Journaliste et photographe basé à Paris, Jean-Bernard a découvert la Polynésie comme les premiers Polynésiens : par la mer. Monitorat de plongée en poche, il parcourt les îles de la Société et les Tuamotu et se familiarise avec leurs fabuleuses richesses sous-marines. Au cours de voyages ultérieurs, grâce à de solides amitiés sur place, il développe sa connaissance d'autres univers du *fenua*, de la danse à l'archéologie en passant par l'artisanat et la culture traditionnelle. Après une dizaine de séjours totalisant plus de deux années dans les cinq archipels, Jean-Bernard continue sa longue initiation polynésienne et prépare d'autres voyages sur place. Il a signé de nombreux ouvrages pour Lonely Planet, en français et en anglais, et collabore aux pages Voyage de plusieurs magazines français et anglo-saxons.

Tahiti et la Polynésie française
6e édition

Dépôt légal Février 2012
ISBN 978-2-81612-003-5

Imprimé par IME (Imprimerie Moderne de l'Est), Baume-les-Dames, France
Réimpression 02, février 2013

En Voyage Éditions | un département place des éditeurs